汽车实习指导驾驶员(高级工、技师)培训教材(修订本)

主编 张则雷

苏州大学出版社

图书在版编目(CIP)数据

汽车实习指导驾驶员(高级工、技师)培训教材／张则雷主编． —修订本． —苏州：苏州大学出版社，2018.9(2023.6重印)
  ISBN 978-7-5672-2437-7

Ⅰ．①汽… Ⅱ．①张… Ⅲ．①汽车驾驶员－技术培训－教材 Ⅳ．①U471.3

中国版本图书馆CIP数据核字(2018)第105562号

汽车实习指导驾驶员(高级工、技师)培训教材(修订本)
张则雷　主编

责任编辑　徐　来

苏州大学出版社出版发行
(地址：苏州市十梓街1号　邮编：215006)
镇江文苑制版印刷有限责任公司印装
(地址：镇江市黄山南路18号润州花园6-1号　邮编：212000)

开本 787 mm×1 092 mm　1/16　印张 42.25　字数 998 千
2018年9月第1版　2023年6月第2次印刷
ISBN 978-7-5672-2437-7　定价：98.00元

苏州大学版图书若有印装错误，本社负责调换
苏州大学出版社营销部　电话：0512-67481020
苏州大学出版社网址　http://www.sudapress.com

汽车实习指导驾驶员(高级工、技师)培训教材(修订本)

编 委 会

编 委　蒋志伟　　乔士俊　　戴良鸿
　　　　姚　新　　张则雷　　郑　军
　　　　凌　晨　　姚丹超
主 编　张则雷
统 稿　张则雷　　姚　新
撰 写　姚　新　　张则雷　　郑　军
　　　　祁晓峰　　凌　晨　　尹　力
　　　　王长友　　王　杨　　孙长录
　　　　纪　元　　魏垂浩　　吴立安
　　　　解国林

前 言

近年来,随着道路运输业和汽车工业的飞速发展,各种新技术、新结构、新工艺和新材料不断在汽车上应用,这对汽车应用领域的从业人员提出了更高的要求。为了提高机关事业单位汽车驾驶岗位从业人员的技术素质和服务质量,不断满足驾驶员技术培训考核的科学化、规范化和制度化要求,江苏省人力资源和社会保障厅组织了有关专家、教师,根据汽车驾驶员国家职业资格标准,结合江苏省机关事业单位汽车驾驶员技师培训考核实际,在认真编制本工种培训教学计划和大纲的基础上,编写了这本教材。

本教材由江苏省人力资源和社会保障厅组织编审。全书共分十六个单元,内容包括汽车驾驶员职业道德与服务规范、交通工程学基础知识、高速公路和特殊条件下的安全驾驶、交通安全与防御性驾驶、发动机原理与汽车理论、汽车电子控制技术、汽车新能源技术、车务管理与车辆技术管理、汽车维护、汽车检测诊断基础知识与常见故障诊断、电控汽车检修基础与电子控制系统故障诊断、汽车排放控制系统与尾气检测、技师技术论文撰写与答辩、职业指导能力基础知识、汽车驾驶技能实训、汽车维修和故障诊断技能训练。

本教材总结了江苏省机关事业单位汽车驾驶员培训和考核的教学经验,注重以提升学员技术素质为导向,以增强服务能力为本位,教材内容适应汽车驾驶行业对技能型人才的要求,具有以下特点:

1. 以职业资格标准要求构建教材的知识和技能体系。

教材的十六个单元对应了国家职业资格标准中汽车驾驶员二、三级技能规范要求,为贯彻国家职业资格标准,保证提高参培人员的技术素质和服务质量奠定了良好的基础。

2. 教材注重实用性,体现先进性,保证科学性,突出实践性,贯穿可操作性,反映了汽车工业的新知识、新技术、新工艺和新标准。

3. 教材体现了二、三级汽车驾驶员应知应会的知识技能要求,更注重汽车驾驶员的职业特点,重点围绕工勤岗位的应用能力,强化新结构、新技术的学习应用,突出了汽车新能源技术、防御性驾驶、车务管理、车辆技术管理、有关的法律法规知识以及技能技艺方面的内容。

4. 教材对贯彻职业资格标准中提出的二、三级驾驶员必须具备的培训与指导能力有较简洁、系统的描述。

5. 针对技师论文写作和答辩的客观要求,本教材就技师的论文撰写方法、规范、格式要求和答辩技巧等进行了详细的介绍,为驾驶员技师的论文写作提供了有效的指导。

6. 教材文字简洁,通俗易懂,以图代文,图文并茂,形象直观,形式生动,易于培养学员的学习兴趣,提高学习效果。

本书主要作为国家、地方机关事业单位工人技术等级岗位二、三级汽车驾驶员培训考核用书,也可以作为汽车驾驶专业培训教学、驾驶行业岗位培训或自学用书,同时可供汽车维修技术人员、销售人员和汽车运输企业从事教育培训的教师阅读参考。

编者
2018年2月

目录

第一单元　职业道德与服务规范 ································· 001

　第一章　职业道德的基本内涵和主要内容 ····················· 001
　第二章　汽车驾驶员职业道德内涵和素养提升 ················ 005
　第三章　汽车驾驶员服务行为规范 ···························· 010

第二单元　交通工程学基础知识 ································ 016

　第一章　交通特性 ··· 016
　　第一节　驾驶人的交通特性 ································· 016
　　第二节　行人与乘客的交通特性 ····························· 021
　　第三节　车辆的交通特性 ··································· 023
　　第四节　道路的交通特性与类型 ····························· 024
　　第五节　平面交叉路口与立体交叉 ··························· 026
　第二章　道路交通管理与控制 ·································· 029
　　第一节　道路交通管理与控制的内容及法规 ·················· 029
　　第二节　道路交通标志与标线 ······························· 030
　　第三节　平面交叉口和交通信号的管理与控制 ················ 034
　　第四节　交通事故的预防 ··································· 038
　　第五节　交通运输环境保护 ································· 040

第三单元　高速公路和特殊条件下的安全驾驶 ················· 044

　第一章　高速公路安全驾驶 ···································· 044
　　第一节　高速公路知识 ····································· 044
　　第二节　高速公路行驶特性 ································· 047
　　第三节　高速公路安全行车 ································· 049

第二章　山区道路安全驾驶……………………………………………………………055

　　第三章　通过凹凸道路、障碍物、桥梁、铁路、隧道和涵洞的安全驾驶………………057

　　第四章　恶劣天气安全驾驶……………………………………………………………059

　　　　第一节　雨天安全驾驶……………………………………………………………059

　　　　第二节　雾天安全驾驶……………………………………………………………060

　　　　第三节　冰雪道路安全驾驶………………………………………………………062

第四单元　交通安全与防御性驾驶…………………………………………………………065

　　第一章　道路交通安全管理……………………………………………………………065

　　　　第一节　道路交通安全法规概述…………………………………………………065

　　　　第二节　车辆和驾驶人管理………………………………………………………069

　　　　第三节　道路交通秩序管理………………………………………………………072

　　　　第四节　道路交通事故处理及分析………………………………………………074

　　　　第五节　交通安全教育与智能交通………………………………………………082

　　第二章　防御性驾驶……………………………………………………………………085

　　　　第一节　防御性驾驶的概念与过程………………………………………………085

　　　　第二节　危险源的辨识……………………………………………………………087

　　　　第三节　防御性驾驶技术…………………………………………………………093

第五单元　发动机原理与汽车理论…………………………………………………………103

　　第一章　发动机工作过程和性能指标…………………………………………………103

　　　　第一节　发动机的实际循环和有效性能指标……………………………………103

　　　　第二节　发动机换气过程…………………………………………………………107

　　　　第三节　发动机燃烧过程…………………………………………………………110

　　第二章　发动机特性……………………………………………………………………116

　　　　第一节　汽油机特性………………………………………………………………116

　　　　第二节　柴油机特性………………………………………………………………119

　　第三章　汽车行驶基本原理……………………………………………………………123

　　　　第一节　汽车的驱动力……………………………………………………………123

　　　　第二节　汽车的行驶阻力…………………………………………………………124

　　　　第三节　汽车的驱动和附着条件…………………………………………………129

　　第四章　汽车的动力性…………………………………………………………………131

　　　　第一节　汽车的动力性与驱动平衡………………………………………………132

第二节　汽车的动力特性及其应用 ………………………………………… 136

　　第三节　影响汽车动力性的主要因素 ……………………………………… 138

第五章　汽车的燃油经济性 …………………………………………………………… 143

　　第一节　汽车燃油经济性的评价指标 ……………………………………… 143

　　第二节　提高燃油经济性的措施 …………………………………………… 147

第六章　汽车的制动性 ………………………………………………………………… 149

　　第一节　汽车的制动性评价指标及制动时车轮的受力 …………………… 149

　　第二节　汽车制动效能的恒定性 …………………………………………… 154

　　第三节　汽车制动时的方向稳定性 ………………………………………… 157

　　第四节　影响汽车制动性的使用因素 ……………………………………… 162

第七章　汽车的稳定性 ………………………………………………………………… 163

　　第一节　汽车的纵向和横向稳定性 ………………………………………… 164

　　第二节　汽车的转向特性 …………………………………………………… 166

　　第三节　汽车转向轮的摆振 ………………………………………………… 170

第八章　汽车的平顺性和通过性 ……………………………………………………… 172

　　第一节　汽车的平顺性 ……………………………………………………… 172

　　第二节　汽车的通过性 ……………………………………………………… 175

第六单元　汽车电子控制技术 …………………………………………………… 180

第一章　汽油机燃油喷射系统 ………………………………………………………… 180

　　第一节　汽油机燃油喷射系统概述 ………………………………………… 180

　　第二节　燃油供给系统 ……………………………………………………… 182

　　第三节　空气供给系统 ……………………………………………………… 185

　　第四节　电子控制系统 ……………………………………………………… 190

第二章　自动变速器 …………………………………………………………………… 194

　　第一节　自动变速器概述 …………………………………………………… 194

　　第二节　液力变矩器的结构与工作原理 …………………………………… 199

　　第三节　行星齿轮变速机构 ………………………………………………… 206

　　第四节　液压控制系统 ……………………………………………………… 213

　　第五节　电子控制系统 ……………………………………………………… 217

第三章　汽车防滑控制系统 …………………………………………………………… 221

　　第一节　概述 ………………………………………………………………… 222

　　第二节　ABS系统的结构及工作原理 ……………………………………… 225

第三节　主要车型 ABS 系统组成及控制电路 …………………………… 233
　　　第四节　ASR 系统和 ESP 控制 …………………………………………… 250
　第四章　汽车空调系统结构与维护 …………………………………………………… 257
　　　第一节　制冷循环和制冷剂 ………………………………………………… 257
　　　第二节　汽车空调设备的主要部件 ………………………………………… 259
　　　第三节　汽车空调系统的维护 ……………………………………………… 265
　第五章　汽车安全防护系统 …………………………………………………………… 269
　　　第一节　安全气囊 …………………………………………………………… 269
　　　第二节　防盗系统 …………………………………………………………… 274
　　　第三节　电动座椅 …………………………………………………………… 278
　　　第四节　中央门锁 …………………………………………………………… 284
　　　第五节　巡航控制系统 ……………………………………………………… 287
　第六章　汽车电控动力转向系统 ……………………………………………………… 291
　　　第一节　液压式电控动力转向系统 ………………………………………… 291
　　　第二节　电动式电控动力转向系统 ………………………………………… 297
　第七章　汽车电控悬架系统 …………………………………………………………… 303
　　　第一节　半主动悬架控制系统 ……………………………………………… 305
　　　第二节　主动悬架控制系统 ………………………………………………… 307
　第八章　CAN 系统 …………………………………………………………………… 311
　　　第一节　CAN 系统组成及工作原理 ……………………………………… 311
　　　第二节　CAN 系统控制方式 ……………………………………………… 315

第七单元　汽车新能源技术 …………………………………………………………… 322

　第一章　新能源概论 …………………………………………………………………… 322
　第二章　混合动力汽车 ………………………………………………………………… 326
　第三章　纯电动汽车 …………………………………………………………………… 338
　第四章　其他新能源汽车 ……………………………………………………………… 345

第八单元　车务管理与车辆技术管理 ………………………………………………… 349

　第一章　车队的车务管理 ……………………………………………………………… 349
　　　第一节　车务管理的内容与要求 …………………………………………… 349
　　　第二节　车队的组织管理 …………………………………………………… 355
　　　第三节　车辆调度及相关管理制度 ………………………………………… 357

第四节　车队驾驶员的管理 ·· 359
　第二章　车辆技术管理 ·· 364
　　第一节　车辆基础管理 ·· 364
　　第二节　车辆技术等级评定 ·· 367
　　第三节　车辆使用技术管理 ·· 369
　　第四节　车辆维修技术管理 ·· 375
　　第五节　车辆运行安全技术管理 ·· 381

第九单元　汽车维护 ·· 386

　第一章　汽车维护概述 ·· 386
　第二章　汽车定期维护 ·· 389
　第三章　汽车非定期维护 ·· 402
　第四章　汽车常用工作液的使用 ··· 404
　第五章　汽车各系统的维护 ··· 414

第十单元　汽车检测诊断基础知识与常见故障诊断 ·············· 432

　第一章　汽车检测诊断基础知识 ··· 432
　　第一节　汽车检测诊断概述 ·· 432
　　第二节　汽车故障诊断分析方法 ·· 434
　　第三节　汽车故障诊断参数与标准 ····································· 436
　第二章　常见故障诊断 ·· 441
　　第一节　发动机复杂油电路故障诊断与排除 ························ 441
　　第二节　汽车传动系故障诊断与排除 ·································· 446
　　第三节　转向系故障诊断与排除 ·· 454
　　第四节　汽车制动系故障诊断与排除 ·································· 457
　　第五节　汽车空调系统故障诊断与排除 ······························· 462

第十一单元　电控汽车检修基础与电子控制系统故障诊断 ······ 468

　第一章　电控汽车检修基础 ··· 468
　　第一节　电控汽车电气、电子设备的特点 ··························· 468
　　第二节　电控汽车故障及检修特点 ····································· 471
　　第三节　电控汽车故障检修一般程序及方法 ························ 474

第二章　电子控制系统故障诊断 483
第一节　故障码和数据流的读取 483
第二节　电控燃油喷射发动机常见故障诊断 491
第三节　自动变速器常见故障诊断 499
第四节　制动和驱动防滑系统常见故障诊断 514
第五节　电控悬架系统常见故障诊断 530
第六节　汽车巡航系统常见故障诊断 537

第十二单元　汽车排放控制系统与尾气检测 542
第一章　汽车排放控制系统的组成与检修 542
第一节　汽车排放有害气体成分及排放标准规定 542
第二节　三元催化转换器(TWC)及其检修 545
第三节　废气再循环(EGR)控制系统及其检修 547
第四节　二次空气喷射系统 548
第五节　汽油蒸发排放(EVAP)控制系统和曲轴箱强制通风(PCV)装置 549
第二章　尾气检测 551
第一节　尾气分析仪的使用 551
第二节　尾气检测的方法和要求 554
第三节　汽车尾气的调整方法 557

第十三单元　技师技术论文撰写与答辩 559
第一章　技师技术论文的撰写 559
第一节　技师技术论文的分类、特点和意义 559
第二节　技师技术论文的选题 561
第三节　技师技术论文的构成与写作规范 562
第四节　技师技术论文的撰写步骤及格式要求 564
第二章　专业技术文献资料的查询 568
第一节　科技文献资料检索 568
第二节　论文数据库与电子图书的选用 570
第三节　作者著作权的保护 572
第三章　技师技术论文的答辩与发表 574
第一节　技师技术论文的答辩 574
第二节　技师技术论文的发表 577

第十四单元　职业指导能力基础知识 ············ 579

第一章　教育学和心理学 ············ 579
第一节　教育学基础知识 ············ 579
第二节　心理学基础知识 ············ 588

第二章　教学设计 ············ 594
第一节　教学设计基础知识 ············ 594
第二节　教学设计的格式和内容 ············ 596
第三节　教学设计结果的评价 ············ 599

第三章　教学文件的编制 ············ 601
第一节　学期授课计划的编写 ············ 601
第二节　教案的编写 ············ 604

第四章　教学的组织 ············ 606
第一节　教学内容的组织 ············ 606
第二节　教学过程的组织 ············ 607
第三节　教学效果的评价 ············ 608

第十五单元　汽车驾驶技能实训 ············ 613

第一章　场地驾驶 ············ 613
项目一　"曲线"形路线进退 ············ 613
项目二　快速换挡与直角转弯 ············ 614
项目三　直角掉头 ············ 614
项目四　快速移位长距离倒车 ············ 615
项目五　"S"形路线倒车 ············ 616

第二章　汽车驾驶技巧 ············ 617
项目一　驾驶技术与节油 ············ 617
项目二　恶劣天气驾驶技巧 ············ 617
项目三　复杂道路驾驶技巧 ············ 618
项目四　发动机早期磨损分析 ············ 619
项目五　轮胎异常磨损分析与预防 ············ 620

第十六单元　汽车维修和故障诊断技能训练 ············ 622

项目一　气缸测量与鉴定 ············ 622

项目二　曲轴测量与鉴定……………………………………………………………624
项目三　发动机不能启动故障诊断与排除………………………………………626
项目四　怠速不良故障诊断与排除………………………………………………627
项目五　ABS系统故障诊断与排除………………………………………………630
项目六　空调系统不制冷故障诊断与排除………………………………………633
项目七　空调系统制冷不足故障诊断与排除……………………………………634
项目八　用解码仪对发动机主要传感器进行数据流分析………………………637
项目九　利用尾气分析发动机故障………………………………………………640
项目十　发动机主要传感器的检测………………………………………………643
项目十一　自动变速器油压测试与故障分析……………………………………648
项目十二　自动变速器换挡执行机构检修………………………………………650
项目十三　前照灯检测与调整……………………………………………………653
项目十四　轮胎动平衡试验………………………………………………………655
项目十五　车轮定位检测与调整…………………………………………………656
项目十六　新能源汽车制动系统故障诊断与排除………………………………659

参考文献 …………………………………………………………………………661

后　记 ……………………………………………………………………………662

第一单元　职业道德与服务规范

道德是人们在复杂的社会交往中一刻都不能离开的生活和工作准绳。人活在世，就要以德立身，以自律为前提。而职业道德是社会一般道德的重要领域，是社会一般道德在特定职业中的具体反映。

社会上有一种正当的职业，就会有一种职业道德。职业道德也是家庭教育、学校教育、社会教育逐步形成的道德状况的进一步发展，主要表现在走上工作岗位之后的成人的意识和行为中。在社会生活中，每一个有劳动能力的人都要从事某种职业活动，因此职业道德将伴随你走完人生从业旅程。医生有医德，教师有师德，商人有商德，艺人有艺德，职业驾驶员也有行业所特有的职业道德。

第一章　职业道德的基本内涵和主要内容

一、道德与职业道德

（一）道德

1. 道德的概念

道德是一种社会意识，是人们社会行为规范和准则的总和，是调整人与人之间，个人与社会关系的准则。

首先，它是人们的一种行为准则和规范；其次，它对人们起作用的方式与其他行为规范不同，它是通过人们的内心信念、传统习惯和社会舆论对人起作用的；第三，它作为一种特有的行为规范，具有与其他行为规范相同的社会作用，即调整个人与个人之间以及个人与社会之间的关系；第四，它是评价人们思想行为是非、善恶、荣辱的标准。

2. 道德的特点

（1）产生方式：道德是人们在日常生活中自然而然形成的内心信念和行为准则。

（2）作用方式：道德是建立在自我内在道德信念、良心和外在社会舆论基础上的，并最终通过人的内心信念和良心对人起作用。

（3）作用范围：道德是其他行为规范起作用的基础，道德无时不在、无处不有。只要人类存在一天，道德就会存在一天，道德与人类社会相始终。

（4）存在方式：道德诉诸人们的口头语言和行为模仿并历代流传，以传统、风俗、习惯的方式存在着。

（5）心理倾向：道德偏重于主观情感。

(二) 职业道德

1. 职业

(1) 职业的概念。

职业是指人们在不同的社会生活中对社会所承担的一定职责和从事的专门业务。职业是每一个社会成员对社会所承担的一种职责和工作,具有一定的社会责任性。职业产生于社会分工,并随着生产力的发展,不断产生新的职业。在现实生活中,人们习惯于把每个人在社会中所从事的并作为主要生活来源的工作称之为职业。

按照《中华人民共和国职业分类大典》,我国职业归为8个大类,66个中类,413个小类,共1838个职业。

(2) 职业的三个功能。

① 谋生的手段——基础。

② 为社会做贡献的岗位——灵魂。

③ 实现人生价值的舞台——结果。

(3) 职业的要素。

① 具有职业名称。

② 具有工作对象、内容、劳动方式。

③ 具有承担职业所需要的资格和能力。

④ 具有工作取得的各种报酬。

⑤ 在工作中存在与部门和社会成员的人际关系。

(4) 职业资格证书制度。

职业资格证书制度是指按照国家职业标准,通过政府认定的考核鉴定机构,对劳动者的技能水平和从业资格进行评价和认证的国家证书制度。职业资格证书制度由从业资格证书制度和执业资格证书制度组成。

① 职业资格证书:反映劳动者具备某种职业所需要的专门知识和技能的证明。

② 从业资格证书:建立在从业资格确认的基础上,从业资格确认工作由省、自治区、直辖市人事部门会同业务主管部门组织实施,通过学历认定或考试取得。

③ 执业资格证书:经执业资格考试合格的人员,由国家授予。

2. 职业道德

(1) 职业道德的概念。

职业道德是指人们在职业生活中应遵循的基本道德,即一般社会道德在职业生活中的具体体现,是职业品德、职业纪律、专业胜任能力及职业责任等的总称,属于自律范围,它通过公约、守则等对职业生活中的某些方面加以规范。职业道德既是本行业人员在职业活动中的行为规范,又是行业对社会所负的道德责任和义务。

(2) 职业道德的主要内容。

职业道德的主要内容为爱岗敬业,诚实守信,办事公道,服务群众,奉献社会。

(3) 职业道德的内涵。

① 职业道德是一种职业规范,受社会普遍的认可。

② 职业道德是长期以来自然形成的。

③ 职业道德没有确定的形式,通常体现为观念、习惯、信念等。

④ 职业道德依靠文化、内心信念和习惯,通过员工的自律实现。

⑤ 职业道德大多没有实质的约束力和强制力。

⑥ 职业道德的主要内容是对员工义务的要求。

⑦ 职业道德标准多元化,不同企业可能具有不同的价值观。

⑧ 职业道德承载着企业文化和凝聚力,影响深远。

(4) 职业道德的特征。

① 职业性。职业道德的内容与职业实践活动紧密相连,反映着特定职业活动对从业人员行为的道德要求。每一种职业道德都只能规范本行业从业人员的职业行为,在特定的职业范围内发挥作用。

② 实践性。职业行为过程就是职业实践过程,只有在实践过程中,才能体现出职业道德的水准。职业道德的作用是调整职业关系,对从业人员职业活动的具体行为进行规范,解决现实生活中的具体道德冲突。

③ 继承性。在长期实践过程中形成的职业道德内容,会被作为经验和传统继承下来。即使在不同的社会经济发展阶段,同样一种职业因服务对象、服务手段、职业利益、职业责任和义务相对稳定,职业行为的道德要求的核心内容将被继承和发扬,从而形成了被不同社会发展阶段普遍认同的职业道德规范。

④ 多样性。不同的行业和不同的职业,有不同的职业道德标准。

(5) 职业道德的社会作用。

职业道德是社会道德体系的重要组成部分,它一方面具有社会道德的一般作用,另一方面又具有自身的特殊作用。

① 调节职业交往中从业人员内部以及从业人员与服务对象之间的关系。职业道德的基本职能是调节职能。一方面,职业道德可以调节从业人员内部的关系,即运用职业道德规范约束职业内部人员的行为,促进职业内部人员的团结与合作。例如,职业道德规范要求各行各业的从业人员都要团结、互助、爱岗、敬业、齐心协力地为发展本行业、本职业服务;另一方面,职业道德又可以调节从业人员和服务对象之间的关系。例如,职业道德规定了制造产品的工人要怎样对用户负责,营销人员要怎样对顾客负责,医生要怎样对病人负责,教师要怎样对学生负责等。

② 有助于维护和提高本行业的信誉。一个行业、一个企业的信誉,也就是它们的形象、信用和声誉,是指企业及其产品与服务在社会公众中的信任程度。提高企业的信誉主要靠产品的质量和服务质量,而从业人员职业道德水平高是产品质量和服务质量的有效保证。若从业人员职业道德水平不高,则很难生产出优质的产品和提供优质的服务。

③ 促进本行业的发展。行业、企业的发展有赖于较高的经济效益,而较高的经济效益源于较高的员工素质。员工素质主要包含知识、能力、责任心三个方面,其中责任心是最重要的。而职业道德水平高的从业人员其责任心是极强的。因此,职业道德能促进本行业的发展。

④ 有助于提高全社会的道德水平。职业道德是整个社会道德的主要内容。职业道德一方面涉及每个从业者如何对待职业,如何对待工作,因此它是一个从业人员生活态度、价值观念的表现,同时也是一个人道德意识、道德行为发展的成熟阶段,具有较强的稳定性和连续性;另一方面,职业道德也是一个职业集体,甚至一个行业全体人员的行为表现,如果每

个行业、每个职业集体都具备优良的道德,将对整个社会道德水平的提高起到有力的推动作用。

二、职业道德与行为规范的关系

(一)职业道德与行为规范的区别

(1)从表现形式来看,职业道德的内容相对比较原则和抽象,主要存在于从业人员的意识之中,倡导正面价值取向。行为规范主要表现为具体行为准则,通常有明确的内容。

(2)从调节的范围来看,职业道德制约的范围既有从业人员的行为,又有主观动机,而行为规范主要调整从业人员的行为,一般不针对其主观过错。

(3)从约束机制来看,职业道德主要是用社会舆论和传统力量以及人们的自律来维持,而行为规范则由具体的法律、规章来保障实施。

(二)职业道德与行为规范的联系

职业道德和行为规范是相互联系的,二者相辅相成、相互促进、相互推动。

(1)职业道德与行为规范都是从业者应当遵循的基本准则。行为规范所规定的内容也是职业道德需要规范的内容,是职业道德建设的基础。

(2)职业道德是行为规范的评价标准和推动力量,是行为规范的有益补充。

(3)职业道德和行为规范在某些情况下会相互转化。

(三)养成良好的职业道德行为

养成良好的职业道德行为,就是要把职业道德原则和规范落实到职业生活中,做到言行一致、知行统一,进而形成高尚的职业道德品质,达到崇高的职业道德境界。

1. 保持良知

良知是人们具有的最基本的道德素质,包括敬畏感、羞耻心和感恩心。

(1)敬畏感。

敬畏,是人类对待事物的一种态度。"敬"是严肃、认真的意识;"畏"是谨慎、不懈怠。

敬畏是对道德规范的高度认同。"敬"要求我们从内心深处对职业道德规范和理想道德人格产生认同与景仰;"畏"要求我们时刻对违背职业道德规范和不健康道德行为带来的人格贬损后果产生畏惧。

(2)羞耻心。

羞耻心是一个人由于自己的言行过失而产生的不光彩、不体面的心理,或因舆论而产生的自责心理。可以说,羞耻心是由人的道德良知发现而产生的一种情感反应。

人只有具备了这种羞耻感,才有力量鞭策自己,克服自己的缺点,抵御假丑恶,坚持真善美。只有这样,职业道德规范才能在职业活动中自行约束从业者的行为,形成良好的职业道德行为习惯和高尚的职业道德情操。

(3)感恩心。

感恩,就是一个人对来自他人、社会、自然的给予所萌生出来的一种"承蒙关照"的感激之情。

通过"恩"的情感纽带,我们与他人、与环境建立起了和谐的良性互动关系,这样我们对每日所做的工作就会尽心尽力、无所抱怨;相反,缺乏感恩心的人,总是不知满足,非常容易导致对所从事的职业产生懈怠,从而引起诸多抱怨。感恩心可以让我们自觉增强自己的社会责任感、职业自豪感，使我们的职业行为更加积极。

2. 见贤思齐

子曰："见贤思齐焉，见不贤而内自省也。""贤"是指德才兼备的人；"齐"是指看齐。见贤思齐，是指见到德才兼备的人就要向他看齐，向他学习。

每个人都有自己尊崇的职业道德榜样，每个行业也都有自己的道德楷模。榜样的作用除了示范、引导外，还具有巨大的人格感召力，对人的心灵有着潜移默化的净化功能。因此，结合自己的专业和未来的职业领域，确定一个职业道德楷模作为自己的偶像，可以让自己时时刻刻有一面精神明镜、有一个行为向导。

3. 内省与克己

内省就是依据职业道德规范，自己进行反省和检讨。内省实际上是一种自我观察、自我评价的过程，而道德规范则是自我观察的参照和自我评价的标准和尺度。

克己就是按照职业道德规范约束自己的行为，克服不足之处。克己实际上是一个自我改正的行为过程，是内省结果在行为上的表现。

善于内省者明，善于克己者强。一个人如果在职业生活中能长期内省克己，就能形成坚韧顽强的道德意志，在遭遇道德障碍时就能恪守原则，其良好的职业道德行为也就更容易形成习惯，更容易将职业道德规范转化为自己的信念。

4. 慎独

慎独，是指人们在独自一人、无人监督时，总是严格要求自己，小心谨慎地不做任何不道德的事。慎独是一种无时不在、无处不在的道德自觉和自由，是一种较高层次上的道德修养。

随着社会经济的发展，分工越来越细，专业化程度越来越高，许多行业、企业和部门职业活动的相对独立性也随之增强，有些职业活动和工作任务甚至完全需要个人的独立操作。在此情况下，慎独就显得尤为重要。

第二章　汽车驾驶员职业道德内涵和素养提升

汽车驾驶员职业道德是指汽车驾驶人员在汽车驾驶工作中必须遵循的职业道德准则和行为规范。

汽车驾驶员肩负着安全运输和保障道路畅通的重任，良好的职业道德必然带来行车安全和较高的经济效益。驾驶员的职业道德具体体现在道路驾驶活动中的职业行为规范和准则等方面。

一、汽车驾驶员职业行为要求

（1）持有效的行驶证、道路运输证、驾驶证和从业资格证驾驶道路运输车辆。

（2）遵章守法，规范操作。

（3）文明行车，依法经营，自觉加强职业道德修养，不断提高操作技术水平。

（4）遵守车辆维护和检测制度，认真做好车辆日常维护工作，确保车辆行车安全和技术状况良好。

（5）按规定完成相应的运输工作。

二、汽车驾驶员职业道德的主要内涵

1. 遵纪守法，安全行车

交通法规是用无数人的鲜血写成的，字里行间凝聚着一代又一代交通参与者的血和泪。谁不遵守它，谁就将被它碰得头破血流。自觉遵守交通法规是每个交通参与者，特别是机动车驾驶员应尽的义务。只有遵守交通法规，才能做到安全行车。驾驶员都要树立遵章守纪光荣、违章肇事可耻的思想。驾驶员不但要遵守交通法规，还要遵守国家的其他法律、法规。

2. 文明驾驶，礼貌待人

中华民族是一个具有五千年文明史的国家，是礼仪之邦。驾驶员作为祖国大家庭的一员，作为传播社会主义精神文明的使者，更应该讲文明、讲礼貌。驾驶员从坐进驾驶室的那一刻起，就应想到如何把旅客和货物安全、准时地送达目的地，而文明驾驶则是安全行车的前提和基础。

文明驾驶首先表现在驾驶员的遵章守纪上。机动车辆驾驶员要做到"十不"：① 不闯红灯；② 不闯单、禁行线；③ 不酒后开车；④ 不违章超车；⑤ 不超速行驶；⑥ 不违章超载；⑦ 不违章鸣号；⑧ 不违章掉头；⑨ 不乱停放车辆；⑩ 不违章占道行车。其次表现在驾驶员的道德行为上。驾驶员中常见的不良道德行为有：肇事逃逸、开故障车、酒后驾车、疲劳驾车、严重超载、长时间占用超车道、夜间行车交会不关闭远光灯、违章超车或交会、不讲社会公德、开赌气车等。驾驶员要坚决摒弃上述不道德行为。

3. 尊客爱货，优质服务

把旅客和货物安全、准时地送达目的地，是每个驾驶员应尽的责任。在市场经济条件下，对客货驾驶员来说，旅客和货主是上帝。因此，驾驶员要树立旅客至上、货主至上的美德，答应别人什么时候送、什么时候送到，就要准时完成。但是有些驾驶员不尊重旅客，不尊重货主，不爱惜货物，不按照事先约定的价格任意抬高价码，甚至有个别驾驶员利欲熏心，对旅客和货主进行敲诈勒索，这是绝不允许的。

尊客爱货，优质服务，主要表现在以下几个方面：① 不欺客宰客；② 不得对旅客或货主敲诈勒索；③ 不得对旅客或货主吃、拿、卡、要。

4. 救死扶伤，弘扬正气

救死扶伤是我们中华民族的传统美德，是每个公民应尽的义务。机动车驾驶员作为掌握一定交通工具（汽车、摩托车、拖拉机）的人，无论出车前遇到突发性的伤病员，还是行车途中遇到交通事故中的伤员，或遇到路边挥手要求搭车抢救的伤病员，都应该立即停车，将伤病员送至就近的医院进行抢救治疗。这个条件是其他职业无法比拟的，必须十分珍惜。

5. 严格保守职务秘密

由于驾驶员的工作特性不同，驾驶员的信誉除了来自自觉遵章守纪和安全行车外，很重要的一个因素是要能严格保守职务秘密。一个小小的驾驶室或车厢也是社会生活的一个组成部分，它不亚于一间会议室或办公室。作为一名驾驶员，能否严格保守职务秘密，是衡量其驾驶职业道德一个重要的方面，也是树立其良好信誉的前提条件之一。

6. 互相尊重，公平竞争

互相尊重是驾驶员应该具备的职业道德修养，是与同行建立正常关系的基础。互相尊重，就是以同行为友，互相学习，真诚对待，通力协作，取长补短，共同提高技术水平。互相尊重，要求驾驶员之间在任何时候、任何场合都应谦虚谨慎，不能盛气凌人、自视高人一等。

竞争是市场经济的必然产物，有市场经济必然就有竞争。我们要提倡公开、平等的竞争。公平竞争是指驾驶员在开展业务的过程中自觉遵守职业道德规范，遵守诚信原则，进行公平、平等的竞争。根据其职业特点，公平竞争多表现在服务效率、服务质量、服务态度和社会信誉等方面的竞争；而不正当竞争多表现为拉货源、降低运价等方面的竞争。公平竞争可以促进驾驶员队伍素质的提高，坚决反对贬低同行、抬高自己，金钱至上、损人利己，以及弄虚作假、互相拆台的不正当竞争。

7. 廉洁自律，注重自身修养

在市场经济的大潮中，驾驶员队伍易受到金钱观念的冲击，特别是在国家机关内从事驾驶工作的人。因此我们要提倡从业清廉，注重自身修养，维护驾驶员群体的良好形象。从业清廉、不受贿赂，是驾驶员最起码的职业道德品质。面对各种腐败现象，驾驶员要防微杜渐，自觉抵制不正之风的侵袭，洁身自爱，廉洁奉公，不徇私情，不谋私利。

8. 勤于学习，努力提高服务水平

随着我国改革开放的不断深入，特别是我国社会主义市场经济的建立发展，国家的政策和法律、法规将不断完善。如果驾驶员不认真学习、勤于思考，将会跟不上时代前进的步伐，适应不了交通运输业迅速发展的需要。

驾驶员首先要加强交通法规的学习。交通法规是广大驾驶员的行动准则，不学习就不懂，不懂交通法规，那么遵守交通法规就无从谈起，而不遵守交通法规的后果是可想而知的。因此，要加强新的《中华人民共和国道路交通安全法》《中华人民共和国道路交通安全法实施条例》《道路交通事故处理程序规定》的学习，要运用法律的武器来保护自己。其次，驾驶员应了解以下相关知识：

（1）掌握一定的卫生救护常识，一旦自己发生意外或他人发生意外，都能采取现场急救措施。

（2）要了解一些保险知识。驾驶员发生交通事故后的保险索赔工作也很重要。如果没有一定的保险知识，自己的正当利益有可能得不到保障。

（3）根据岗位不同，有选择地学习一些其他知识。例如，如果在三资企业开车，经常要与"老外"接触，那么应该学一点外语，具有一定的外语水平，能进行一些简单的对话或翻译；如果驾驶出租车、旅游车，那么应该学一些导游方面的知识。在市场经济的条件下，广大驾驶员将接受市场的考验，面临市场的竞争。实践证明，那些知识面广、技术精湛、遵章守纪、安全行车的驾驶员显示出强大的竞争力，普遍受到用人单位的欢迎；而那些知识面狭窄、技术素质差、经常违章肇事的驾驶员将会在竞争中落败，甚至被淘汰。

三、新形势下提高驾驶员职业道德素养的措施

1. 新形势下驾驶员职业道德意识淡薄的原因

（1）思想认识不足。部分驾驶员认为目前有良好的交通环境、完善的行车安全控制办法和管理措施约束自己，只要搞好行车安全和经济效益就行了，讲职业道德过时了，没必要

花过多精力,于是忽视甚至放弃了职业道德建设,或者把职业道德当作口号嘴上喊喊,应付了事,安全行车意识、交通法规意识淡漠,是非、善恶、美丑界限混淆,缺乏诚信意识,道德失范,服务质量差,职业道德标准混乱。

（2）价值观取向不正确。在讲竞争、求效益的市场经济条件下,部分驾驶员的利益观念发生了偏移,奉献意识淡化,价值观由讲奉献、比作为向讲价钱、比收入转变,认为搞市场经济就是要多赚钱,只要将经济效益搞上去了,职业道德自然会好转,市场经济靠讲竞争、讲效益,按职业道德办事就会吃亏。所以有些驾驶员过分强调和追求个人利益,受经济利益驱动,在行车过程中为了争抢客、货源,强超抢会,以强欺弱,开疲劳车、英雄车、斗气车,宰客、甩客、超速、超载现象普遍存在,严重影响了行车安全。

（3）爱岗敬业、责任意识淡化。一部分驾驶员受市场经济建设带来的一些负面因素的影响,嫌工作风险大,生活没规律,所以对工作目标不高,认识不到自己工作的重要意义,缺乏对工作高层次的追求,存在着轻视自己的职业、不安心本职工作的思想,将主要精力不是用在学习日益科学复杂的车辆构造和提高操作技能上,而是花费大量精力满足消遣娱乐方面的要求,对待工作责任意识不强,懒懒散散,随随便便,为了个人私利,不顾国家安全法规,在车辆驾驶中任意违章,麻痹大意,有利可图的事抢着干,无利可图的事不愿干。

（4）主人翁地位下降。面对社会格局发生的变化,有些驾驶员在职业面前不能保持清醒的头脑,经受不住改革开放、经济搞活形势的考验。他们认为自己整天在行车中奔忙,工作流动分散,单位难以直接管理,遇到各种情况都是自己独立处理,社会大环境不好,靠自己一个人讲职业道德解决不了问题,坚持职业道德就是束缚自己,有意和自己过不去,职业道德差一点无所谓。因此,他们在行车过程中很少顾及全局利益,而是用手中的工具谋取私利,不是通过诚实的劳动获取正当的利益,而是靠欺诈勒索旅客、货主发家致富,看到同行的不正之风和车上的坏人坏事不闻不问。

2. 新形势下提高驾驶员职业道德的措施

驾驶员职业道德存在的上述种种问题危害极大,会给服务对象带来负面影响,产生相当大的社会负效应,稍有疏忽还会造成人民生命财产巨大损失,给国家、单位、人民和自己带来不应有的损失,所以应从以下几个方面加强驾驶员职业道德建设：

（1）加强职业道德教育。重视对机动车驾驶员的职业道德教育,采取多形式、多渠道以及生动的实例来引导他们,以提高驾驶员的素质和职业道德修养。

① 要加强机动车驾驶员职业道德的责任教育,使他们认识到自己在社会生产体系中的地位和作用,自己所从事的职业是社会生活中不可缺少的一部分,其目的在于培养他们热爱本职工作的情感,树立职业责任感、荣誉感,从而激发其做好本职工作的热情。

② 要加强机动车驾驶员职业道德的规范教育,使他们认识到在本职活动中会发生哪些人与人的关系,在处理这些关系时,怎样做是道德的,怎样做是不道德的,使其改掉不良习惯,努力做到遵章守法、文明行车、安全及时、助人为乐。

③ 要加强机动车驾驶员职业道德的品质教育。不同的职业对人们有不同的品质要求,这是人们在职业实践活动中逐渐形成的,它同业务知识一样,是人们能够胜任本职工作的基本素质之一,如人民警察的秉公执法、忠于职守、服从命令听指挥,教师的博学、仁慈、为人师表、诲人不倦等。机动车驾驶员应该有娴熟的驾驶技术和热爱本职工作、自觉遵守交通法规、坚持实事求是、不欺客和宰客等职业品质。

（2）加强安全教育，提高安全责任意识。安全行车是对驾驶员最基本、最重要的职业要求。在行车中，乘客、货物以及第三者的安全都系在驾驶员的身上，驾驶员任何一个失职行为都有可能引发事故，造成人身和财物的损失。能否做到安全行车，不仅关系到国家和人民的生命财产安全，而且影响到驾驶员的经济效益、服务质量、工作效率、社会信誉，还涉及家庭幸福、社会稳定。因而驾驶员必须树立高度的社会责任心，增强事故防范意识，牢固树立"安全第一"的思想，把"安全第一、谨慎操作"的道德要求落实到具体行动中，凡不利于安全行车的行为、观念要坚决清除、无情抵制，要时刻把人民群众的安危放在心上，随时保持冷静清醒的头脑，处处防止意外情况的发生。

（3）强化交通法规和安全制度的约束。道路交通法规和安全制度是驾驶员安全行车的基本保证和职业道德的具体要求，对违章行为有强制性、约束性和规范性。由于驾驶工作的特殊性，作为一名驾驶员应该比一般人员具有更强的法制观念和严格的组织性、纪律性。积极采取有效措施，通过安全活动、安全教育、安全宣讲等活动形式，引导驾驶员认真学习交通法规和安全制度，熟记和掌握其内容，了解道路交通法规的基本原则，熟悉交通管理的具体条款和各项措施，自觉杜绝违章行为的发生，做到白天和晚上一个样，有人检查与无人检查一个样，交警在场与不在场一个样，把自觉遵守交通法规和安全制度建立在高度自觉的道德意识基础上。

（4）培养良好的驾驶作风和职业习惯。良好的驾驶作风和职业习惯是驾驶员长期的实践经验总结。可通过月度讨论、季度排查、年度总结和经验交流等方式，培养和教育驾驶员在行车中必须严格遵守安全行车操作规程，不随心所欲、自我发挥，坚持文明驾驶、礼貌行车，做到路好人稀不能飞、车多路窄不能急、遇人违章不能气；要坚持礼让三先、谨慎驾车，不开英雄车，不开赌气车，不开斗气车；要能及时控制不利于行车安全的动作和有失理智的行为，心平气和地按照安全操作规程办事。

（5）重视培养过硬的驾驶操作技术。要当一名合格的驾驶员，必须掌握日益复杂的车辆构造原理，熟练掌握操作要领和安全驾驶方法，要熟悉交通情况，掌握天气、道路、人、车及环境特性，时刻牢记党和人民的嘱托，用职业道德来督促自己，以对人民群众生命安全高度负责的态度，勤学苦练，不断提高安全操作驾驶技能。通过组织技术讲座，进行发动机、空调机、缓速器使用维护保养等新技术的培训，以及开展群众性质量攻关活动等方式，特别是经常性地组织疑难问题的判断、特殊天气下的驾驶经验等情况的座谈，促进驾驶员之间的学习交流。

（6）督促驾驶员精心维护车辆，确保车辆良好的技术状况。确保车辆设施齐全、性能良好，是行车安全的重要物质基础和必要条件。通过定期和不定期检查、考核、评比，促使驾驶员平时做好车辆的日常维护工作，保持车况经常处于良好的工作状态，提高车辆完好率，发现故障要及时排除。通过建立"一日三查"，即出车前查、行车中查、收车后查的检查考核制度，确保车辆不因发生机件故障而造成行车事故。

（7）公安交通管理部门进一步强化管理，严格执法，加大处罚力度。公安交通管理部门要运用先进手段对道路进行监控；同时要加强路面管理，对少数不遵守交通法规的驾驶人员在提倡教育为主的基础上，还要进行处罚，让违章者在接受教育处罚中吸取教训，使其改变任意违章的不良行为。

（8）加强自身修养的培养和锻炼。积极倡导从自我做起，以自己的实际行动加强自身道德修养的培养和锻炼。结合实际开展评优评先和"安全受控无事故、节约能源降成本、转变观念强素质"的主题教育等活动,在全体驾驶人员中开展"三无三带头"活动(无违章,带头遵守规章制度;无违纪,带头遵守各项纪律;无事故,带头消除安全隐患),表彰先进,鞭策后进,激励全体驾驶员在遵守职业纪律、履行职业责任、提高职业技能方面发挥先锋模范作用。

第三章　汽车驾驶员服务行为规范

行为规范是社会群体或个人在参与社会活动中所遵循的规则、准则的总称,是社会认可和人们普遍接受的具有一般约束力的行为标准。狭义的行为规范就是行为规则。行为规范是建立在维护社会秩序理念基础之上的,对全体成员具有引导、规范和约束的作用。行为规范引导和规范全体成员可以做什么、不可以做什么和怎样做,是社会和谐重要的组成部分,是社会价值观的具体体现和延伸。

汽车驾驶员其职业具有面向社会、面向公众的特点,在安全意识、服务意识、责任意识、社会意识的养成上都具有较高的要求。汽车驾驶员行为规范是约束驾驶员的不良行为,规范驾驶员的工作和生活行为,培养驾驶员良好的安全意识、服务意识、责任意识、社会意识,保障汽车运营安全和服务质量,创造和谐、优质、安全的驾乘环境的行为准则。

一、日常规范

(1) 严守法纪,提高素养。平时自觉学习政治理论,不断提高思想政治素质。认真学习《中华人民共和国道路交通安全法》等有关法律法规,牢固树立安全第一的思想,努力提高自身综合素质。要带头维护好驾驶员的良好形象,做文明守法的倡导者和实践者,争做遵章守法、文明行车的带头人,自觉规范自己的交通行为,树立文明交通意识,争当文明驾驶模范,维护和谐、文明的交通秩序。

(2) 遵守工作纪律,执行考勤制度,服从管理。

(3) 尽责奉公,不谋私利。严于律己,不见利忘义。严禁公车私用,爱护车辆,注意节约。

(4) 见义勇为,救死扶伤。

(5) 劳逸结合,身心健康,起居有常,饮酒适量,培养高雅的情趣,保持情绪稳定和精神健康。

二、服务规范

汽车驾驶员的服务规范主要包括仪表规范、言行礼仪规范和文明管理规范等。

(一) 仪表规范

1. 面容规范

(1) 须发规范。

头发:前不遮眉,左右不盖耳,后不及衣领;不染发(白发染成黑色的除外);要经常洗头,特别夏天出汗多,要及时清洗以免散发异味;女士勿戴过多头饰,发型文雅、庄重、梳理整齐。

胡须:每天最少刮一次。如因生理关系长得较快的,要多刮几次。

鼻毛:要及时修剪,不可长出鼻孔之外。

(2) 面部修饰。

脸、眼部、耳朵、鼻孔、唇、牙齿要保持清洁。有耳毛的要定期修剪,经常清洁鼻子内外,牙齿无异物且洁白。不应当众擤鼻涕、挖鼻孔、乱弹或乱抹鼻垢、剔牙、挖耳等。

(3) 肢部修饰。

肢部:手部、腿部、脚部。肢部动作多,受人关注。应保持手的清洁,不要有汗渍和油污,指甲要经常清洗、修剪(指甲缝不要有黑边)。穿鞋前,要清洁好鞋面、鞋跟、鞋底等,做到一尘不染。接待乘客时,天气再热,也要穿正规的皮鞋。

2. 表情规范

汽车驾驶员的表情,在岗位上应该体现出友好、轻松、自然、尊重、尊严。

(1) 注意目光。

① 注视部位:工作场合,一般应注视乘客的唇部和额中之间的区域。乘客的头顶、胸部、腹部、臀部、大腿、脚部、手部是禁区。

② 注视角度:和多位乘客打交道的时候,要用环视表示对他们的重视、一视同仁。一般注视角度要相对保持稳定。对于异性,不要上下左右反复打量地扫视,不斜视,不挤眉弄眼。

③ 注视时间:和对方交谈时,听的一方通常应该多注视说的一方,要常保持双方目光的接触,随着话题内容的变换,采用及时恰当的目光反应,使整个交谈融洽、和谐而且生动有趣。长时间回避对方目光或是左顾右盼,是"心里有鬼"或是不感兴趣的表现。如果一直用一种直勾勾的目光盯着对方,也是非常失礼的。

(2) 保持微笑。

自然、从容地从内心深处流露出来的笑意,包含着温馨和真诚,蕴藏着友善和尊重。迎接乘客的时候施以微笑,乘客询问时报以微笑,向乘客解难释惑时伴以微笑,工作出现失误时赔以微笑,或是受到表扬时还以微笑等,都会使微笑更具风采和魅力。

3. 衣着规范

一般要求穿工作服,没有工作服的选择制作精良、外观整洁的正装。男式长袖衬衫要塞在裤腰内,袖子最好不卷起,长裤有腰攀的应穿上腰带或背带;女士的裙装应配过膝长袜,领口过低过短的衣服不宜穿着。

着装四忌:一忌又折又皱,不熨不烫。正常情况下,全身衣物都要保持整齐、挺括,尤其是易褶皱的衣料,要注意在换下衣物后用衣架挂好,保持衣物平整,洗衣后应注意及时熨烫,避免穿着有明显褶皱的衣物。二忌又油又脏,污渍明显。着装应当卫生、干净,对于各类服装都要勤换勤洗,正常情况下,不允许存在明显的污渍、油迹、汗味与体臭,尤其是浅色衣物的领口、袖口和深色下装的后部,应注意检查、及时换洗。三忌不看场合,胡乱穿衣。正式场合应着正装,特殊场合要按要求着装。四忌贪图舒适,背离文明。不能穿短裤和露出腋窝的无袖衫或背心,不能穿拖鞋、凉鞋、露出脚趾的鞋。

4. 举止规范

行为举止是心灵的外衣。驾驶员在待人接物中要表现出良好的职业素质,应该做到和气而不卑恭,热情而不轻浮,端庄而不生硬,优雅而不脱俗。

(1) 得体的坐姿。

良好的坐姿要符合端庄、文雅、得体、大方的整体要求。不要将手臂搭在车窗上,也不要斜坐或半躺在座位上,更不要将"二郎腿"翘得老高或脱掉鞋袜。不要以鞋底示人。

(2) 稳健的站姿。

站立时应挺直、舒展、线条优美、精神焕发。需要长时间站立的时候,双腿可以平分站立,右手握住左手手背,垂放于腹前并稍微上提,注意肩膀向后打开,保持良好的精神状态;也可以双手自然垂放于身体两侧。

站在车外迎接乘客,应昂头挺立、体态端正,不要将身体斜靠在汽车上,不要两条腿交叉站立,或一只手插在裤袋里,另一只手拿着香烟,更不要站立时习惯地做出抖腿的动作。应站在前门靠车头一侧,以便开门。开门的时候,以左手开门,右手挡住车门上框的位置,等乘客双腿收进车里后,再关好门。

(3) 积极的走姿。

走路时,上身基本保持站立的标准姿势,挺胸收腹,腰背笔直;两臂以身体为中心,前后自然摆动。

(二) 言行礼仪规范

开车过程中,驾驶员一般要避免说话,以免分散注意力,影响行车安全。但有时候,如交通堵塞,车辆处于停驶状态,或路上车少人稀,行车安全确有把握时,驾驶员找些话题和乘客或者领导聊一聊,是可以接受的,但不要问及私人事宜或不断地向乘客问问题,也不要谈论他人。

常言道:言为心声。聊天时,在说话态度上要谦虚、礼貌,不能盛气凌人,要让乘客觉得平易近人;在语气上,要热情、和气,不可冷言冷语,要让乘客觉得和蔼可亲;在语言习惯上,要文雅、朴实,不讲粗话、脏话,要让乘客觉得你待人以诚、待人有礼。

1. 加强语言修养

(1) 称谓礼貌得当。称呼领导的时候,要称呼姓氏加上职务。称呼乘客的时候,也要称呼姓氏加上职务,或者姓氏加上职称、学位、行业称呼,对乘客情况不太了解时也可以以年龄、性别作为称呼,如"某某先生/小姐",不提倡称呼过于私人的"伯伯""大妈""大哥"之类。

(2) 措辞委婉贴切。在服务过程中,措辞应尽量做到妥当、贴切、委婉,避免尴尬,使交流变得轻松自如。

(3) 语气和蔼可亲。

(4) 避免脏话、粗话和别扭话。脏话、粗话是不文明的表现,对个人形象、单位形象和信誉都有很大的损害。

(5) 语言清晰明白。

2. 使用普通话

驾驶员只有讲好普通话才能消除语言障碍、增进了解,和乘客更好地进行沟通,才能提高工作效率。

3. 注意谈话方式

(1) 开头要寒暄。寒暄可以打破双方陌生的感觉,使谈话显得亲切自然。例如,"今天天气挺好的""您好,一路辛苦了!"等。

(2) 讲话要简练。驾驶员负担着驾驶车辆的任务,大脑还要想着行车路线的安排,因此不宜花太多精力与乘客攀谈,讲话应力求简洁、明快,少讲"这个""那个"等毫无表述作用、让人觉得不干脆的口头禅。

(3) 结尾要收好。说话的时候要适可而止。当发现谈话的内容临近枯竭或乘客、领导已经没有兴趣的时候,应及时结束谈话。结束交谈时应讲句幽默的话,同时报以友好的微笑,给谈话暂时画上完美的"句号"。

(三)文明管理规范

(1) 车辆要保养好,车身要保持干净,爱惜、保护车内的一切设施。
(2) 做好车内(包括空调)的清洁工作,车内不能有杂物、异味。

三、接待规范

(一)守时、守纪

1. 守时

(1) 驾驶员应服从安排,听从调度,做到随叫随到,不能在未经许可的情况下,利用工作之便私自用车。
(2) 领导需用车时,应该提前 5~10min 将车停在易于上车的位置等待,等待过程中禁止鸣笛催促。
(3) 领导外出短暂办事、开会时,要求驾驶员不得离车,做到随叫随走;陪同领导或乘客用餐,餐后需用车时,应快吃、快喝(喝茶、水、饮料),提前发动车辆,只能"车等人",不能"人等车"。

2. 守纪

驾驶员要遵纪守法,严格遵守交通规则和安全法规,在意识上绝不能麻痹大意,要时刻保持警惕,保证行车安全。

(二)服务要热情、周到、体贴

(1) 备好车内应常备的物品,尽可能提供舒适便利的乘车条件。
① 车内最好常备水和饮料等。
② 视情况在车内备一些常用药品,如止泻药、止痛药、创可贴等。
③ 车内必须有备用伞,如遇下雨等天气,要主动接送乘客至目的地。
(2) 视天气情况,提前打开车内空调调节温度,使领导、乘客有舒适的乘车环境。
(3) 眼勤手快、提供便利。
① 接待乘客时,应主动与乘客打招呼,并帮助其拿一些较重的行李。待放好行李,乘客入座后,驾驶员应逐一检查车门是否关好,然后才能开始驾驶。
② 车辆行至目的地后,驾驶员应下车为乘客开车门,取出行李,帮助其将行李送至候机室、车站站台或房间,并有礼貌地向乘客道别。
(3) 把握自己的言谈尺度,保守秘密。
① 领导与乘客在车上谈话,要做到不该听的不听,不该说的不说,不该问的不问,更不能胡乱插话或打断谈话。
② 不得与乘客闲聊有关公司重大内容的话题,更不得在车内听到公司领导谈话内容后到外面传播扩散。

（三）不受欢迎的举止

1. 盯视他人

在接待一些服饰、打扮或相貌奇特的乘客时，驾驶员盯视乘客是非常不礼貌的行为，难以博得乘客的好感。尤其是异性领导或者异性乘客穿着性感，又是在天气炎热的季节，驾驶员们更要把握好自己的目光，不要让人产生不必要的误会。

2. 车内窃笑

当乘客讲错话、办错事或出洋相的时候，或者在车内打嗝、排"尾气"的时候，不要窃笑，否则不仅不礼貌，甚至有时候会刺伤乘客的自尊心，最好的方法是当什么事都没有发生一样。

3. 乱用手势

不同的手势，表达不同的含意。有些手势使用起来不仅不礼貌，更会给人以目中无人、嚣张的感觉。

4. 汽车驾驶员的"反客为主"

驾驶员不应随便打开车窗或者按照自己的需要调节车内温度。驾驶员是为乘客服务的，所以应该在征求乘客同意的前提下打开车窗，但开着空调开窗的行为是不受欢迎的。

5. 往车外扔垃圾、吐痰

往车外扔垃圾、吐痰是一种非常不文明、有损形象的行为。

6. 车内吸烟

车内吸烟属违法、违规行为，会给乘客带来不轻松、不愉快的心情，且影响和危及乘客的身体健康，是不可接受的。

四、驾驶规范

（一）守法驾驶规范

（1）学习交通法规，遵守交通法规，维护交通秩序，服从交通民警的指挥，按照操作规范安全驾驶、文明驾驶。

（2）法定证件（机动车行驶证、机动车驾驶证等）携带齐全，行驶证和驾驶证审验有效。

（3）饮酒、服用国家管制的精神药品或者麻醉药品、患有妨碍安全驾驶机动车的疾病或过度疲劳影响安全驾驶的情况下，不得驾驶机动车。

（二）安全驾驶规范

（1）努力钻研驾驶业务，提高自身素质，提高驾驶业务技能。

（2）驾驶机动车上路行驶前，应当对机动车的安全技术性能进行认真检查，不得驾驶安全设施不全或者机件不符合技术标准等具有安全隐患的机动车。出车前，要坚持检查制度，做到机油、汽油、刹车油、冷却水、轮胎气压、制动转向、喇叭、灯光的安全可靠，检查随车工具是否齐备，保证汽车处于良好安全状态。

（3）汽车驾驶员和乘车人必须系好安全带后发动汽车。

（4）严禁携带易燃易爆等危险物品上车，若驾驶员发现有乘车人携带违法危险物品上车，可以拒载并立即向安监部门汇报。

（5）不超速、超载驾驶汽车，不在行驶过程中玩手机、看视频、听故事，应集中精力，谨慎驾驶。

（6）车辆出现故障及因发生交通事故等原因不能正常行驶时，须主动报警，积极抢救伤者，保护现场，并采取必要的安全警示措施，避免发生其他伤害事故。严禁肇事逃逸。

（7）服从管理，听从调度，不私自出车，驾驶途中不做与工作无关的私事，汽车必须按照规定路线行驶。

（8）养成文明驾驶习惯，严禁强行超车或抢道会车，严禁斗气、逞强、飙车，不乱掉头，不闯单、禁行线，不闯红（黄）灯，不抢道，不插队，不乱鸣喇叭；遇有行人和非机动车辆要礼让斑马线；要注意礼让执行任务的消防车、救护车和礼宾、警卫车队，不准乱插礼宾、警卫车队。

（9）遇突发情况，努力维护国家利益和人民生命财产安全，先人后己、先人后车。

第二单元 交通工程学基础知识

第一章 交通特性

道路交通是一个复杂的以交通流为中心的动态系统,它主要由人、车、道路与环境等交通要素组成。

道路交通作为一个具有特定功能(即达到"行"的目的)的系统,在正常营运和维修条件下能安全地完成预期的客、货运输任务,其必要且充分的条件是:系统各个基本要素本身性能可靠及各要素之间相互协调。

交通四要素中,"人"是指参与交通行为的驾驶人、行人和乘客等,其中驾驶人必须具有合格的操作技能、丰富的驾驶知识和经验、良好的习惯和情绪以及充沛的体力,在复杂的道路交通条件下才不致发生交通事故;"车"(主要指汽车)应具有良好的技术性能(主要是操纵性和稳定性),保证操作(如启动、制动、转向、加速等)灵活、可靠;"道路"应具有较高的质量,保证车辆不至于因道路线形不良、路面滑溜或结构物失稳破坏而造成交通事故;"环境"应包括社会环境和道路环境。道路环境应适应驾驶人的视觉心理特征,保证行车安全;社会环境应形成人人懂得交通法规、遵守交通法规的良好社会风气,为道路交通系统的正常运行创造一个良好的外部条件。

上述各个要素相辅相成,只有在各要素相互协调时,系统才能维持平衡,交通的通畅和安全才能得到保证。如果系统中某一要素出现问题,与其他要素不相协调,则系统就将失去平衡,导致交通不畅和交通事故的发生。人们常说:"道路是交通的基础,车辆是交通的工具,人是交通的主导,而环境则是交通的外部条件。"其各自的特性如何,如何有机地协调它们之间的空间和时间关系,则是交通工程学研究的主要内容。本章主要介绍人、车与道路的交通特性。

第一节 驾驶人的交通特性

一、驾驶人的任务及信息处理过程

1. 驾驶人的任务

驾驶人是道路交通系统中"会思考"的部分,其主要任务有三项:一是沿着选定的路线驾驶车辆,完成从起点到终点的运输过程,以实现人员和货物在空间上的移动;二是遵守交通法规,正确理解信号、标志与标线的含义,服从交通警察的指挥,自觉维护交通秩序,以保证交通的安全和通畅;三是遇到不利情况及时调整车速或改变车辆的位置和方向,必要时停车,以避免交通事故的发生。以上三项任务中,后两项任务决定着车辆运行的可靠性和安全程度。

2. 驾驶人的信息处理过程

车辆行驶时,驾驶人通过视觉、听觉与触觉等感觉器官感知车内外的各种行车信息,这些信息通过注意的选择,一部分以较深刻的印象进入驾驶人的大脑神经中枢,并结合驾驶人以往的经验进行加工,加工的结果是做出相应的判断和决策,最后通过"反应器"(如手、脚等)操纵车辆。此时如果"反应器"在反应上有偏差,必将导致车辆运动与驾驶人的实际期望不符,此时应把信息及时返回到神经中枢进行修正,然后再传递到"反应器","反应器"执行修正后的命令。这个过程可以抽象成如图 2-1-1 所示的信息处理过程。

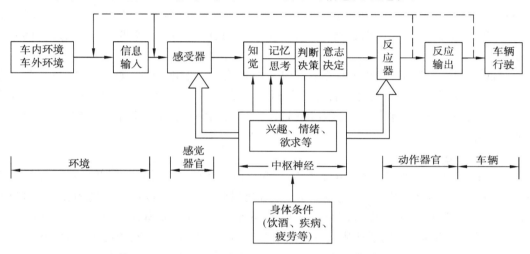

图 2-1-1　驾驶人的信息处理过程

概括起来,驾驶人行车的过程,实际上就是感知、判断决策和操纵三个阶段不断循环往复的过程。感知是指驾驶人通过视觉、听觉与触觉等感觉器官来感知行车的环境、条件和信息,如道路线形、交通标志、人与车等。判断决策是驾驶人在感知信息的基础上,结合驾驶经验和技能,经过分析,做出判断,确定有利于汽车安全顺畅行驶的措施。操纵是驾驶人依据判断决策所做出的实际反应和行动,具体指手脚对汽车实施的控制,如加速、制动与转向等。

二、驾驶人的视觉机能和反应特性

1. 视觉机能

视觉就是外界光线经过刺激视觉器官在大脑中所引起的生理反应。视觉在辨别外界物体的明暗、颜色、形状等物理特性,以及区分物体的大小、远近等空间属性上都起着重要作用。

在行车过程中,驾驶人需要及时感知各种交通信息。根据统计分析,各种感觉器官给驾驶人提供交通信息的比例如下:视觉 80%、听觉 10%、触觉 2%、味觉 2%。可见,眼睛是驾驶人信息输入最重要的器官。因此对视觉机能的考核和研究是驾驶人特性研究的重要内容。对于驾驶人的视觉机能,主要从以下几个方面来考查:

(1) 视力。

视力就是眼睛分辨两物点之间最小距离的能力。根据眼睛所处的状态和时间不同,又有静视力、动视力和夜间视力之分。

静视力是站在视力表前 5m 处,依次辨认视标所测定的视力。申请大型客车、牵引车、城市公交车、中型客车、大型货车、无轨电车或者有轨电车准驾车型的,要求两眼裸视力或者矫正视力达到对数视力表 5.0 以上。申请其他准驾车型的,要求两眼裸视力或者矫正视力达到对数视力表 4.9 以上。

动视力是处在运动中观察物体的视力。动视力与汽车行驶的速度有关,随着车速的提高,动视力明显下降。例如,以 60km/h 的速度行驶,驾驶人能看清车前 240m 的标志,而以 80km/h 的速度行驶,则在接近 160m 处才能看清车前标志,车速提高 33%,视认距离反而减少 36%。此外,动视力还随着驾驶人年龄的不同而有所差异,年龄越大,动视力降低的幅度越大。

夜间视力受光照度、背景亮度等诸多因素的影响。光照度增加,则视力增加,光照度在 0.1~1000lx 范围内时,光照度与视力之间近乎为直线关系。黄昏时对驾驶人行车最为不利,原因在于黄昏时刻,前灯的照度与周围景物的光亮度相近,难以看清周围的车辆和行人,容易发生事故。

(2) 视觉适应。

视觉适应是视觉器官对于光亮程度突然变化而引起的感受性适应过程。由明亮处进入暗处,眼睛习惯后,视力恢复,称为暗适应;由暗处到明亮处,眼睛习惯后,视力恢复,称为明适应。暗适应时间较明适应时间长。如果进入暗室,眼睛习惯所需时间约为 15min,30~40min 才能完全适应,而明适应则可在 1min 内达到完全适应。一般情况下,当由隧道外进入没有照明条件的隧道内,大约会发生 10s 的视觉障碍;夜晚在城区和郊区交界处,照明条件的改变也会使驾驶人产生视觉障碍,从而影响行车安全。所以设置照明设施时应予以考虑。

(3) 眩目。

若视野内有强光照射,颜色不均匀,则会使人的眼睛产生不舒适感,形成视觉障碍,这就是眩目。夜间行车,对向来车的前灯强光照射,最易使驾驶人产生眩目现象。这种现象有连续与间断之分。夜间行车多半是间断性的眩目。当受到对向车灯强烈照射时,不禁要闭目或移开视线,这种现象称为生理性眩目。由于路灯照明反射所产生的炫光使驾驶人有不愉快的感觉,这种现象称为心理性眩目。眩目是由炫光产生的,炫光会使人的视力下降,下降的程度取决于光源的强度、视线与影响光之间的夹角、光源周围的亮度、眼的适应性等多种因素。

(4) 视野。

当两眼注视某一目标时,注视点两侧可以看到的范围称为视野。将头部与眼球固定,同时能看到的范围为静视野;将头部固定,眼球自由转动,同时能看到的范围为动视野。动视野比静视野大,左右约宽 15°,上方约宽 10°,下方无变化。视野受到视力、速度、颜色、体质等多种因素影响。随着车速增大,驾驶人的视野明显变窄,注视点随之前移,两侧景物变得模糊,见表 2-1-1。

表 2-1-1　驾驶人视野与行车速度的对应关系

行车速度/(km/h)	注视点在汽车前方距离/m	视野
40	183	90°~100°
72	377	60°~80°
105	610	40°

（5）色视觉。

色视觉在可见波长范围内，不同波长的感觉阈限不同。可见的颜色是从短波的紫色到长波的红色之间的颜色。

颜色有三个属性，分别为色相、明度与彩度。色相是指反映各种具体色彩面貌的属性。色相决定于物体反射光的波长，是物体颜色在质方面的特性。红、黄、蓝为彩色的基本色。明度为彩色的明暗程度。就视觉反应而言，可将明度理解为反射光引起视觉刺激的程度，如浅红、深红、暗红、灰红等明度变化。彩度是指颜色的纯度。当一种颜色的色素含量达到极限时，正好发挥其色彩的固有特性，即为该色相的标准色。

不同的颜色对驾驶人会产生不同的生理、心理作用，如红色显近，青色显远；明亮度高的物体视之似大，显轻；明亮度低者，视之似小，显重等。我国交通标志使用 6 种颜色，分别为红、黄、蓝、绿、黑与白。红色波长最长，传播最远，使人产生"火"和"血"的联想，对人的视觉和心理有一种危险感和强烈刺激，多用于禁令标志。黄色具有明亮和警戒感觉，用于注意危险的警告类标志。蓝色和绿色使人产生宁静、和平与舒适的感觉，多用于指示、指路标志。夜间人眼的识别能力降低，白色的识别度最好，黑色的识别度最差。

2. 反应特性

反应是由外界因素的刺激而产生的知觉-行为过程。它包括驾驶人从视觉产生认识后，将信息传到大脑知觉中枢，经判断后由运动中枢给手脚发出命令，开始动作，直至动作生效。知觉-反应时间是控制汽车行驶性能最重要的因素，如图 2-1-2 所示。

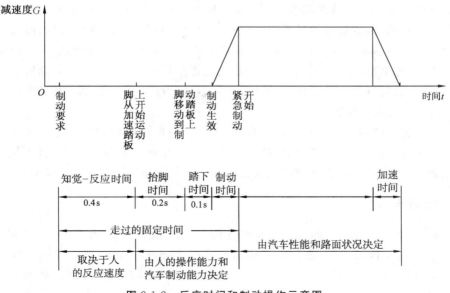

图 2-1-2　反应时间和制动操作示意图

驾驶人开始制动前最少需要 0.4s 知觉-反应时间,产生制动效果需要 0.3s 时间,共计 0.7s。根据美国公路工作者协会规定:判断时间为 1.5s,作用时间为 1s,故从感知、判断、开始制动到制动生效的全部时间通常按 2.5~3s 计算。道路设计中以此作为制动距离的基本参数。

反应时间的长短取决于驾驶人的素质、个性、年龄、对反应的准备程度及工作经验等。

三、疲劳驾驶

1. 疲劳驾驶的定义与危害

驾驶疲劳是指驾驶人在长时间连续行车后,产生生理机能和心理机能的失调,而在客观上出现驾驶技能下降的现象。驾驶人睡眠质量差或时间不足,长时间驾驶车辆,容易出现疲劳。疲劳后继续驾驶车辆,这种行为称为疲劳驾驶。

驾驶人疲劳时会感到困倦瞌睡,四肢无力,注意力不集中,判断能力下降,甚至精神恍惚或瞬间记忆消失,出现动作迟误或过早,操作停顿或修正时间不当等不安全因素,极易发生道路交通事故。

2. 影响驾驶疲劳的因素

驾驶人长时间、长距离行车,技术水平低、操作生疏,驾驶时间短、经验少,驾车 4h 以上等情况都会造成疲劳驾驶,同时还有以下影响因素:

(1) 驾驶人的生活情况。

驾驶人每天的睡眠是否充足,与家人、同事的关系是否和睡,家庭生活负担是否过重等,都会影响到驾驶的疲劳程度。如睡眠不足去开车,一定时间后就会打瞌睡。在一般情况下,驾驶人一天行车超过 10h,前一天睡眠时间不足,那么事故率就高。驾驶人家庭生活负担过重,家庭关系、同事关系不和睡,则在驾车时易走神、烦闷,或因过度劳累而产生疲劳。

(2) 车内外的环境。

车内环境包括温度、湿度、噪声、振动、照明、气味、座椅的舒适度、与同乘者关系的融洽状况等。这些因素的一项或多项的不利状态长时间作用于驾驶人,则易使驾驶人产生疲劳。

车外环境包括时间(昼或夜)、天气(晴、雨、雪、雾)、道路线形、路面状况、沿线设施及交通情况(车流畅通或拥挤)等。夜间、雨天、雾天、雪天驾车较辛苦且较易疲劳。道路线形单调或视线不良、路面颠簸不平或太光滑、沿线设施繁杂或设置不当、车流太拥挤或车流速度反复变化等,都会使驾驶人的身体和神经由于劳累、枯燥或过度紧张而产生疲劳。

(3) 驾驶人的自身特性。

驾驶人的自身特性包括年龄、性别、身体状况、性格取向与驾驶技术等。年轻驾驶人与老年驾驶人相比,既易产生疲劳,也易消除疲劳。女性驾驶人在相同行车条件下比男性驾驶人易产生疲劳。身体健康、性格开朗愉快的驾驶人在同等条件下驾车产生疲劳的程度较低。

四、酒后驾驶

饮酒后切不可驾驶车辆。酒后驾驶分两种:酒精含量达到 20mg/100mL 但不足 80mg/100mL,属于饮酒驾驶;酒精含量达到或超过 80mg/100mL,属于醉酒驾驶。饮酒驾驶属于违法行为,醉酒驾驶属于犯罪行为。2013 年 1 月 1 日起,新修订的《机动车驾驶证申领和使用规定》(公安部 123 号令)正式实施,对饮酒驾驶和醉酒驾驶均增强了处罚力度。

酒的主要成分是酒精（化学名称为乙醇），酒的烈性程度是指酒所含酒精浓度的大小。人饮酒后，酒精被胃肠黏膜迅速吸收，溶解于血液中，通过血液循环流遍全身，渗透到体内组织。由于酒精与水有融合性，所以体内含水量高的组织和器官（如大脑和肝脏等）的酒精含量也高。酒精具有麻醉作用。它作用于高级神经中枢，最初使人有些轻松，减弱了对运动神经的约束，四肢活动敏捷，随着脑与其他神经组织内酒精浓度的增高，中枢神经活动便逐渐迟钝，先使人的判断力发生障碍，而后四肢活动也变得迟缓了。

饮酒对精神和心理的影响比对身体的影响更大，因此饮酒后驾驶人的驾驶机能会不同程度地下降。实验证明，体内酒精浓度为8%时，驾驶能力有所下降；浓度为10%时，下降15%；浓度为15%时，下降39%。

五、驾驶人的差异及外界因素的影响

1. 驾驶人的差异

在拟定道路设计标准、汽车结构尺寸，对事故进行分析并采取安全措施时，要考虑驾驶人的各种特点，如性别、年龄、气质、知识水平、驾驶技术熟练程度、精神状态等。设计取值一般根据满足85%驾驶人的需要为度，对其余15%驾驶人的变化只予以适当考虑。驾驶人的差异主要体现在性别差异、年龄差异、气质差异等方面。

2. 外界因素对驾驶人的影响

驾驶人的上述有关交通特性除受自身生理、心理素质、婚姻状况，精神状态等条件影响外，还受道路条件、车辆状况、交通环境等外界因素的影响。

（1）道路线形设计欠妥，可能使视线失去诱导，使驾驶人产生错觉，增加驾驶人的心理紧张程度并导致驾驶疲劳。

（2）车辆的结构尺寸、仪表位置、操纵系统及安全设备等都对驾驶有影响。

（3）交通标志的设置会约束驾驶人的行为；道路周围若有吸引人注意的干扰点，驾驶人的注意力会分散；沿途播放轻音乐，可加快车速；路上行人过多，会增加驾驶人的心理紧张等。

第二节 行人与乘客的交通特性

步行交通是与人类生活密不可分的一项活动。步行能够使个人与环境及他人直接接触，达到生活、工作、交往、娱乐等各种目的。为了满足步行者的生理、心理和社会需要，并保证他们不消耗过多的体力、不受其他行人的干扰、不发生交通事故，就必须提供必要的设施。在交通系统中，行人是弱者，最容易受伤害，因此对行人交通应进行管制。其中包括设人行道、人行过街横道、专用行人过街信号、护栏、安全带、安全岛、行人过街地道与天桥、照明及相关法规等。

一、行人交通特性

行人交通特性表现在行人的速度、对个人空间的要求、步行时的注意力等方面。这些与行人的年龄、性别、素养、心境、体质及出行目的等因素有关，也与行人所处的区域、周围的环境、街景与交通状况等有关，见表2-1-2。

表 2-1-2　行人交通特性及相关因素分析

特性 因素	行人速度	个人空间	行人注意力
年龄	成年人正常的步行速度为1.0～1.3m/s，儿童的步行速度随机性较大，老年人较慢	成年人步行时个人空间要求为 0.9～2.5m²/人，儿童个人空间要求比较小，老年人则要求比较大	成年人比较重视交通安全，注意根据环境调整步伐和视线，儿童喜欢任意穿梭
性别	男性比女性快	男性大，女性小	相当
目的	工作、事务性出行，步行速度较快；生活性出行较慢	复杂	工作、事务性出行注意力比较集中，生活性出行注意力分散
文化及素养	复杂	受文化教育高的人一般要求高，为自己，也为别人；反之，则要求低，也不太顾及他人	受文化教育高的人一般比较注意文明走路、交通安全
心境	心情闲暇时速度正常，心情紧张、烦恼时速度较快	心情闲暇时个人空间要求正常，心情紧张时要求较小，烦恼时要求较大	心情闲暇时注意力容易分散，紧张时比较集中
街景	街景丰富时速度放慢，单调时速度加快	街景丰富时个人空间小，单调时个人空间大	街景丰富时注意力分散，单调时集中
交通状况	拥挤时速度放慢	拥挤时个人空间变小	拥挤时注意力集中
生活区域	城里人的生活节奏快，步行速度快；乡村人的生活节奏慢，步行速度慢	复杂	城里人步行时注意力比较集中，乡村人比较分散

二、乘客交通特性

乘客交通特性的共同要求是安全、迅速与舒适。因此，线形设计、交通工具配备与交通设施都应考虑到这些要求。

当汽车在弯道上行驶时，乘客有不稳定感。当曲线半径较小时，如果汽车由直线直接转入圆曲线，并且车速较快，乘客就会感到不舒服。所以在线形设计标准中对平曲线的最小半径和缓和曲线的长度都有规定。在山区道路上或在陡边坡高填土道路上行车，乘客看不到坡脚，会产生害怕心理。如果在这种路段的路肩上设置护栏或放缓边坡，会消除不安心理。

道路美学与交通安全之间存在着微妙的关系。采用顺畅连续的线形、宽阔的带弧形的边沟、平缓的边坡等都会有助于道路美化和增加交通安全。这样，道路本身比较安全，驾驶人和乘客看起来也比较安全。无论道路多么优美，如果没有安全感，就不能认为在美学上是令人满意的。由于体力、心理、生活、就业等方面的原因，城市居民对日常出行时间的容忍性是有一定限度的，见表 2-1-3。

表 2-1-3　不同出行目的出行容忍时间　　　　　　　　　　　　　　　　　　　　min

出行目的	理想的出行时间	不计较的出行时间	能忍受的出行时间
就　业	10	25	45
购　物	10	30	35
游　憩	10	30	85

第三节　车辆的交通特性

车辆的交通特性在确定道路线形标准中能起很大作用。车辆可分机动车和非机动车。机动车是指各种汽车、电车、电瓶车、摩托车、拖拉机、轮式专用机械车等。非机动车是指自行车、三轮车、人力车、畜力车等。车辆的尺寸会影响到道路线形、交通结构物的净空、停车场地等交通设施的设计。车辆的各种性能（如动力性能、制动性能等）与使用这些性能的驾驶人结合在一起，又会影响到交通流的特性和交通安全。

一、车辆的设计外廓尺寸

车辆尺寸与道路设计、交通工程有密切关系。例如，制定公共交通规划时要用到公共汽车额定载客量的参数，研究道路通行能力时要使用车辆长度等数据，车辆宽度影响着车行道宽度设计等。

二、机动车的主要特性

1. 汽车的动力性能

汽车的动力性能通常用三个指标来评定，即最高车速、加速度或加速时间与爬坡能力。

（1）最高车速。汽车的最高车速是指在良好的水平路段上，汽车所能达到的最高行驶车速，单位为 km/h。

（2）加速时间。加速时间有原地起步加速时间和超车加速时间之分。原地起步加速时间是指汽车由 1 挡起步，以最大的加速度逐步换至高挡后达到某一预定的距离或车速所需要的时间。超车加速时间大多是用高挡或次高挡由 30km/h 或 40km/h 全力加速至某一高速度所需的时间来表示。

（3）爬坡能力。爬坡能力用汽车满载时 1 挡在良好的路面上的最大爬坡度表示。小汽车的最高车速大，加速时间短，又在平坦路面上行驶，所以一般不强调它的爬坡能力。货车经常要在各种路面上行驶，所以要求它具有足够的爬坡能力。

2. 制动性能

汽车制动性能主要体现在制动距离或制动减速度上。制动距离 L 的计算公式为

$$L=\frac{v^2}{254(\varphi+i)}$$

式中，v 为汽车制动开始的速度（km/h）；i 为道路纵坡度（%），上坡为正，下坡为负；φ 为轮胎与路面之间的附着系数，与路面种类、路面表面状况、轮胎花纹和轮胎气压、车速等因素有关。

驾驶人从发现障碍物开始采取措施到制动器生效，需要一段时间，这段时间统称为反应时间，其长短因人而异。在确定安全停车距离时可取反应时间为 1.5～2.0s。因此，在安全停车距离中应包括制动距离 L 和在反应时间内汽车行驶的距离。

三、自行车的交通特性

自行车交通是目前我国城市交通的一大特点，除个别城市自行车不多外，大、中、小等不

同规模城市出行方式构成中,自行车出行均占有较大比例。概括起来,自行车主要有以下基本特性:

(1) 短程性。自行车是靠骑车人用自己的体力转动车轮,因此其行驶速度直接受骑车人的体力、心情和意志的控制,行、止、减速与制动也决定于骑车人的操纵。同时,它还受到路线纵坡度、平面线形、车道宽度、车道划分、气候条件与交通状况的直接影响。个人的体力虽有强、弱之分,但总是很有限的。因此,自行车只适用于短距离出行,一般在5~6km以内(或骑车时间为20min左右)。

(2) 动态平衡。自行车在骑行过程中重心较高,因此,骑行时,特别是在自行车转向或通过小半径弯道时,就必须借助于人体的变位或重心倾斜以维持骑行中的动态平衡。

(3) 动力递减性。自行车前进的原动力是人的体力,是两脚蹬踏之力。一般人骑车时间越长,可能发挥出的功率越小,车速也随之减小。这就是动力递减的结果。

(4) 爬坡性能。由于自行车的动力递减,对于普通无变速装置的自行车,不能爬升大坡与长坡,也不宜爬陡坡,否则控制不住易酿成危险。对纵坡为2.5%、3%与4%的坡道,其坡长限制分别为300m、200m和150m。当然,对于北方冰雪地区,其坡度与坡长更应减小,否则冬天无法骑车。

(5) 制动性能。自行车的制动性能对于行车安全与通行能力具有重要意义,并与反应时间一起决定纵向安全间距。

第四节 道路的交通特性与类型

道路是供车辆行驶和行人步行的设施的统称。道路按照其所处的地区不同,可以分为公路、城市道路、厂矿道路、林区道路、乡村道路等。

一、道路的交通特性

1. 道路的几何线形设计

道路几何组成部分的范围包括道路平面、纵断面、横断面等,这些组成部分的设计叫作线形设计。至于路基、路肩、路面等通常作为路体结构,以示区别。

道路几何线形设计的方针是必须保证行人和车辆畅通、安全,其决定因素是某条线路的重要程度、地形情况、车辆体积与速度以及交通量的大小等。根据需要,汽车、自行车、行人可以分道行驶。

2. 道路的参数

(1) 道路的横断面。道路的横断面是垂直于道路中心方向的断面。它由车道(一个或几个)、分隔带、停车带、路肩、自行车道和人行道等构成。

(2) 机动车道的宽度。一般一个车道的宽度为3.5m。如果车道设计过宽,则有些驾驶员试图利用富余的宽度超车,反而易发生事故。一个车道的通过能力按车道数就可以测定。因此,如果预定了一条道路的计划交通量和每条车道的交通量,就可以确定需要的车道数。

3. 道路率和道路网密度

(1) 道路率。道路率又称道路面积率,是指一个国家、地区或城市道路面积与各自行政区域的面积之比。道路率是衡量一个城市道路状况好坏的一个指标。

(2) 道路网密度。道路网密度是在城市用地单位面积上的道路总长度。道路网密度又分一般道路系统的道路网密度和干道系统的道路网密度。从理论上分析,干道系统密度越大,交通联系也就越方便;但密度过大,则交叉路口增多,影响行车速度和通行能力,同时也造成城市用地不经济,增加道路建设投资,并给居民生活环境带来很大干扰。道路网密度小,则会使客货运交通绕行或穿越街道,增加居民出行时间。因此,应从公共交通客运网的规划要求、城市用地的经济合理性和对街道通行能力的影响等方面综合考虑道路网密度。

4. 铺装率

铺装率又称铺装普及率,是铺装路面(包括混凝土道路和沥青混凝土道路)的长度与道路总长度之比,它是衡量一个国家道路好坏的重要标志。

5. 人均道路占有率

人均道路占有率为城市道路总面积与城市人口总数之比,是综合反映一个城市的道路交通设施供应水平和交通拥挤程度的指标。

二、道路的类别与等级

1. 公路的技术等级

通常把位于城市郊区以外的道路称为公路。在我国《公路工程技术标准》(JTG B01—2014)中,把公路根据功能和适应的交通量分为以下五个等级:

(1) 高速公路。高速公路为专供汽车分向、分车道行驶并应全部控制出入的多车道公路。高速公路的特点是具有机动车专用、分离行驶、全部立交、控制出入以及高标准、设施完善等功能。与一般公路相比,高速公路具有车速高、通行能力大、运输费用省、行车安全四大优点,其中车速高是其最显著的优点,也是高速公路同其他公路的根本区别。四车道高速公路应能适应将各种汽车折合成小客车的年平均日交通量25000~55000辆;六车道高速公路应能适应将各种汽车折合成小客车的年平均日交通量45000~80000辆;八车道高速公路应能适应将各种汽车折合成小客车的年平均日交通量60000~100000辆。

(2) 一级公路。一级公路为供汽车分向、分车道行驶,并可根据需要控制出入的多车道公路。四车道一级公路应能适应将各种汽车折合成小客车的年平均日交通量15000~30000辆;六车道一级公路应能适应将各种汽车折合成小客车的年平均日交通量25000~55000辆。

(3) 二级公路。二级公路为供汽车行驶的双车道公路。双车道二级公路应能适应将各种汽车折合成小客车的年平均日交通量5000~15000辆。

(4) 三级公路。三级公路为主要供汽车行驶的双车道公路。双车道三级公路应能适应将各种汽车折合成小客车的年平均日交通量2000~6000辆。

(5) 四级公路。四级公路为主要供汽车行驶的双车道或单车道公路。双车道四级公路应能适应将各种汽车折合成小客车的年平均日交通量2000辆以下;单车道四级公路应能适应将各种汽车折合成小客车的年平均日交通量400辆以下。

2. 公路的行政等级

我国《公路管理条例实施细则》规定:公路分为国家干线公路(简称国道),省、自治区、直辖市干线公路(简称省道),县公路(简称县道),乡公路(简称乡道)和专用公路五个行政等级。

3. 城市道路的类别

位于城市范围以内的道路称为城市道路。城市道路是城市交通的主要组成部分。城市道路可以分为以下四类：

（1）快速路。当特大城市和大城市的交通量特别大，又要求快速和连续行车时，才有必要设置快速路。它是城市客货流快速运输的主要道路，其设计车速为 80km/h，一般设四个以上机动车道，并用中央分隔带分隔对向车流。为保证安全高速行驶，应尽量减少与其他道路的平面交叉。快速路与高速公路、快速路、主干路相交时应采用立体交叉；与次干路相交时可采用平面交叉，但要有严格的交通管制。快速路与支路不能直接相交。快速路上的人行道和自行车道应与汽车道有宽阔连续的草地或绿带隔离，严禁闯入汽车道，以保证汽车安全快速行驶。环城道多属快速路。

（2）主干路。它是城市道路系统的骨架。其路线经过市中心地区，联系着全市性公共活动场所、主要交通枢纽和工矿企业，并与市区内环路联结，因此属于全市性公共干道。在路段上，机动车、非机动车和行人采取分流形式，如与三块板型次干路或支路相交时，以信号控制平面交叉为主，特殊情况也有立体交叉。交叉口之间距离一般为 800～1200m，沿线两侧不宜修建过多的行人和车辆出入口。

（3）次干路。它是联系主干路之间的辅助性干道。由于它分布在市区内各分区，常称为区域性干道。次干路承担着分散全市性干道交通和区域内主要交通运输和客运的任务，一般均有公共交通线路通过。次干路两侧允许布置有较多人流的公共建筑物。

（4）支路。支路是区域次干道，它包括居住区道路，是城市小区内主要道路的联络线。支路只有少量机动车和较多的自行车混合行驶，车流密度不大，一般严禁过境车辆穿行。

第五节　平面交叉路口与立体交叉

道路与道路交叉的部位称为道路交叉口。根据相交道路的主线标高是否相等，首先可以把交叉路口分为平面交叉和立体交叉两大类。

一、平面交叉

当相交道路的主线标高相等时，称为平面交叉（图 2-1-3）。

平面交叉的形式有：四路交叉的十字形和 X 形[图 2-1-3(a)、(b)]、三路交叉的 T 形和 Y 形[图 2-1-3(c)、(e)]、错位交叉[图 2-1-3(d)]、多路交叉[图 2-1-3(f)]。

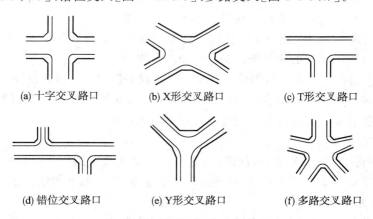

图 2-1-3　平面交叉路口的形式

1. 平面交叉口的交错点

进入交叉口的车辆,由于行驶方向的不同,相互交错的方式有三种:① 分流点:来自同一方向的车辆向不同方向行驶时的分叉点;② 合流点:来自不同方向的车辆向同一方向行驶时的汇合点;③ 冲突点:来自不同方向的车辆向不同方向行驶时的交叉点。

在这三种交错点中,以冲突点最危险,交织的合流点次之。冲突点包括直行与直行的冲突点、直行与左转弯的冲突点、左转弯与左转弯的冲突点。冲突点的数目随着交叉口道路条数的增加而迅速增加。三条道路交叉时只有 3 个冲突点,四条道路交叉时增加到 16 个,五条道路交叉时更增加到 50 个。为了减少以至消灭冲突点,可采取以下三种途径:

(1) 在交叉口施行交通管制:用交通信号或者由交警指挥,控制由不同方向驶来的左转弯或者直行车辆,在时间上错开通行,以减少冲突点。

(2) 对交叉口施行渠化交通管理:在交叉路口通过设置交通岛、分隔带或画上分道线,使车辆按规定的车道行驶,尽可能地将冲突点转换成合流点。

(3) 改用立体交叉:将不同方向道路的主线标高错开,一上一下,各行其道,互不干扰,这就从根本上消灭了冲突点。

2. 渠化交通

在道路上画分道线或用分隔带、交通岛来分隔车道,使不同方向的车辆顺着规定的车道行驶,称为渠化交通。

(1) 渠化的定义。

采用物理设施将同一平面内不同方向的车流分离,即平面交叉口的渠化交通。交叉口渠化交通就是渠化交通组织,即对于同一平面上行驶的各方向车流采用路面标线、交通标志、交通岛和扩大交叉口等各种措施予以分离,使各种不同类型、不同方向及不同速度的车辆分合有序、各行其道,而不致相互碰撞和冲突,顺着指引的方向互不干扰地顺畅通行。

(2) 渠化交通的主要作用。

① 疏导交通,提高车速。利用导流车道、分隔带和交通岛等方式将直行、左转弯和右转弯车辆分道行驶,使主要的转弯交通优先,保护转弯和交叉的车辆,阻止车辆在禁止方向上行驶,从而使驾驶员容易辨明行驶方向,使车辆有秩序地以较高的速度通过交叉口,减少交通阻塞。

② 减少冲突点,改变冲突角,提高交通安全。利用交通岛的不同布置形式来减少或消除冲突点和分离交通流,以改变车辆间的冲突角,使交通流保持适当的交叉与合流角度。

③ 限制超车超速,保护行人过街。利用交通岛,限制车道宽度,控制车辆速度,防止超车,防止车辆因交叉口转错车道,并利用交通岛作为行人过街的避车安全岛。

二、立体交叉

当相交道路的主线标高不相同时,称为立体交叉。由于立体交叉在空间上上下错开,交叉口没有冲突点,行车畅通无阻,大大提高了交叉口的通行能力,这就是高速公路沿线全部采用立体交叉的主要原因。不过立体交叉与平面交叉相比,占地面积大,建筑成本高。立体交叉根据有无匝道(图 2-1-4)连接上下道路可分为分离式立体交叉和互通式立体交叉两种。

1. 分离式立体交叉

分离式立体交叉(图 2-1-5)只能供车辆直行,不能在交叉口转弯到另一条道路上去,它既可以用于道路间交叉，又可以广泛用于道路与铁路、渠道、管线等的交叉。

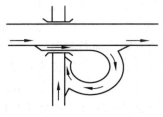

图 2-1-4　匝道

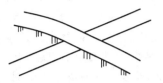

图 2-1-5　分离式立体交叉

2. 互通式立体交叉

互通式立体交叉除跨线桥外，还用匝道将上下道路连通，能使车辆从一条道路转弯行驶到另外一条道路上去。它的组成如图 2-1-6 所示。

3. 互通式立体交叉的基本形式

三路连接的互通式立体交叉有三种基本形式：喇叭形[图 2-1-7(a)、(b)]、半定向形[图 2-1-7(c)]和全定向形[图 2-1-7(d)]。

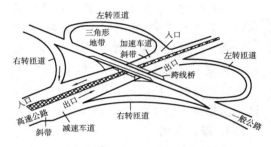

图 2-1-6　互通式立体交叉的组成

四路连接的立体交叉有六种形式：菱形[图 2-1-7(e)]、苜蓿叶形[图 2-1-7(f)]、半苜蓿叶形[图 2-1-7(g)]、环形[图2-1-7(h)]、涡轮定向形[图 2-1-7(i)]和半定向形[图 2-1-7(j)]。

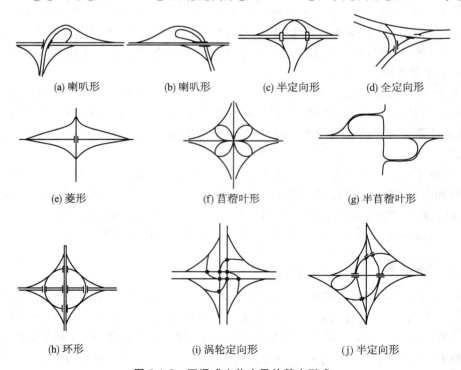

图 2-1-7　互通式立体交叉的基本形式

第二章　道路交通管理与控制

第一节　道路交通管理与控制的内容及法规

一、道路交通管理与控制的必要性

1. 道路交通管理与控制的概念

道路交通管理与控制是道路交通工程的一个重要组成部分。国内外大量的实践已经证明,现代化的道路交通建设,只有具备科学的管理与控制条件,才能取得良好的效果。

2. 道路交通管理与控制的作用和必要性

现代道路交通管理与控制应具有指导性与协调性,即根据现有的道路网及其设施和出行分布状况,对各种出行加以指导性管理,使整个系统从时间和空间分布上尽可能地得到协调,以减少时间、空间上的冲突,从而保证交通的安全与畅通,充分发挥道路网的作用。

(1) 道路交通管理与控制的指导性。道路交通管理与控制的指导性是指对交通需求加以指导性管理。根据分析,国内外一些城市道路交通所出现的车辆拥塞、事故多和污染严重的情况,并非都由于道路面积不够所产生,实际上与管理不善有很大的关系。

(2) 道路交通管理与控制的协调性。道路交通管理与控制的协调性旨在通过各种方法,协调道路交通系统中人、车、路、环境各个要素,以充分发挥道路网的作用。

二、道路交通管理与控制的内容

(1) 技术管理：各种技术规章的执行监督；交通标志、标线的设置、管理与维护；信号及专用通信设施的设计、安装、管理与维护；建立各种专用车道与交通组织方法；安全防护及照明设施的安装与管理。

(2) 行政管理：规划组织单向交通与建立合理的管理体制；禁止某种车辆、运行方式；实行错时上下班或组织可逆性行车；对于某些交通参与者(如老、幼、病、残人员)予以特殊照顾；决定交叉口的管理或控制方式。

(3) 法规管理：执行交通法规；建立驾驶人员的管理制度；建立各种违章与事故处理法规并监督实施；各种临时、局部的交通管理措施。

(4) 交通安全教育与培训考核：交通警察的培训与考核；驾驶人员的培训与考核；对驾驶人员进行经常性的安全教育；对人民群众特别是青少年进行交通法制与安全教育；对各种违章的教育与处罚。

(5) 交通控制：交叉口控制、线路控制、区域控制。

三、道路交通法规

1. 交通法规的概念

所谓交通法规,是指以在交通管理中所形成的各种社会关系为调节对象的法律、规定的总称,是调整交通过程中人、车、路相互关系的法律规范和依据。

2. 交通法规的作用

交通法规制定和实施的根本作用是为了建立和维护有利于广大人民利益的交通秩序和在交通管理活动中形成的各种社会关系。其规范作用主要包括以下几点:

(1) 指引作用。交通法规作为一种社会规范,为人们的交通行为提供了某种行为法规或行为模式,它告诉人们可以、不能、必须做什么。

(2) 评价作用。交通法规具有判断、衡量他人的交通行为是否合法的作用。

(3) 预测作用。与交通法规的指引作用、评价作用相联系的是它的预测作用,也就是人们可以通过交通法规预测或预见自己的交通行为是否合法,会产生什么样的法律后果。交通法规本身为人们的交通行为提供了一定的标准和方向,遵守或违反它必然会带来合法或违法的法律后果。

(4) 教育作用。交通法规的教育作用表现为通过法律的实施,对一般人今后的交通行为发生影响,即通过法律制裁或法律褒奖,使人们从中受到教育,告诉人们应当怎样进行交通行为或不应当发生怎样的交通行为。

(5) 强制作用。交通法规的强制作用不仅对违法者给予一定的法律制裁,而且它能对企图越轨的人产生一种心理强制,迫使其按照法律的规定行事,从而起到一种预防的作用。

第二节 道路交通标志与标线

道路交通标志和标线是引导道路使用者有秩序地使用道路,以促进道路交通安全、提高道路运行效率的基础设施,用于告知道路使用者道路通行权力,明示道路交通禁止、限制、遵行状况,告示道路状况和交通状况等信息。

《道路交通标志和标线》(GB 5768—2009)、《道路交通标志编码》(GB/T 30699—2014)、《城市道路交通标志和标线设置规范》(GB 51038—2015)已正式实施,这些标准特别强调了"交通法规"和"路权"。

交通法规是向道路使用者提示必须遵循的交通法规或交通规则,一切违反交通法规标志和标线内容的行为都属于交通违法行为,交通执法部门可以由此对其进行处罚。在多数情况下,交通法规是靠交通标志和标线来实现的。

路权是指道路使用者(人、车)在某个时刻对道路的某个路段或冲突点具有不被其他交通者干扰的"优先通行权"。路权概念不仅应用在交通事故处理中,更重要的是应用到交通控制措施中,以正确的交通法规标志设置反映"路权"所属,以消除或减少冲突,预防和减少交通事故。

一、道路交通标志的定义

道路交通标志是用图形符号、文字向驾驶人及行人传递法定信息,用以管制、警告及引导交通的安全设施,它在现代道路交通管理中发挥着重要的作用。

2009版新道路交通标志比老版本增设了48个一般图形符号和安全标志,修订了10个容易产生歧义的一般图形符号和安全标志,删除了5个过时的一般图形符号和安全标志。一般图形符号和安全标志由原来的16个变为现在的59个;同时还增加了15个运营工具、站(码头)和线路图形符号,修改了 12 个表意不够明确的运营工具、站(码头)和线路图形符号,删除了 7 个已经不再使用的公共交通方式等符号,运营工具、站(码头)和线路图形符号由原来的 27 个变为现在的 35 个。应该说,最需要引起公众注意的是新增加的 15 个公共交通运营工具、站(码头)和线路图形符号,都是与国际接轨的全新标志。

二、交通标志的三要素

要充分发挥交通标志的作用,必须使驾驶人在一定的距离内迅速而准确地辨认出标志形状和文字、符号,从而掌握交通信息和管制要求。因此,交通标志要有最好的视认性。决定交通标志视认性好坏的主要因素是标志的颜色、形状和符号,它们被称为交通标志的三要素。

1. 交通标志的颜色

颜色可分为彩色和非彩色两类。黑、白色系列称为非彩色,黑、白色系列以外的各种颜色称为彩色。不同颜色有不同的光学特性,如对比性、远近性、视认性等。相邻区域的不同颜色之间的相互影响称为颜色的对比性。有的色彩对比效果强烈,有的则对比效果较差。例如,把绿色纸片放在红色纸片上,绿色显得很绿,红色显得更红;把绿色纸片放到灰色纸片上,对比效果就差,而且会妨碍视认。远近性的表现是等距离放置的几种颜色使人有不等距离的感觉。例如,红色与青色放在等距离处,红色比青色感觉近。红色、黄色为显近色,绿色、青色为显远色。颜色的视认性是指在同样距离内,可见光的颜色能看清楚程度的特性。例如,红色的易见性最高,橙黄色、绿色次之,即以光的波长为序,光波长的颜色的视认性高于光波短的颜色。表 2-2-1 所示为从 4.5km 远的地方来辨别各种颜色的光所需要的亮度。从表中可以看出,无论在白天还是黑夜,认知红色光所需要的亮度只有绿色光的一半,这说明红色光的视认性最好。所以,在交通信号中将红色灯作为禁行信号是有科学依据的。

表 2-2-1 不同气候条件下辨认各种颜色的光所需要的亮度　　　　　lx

气候条件		红	橙	白	绿
夜晚	晴天	1.0	2.0	2.5	2.8
	小雨	1.2	2.1	3.0	3.2
	阴天/有雾	3.2	4.1	3.1	5.6
	大雨	8.9	33.5	132.0	33.5
	小雪	222.0	835.0	1556.0	576.0
白天	阴天/有雾	2000.0	2111.0	3222.0	4000.0
	晴天	4778.0	7556.0	11111.0	10000.0

根据心理学的研究,不同颜色会使人有不同的联想,产生不同的心理感觉。因此,可利用颜色的不同特性制成不同功能的标志。根据不同颜色的特点,《道路交通标志和标线》对标志的颜色有如下规定:

(1) 红色,用于禁令标志的红圈、红斜杠,"停车让行"标志,"禁止进入"标志,"国道编号"标志的底色及铁路叉形符号等。

(2) 蓝色,用于指示标志、一般道路标志及施工标志的底色。

(3) 绿色,用于高速公路和城市快速路的指路标志的底色。

(4) 黄色,用于警告标志的底色,高速公路"终点提示""追尾危险""确认车距"标志的底色,"省道编号"标志的底色,施工区标志的图形底色等。

(5) 棕色,用于旅游区标志的底色。

(6) 白色,用于辅助标志的底色和绝大多数标志的图形或文字说明等。

(7) 黑色,用于警告标志、辅助标志等的图形或文字。

2. 交通标志的形状

交通标志上要记载各种文字和符号,故应选择比较简单的形状。根据研究,同等面积的物体其视认性随着几何图形形状的不同而不同。在一般情况下,具有锐角的物体外形容易辨认。在同等面积、同样距离、同样照明条件下,容易识别的外形顺序是:三角形、长方形、圆形、正方形、五边形、六边形。交通标志的基本形状就是按此顺序选用的三角形、长方形和圆形。

(1) 三角形:最引人注目,即使在光线条件不好的地方,也比其他形状容易发现,是视认性最好的外形。因此,国际上把三角形作为"警告"标志的几何形状。

(2) 长方形:长方形给人一种安稳感,同时也有足够的面积来写文字说明和画图形,所以用作特殊要求的"指示"标志。

(3) 圆形:在同样的面积下,圆形内画的图形显得比其他形状内的图形大,看起来清楚。所以,国际上把圆形作为"禁令"标志的外形。如果圆形内有"\",即"×"的一半,则为禁止标志。

3. 交通标志的符号

交通标志的具体含义,即规定的具体内容,最终要由图形符号或文字来表达。研究证明,在困难的视觉条件下(如低亮度、快速显示等),图形符号信息无论在辨认速度还是辨认距离上均比文字信息要优越。用图形符号来表示信息的另一优点是不受语言、文字的限制,只要设计的图案形象、直观,不同国家、民族、语言文字的驾驶人均可理解、认读。因此,以符号为主的标志受到联合国的推荐,并已被世界上绝大多数国家采用。

三、交通标志的文字尺寸和视认距离

标志牌的大小应能保证在距标志一定距离内,可以清楚地识别标志上的图形和符号文字,故符号及文字的大小应满足必要的距离条件,由此决定标志牌的大小尺寸,此距离称为视认距离。

视认距离与行车速度的关系见表 2-2-2。文字尺寸应与车辆行驶速度相适应,并应按设置地点的交通量、车道宽度、地形与线形情况及周围环境而有所变化。汉字高度与行车速度的关系见表 2-2-3。

表 2-2-2 视认距离与行车速度的关系

行车速度/(km·h^{-1})	<50	60	70	80	90	100
视认距离/m	240h	239h	236h	227h	209h	177h

注:h 为文字的高度,单位为 m。表中所列为白天数值,夜间数值为白天的 60%~70%。

表 2-2-3　汉字高度与行车速度的关系

计算行车速度/(km·h^{-1})	汉字高度 h/cm	计算行车速度/(km·h^{-1})	汉字高度 h/cm
>100	40	60~40	20
90~70	30	<30	10

四、交通标志设置的原则

为了充分发挥交通标志的使用效果，交通标志的设置应遵循以下原则：

(1) 道路标志的设置应通盘考虑，整体布局。标志布设应做到连贯性、一致性，给道路使用者提供全面的资讯，满足各种道路交通信息的需要。

(2) 道路标志的设置应确保行驶的安全、快捷与通畅。标志的布设应以完全不熟悉周围路网体系的外地驾驶人为对象，通过标志的引导，能顺利、快捷地抵达目的地，不允许发生错向行驶。

(3) 道路标志应给道路使用者提供正确、及时的信息，避免提供过多的信息，防止信息过载，重要的信息应给予重复显示的机会。

(4) 道路标志的位置应根据标志的类别分别计算确定，应充分考虑道路使用者对标志感知、识别、理解、行动的特性，根据速度和反应时间确定合适的设置地点。

(5) 道路附属设施(如上跨桥、照明设施、监控设施等)及路上构造物(如电杆、电话、消防栓、广告牌、门架等)对标志视认性的影响要给予高度重视。在标志布设时要随时注意上述设施对标志板面的遮挡，以免影响标志的视认性。在行道树及中央带绿篱枝叶生长茂密的季节，必须注意枝叶对标志视认性的影响。

(6) 静态的交通标志应该与可变标志相辅相成、互相配合、统一布局、形成整体。

(7) 应避免在交叉口标志林立，妨碍驾驶员视野。交叉口以设置指路标志和禁令标志为多。对于指路标志，可采用前置预告的方法，把位置错开。驾驶人通过路口后，可以看到确认标志，使驾驶人知道他现在行驶的方向是否正确。禁令标志可采用组合方式或采用加辅助标志的方法，以减少标志数量。

(8) 道路标志是交通管理设施，具有法律效力。因此，设置标志是一件严肃、认真的工作，必须尽力避免由于标志设置不当对交通流造成影响或给管理上带来麻烦。为此，应根据交通管理法规及有关标准，正确、合理地设置交通标志。

(9) 道路标志的设置不得侵占建筑界限，应保证侧向余宽。标志牌不应侵占人行道有效宽度和净空高度。

五、道路交通标线

道路交通标线是以规定的线条、箭头、文字、立面标记、突起路标或其他的导向装置画设于路面或其他设施上，用以管理和引导交通的设施。驾驶人在道路上安全、高速地行驶，有赖于道路线向的轮廓分明。在路面标线和视线诱导设施的指引下，建立行进方向的参照系，使驾驶人对其视野范围更远的道路走向树立信心。因此，路面标线是引导驾驶人视线、管制驾驶人驾车行为的重要手段。它可以确保车流分道行驶，导流交通行驶方向，指引车辆在汇合或分流前进入合适的车道，加强车辆行驶纪律和秩序，更好地保证交通畅通。正确设置交通标线能合理地利用道路有效面积,改善车流行驶条件,增加道路通行能力,减少交通事故。

道路交通标线按功能可分为指示标线、禁止标线和警告标线三大类。

(1) 指示标线。指示标线是指示车行道、行车方向、路面边缘、人行道等设施的标线。

(2) 禁止标线。禁止标线是告示道路交通的遵行、禁止、限制等特殊规定,车辆驾驶人及行人需要严格遵守的标线,如禁止路边停放线、停车让行线、网状线、专用车道线等。

(3) 警告标线。警告标线是促使车辆驾驶人及行人了解道路上的特殊情况,提高警惕,准备防范应变措施的标线,如车行道宽度渐变段标线、减速标线等。

第三节　平面交叉口和交通信号的管理与控制

一、平面交叉口的交通管理与控制

(一) 平面交叉口交通管理与控制的原则

在一般道路上,平面交叉口占绝大多数,立体交叉口只是少数。这些平面交叉口犹如瓶颈,成为道路的咽喉要道,它关系到车流的速度与畅通问题。人们对平面交叉口的要求是既要安全又要畅通。因此,采取从时间上把交叉口的交通冲突点分开的办法,按不同道路性质、等级与交通情况采取不同的管制措施,使车流能安全、高效地通过。对平面交叉口的交通管理与控制一般应遵循以下原则:

1. 减少冲突点

保证交叉口交通安全的基本方法是减少冲突点,可采用单行线、禁止左转弯、在交通拥挤的平面交叉口排除左右转弯等方法。

2. 控制相对速度

可采用严格控制车辆进入交叉口的速度的方法。对于右转弯或左转弯应严格控制其合流角,以小于 30°为佳,必要时可设置一些隔离设施(如隔离墩或导向岛等),以减小合流角。

3. 重交通流和公共交通优先

重交通流是指较大交通流量的交通流(干道或主干道上的交通流)。重交通流通过交叉口时应给予优先权。其方法是在轻交通流方向(支路)上设置让路标志,或是延长在重交通流方向上的绿灯时间。对公共交通也可采取类似优先控制的方式。

4. 分离冲突点和减小冲突区

交叉口上的交通流是复杂的,各种车辆在合流与分流的过程中所产生的车辆交叉运动,有的路径太接近甚至重叠,有的偏离过大,导致交叉口上冲突点增多和冲突区扩大,安全性大大降低。此时,运用分离冲突点和减小冲突区的原则能收到较好的效果。例如,左转弯时,规定机动车小迂回,而非机动车大迂回;画上自行车左转弯标示线(有条件的可设置隔离墩),防止自行车因急拐弯而加大冲突区;在路口某些部分画上禁止车辆进入的标示线,限定车辆通行区域;在交叉口上设置左、右转弯专用线;在交叉口邻近处(约至停车线 50m 的范围内)严禁设有公共电车站、汽车站或允许停车标志等。这些都是分离冲突点、减小冲突区的有效办法。

5. 选取最佳周期以提高绿灯利用率

在有固定周期自动交通信号机的交叉口处,应对各方向的交通流常做调查,根据流量大小计算最佳周期,以提高绿灯利用率,减少车辆在交叉口的延误。

其他一些交叉口交通管制原则,如对不同的交通流采取分离,对机动车和非机动车画出各行其道的车道线,较多行人横过道路(超过15m)时在路中央设置安全岛,都是常用且行之有效的管理原则。具体运用上述原则时,应注意综合考虑、灵活应用。

(二) 平面交叉口交通管理与控制的方式

现在常用的平面交叉口交通管理与控制的方式有以下几种:

1. 交通信号控制

按控制的范围,交通信号控制可分为以下三种基本类型:① 点控制:指个别独立交叉口的信号灯控制,此法又可分为单点定时信号控制和感应式控制两种,感应式控制又可分为全感应式和半感应式;② 线控制:指对一条主干道相邻交叉口的信号实行协调自动控制,亦称绿波通行带或绿波控制;③ 面控制:指对城市中某区域的所有交叉路口的交通信号,用电子计算机实行统一协调的自动控制。

2. 停车控制

停车控制是指车流进入或通过交叉路口时,必须先停车,观察到达路口的车流情况后再进入或通过。停车控制一般又分为以下两种:① 多路停车法:在交叉口所有引道入口的右方设立停车标志,让所有到达交叉口的车辆必须先停车,而后等待出现空当再通过,此法又称为全向停车或四路停车法,多为临时措施;② 二路停车法:在次要道路进入交叉口的引道上设立停车标志,使次要道路的来车必须先停车,等候间隙出现再通过,此法亦称单向停车或两路停车法。

3. 让路法

让路法是指在次要路口或车辆较少的引道入口处设让路标志,使驾驶人放慢车速,看清相交道路有无来车,估计有适当间隙可以通过时再加速通过。

4. 自行调节法

自行调节法,即采用中央岛,让各路进入车辆按逆时针方向统一、连续行驶通过环形交叉。

5. 不设管制

交通量很小的交叉口一般均不设管制,如居民区内部的交叉口等。

(三) 交通管理与控制方式的选择

1. 影响交通管理与控制方式选择的因素

交叉口管理与控制方式的选择是一个涉及多因素的问题,如设施,营运的经济性,相交道路的性质、等级、车流量大小、组成、方向分布、设计车速、安全保障、行人和自行车多少,以及环境与当地自然条件等,但主要影响因素是设计小时交通量、相交道路的性质和安全保障、不同控制方式可能提供的通行能力和可能取得的最小延误。

2. 交通管理与控制方式的选择方法

我国目前对交通管理与控制方式选择的研究还有待深入,需借鉴国外的成果与国内局部地区的经验。建议用下列指标作为选择参数:

(1) 按相交道路性质与类型选择。根据快速路、主干路、次干路及支路四类道路的相互交叉情况进行选择,不同类型交叉口的管制方式可参见表2-2-4。

表 2-2-4 按相交道路性质选择管制方式

序号	交叉口类型	可能的管制方式
1	快速干道与次干道	信号
2	快速干道与支路	二路停车或信号
3	主干道与主干道	信号
4	主干道与次干道	信号或二路停车
5	主干道与支路	二路停车
6	次干道与次干道	信号、多路停车、二路停车或让路
7	次干道与支路	二路停车或让路
8	多于4条道路交叉口或畸形交叉口	环形交叉或信号
9	支路与支路	二路停车、让路或不设管制

（2）按交通量和事故情况选择。按交叉口交通量的大小和事故情况进行选择，见表2-2-5。交通量以小汽车计，若为其他车型，则需换算为小汽车。

表 2-2-5 按交通量和事故情况选择管制方式

项 目			管 制 方 式				
			不设管制	让路	二路停车	多路停车	交通信号
交通量	主要道路/(辆·h^{-1})					300	600
	次要道路/(辆·h^{-1})					200	200
	合计	辆·h^{-1}	100	100～300	300	500	800
		辆·d^{-1}	≤1000	<3000	≥3000	5000	8000
每年直角碰撞（或人身伤害）事故次数			<3	≥3	≥3	≥5	≥5

二、交通信号管理与控制

（一）交通信号管理与控制的作用与方式

1. 交通信号管理与控制的作用

解决交叉口的交通冲突就理论方面分析有两种方法：一种是空间分离，如渠化、立交等；另一种是时间分离，如信号控制法、多路停车法及让路法等。在此主要讨论时间分离法中的信号控制法。

交通信号的作用是从时间上将相互冲突的交通流予以分离，使其在不同时间通过，以保证行车安全，同时交通信号对于组织、指挥和控制交通流的流向、流量、流速及维护交通秩序等均有重要的作用。

2. 信号灯的种类

在道路上用来传送具有法定意义指挥交通流通行或停止的光、声、手势等，都是交通信号。道路上常用的交通信号有灯光信号和手势信号。灯光信号通过交通信号灯的灯色来指挥交通；手势信号则由交通管理人员通过法定的手臂动作姿势或指挥棒的指向来指挥交通。

手势信号现在仅在信号灯出现故障时或无交通信号灯的地方使用。

从设置地点来看，除交叉口交通信号灯外，还有人行横道信号灯和车道信号灯等灯光信号。车道信号灯悬挂在多车道道路的上空，有绿色箭头灯，箭头指向所对的车道，此灯亮时，表示该车道可通行；还有红色信号灯，此灯亮时，指示该车道前方不能通行，在该车道上行驶的车辆必须立即更换车道。车道信号灯一般多用在高速道路、大桥、隧道及有可逆方向车道的道路上。在此主要探讨交叉口交通信号灯。

交通信号灯及其控制技术随交通的发展而发展。初期的信号灯仅红、绿两色，绿灯表示允许通行，红灯表示不准通行，十分简单。其用在交叉口中，由人工操作，哪条路上先来车就为其亮绿灯，指挥来车通过；同时给相交的横向路亮红灯，指挥该路上的来车暂停，等候绿灯通行，以维持车辆通过交叉口的秩序。现代信号灯除了原来红、黄、绿三色基本信号灯外，又增加了以下两种信号灯：

（1）箭头信号灯。箭头信号灯是在灯头上加一个指示方向的箭头，可有左、直、右三个方向。它是专门为分离各种不同方向交通流，并对其提供专用通行时间的信号灯。这种信号灯当然只在设有专用转弯车道的交叉口上使用才有效。在一组灯具上，具备左、直、右三个箭头信号灯时，就可取代普通的绿色信号灯。

（2）闪烁灯。普通红、黄、绿或绿色箭头灯，在启亮时，按一定的频率闪烁，以补充其他灯色所不能表达的交通指挥意义。我国有些城市安装了一种附有随灯色显示倒计时的信号灯，可以告诉驾驶人正在显示的灯色所余留的时间，随时掌握自己的驾车动作。

3. 交通信号灯的含义与基本规定

随着信号灯种类的发展，各国使用这些信号灯的方法差别也越来越大，各自给各种信号灯赋予了不同的含义。《欧洲道路交通标志和信号的协定》对信号灯含义的规定摘要如下：

（1）非闪灯。

① 绿灯：表示车辆可以通行，在平面交叉口中，面对绿灯的车辆可以直行、左转或右转，左右转弯车辆必须让合法通行的其他车辆和人行横道线内的行人先行。但是如果在该绿灯所允许通行的方向上交通非常拥挤，以致进路口车辆在灯色改变之后还是通不过，这时，即使亮绿灯，车辆也不得通行。

② 红灯：表示不允许车辆通行，面对红灯的车辆不能超过停车线。

③ 黄灯：表示即将亮红灯，车辆应该停止。除非黄灯刚亮时已经接近停车线而无法安全制动的车辆才可以开出停车线。

（2）闪灯。

① 红闪灯：警告车辆不准通行。

② 黄闪灯或两个黄灯交替闪亮：表示车辆可以通行，但必须特别小心。

（3）箭头灯。

① 绿色箭头灯：表示车辆只允许沿箭头所指的方向通行。

② 红色或黄色箭头灯：表示仅对箭头所指的方向起红灯或黄灯的作用。

（4）专用于自行车的信号灯。

专用于自行车的信号灯应在信号灯上加有自行车的图形。

各国的交通信号灯的含义基本上是在上述协定的基础上进行统一规定，再加上一些独特的补充规定而形成的。我国对信号灯的含义做了详细的规定，基本上与国际规定一致；另有一条规定:"右转弯车辆和 T 形交叉口右边无人行横道的直行车辆,遇黄灯或红灯时,在不妨碍被放行的车辆和行人通行的情况下,可以通行。"这条规定当然只在不用箭头灯时才适用。

4. 交通信号控制装置的分类

目前我国使用的交通信号控制装置主要有下列几种:

(1) 手动单点信号装置:从 100 多年前在伦敦开始使用,直到目前为止,还有不少城市仍然使用,且为数不少。

(2) 定时(周期)自动信号装置:自 1916 年在美国正式开始使用之后,现在已为各国普遍采用。

(3) 车辆感应式控制装置:又分为全感应式和半感应式两种,最早于 1928 年在巴尔的摩使用。

(4) 线控联动信号装置:亦称绿波系统,自 1917 年在美国盐湖城开始使用,现在在各国已受到普遍重视。

(二)设置信号灯的依据

合理设计信号控制的交叉口,其通行能力比设有停车或让路标志的交叉口大。设有停车或让路标志的交叉口的交通量接近其通行能力时,车流就会不畅通,从而大大增加车辆的停车与延误,特别是次要道路上的车辆,停车、延误更加严重。这时,把设有停车或让路标志的交叉口改为信号控制的交叉口也许就能解决此问题,从而可改善次要道路上的通车,减少其停车与延误。在交通量没有达到需要设置信号灯的时候,不合理地将停车标志交叉口改为信号控制交叉口,则结果就可能适得其反。将停车、让路标志交叉口改为信号控制交叉口,消除了原停车或让路标志交叉口的优点。在设有停车或让路标志的交叉口上,对主要道路上的车辆是保证畅通无阻的,因此主要道路上的车辆延误很少。改为信号控制交叉口之后,就要为少量次要道路的车辆亮绿灯,势必给主要道路上的车辆增加许多不必要的红灯,从而使主要道路上的车辆产生大量的停车与延误。而在次要道路上,因车辆少,有些时候却亮着绿灯而无车通行,这在我国各地也是屡见不鲜的事实。这些被迫产生的停车与延误,导致显著而又是无谓的能耗与运行费用的浪费。

第四节　交通事故的预防

一、道路交通事故概述

1. 道路交通事故的定义

道路交通事故(以下简称交通事故)是指车辆在道路上因过错或者意外造成的人身伤亡或者财产损失的事件。

2. 交通事故的基本要素

(1) 车辆。车辆是交通事故的前提条件,事故各方当事人中至少有一方使用车辆。车辆是指机动车和非机动车。机动车是指以动力装置驱动或者牵引,上道路行驶的供人员乘用或者用于运送物品以及进行工程专项作业的轮式车辆。非机动车是指以人力或者畜力为驱动,上道路行驶的交通工具,以及虽有动力装置驱动但设计最高时速、空车质量、外形尺寸符合有关国家标准的残疾人机动轮椅车、电动自行车等交通工具。

（2）道路。道路是指公路、城市道路和虽在单位管辖范围但允许社会机动车通行的地方，包括广场、公共停车场等用于公众通行的场所。在道路以外通行时发生的事故，公安机关交通管理部门接到报案的，参照《中华人民共和国道路交通安全法》有关规定办理。

（3）运行。事故各方当事人中，至少有一方车辆处于运动状态。

（4）过错或意外。造成交通事故的原因是人为的过错或意外，而不是主观的故意，是依法追究其肇事责任、以责论处及依法予以处罚的必要条件。

（5）后果。交通事故的后果即造成的人身伤亡或者财产损失，是构成交通事故的本质特征。

二、交通事故的预防

交通事故是在特定的交通条件下，由于人、车、路、环境诸要素配合失调而引发的。为了保证行车安全，避免交通事故的发生，安全工作的重点必须放在以预防为主上。一切人力、物力、财力应该放在交通事故的预防上，而不要放在交通事故的处理上。当然绝对杜绝交通事故的发生是不可能的，所以我们应当采取切实有效的预防措施，把事故率降到最低。

1. 提高机动车驾驶员的素质

在道路交通事故中，驾驶员的因素占70%以上，这个比例是很大的。为达到"安全优质、高效低耗"的目的，主要应从以下几个方面着力提高机动车驾驶员的素质：

（1）提高法律与道德素质。根据交通事故的原因分析得知，违章是造成交通事故的主要原因。而造成违章的原因主要是驾驶员不懂法律、法规或知法犯法、故意违章、对违章的后果认识不足等。因此，机动车驾驶员必须提高法制观念，养成自觉遵章守法的良好作风，以保证行车安全。同时也有许多驾驶员只图自己方便，横行直撞，夜间会车不按规定使用灯光，违章抢道，开斗气车等，都是缺乏道德修养的表现。因此驾驶员要有崇高的职业道德和高度的责任心。

（2）提高身体素质。机动车驾驶员必须加强体育锻炼，保证充足的休息时间，培养良好的生活习惯。

（3）提高技术素质。机动车驾驶员要有熟练的驾驶操作技能，并且虚心学习，善于及时总结经验教训，不断提高操作技术水平。

（4）做好车辆维护工作。保证车辆技术状况的完好，除国家公安与交通部门加强对机动车的检验和提高保修质量外，机动车驾驶员必须贯彻各项车辆检查制度。其主要工作是：第一，对自己所驾车辆必须做到勤检查、勤维护，发现故障及时修复；第二，认真切实地做好三检工作，即出车前、行车中、收车后的检查，发现异样或故障，应及时修复，不开"带病"车。

（5）严格把好驾驶员的"入口"关。国家官方调查表明：未经过正规培训的驾驶员，其肇事次数是受过正规培训的两倍左右。因此必须做好科学的培训工作，特别是要严格把关，不允许培训不合格或不适合从事驾驶工作的人员进入驾驶员队伍。

2. 做好交通安全宣传教育工作

交通安全宣传教育工作是整个交通管理工作的重要组成部分，也是整个交通管理工作的基础。道路交通越发展，交通管理的科学化、法制化水平越高，就越要做好社会面的宣传教育工作。因此,各种媒体、各种渠道的宣传教育和指导驾驶员的安全教育工作十分重要,对此须高度重视。

3. 强化道路交通中的科学管理

科学管理,就是按照交通事故发生和变化过程中所反映出来的客观规律性,用科学的方法来减少或预防交通事故发生的一种方法。实践证明,科学管理能收到事半功倍的效果。在条件许可的情况下,应该做好以下工作:

(1)建立、健全全国交通管理网络系统。建立网络系统的主要目的是加强对机动车驾驶员和机动车辆的管理,互通信息,相互监督,高效运行,保证交通安全。

(2)对于交通事故多发地段,建立速度监测系统,以便及时掌握情况,及时教育处理违章驾驶员,减少交通事故的发生。

(3)逐步建立城市智能化交通管理和高速公路智能化管理体系,以增强综合控制力,减少阻塞,形成直通流,提高机动车管理能力,从而达到安全、迅速、快捷的目的。

4. 做好高速公路交通事故的预防工作

高速公路交通事故的主要特点是:事故率低,但其后果严重,追尾事故多、进出口匝道事故多、疲劳驾车事故多、翻车事故多及变换车道事故多等。因此要进一步加强安全意识宣传,同时要严格管理和执法,确保高速公路的安全畅通。

第五节　交通运输环境保护

环境是指大气、水、土地、矿藏、森林、草原、野生动植物、水生生物、名胜古迹、风景游览区、温泉、疗养区、自然保护区、生活居住区等与人类生存关系最密切的客观条件。道路交通环境就是人们借助道路进行交通运输的客观条件。

道路交通对环境的负面影响首先反映在道路建设过程中,而后行驶在道路上的车辆对环境的影响则更大。汽车在给予人们便利的同时,也给周边的环境带来了负面影响。车辆行驶中会产生噪声、排放有害气体并产生振动,该影响超过某种程度则被视为公害,对环境将产生破坏。汽车保有数量少,则对环境影响也小,然而随着汽车社会的到来,该问题已经成为很大的社会问题。

一、道路交通噪声污染与防治

(一)道路交通噪声的特点与危害

所谓噪声,就是指令人感觉不舒服的声音。道路交通噪声是在汽车行驶过程中发生的,主要有发动机噪声、冷却系统噪声、进气系统噪声、排气系统噪声和轮胎噪声。在交通噪声中主要是发动机噪声和轮胎噪声,并且当汽车低速行驶时发动机噪声显著高于轮胎噪声,高速行驶时轮胎噪声明显高于发动机噪声,大型车的发动机噪声通常很明显。

1. 道路交通噪声的特点

道路交通噪声源具有流动性,噪声本身具有随机性和非稳定性,并受到道路和交通条件的影响,概括起来主要有以下特点:

(1)道路交通噪声的分布与道路网分布一致,其影响范围主要是道路两侧一定范围内的居民及其建筑物等。

(2)道路交通噪声与路面纵坡、路面平整度、路面粗糙度、路段位置有关。道路坡度越大,发动机负荷越大,噪声越大,对大型车的影响尤为明显,其修正值见表 2-2-6。路面粗糙度越大,噪声也越大,特别是对小型车的影响明显,小型车的行驶噪声级按表 2-2-7 进行修正。

表 2-2-6　路面纵坡噪声级修正值

纵坡/%	噪声级修正值/dB
≤3	0
4~5	+1
6~7	+3
>7	+5

表 2-2-7　路面粗糙度噪声级修正值

粗糙度/mm	噪声级修正值/dB
<0.4	−2
0.4~0.7	0
0.7~1.0	+2
1.0~1.3	+4
>1.3	+6

(3)道路交通噪声与道路具体交通条件关系密切。噪声随着交通量增加而增大,但车流量的增加只对本底噪声和平均噪声影响较大,对噪声峰值影响较小。当车流量增加到 2000 辆/h 以后,噪声峰值基本不增加。而噪声峰值的主要影响因素是载重车辆的数量,载重车辆所占比例越大,噪声越大。随着车辆加减速的频繁程度变化,噪声也会发生变化。交通噪声的时间分布规律与交通流量的时间分布规律很接近。

2. 道路交通噪声的危害

(1)造成听觉疲劳和听力损伤。当噪声达到 50dB(A)时,将会开始影响脑力劳动;在 80dB(A)条件下,只能保持长期工作而不致耳聋;在 90dB(A)条件下,只能保持 80% 的人不会耳聋;即使在 85dB(A),还会造成 10% 的人产生噪声性耳聋。人耳听力损失的频率从 4000Hz 开始,有时虽然没有达到噪声性耳聋的程度,但很可能已有听力损失。

(2)干扰人们的正常生活。睡眠对人是极其重要的,它能够使新陈代谢得到调节,大脑得到休息,从而恢复体力和消除疲劳。噪声会影响人的睡眠质量和数量。40dB 的连续噪声可使 10% 的人睡眠受到影响,70dB 将会影响到 50% 的人;而突发性的噪声在 40dB 时可使 10% 的人惊醒,在 60dB 时可使 70% 的人惊醒。

(3)影响人体生理健康。噪声会引起神经衰弱、失眠、疲劳、头晕、记忆力衰退等疾病。当噪声超过 140dB 时,甚至会引起眼球振动,视觉模糊、呼吸、脉搏、血压波动,血管收缩等。

(二)道路交通噪声的防治对策

对于汽车交通所引起的噪声,可从图 2-2-1 所示的各个方面考虑采取相应的防治对策。道路交通噪声主要来自汽车,而汽车噪声的强度与汽车类型、发动机功率、车速、车流密度、道路纵坡大小、交叉口间的距离、路面等级与状况、标志标线的设置等有关,主要以发动机功率、交通量大小起决定作用,其次与地形、驾驶技术、载重情况有关。为使道路交通噪声受到控制,首先必须制定环境噪声法规和噪声标准。

近年来,我国相继制定了《环境保护法》《城市环境噪声控制法》《城市区域环境噪声标准》。目前大部分城市已分别制定了《交通噪声管理条例》。我国颁布的《声环境质量标准》(GB 3096—2008)规定了城市 5 类区域的环境噪声最高限值(表 2-2-8)。

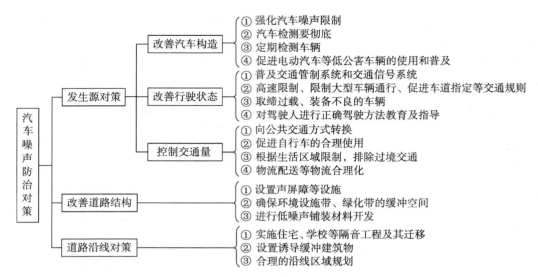

图 2-2-1　汽车噪声防治对策体系图

表 2-2-8　城市 5 类区域的环境噪声限值　　　dB(A)

类别	昼间	夜间
0	50	40
1	55	45
2	60	50
3	65	55
4a	70	55
4b	70	60

　　汽车噪声防治主要从以下几个方面考虑：交通流对策主要从强化交通管制和车辆进入控制等方面入手；道路对策考虑环状环保道路和迂回道路的建设、低噪声路面铺装和声屏障、绿化带设置等方面；道路沿线对策主要从与干线道路协调的街道设施规划、沿线区域规划划及实施住宅隔音工程等方面着手考虑。

二、道路交通废气污染与防治

1. 道路交通废气的危害

　　道路交通对大气的污染是指在交通运输过程中，车辆所排放的烟、尘和有害气体的数量和持续时间都超过大气的自然净化能力和允许标准，使人和其他生物等蒙受损害。它是人为因素造成大气污染的主要污染源之一，主要有一氧化碳（CO）、氮氧化物（NO_x）、碳氢化合物（HC）以及二氧化硫（SO_2）。随着目前我国车辆保有量的迅速增加，上述各项污染物的排放量还会明显上升。

　　（1）一氧化碳（CO）的危害。一氧化碳为无色、无臭、无刺激性的窒息性气体，当人随空气吸入，经肺泡进入血液循环，与血红蛋白结合，形成碳氧血红蛋白，妨碍血液正常输氧功能,造成体内缺氧。一氧化碳浓度较低时,也会引起头痛、头晕、眼花、全身乏力、两腿发软,并有恶心、呕吐等症状。当其浓度较高时,会使人昏迷甚至死亡。即便是一氧化碳大量存在的情况下,也不易为人们所察觉,因此具有特殊的危险性。

(2) 氮氧化物(NO_x)的危害。高浓度的氮氧化物进入呼吸道深部,对呼吸道和肺部组织产生强烈的刺激和腐蚀作用,增加毛细血管的通透性,形成肺水肿。其慢性作用可致呼吸道、支气管炎症。而汽车排放的废气中的氮氧化物和烯烃反应会产生硝化烯烃,长期吸入会致癌。

(3) 碳氢化合物(HC)的危害。碳氢化合物又称烃,种类繁多,多数是由燃料燃烧不充分引起的。各种碳氢化合物对人体的影响不同,通常会损害中枢神经系统,引起头痛、记忆力衰退、失眠、易疲倦、食欲减退等,其中苯并芘有很强的致癌作用。

(4) 二氧化硫(SO_2)的危害。二氧化硫是具有强烈刺激性的无色气体,易被黏膜的湿润表面吸收而形成亚硫酸。长期吸入低浓度的二氧化硫,会引起头晕、头痛、全身无力,并引起鼻炎、咽喉炎、支气管炎、嗅觉味觉减退等,少数人会诱发支气管哮喘。如果吸入高浓度的二氧化硫,会引起肺炎甚至肺水肿及中枢麻痹。二氧化硫也会妨碍植物正常生长,使农作物减产,甚至导致各种植被和树木坏死。

2. 道路交通废气的防治对策

防治道路交通废气要从不同方面进行,主要有发生源对策、交通量/交通流对策及沿线环境对策,具体内容见表 2-2-9。

表 2-2-9　防治道路交通废气的对策

发生源对策	强制实行汽车尾气排放标准,促进使用满足排放标准的车辆
交通量/交通流对策	吸引人们的出行方式向公共交通转移,建立完善的路网结构和停车换乘系统,对进入市中心地区的车辆收费,货物运送合理化,经济的运输工具,合理的交通堵塞对策,并提供完善的道路信息
沿线环境对策	设置环境设施带,沿线环保设施建设(公园、绿地等)

三、道路交通振动的危害与防治

1. 道路交通振动的产生与危害

道路交通振动是伴随汽车通过道路时所产生的振动,该振动沿地面传递并逐渐衰减,当传播到周边居民居住地时将产生振动公害。道路交通振动会对居民造成心理影响和生理影响,主要表现为降低舒适度、增加疲劳度、降低工作效率、影响健康及降低身体素质等。道路交通振动对人体的危害程度因振动的强度、频率、方向和持续时间不同而不同。

2. 道路交通振动的防治对策

道路交通振动与汽车行驶速度、车辆重量、交通量、车辆行驶的位置、路面状况等有关。另外,振动的衰减距离也因地基条件不同而不同。因此,防治道路交通振动可采取的对策包括:对车辆行驶速度和交通量,特别是对大型车辆的通行进行限制,严格控制车辆过载现象;确保路面完好,道路与桥梁等结构物的顺接不出现跳车现象,经常对道路进行修缮;在道路沿线及车道间增设环境设施;对地基进行减振或不易振动改良;加设声屏障或隔音墙装置。

第三单元　高速公路和特殊条件下的安全驾驶

第一章　高速公路安全驾驶

第一节　高速公路知识

高速公路是全封闭、多车道、具有中央分隔带、立体交叉、集中管理、控制出入、限制上路车种、安全服务设施配套齐全、专供机动车高速行驶的公路。

一、高速公路的基本构成

高速公路由主线、立交、收费站和服务区等部分组成。

1. 主线

主线由行车道、中央分隔带、路肩、护栏、隔离栅、加速车道、减速车道、应急停车带等组成，如图3-1-1 所示。

2. 立体交叉

道路与道路在不同的水平面上的交叉称为立体交叉(图3-1-2)。高速公路与其他公路交叉时，全部采用立体交叉，避免了车辆相互干扰、冲突乃至碰撞的问题，并限制了交叉路口车辆的出入，从而使行驶速度和安全性大大提高，这也是高速公路区别于一般公路的一大特征。高速公路立体交叉的形式很多，按交通功能分类可将立体交叉分为分离式立体交叉和互通式立体交叉两类。在空间上把交叉的交通进行分离，并用匝道将上下相交的道路加以连接，这样的交叉口称为互通式立体交叉，因其不致产生交通堵塞和冲突，被高速公路广泛采用。

图3-1-1　主线

3. 沿线设施

高速公路沿线有安全设施、交通管理设施、服务性设施、环境美化设施等。

安全设施一般包括标志(如警告、限制、指示标志等)、标线(以文字或图形来指示行车)、护栏(如刚性护栏、半刚性护栏、柔性护栏等)、隔离设施(对高速公路进行隔离封闭的人工构造物的统称，如金属

图3-1-2　立体交叉

网、常青绿篱等)、照明及防眩设施(为保证夜间行车安全所设置的照明灯、车灯灯光防眩板等)、视线诱导设施(为保证驾驶员视觉及心理上的安全感所设置的全线设置轮廓标等)等。

交通管理设施一般包括高速公路入口控制、交通监控设施(如检测器监控、工业电视监控、通讯联系电话、巡逻监视等)等。

服务性设施一般有综合性服务区(如停车场、加油站、修理厂、餐厅、旅馆、邮局、休息室、厕所、小卖部等)、小型休息点(以加油站为主,附设厕所、电话、小块绿地、小型停车场等)、停车场等。

环境美化设施是保证驾驶员高速行驶时在视觉、心理上协调的重要环节。因此高速公路在设计、施工、养护、管理的全过程中,除满足工程和交通的技术要求外,都要以美学观点加以调校,经过多次调整、修改,使高速公路与当地的自然风景协调,成为优美的彩带。

二、高速公路的主要特点

高速公路与一般公路相比,具有以下特点:

(1) 行驶速度快。根据《中华人民共和国道路交通安全法》第 67 条的规定,行人、非机动车、拖拉机、轮式专用机械车、铰接式客车、全挂拖斗车以及其他设计最高时速低于 70km 的机动车不准进入高速公路。另在实习期的驾驶员不准驾驶车辆进入高速公路。由于限制了低速车辆的驶入,缩小了行驶车辆的速度差异,降低了行驶中的纵向干扰,车速得到充分发挥。

(2) 通行能力大。高速公路路面宽、车道多,在一些特殊地段还设置有爬坡、加速、减速等车道,使一些车辆在局部路段分离,减少了干扰,道路通行能力大大提高。

(3) 完善的安全、服务设施。高速公路沿线设有完善的交通安全设施(标志、标线、护栏、隔离设施、照明及防眩设施等),并提供完善的服务设施(停车场、加油站、修理厂、餐厅等)。

(4) 交通事故少。由于高速公路具有立体交叉控制出入、分隔行驶、限制最低与最高车速以及较完善的交通设施等特点,因此交通事故大大减少,其事故率只有一般公路的三分之一左右。

(5) 运输成本低。高速公路完善的道路设施条件使主要行车消耗——燃油与轮胎消耗、车辆磨损及事故赔偿损失降低,从而使运输成本大幅度降低。

(6) 操作单调,易疲劳。高速公路驾驶过程轻松且单调,整个驾驶过程平淡,容易产生意识松懈和视神经疲劳。因此驾驶员在高速公路上较长时间驾驶时会提前疲倦,以致反应能力下降。

三、我国高速公路网命名和编号规则

1. 高速公路网命名

(1) 国家高速公路网路线名称及简称不可重复,如出现重复,采用以行政区划名称的第二或第三位汉字替换等方式加以区别。

(2) 国家高速公路网的地区环线名称,全称为"××地区环线高速公路",简称"××环线高速"。例如,"杭州湾地区环线高速公路"简称"杭州湾环线高速"。

(3) 国家高速公路网的城市绕城环线名称以城市名称命名,全称为"××市绕城高速公路",简称为"××绕城高速"。例如,"沈阳市绕城高速公路"简称"沈阳绕城高速"。

(4)当两条以上路段起讫点相同时,则按照由东向西或由北向南的顺序,依次命名为"××—××高速公路东(中、西)线"或"××—××高速公路北(中、南)线",简称"××高速东(中、西)线"或"××高速北(中、南)线"。

(5)路线地名应采用规定的汉字或罗马字母拼写表示。路线起讫点地名的表示,应取其所在地的主要行政区划的单一名称,一般为县级(含)以上行政区划名称。

(6)南北纵向路线以路线北端为起点,以路线南端为终点;东西横向路线以路线东端为起点,以路线西端为终点。放射线的起点为北京。

2. 编号规则

中国国家高速公路网编号由字母标识符和阿拉伯数字编号组成。中国国家高速公路是国道网的重要组成部分,路线字母标识符采用汉语拼音"G"表示。中国国家高速公路网主线的编号,由中国国家高速公路标识符"G"加 1 位或 2 位数字顺序号组成,编号结构为"G♯"或"G♯♯"。具体编号规则如下:

(1)首都放射线的编号为 1 位数,以北京市为起点,放射线的止点为终点,以 1 号高速公路为起始,按路线的顺时针方向排列编号,编号区间为 G1~G9。

(2)纵向路线以北端为起点,南端为终点,按路线的纵向由东向西顺序编排,路线编号取奇数,编号区间为 G11~G89。

(3)横向路线以东端为起点,西段为终点,按路线的横向由北向南顺序编排,路线编号取偶数,编号区间为 G10~G90。

(4)并行路线的编号采用主线编号后加英文字母"E""W""S""N"组合表示,分别指示该并行路线在主线的东、西、南、北方位。

(5)纳入中国国家高速公路网的地区环线(如珠江三角洲环线),按照由北向南的顺序依次采用 G91~G99 编号;其中台湾环线编号为 G99,取意九九归一。

(6)中国国家高速公路网一般联络线的编号,由国家高速公路标识符"G"+"主线编号"+数字"1"+"一般联络线顺序号"组成,编号为 4 位数。

(7)城市绕城环线的编号为 4 位数,由"G"+"主线编号"+数字"0"+"城市绕城环线顺序号"组成。主线编号为该环线所连接的纵线和横线编号最小者,如该主线所带城市绕城环线编号空间已经全部使用,则选用主线编号次小者,依此类推。如该环线仅有放射连接,则在 1 位数主线编号前以数字"0"补位。

四、高速公路交通安全管理规定

1. 禁止进入规定

《中华人民共和国道路交通安全法》第 67 条规定:行人、非机动车、拖拉机、轮式专用机械车、铰接式客车、全挂拖斗车以及其他设计最高时速低于 70km/h 的机动车不准进入高速公路。

2. 机动车发生故障的规定

《中华人民共和国道路交通安全法》第 68 条规定:机动车在高速公路上发生故障时,应当依照本法第 52 条的有关规定办理;但是,警告标志应当设置在故障车来车方向 150m 以外,车上人员应当迅速转移到右侧路肩上或者应急车道内,并且迅速报警。机动车在高速公路上发生故障或者交通事故,无法正常行驶的,应当由救援车、清障车拖曳、牵引。

3. 禁止拦截规定

《中华人民共和国道路交通安全法》第 69 条规定:任何单位、个人不得在高速公路上拦截检查行驶的车辆,公安机关的人民警察依法执行紧急公务除外。

4. 低能见度行驶规定

《中华人民共和国道路交通安全法实施条例》第 81 条规定:机动车在高速公路上行驶,遇有雾、雨、雪、沙尘、冰雹等低能见度气象条件时,应当遵守表 3-1-1 所示的规定。

表 3-1-1　低能见度行驶规定

能见度	车速	安全距离	雾灯	近光灯	示廓灯	前后位灯	危险报警闪光灯
小于 200m	60km/h 以下	100m 以上	开	开	开	开	
小于 100m	40km/h 以下	50m 以上	开	开	开	开	开
小于 50m	20km/h 以下	50m 以上	开	开	开	开	开
能见度小于 50m、浓雾、特大雾时,从最近出口尽快驶离高速公路							

5. 机动车行驶的禁止行为

《中华人民共和国道路交通安全法实施条例》第 82 条规定:机动车在高速公路上行驶,不得有下列行为:① 倒车、逆行、穿越中央分隔带掉头或者在车道内停车;② 在匝道、加速车道或者减速车道上超车;③ 骑、轧车行道分界线或者在路肩上行驶;④ 非紧急情况时在应急车道行驶或者停车;⑤ 试车或者学习驾驶机动车。

第二节　高速公路行驶特性

一、高速公路行驶对驾驶员的影响

汽车在高速公路上的行驶速度一般可达 100km/h 左右,这样高的行驶速度对驾驶员的心理和生理都会产生一定的影响,这主要表现在以下几个方面:

1. 驾驶员视觉特征

(1) 动视力下降。据统计,与行车有关的各种信息有 80%～90% 是通过视觉获得的。实践证明,驾驶员在运行中的视力(动视力),一般要比静止的视力低,而且随车速的增加,视力也明显下降。例如,以 60km/h 的速度行驶时,能看清车前 240m 的标志,而以 80km/h 的速度行驶时,在接近 160m 处才能看清同一标志。

(2) 有效视野变窄。车速越快,越要注视远方,因而视野相对变窄,视野周围的景物在驾驶员的眼内停留的时间相应缩短,甚至一闪而过,无法发现有用的信息,只有正前方附近的区域才能看得清楚。有效视野的缩小妨碍驾驶员对近处情况的观察,有时会漏掉必要的安全信息,这对安全行车极为不利。

(3) 速度判断错误。在高速行驶一段时间以后,驾驶员对道路环境已经习惯,因而导致精神逐渐松弛,注意力开始分散,这种驾驶适应性会使驾驶员的判断能力下降。有关专家曾做试验:让三组年龄、驾驶技能基本相同的驾驶员都加速到 110km/h,行驶不同时间后要求驾驶员凭自己的主观感觉把车速降到 65km/h,结果各组驾驶员对实际车速的判断都偏低,而且等速行驶阶段越长,判断误差越大。这样在准备驶出高速公路的出口匝道上就可能有碰撞护栏的危险。因此驾驶员应以车速表为准,不应过分相信自己的感觉。

(4)距离判断错误。人对距离的感知主要依靠视觉系统提供的信息完成,视觉信息中又以双眼立体视力最为重要,通过立体视力,驾驶员感知物体的相对距离。随着车速的提高,驾驶员判断的车距往往比实际要小,且随着车速的继续提高,判断距离的加大,判断误差也增大。

2. 驾驶员意识特征

驾驶员意识特征主要表现在其意识水平的高低,即驾驶员头脑的清醒程度,这对及时准确收集行驶信息,正确地分析判断、处理行车情况有重要意义。驾驶员的意识水平受到多方面因素的影响,如身体状况、道路环境、车辆状况等。在高速公路上,驾驶员不必担心平面交叉或混合交通的横向干扰,精神比在一般公路上舒畅得多。但高速公路行车中外界刺激信息减少,对驾驶员的意识水平将产生一定的影响。

(1)无意识占有现象。注意是心理活动对一定事物的集中和指向。正是由于这种集中和指向,驾驶员才能够清楚地收集和处理各种信息,做出正确的判断,采取相应的动作和措施。但是在驾驶过程中,若注意过于集中指向某一点,就会忽视其他方面,甚至对其他交通情况视而不见,这对交通安全极为不利。在平坦直线的高速公路上发生的连续碰撞事故往往就是由这些无意识占有现象引起的。

(2)意识水平低沉。行驶中,有节奏的振动也起催眠作用,这便使驾驶员随着驾驶时间的延长,大脑逐渐进入近乎打瞌睡的"机械"状态。这时驾驶员意识模糊,只是机械地握着转向盘,盯着前方的目标行驶,一旦遇到紧急情况,即使驾驶员已经发现这种紧急状态,但正常的认识判断过程恢复不了或判断中止,不知不觉就造成了事故。

3. 驾驶员应采取的措施

由于在高速行驶条件下,驾驶员视觉、意识特征的变化对安全行车有以上影响,因此,驾驶员在行车中应采取以下针对性的措施:

(1)正确判断行车速度,及时观察车速表以修正判断误差,充分利用道路上设置的距离确认标志进行行车间距的确定,以保持足够的反应时间。

(2)合理地分配注意力,不能把注意集中到某一点,应该有意识地注意周围情况,接受环境的刺激,始终保证意识处于清醒状态。

(3)安排适宜的行车时间和停车休息,减轻因行车时间过长而引起的各种器官疲劳,从而保持充沛的精力,具有良好的视觉特征,始终处于积极的意识状态,确保高速公路的行车安全。

二、高速公路行驶对车辆性能的影响

高速公路行车中,行驶速度的提高对车辆技术性能有着很大影响,尤其是汽车的制动性和操纵稳定性,主要表现在制动停车距离延长、转弯行驶离心力加大、轮胎性能下降等方面。

(1)制动停车距离延长。高速公路行车,由于车速的增高,驾驶员的制动反应距离显著增加,车辆的制动停车距离也大幅度延长,使得车辆制动非安全区扩大,制动效果变差,汽车行驶的安全性大大降低。

(2)转弯行驶离心力加大。汽车在行驶中转弯做曲线运动时,必然要产生离心力。离心力大小与车速平方成正比,车速越高,产生的离心力越大,车辆的操纵稳定性急剧下降,汽车极易发生侧滑或横向侧翻,造成事故。

(3) 轮胎性能下降。由于长时间高速行驶,车辆轮胎温度上升,造成轮胎气压增高,轮胎强度下降,轮胎爆胎的可能性加大,汽车失控引发交通事故的可能性提高。当汽车在具有一定厚度水膜的高速公路路面上行驶时,由于轮胎的高速旋转和积水的惯性作用,水的阻力会使车轮上浮,严重时轮胎产生水膜滑溜现象,可使汽车的驱动力、制动力和方向操纵完全失灵,严重威胁行车安全。

由于高速行驶对车辆性能具有以上影响,因此驾驶员行车中应充分认识制动距离、离心力与速度的倍数关系,选择恰当的行驶速度和保持足够的行车间距,充分估计到汽车制动停车距离,遇有特殊情况提前减速,降低通过弯道时的车速。雨天行车,如感觉转动方向用力变小,则应降低车速,不要急打方向。正确选择和使用轮胎,应尽量使用子午线轮胎,因为子午线轮胎具有使用寿命长、滚动阻力小、油耗低、承载能力大、减振性能好等优点。另外,子午线轮胎上标有轮胎的最高速度级别,在高速公路行驶的汽车应当选用等于或大于该车最高时速的轮胎,严格按规定装载,严格按标准掌握好轮胎气压,切忌过高、过低。长距离高速行驶,发生轮胎温度过高时,应停车休息后再行驶,切忌采用放气、泼凉水等方法。

第三节 高速公路安全行车

高速公路由于具有良好的交通环境,完善的交通控制和管理设施,常常使人感到这里行车很安全。但从以上高速公路行驶特性分析可以看到,如果忽视了汽车高速条件下的行车特性,不能很好地掌握高速公路行车要求及驾驶操作要领,随时都有发生重大事故的可能性。因此,必须从驶入高速公路开始,严格遵守《高速公路交通管理办法》等有关法规和操作规程,严格按规定乘载,注意行车中的每一个环节,才能确保高速公路安全行车。

一、高速公路行车规则

高速公路上行车速度较快,车辆较多,所有车辆都应按规定的要求行驶,否则很容易造成行车事故。

(1) 遵守行车速度的要求。高速公路上一般有两种限速标志:一是固定限速标志,二是可变限速标志。前者适用于常规道路条件下,后者适用于自然条件不良的道路条件下。因此,驾驶员不仅要知道固定限速标志的规定车速,还要注意恶劣天气在高速公路上行车时可变限速标志的速度规定。

(2) 遵守不驶越中央分隔带规则。要求所有车辆不得驶越中央分隔带,或在中央分隔带停车、驻车或掉头。若需要掉头,必须在规定的立体交叉道上进行。

(3) 遵守顺行、严禁逆行的规则。要求所有车辆必须遵照标线指示,在适当的车道内顺行,不得压线或做"S"形行驶,更不得在正常行驶道、超车道、匝道、桥梁、路肩或其他车道上逆行。

(4) 遵守不随意停车的规则。不得在正常行驶道、超车道、匝道、桥梁、路肩或其他竖有禁止停车标志的地方停车或驻车。

(5) 不得在高速公路非停车处上下乘客或装卸货物。

(6) 乘员不得站立，不准向车外抛弃物品。

(7) 驾乘人员应系好安全带。

二、驶入高速公路前的准备及检查

1. 驶入高速公路前的准备

驶入高速公路前应做好以下准备工作：

(1) 要熟知高速公路的有关法律、法规和规定，掌握高速公路的安全行车方法。

(2) 制订合理的行车计划，根据任务内容确定行车时间、起止点、路线及休息地点等，同时还要注意气象预报和高速公路预报，做到心中有数。

(3) 如果是第一次驶入的高速公路，需要了解驶入高速公路行驶区间的出入口、行驶路经地、沿途服务设施等情况，并确定好自己行驶的入口和出口。

(4) 注意休息，保持旺盛的精力，切忌服用含镇静剂、催眠剂或兴奋剂的药物。

(5) 带齐途中需要的工具、用具、生活用品等，尤其是故障警告标志牌、灭火器、手电筒等必备用品。

2. 驶入高速公路前的车辆检查

车辆在高速公路行驶时，由于较高的速度和较长的距离增加了发生机械故障的可能性，因机械故障造成事故的后果和损失要比普通道路事故严重得多。因此，应该在驶入高速公路前对车辆进行以下必要的检查：

(1) 制动、转向、传动、灯光信号装置是否安全、有效。

(2) 轮胎气压是否正常，轮胎有无裂纹损坏。

(3) 散热器是否有充足的冷却水，风扇皮带张紧力是否标准，有无破损情况。

(4) 燃油、润滑油、制动液是否充足。

(5) 货物及人员乘载情况。

三、安全驶入高速公路

在收费口交费或取卡后，就具备了在高速公路行驶的资格。车辆必须按照高速公路的有关规定和要求行驶。

1. 匝道行驶

高速公路的入口大多采用立体交叉形式，一般有两条不同方向的匝道，如果不注意指路标志，往往会驶错方向。

(1) 选择匝道时，应注意观察路标，根据指路标志确定自己目的地的行驶方向，确定进入的匝道，因为一旦行驶错了方向就不会再有退路。

(2) 确定行驶的匝道后，及时驶入并尽快提高车速，但不能将匝道当成加速车道，应严格按标志规定的速度行驶。前方有行驶的车辆时，要保持足够的安全间距。

(3) 有弯道和坡道的匝道一般都要限制速度，应注意警告标志，按标志规定的速度行驶。

2. 加速车道行驶

车辆在驶入行车道前必须在加速车道上提速，即使行车道上的车辆很少，也应充分利用加速车道尽快提高车速驶入行车道。否则，车辆进入行车道时会影响在行车道正常行驶的车辆，甚至会发生追尾事故。

(1) 在进入加速车道时,打开左转向灯示意。
(2) 沿加速车道行驶,并将车速尽快提高到 60km/h 以上。
(3) 如果是尾随前车行驶,还要注意观察前车的行驶速度和加速情况,并保持一个能够在加速车道上充分提速的距离。
(4) 在加速车道上行驶时,要随时注意观察行车道上行驶的车辆,选择插入时机。

3. 驶入行车道

从加速车道安全驶入行车道,应认真观察行车道上行驶车辆的速度、间距,在不妨碍行车道车辆正常行驶的情况下,安全平顺地汇入行车道正常行驶的车流。

(1) 看清行车道上行驶车辆的情况,并通过后视镜观察左后方行车道上的车辆。
(2) 正确估计行车道车流的速度,调整和控制好车速,根据车流情况确定尾随哪辆车驶入行车道。
(3) 行车道上的车辆较少时,在不妨碍其他车辆行驶的情况下驶入行车道,应尽量避免抢在正常行驶车辆前驶入。
(4) 行车道上的车流密度较大,车辆相距较近或以车队状态行驶时,要考虑所驾驶车辆的加速性能和首车的速度。
① 首车速度较慢时,可在不影响首车正常行驶的情况下加速从首车前方驶入行车道。
② 首车速度较快,其他尾随车距离有近有远时,可在首车后选择一辆与前车距离较远且速度较慢的车辆前驶入行车道,但是不能影响其正常行驶。
③ 首车速度较快,其他尾随车距离较近时,应控制车速,在所有车辆通过后,再驶入行车道。

四、行车道安全驾驶

车辆进入行车道后,既无交通信号灯和道路平面交叉,又无行人、非机动车和其他低速车辆的干扰,从而使车辆具备了可以充分发挥其速度性能的条件。由于在高速公路上行驶的车辆速度比一般道路高,对驾驶员的要求也就不同于一般道路。因此,在行车道行驶如果不懂得高速公路行驶规定和行车方法,盲目行车,势必扰乱高速公路的正常行驶秩序,埋下事故隐患。

1. 速度的确认和控制

(1) 由于路面宽阔、固定参照物少、车流速度高,驾驶员凭感觉或估计判断车速,往往会造成车速过高,尤其是刚从一般道路进入高速公路,这种感觉更为明显。
(2) 行车速度确认应依据车速表,切不可过分凭直觉判断车速。因为有时车速已经很快,却常常感觉不到,很可能会一味地加速,一旦交通状况发生变化,很可能会措手不及。
(3) 机动车在高速公路上正常行驶时,最低车速不得低于 60km/h;最高车速,小型载客汽车不得超过 120km/h,其他机动车不得超过 100km/h,摩托车不得超过 80km/h。
(4) 最高时速和最低时速是指天气及交通良好的情况下适用的行驶速度,遇大风、雨、雪、雾天气或路面结冰时,必须减速行驶。

2. 速度的选择

(1) 车辆进入行车道后,应严格遵守行车道最高时速和最低时速规定,无论是正常行驶,还是超车或让车,都不能超出规定范围。超车时不得超过最高时速,超过最高时速时,每超越一辆正常行驶的机动车,高速公路上就可能会增加一次交通事故的发生。让车时不能低于最低时速,低于最低时速行驶,会加大车辆之间的速度差,增加变更车道的次数,反而更危险。

(2)在高速公路上行驶时,要注意限速标志,按照标志要求限速行驶。在有限速标志的路段,应及时将车速控制到限速标准以内,不得超过限定车速驶过该路段。道路限速标志标明的车速与规定车道行驶车速不一致的,按照道路限速标志标明的车速行驶。

3. 分道行驶

机动车在高速公路上通行时,应当在行车道上行驶,必须严格遵守分道行驶、各行其道的原则,不得随意穿行越线,不准骑、压分界线行驶。

(1)同方向有2条车道的,在左侧车道行驶时的最低车速为100km/h,在右侧车道行驶时的最低车速为60km/h。

(2)同方向有3条或3条以上车道的,在最左侧车道行驶时的最低车速为110km/h,在中间车道行驶时的最低车速为90km/h,在最右侧车道行驶时的最低车速为60km/h。

4. 安全行车间距

高速公路上的行车间距,是指行驶中两辆车间的前后距离和超车时两辆车平行行驶瞬间的左右距离。这两个距离对于高速安全行车事关重要,如果保持不好,很容易发生追尾和刮碰事故。因此,机动车在高速公路上正常行驶时,同一车道的后车与前车必须保持足够的安全行车间距。

(1)正常情况下,当车速为100km/h时,纵向行车间距(两车间的前后距离)为100m以上;当车速低于100km/h时,与同车道前车距离可以适当缩短,但最小距离不得少于50m;遇大风、雨、雪、雾天或者路面结冰时,应当减速行驶,纵向行车间距应适当加大1~1.5倍。

(2)正常情况下超车时,当车速为100km/h时,横向间距为1.5m以上;车速为70km/h时,横向间距为1.2m以上;遇大风、雨、雪、雾天或者路面结冰时,在减速行驶的同时适当加大横向间距。

5. 安全超车

(1)在高速公路超车需变更车道时,应判断前方车辆是否在超车或前车有无超车意图。通过后视镜观察左侧车道有无后续车辆,有无车辆企图超越。

(2)确认进入的车道前、后方车辆均有不影响变更车道的安全间距后,开启左转向灯,夜间还需变换使用远、近光灯;再一次确认后方确无车辆超越,保持与前、后车辆均有足够的安全距离。

(3)在距前车70m左右时,向左适量平顺地转动转向盘,以较大的行车轨迹加速驶入需要进入的车道,保持足够的横向安全间距加速超越。

(4)超车后,开启右转向灯,在不影响被超车辆正常行驶的前提下,驶回原行车道。

(5)超车时只允许使用相邻的车道,不准在匝道、加速车道或减速车道上超车。

6. 安全变更车道

(1)车辆在高速公路上遇一条行车道上有障碍、事故造成堵塞、道路施工占道、自然灾害造成前方路段损坏时,应提前减速,做好变更车道准备。

(2)变更车道时,要注意观察道路上设置的标志或警示牌,按照标志或警示牌上的要求行驶;同时,提前减速并开启转向灯,确认安全后,再驶入指定的车道。

7. 弯道安全行驶

高速公路由于地形或设计要求等原因,间隔一段距离设置了弯道。行至弯道处,视野的注视点将投向弯道外侧远方的地点,容易造成对距离和弯度判断的失误,如果速度控制不当,将会发生冲撞防护栏或中央隔离带、追尾相撞等事故。

因此,驶入弯道时,应适当降低车速;为了避免因转小弯与侧面车辆刮碰,禁止在弯度小的弯道上超车;在左转弯道行驶时,由于视距会变短,应尽量避免超车。

8. 坡道安全行驶

高速公路的坡道坡度较缓,加速和减速不是很明显,尤其下坡不容易感觉出来,易导致因下坡速度过快而发生危险。

夜间行驶时,光线不良,下坡行驶时发生事故的危险性更大。如果不注意控制车速,对速度估计不足,车速过高,会造成驶出车道、碰撞防护栏或中央分隔带、车辆侧滑引发追尾相撞等事故。

行车中应注意坡道的存在,通过观察道路标志和警告牌,根据道路的实际情况控制行车速度。下坡时应控制速度,不要过分依赖感觉对车速的估计,要注意观察车速表显示,确定速度在安全范围内。在下坡转弯路段禁止变更车道。

在设有爬坡车道的上坡路段,车速较慢的大型客车、载货汽车及其他车辆在爬坡车道上行驶,速度较快的小型车及其他车辆不可随意驶入爬坡车道。

9. 通过隧道的安全驾驶

高速公路上的隧道,即便是照明条件好的隧道,隧道内与隧道外的光线也有差异,尤其在白天驶入、驶出隧道都对视觉有很大的刺激,反应迟缓,易造成因对车速、行车间距的判断不准确或失误而导致事故。隧道是高速公路上行车的最危险路段之一。

(1) 驶入隧道前,注意隧道口的信号灯指示,选择亮绿灯的隧道口作为入口。在离隧道入口 50m 左右,开启前照灯、示廓灯、尾灯,以便观察前方情况并引起后方车辆的注意。

(2) 进入隧道时,察看车速表,按照隧道口标志上规定的速度调整车速。注意车辆的装载高度是否在标志限定的高度之内,以确保车辆能安全通过。

(3) 进入隧道后,将注视点放到隧道前方的远处,不要看两侧的隧道壁,以避免强烈的速度感;同时控制好车速,注意保持足够的安全行车间距。

(4) 双向行驶的隧道内禁止使用远光灯;在隧道内不宜鸣喇叭,以防噪声影响其他车辆行驶;严禁在隧道内变更车道、超车和随意停车。

(5) 驶出隧道前,通过车速表确认行车速度,不能凭直觉判断车速;驶到出口时,应握稳转向盘,以防隧道口处的横向风引起车辆偏离行驶路线。

(6) 驶出隧道后,在亮适应过程中切勿盲目加速,以免因视力瞬时下降而造成危险。

10. 安全通过立体交叉桥的方法

高速公路上的立体交叉形式很多,结构复杂,其通过方法与平面交叉不同。掌握通过常见的较为复杂的立体交叉桥的方法,可顺利通过高速公路的立体交叉桥。

(1) 通过立体交叉桥前,注意观察指路标志,在临近转弯的立交桥前要根据右侧标志确认出口位置、行驶车道和行驶路线。

(2) 改变行驶路线时,应距立交桥指路标志 500m 开始逐渐减速,根据预告标志适时地向右完成车道的变更,平顺地驶入预定车道。

(3) 在距出口 50～100m 时，打开右转向灯，按照指路标志的要求进入匝道。

(4) 按照从匝道进入行车道的方法，驶入新行驶方向的行车道。

11．安全停车

在高速公路上行驶的车辆除遇障碍、发生故障或其他特殊情况外，不准随意停车。如果必须停车，则应根据具体情况采取安全有效的方式，尽量在不影响正常行驶车辆的前提下，选择紧急停车带或右侧路肩停车。

(1) 车辆因故障必须停车时，切不可采用紧急制动的方法，更不能在行车道直接停车，应控制好车速，看清车前后车的交通情况，打开右转向灯。

(2) 尽快驶离行车道后，逐渐减速停在紧急停车带或路肩上。停车后，在车后方 150m 处设置故障警告标志，并开启危险报警闪光灯，夜间还需开启示廓灯和尾灯。

(3) 车辆修复后需返回行车道时，在路肩或紧急停车带提高车速至 60m/h 以上，开启左转向灯，认真观察行车道上车流的情况，在不妨碍其他车辆正常行驶的情况下驶入行车道。

(4) 如果因故障不能离开行车道，则必须立即开启危险报警闪光灯，在行驶方向后方 150m 处设立警告标志，在夜间还需开启示廓灯和尾灯；同时向高速公路管理中心或交通警察报警。

(5) 车上人员迅速离开车辆转移到路肩或紧急停车带等安全的地方，等候救援。

五、安全驶离高速公路

1．驶离行车道

(1) 高速公路每一个出口前 2km、1km、500m 及出口处都设有预告下一出口标志。当看到要驶出的下一出口第一预告标志时，根据预告标志指示的下一路口的距离，及时做好驶出的准备。

(2) 如果在内侧车道上行驶，应在不影响其他车辆正常行驶的前提下，提前逐渐变更至最外侧车道，以便驶离行车道。

2．驶入减速车道

(1) 驶离行车道的最佳时机是行至离出口 500m 处，开启右转向灯，适当调整车速，逐渐平顺地从减速车道始端驶入减速车道。

(2) 如果驶过出口，只能继续向前行驶至立体交叉桥掉头，或者在下一出口驶离。

3．减速车道行驶

(1) 驶入减速车道后，关闭转向灯，注意观察车速表，并逐渐减速，使车辆在进入匝道前减至限定的速度。

(2) 不允许未经减速车道减速，直接从行车道驶入匝道；不准在减速车道上超车、掉头。

4．匝道行驶

(1) 进入匝道后，根据匝道的弯度掌握好转向盘，并将车速控制在限定的车速(40km/h)以下；同时注意从其他车道合流的车辆。

(2) 不准在匝道上超车、掉头。

第二章　山区道路安全驾驶

我国绝大部分省都有海拔高度不同的山地，而广大山区的工农业生产物资和人民生活用品又主要靠公路运输。因此，对驾驶员来说，了解山区公路的行车特点和注意事项，掌握山区公路驾驶的操作方法，对安全驾驶、提高运输效率都有相当重要的意义。

一、山区公路的特点

山区的公路大多根据自然地理条件修筑，有的修筑在崇山峻岭之中，从行车的角度来看，一般具有下列特点：

（1）坡长而陡。我国青藏、川藏、西兰等干线公路翻越高山峻岭，边疆的上下坡路普遍在十余千米左右，最长的达数十千米。而且有些地段坡度较陡，汽车上山时，常需要用低速挡长时间行驶，而下山时则需长时间运用制动。

（2）路窄弯急。由于修筑的难度大、耗资多，其路幅一般较窄。登山公路多为盘山绕行或环山傍水，弯道曲折连续不断。因此，车辆在登山公路上行驶时转向盘运用频繁，变速器的挡位不断变换，操作费力，加之弯道视线不良，须提前减速，常做避让和停车的准备。这使驾驶员的思想常处于戒备状态，精力消耗大。

（3）气候多变。山地的气候取决于当地的纬度、海拔高度、区域的地形及季节变化等因素。有的山地气候湿润，经常处于云雾笼罩之下；有的山地气候干燥，常年风沙不断；有的山地，山下骄阳似火，热不可挡，而在上山途中，气温犹如春秋，待到山顶却像进入寒冬，有"一日四季"之称；有的山地阳面道路坚实干燥，阴面道路却是湿滑泥泞；有的山地昼夜温差悬殊。所有这些情况，对汽车的动力性和安全行车均造成了一系列不利的影响。

（4）险情较多。有的山地在雨季山洪较多，坍山塌方、桥涵冲断经常发生；有的山地有冰川和泥石流活动；有的山地经常有风化的石块滚向路面。诸如此类险情发生，往往会使公路遭到破坏，交通中断，由此也就会出现便道、便桥，给行车增加了困难。

二、山区道路行车方法

1. 进入山区道路前的准备

（1）准备必要的物品（随车工具、防雨防滑设备等）。

（2）检查车辆。

（3）了解山区气候。

（4）确定最佳行车路线。

（5）注意休息。

2. 山区险路驾驶的方法

（1）上下坡保持匀速。

（2）下急坡要多减一挡。

（3）悬崖处会车，要给对向来车留出通道。

(4) 慎防路肩坍塌,必要时下车察看。
(5) 下陡坡切忌超车。
(6) 加大车间纵向距离。

三、坡道驾驶

1. 短而陡的坡道驾驶

采用冲坡法,在驶近坡顶时提前松开加速踏板,利用车的惯性冲过坡顶,以便控制车速,防止对面的视线盲区突然出现车辆而措手不及。

2. 长坡驾驶

(1) 上长坡时,要提前观察路况、坡道长度,使车辆保持充足的动力。
(2) 下长坡时,要适当控制车速,多减一挡,充分利用发动机的制动作用。

3. 山路弯道驾驶

通过山路弯道时,要按照"减速、鸣号、靠右行"的规则,提前降低车速。避免在转弯时换挡,以确保双手能有效地控制转向盘。

4. 跟车、超车和会车的驾驶

(1) 跟车:与前车一定要适当加大安全距离;视线不清、路段不明时要加大跟车距离。
(2) 超车:要尽量选择宽敞地段,开转向灯,提前鸣喇叭,不得强行超车;在有禁止超车标志或法规不允许超车的路段,严禁超车。
(3) 会车:应主动选择安全地段减速或停车与来车会车。

四、汽车在山路下坡时的制动方法

山区道路大多路幅狭窄,坡陡弯急,长而陡的坡道较多。下坡时因车辆质心前移,车速会越来越快,驾驶员在控制车速时若频繁使用制动踏板,会感到腿部乏力、疲劳,车轮制动鼓和制动蹄摩擦片也会过热,轻者使制动效能降低,重者使制动失效。因此,山路下坡如何使用制动,确实需要一定的技术。山路下坡时,应根据坡道的陡缓情况以及车辆载质量的大小,挂上适合所需车速的挡位,充分利用发动机的牵阻作用控制车速,这样可避免过多地使用脚制动器。

气压制动的车辆,要保证气压在安全标准以上,一般不宜过多将制动踏板随踩随放,避免过快降低气压,而应根据所需的制动强度,适当踩下制动踏板。当车速过快需增大制动力时,可继续踩下一段行程;当车速较慢需减小制动力时,稍放松制动踏板。在下长而陡的坡道时,只要气压能满足需要,可采用适当的间歇制动,这样有利于制动鼓和制动蹄片的冷却。当车速达到道路情况所不允许的限度时,要适当增大制动力,使车速均匀降低;当车速降至符合要求时,稍放松制动踏板,这样可保证车速均匀稳定。

液压制动的车辆制动时,应将制动踏板踩两次后,用脚压住踏板,使踏板处于较高的临近制动位置。需要增强制动力时,往下踩点;需要减小制动力时,稍放一点。制动踏板逐渐降低后,可再踩两次,使踏板重新升高,以保证车辆制动的及时和灵敏。在下长而陡的坡道时(特别是炎热的气候条件下),由于使用制动器的时间长,制动鼓过热,常需停车休息,但往往休息后再起步行驶时,会发生制动失效的现象。这是由于停车休息时,分泵活塞和皮碗停止不动所致。因为分泵过热而使皮碗外圈接触面干燥,密封性降低,制动时漏油,引起制动失效。因此停车休息时,应不断徐徐地踩动制动器,使皮碗往复运动,防止外圈表面干燥,既可使皮碗保持较好的密封性,又能使制动液冷却得快些。

下坡途中,脚制动器发生意外故障而突然失效时,可用"抢挡"的方法降到最低挡,利用发动机的牵阻作用降速,同时要掌握好方向,用手制动器控制转动机件旋转。用手制动时,手制动杆不可一次拉紧不放,也不可拉得太慢。一下拉紧,容易将手制动盘"抱死",损坏传动机件,丧失制动力;拉得太慢,会使制动盘摩擦过热烧蚀制动摩擦片而失去制动作用。正确的方法是:拉一下,松一下,再拉一下,松一下,反复进行。当车辆接近停住时,再拉紧手制动杆。

第三章 通过凹凸道路、障碍物、桥梁、铁路、隧道和涵洞的安全驾驶

一、通过凹凸道路

通过凹凸道路时要谨慎驾驶。第一,要保持正确的驾驶姿势,上身稍贴座椅靠背,两手握紧转向盘,防止由于身体随车跳动而失去对车辆的控制。第二,根据路面情况,使用以下通过方法:

(1) 遇短而小的凹凸道路,可空挡滑行通过。

(2) 遇连续的小凹凸或"搓板"路,要适当减速,匀速通过。

(3) 遇凸起较大的障碍物,可用低速挡缓慢通过(必要时可在障碍物前停车,重新起步通过)。当车前轮将要上障碍物时应加速,到障碍物最高点时可抬起加速踏板,使汽车溜下障碍。要注意车辆通过时,防止前桥壳擦碰凸形地面。

(4) 遇凹形较大的横断路时,应抬起加速踏板,使车速降到一定程度,利用车辆的惯性使前轮溜下凹形沟底时再稍加速,待后轮到凹形沟边时抬起加速踏板,后轮溜下沟底时再加速。同时要注意防止车辆前、后端与凹形地面碰撞。

二、通过障碍物

发现路面有障碍物时,应及时降低车速,注意观察障碍物的形状和位置,确定通过方法。驾驶轿车时,因其离地间隙较小,绝不能贸然采取骑跨障碍物的方法通过,以免车辆受损。具体通过方式有以下几种:

(1) 如果障碍物位于道路中间,其两侧均可通过车辆时,应选择较安全的一侧通过。

(2) 如果障碍物位于道路中间,高度低于汽车最小离地间隙、宽度小于轮距时,可使车辆左右轮居于障碍物两侧缓慢通过。

(3) 若障碍物的最高点超过汽车最小离地间隙,且宽于轮距,应换入低速挡,使一侧车轮压在障碍物较低的一面上,另一侧车轮压在平路上缓慢通过。

三、通过桥梁

1. 通过水泥桥

水泥桥建筑结构坚固,桥面平整且承受能力较好,便于车辆通过。汽车通过水泥桥时,如水泥桥为双车道,可按正常的驾驶情况通过,遇桥面不平或狭窄时,应减速通过。注意车辆不要过于靠近桥边护栏。

2. 通过拱形桥

拱形桥多为石料砌筑,拱度较大,常使驾驶员视线受阻。汽车通过拱形桥时,应减速、鸣喇叭,靠右行驶,并随时注意对面来车。驶近桥顶时要做好制动的准备,以便从容处理突然出现的情况,切忌盲目高速冲过拱桥。

3. 通过漫水桥

漫水桥面多有积水,通过漫水桥时,应使用中速挡,按照固定路线通过,尽量避免中途停车、变速和转向。汛期时通过漫水桥,应探明水情,水流过急、过深时千万不要冒险通过。

4. 通过木桥、吊桥、浮桥和便桥

木桥、吊桥、浮桥和便桥的牢固性差,承载能力低。通过这些桥梁时,应提前减速,换入低速挡,以平稳速度通过,避免在过桥途中制动、变速和停车,以减少对桥梁的冲击。遇年久失修的木桥,应先下车察看桥梁的牢固程度,采取必要的措施,在确定桥梁能承受的情况下缓缓上桥。过桥途中随时注意桥梁受压后的情况,在听到桥梁发出断裂声时,应加速行驶,切勿中途停车;发现桥面松动时,要注意露出的铁钉划破轮胎。桥面有冰雪和泥浆时,汽车易发生侧滑,应铺垫一些石、土、草袋等物并谨慎驾驶。

四、通过铁路道口

1. 通过无人看管的铁路道口

通过无人看管的铁路道口,应提前减速,到达停车线时要立即停车,确认安全后再低速通过,做到"一看、二慢、三通过",千万不能贸然通过或与火车抢行。

2. 通过有信号灯(或栏杆)控制的铁路道口

通过铁路道口遇红灯亮和信号灯交替闪烁时,应将汽车依次停在停车线以外等候;遇道口绿灯亮时,准许汽车缓慢通过,但也要注意避让非机动车和行人。

五、通过隧道

隧道分为单行道和双行道。隧道内一般比较狭窄,有时路面还比较滑。短隧道可从入口看到出口,驶进时开近光灯;长隧道或中途有弯的隧道从入口无法看到出口,进入隧道前应打开车灯,遇绿色信号灯时方可驶入。

1. 驶入隧道

(1) 驶入单行隧道,应观察对面有无来车,有条件通过时,应先适当鸣喇叭或开启示宽灯,再缓慢通过;如发现对面有来车或有停车信号,应及时靠右侧停车,待来车通过或见有放行灯光信号后再驶入隧道。

(2) 驶入双车道隧道应开启近光灯,靠道路右侧以中速通过。隧道内一般不宜鸣喇叭,尤其在距离较长、车辆流量较大的隧道内更需注意,以免增加隧道内的噪声。

2. 驶出隧道

驶出隧道时,要提防出口处有较强的气流干扰,应握紧转向盘,适当抬起加速踏板降低车速,但不得脱挡滑行。由于隧道两侧是视线死角,无法观察到隧道外的情况,应在出口处及时鸣喇叭,预防事故发生。

3. 注意事项

（1）进入隧道前应注意交通标志和文字提示,特别要注意高度限制标志,提前打开车灯。

（2）进出隧道应减速慢行,注意行车安全。

（3）不准在隧道内超车、停车、倒车、起步和掉头,以防交通堵塞。

（4）在隧道内尾随行车,要保持充分的车距;路面潮湿时,车距应相应增大。

六、通过涵洞

通过涵洞前必须注意交通标志,了解有关规定。涵洞的特点是高度有限制、洞内狭窄、视线不清。通过涵洞时必须适当减速,必要时还要停车察看,绝不可冒险通过。

车辆通过积水的涵洞后,必须轻踏制动踏板缓行一段距离,使制动毂水分蒸发,恢复良好的制动效能后再正常行驶。

第四章　恶劣天气安全驾驶

第一节　雨天安全驾驶

雨天行车的道路状况比晴好天气要复杂,容易出现各种意外情况,存在许多安全隐患。如果驾驶员缺乏雨天行车经验,不能针对雨天的特殊情况行驶车辆,就容易引起交通事故。因此,作为驾驶员必须熟悉雨天道路状况,努力提高安全意识,做好出车前的安全检查和车辆维护工作,同时提高在雨天行车过程中出现特殊情况的应急处理能力,熟悉车辆在雨天的性能等。

一、雨天的交通特点

（1）路况发生变化。久旱初雨或蒙蒙细雨时,雨水和路面上的积土、油污、轮胎橡胶粉末混合在一起形成润滑剂,使路面状况变差;久雨或特大暴雨会造成路肩松软,有的地段会出现塌方、路基塌陷以及路面积水等。

（2）视线产生影响。细雨易造成挡风玻璃挂满水珠,视线模糊,只能靠刮水器进行改善;大雨或暴雨时,挡风玻璃上形成溪水,有时靠刮水器也难以改善视线;刮水器片在雨中左右摆动,视线不良。

（3）驾驶员易疲劳。雨中行车,视线障碍较大,眼睛易疲乏,观察情况困难;长时间在雨中行车,身体易疲劳,精力消耗大,心理上会产生压抑感,对正确判断来往车辆和行人以及正确选择行车路线均带来极大的困难。

(4)行人行为混乱。阵雨、暴雨来临之际,往往是乌云笼罩,电闪雷鸣,狂风大作,尘埃飞扬,昏天黑地,视线不清。此时,行人往往只顾埋头急奔,寻找避雨处,目标不一,方向不定;路边有晾晒衣物等的地方,必然出现抢收、抢盖等情况;在蒙蒙细雨中的行人和骑车者,因头戴雨帽,致使视线、听觉都受到限制;一手握车把,一手拿伞的骑车者更是左右摇晃,对交通情况不易看清,易突然转向或滑倒。

二、雨天行车前的检查与维护

(1)检查刮水器。如果刮水器的扫水能力严重下降,雨天驾车行驶就十分困难,一旦车速加快,刮水器很容易向上浮起,扫水能力下降,特别夜间光线暗,没有刮净的雨滴在灯光下产生反射光,使前方视野极度模糊。

(2)轮胎要充压。有人认为把胎压降低一些,能使轮胎和地面的摩擦面积增大,进而增加附着力,其实这样做适得其反,胎压过低会加剧打滑程度,因此降低胎压增加接地面积不可行;反之,适当增加胎压,制动反而好一点。故在雨天必须按照标准气压进行充气,保持较高的胎压比较安全。

(3)检查制动液位。检查各分泵是否有漏油现象,一旦分泵漏油,往往会造成车辆制动性能下降,特别是在雨天,容易造成重大事故。因此要养成经常检查轮毂及轮胎上是否有油渍出现的良好习惯。

(4)保持前挡风玻璃的清洁是每天出车前必须做好的一件重要的事。只有清洁明亮的玻璃,才有更佳的行车视野,行车才更安心。同时还必须检查前后窗的除雾装置是否正常,因为为了防止雨水打进来,车窗大多是紧闭的,因此车厢里的雾气会使前后玻璃看不清楚,影响视线。

三、雨天行车注意事项

(1)行车中应将车速控制在规定的范围内,并根据实际需要调整车速;能见度在50m以内时,最高车速不得超过30km/h。

(2)遇到大暴雨或特大暴雨,刮水器的作用不能满足能见度要求时,不要冒险行驶,应选择安全地点停车,并打开示宽灯,待雨小或雨停时再继续行驶。

(3)根据车辆和道路的情况,特别是通过容易引起滑转的道路时,应严格控制车速;如果发生车辆横滑或侧滑情况,切不可急转方向或紧急制动,应利用发动机制动减速。

(4)雨中遇到行人时,要提前减速、鸣喇叭,严禁争道抢行,不要从行人身边急速绕过,应与其保持一定的安全距离,以免溅起的泥水弄脏行人的衣服。

(5)雨中跟车、超车、会车时,应与车辆及道路边缘适当加大安全距离;在傍山路、堤坝路或沿河路上,不宜沿路边缘行驶;久雨天气或大雨中行车,要注意路基是否疏松及是否可能出现坍塌情况,尽量选择道路中间坚实的路面行驶。

第二节 雾天安全驾驶

秋冬是雾的高发季节,雾水不仅会使路面湿滑,而且还会影响驾驶员的视线。多种环境因素中,雾天是最为恶劣的气候条件,雾天发生交通事故的概率比平常要高出几倍,甚至几十倍。因浓雾造成几十辆车连续追尾的事故屡见不鲜,损失惨重。因此,保证雾中行车安全显得尤为重要。

一、雾天的交通特点

(1) 路况发生变化。雾天由于空气湿度大,道路潮湿,路面摩擦系数不足 0.6。

(2) 视线产生影响。雾刚发生时,浓度在不知不觉中逐渐增加,视线虽然能逐渐适应,但能见度却在渐渐地缩短。雾气使风窗玻璃外形成小水珠,驾驶室内的热气同样使风窗玻璃内凝成水珠,影响视线,浓雾时能见度更低。低洼的路面上分布着一层厚度为 1mm 左右的浓雾时,虽不影响透视距离,但却不能看清路面上的石块、沟坎、凹坑等障碍物。

(3) 驾驶员易产生错觉。在雾中,帮助驾驶员判断方向和车速的路标以及树木等参照物变得难以看清,驾驶员的速度感迟钝,对车速的判断往往要比实际车速低,受尽快冲出浓雾包围的急切心理支配,又会无意中提高车速;由于路边参照物模糊不清,往往与前方车辆保持的距离太近,甚至会误将前车停车开着的尾灯误认为是行驶车辆的尾灯,因紧跟而导致撞车。

二、雾天行车前的准备

在雾天行车前应检查车辆安全性能状况,特别是制动、灯光、刮水器等是否工作正常。雾天湿度大,水汽极易凝结在挡风玻璃表面,这样会使已经不良的视线雪上加霜,因此应将挡风玻璃、车头灯和尾灯擦拭干净。另外,在车内一定要携带三角警示牌或其他警示标志,遇到突发故障停车检修时,要在车后 30m 处摆放警示牌,提醒其他车辆注意。

三、雾天行车注意事项

(1) 控制车速、保持车距。雾中行车时,首先一定要严格控制车速,并与前车保持足够的安全车距,切不可跟得太近。雾越大,可视距离越短,车速就必须越低。建议当能见度为 100～200m 时,车速不得超过 40km/h;能见度为 50～100m 时,车速不得超过 20km/h;能见度在 30m 以内时,车速应控制在 10km/h 以下。

(2) 正确使用灯光。雾天行驶时,打开前后防雾灯、示宽灯和近光灯,利用灯光来提高能见度,看清前方车辆及行人与路况,也让别人容易看到自己。需要特别注意的是,雾天行车不要使用远光灯,这是由于远光光轴偏上,射出的光线会被雾气反射,在车前形成白茫茫一片,反而看不清前方,极易引发事故。

(3) 不要紧急制动或猛打方向。气温较低时,极易形成薄霜,路面光滑,千万不能在结霜路面上紧急降速或是猛打方向。在雾中行车时,一般不要猛踩或者快松加速踏板,更不能紧急制动和急打转向盘。如果认为确需降低车速,可先缓缓放松加速踏板,然后连续几次轻踩制动,达到控制车速的目的,防止追尾事故的发生。

(4) 勤按喇叭。在雾天视线不好的情况下,勤按喇叭可以起到警告行人和其他车辆的作用。当听到其他车辆的喇叭声时,应当立刻鸣笛回应,提示自己的行车位置。两车交会时应按喇叭提醒对面车辆注意,同时关闭防雾灯,以免给对方造成眩目感。如果对方车速较快,应主动减速让行。

(5) 切忌盲目超车和抢行。如果发现前方车辆停靠在右边,不可盲目绕行,要考虑此车是否在等让对面来车。超越路边停放的车辆时，要在确认其没有起步的意图而对面又无来车后，适时鸣喇叭，从左侧低速绕过。另外，要注意小心盯住路中的分道线，不能轧线行驶，否则会有与对面来车相撞的危险。在弯道和坡路行驶时，应提前减速，避免中途变速、停车或熄火。

（6）适时靠边停车。如果雾太大或车发生了故障，应当打开雾灯、近光灯和双跳灯，紧靠路边停车，在车尾 30m 以外放置警示牌。停车后，从右侧下车，离公路尽量远一些，千万不要坐在车里，以免被其他车辆撞到。

第三节　冰雪道路安全驾驶

寒冷地区冬季的冰雪比较多，在冰雪路面上行车容易滑溜。尤其是在刮风飘雪时行车，视野差、驾驶操作困难、制动效能差，有碍行车安全。

一、冰雪道路的交通特点

（1）路况发生变化。雪路面即降雪后被碾压形成紧缩雪块的道路面层，可分为松软雪路面与压实雪路面。松软雪路面是未被碾压或碾压较轻雪层的道路面层，此路面与车轮间附着系数值在 0.20~0.40，易打滑，不易启动，车速不能太快。压实雪路面是被碾压较实的雪层的道路面层，此路面与车轮间附着系数值在 0.15~0.50，易打滑，车辆操纵性更差。冰路面即雪被碾压后，或外界条件使雪融化或雨雪冻成的道路面层，根据外观颜色可分为白色冰路面、灰色冰路面与黑色冰路面。此路面在气温为零下时与车轮间附着系数值在 0.08~0.20，车辆操纵性、制动性与驱动性明显降低。

（2）视线产生影响。积雪路行车过久，由于雪对阳光的反射，驾驶员容易晕眩、双目畏光、流泪、视力下降（即雪盲症），因而行车途中应戴上有色防护眼镜，并注意休息。

二、冰雪道路行车前的准备

冰雪道路行车前的准备包括：对车辆制动、转向、行驶系统及气路管道、水路管道、油路管道等各部件进行全面检查维护，为车辆装备必要的防冻装置，按规定添加机油、齿轮油。

（1）防冻液。车辆在日常维护过程中，若在防冻液中加入过普通水，则必须更换防冻液。防冻液不足的要补足，否则会使发动机水温过高，导致发动机机件的损坏。可待发动车辆运转一会儿后观察情况，适量补足，做到勤检查、勤补充。更换防冻液要严格按产品使用方法操作，关键是要注意尽可能排完气，不要产生"气阻"，且要尽可能加足。

（2）蓄电池保暖及充电。汽车的蓄电池多为铅酸电池，在严寒的环境里往往会因受冻而功效降低，可采取适当措施为蓄电池保暖和充电。

（3）注意检查轮胎。冬季气温较低，橡胶在低温环境里相对变硬、变脆，因此轮胎气压是否合适直接影响轮胎寿命和行车安全。气压过低，会使轮胎壁折曲度增大，加上低温很容易使胎壁橡胶发生断裂；气压过高会使轮胎抓地力降低。要注意检查各个轮胎的充气是否均衡，也可以考虑在冬季将车辆轮胎更换为冬季轮胎。

（4）安装防滑链。冰雪天气，应在出行之前安装好防滑链，不要在遇到冰雪路面之后再安装，因为临时停车安装防滑链比提前安装麻烦，也不利于安全。安装、拆卸前要将车辆停放在安全地带,如在繁忙的路上,需要设置必要的交通警示标志。安装防滑链后,行驶速度一般不要超过 50km/h,并注意尽可能避免突然加速或减速,并可考虑携带铁锹、铁镐等防滑工具。

三、冰雪道路行车注意事项

车辆在冰雪路上行驶,由于冰雪路附着力小,车轮容易打滑、侧滑、空转,从而导致方向失控、制动距离增大,容易发生交通事故。冰雪天行车,首先要慢,其次要和前车保持足够的距离,行驶中注意前方和三个后视镜,并注意左右两侧的车辆。冰雪天气行车的注意事项如下:

(1) 在冰雪路面上长时间停车时,轮胎会与地面冻结,起步前应先用十字镐挖开轮胎周围的冰雪,不得强行起步,防止损坏轮胎和传动机件。汽车若没有安装防滑链,可以采用比平常起步高一级的挡位起步,利用离合器半联动和轻踏加速踏板的方法,使发动机在不熄火的情况下尽量输出较小动力,以适应冰雪路面较小的附着力,避免驱动轮滑转。若驱动轮打滑,应铲除车轮下的冰雪,并在驱动轮下撒些干沙、煤渣、柴草等物,或用铁镐将路面刨成"X"形或"人"形槽,以提高路面的附着系数,利于汽车起步。

(2) 驾驶员在冰雪路上行车时,一定要控制车速,特别是在转弯或下坡时必须将车速控制在能随时停车的范围内;需加速或减速时,应缓慢踏下或抬起加速踏板,以防驱动轮因突然增速或减速而导致汽车侧滑、甩尾。

(3) 减速时应利用发动机的制动作用降低车速,不得使用紧急制动,也不能采取急转向的方法躲避,以免发生侧滑或转向失控。行车中车辆发生侧滑时,应立即缓慢、适当地向后轮侧滑的方向转动转向盘,可连续数次回转转向盘,以便调整车身。冰雪路面附着系数低,为防止制动不当造成侧滑或甩尾,无论汽车是否安装有制动防抱死装置(ABS),制动时都要握稳转向盘,尽量保持直线行驶时制动,并轻踏制动踏板,避免紧急制动。

(4) 由于冰雪路面的附着系数很小,只有干燥沥青路面的 1/4 左右,因而制动非安全区大大增加。若跟车过近,当前车减速制动时,后车不能及时控制住车速就将造成追尾撞车事故。因此,驾驶员应根据地形、车速、装载等情况,与前车的安全距离应为正常道路行驶时安全距离的 2 倍以上。

(5) 在冰雪道路上应尽可能避免超车,若非超车不可,一定要选择宽敞平坦、冰雪较少的路段,但不得强行超车。

(6) 会车时,应选择平坦、宽阔的路段,保持两车有足够的横向安全距离,并且不要太靠路边。若路面狭窄,有条件的一方应主动停车礼让;若路面积雪较深,对道路无把握时,应下车试探积雪下面的路况后,再进行会车。

(7) 车辆需转向时,一定要提前最大限度地降低车速,把稳转向盘,慢转慢回,在不影响对面来车的情况下,尽量加大转弯半径,以减小转弯时的离心力。切勿快速急转猛回,以防汽车侧滑、甩尾,造成事故。

(8) 山区冰雪道路上行车,发现前车正在爬坡时,后车应选择适当地点停车,等前车通过后再爬坡;在山区低等级冰雪道路遇坡道时,上坡车应当让下坡车先行。

(9) 降雪量超过车轴又无车辙时,不能勉强行驶。遇有较大雪堆,应清除后再前进,切不可冒险通过。

(10) 积雪覆盖的道路,有时沟壑被积雪掩盖,道路的轮廓难以辨别,则可以根据道路两旁的树木、电线杆等参照物判断行驶路线,低速行驶,有车辙的路段应循车辙行驶。

(11) 需要在冰雪路面上停车时,应选择朝阳避风、平坦干燥处停放,不得紧靠建筑物、电线杆或其他车辆,以防车辆起步时侧滑与其产生碰撞。在冰雪路面上停车时,为防止轮胎冻结于地面,可在车轮下铺垫沙石、柴草、木板等物。若在坡道上停车,应挂上挡,拉紧手制动,并在车轮下填塞三角木、石块等,以防车辆溜坡。

第四单元　交通安全与防御性驾驶

第一章　道路交通安全管理

第一节　道路交通安全法规概述

我国实行改革开放以来,道路交通的迅速发展,对社会和经济发展起到了重要的推动作用。但从总体上看,我国道路交通的发展与社会和经济的健康发展不相适应。一方面,我国道路交通安全形势十分严峻,道路交通事故特别是群死群伤的重特大交通事故呈现逐年上升的趋势;另一方面,大中城市交通拥挤阻塞日益严重,道路通行效率不断降低,严重影响了人民群众的生活和工作出行。为此,国家和地方出台了一系列道路交通安全法律、法规。经过多年的完善与修正,我国道路交通安全法规体系已初具规模,基本上使交通活动实现了有法可依。

一、道路交通安全管理法规的概念

道路交通安全管理法规是规范交通参与者的交通行为,维护道路交通秩序,规范和调整人、车、路、环境等参与交通的各要素之间交通安全关系的法律规范的总称。

道路交通安全管理法规由国家权力机关或行政机关依法制定或颁布,体现人民的交通意志,由国家强制力保证实施。道路交通安全管理法规由众多的法律规范组成,它们之间是一个内在的有机联系的整体,共同构成了我国道路交通管理法律体系。

二、道路交通安全管理法规的作用

随着交通事业的发展,道路交通安全管理法规在加强道路交通管理、维护交通秩序、保障交通安全与畅通、减少交通事故、便利交通运输、促进社会主义现代化建设等方面都具有十分重要的作用。

1. 实现现代化道路交通安全管理的重要手段

道路交通安全管理法规能够使交通参与者有法可依,统一认识,不仅加强了交通管理的严肃性,而且提高了人们的自觉性与责任感;同时还能调动广大人民群众的积极性,加强法制建设,保证道路交通的安全正常运行。

2. 维护交通秩序,保障交通安全,提高运输效益

道路交通安全管理法规的重要内容体现在以强制的手段维护交通秩序,使人们走路、行车及进行与走路、行车有密切关系的社会活动时,都能严格按照交通法规行事,不仅维护了

交通秩序,还保障了道路交通运输的畅通无阻,使道路和车辆的使用者以及道路交通管理人员做到"有法可依,有法必依,执法必严,违法必究",减少道路交通事故的发生。实践证明,只有依法治理交通,才能保障道路交通安全管理,促进社会主义现代化建设。

3. 用法律的强制手段增强交通参与者的交通安全意识

道路交通安全管理法规的实施,通过运用法律的强制手段增强人们自觉遵守交通法规的意识,从而保证交通的安全、畅通。多年来,各级公安机关交通管理部门和交通警察在依法纠正、处罚道路交通安全违法行为时,经常对部分违章者采取一些教育措施或带有一定强制性的措施,如发违章通知书,组织学习交通法规,暂扣车辆、驾驶证件,或者对违章行为给予警告、罚款、拘留、吊销驾驶执照等,使违法者认识到违反交通法规也是犯法。

4. 处理交通事故与纠纷,保护当事人合法权益

道路交通安全管理法规的实施不仅体现在其强制作用的优势上,而且在处理交通事故解决交通纠纷上,《中华人民共和国道路交通安全法》《中华人民共和国道路交通安全法实施条例》对交通事故的现场勘查、认定交通事故责任、处罚交通事故责任者、赔偿受害人的损失等问题都做了具体规定,在维护当事人合法权益方面也发挥了重要作用。

5. 起到了交通安全教育的作用

2011年,公安部决定将12月2日定为"全国交通安全日"。2012年,《国务院关于加强道路交通安全工作的意见》(国发〔2012〕30号)明确提出设立"全国交通安全日"。2012年11月18日,国务院正式批复同意自2012年起,将每年12月2日设立为"全国交通安全日"。道路交通安全管理法规的实施,使人们认识到交通安全是公民必须遵守的行为准则。要使人们真正认识到交通安全的重要性,必须大力宣传和认真贯彻执行道路交通安全管理法规,并与加强对各类人员遵章守纪的教育相结合,结合"全国交通安全日",在全社会营造人人谴责交通违法行为、人人践行文明交通的浓厚氛围。

三、道路交通安全法简介

《中华人民共和国道路交通安全法》的前身是1988年颁布实施的《中华人民共和国道路交通管理条例》。《中华人民共和国道路交通安全法》(以下简称道路交通安全法)于2003年10月28日在第十届全国人民代表大会常务委员会第五次会议上获得通过,自2004年5月1日起施行;根据2007年12月29日第十届全国人民代表大会常务委员会第三十一次会议《关于修改〈中华人民共和国道路交通安全法〉的决定》第一次修正,根据2011年4月22日第十一届全国人民代表大会常务委员会第二十次会议《关于修改〈中华人民共和国道路交通安全法〉的决定》第二次修正,自2011年5月1日起施行。

道路交通安全法共8章124条,内容涉及车辆和驾驶人、道路通行条件、道路通行规定、交通事故处理、执法监督和法律责任等方面。

1. 道路交通安全法的特点

道路交通安全法是我国第一部全面规范道路交通活动中参与人权利与义务关系的基本法律,具有以下特点:

(1) 注重以人为本,保护交通参与人的人身安全,特别是保护行人和非机动车驾驶人的合法权益。

(2) 坚持统一管理,明确了政府以及公安交通管理部门的职责,也明确了社会团体、教育部门、新闻媒体等社会各界的责任和义务。

（3）强调协调发展，明确提出了政府应当保障道路交通安全管理工作与经济建设和社会发展相适应的观点。

（4）倡导科学管理，鼓励运用科学技术，不断提高交通管理工作的科学化、现代化水平。

（5）完善法律制度，通过设立机动车登记制度、报废制度、保险制度、交通事故社会救助制度、机动车驾驶证许可制度、累积记分制度等一系列制度来进一步规范和加强交通管理。

（6）强化职能转变，规定政府相关部门应退出一些事务性、收费性、审批性的工作事项，明确规定了规范执法的监督保障体系，以解决社会和群众普遍关心的乱扣、乱罚问题。

（7）严肃追究责任，按照过罚相当的法律原则，对酒后驾车、超载、超速等严重影响交通安全的交通违法行为，给予严厉的处罚措施。

（8）倡导遵章守法，在注重以人为本、保护弱者的同时，强调行人和非机动车驾驶人要提高交通安全意识，自觉遵守交通规则，共同维护良好的交通秩序。

2. 道路交通安全法的立法宗旨、立法目的

为了维护道路交通秩序，预防和减少交通事故，保护人身安全，保护公民、法人和其他组织的财产安全及其他合法权益，提高通行效率，制定本法。（第1条）

作为道路交通方面的基本法律，保障道路交通"有序、安全、畅通"是对其立法目的的完整表述。其立法目的体现在以下四个方面：

（1）维护道路交通秩序。道路交通秩序主要包括：通行秩序，包括机动车通行秩序、非机动车通行秩序和行人通行秩序；车辆停放秩序；非交通占道秩序；等等。

（2）预防和减少交通事故的发生。当前道路交通事故高发的原因，一是交通需求矛盾突出，二是人们的交通安全意识和交通法制意识淡薄，三是道路交通法律、法规滞后于守法和执法的需要。

（3）保护公民、法人和其他组织的合法权益，主要包括：预防和减少交通事故，使公民的人身安全以及公民、法人和其他组织的财产安全得到保障；使公民、法人和其他组织的通行权利、受到良好服务的权利等受到尊重，不受侵害。

（4）提高通行效率。

3. 道路交通安全法的效力范围

中华人民共和国境内的车辆驾驶人、行人、乘车人以及与道路交通活动有关的单位和个人，都应当遵守本法。（第2条）

道路交通安全法的效力范围包括空间效力、时间效力以及对人的效力。

（1）空间效力：指法律生效的地域范围，即法律在什么地方具有普遍约束力。道路交通安全法适用于中华人民共和国境内的道路上。本法对道路的定义做了这样的解释：道路，是指公路、城市道路和虽在单位管辖范围但允许社会机动车通行的地方，包括广场、公共停车场等用于公众通行的场所。

（2）时间效力：指本法何时生效、何时失效以及对以前的行为和事件有无追溯力。本法自2004年5月1日起施行。

（3）对人的效力：指本法对什么人有普遍约束力。在我国境内道路上通行的车辆驾驶人、行人、乘车人以及进行与道路交通有关活动的自然人、法人和其他组织都应当遵守本法。

四、道路交通安全法实施条例简介

按照道路交通安全法的配套要求,国务院制定了《中华人民共和国道路交通安全法实施条例》(以下简称实施条例),于2004年5月1日起与道路交通安全法同步施行。实施条例体现了道路交通安全法保障道路交通有序、安全、畅通的指导思想和依法管理、方便群众的基本原则;在内容上重点对道路交通安全法规定要在配套法规中明确的,予以明确规定;对道路交通安全法的原则规定予以细化,增强其可操作性;对道路交通安全法规定已经比较明确的,不重复规定;在框架结构上与道路交通安全法相一致。

1. 实施条例与道路交通安全法配套

(1) 道路交通安全法对道路交通基本法律制度做了概括性规定的,如车辆登记制度、检验制度、机动车驾驶人累积记分制度、驾驶证定期审验制度,这些制度的实施需要有具体的配套规定。

(2) 道路交通安全法授权国务院对有关内容制定具体办法的,如道路通行规则、机动车安全技术检验社会化等,对其做出具体的配套规定。

(3) 将道路交通安全法有关道路交通事故处理的内容进行细化,增强操作性。

(4) 道路交通安全法已将行人、乘车人、非机动车、机动车的道路通行违法行为做了授权性处罚规定,实施条例的法律责任部分不再区分具体的违法行为并规定处罚,而是对道路交通安全法规定的处罚以及强制措施的实施做了程序性规定。

2. 实施条例中的部分规定介绍

(1) 政府的道路交通安全管理职责规定。

道路交通安全法规定:各级人民政府应当保障道路交通安全管理工作与经济建设和社会发展相适应。县级以上地方各级人民政府应当适应道路交通发展的需要,依据道路交通安全法律、法规和国家有关政策,制定道路交通安全管理规划,并组织实施。(第4条)

实施条例在总则中明确细化了各级人民政府的职责:县级以上地方各级人民政府应当建立、健全道路交通安全工作协调机制,组织有关部门对城市建设项目进行交通影响评价,制定道路交通安全管理规划,确定管理目标,制定实施方案。(第3条)

(2) 机动车强制报废的规定。

道路交通安全法规定:国家实行机动车强制报废制度,根据机动车的安全技术状况和不同用途,规定不同的报废标准。(第14条)

实施条例规定:已注册登记的机动车达到国家规定的强制报废标准的,公安机关交通管理部门应当在报废期满的2个月前通知机动车所有人办理注销登记。机动车所有人应当在报废期满前将机动车交售给机动车回收企业,由机动车回收企业将报废的机动车登记证书、号牌、行驶证交公安机关交通管理部门注销。机动车所有人逾期不办理注销登记的,公安机关交通管理部门应当公告该机动车登记证书、号牌、行驶证作废。(第9条)

(3) 安装使用行驶记录仪的规定。

实施条例规定:驾驶机动车不得有下列行为:连续驾驶机动车超过4小时未停车休息或者停车休息时间少于20分钟。(第62条第7款)

汽车行驶记录仪可以实时记录车辆运行和驾驶人驾驶活动的有关信息,在遏制疲劳驾驶、车辆超速等严重交通违法行为,预防道路交通事故,保障车辆行驶安全,提高营运管理水平等方面发挥着重要的作用,并能为事故分析鉴定提供原始数据。

因此,实施条例将安装使用记录仪作为维护道路交通安全的重要措施予以明确:用于公路营运的载客汽车、重型载货汽车、半挂牵引车应当安装、使用符合国家标准的行驶记录仪。交通警察可以对机动车行驶速度、连续驾驶时间以及其他行驶状态信息进行检查。安装行驶记录仪可以分步实施,实施步骤由国务院机动车产品主管部门会同有关部门规定。(第14条)

(4) 对机动车安全技术检验社会化的具体规定。

道路交通安全法规定:对机动车的安全技术检验实行社会化。具体办法由国务院规定。(第13条第2款)

实施条例规定:由安全技术检验机构对机动车进行检验,并对检验结果承担法律责任;政府的质量技术监督部门负责对安全技术检验机构实行资格管理和计量认证,对设备进行检定,对国家标准的执行情况进行监督;安全技术检验的具体项目由国务院公安部门会同国务院质量技术监督部门规定。(第15条)

(5) 对机动车安全技术检验周期的规定。

道路交通安全法规定:应当根据车辆用途、载客载货数量、使用年限等不同情况,定期进行安全技术检验。(第13条第1款)

实施条例区别不同情况规定了机动车的安全技术检验周期:一是营运载客汽车5年以内每年检验1次;超过5年的,每6个月检验1次。二是载货汽车和大型、中型非营运载客汽车10年以内每年检验1次;超过10年的,每6个月检验1次。三是小型、微型非营运载客汽车6年以内每2年检验1次;超过6年的,每年检验1次;超过15年的,每6个月检验1次。四是摩托车4年以内每2年检验1次;超过4年的,每年检验1次。五是拖拉机和其他机动车每年检验1次。(第16条)

(6) 对交通事故当事人责任确定的规定。

交通事故认定书是证明当事人发生交通事故事实的主要证据,是当事人保护自己合法、正当权益的依据。公安机关交通管理部门应当在查明事实,分析交通事故发生的主客观原因的基础上,提出当事人责任的专业性结论。对此,实施条例规定:公安机关交通管理部门应当根据交通事故当事人的行为对发生交通事故所起的作用以及过错的严重程度,确定当事人的责任(第91条)。交通事故当事人没有过错或者虽有过错但不属于发生交通事故原因的,当事人无责任。实施条例还对肇事逃逸责任做了具体规定:发生交通事故后当事人逃逸的,逃逸的当事人承担全部责任(第92条)。

第二节 车辆和驾驶人管理

一、道路交通安全法中车辆管理的规定

1. 机动车登记制度

国家对机动车实行登记制度。机动车经公安机关交通管理部门登记后,方可上道路行驶。尚未登记的机动车,需要临时上道路行驶的,应当取得临时通行牌证。(第8条)

2. 机动车登记手续、时限

申请机动车登记,应当提交以下证明、凭证:① 机动车所有人的身份证明;② 机动车来

历证明；③ 机动车整车出厂合格证明或者进口机动车进口凭证；④ 车辆购置税的完税证明或者免税凭证；⑤ 法律、行政法规规定应当在机动车登记时提交的其他证明、凭证。

公安机关交通管理部门应当自受理申请之日起五个工作日内完成机动车登记审查工作，对符合前款规定条件的，应当发放机动车登记证书、号牌和行驶证；对不符合前款规定条件的，应当向申请人说明不予登记的理由。公安机关交通管理部门以外的任何单位或者个人不得发放机动车号牌或者要求机动车悬挂其他号牌，本法另有规定的除外。机动车登记证书、号牌、行驶证的式样由国务院公安部门规定并监制。(第9条)

3. 机动车登记时的安全技术检验

准予登记的机动车应当符合机动车国家安全技术标准。申请机动车登记时，应当接受对该机动车的安全技术检验。但是，经国家机动车产品主管部门依据机动车国家安全技术标准认定的企业生产的机动车型，该车型的新车在出厂时经检验符合机动车国家安全技术标准，获得检验合格证的，免予安全技术检验。(第10条)

4. 悬挂机动车号牌，放置标志

驾驶机动车上道路行驶，应当悬挂机动车号牌，放置检验合格标志、保险标志，并随车携带机动车行驶证。机动车号牌应当按照规定悬挂并保持清晰、完整，不得故意遮挡、污损。任何单位和个人不得收缴、扣留机动车号牌。(第11条)

5. 机动车异动登记

有下列情形之一的，应当办理相应的登记：① 机动车所有权发生转移的；② 机动车登记内容变更的；③ 机动车用作抵押的；④ 机动车报废的。(第12条)

6. 机动车检验制度

对登记后上道路行驶的机动车，应当依照法律、行政法规的规定，根据车辆用途、载客载货数量、使用年限等不同情况，定期进行安全技术检验。对提供机动车行驶证和机动车第三者责任强制保险单的，机动车安全技术检验机构应当予以检验，任何单位不得附加其他条件。对符合机动车国家安全技术标准的，公安机关交通管理部门应当发给检验合格标志。对机动车的安全技术检验实行社会化。具体办法由国务院规定。机动车安全技术检验实行社会化的地方，任何单位不得要求机动车到指定的场所进行检验。公安机关交通管理部门、机动车安全技术检验机构不得要求机动车到指定的场所进行维修、保养。机动车安全技术检验机构对机动车检验收取费用，应当严格执行国务院价格主管部门核定的收费标准。(第13条)

7. 机动车强制报废制度

国家实行机动车强制报废制度，根据机动车的安全技术状况和不同用途，规定不同的报废标准。应当报废的机动车必须及时办理注销登记。达到报废标准的机动车不得上道路行驶。报废的大型客、货车及其他营运车辆应当在公安机关交通管理部门的监督下解体。(第14条)

8. 特种车辆

警车、消防车、救护车、工程救险车应当按照规定喷涂标志图案，安装警报器、标志灯具。其他机动车不得喷涂、安装、使用上述车辆专用的或者与其相类似的标志图案、警报器或者标志灯具。警车、消防车、救护车、工程救险车应当严格按照规定的用途和条件使用。公路监督检查的专用车辆，应当依照公路法的规定，设置统一的标志和示警灯。(第15条)

9. 禁止非法改变车辆及牌证

任何单位或者个人不得有下列行为：① 拼装机动车或者擅自改变机动车已登记的结构、构造或者特征；② 改变机动车型号、发动机号、车架号或者车辆识别代号；③ 伪造、变造或使用伪造、变造的机动车登记证书、号牌、行驶证、检验合格标志、保险标志；④ 使用其他机动车的登记证书、号牌、行驶证、检验合格标志、保险标志。（第16条）

10. 第三者责任强制保险制度

国家实行机动车第三者责任强制保险制度，设立道路交通事故社会救助基金。具体办法由国务院规定。（第17条）

二、道路交通安全法中驾驶人管理的规定

1. 依法取得机动车驾驶证

驾驶机动车，应当依法取得机动车驾驶证。申请机动车驾驶证，应当符合国务院公安部门规定的驾驶许可条件；经考试合格后，由公安机关交通管理部门发给相应类别的机动车驾驶证。持有境外机动车驾驶证的人，符合国务院公安部门规定的驾驶许可条件，经公安机关交通管理部门考核合格的，可以发给中国的机动车驾驶证。驾驶人应当按照驾驶证载明的准驾车型驾驶机动车；驾驶机动车时，应当随身携带机动车驾驶证。公安机关交通管理部门以外的任何单位或者个人，不得收缴、扣留机动车驾驶证。（第19条）

2. 驾驶培训社会化

机动车的驾驶培训实行社会化，由交通主管部门对驾驶培训学校、驾驶培训班实行资格管理，其中专门的拖拉机驾驶培训学校、驾驶培训班由农业（农业机械）主管部门实行资格管理。驾驶培训学校、驾驶培训班应当严格按照国家有关规定，对学员进行道路交通安全法律、法规、驾驶技能的培训，确保培训质量。任何国家机关以及驾驶培训和考试主管部门不得举办或者参与举办驾驶培训学校、驾驶培训班。（第20条）

3. 检查机动车安全技术性能

驾驶人驾驶机动车上道路行驶前，应当对机动车的安全技术性能进行认真检查；不得驾驶安全设施不全或者机件不符合技术标准等具有安全隐患的机动车。（第21条）

4. 遵章守法，安全文明驾驶

机动车驾驶人应当遵守道路交通安全法律、法规的规定，按照操作规范安全驾驶、文明驾驶。饮酒、服用国家管制的精神药品或者麻醉药品，或者患有妨碍安全驾驶机动车的疾病，或者过度疲劳影响安全驾驶的，不得驾驶机动车。任何人不得强迫、指使、纵容驾驶人违反道路交通安全法律、法规和机动车安全驾驶要求驾驶机动车。（第22条）

5. 定期审验驾驶证

公安机关交通管理部门依照法律、行政法规的规定，定期对机动车驾驶证实施审验。（第23条）

6. 违法累积记分制度

公安机关交通管理部门对机动车驾驶人违反道路交通安全法律、法规的行为，除依法给予行政处罚外，实行累积记分制度。公安机关交通管理部门对累积记分达到规定分值的机动车驾驶人，扣留机动车驾驶证，对其进行道路交通安全法律、法规教育，重新考试；考试合格的，发还其机动车驾驶证。对遵守道路交通安全法律、法规，在一年内无累积记分的机动

车驾驶人,可以延长机动车驾驶证的审验期。具体办法由国务院公安部门规定。(第 24 条)

第三节 道路交通秩序管理

一、道路交通秩序管理的对象

道路交通秩序管理的对象是构成道路交通系统的人、车、路、环境等诸要素及其相互关系,当这些具体事物参与了道路交通活动,成为道路交通管理法规所规范的道路交通法律关系的构成因素时,才成为被管理的对象。

二、道路交通安全法中道路交通秩序管理的相关规定

1. 交通信号灯

交通信号灯由红灯、绿灯、黄灯组成。红灯表示禁止通行,绿灯表示准许通行,黄灯表示警示。(第 26 条)

2. 右侧通行

机动车、非机动车实行右侧通行。(第 35 条)

3. 分道通行

根据道路条件和通行需要,道路划分为机动车道、非机动车道和人行道的,机动车、非机动车、行人实行分道通行。没有划分机动车道、非机动车道和人行道的,机动车在道路中间通行,非机动车和行人在道路两侧通行。(第 36 条)

4. 专用车道通行

道路划设专用车道的,在专用车道内,只准许规定的车辆通行,其他车辆不得进入专用车道内行驶。(第 37 条)

5. 按照交通信号、现场指挥通行

车辆、行人应当按照交通信号通行;遇有交通警察现场指挥时,应当按照交通警察的指挥通行;在没有交通信号的道路上,应当在确保安全、畅通的原则下通行。(第 38 条)

6. 疏导、限制通行、禁止通行

公安机关交通管理部门根据道路和交通流量的具体情况,可以对机动车、非机动车、行人采取疏导、限制通行、禁止通行等措施。遇有大型群众性活动、大范围施工等情况,需要采取限制交通的措施,或者做出与公众的道路交通活动直接有关的决定,应当提前向社会公告。(第 39 条)

7. 交通管制

遇有自然灾害、恶劣气象条件或者重大交通事故等严重影响交通安全的情形,采取其他措施难以保证交通安全时,公安机关交通管理部门可以实行交通管制。(第 40 条)

8. 控制车速

机动车上道路行驶,不得超过限速标志标明的最高时速。在没有限速标志的路段,应当保持安全车速。夜间行驶或者在容易发生危险的路段行驶,以及遇有沙尘、冰雹、雨、雪、雾、结冰等气象条件时,应当降低行驶速度。(第 42 条)

9. 保持车距及禁止超车规定

同车道行驶的机动车,后车应当与前车保持足以采取紧急制动措施的安全距离。有下

列情形之一的,不得超车:① 前车正在左转弯、掉头、超车的;② 与对面来车有会车可能的;③ 前车为执行紧急任务的警车、消防车、救护车、工程救险车的;④ 行经铁路道口、交叉路口、窄桥、弯道、陡坡、隧道、人行横道、市区交通流量大的路段等没有超车条件的。(第43条)

10. 通过交叉路口、铁路道口、人行横道

机动车通过交叉路口,应当按照交通信号灯、交通标志、交通标线或者交通警察的指挥通过;通过没有交通信号灯、交通标志、交通标线或者交通警察指挥的交叉路口时,应当减速慢行,并让行人和优先通行的车辆先行。(第44条)

机动车通过铁路道口时,应当按照交通信号或者管理人员的指挥通行;没有交通信号或者管理人员的,应当减速或者停车,在确认安全后通过。(第46条)

机动车行经人行横道时,应当减速行驶;遇行人正在通过人行横道,应当停车让行。机动车行经没有交通信号的道路时,遇行人横过道路,应当避让。(第47条)

11. 缓行路段依次交替通行

机动车遇有前方车辆停车排队等候或者缓慢行驶时,不得借道超车或者占用对面车道,不得穿插等候的车辆。在车道减少的路段、路口,或者在没有交通信号灯、交通标志、交通标线或者交通警察指挥的交叉路口遇到停车排队等候或者缓慢行驶时,机动车应当依次交替通行。(第45条)

12. 机动车载物、载人规定

机动车载物应当符合核定的载质量,严禁超载;载物的长、宽、高不得违反装载要求,不得遗洒、飘散载运物。机动车运载超限的不可解体的物品,影响交通安全的,应当按照公安机关交通管理部门指定的时间、路线、速度行驶,悬挂明显标志。在公路上运载超限的不可解体的物品,并应当依照公路法的规定执行。机动车载运爆炸物品、易燃易爆化学物品以及剧毒、放射性等危险物品,应当经公安机关批准后,按指定的时间、路线、速度行驶,悬挂警示标志并采取必要的安全措施。(第48条)

机动车载人不得超过核定的人数,客运机动车不得违反规定载货。(第49条)

禁止货运机动车载客。货运机动车需要附载作业人员的,应当设置保护作业人员的安全措施。(第50条)

13. 使用安全带和头盔

机动车行驶时,驾驶人、乘坐人员应当按规定使用安全带,摩托车驾驶人及乘坐人员应当按规定戴安全头盔。(第51条)

14. 故障车警示

机动车在道路上发生故障,需要停车排除故障时,驾驶人应当立即开启危险报警闪光灯,将机动车移至不妨碍交通的地方停放;难以移动的,应当持续开启危险报警闪光灯,并在来车方向设置警告标志等措施扩大示警距离,必要时迅速报警。(第52条)

15. 避让特种车辆

警车、消防车、救护车、工程救险车执行紧急任务时,可以使用警报器、标志灯具;在确保安全的前提下,不受行驶路线、行驶方向、行驶速度和信号灯的限制,其他车辆和行人应当让行。警车、消防车、救护车、工程救险车非执行紧急任务时,不得使用警报器、标志灯具,不享有前款规定的道路优先通行权。(第53条)

16. 道路养护车辆、工程作业车、洒水车、清扫车通行规定

道路养护车辆、工程作业车进行作业时,在不影响过往车辆通行的前提下,其行驶路线和方向不受交通标志、标线限制,过往车辆和人员应当注意避让。洒水车、清扫车等机动车应当按照安全作业标准作业;在不影响其他车辆通行的情况下,可以不受车辆分道行驶的限制,但是不得逆向行驶。(第 54 条)

17. 拖拉机通行规定

高速公路、大中城市中心城区内的道路,禁止拖拉机通行。其他禁止拖拉机通行的道路,由省、自治区、直辖市人民政府根据当地实际情况规定。在允许拖拉机通行的道路上,拖拉机可以从事货运,但是不得用于载人。(第 55 条)

18. 机动车停车

机动车应当在规定地点停放。禁止在人行道上停放机动车;但是,依照本法第三十三条规定施划的停车泊位除外。在道路上临时停车的,不得妨碍其他车辆和行人通行。(第 56 条)

新建、改建、扩建的公共建筑、商业街区、居住区、大(中)型建筑等,应当配建、增建停车场;停车泊位不足的,应当及时改建或者扩建;投入使用的停车场不得擅自停止使用或者改作他用。(第 33 条)

第四节　道路交通事故处理及分析

随着社会的发展、进步,旅客和货物的运输量增多,特别是随着机动车保有量的急剧增长,道路交通事故日益频发,已成为和平时期严重威胁人类生命财产安全的社会问题。

一、交通事故的定义

交通事故是指车辆在道路上因过错或者意外造成的人身伤亡或者财产损失的事件。

二、道路交通事故的分类

1. 按交通事故的对象分

(1)车辆间的交通事故:指车辆之间发生刮擦、碰撞等而引起的事故。碰撞可分为正面碰撞、追尾碰撞、侧面碰撞和转弯碰撞等;刮擦可分为超车刮擦、会车刮擦等。

(2)车辆与行人的交通事故:指机动车对行人的碰撞、碾压和刮擦等事故,包括机动车闯入人行道及行人横穿道路时发生的交通事故。

(3)机动车与非机动车的交通事故:在我国主要表现为机动车碾压骑自行车的人的事故。

(4)车辆自身事故:指机动车没有发生碰撞、刮擦情况下由于自身原因导致的事故。

(5)车辆对固定物的事故:指机动车与道路两侧的固定物相撞的事故。其中固定物包括道路上的工程结构物、护栏、路肩上的灯杆、交通标志等。

2. 按交通事故的责任分

(1)机动车事故:指事故当事方,汽车、摩托车和拖拉机等机动车负主要责任以上的事故。在机动车与非机动车或行人发生的事故中,如果机动车负同等责任,由于机动车相对为交通强者，而非机动车或行人则属于交通弱者，也应视为机动车事故。

(2) 非机动车事故：指自行车、人力车、三轮车和畜力车等按非机动车管理的车辆负主要责任以上的事故。在非机动车与行人发生的事故中，如果非机动车一方负同等责任，由于非机动车相对为交通强者，而行人则属于交通弱者，应视为非机动车事故。

(3) 行人事故：指在事故当事方中，行人负主要责任以上的事故。

3. 按交通事故的后果分

(1) 轻微事故：指一次造成轻伤1至2人，或者财产损失机动车事故不足1000元，非机动车事故不足200元的事故。

(2) 一般事故：指一次造成重伤1至2人，或者轻伤3人以上，或者财产损失不足3万元的事故。

(3) 重大事故：指一次造成死亡1至2人，或者重伤3人以上10人以下，或者财产损失3万元以上不足6万元的事故。

(4) 特大事故：指一次造成死亡3人以上，或者重伤11人以上，或者死亡1人，同时重伤8人以上，或者死亡2人，同时重伤5人以上，或者财产损失6万元以上的事故。

三、道路交通事故处理程序

《道路交通事故处理程序规定》（公安部令第104号）已于2008年7月11日在公安部部长办公会议上通过，自2009年1月1日起施行。

（一）道路交通事故处理原则与管辖

公安机关交通管理部门处理道路交通事故，应当遵循公正、公开、便民、效率的原则。交通警察处理道路交通事故，应当取得相应等级的处理道路交通事故资格。

道路交通事故由发生地的县级公安机关交通管理部门管辖。未设立县级公安机关交通管理部门的，由设区市公安机关交通管理部门管辖。

道路交通事故发生在两个以上管辖区域的，由事故起始点所在地公安机关交通管理部门管辖。

对管辖权有争议的，由共同的上一级公安机关交通管理部门指定管辖。指定管辖前，最先发现或者最先接到报警的公安机关交通管理部门应当先行救助受伤人员，进行现场前期处理。

上级公安机关交通管理部门在必要的时候，可以处理下级公安机关交通管理部门管辖的道路交通事故，或者指定下级公安机关交通管理部门限时将案件移送其他下级公安机关交通管理部门处理。

（二）报警和受理

1. 报警

道路交通事故有下列情形之一的，当事人应当保护现场并立即报警：

(1) 造成人员死亡、受伤的。

(2) 发生财产损失事故，当事人对事实或者成因有争议的，以及虽然对事实或者成因无争议，但协商损害赔偿未达成协议的。

(3) 机动车无号牌、无检验合格标志、无保险标志的。

(4) 车辆载运爆炸物品、易燃易爆化学物品以及毒害性、放射性、腐蚀性、传染病病原体等危险物品的。

(5) 碰撞建筑物、公共设施或者其他设施的。

(6) 驾驶人无有效机动车驾驶证的。

(7) 驾驶人有饮酒、服用国家管制的精神药品或者麻醉药品嫌疑的。

(8) 当事人不能自行移动车辆的。

发生财产损失事故,并具有上述第2项至第5项情形之一,车辆可以移动的,当事人可以在报警后,在确保安全的原则下对现场拍照或者标划停车位置,将车辆移至不妨碍交通的地点等候处理。

公路上发生道路交通事故的,驾驶人必须在确保安全的原则下,立即组织车上人员疏散到路外安全地点,避免发生次生事故。驾驶人已因道路交通事故死亡或者受伤无法行动的,车上其他人员应当自行组织疏散。

2. 受理

公安机关交通管理部门接到道路交通事故报警或者出警指令后,应当按照规定立即派交通警察赶赴现场。有人员伤亡或者其他紧急情况的,应当及时通知急救、医疗、消防等有关部门。发生一次死亡3人以上事故或者其他有重大影响的道路交通事故,应当立即向上一级公安机关交通管理部门报告,并通过所属公安机关报告当地人民政府;涉及营运车辆的,应通知当地人民政府有关行政管理部门;涉及爆炸物品、易燃易爆化学物品以及毒害性、放射性、腐蚀性、传染病病原体等危险物品的,应当立即通过所属公安机关报告当地人民政府,并通报有关部门及时处理;造成道路、供电、通信等设施损毁的,应当通报有关部门及时处理。

(三) 自行协商和简易程序

1. 自行协商

机动车与机动车、机动车与非机动车发生财产损失的事故,当事人对事实及成因无争议的,可以自行协商处理损害赔偿事宜。车辆可以移动的,当事人应当在确保安全的原则下对现场拍照或者标划事故车辆现场位置后,立即撤离现场,将车辆移至不妨碍交通的地点,再进行协商。非机动车与非机动车或者行人发生财产损失事故,基本事实及成因清楚的,当事人应当先撤离现场,再协商处理损害赔偿事宜。

当事人自行协商达成协议的,填写道路交通事故损害赔偿协议书,并共同签名。损害赔偿协议书内容包括事故发生的时间、地点、天气、当事人姓名、机动车驾驶证号、联系方式、机动车种类和号牌、保险凭证号、事故形态、碰撞部位、赔偿责任等内容。

2. 简易程序

对仅造成人员轻微伤或者财产损失的事故,公安机关交通管理部门可以适用简易程序处理,但是有交通肇事犯罪嫌疑的除外。

交通警察适用简易程序处理道路交通事故时,应当在固定现场证据后,责令当事人撤离现场,恢复交通。撤离现场后,交通警察应当根据现场固定的证据和当事人、证人叙述等,认定并记录道路交通事故发生的时间、地点、天气、当事人姓名、机动车驾驶证号、联系方式、机动车种类和号牌、保险凭证号、交通事故形态、碰撞部位等,并根据当事人的行为对发生道路交通事故所起的作用以及过错的严重程度,确定当事人的责任,制作道路交通事故认定书,由当事人签名。

当事人共同请求调解的,交通警察应当当场进行调解,并在道路交通事故认定书上记录调解结果,由当事人签名,交付当事人。有下列情形之一的,不适用调解,交通警察可以在道路交通事故认定书上载明有关情况后,将道路交通事故认定书交付当事人:

(1) 当事人对道路交通事故认定有异议的。
(2) 当事人拒绝在道路交通事故认定书上签名的。
(3) 当事人不同意调解的。

(四)调查

1. 现场处置

(1) 划定警戒区域,在安全距离位置放置发光或者反光锥筒和警告标志,确定专人负责现场交通指挥和疏导,维护良好的道路通行秩序。
(2) 组织抢救受伤人员。
(3) 指挥勘查、救护等车辆停放在便于抢救和勘查的位置。
(4) 查找道路交通事故当事人和证人,控制肇事嫌疑人。

2. 现场调查

交通警察应当对事故现场进行调查,做好下列工作:

(1) 勘查事故现场,查明事故车辆、当事人、道路及其空间关系和事故发生时的天气情况。
(2) 固定、提取或者保全现场证据材料。
(3) 查找当事人、证人进行询问,并制作询问笔录。
(4) 其他调查工作。

3. 交通肇事逃逸查缉

发生交通肇事逃逸案件后,公安机关交通管理部门应当根据当事人陈述、证人证言、交通事故现场痕迹、遗留物等线索,及时启动查缉预案,布置堵截和查缉。

案发地公安机关交通管理部门可以通过发协查通报、向社会公告等方式要求协查、举报交通肇事逃逸车辆或者侦破线索。发出协查通报或者向社会公告时,应当提供交通肇事逃逸案件基本事实、交通肇事逃逸车辆情况和特征、逃逸方向等有关情况。

(五)检验和鉴定

1. 检验

需要进行检验、鉴定的,公安机关交通管理部门应当自事故现场调查结束之日起三日内委托具备资格的鉴定机构进行检验、鉴定,尸体检验应当在死亡之日起三日内委托。

对现场调查结束之日起三日后需要检验、鉴定的,应当报经上一级公安机关交通管理部门批准。

对精神病的鉴定,应当由省级人民政府指定的医院进行。

2. 检验报告

检验、鉴定机构应当在约定或者规定的期限内完成检验、鉴定,并出具书面检验、鉴定报告,由检验、鉴定人签名并加盖机构印章。检验、鉴定报告应当载明以下事项:

(1) 委托人。
(2) 委托事项。
(3) 提交的相关材料。

(4) 检验、鉴定的时间。

(5) 依据和结论性意见。通过分析得出结论性意见的，应当有分析过程的说明。

公安机关交通管理部门应当在收到检验、鉴定报告之日起二日内，将检验、鉴定报告复印件送达当事人。

当事人对检验、鉴定结论有异议的，可以在公安机关交通管理部门送达之日起三日内申请重新检验、鉴定，经县级公安机关交通管理部门负责人批准后，进行重新检验、鉴定。重新检验、鉴定应当另行委托检验、鉴定机构或者由原检验、鉴定机构另行指派鉴定人。公安机关交通管理部门应当在收到重新检验、鉴定报告之日起二日内，将重新检验、鉴定报告复印件送达当事人。重新检验、鉴定以一次为限。

（六）道路交通事故认定

1. 道路交通事故认定方法

道路交通事故认定应当做到程序合法、事实清楚、证据确实充分、适用法律正确、责任划分公正。公安机关交通管理部门应当根据当事人的行为对发生道路交通事故所起的作用以及过错的严重程度，确定当事人的责任。

(1) 因一方当事人的过错导致道路交通事故的，承担全部责任。

(2) 因两方或者两方以上当事人的过错发生道路交通事故的，根据其行为对事故发生的作用以及过错的严重程度，分别承担主要责任、同等责任和次要责任。

(3) 各方均无导致道路交通事故的过错，属于交通意外事故的，各方均无责任。

(4) 一方当事人故意造成道路交通事故的，他方无责任。

2. 道路交通事故认定书

公安机关交通管理部门应当自现场调查之日起十日内制作道路交通事故认定书；交通肇事逃逸案件在查获交通肇事车辆和驾驶人后十日内制作道路交通事故认定书；对需要进行检验、鉴定的，应当在检验、鉴定结论确定之日起五日内制作道路交通事故认定书。

发生死亡事故，公安机关交通管理部门应当在制作道路交通事故认定书前，召集各方当事人到场，公开调查取得证据。证人要求保密或者涉及国家秘密、商业秘密以及个人隐私的证据不得公开。当事人不到场的，公安机关交通管理部门应当予以记录。

道路交通事故认定书应当载明以下内容：

(1) 道路交通事故当事人、车辆、道路和交通环境等基本情况。

(2) 道路交通事故发生经过。

(3) 道路交通事故证据及事故形成原因的分析。

(4) 当事人导致道路交通事故的过错及责任或者意外原因。

(5) 做出道路交通事故认定的公安机关交通管理部门名称和日期。

道路交通事故认定书应当由办案民警签名或者盖章，加盖公安机关交通管理部门道路交通事故处理专用章，分别送达当事人，并告知当事人向公安机关交通管理部门申请复核、调解和直接向人民法院提起民事诉讼的权利、期限。

（七）复核

1. 申请和受理

当事人对道路交通事故认定有异议的，可以自道路交通事故认定书送达之日起三日内，向上一级公安机关交通管理部门提出书面复核申请。复核申请应当载明复核请求及其理由和主要证据。

上一级公安机关交通管理部门收到当事人书面复核申请后五日内,应当做出是否受理决定。有下列情形之一的,复核申请不予受理,并书面通知当事人。

(1) 任何一方当事人向人民法院提起诉讼并经法院受理的。
(2) 人民检察院对交通肇事犯罪嫌疑人批准逮捕的。
(3) 适用简易程序处理的道路交通事故。
(4) 车辆在道路以外通行时发生的事故。

公安机关交通管理部门受理复核申请的,应当书面通知各方当事人。

2. 复核

上一级公安机关交通管理部门自受理复核申请之日起三十日内,对下列内容进行审查,并做出复核结论:

(1) 道路交通事故事实是否清楚,证据是否确实充分,适用法律是否正确。
(2) 道路交通事故责任划分是否公正。
(3) 道路交通事故调查及认定程序是否合法。

上一级公安机关交通管理部门做出复核结论后,应当召集事故各方当事人,当场宣布复核结论。当事人没有到场的,应当采取其他法定形式将复核结论送达当事人。

上一级公安机关交通管理部门复核以一次为限。

3. 重新认定

上一级公安机关交通管理部门做出责令重新认定的复核结论后,原办案单位应当在十日内依照本规定重新调查,重新制作道路交通事故认定书,撤销原道路交通事故认定书。重新调查需要检验、鉴定的,原办案单位应当在检验、鉴定结论确定之日起五日内,重新制作道路交通事故认定书,撤销原道路交通事故认定书。重新制作道路交通事故认定书的,原办案单位应当送达各方当事人,并书面报上一级公安机关交通管理部门备案。

(八) 处罚执行

公安机关交通管理部门应当在做出道路交通事故认定之日起五日内,对当事人的道路交通安全违法行为依法做出处罚。

对发生道路交通事故构成犯罪,依法应当吊销驾驶人机动车驾驶证的,应当在人民法院做出有罪判决后,由设区市公安机关交通管理部门依法吊销机动车驾驶证;同时具有逃逸情形的,公安机关交通管理部门应当同时依法做出终生不得重新取得机动车驾驶证的决定。

专业运输单位六个月内两次发生一次死亡三人以上道路交通事故,且单位或者车辆驾驶人对事故承担全部责任或者主要责任的,专业运输单位所在地的公安机关交通管理部门应当报经设区市公安机关交通管理部门批准后,做出责令限期消除安全隐患的决定,禁止未消除安全隐患的机动车上道路行驶,并通报道路交通事故发生地及运输单位属地的人民政府有关行政管理部门。

(九) 损害赔偿调解

1. 调解申请

当事人对道路交通事故损害赔偿有争议,各方当事人一致请求公安机关交通管理部门调解的,应当在收到道路交通事故认定书或者上一级公安机关交通管理部门维持原道路交通事故认定的复核结论之日起十日内,向公安机关交通管理部门提出书面申请。

2. 损害赔偿调解人员

参加损害赔偿调解的人员包括：

（1）道路交通事故当事人及其代理人。

（2）道路交通事故车辆所有人或者管理人。

（3）公安机关交通管理部门认为有必要参加的其他人员。

委托代理人应当出具由委托人签名或者盖章的授权委托书，授权委托书应当载明委托事项和权限。参加调解时当事人一方不得超过三人。

3. 开始调解日期

公安机关交通管理部门应当按照下列规定日期开始调解，并于十日内制作道路交通事故损害赔偿调解书或者道路交通事故损害赔偿调解终结书：

（1）造成人员死亡的，从规定的办理丧葬事宜时间结束之日起。

（2）造成人员受伤的，从治疗终结之日起。

（3）因伤致残的，从定残之日起。

（4）造成财产损失的，从确定损失之日起。

4. 损害赔偿调解程序

交通警察调解道路交通事故损害赔偿，按照下列程序实施：

（1）告知道路交通事故各方当事人的权利、义务。

（2）听取当事人各方的请求。

（3）根据道路交通事故认定书认定的事实以及《中华人民共和国道路交通安全法》第七十六条的规定，确定当事人承担的损害赔偿责任。

（4）计算损害赔偿的数额，确定各方当事人各自承担的比例，人身损害赔偿的标准按照《最高人民法院关于审理人身损害赔偿案件适用法律若干问题的解释》规定执行，财产损失的修复费用、折价赔偿费用按照实际价值或者评估机构的评估结论计算。

（5）确定赔偿履行方式及期限。

5. 损害赔偿调解书

经调解达成协议的，公安机关交通管理部门应当当场制作道路交通事故损害赔偿调解书，由各方当事人签字，分别送达各方当事人，调解书应当载明以下内容：

（1）调解依据。

（2）道路交通事故认定书认定的基本事实和损失情况。

（3）损害赔偿的项目和数额。

（4）各方的损害赔偿责任及比例。

（5）赔偿履行方式和期限。

（6）调解日期。

经调解各方当事人未达成协议的，公安机关交通管理部门应当终止调解，制作道路交通事故损害赔偿调解终结书送达各方当事人。

6. 终止调解

有下列情形之一的，公安机关交通管理部门应当终止调解，并记录在案：

（1）在调解期间有一方当事人向人民法院提起民事诉讼的。

（2）一方当事人无正当理由不参加调解的。

(3)一方当事人调解过程中退出调解的。

（十）查阅、复制、摘录证据材料

除涉及国家秘密、商业秘密或者个人隐私，以及应当事人、证人要求保密的内容外，当事人及其代理人收到道路交通事故认定书后，可以查阅、复制、摘录公安机关交通管理部门处理道路交通事故的证据材料。公安机关交通管理部门对当事人复制的证据材料应当加盖公安机关交通管理部门事故处理专用章。

四、道路交通事故案例分析

1. 强行超车

【案例】

2014年1月17日，桂林驾驶人陈某驾驶大型卧铺客车与相对方向由佘某驾驶的小型普通客车会车时，强行超车并占用对方机动车道，两车碰撞造成5人死亡，10人受伤。

【分析】

驾驶人陈某强行超车，由于不具备超车条件，车辆驾驶人必须冒着极大风险，甚至会长时间占用对向车道超车，很难实现安全避让，容易发生刮碰、倾翻、追尾等交通事故。

违反了道路交通安全法第43条第2款。

2. 车辆发生故障未按规定处置

【案例】

2014年6月30日，云南籍驾驶人李某驾驶的一辆装满货物的轻型普通货车（核载2人）在高速公路上发生故障后滞留在行车道上，未及时设置警示标志和疏散车上驾乘人员到安全地带，适有重庆籍驾驶人张某驾驶大型普通客车通过事发路段，与轻型普通货车右侧及在车身右侧活动的轻型普通货车车上人员5人发生碰撞，造成轻型普通货车上5人当场死亡。

【分析】

（1）李某驾驶的轻型普通货车载5人，超载3人，同时货车载客。

违反了道路交通安全法第49条、50条。

（2）车辆发生故障后滞留在行车道上，李某未开启危险报警闪光灯，没有在故障车来车方向150m以外设置警告标志，也没有将车上人员迅速转移到右侧路肩上或者应急车道内。

违反了道路交通安全法第52条、68条。

3. 疲劳驾驶

【案例】

2014年9月7日，都安县永安乡驾驶人韦某驾驶小型客车搭载妻子、女儿上路行驶，因极度疲劳导致车辆驶出路外，碰刮路右侧金属波形防护栏后，侧翻于道路右侧路基，造成车上3人当场死亡。经调查，韦某在事故发生前二十多个小时内一直开车，没有好好休息，极度疲劳的情况下依然驾驶机动车搭载妻女上路行驶。

【分析】

驾驶人韦某长时间不休息，会产生生理机能和心理机能的失调，导致注意力不集中，判断能力下降，极易发生交通事故。

违反了道路交通安全法第22条。

4. 酒后超速驾驶

【案例】

2014年11月24日,忻城县驾驶人韦某饮酒后驾驶小型客车(搭乘2人),因超速行驶(韦某车速93km/h,限速70km/h),与停在道路东侧的中型货车尾部碰撞,造成3人死亡。

【分析】

驾驶人韦某饮酒后驾驶车辆,发现前方险情时,从视觉感知到踩制动器的反应时间比正常状态下的反应时间慢2~3倍;超速20%以上,留给驾驶人采取安全措施的时间更短。

违反了道路交通安全法第22条、42条。

第五节 交通安全教育与智能交通

一、交通安全教育

随着经济的快速发展,人民生活水平的不断提高,汽车迅速地普及到家庭,道路交通流量突飞猛涨,随之带来的道路交通拥堵、交通秩序混乱、交通事故频发的现象也尤为突出。出现这种现状,原因是多方面的,而其中最重要的原因就是人们的交通法制观念和交通安全意识仍然比较薄弱,跟不上道路交通飞速发展的要求,使得他们在参与道路交通活动过程中存在着大量的交通违法行为,给日常的道路交通带来很大的安全隐患。要想扭转这种局面,加强交通安全教育工作是必然选择。

（一）交通安全教育的重要性

1. 交通安全教育是道路交通安全管理的重要组成部分

交通安全管理在内涵上包括教育、执法、工程、环境。其中教育的对象是所有交通参与者,他们是直接参与道路交通的主体,提高他们的交通法制观念和交通安全意识显得尤为重要。

2. 交通安全教育是普及道路交通法律法规的重要途径

中国有关道路交通安全管理的法律法规数量较多,更新也快,加上绝大多数交通参与者很少专门阅读相关法律法规,这样,新的法律要求和滞后的安全意识的矛盾就越发突出。因此,只有通过系统、多维的角度做好交通安全教育,才能及时将最新的法律法规知识传达给广大交通参与者,让更多的人懂法守法。

3. 交通安全教育是预防和减少道路交通事故的治本良方

据统计,在简易事故中,不按规定与前车保持安全车距、驾驶操作不当或有妨碍安全驾驶的行为、违法变道行驶或占道停车、低能见度气象条件下不按规定行驶、驾驶机件不符合技术标准或安全设施不全的车辆、疲劳驾驶等交通违法行为占交通事故原因总数的95%。可见,普及交通安全法律法规和交通安全常识,增强交通参与者的法律意识和安全意识,减少交通违法行为,是从根本上预防和减少交通事故的治本良方。

4. 交通安全教育是做好交通安全管理工作的基本保障

通过开展交通安全教育,不仅可以全面普及交通安全管理法律法规,使交通参与者了解交通安全管理的政策措施和在交通活动中的权利、义务,主动支持和配合交通安全管理工作,而且还能营造良好的执法环境,保证交通安全管理工作的顺利开展。

(二) 开展交通安全教育的措施

1. 建立社会化的交通安全教育管理体系

(1) 推动政府加强对交通安全教育的领导。道路交通安全法第 6 条第 1 款明确规定,各级人民政府应当经常进行道路交通安全教育,提高公民的道路交通安全意识。据此,交通安全教育应是各级政府的行为和工作内容,推动社会化交通安全教育机制的建立健全,首先要推动政府加强对交通安全教育工作的领导。

(2) 推动各有关单位部门交通安全教育法定责任的落实。道路交通安全法第 6 条第 2、3、4、5 款分别明确了公安机关交通管理部门、机关、部队、企事业单位、社会团体以及其他组织、教育行政部门、学校、新闻、出版、广播、电视等有关单位在交通安全教育方面的义务和责任。因此,推动社会化交通安全教育机制的建立健全,必须由政府部门牵头,主动与有关单位、部门做好沟通,让其积极履行义务、承担职责,提高其对交通安全教育工作的重视程度,从而让各机构组织各司其职,从多角度入手,多渠道、多维度营造良好的教育氛围。其中新闻媒体具有舆论监督、信息共享的职能,对交通安全管理遇到难点和焦点问题,通过报道披露能促使问题尽快得到解决,加上其对有限的公益宣传资源具有充分支配权,因此应该重点加强与新闻媒体的协作,尽可能多地争取到用于交通安全的公益宣传资源。

(3) 推动社会化交通安全宣传网络系统的完善。以"警力有限,民力无穷"的理念,积极争取社会各界的支持,广泛发动社会力量参与,建立上下联动、内外呼应、覆盖全社会的交通安全宣传教育网络。首先,从市县到乡镇再到社区,逐级明确交通安全宣传教育的责任机构、责任人员,以便专岗专责;二是针对学校、企业等重点单位,由交通管理部门指派专人负责对接,帮助其成立相应的交通安全宣传组织,定期宣传教育活动,更新交通安全知识;三是联合驾驶人协会、志愿者协会等非政府组织开展交通安全宣传教育,既让其成员自我约束、规范行为,同时也让其发挥信息集散功能,做好宣传工作。

2. 创新道路交通安全宣传模式和机制

(1) 要有鲜明的时代性。当前社会处于快速发展时期,人们生活节奏快,都忙于工作、持家,很少花时间来阅读和学习,大多利用电脑、手机了解外界动态。为此,在交通安全宣传教育中,我们可以更多地从人们感兴趣的内容入手,如从经济效益(发生交通事故必有损失)、孩子成长、家人安全的角度入手,配合信息网络,通过电脑、手机等终端设备展现给交通参与者,让其在日常的生活中能够很容易涉猎交通安全知识,通过点滴积累强化交通安全意识。

(2) 突出明确的针对性。对机动车驾驶人,重点是法律法规的普及、交通安全意识的增强、驾驶技能的提高以及职业道德教育,可以通过散发交通安全手册、强化驾驶技能及安全知识培训、交通电台传播等方式来进行宣传;对中小学生,重点是良好交通习惯和文明交通行为的养成,以及抵制交通违法意识的增强,可以通过"交通安全进校园"等活动开展教育宣传;对城市居民,主要是提高交通文明素质,倡导交通文明风尚,抵制不文明交通行为,可以通过电视、网络媒体进行宣传教育。

(3) 注重教育宣传的亲民性。应该坚持把营造良好的交通环境作为教育宣传工作的立足点,把化解不和谐交通因素作为教育宣传工作的切入点。教育宣传不是教训、批评,而是引导、说服,既要进行警示教育,又要把法、理、情融于一体,尊重教育对象,关心理解他们,做到动之以情、晓之以理。

二、智能交通

面对当今世界全球化、信息化发展趋势,传统的交通技术和手段已不适应经济社会发展的要求。智能交通系统(Intelligent Transportation System,简称ITS)是交通事业发展的必然选择,是交通事业的一场革命。通过先进的信息技术、通信技术、控制技术、传感技术、计算机技术和系统综合技术的有效集成及应用,使人、车、路之间的相互作用关系以新的方式呈现,从而实现实时、准确、高效、安全、节能的目标。

1. 智能交通系统的概念

智能交通系统是以信息通信技术将人、车、路三者紧密协调、和谐统一,将先进的信息技术、数据通信传输技术、电子传感技术、电子控制技术以及计算机处理技术等有效地集成运用于整个交通运输管理体系,而建立起的一种在大范围内、全方位发挥作用的,实时、准确、高效的综合运输和管理系统。

2. 智能交通系统对于城市发展的作用

(1)提高行车安全,维护行车秩序。利用通信与传感技术,通过显示或预警装置,可以给驾驶员提供足够的交通信息,帮助驾驶员做出最合适的驾驶操作决策。在特殊情况下,可以预先警告驾驶员或转为自动控制,防止因为驾驶疏忽或机件故障造成交通事故,并可以提供适当的安全防护,最终实现自动驾驶,将完全排除由人的因素而导致的交通事故,从而实现高效安全的行车秩序。

(2)增加公路交通容量,减少道路拥堵。利用车上装备的红外线或激光设备监测车间距等交通运行状况,保持合适的最小车间距,保持车流稳定行进,缩短行车耗时,缓解交通堵塞,达到提高公路容量的目的。

(3)降低行车成本,提高行车效能。随着交通堵塞情况的改善,可以减少车辆停留在道路上带来过多的能源消耗,以及减少因频繁的加速与制动所造成的能源损耗,提高车辆能源利用的效能。

(4)减少废气污染,保护环境。车辆行进稳定,能源利用效能提高,排放废气自然减少,因而可以减少车辆交通运输所造成的空气污染,达到保护生活环境质量的效果。

3. 物联网和车联网的概念

(1)物联网(IOT)。物联网是指通过射频识别(RFID)、红外感应器、全球定位系统、激光扫描器等信息传感设备,按约定的协议,将任何物品与互联网相连接,进行信息交换和通信,以实现智能化识别、定位、追踪、监控和管理的一种网络。

(2)车联网(IOV)。车联网是指装载在车辆上的电子标签通过无线射频等识别技术,实现在信息网络平台上对所有车辆的属性信息和静、动态信息进行提取和有效利用,并根据不同的功能需求对所有车辆的运行状态进行有效的监管和提供综合服务的系统。车联网是以车内网、车际网和车载移动互联网为基础,按照约定的通信协议和数据交互标准,在车-X(X为车、路、行人及互联网等)之间,进行无线通信和信息交换的大系统网络,是能够实现智能化交通管理、智能动态信息服务和车辆智能化控制的一体化网络,是物联网技术在交通系统领域的典型应用。

4. 车联网技术在智能交通方面的应用

(1)夜间会车远光灯关闭控制。在车联网架构中,车-车间保持实时信息通信,包括车辆的位置信息、实时车速信息等。于是，车与车之间很容易知道对方的行驶方向、所处位置、是否会车、何时会车等信息，从而当两车预先判断到前方有车相会时，就会自动提示车载系统进行远、近光灯的切换。这一过程完全可以通过车联网自动完成，而不需要驾驶员做任何操作，从而使驾驶员省心，给夜间行车安全提供保障。

（2）变道辅助。车辆变道时，车联网车载终端将对目标车道上的前后车辆进行收集，以检测附近车辆的运行情况（如车速、是否同时变道等），计算变道后的危险程度，做出是否可以安全变道的相应判断，并在车内做出有针对性的操作与显示。

（3）交通资源分配及交通诱导。车联网根据车载终端和路侧终端采集的交通基础数据信息，通过智能调度、路网均衡等方案进行科学决策，可准确判断当前路网的详细路况信息，以满足交通需求为目标合理分配道路资源，得到最优的交通策略，从而为交通管理部门发布车辆诱导信息提供科学有力的依据，有效缓解城市日益严重的交通拥堵问题。

（4）拥挤收费及不停车收费。车联网通过车载终端和路侧装置的交通信息采集，具备实时完整的车辆位置、路径及运行状况信息，可以为拥挤收费提供强有力的信息及管理支持；车辆到达停车收费处时通过与路侧装置的实时信息交互实现不停车收费。

（5）智能停车服务系统。基于车联网技术的停车场管理系统集感应式智能卡技术、计算机技术、视频技术、图像识别与自动控制技术于一体，对停车场内的车辆进行自动化管理，包括车辆身份判断、出入控制、车牌自动识别、车位检索、车位引导、图像显示、时间计算、费用收取及核查、语音提示、自动取（收）卡等。它能有地控制车辆通行情况，记录所有详细资料并自动计算收取额度，实现对场内车辆与收费的安全管理。

第二章　防御性驾驶

第一节　防御性驾驶的概念与过程

一、防御性驾驶的概念

防御性驾驶（又称预见性驾驶），是指驾驶员在行车过程中，更全面地观察并了解驾驶环境，随时针对路况、车辆状况、行人及环境等与交通有关的迹象进行分析、判断，更准确地预测不确定的、潜在的危险因素并做出预先估计，及时地采取避让、减速或停车等预防措施，避免发生交通事故。

防御性驾驶是驾驶态度、安全意识和驾驶技能的综合体现，一方面要求驾驶员在驾驶时规范操作，尽量不犯错误，确保自己的车辆不会主动引发交通事故；另一方面，要求驾驶员能够在别人犯错误时，及时发现并宽容对待，提前采取措施进行规避，确保不出现被动性的交通事故。

二、防御性驾驶的过程

防御性驾驶需要通过驾驶员观察其他车辆、行人、气候、道路等情况，预测可能会出现的危险,决策是否需要采取措施、采取何种措施,及时行动,防止事故发生。

驾驶员可以通过三层空间驾驶法更全面地观察并了解驾驶环境,更准确地预测不确定的潜在的危险因素,更及时地采取预防措施避免交通事故。当驾驶员掌握了如何有效、及时地观察、预测和行动,并逐渐形成良好的驾驶习惯和安全理念时,就可以防止在复杂多变的驾驶环境中发生交通事故。

三层空间驾驶法是将驾驶时车辆所处的环境分为三个同心的空间:我们把"外层空间"称为"观察空间",把"中层空间"称为"决策空间",把"内层空间"称为"行动空间"。

1. 观察

行车过程中,驾驶员会同时接收到大量信息,如各种类型的交通参与者、不同颜色的标志或宣传广告、各具特色的地域风貌等,同时真正的危险源却被驾驶员忽略了。因此,驾驶员必须学会有选择地观察,过滤大量无关的信息,在外层空间识别风险源。这样可以及早发现危险,有充足的时间调整自己的驾驶行为,主动寻找无障碍、安全的行车路线和位置。

观察要用眼睛,而眼睛有三大缺陷:人眼为步行而进化,不适应车辆行驶速度;由于不经意的凝视,眼睛会产生盲视;眼睛在不同的背景下,会对物体产生错觉和幻觉。

驾驶员要想有足够的时间判断并采取正确措施,在观察时就要做到以下几点:

(1) 放眼远方,先知先觉。

在行驶时要能观察到 15s 所能到达的距离外的空间(外层空间)。在市区交通环境,若以 30km 的时速行驶,15s 的行驶距离是 125m,应该在这个路口通过后马上就能观察到下一个路口的红绿灯情况。

当在交叉路口转弯或通过弯道时,视线要跨越弯道,看到转弯后要通过路段的情况。

倒车时,也不能只看车后的一点距离,要不时地瞄一下后侧的情况和后面远一点的距离内是否有来车。

(2) 眼观六路,洞悉危机(中层空间)。

向前看:保持驾驶员的中心视野能扫视到广阔的路面状况,包括对面来车;预判几秒后到达某一位置时可能出现的情况;发现交通标志、标线和指挥信号等情况。

向左、右看:观察从路的最左侧到最右侧,路边的停驶车辆、非机动车、行人和路口里欲转出的车辆等,确保没有人或车将要穿越你所在的车道,尤其是在接近或通过交叉路口、人行横道、学校商场门口、铁路交叉口、施工场地等时。在转弯或变更车道时更要留心左右两侧的情况,不可盲目转弯或变更车道。

向后看:看后面的车辆是否跟得太紧;是否应该给后面的车辆让行;当你变换车道时,后面的条件是否允许。

向上下看:上看各种标志及路面上方的桥梁、隧洞的高度,下看路面标记、标线及路面的缺陷。

看全景:前后、左右、上下全方位轮流扫视。

(3) 视线灵活,保持扫视。

长时间使用中心视觉会产生"凝视"和"盲视",观察物体停顿时间过长,其他部位的危险就不会及时发现,所以要扫视全场,及时捕捉各种情况,发现可能潜在的危险。

保持眼球持续的运动,最好 2s 转动眼球一次,可以避免"凝视"和"盲视";搜集更多的重要信息;刺激大脑兴奋,缓解驾驶疲劳。

2. 预测、决策

驾驶员并不只是观察路面情况，还需尽力分析自己所看到的情况。例如，前方车辆突然改变行车路线或速度时，驾驶员需注意是不是前方道路上存在某种障碍物。一旦观察到潜在的危险情况，驾驶员需要立即预测该危险会有多大。很多时候，驾驶员会发现自己面对着各式各样的风险和潜在危险，一个接着一个，甚至同时出现。这种情况下，往往只有几秒的时间让驾驶员来决策哪一种风险构成的危险更大，并确定优先处理事项，之后立即采取行动逐一化解。

预测、决策要用大脑，大脑的作用是用来储存信息、分析信息、做出决策的。大脑也存在缺陷：大脑的容量是有限的，新信息会替代旧信息，信息在大脑中停留时间短；在行车过程中，各种情况留给大脑分析预测、做出决策的时间很短，而大脑进行分析预测并做出决策需要一定的时间。

中层空间（决策空间）是指在行驶时 6～15s 时间内所能到达的距离内的空间。在中层空间做出预测、决策有以下优点：每秒做一个决定的频率使人感觉轻松自如，不会产生紧张和疲劳的感觉；决策做出以后需要一个时间间隔去确认其他部位，均无危险才能采取行动，所以 1～2s 的间隔较适宜；4～8s 之间是可供驾驶员决策的最佳时段，不会过分紧张、手忙脚乱，也不容易判断错误；即使某个决策失误，驾驶员也有足够的时间去纠正而不至于造成危害。

在中层空间，驾驶员要积极利用喇叭、灯光、手势、眼神与周边的交通参与者沟通，让对方看到或者明白自己的行驶意图，从而能有效地化解风险或潜在危险，减少和避免交通事故的发生。

3. 行动

驾驶员通过眼睛观察驾驶环境，并由大脑进行分析、决策，再由大脑向四肢发出指令，立即采取行动，如避让、减速或停车等预防措施。

行动要用四肢，四肢的正确动作受来自大脑的决策所控制，从接受命令到完成动作需要一定的时间。

内层空间（行动空间）是指在行驶时 3～6s 时间内所能到达的距离内的空间。据研究总结出"四秒规则"：看到危险至信息传递到大脑需 0.5s；大脑综合各类信息做出正确决策需 1s；决策传递至四肢，指挥动作需要 0.5s，由于车辆行驶的惯性和制动性能等其他客观因素影响，一般需要 1～1.5s 才能成功避免危险；还需要 0.5s 的时间作为逃生空间，共计需要 4s。因此，驾驶员在行车过程中要与前车保持 4s 的跟车距离，确保足够的内层空间和反应时间，以便采取行动。

第二节　危险源的辨识

在行车过程中，驾驶员对交通状况、道路条件等进行主动观察、分析，对周边潜在的各种交通风险预先做出判断，能够给自己增加一道安全屏障，从容应对各种危险情境，有效避免交通事故的发生。

一、危险源的概念与分类

（一）概念

危险源是指可能导致伤害或疾病、财产损失、工作环境破坏或这些情况组合的根源或状态。

（二）分类

1. 根源危险源

根源危险源是指客观存在的能量、能量载体或危险物质，它是直接引起人员伤害、财产损失或环境破坏的根本原因，是导致事故发生的主体，并决定事故后果的严重程度。

根源危险源包括汽车运行时所具有的动能、运送的易燃易爆危险物品等。

2. 状态危险源

状态危险源是可能导致能量、危险物质约束条件或限制措施破坏或失效的因素，它是引发事故的必要条件，决定了事故发生可能性的大小。

状态危险源出现得越频繁，发生事故的可能性就越大。汽车运行时的状态危险源主要包括以下三个方面：

（1）所有交通参与者的不安全行为，如驾驶员冒险驾驶、违法驾驶或操作失误，以及驾驶车辆时不系安全带，行人突然横穿道路等。

（2）车辆的不安全状态，如车辆突然发生故障或突然失控等。

（3）车辆运行环境的不安全因素，如前方视线受阻、急转弯、路基松软、路面湿滑等。

二、危险源辨识知识

1. 事故发生条件

事故的发生必然有危险源的存在，而且是两类危险源共同作用的结果。因此，要预防事故的发生，关键是能够识别现实存在的危险源，并能够分析各种危险源的特性，制定必要的约束条件或采取相应的控制措施，对已存在的危险源实施控制，使之处于相对稳定的状态。

2. 危险源特性

同一危险源在不同状态下可以具有不同的特征，即危险源的特性会随时间、空间等的变化而有所不同。例如，因道路条件的不同，同样是以 80km/h 的速度行驶，在山区低等级道路行驶比在高速公路行驶更容易发生事故。另外，驾驶员在同一条线路运营，每次驾驶车辆经过同一路段时，所遇到的交通状况都会不同。

3. 注意事项

在车辆运行过程中，驾驶员不能忽略或低估各种不安全的因素。一方面，要根据环境和道路条件控制好车速，尽量降低根源危险源的影响；另一方面，要牢记"集中注意力、仔细观察、提前预防"三条行车黄金原则，及时、准确地排查安全隐患，防范各种状态危险源的影响。

三、交通参与者的不安全行为

在影响道路交通安全的各种因素中，人是起主导作用的因素。研究表明，人的不安全行为造成的事故占到了全部交通事故的 70%～90%。人的不安全行为主要是指各种交通参与者的违法行为、不规范操作等。

（一）驾驶员的不安全行为

1. 违法驾驶行为

（1）危险源：超速行驶。

危险特征为：增加汽车的制动距离；驾驶员的视野变窄、反应时间延长；车辆行驶时的操纵稳定性下降，尤其在湿滑或结冰路面行驶，容易出现车辆侧滑；车辆在弯道超速时，受到的离心力增大，易出现车辆侧翻；长时间高速行驶，车辆轮胎等安全部件易出现性能异常。

（2）危险源：违法装载。

危险特征为：构成车辆或货物的不安全状态，影响车辆操控性能；增加事故危害程度。

（3）危险源：驾驶"带病"车辆上路。

危险特征为：影响车辆操控性能；引发制动、转向等失效或爆胎危险。

（4）危险源：违法超车。

危险特征为：借用左侧相邻车道或占用对向车道行驶，与其他车辆形成交通冲突；超越前车时可能会出现超速行驶；超车后，返回车道时与被超车辆安全距离不足；前方视线不良，没有全面观察交通情况而盲目超车。

（5）危险源：占道行驶或逆向行驶。

危险特征为：与对向来车形成交通冲突。

（6）危险源：疲劳驾驶、酒后驾车、行车中接打电话或吸烟。

危险特征为：驾驶员注意力分散、反应时间延长、操控能力下降、误操作增多。

（7）危险源：未按规定让行。

危险特征为：与其他车辆形成交通冲突；驾驶员集中精力抢行，忽视了交通状况的全面观察。

（8）危险源：违法停车或倒车。

危险特征为：在行车道内停车或高速公路停车，影响后面来车的正常通行；未按规定正确摆放危险警告标志或开启车灯，使其他交通参与者不能正确辨识潜在的风险；错过路口时，冒险倒车，与后面来车形成交通冲突。

（9）危险源：无证驾驶。

危险特征为：驾驶员缺乏安全操控知识和技能。

驾驶员采取违法驾驶行为的原因主要有：驾驶员安全意识、守法意识不足，缺乏安全驾驶知识，不能正确认识到违法驾驶行为的危害；驾驶员情绪不稳定或者抱有侥幸心理、盲目从众心理、寄托于他人礼让的心理等；驾驶员因疲劳、服用药物或吸食毒品产生生理状况异常变化；行驶时间安排过紧，迫使驾驶员产生心理压力。

2. 驾驶员操作不当

（1）危险源：车辆行驶路线与位置不当。

危险特征为：骑压道路中心线行驶或占道行驶，尤其是在转弯路段，易与对向来车形成交通冲突；长时间骑压车道分界线行驶，易使后面来车不能正确理解其行驶意图，并产生不良情绪；转弯时，不注意内外轮差，则不能安全通过；路基松软路段，车辆与路侧距离过近，易发生侧翻。

（2）危险源：转向操控不当。

危险特征为：快速通过转弯路段时，易出现转向过度或转向不足，发生碰撞或坠车；遇其他交通参与者突然横穿道路,急打方向避让,车辆易失稳或发生碰撞、坠车;遇对向来车占道行驶,急打方向避让,车辆易失稳或发生碰撞、坠车。

(3)危险源:制动操控不当。

危险特征为:在湿滑或结冰路面上紧急制动,易发生侧滑;下长坡时,频繁使用行车制动,易出现制动热衰退。

(4)危险源:挡位使用不当。

危险特征为:上坡时车辆挡位使用不当,易出现熄火溜车;下坡时使用高速挡,未充分利用发动机阻力制动,将导致被迫频繁使用行车制动。

(5)危险源:会车操作不当。

危险特征为:会车时未提前减速,在高速状态下向右避让,易出现转向过度;在坡路、临崖路、障碍物路段会车时,未按规定让行,易发生碰撞、坠车。

驾驶员出现操作不当的原因主要有:驾驶员没有全面观察道路交通情况,只对个别信息进行处置;驾驶员因疲劳、服用药物或吸食毒品产生生理状况异常变化,操控能力下降;驾驶员缺乏驾驶经验,遇到紧急情况时,不能沉着应对、冷静处置;驾驶员存在不良驾驶习惯,操作不规范。

(二)其他交通参与者的不安全行为

(1)危险源:其他机动车驾驶人。

危险特征为:出现强行加塞、抢行等不安全驾驶行为,寄托于他人礼让,与其他车辆形成交通冲突;以自我为中心的驾驶员,当他人影响自己正常行车时,易产生报复心理;新手不能熟练操控车辆,易妨碍他人正常驾驶,并使其产生情绪波动;道路养护(工程)车辆会在路侧临时停车作业,影响后面来车的正常通行。

(2)危险源:行人。

危险特征为:儿童缺乏交通安全常识,玩耍时不顾及周边的交通情况,突然横穿道路,易形成交通冲突;儿童在车辆周边玩耍,因身材矮小,容易落入驾驶盲区;老年人反应迟钝、行动缓慢,应变能力差;青年人喜欢并排行走或戴耳机听音乐,不注意周边的交通情况,妨碍机动车的正常通行。

(3)危险源:骑自行车人或骑电动车人。

危险特征为:青少年成群骑自行车时,喜欢逞能、冒险,速度比较快,不顾及周边交通状况;雨天,骑车人只顾低头避雨,匆忙赶路,不注意遵守交通规则,妨碍机动车的正常通行;当非机动车道的路况不好时,骑车人常常占用机动车道行驶,妨碍机动车的正常通行;前方有障碍时,骑车人会突然改变行驶路线绕行,形成交通冲突;骑电动车人突然横穿道路或在车辆之间穿行,易形成交通冲突。

四、车辆的不安全状态

(1)危险源:车辆技术参数的影响。

危险特征为:车身高度、宽度尺寸较大,驾驶员盲区大;车体重心高,行驶稳定性变差,转弯速度过快易发生侧翻;车辆自重较重,惯性力较大,停车距离长,事故危害程度大;车身较长的车辆,转弯时占用的空间大。

(2) 危险源：车辆运行状态的影响。

危险特征为：发动机舱温度过高，易引发火灾；行驶中车身振动大，易使货物产生位移。

(3) 危险源：车辆传动系统故障。

危险特征为：离合器自由行程过大，分离不彻底，挂挡操作困难；变速器挂挡困难、易脱挡，车辆难以正常行驶。

(4) 危险源：车辆行驶系统故障。

危险特征为：车辆悬架、减振系统故障，车辆经过凹凸不平路段，车身颠簸严重；轮胎气压不符合要求，异常磨损，与路面的附着能力下降，易发生爆胎、侧滑等。

(5) 危险源：车辆转向系统故障。

危险特征为：转向盘自由行程过大，易出现转向不足或转向过度；转向助力失效时，转向盘操控困难。

(6) 危险源：车辆制动系统故障。

危险特征为：制动盘（鼓）、管路等存在故障，易造成制动失效；驻车制动器效能降低，坡路驻车能力下降，容易发生溜车。

(7) 危险源：车辆照明、信号装置故障。

危险特征为：低能见度情况下，前照灯损坏会影响驾驶员观察；转向灯、制动灯损坏，不能正确传递行车意图。

(8) 危险源：其他安全部件失效。

危险特征为：车速表故障，驾驶员不能准确判断行车速度；后、内视镜破损，会影响驾驶员观察；刮水器失效，在雨雪天会影响驾驶员视线；安全带织带破损、不能正常系扣，发生碰撞、翻车等事故时，无法保护乘员的安全；灭火器、安全锤等应急工具缺失，使火灾时的应急处置变得困难；车身反光标识缺失，其他驾驶员在夜间无法正确辨识。

五、行李物品、货物的不安全因素

(1) 危险源：行李物品的不安全因素。

危险特征为：随车携带易燃、易爆等危险物品，易引发火灾、爆炸等事故；行李物品占用安全通道或堵塞安全出口，影响紧急情况下的安全逃生；行李物品摆放不正确，从行李架掉落，易造成乘员伤害。

(2) 危险源：货物的不安全因素。

危险特征为：货物堆码过高，提高整车的重心，行驶稳定性变差；货物覆盖不严或固定不当，易脱落或遗撒，影响后方来车的正常通行；没有按照货物运输要求采取相应的防范措施，导致货物处于不稳定状态。

六、道路条件的不安全因素

(1) 危险源：城市道路。

危险特征为：交叉路口机动车、非机动车、行人混行，交通冲突点多；车辆进出主、辅路时，驾驶视线会受灌木丛、树木等的阻挡，且会与其他车辆形成交通冲突；公交站点人员密集，行人会从停靠的公交车前侧横穿道路，或者为追赶公交车而不顾及周边的交通情况；出租车遇到路侧乘客招手时，会突然靠右侧停车，与其他车辆形成交通冲突；路段施工造成行车道减少、路面不平整,影响机动车的正常通行;交通高峰时期,会出现车辆突然变更车道或强行加塞;窨井盖附近的路面因长期碾压出现凹凸不平,高速状态下碾压易导致爆胎,高速时急转向避让易发生事故;雨季或暴雨后,城市地下疏水系统工作状况不良,易导致桥涵路面积水,影响机动车正常通行。

(2) 危险源:山区道路。

危险特征为:道路依山而建,等级较低,路面狭窄,坡度较陡,多急弯;上坡时,需要车辆有较大的驱动力,挡位使用不当,会导致发动机熄火、溜车;在上坡路段临时停车处理不当,易溜车;下长坡频繁使用行车制动,易导致制动失效;转弯路段,占道行驶,易与对向来车形成交通冲突;转弯路段,驾驶员视线易受阻;部分临崖路段的路面狭窄,会车操作不当易发生坠车;雨季或者久旱暴雨后,可能会出现山体滑坡、落石、泥石流等,路基松软,靠近路侧行驶易造成路基塌陷;秋季和海拔较高处,易出现团雾,影响驾驶员视线。

(3) 危险源:高速公路。

危险特征为:长时间高速行驶,驾驶员对速度的感知能力下降,易超速行驶;长时间高速行驶,轮胎温度上升,易发生爆胎;高速情况下,突然遇到行人、动物或行车道内有障碍物,处置不当易发生事故;在路侧临时停车,且不采取安全处置措施,不易被后方来车辨识,从而造成追尾事故;雨雪天高速路上车流较少时,容易超速行驶,车辆行驶稳定性下降;秋季,临近河流、湖边的高速公路易出现团雾,影响驾驶视线;路侧的农田焚烧秸秆产生烟雾,影响驾驶视线。

(4) 危险源:隧道。

危险特征为:车辆进入较长的隧道时,隧道内的光线骤然变暗,驾驶员会有一个暗适应过程;车辆在双向行驶的隧道内行车时,对向来车使用远光灯,会造成驾驶员眩目;在隧道出口处,车辆可能会受强烈横风的影响。

(5) 危险源:桥梁、涵洞。

危险特征为:高架桥的桥体有最大承重能力要求,通行车辆超过桥体总质量限值或轴重限值时,会造成桥体垮塌;立交桥或桥涵有限高要求,车辆超高会撞垮桥体;在跨度较大的高架桥或跨海大桥上行驶时,会遇到强烈的横风影响。

(6) 危险源:乡村道路与城乡接合部。

危险特征为:乡村道路的等级相对较低,路窄,照明条件差,缺乏养护,夏季容易形成扬尘,雨天容易出现泥泞坑洼、路基松软;交叉路口常常无信号灯控制,且行人、非机动车、摩托车、农用车、大型货车等形成混合交通;群众的安全意识普遍较差,易出现抢行或突然横穿道路的情形;占道晒谷物等农作物,影响机动车正常通行;道路交通标志和标线、夜间照明等交通安全设施不完善。

七、夜间与特殊天气条件等不安全因素

(1) 危险源:夜间。

危险特征为:驾驶员的视野仅限于车灯能够照射到的地方,视野变窄,对速度和距离的判断能力变差;会车时,对向来车使用远光灯,易造成驾驶员眩目;近距离跟车行驶时,后车使用远光灯,易造成前车驾驶员眩目;在午夜以后或者夜间长时间行车后,驾驶员易出现疲劳驾驶。

(2)危险源：雨天。

危险特征为：穿雨衣或打雨伞的人可能听不清汽车靠近的声音或鸣号声，视线只盯着路面，忽略了对周边情况的观察；骑自行车、电动车的人为了避开水坑，可能会突然改变方向，甚至占用行车道；雨天路面湿滑，轮胎附着能力下降，高速行驶时易出现"水滑"现象；雨天行车时，风窗玻璃和车窗容易形成水雾，影响驾驶视线；雨天气温低于0℃时，路面易结薄冰。

(3)危险源：雾天。

危险特征为：雾天驾驶员视线受阻，观察周边交通情况比较困难，行车方位的辨识较为困难；汽车使用远光灯、后雾灯，易造成其他驾驶员眩目。

(4)危险源：雪天。

危险特征为：轮胎与路面的附着能力较差，车辆急转方向、急加速和急减速操作时，易发生侧滑；行车道积雪易融化，行人和骑自行车、电动车的人会占用行车道；路面被积雪覆盖，难以辨识行车道，难以选择行车路线和位置；雪后初晴，迎着阳光行驶，易引起驾驶员眩目。

(5)危险源：高温天气。

危险特征为：重载车辆行驶过程中，冷却液温度容易超过正常工作温度；入睡晚或长时间使用空调，驾驶员会觉得浑身无力，产生驾驶疲劳；轮胎温度升高，胎压随之增大，易发生爆胎；汽车的电路、油路等易出现线路老化、短路和漏油等情况，引起汽车自燃；清晨和傍晚外出散步和纳凉的人较多，容易产生安全隐患。

第三节　防御性驾驶技术

行车中，跟车驾驶、会车、超车、变更车道、掉头、停车是典型的车辆行驶状态。不同的行驶状态中潜藏着不同的安全影响因素，复杂的道路环境以及恶劣的气象状况也潜藏着许多安全影响因素，驾驶员如果处置不当，容易发生交通事故。因此，驾驶员需要掌握防御性驾驶技术，确保行车安全。

一、不同行驶状态下的防御性驾驶技术

1. 跟车行驶

跟车行驶时，前车的行驶速度、行驶方向随时会发生变化，驾驶员需要准确判断前车的行驶意图，并采取应对措施。跟车行驶中，除注意观察前车的速度和灯光信号外，还可以通过观察前方其他车辆的行驶状况变化来辅助判断。

车辆追尾事故是跟车行驶时常见的交通事故类型之一，主要原因就是前后车辆之间的距离太近，后车行驶速度相对过快。根据经验，与前车的安全距离应至少保持与当前行驶速度的数值相同（即当前车速为50km/h时，安全距离应至少为50m）或者至少保持当前速度下车辆4s所能行驶的距离。

跟随小型汽车行驶时，小型汽车的制动效能高，停车距离相对要短，驾驶员要注意适当增大跟车距离。跟随大型汽车行驶时，与前车之间的距离越近，驾驶员的视野越窄，因此，同样需要保持足够的安全距离。

车辆在湿滑路段行驶时,轮胎与路面的附着力下降,车辆制动时的停车距离更长,需要与前车保持更大的安全距离。

跟车行驶时,如果不需要加速操作,驾驶员应将右脚放置在制动踏板上,这样可以缩短反应时间,尤其在遇到紧急情况时会更加安全。

2. 被后车尾随

遇缓慢行驶的车流或者遇较差的天气、路况时,特别是在低能见度或前方路面很难判断时,后车一般会紧紧跟随前方车辆行驶。行车中,驾驶员要经常性地观察后视镜,及时发现后方跟随行驶的车辆。如果后侧有车辆紧紧跟随,驾驶员可以采取以下一些措施来避免追尾事故的发生:

(1) 注意观察后车的动态,及时利用灯光信号或手势向后车传递行驶意图。

(2) 转向、变更车道或超车时,应提前开启转向信号灯,判断周边车辆的动态,确认安全后缓慢转向。

(3) 减速时,先轻踏制动踏板使制动灯变亮来提示后车,给后车驾驶员留出足够的反应时间,尽量避免紧急制动。

(4) 发现后车长时间跟随行驶时,不要企图采取加速措施来甩开对方,而应通过减速靠右让行,或者通过手势示意后方尾随车辆先行。

(5) 大型车辆或重载车辆行驶速度较低,应尽可能靠右侧行驶,避免妨碍其他车速快的车辆。

3. 会车

准备会车时,对于对向来车的车型、行驶速度和装载情况等,会车地点的路面宽度、道路条件等,以及周边的行人、车辆等,都需要提前观察、做出判断。不注意观察对向来车的动态,对车后的情况没有预防,在不具备条件的路段强行交会,或者在高速状态下会车时转向操作不当,都容易引起交通事故。

会车时,根据双方车辆及道路上的交通情况,提前降低行驶速度,选择合适的交会地点,靠道路右侧行驶,保持足够的横向安全间距。会车地点有障碍物或者遇窄桥、坡道、临崖路段、弯道时,要低速会车或停车会车,有条件的一方让对方先行,必要时由专人指挥。

遇对向来车占道行驶时,提前降低行驶速度,鸣喇叭或闪灯提示对方,密切观察对向来车和后侧的动态情况,不可盲目避让。

4. 超车

超车时,如果占用对向车道持续加速行驶一段距离(也称为超车距离),易与对向来车形成交通冲突,因此,这种超车是一种危险的驾驶行为。在不具备条件的路段强行超车、前车不让超车时仍强行超越、从前车右侧超车或者超车时横向间距保持不足等,容易引起交通事故。

驾驶员要选择道路宽直、视线良好、对面无来车且道路两侧无影响超车的障碍物的路段进行超车。准备超车时,应与前车保持一定的安全距离,观察后侧情况,提前开启左转向灯,夜间还需变换远、近光灯示意;在前车让超车且在不妨碍其他车道内车辆正常行驶的情况下,加速从前车左侧超越;超越过程中,随时注意前方和被超车辆的动态,与被超车辆保持足够的横向安全距离;在与被超车辆拉开一定的安全距离后,开启右转向灯,及时返回原车道。

行车中,当观察到后侧跟随行驶的车辆示意超车时,尤其是自车占用快速行驶的车道时，只要条件允许，应及时减速靠右侧让行，给超车车辆预留出足够的超车空间。

遇以下情况，驾驶员禁止超车：

（1）前方有平面交叉路口、人行横道、铁路道口时，路况较为复杂，驾驶员无法持续加速行驶。

（2）行经窄桥或前方车辆不让行时，无法保证超车时有足够的横向间距。

（3）通过弯道或者陡坡时，驾驶员视线受阻，无法预见到弯道或陡坡后侧的情况。

（4）前方车辆正在左转弯、掉头、超车，或者与对面来车有会车可能时，无法提供足够的超车距离。

5. 变更车道

驾驶车辆起步、转弯、超车、绕过障碍物或靠路边停车等情况下，都需要变更车道。变更车道时，不观察车辆两侧和后方道路交通情况，不提前开启转向灯示意，突然强行变道，都是非常危险的行为，容易发生刮擦、碰撞事故。

变更车道时，应至少提前 3s 开启转向灯提醒后方来车，同时，注意观察要变入车道内前后方车辆的情况，确认有足够的安全空间后，缓慢转向驶入相应的行车道。车辆变更到所需车道后，要及时关闭转向灯，以免给其他车辆造成错觉。

在交叉路口前变更车道时，在虚线区域按导向箭头指示驶入要变更的车道，进入路口实线区后不得变更车道。

当观察到后侧来车准备加速驶入自车行驶的车道时，应保持车速或适当减速让行，预留出足够的安全距离，让其安全变更车道。

遇前方道路有出入口时，应注意观察两侧车辆的动态，控制好车速，防止侧面的车辆突然变更车道。

6. 转弯

车辆转弯时，行驶速度太快，容易出现以下危险：

（1）轮胎失去附着力，车辆易发生侧滑，直接滑出路面，发生坠车事故。

（2）轮胎虽然有附着力，但重心高的车辆因离心力的作用易发生侧翻事故。

因此，驾驶员观察到转弯标志，尤其是急转弯和连续转弯标志时，应提前降低车速，缓慢转向，保持右侧车道行驶。

通过右转弯路段时，驾驶员应提前降低车速，视线以右侧路肩为参照，适当靠近道路中心线行驶，以扩大视线范围，转小弯通过。通过左转弯路段时，应提前降低车速，视线以道路中心线为参照，靠近道路的右侧行驶，以扩大视线范围，转大弯通过。

在交叉路口右转弯时，驾驶员应提前降低车速，开启右转向灯，密切注意右侧情况，防止后侧跟行的车辆盲目地从右侧超越，引发刮擦事故。不要试图先向左侧宽阔的地方转向，再进行右转弯操作，避免后侧跟行车辆的驾驶员误以为你准备左转弯，从而加速从你的右侧超越。如果必须借助对向车道来完成右转弯操作，驾驶员应密切注意对向车道内的来车，及时示意驾驶意图，让对方车辆先通过或者停车让行，但是不能盲目向后倒车让行。

在交叉路口左转弯时，驾驶员应提前降低车速，开启左转向灯，行驶到交叉路口的中心时再向左转方向，同时密切注意对向车道内车辆的动态，注意避让。如果交叉路口有两条左转弯车道，驾驶员尽量选择靠右侧的左转弯车道进行左转弯操作，以增大转弯半径，使转弯过程顺利进行。

车辆转弯时,后轮并不是沿着前轮的轨迹行驶。前内轮转弯半径与后内轮转弯半径之间形成的偏差叫内轮差。大型车辆和汽车列车的车身较长,内轮差也就更大。大型车辆转弯时,如果只注意前轮通过,而忽视给后轮留出足够的空间,就可能造成后内轮刮擦行人、车辆或路侧的树木、电线杆等。因此,驾驶员要提前降低车速,选择好行驶路线,全面观察周边的情况。当弯道的转弯半径较小,大型车辆难以通过时,尤其需要占道行驶时,驾驶员应提前减速,开启危险报警闪光灯,鸣喇叭,夜间还可通过变换远、近光灯提醒对向来车;转弯路段视线受阻时,应由随行人员下车指挥,安全通过。

7. 倒车

倒车前,驾驶员需要下车检查车辆周边的情况,最好请有关人员指挥倒车。倒车时,利用后视镜找好参照物,保持较低的速度,同时通过后视镜观察车辆后方、两侧和上方的情况,发现影响倒车的障碍物时,及时避让或停车,确保倒车安全。在高速公路、主干道行驶,错过出口时,驾驶员不能选择倒车逆行,这样做非常危险。

8. 掉头

在交叉路口或某个路段掉头时,过往的车辆、行人及路侧的设施会给掉头带来危险。驾驶员要尽量选择交通流量小、道路较宽能一次完成掉头的地段和路口进行掉头,减少对正常通行的车辆和行人的影响。严禁在人行横道线、铁路道口、窄路、弯道、桥梁、隧道、涵洞、高速公路和有禁止掉头标志的路段掉头。

在设有隔离设施、允许掉头的路段或路口掉头时,要提前开启左转向灯,向左侧变更车道,确认安全后按交通标志的指向完成掉头。在无隔离设施、允许掉头的路段掉头时,要提前开启左转向灯,仔细观察道路上的交通情况,必要时停车进行观察,确认安全后再进行掉头。

掉头时,每一次前进或后倒过程中,都要认真观察车辆后侧及两侧道路的交通情况并确认安全,充分考虑车辆的前端和后端及与障碍物的距离,以防发生意外。

9. 停车

停车时不采取必要的安全措施,一方面会造成溜车,另一方面会引起后侧来车驾驶员判断错误,尤其在夜间、雾天等视线不良的情况下。此外,停车位置选择不当,如雨天在路边松软路基上停车,没有注意到路侧的低空障碍物,都会引发危险。

以下路段停车时,存在安全隐患:

(1) 在设有禁停标志、标线的路段,在机动车道与非机动车道、人行道之间设有隔离设施的路段以及人行横道、施工地段。

(2) 高速公路、交叉路口、铁路道口、急弯路、宽度不足 4m 的窄路、桥梁、陡坡、隧道以及距离上述地点 50m 以内的路段。

(3) 公共汽车站、急救站、加油站、消防栓或者消防队(站)门前以及距离上述地点 30m 以内的路段。

临时停车时,驾驶员应采取以下安全措施:

(1) 要选择路基坚实、不影响其他车辆和行人安全通行的路段停车。在高速公路上应尽可能选择在紧急停车带内停靠。

(2) 临时停车时,应拉紧驻车制动器操纵杆,开启危险报警闪光灯(夜间开启示廓灯),正确摆放危险警告标志。

（3）在坡路临时停车应拉紧驻车制动器操纵杆，用掩木垫在轮胎下（上坡掩在轮胎后侧，下坡掩在轮胎前侧），挂好挡位（上坡挂低速挡，下坡挂倒挡），并向车后安全的一侧转动转向盘，以防车辆向路侧溜车造成坠车危险。

（4）因发生事故或道路损毁需要在坡道、弯道等驾驶视线不良的路段临时停车时，应在车辆前侧和后侧的合适位置同时摆放危险警告标志。

二、不同道路环境下的防御性驾驶技术

1. 通过立交桥、桥涵和漫水桥

立交桥通常设置了通往各个方向的引桥，路线较为复杂，驾驶员容易迷失方向，产生焦虑和恐惧心理。因此，在上引桥或行至分叉口时，驾驶员的注意力往往集中于"找路"，而会忽视对交通情况的观察。

桥体有最大承重能力设计，大型货车和汽车列车驾驶员需要引起注意，超过桥体总质量限值或轴重限值的规定时，应绕道行驶，避免造成桥体垮塌。

立交桥或桥涵往往有限高或限宽要求，车辆驶近该路段时，驾驶员应注意限高和限宽标志，保证车辆的安全空间，必要时绕道行驶，避免造成撞垮桥体或被卡在桥涵里。当车辆高度与桥梁或者天桥的高度很接近时，驾驶员应先下车探查，确认安全后再低速缓慢通过。

立交桥引桥通常有一定的坡度，因交通拥堵需要临时停车时，容易发生溜车的危险，尤其在雪天、雨天等路面湿滑的情况下。因此，在立交桥上行驶时，驾驶员应与前车保持足够的安全间距，停车时拉紧驻车制动器操纵杆。

车辆在跨度较大的高架桥或跨海大桥上行驶时，会遇到强烈的横风影响。驾驶员应控制好车速和握稳转向盘，并与侧面的车辆保持足够的横向间距。

雨季或大暴雨后，城市地下疏水系统不良容易导致桥涵路面积水。遇桥涵路面积水时，应先探明积水深度再通行，必要时选择其他路线改道而行，避免盲目涉水行驶。

通过漫水桥、险桥等危险地段时，驾驶员应先停车观察，确认安全后，车辆在引导下低速通过；洪水或河水漫过桥面情况严重时，应绕道行驶，不得冒险通过。

2. 通过隧道

车辆进入较长的隧道时，隧道内的光线骤然变暗，驾驶员会有一个暗适应的过程。因此，驾驶员应提前降低车速，开启近光灯，适当增加与前车的安全间距。

因施工或发生交通事故，隧道内的行车道会受到临时管制。这种情况下，驾驶员应根据交通信号灯选择正确的行车道，绿色箭头信号灯表示该车道允许车辆通行，红色叉形灯表示该车道禁止车辆通行。

车辆在双向行驶的隧道内行车时，对向来车的远光灯会造成驾驶员眩目。驾驶员应及时调整视线，避开灯光的直接照射。

注意观察隧道内行人和骑自行车、电动车人的动态，在隧道内禁止停车、倒车和超车，车辆出现故障需要临时停车时，应尽可能将车辆移至专门的避险区域，并采取必要的安全措施。

隧道多依山而建，车辆在隧道出口处可能会受强烈横风的影响。车辆驶出隧道出口时，驾驶员应适当控制车速和握稳转向盘，避免横风引起车辆侧滑或侧翻。

3. 通过铁路道口

铁路道口是比较特殊的平面交叉路口，路面不平整，机动车、行人及骑自行车、电动车人等混行。通过铁路道口时，驾驶员不注意观察、盲目抢行是造成铁路道口事故多发的重要原因。

铁路道口有无人看守和有人看守之分。在无人看守的铁路道口前通常设置有警告标志，在路口停车还是继续行驶完全由驾驶员决定；在有人看守的铁路道口则配置有管理人员、红色信号灯、警铃和栏杆等，对道口的通行进行统一的管理。

通过铁路道口时，驾驶员应注意以下几个方面：

（1）通过无人看守的铁路道口时，应做到"一停、二看、三通过"。驶入道口前，应减速降挡，必要时停车观察道口内的情况，尤其注意是否有火车驶来。确认安全后，用低速挡安全通过，中途尽量不换挡，以避免发动机熄火影响正常通行或滞留在道口内。遇道口前方堵车时，应在道口外停车等候，禁止在道口内停车。

（2）通过有人看守的铁路道口时，应服从道口管理人员的指挥，在栏杆开始下降时，禁止强行闯杆，与火车抢行。

（3）汽车在铁路道口内发生故障或事故时，应先撤离人员，告知看守人员采取必要的管控措施后，再进行处置。

4. 山区道路行车

山区道路多依山体走势而建，多坡路和弯道，有些地方坡陡弯急，险象环生，易发生车辆失控、翻车、坠崖等事故。

山区道路等级相对较低，路面狭窄，视野不开阔，驾驶员应降低车速，增大跟车距离，防止前车突然紧急制动，发生追尾事故。此外，不要太靠近道路右侧行驶，尤其在雨季或者久旱暴雨后，防止路基松塌造成危险。

大型车辆转弯时往往需要较大的空间，因此，在进入弯道前，尤其是进入急转弯和连续转弯路段，应提前降低车速，鸣笛提示，必要时要有人指挥通过。

在山区道路行车视线不良，驾驶员应尽可能避免超车，必须超越前方车辆时，要选择路面宽阔、视野良好的直线路段，提前开启左转向灯，鸣喇叭，确认前车已让行，并观察、确认安全后再超越。

在狭窄的山区道路会车时，不靠山体的一方先行，如果靠山体的一方不让行，不靠山体的一方应提前减速并选择安全的地方避让；上坡的一方先行，但下坡的一方已行至中途而上坡的一方未上坡时，下坡的一方先行。

前方有注意落石标志时，应谨慎驾驶，避免停车。通过经常发生塌方、泥石流的山区路段，应尽快通过，不要在此区域停车。

重载车辆爬坡时，要根据路况和坡度及时减挡，使车辆保持足够的驱动力，加速冲坡。减挡要做到及时、准确、迅速，避免出现发动机动力不足。爬长坡时，还要注意冷却液温度。如果出现冷却液温度过高、发动机动力不足等情况，要立即选择安全的区域停车降温。

下长坡时，车速会因车辆惯性而越来越快，连续使用行车制动，会使制动器因温度升高而制动效果急剧下降。因此，应挂低速挡行驶，充分利用发动机阻力制动、缓速器辅助制动和排气辅助制动，禁止空挡滑行和关闭发动机行驶。

重载车辆连续下长坡时，每行驶一段距离，驾驶员应停车检查制动器的状况，对制动器采取必要的降温措施。

5. 城乡接合部行车

为了便于民众出行，一些快速通道经过城乡接合部时，往往设有平面交叉路口，变为开放式的交通。这些区域的交通管理相对薄弱，群众的安全意识普遍较差，经常会出现抢行或突然横穿道路的情形，行车秩序较差，危险因素增多。

进入城乡接合部时，要考虑各种危险因素，行车中注意观察路边的行人、非机动车、农用车、大型货车和路边的摊位等，控制好车速，遇行人或者非机动车突然横穿道路时，要及时减速或停车让行。

6. 乡村道路行车

乡村道路建设为农村的经济快速发展提供了前提条件。但是，乡村道路等级较低、路面窄、道路交通参与者安全意识薄弱等特点增加了行车风险。

乡村道路的等级相对较低，路窄，照明条件差，缺乏养护，夏季容易形成扬尘，雨天容易出现泥泞坑洼、路基松软。因此，驾驶员应注意以下几个方面：

（1）行车时应尽量靠近中心线行驶，避免塌陷。

（2）在转弯时，应注意行驶轨迹，避免后轮碾压松软路基。

（3）窄路会车时，应选择路基坚实的地方；两车横向间距较小时，应安排专人指挥通过。

（4）路面扬尘影响驾驶视线时，驾驶员应保持低速和合适的车距，必要时开启车灯和鸣喇叭示意。

（5）夜间行驶时，应开启远光灯，注意判断前方路况，保持合适的行车速度。

乡村道路交通情况复杂，常常会遇到行人、人力车、农用车和摩托车等。部分行人的安全意识较差，他们即使看到车辆驶来，也可能会突然强行横穿道路。人力车、农用车等交通参与者往往没有接受过专业培训，缺乏安全意识和交通安全常识，不遵守交通规则，疏于车辆的安全检查和维护。因此，驾驶员应注意以下几个方面：

（1）遇摩托车、农用车时，保持适当的车速和安全间距，会车时主动减速让行或停车让行，尽量避免超车。

（2）遇行人时，驾驶员应注意观察他们的动态，适当降低车速，随时做好停车准备。

（3）遇畜力车或大群牛羊时，保持车距跟行或停车等它们先通过，不要采取鸣喇叭、加速等行为，以免动物受到惊吓。

（4）遇农村赶集时，往往会出现摊位占道、人员拥挤和交通拥堵，交通环境恶劣，驾驶员应保持低速慢行或者耐心停车等待，调整好情绪。

7. 冰雪道路行车

在冰雪路面上应保持匀速慢行，注意观察前方足够远处的情况，避免急转方向、急加速和急减速，以防发生侧滑；需要减速时，可充分利用发动机阻力降低车速，尽量避免使用行车制动；除非有必要且条件允许，否则不要超车；转弯时，要提前降低车速，适当增大转弯半径，尽量避免转弯时换挡、制动；注意温度变化，当温度上升到0℃时，冰层开始融化，这时候路面更加湿滑，需要进一步降低车速。

尽量不要与其他车辆并列行驶，增大与其他车辆的横向和纵向间距，防止车辆产生侧滑而发生碰撞；前方遇交通阻塞时，应尽早预测停车地点并逐渐降低车速；上下坡时，应提前换好挡位，与前车保持足够大的距离，匀速行驶；注意观察占用行车道的行人和骑自行车的人，注意扫雪车和融雪车,提前让出空间,避免盲目超越。

通过桥梁、背阴处时,要注意判断路面上的结冰情况。路面被雪覆盖难以辨识时,尤其是在乡村道路上,不要靠近路侧行驶,而应沿着前面的车辙行驶(车辙结冰时注意防侧滑),根据道路两旁的树木、电线杆等参照物判断行驶路线,保持低速行驶。

进入冬季,应随车携带防滑链、垫木和粗沙等。在冰冻道路上行驶时,为防止车轮产生空转和侧滑,应尽早安装防滑链,并控制车速不超过 50km/h;通过冰雪覆盖的路段后,应及时卸下防滑链,减少对轮胎、路面的损害。

三、夜间及特殊天气条件下的防御性驾驶技术

1. 夜间行车

夜间行车有很多潜在的危险因素。没有照明设施的道路容易让驾驶员迷失方向,驾驶员的视野仅限于车灯能够照射到的地方,夜间行车对视力的压力更大。驾驶员很难像白天一样快速地辨识危险,很多危险情况等到驾驶员看到时已经来不及反应。

行车前给车辆做一个全面的检查,特别要注意检查车灯和反光镜及其清洁度;还要注意休息,保持精力充沛,但不要借助喝酒或服用安眠药及其他药物帮助入睡。

夜间行车会遇到突发情况,如骑自行车的人或行人突然冒出来,安全的驾驶方法是低速行驶,注意观察动态变化,保持足够的安全距离。

夜间行驶主要靠车辆的灯光照明。在用近光灯时,驾驶员能看到前方大约 80m 远的地方;而用远光灯时,则能看到前方大约 150m 远的地方。在照明条件不良及与周边车辆距离 150m 以外时,尽量使用远光灯。行车中,尽可能关掉车内灯光,否则会影响驾驶员对周边情况的观察。在会车或跟车行驶时,当与其他车辆距离 150m 时应及时变换使用近光灯,因为车灯发出的强光会使迎面来车或者同车道的前车驾驶员产生眩目。

当驾驶员看到比较耀眼的灯光时,人的眼睛会出现短暂性失明,而恢复正常视觉需要一段时间,这是很危险的,特别是年龄大的驾驶员对耀眼的灯光特别敏感。在夜间行车遇对面来车有强光照射时,驾驶员不要直视,而要将视线转移到右侧路面;当后侧跟随车辆的灯光产生眩目时,应及时调整后视镜。

在夜间特别是在午夜以后或者长时间行车后,驾驶员往往容易疲劳且警觉敏锐性降低。如果驾驶员在驾驶时感到困倦,最安全的措施就是把车辆停靠在安全区域休息。

2. 雾天行车

在恶劣天气中,雾天是最危险的。雾天行车,驾驶员可采取以下几个方面的安全措施:

(1) 雾天行驶时应开启近光灯、示廓灯、前后位灯和危险报警闪光灯等,以便能够及时被其他车辆发现。在能见度低于 200m 时,应开启前雾灯;在能见度低于 50m 时,应开启后雾灯。

(2) 应多鸣喇叭以引起其他车辆和行人的注意;听到对方车辆鸣喇叭,可鸣喇叭回应。

(3) 保持较低车速,预留足够的反应时间,通过声音判断车辆位置,尽量避免超车。驾驶员可间断性地看车速表,避免车速过快。

(4) 雾天行车时,骑压道路中心线非常危险,可能会与对面来车迎面相撞。应尽量靠右侧车道行驶,同时注意停在路侧的车辆,不要将车辆停在路边。

(5) 后面来车的跟车距离很近时,不要因感到压力而提高车速,而应与前车之间保持更

大的距离,避免因前车紧急制动而发生多车追尾事故。在正常情况下用制动减速提醒后面的车辆是一种很好的驾驶方式,但是在雾天就不同了,后车可能会立即采取紧急制动而引发险情。因此,如果想扩大与前车的距离,应通过松抬加速踏板来降低车速,而不是踩制动。

(6) 雾天进行转弯是相当危险的,驾驶员应关掉车内收音机,摇下车窗,听听有没有其他车辆的声音。准备转弯时,脚要放在制动踏板上,准备随时制动,并用喇叭提醒他人。

(7) 雾天行车时,应随时注意前方是否发生车祸,还要注意路上是否有消防车、警车和救护车。如果高速公路上出现堵塞,这些车辆也许会被迫在紧急车道上行驶,驾驶员应引起注意,安全避让。

3. 雨天行车

行车前做安全检视时,要特别注意对车灯、刮水器的检查,确保其工作正常。雨天行车要及时开启近光灯、后位灯、示廓灯等。此外,雨天行车时,风挡玻璃和车窗容易形成水雾,影响驾驶视线。因此,行车中应开启通风装置和车窗加热装置。

下雨时,行人和骑自行车、电动车的人会出现很多不遵守交通法规的行为,交通环境比较混乱。因此,要给骑自行车、电动车的人和行人多留余地,尽量避让。

湿滑路面车速较低时,轮胎齿纹带起的水在车轮转动时会自行流走。但是车速越快、轮胎的纹路越浅,轮胎及时排除大量雨水的困难也越大,容易出现"水滑"现象,导致车辆失控。因此,雨天要控制行驶速度,适当增大安全间距,改变行驶方向、制动或加速时动作要轻缓,避免车辆发生侧滑。

遇到雷暴雨时,即使刮水器开得很快,还是无法清除雨水,此时,应找一处安全的地方停车,等雨小了再继续行驶。

行车经过水淹路面,要先观察判断水深情况,不要贸然在积水中行驶,否则不仅会出现"水滑"现象,还可能导致排气装置、发动机进水,严重损坏车辆,甚至危及生命。

4. 严寒天气行车

在冬季严寒天气条件下,驾驶员在行车前应做好常规安全检查,而且应特别注意以下部件:

(1) 冷却液。确保冷却系统无泄漏,并有足够的、含有防冻成分的冷却液。

(2) 除霜和加热设备。配备有除霜和加热设备的车辆,驾驶员应检查这些设备是否工作正常。

(3) 刮水器。确保刮水器的工作状态良好,有足够的玻璃清洗液,并添加了防冻成分。

(4) 蓄电池。严寒天气长时间行车会增加蓄电池的负担,容易造成蓄电池电量不够,应注意维护蓄电池以保持其工作状态。

(5) 轮胎防滑链。检查防滑链的完整度、链条连接处和边缘是否有损坏或者弯曲情况。

(6) 车灯、车窗和后视镜。扫除车灯、车窗和后视镜上的积雪,确保车灯工作正常。

5. 高温天气行车

高温天气行车前,驾驶员应做好常规安全检查,而且应特别注意以下部件:

(1) 冷却液。确保冷却系统无泄漏,并添加了足够的冷却液。

(2) 发动机皮带。皮带松弛会导致冷却液循环缓慢,致使发动机过热,可通过按压皮带来检查松紧度,同时注意皮带有无裂纹或磨损。

(3) 软管。确保冷却液软管状况良好,避免因软管破损导致发动机熄火甚至起火。

(4) 电路、油路。出车前,应查看低、高压电路是否短路、漏电和松动,检查油路是否漏油,并注意保持蓄电池通气孔畅通。

(5) 轮胎。检查轮胎的固定、磨损和胎压情况,避免胎压过高或过低。

高温天气,入睡晚,白天开车容易犯困,驾驶室温度又高,驾驶员容易出现烦躁情绪,特别是在饮水不充分出现脱水症状时,驾驶员会觉得浑身无力,产生驾驶疲劳。驾驶员应注意保持心态平稳、心情舒畅,适时休息,补充足够的饮水;可以利用早晚凉爽时段出行,尽量避开中午前后的高温出行;行车中应密切关注非机动车和行人的动态,随时做好停车准备。

行车过程中,要不时地检查冷却液温度表,确保冷却液的温度保持在 85℃~95℃ 的正常范围内,尤其是车辆重载或在山区道路行车时,要注意防止发动机过热。如果温度超过了安全温度的上限,应尽快停车降温检查,等到温度下降以后再用棉纱或手套垫着打开散热器盖,防止被沸腾的冷却液烫伤。

高速行驶时,车辆轮胎和发动机会产生很高的热量,而在高温天气下,这些热量不能及时发散,容易导致爆胎甚至起火。在高温天气条件下,每隔 2h 或者每行驶 150km 应检查轮胎的情况,避免爆胎或着火。胎压会随着温度升高而增大,当发现轮胎因过热而气压上升时,应设法将车停到阴凉处或树荫下,让轮胎自然降温、降压,不可用放气或泼冷水的方法来降低轮胎气压和温度。

第五单元　发动机原理与汽车理论

第一章　发动机工作过程和性能指标

第一节　发动机的实际循环和有效性能指标

一、四冲程发动机的实际循环

在发动机的实际工作中,燃料燃烧的热能通过工质的膨胀转化为机械功,这种连续不断地把热能变为机械功的循环,称为发动机的实际循环。

气缸内工质的压力 p 随气缸容积 V（曲轴转角 φ）变化的图形称为示功图,用其表示发动机的实际循环。示功图有两种基本形式:以气缸工作容积为独立变量的称为 p-V 示功图;以曲轴转角为独立变量的称为 p-φ 示功图,也称展开示功图。示功图是研究实际循环的依据,一般由专门的仪器在发动机工作时直接测得。

如图 5-1-1 所示为四冲程非增压发动机实际循环 p-V 图和 p-φ 图。

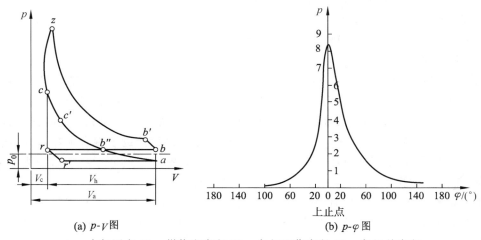

(a) p-V 图　　(b) p-φ 图

p_0—大气压力;V_c—燃烧室容积;V_h—气缸工作容积;V_a—气缸总容积

图 5-1-1　四冲程非增压发动机实际循环图

四冲程发动机曲轴旋转两圈完成一个工作循环,发动机的实际循环由进气、压缩、燃烧、膨胀、排气五个过程组成。

1. 进气过程

图 5-1-1(a)中的 $rr'a$ 线表示发动机的进气过程。发动机将新鲜的空气或混合气吸入气

缸,为热功转换做准备。

进气过程活塞由上止点向下止点移动,进气门在活塞到达上止点前开启,并在到达下起点后关闭,排气门在活塞到达下止点前开启,并在到达上止点后关闭。由于上一循环燃烧室容积内仍有残余废气,排气终了时气缸内压力 p_r 高于大气压力 p_0。随着活塞下行,在压力差的作用下,新鲜气体被吸入气缸,直到进气门关闭为止,进气过程结束。

由于进气系统有阻力,进气终了的压力 p_a 仍要低于大气压力 p_0。由于新鲜气体受到发动机高温零件和残余废气的加热,进气终了的温度 T_a 总高于大气温度 T_0。

汽油机进气终了时:$p_a=(0.80\sim0.95)p_0$;$T_a=310\sim340K$。

柴油机进气终了时:$p_a=(0.75\sim0.90)p_0$;$T_a=370\sim400K$。

在发动机的实际工作过程中,进气门的滞后关闭角对发动机性能影响最大。

2. 压缩过程

如图 5-1-1(a)中的 ac 线表示发动机的压缩过程。压缩过程活塞由下止点向上止点移动,进、排气门均关闭,气缸内气体的温度和压力升高,为着火燃烧创造条件。压缩比计算公式为

$$\varepsilon=\frac{V_a}{V_c}=\frac{V_c+V_h}{V_c}=1+\frac{V_h}{V_c}$$

式中,V_c 为燃烧室容积,V_h 为气缸工作容积,V_a 为气缸总容积。

压缩比是发动机的重要结构参数之一。汽油机常常为了提高热效率希望加大压缩比,但受到汽油机爆燃及表面点火的限制。柴油机为保证喷入气缸的燃料能及时自燃以及冷启动时可靠着火,必须有较高的压缩比。

发动机的压缩比:汽油机 $\varepsilon=8\sim12$,柴油机 $\varepsilon=14\sim22$,增压柴油机 $\varepsilon=12\sim15$。

汽油机和柴油机在压缩终了时的温度与压力:

汽油机:$p_c=0.80\sim2.00MPa$;$T_c=600\sim750K$。

柴油机:$p_c=3.00\sim5.00MPa$;$T_c=750\sim950K$。

3. 燃烧过程

如图 5-1-1(a)中的 cz 线表示发动机的燃烧过程。燃料燃烧将化学能转变为热能,使气缸内气体的压力及温度急剧升高,为膨胀做功创造条件。燃烧过程发生在活塞位于上止点前后,进、排气门均关闭。燃烧过程中气缸内的容积变化很小。汽油机的燃烧过程接近于等容加热循环,如图 5-1-2(a)中的 cz' 线。柴油机的燃烧过程接近于混合加热循环,喷油器在上止点前喷油,开始燃烧时接近于等容加热,如图 5-1-2(b)中的 cz' 线;随后一边喷油,一边燃烧,燃烧接近于等压加热,如图 5-1-2(b)中的 $z'z$ 线。

在实际燃烧过程中,不仅有散热损失、燃烧不完全损失,而且无论汽油机还是柴油机,燃烧都不是瞬时完成的,因此还存在非瞬时燃烧损失。汽油机和柴油机在燃烧时的最高温度和压力:

汽油机:$p_z=3.00\sim6.00MPa$;$T_z=2200\sim2800K$。

柴油机:$p_z=6.00\sim9.00MPa$;$T_z=1800\sim2200K$。

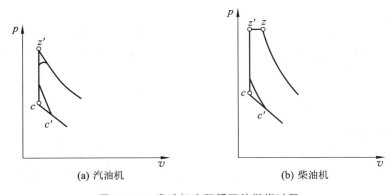

图 5-1-2 发动机实际循环的燃烧过程

4. 膨胀过程

图 5-1-1(a)中的 $zb'b$ 线表示膨胀过程。气体燃烧放出大量的热能,高温高压的燃气推动活塞从上止点向下止点运动,进、排气门均关闭,气体边燃烧边做功。

膨胀过程并非绝热过程,不仅有散热损失、漏气损失,还有补燃和高温热分解,因此实际膨胀过程是多变过程。

膨胀过程终了 b 点的压力和温度越低,说明气体膨胀和热量利用越充分。膨胀终了柴油机的温度和压力较汽油机低,热效率也高。汽油机和柴油机在膨胀终了的温度和压力:

汽油机:$p_b=0.30\sim0.60\text{MPa}$;$T_b=1500\sim1700\text{K}$。

柴油机:$p_b=0.20\sim0.50\text{MPa}$;$T_b=1000\sim1400\text{K}$。

5. 排气过程

图 5-1-1(a)中的 $b'br$ 线表示排气过程。膨胀过程接近终了时[图 5-1-1(a)中的 b' 点],排气门提前开启,首先靠废气的压力进行自由排气,活塞由下向上移动时,进行强制排气。因气流流动存在惯性,排气门在活塞到达上止点之后关闭。由于发动机排气系统存在阻力,使排气终了的压力略高于大气压。汽油机和柴油机在排气终了的温度和压力:

汽油机:$p_r=0.105\sim0.120\text{MPa}=(1.05-1.20)p_0$;$T_r=900\sim1200\text{K}$。

柴油机:$p_r=0.105\sim0.120\text{MPa}=(1.05-1.20)p_0$;$T_r=700\sim900\text{K}$。

二、发动机的有效性能指标

1. 定义

有效性能指标是以发动机曲轴上输出的净功率为基础建立起来的指标体系,可用来评定整个发动机工作性能的好坏。有效性能指标主要有动力性能指标、经济性能指标、运转性能指标。

2. 有效功率

有效功率是指从发动机曲轴上输出的净功率,用符号 P_e 表示,单位为 kW。有效功率在数值上为指示功率 P_i 与机械损失功率 P_m 的差值,即

$$P_e=P_i-P_m$$

机械损失功率是指发动机在内部传递动力的过程中损失的功率,主要包括摩擦损失、驱动附件的损失和泵气损失。机械损失功率和有效功率均可通过试验方法确定。

3. 有效转矩

有效转矩是指发动机曲轴上输出的转矩,用符号 M_e 表示,单位是 N·m。在实际工作中,一般通过台架试验直接测量发动机的有效转矩和转速,计算出发动机的有效功率 P_e:

$$P_e = M_e \frac{2\pi n}{60} \times 10^{-3} = \frac{M_e n}{9550}$$

式中,M_e 为有效转矩(N·m),n 为转速(r/min)。

4. 平均有效压力

平均有效压力是指发动机单位气缸工作容积输出的有效功,用符号 p_e 表示,单位为 kPa。它从发动机实际输出功的角度评定气缸工作容积的利用率。计算公式为

$$p_e = \frac{30 M_e \tau}{9550 V_h i} = 3.14 \frac{M_e \tau}{V_h i}$$

式中,V_h 为气缸工作容积(L),i 为气缸数,τ 为冲程数。

由此可见,对气缸工作容积总和($V_h i$)一定的发动机而言,p_e 正比于 M_e。平均有效压力越高,有效转矩越大,发动机的动力性越好。

平均有效压力 p_e 一般为:

汽油机:$p_e = 650 \sim 1200 \text{kPa}$。

柴油机:$p_e = 600 \sim 950 \text{kPa}$。

5. 升功率

升功率是指单位气缸工作容积所发出的有效功率,用符号 P_L 表示,单位是 kW/L。计算公式为

$$P_L = \frac{P_e}{V_h i}$$

式中,P_e 为发动机标定功率(kW),i 为气缸数,V_h 为气缸工作容积(L)。

升功率反映发动机气缸工作容积的利用程度,可反映发动机结构的紧凑性。发动机有效功率一定时,升功率越高,发动机的体积就越小。提高平均有效压力和转速是提高升功率的有效措施。

6. 有效燃油消耗率

有效燃油消耗率是指单位有效功的耗油量,又称有效比油耗,用符号 g_e 表示,常用单位为 g/(kW·h)。计算公式为

$$g_e = \frac{G_T}{P_e} \times 10^3$$

式中,G_T 为每小时耗油量(kg/h),P_e 为有效功率(kW)。

有效燃油消耗率是评定发动机实际循环经济性的重要指标之一,其数值如下:

汽油机:$g_e = 270 \sim 410 \text{g/(kW·h)}$。

柴油机:$g_e = 215 \sim 285 \text{g/(kW·h)}$。

7. 有效热效率

有效热效率是指发动机实际循环有效功与所消耗热量之比,用符号 η_e 表示。计算公式为

$$\eta_e = \frac{W_e}{Q_1}$$

式中，W_e 为发动机实际循环有效功，Q_1 为发动机所消耗的热量。

有效热效率 η_e 也是评定发动机整机经济性能的重要指标。

汽油机：$\eta_e = 0.2 \sim 0.3$。

柴油机：$\eta_e = 0.3 \sim 0.4$。

由此可见，柴油机的热效率比汽油机高，经济性比汽油机好。

第二节　发动机换气过程

发动机的换气过程包括排气过程和进气过程。其任务是在尽可能小的换气损失的前提下，排净缸内废气，吸足新鲜空气或混合气。对换气过程的要求是：进气充分，排气彻底，换气损失小。

一、四冲程发动机的换气过程

四冲程发动机的换气过程是指从排气门开始开启到进气门完全关闭的全过程。换气过程占 385°～495°曲轴转角。

根据气体流动的特点，换气过程由排气过程和进气过程两个阶段组成。排气过程又可分为自由排气和强制排气两个阶段。

1. 排气过程

排气过程是指从排气门开始开启到排气门完全关闭的这段时间，由于排气门的提前开启和延迟关闭，排气过程超过一个活塞行程，占 220°～290°曲轴转角。

(1) 自由排气阶段。

① 定义：从排气门开始开启到气缸内压力接近于排气管内压力这段时间，由于气缸内压力高于排气管内压力，废气是靠气缸内压力高于大气压经排气门自动排出缸外的，所以称之为自由排气阶段。

② 排气提前角：从排气门开始开启到活塞运行至下止点这段曲轴转角称为排气提前角，一般为 40°～80°曲轴转角。

③ 排气迟后角：从上止点到排气门关闭曲轴转过的角度称作排气迟后角，一般为下止点后 10°～30°曲轴转角。

(2) 强制排气阶段。

活塞由下止点向上止点运动，强制推出缸内废气的阶段，称为强制排气阶段。

2. 进气过程

(1) 定义：进气过程是指从进气门开始开启到进气门完全关闭的这段时间。由于进气门的提前开启和延迟关闭，进气过程占 220°～290°曲轴转角。

(2) 进气提前角：从进气门开始开启到活塞运行至上止点这段曲轴转角称为进气提前角，一般为 10°～30°曲轴转角。

(3) 进气迟后角：从下止点到进气门完全关闭这段曲轴转角称为进气迟后角，一般为 40°～80°曲轴转角。

3. 配气相位

配气相位是用曲轴转角表示的进、排气门的开启时刻和开启延续时间，通常用环形配气相位图表示。

进、排气门均提前开启、延迟关闭,使进气充分、排气彻底。四冲程发动机配气相位如图 5-1-3 所示。

4. 气门重叠

在排气行程上止点附近,进气门和排气门处于同时开启的一段时间用曲轴转角来表示,称为气门重叠角。气门重叠角等于进气提前角与排气迟后角之和,一般非增压发动机为 20°～60°曲轴转角,增压发动机为 80°～160°曲轴转角。

二、四冲程发动机的换气损失

在换气过程中,不仅进行工质的交换,而且存在着功的转换和能量损失。换气损失由排气损失和进气损失两部分组成。

1. 排气损失

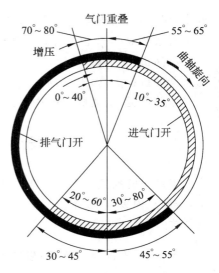

图 5-1-3 四冲程发动机配气相位

排气损失是从排气门开始开启直到进气行程开始,缸内气体压力达到进气管内压力之前,循环功的损失。它可分为提前排气损失和强制排气损失两部分。

排气提前角对排气损失有重要影响。在发动机转速和气门升程等结构因素一定时,随着排气提前角增大,提前排气损失增加,强制排气损失减小;反之,则相反。

发动机的最佳排气提前角并不是固定不变的。随发动机转速提高,在下止点之前自由排气时间缩短,排出的废气量减少,气缸内压力下降少,虽然使提前排气损失减小,但会使强制排气损失大大增加。因此,应随发动机转速提高适当增大排气提前角。

2. 进气损失

进气损失主要是指进气过程中克服进气系统阻力所消耗的功,以及进气过程中所吸入的新鲜充量的多少。与排气损失相比,进气损失相对较小,对发动机功率和热效率影响不大。但进气过程对进气量的影响是非常重要的,尤其是进气迟后角。

三、发动机的充气效率

1. 定义

在发动机进气过程中,实际进入气缸的新鲜充量与在进气状态下充满气缸工作容积的新鲜充量的比值,称为充气效率,用符号 η_v 表示,即

$$\eta_v = \frac{\Delta G}{\Delta G_0} = \frac{\Delta m}{\Delta m_0}$$

式中,ΔG、Δm 分别为实际进入气缸的新鲜充量的重量、质量,ΔG_0、Δm_0 分别为进气状态下充满气缸工作容积的新鲜充量的重量、质量。

进气状态是指空气滤清器后进气管内的气体状态。为方便测量,在非增压发动机上一般都采用当时的大气状态,在增压发动机上采用增压器出口状态。

为了计算与分析,通过推导得出

$$\eta_v = \frac{1}{\varepsilon - 1} \cdot \frac{T_0}{p_0} \left(\varepsilon \frac{p_a}{T_a} - \frac{p_r}{T_r} \right)$$

式中，T_0、p_0 为大气的温度和压力，T_a、p_a 为进气终了时的气体温度和压力，T_r、p_r 为残余废气的温度和压力，ε 为压缩比。

上式只能对 η_v 进行极粗略的估算，但可以定性地分析影响 η_v 的诸因素。实际发动机的充气效率多用实验方法测定。

一般非增压发动机在全负荷工况工作时，η_v 数值的大致范围如下：

汽油机：$\eta_v = 0.75 \sim 0.85$。

柴油机：$\eta_v = 0.75 \sim 0.90$。

非增压发动机的 η_v 总是小于 1 的。η_v 的值越大，说明每循环实际充气量越多，每循环可燃烧的燃料随之增加，因而单位气缸工作容积的有效功及发动机的扭矩和功率也越大，发动机的动力性越好。因此，总是希望 η_v 值高。

2. 影响发动机充气效率的因素

影响发动机充气效率的因素包括进气终了压力 p_a 和温度 T_a、排气终了压力 p_r 和温度 T_r、大气压力 p_0 和温度 T_0 以及压缩比 ε 等，其中影响最大的是进气终了压力 p_a。

（1）进气终了压力。

在实际发动机工作中，进气终了压力受进气系统阻力的影响。进气系统的阻力越大，进气终了压力就越低。

进气系统的阻力取决于进气系统的结构，包括空气滤清器、进气管、进气道及进气门等。在使用中，进气管和进气门等的结构都是不可改变的，但应注意对空气滤清器的维护，以保证良好的滤清效果和较小的进气阻力。

汽油发动机负荷的调节是通过改变节气门的开度，控制进入气缸的混合气量来实现的。当汽油机的负荷减小时，节气门开度减小，进气阻力增加，进气终了压力降低，充气效率下降。

柴油发动机负荷的调节是通过改变喷油量来实现的。负荷变化对进入气缸的空气量基本没有影响，所以进气终了压力和充气效率与负荷无关。

发动机工作时，进气流速越大，发动机进气压力差就越大，进气流速取决于发动机转速的高低，所以随着转速的提高，进气终了压力和充气效率迅速下降，如图 5-1-4 所示。

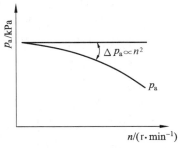

图 5-1-4　转速对 p_a 的影响

（2）进气终了温度。

进气终了温度升高，充气效率下降。在使用中，应注意对冷却系统加强维护，保证发动机的冷却强度，保持发动机的正常工作温度以降低进气终了温度，提高充气效率。

（3）排气终了压力和温度。

排气终了压力和温度升高，充气效率下降。在其他参数一定时，排气终了压力越高，残余废气量越多，能够进入气缸的新鲜充量就减少，所以充气效率降低。排气终了温度直接影响进气终了温度，排气终了温度升高时，进气终了温度也升高，两者综合影响，充气效率变化不大。

（4）大气压力和温度。

根据充气效率的表达式可看出，随着大气压力的降低和温度的升高，充气效率提高。实际上，随着大气压力降低、温度升高，实际充气量会减少，发动机性能会下降。产生上述矛盾的原因是大气压力和温度同时影响实际充气量和理论充气量。随着大气压力的降低和温度的升高,主要是理论充气量减少;同时,随着大气压力的降低和温度的升高,进入汽缸的新鲜气体密度降低,进气终了压力降低,实际进气量也减少。只是由于随着大气压力的降低和温度的升高,理论充气量减少的幅度比实际充气量大,所以充气效率提高。

(5) 压缩比。

随着压缩比的增加,燃烧室容积相对减小,使汽缸内残余废气量相对下降,所以充量效率有所提高。

(6) 配气相位。

配气相位直接影响进、排气是否充分,即影响实际进气量和残余废气量,所以会对充气效率产生影响。在配气相位中,对充气效率影响最大的是进气迟后角,其次是排气迟后角。最佳的进、排气迟后角应根据进、排气流惯性来确定,而气流惯性取决于发动机的转速。

3. 提高发动机充气效率的措施

提高充气效率是提高发动机动力性能的先决条件,影响充气效率的因素很多,因此提高充气效率的措施也是多方面的。

(1) 减小进气系统阻力。

减小进气系统阻力是减小进气损失、提高充气效率的重要措施。减小进气系统阻力主要是在结构上采取措施,减小进气系统各段的阻力,如减小进气门座处的阻力、进气管道的阻力、空气滤清器的阻力等。

(2) 合理选择配气相位。

在发动机工作时,配气相位角度直接影响换气过程进行的好坏,对发动机的动力性、经济性有很大影响。在配气相位角度中,对换气过程影响最大的是进气迟后角,其次是排气提前角和气门重叠角。现代汽车发动机配气机构已能根据发动机实际运行情况进行配气相位的适时调整,以获得较高的充气效率。

(3) 减小排气系统阻力。

减小排气系统阻力是降低残余废气系数、减小排气损失的重要措施。减小排气系统阻力主要是在结构上采取措施,减小排气系统各段的阻力系数,包括排气门、排气管道、排气消声器等,具体要求与减小进气系统阻力基本相同。

(4) 降低进气终了温度。

降低进气终了温度可提高充气效率。降低进气终了温度的主要措施就是在结构布置上减少进气管受热,如采用进、排气管分置方案,使进气管远离排气管。但在汽油机上,混合气的形成主要是在汽缸外部的进气管内进行的,进气温度对混合气的形成有重要影响,有时废气对进气预热可提高冷启动性能,所以降低进气温度受到限制。

使用中,为降低进气终了温度,提高充气效率,还应注意加强冷却系统的维护,尽量避免长时间的大负荷工作,以防止发动机罩内温度过高。

第三节 发动机燃烧过程

发动机燃烧过程是将燃料的化学能转化为热能的过程,基本要求是:燃烧完全、时机恰当、稳定正常。发动机燃烧过程进行的好坏对发动机的动力性、经济性影响很大。

一、混合气浓度的表示方法

1. 过量空气系数 α

将 1kg 燃料完全燃烧实际进入气缸的空气量 L 与理论上燃料完全燃烧所必需的最低空气量 L_0 之比称为过量空气系数,用 α 表示,即

$$\alpha = \frac{L}{L_0}$$

α=1 时,实际供给的空气量等于理论空气量,称为标准混合气;α<1 时称为浓混合气;α>1 时称为稀混合气。

汽油机的 α 值变化范围较小,一般 α=0.85～1.1。

柴油机的 α 值总是大于 1。柴油机在全负荷时 α 的一般数值为:低速柴油机的 α=1.8～2.0;高速柴油机的 α=1.2～1.5;增压柴油机的 α=1.7～2.2。

2. 空燃比

在燃烧过程中,空气和燃料之间的混合有一定的浓度比例,两者的质量之比称为空燃比,用 $\frac{A}{F}$ 来表示。

对于汽油机,理论上 1kg 汽油完全燃烧需要 14.7kg 空气,则汽油机的空燃比14.7:1 为标准混合气。

二、汽油机的燃烧过程

汽油机的燃烧过程有正常燃烧和不正常燃烧之分。当汽油机压缩行程接近终了时,由火花塞跳火形成火焰中心,点燃可燃混合气,火焰核心以一定速率连续传遍整个燃烧室,且传播速率、火焰前锋的形状均没有剧烈的变化,称为正常燃烧。若燃烧不是由火花塞点燃,或火焰传播速率不正常的,称为不正常燃烧。

1. 正常燃烧过程

如图 5-1-5 所示为汽油机燃烧过程,它以发动机曲轴转角为横坐标,气缸内气体压力为纵坐标。图中虚线表示只压缩不点火的压缩线。为方便分析,将汽油机的燃烧过程分成以下三个阶段:

(1) 着火延迟期。

着火延迟期是指从火花塞跳火开始到形成火焰核心的阶段,即图 5-1-5 中的 1～2 段。从火花塞跳火开始到活塞运行至上止点的曲轴转角称为点火提前角,用 θ 表示。

着火延迟期的长短,与燃料本身的分子结构和理化性质、过量空气系数(α=0.8～0.9 时最短)、点火时气缸内的温度

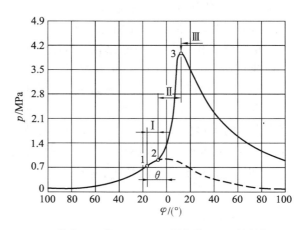

Ⅰ—着火延迟期;Ⅱ—明显燃烧期;Ⅲ—补燃期
1—开始点火;2—形成火焰中心;3—最高压力点

图 5-1-5 汽油机的燃烧过程

和压力、残余废气量、气缸内混合气的运动、火花能量大小等因素有关。

(2) 明显燃烧期。

明显燃烧期是指从火焰核心形成到气缸内出现最高爆发压力为止的阶段,即图 5-1-5 中 2~3 段。火焰中心形成后,火焰前锋以 30~80m/s 的速度,从火焰中心开始逐层向四周的未燃混合气传播,压力、温度迅速上升,常用平均压力升高率 λ_p 表征压力变化的急剧程度,即

$$\lambda_p = \frac{\Delta p}{\Delta \varphi}$$

式中,Δp 为明显燃烧期始点和终点的气体压力差(kPa),$\Delta \varphi$ 为明显燃烧期始点和终点相对于上止点的曲轴转角差(°CA)。

明显燃烧期越短,越接近上止点,汽油机的经济性、动力性越好,但可能导致压力升高率 λ_p 过大,使汽油机工作粗暴。一般明显燃烧期占 20°~30°CA,燃烧最高压力一般在上止点后 12°~15°CA 出现,λ_p 的数值范围为 175~250kPa/(°CA)时工作柔和。

(3) 后燃期。

从最高压力出现到燃料基本上完全燃烧为止的阶段称为后燃期,即图 5-1-5 中 3 点以后部分。一般情况下希望后燃期尽可能短,后燃放热量尽可能少。

2. 不正常燃烧过程

(1) 爆燃。

汽油机燃烧过程中,当火花塞点火后、正常火焰传来之前,末端混合气即自燃并急速燃烧,产生爆炸性冲击波和尖锐的金属敲击声的现象,称为爆燃。

① 汽油机爆燃时常见的外部特征:发出金属敲击声;冷却水过热,气缸盖温度上升。轻微爆燃时,发动机功率略有增加;强烈爆燃时,发动机功率下降,油耗增加,冒黑烟带火星。

② 爆燃产生的原因:在正常火焰传播过程中,处于最后燃烧位置上的末端混合气受到进一步压缩和辐射的热作用,加速了先期反应。如果在火焰前锋未到之前便形成火焰中心,火焰传播速度可高达 1000m/s 左右,使局部温度、压力迅速上升,并伴有压力冲击波(图 5-1-6)。

正常燃烧有明显的单一火焰前锋,逐层向外传播,火焰传播速度为 30~80m/s,无压力波,压力升高率在 175~400kPa/(°CA)的范围内,直至燃烧完毕。爆燃无明显的火焰前锋或多个火焰前锋,几乎无传播过程,燃烧速度极快。轻微爆燃的火焰传播速度为 100~300 m/s,强烈爆燃时可高达 800~1000m/s。未燃混合气瞬时燃烧完毕,局部压

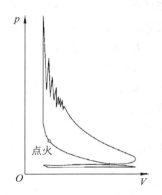

图 5-1-6 汽油机爆燃时的示功图

力、温度很高,压力升高率特大,形成强烈的压力冲击波反复撞击燃烧室壁,发出尖锐的敲缸声。

(2) 表面点火。

在汽油机中,凡是不依靠电火花点火,而是靠燃烧室内炽热表面(排气门头部、火花塞绝缘体、零件表面炽热的沉积物)点燃混合气而引起的不正常的燃烧现象,称为表面点火。

表面点火根据发生的时间不同,可分为早火和后火。表面点火发生在正常点火时刻之

前,称为早火;发生在正常点火时刻之后,称为后火。

表面点火的特征在于点火时刻不可控制。降低缸内温度、减少缸内沉积物的产生是防止表面点火的主要措施。

3. 主要使用因素对燃烧过程的影响

(1) 混合气的浓度。

混合气浓度对火焰传播速度的影响见图 5-1-7。

$\alpha=1.3\sim1.4$,混合气过稀,火焰不能传播,为火焰传播下限;$\alpha=0.4\sim0.5$,混合气过浓,火焰也不能传播,为火焰传播上限。汽油机的 $\alpha=0.6\sim1.2$,即空燃比 $A/F=9\sim18$。

功率混合气($\alpha=0.85\sim0.95$),火焰传播速度最快,发动机功率最大。

经济混合气($\alpha=1.05\sim1.15$),火焰传播速度仍较高,且此时空气相对充足,燃油能完全燃烧,热效率高,发动机的经济性最好。

(2) 点火提前角。

不同点火提前角的示功图见图 5-1-8。

点火提前角过大(点火过早):压缩功增加,有效功率下降,工作粗暴程度增加,爆燃倾向增加。

点火提前角过小(点火过迟):散热损失增多,最高压力降低,且膨胀不充分,使排气温度过高,发动机过热,功率下降,耗油量增多。

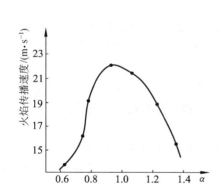

图 5-1-7 混合气浓度对火焰传播速度的影响

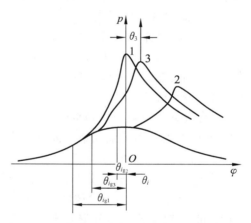

图 5-1-8 不同点火提前角的示功图

(3) 发动机转速。

发动机转速增加,气缸中紊流增强,火焰传播速度加快(图 5-1-9),爆燃的倾向下降。由于循环时间也缩短,燃烧过程相对应的曲轴转角增加,应当相应加大点火提前角,以保证燃烧过程在上止点附近完成。

(4) 发动机负荷。

转速一定,负荷减小,进入气缸的新鲜混合气量减少,残余废气量所占比例相对增加,使燃烧速度减慢。为保证燃烧过程在上止点附近完成,应该随着负荷的减小增大点火提前角(靠真空提前点火装置

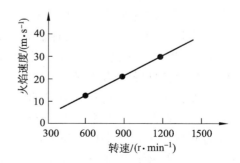

图 5-1-9 火焰传播速度随转速的变化

来调节)。反之,转速一定,负荷增加,进入气缸的新鲜混合气量增多,残余废气量所占比例相对减少,到大负荷时混合气为功率混合气,燃烧速度快,需减小点火提前角。

低负荷时,爆燃倾向较小。

4. 压缩比

提高压缩比,可提高压缩行程终了混合气的温度、压力,加快火焰传播速度,提高热效率。但提高压缩比会增加未燃混合气自燃的倾向,容易产生爆燃。

5. 气缸直径

气缸直径增大,火焰传播距离延长,爆燃倾向增加,所以一般没有大缸径的汽油机。

6. 气缸盖和活塞材料

气缸盖和活塞采用铝合金材料制造,可使燃烧室表面温度降低,减少爆燃倾向。

7. 燃烧室的形状

不同的燃烧室形状和火花塞布置,会使得发动机有不同的压缩比、燃烧室面容比、混合气的涡紊流和燃烧速度,直接影响到发动机的抗爆性、经济性、动力性和排放性能。

三、柴油机的燃烧过程

柴油机的燃烧过程与汽油机相比有着本质的不同。在柴油机的工作过程中,混合气的形成和燃烧是一个主要过程,对柴油机的特性影响最大。

1. 可燃混合气的形成

(1) 可燃混合气的形成特点。

柴油机采用气缸内混合的方式形成可燃混合气,也就是借助喷油设备(喷油泵、喷油器),将燃油在接近压缩终了的时刻喷入气缸,经过一系列物理化学准备,形成可燃混合气,然后自行着火燃烧。

混合气的形成与燃烧是重叠进行的。柴油喷入气缸后由于缸内温度远高于柴油的自燃温度,所以在喷油器喷油结束之前具有边喷油、边雾化、边混合、边燃烧的特点。

(2) 混合气的形成方式。

混合气的形成方式可分为空间雾化混合和油膜蒸发混合两种主要形式。

① 空间雾化混合:喷油器将柴油以一定压力、一定射程和一定雾化质量喷向燃烧室的整个空间,与高温高压空气混合形成可燃混合气。

② 油膜蒸发混合:喷油器将大部分燃油喷射到燃烧室壁面上,形成一层油膜。油膜在强烈的空气涡流作用下,受热汽化蒸发并与空气混合形成较均匀的可燃混合气。

车用柴油机工作时,两种混合方式兼而有之,通常以空间雾化混合方式为主要形式。

2. 柴油机的燃烧过程

柴油机的燃烧过程通常分为着火延迟期、速燃期、缓燃期和后燃期四个阶段。柴油机燃烧过程示功图如图 5-1-10 所示。

(1) 着火延迟期(AB 段)。

从喷油开始(A 点)到压力开始升高到着火

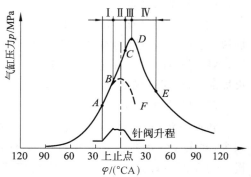

图 5-1-10 **柴油机燃烧过程示功图**

点 B 为止,这一阶段称为着火延迟期或滞燃期。

着火延迟期以"曲轴转角"表示,可以从示功图上直接测定。着火延迟期时间虽短,但对整个燃烧过程影响很大,它直接影响第Ⅱ阶段的燃烧。

(2) 速燃期(BC 段)。

压力急剧升高的 BC 段称为速燃期,此阶段缸内出现最高压力。

在这一阶段,由于在着火延迟期内喷入气缸的燃料几乎一起燃烧,而且是在活塞靠近上止点附近、气缸容积较小的情况下燃烧,因此气缸中压力升高特别快。一般用平均压力升高率 $\Delta p/\Delta \varphi$ 来表示压力升高的急剧程度,即

$$\frac{\Delta p}{\Delta \varphi} = \frac{p_c - p_b}{\varphi_c - \varphi_b}$$

速燃期直接影响柴油发动机的动力性、经济性和排放性。为保证柴油机运转的平稳性,平均压力升高率不宜超过 $0.6\text{MPa}/(°\text{CA})$ [汽油机的 $\Delta p/\Delta \varphi < 0.175\text{MPa}/(°\text{CA})$]。如果压力升高率太大,则柴油机工作粗暴。

(3) 缓燃期。

从压力急剧升高的 C 点到压力开始急剧下降的 D 点为止,这一阶段称为缓燃期,此阶段缸内出现最高温度。

缓燃期的燃烧是在气缸容积不断增加的情况下进行的,所以燃烧速度必须很快才能使气缸压力稍有变化或几乎保持不变。加快缓燃期燃烧速度的关键是加快混合气的形成速率。

(4) 后燃期。

从缓燃期的终点 D 点到燃料燃烧基本完全的 E 点为止,这一阶段称为后燃期。

在柴油机中,后燃期的终点很难确定,一般规定放热量达到循环放热量的 $95\% \sim 97\%$ 时,即可认为后燃期结束。后燃期应尽量缩短。

3. 影响燃烧过程的主要因素

(1) 燃料性质的影响。

影响燃料燃烧过程的主要指标是柴油的发火性及蒸发性等指标。

① 发火性是指燃油的自燃能力。柴油机工作时,发火性好的柴油的备燃期短,有利于启动。柴油的发火性用"十六烷值"表示,十六烷值越高,发火性越好。

② 蒸发性是由燃油的蒸馏试验确定的。需要测定的馏程是 50% 馏出温度、90% 馏出温度及 95% 馏出温度。同一相对蒸发量的馏出温度越低,表明柴油的蒸发性越好。

(2) 负荷的影响。

当负荷增加时,循环供油量增加,由于空气量基本不变,过量空气系数 α 减小,单位容积内混合气燃烧放出的热量增加,引起缸内温度上升,着火延迟期缩短,使柴油机工作柔和。负荷对着火延迟期的影响如图 5-1-11 所示。负荷过大,α 值太小,因空气不能满足需要,燃烧恶化,排气冒黑烟,柴油机经济性下降。

柴油机在低速、小负荷工况下运转时,由于缸内温度和压力低,使着火延迟期延长,尽管喷油量不多,但压力升高率仍较大,并产生较强的燃烧噪声。在使用中,应尽量使柴油机维持中等负荷工况,减少小负荷和全负荷运转的时间。

(3) 转速的影响。

转速增加,使空气的涡流运动加强,有利于燃油蒸发、雾化和空气混合。但转速过高,由

于充气效率的下降和循环供油量增加，α 减小，且燃烧过程所占曲轴转角可能加大，因此热效率下降。转速过低，也会由于空气涡流减弱而使热效率降低。

（4）供油提前角的影响。

供油提前角对柴油机的性能有很大影响，如图 5-1-12 所示。不适宜地增加供油提前角，则着火延迟期延长，柴油机工作粗暴，并且使得怠速不良，也难于启动。

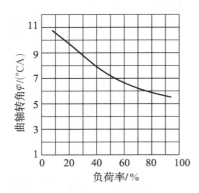
图 5-1-11　负荷对着火延迟期的影响

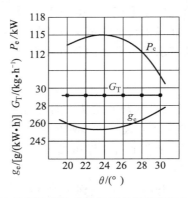
图 5-1-12　6120 型柴油机的供油提前角调整特性（$n=2000$r/min）

第二章　发动机特性

发动机特性是指发动机性能指标随着调整情况及运转工况变化而变化的关系。以曲线形式直观显示发动机的特性，这样的曲线称为发动机特性曲线。

发动机性能指标随着调整情况而变化的关系称为调整特性。调整特性包括柴油机供油提前角调整特性、汽油机点火提前角调整特性等。

性能指标随着发动机工况而变化的关系称为性能特性。发动机的性能特性包括负荷特性、速度特性、万有特性、空转特性等，速度特性又包括外特性和部分负荷速度特性。

第一节　汽油机特性

发动机节气门位置不变时，其性能指标随转速而变化的关系，称为发动机速度特性。速度特性包括全负荷速度特性（外特性）和部分负荷速度特性。

分析发动机的速度特性，一般用发动机台架试验测取一系列数据，并以发动机转速 n 作为横坐标，发动机的有效功率 P_e、有效转矩 M_e、有效燃油消耗率 g_e 或单位时间耗油量 G_T 等作为纵坐标，绘制速度特性曲线。通过分析发动机的速度特性，确定发动机最佳工作时的转速范围。

一、汽油机的速度特性

1. 定义

当汽油机的燃料供给系和点火时间调整最佳，节气门开度不变时，其有效功率 P_e、有效

转矩 M_e、有效燃油消耗率 g_e 等性能指标随转速变化的关系,称为汽油机的速度特性。

2. 速度特性的分类

速度特性包括外特性和部分负荷速度特性。

外特性是指节气门全开时所测得的速度特性,代表发动机所能达到的最高动力性和经济性,是发动机的重要特性。部分负荷速度特性指节气门部分开启时所测得的速度特性。

3. 外特性曲线分析

汽油机的外特性曲线如图 5-2-1 所示。

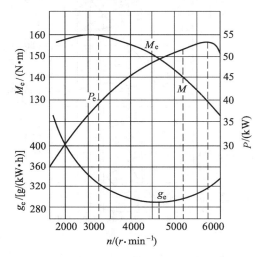

图 5-2-1　BJ-492Q 汽油机的外特性

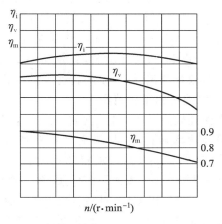

图 5-2-2　汽油机 η_i、η_v、p_e 和 η_m 随转速 n 的变化趋势

(1) 有效转矩 M_e 曲线。

由公式 $M_e = k_2 \eta_v \eta_i \eta_m / \alpha$ 知,有效转矩 M_e 随转速的变化取决于 $\eta_v \eta_i \eta_m / \alpha$ 随转速的变化。η_v、η_i、η_m 随 n 的变化关系如图 5-2-2 所示。

① 充气效率 η_v:节气门开度固定,η_v 是在某一转速(即在设计工况)时最大,低于或高于设计工况时 η_v 均会降低。

② 指示热效率 η_i:汽油机在某一转速时,指示热效率 η_i 有最高值。转速低时,燃烧室的空气涡流弱,火焰传播速度减慢,燃烧速度下降,同时气缸散热快,指示热效率 η_i 低。转速过高时,以曲轴转角计燃烧延续时间长,燃烧效率低,指示热效率 η_i 也降低。不过 η_i 曲线变化平坦,对有效转矩 M_e 的影响较小。

③ 机械效率 η_m:当转速提高时,因机械损失增大,机械效率 η_m 降低。

在节气门开度一定时,α 值基本不随转速而变化。

综上所述:转速由低逐渐升高,指示热效率 η_i、充气效率 η_v 均上升,虽然机械效率 η_m 略有下降,但总趋势是 M_e 上升,到某一点取得最大值。随着转速继续上升,由于 η_i、η_m、η_v 均下降,致使有效转矩 M_e 迅速下降。

(2) 有效功率 P_e 曲线。

在 M_e 小于 M_{emax} 的范围内,转速增加,转矩也增加,故 P_e 增加较快;此后,n 增加时,因 M_e 有所下降,故 P_e 的增长速度减慢,直至某一转速时,M_e 与 n 之积达最大值,使 P_e 达最大功率 P_{emax};若 n 再增加,由于 M_e 的下降已超过了 n 升高的影响,故 P_e 迅速下降。

(3) 有效燃油消耗率 g_e 曲线。

综合 η_i、η_m 的变化，g_e 在中间某一转速时最低。当转速高于此转速时，η_i、η_m 随转速上升同时下降，g_e 增加。当转速低于此转速时，因 η_i 上升弥补不了 η_m 的下降，g_e 也下降。总之 g_e 曲线变化不大，较平坦。

4. 部分负荷速度特性

汽车一般是在部分负荷下工作，节气门开度减小，节流损失增大，进气终了压力 p_a 下降，引起 η_v 降低。随着转速的提高，η_v 迅速下降，故节气门开度越小，M_e 随着转速降低得越快，而且最大转矩和最大功率及其所对应的转速向低速方向移动。图 5-2-3 所示为某汽油机节气门分别在全开、75%开度、50%开度和25%开度时，有效功率 P_e、有效转矩 M_e、有效燃油消耗率 g_e 随转速 n 的变化规律。

5. 汽油机的工作范围

为保证较高的动力性，汽油机的工作转速范围应在最大功率转速 n_P 与最大转矩转速 n_M 之间。当工作转速 $n>n_P$ 时，汽油机的动力性、经济性和可靠性均大大下降，因而不能使用；当工作转速 $n<n_M$ 时，由于汽油机工作不稳定，也不可能使用。

为保证较高的经济性，汽油机工作的最有利转速范围应介于最大功率转速 n_P 和最低燃油消耗率转速 n_g 之间。

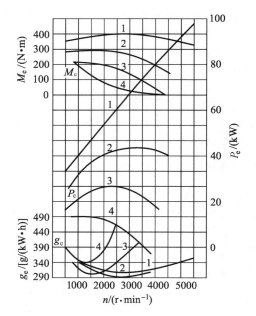

1—全负荷；2—75%负荷；
3—50%负荷；4—25%负荷

图 5-2-3　汽油机部分负荷速度特性

二、汽油机的负荷特性

1. 定义

发动机的负荷特性是指发动机工作时，若转速保持一定，其经济指标随负荷的变化关系。负荷特性曲线一般以发动机的负荷（有效功率 P_e、有效转矩 M_e 或平均有效压力 p_e）作为横坐标，以表示性能参数的经济性指标作为纵坐标，通过分析可以了解发动机在各种负荷情况下工作时的经济性以及燃油消耗率最低时的负荷状态。

将汽油机的燃料供给系和点火系工作状态调整到最佳，保持在某一转速下工作时，逐渐改变节气门开度以适应外界负荷，每小时耗油量 G_T 和燃油消耗率 g_e 随有效功率 P_e（或有效转矩 M_e、平均有效压力 p_e）而变化的关系，称为汽油机的负荷特性。汽油机的负荷调节是靠改变节气门开度，此种负荷调节方式称为量调节，负荷特性又称节流特性。图 5-2-4 所示为汽油机在某一转速下的负荷特性曲线。不同的转速有不同的负荷特性曲线。

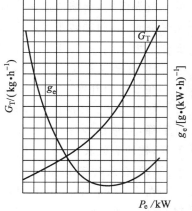

图 5-2-4　汽油机的负荷特性

2. G_T 曲线

当汽油机转速一定时,每小时燃油消耗量 G_T 主要取决于节气门开度和混合气成分。节气门开度由小逐渐加大时,充入气缸的混合气量逐渐增加,G_T 随之上升;当节气门开度增大到约为全开度 80% 左右时,开始加浓工作,混合气变浓,G_T 上升的速度加快,曲线变陡。

3. g_e 曲线

由于 g_e 与指示热效率 η_i 和机械效率 η_m 的乘积成反比关系,因此 g_e 随负荷的变化规律取决于 η_i、η_m 随负荷的变化规律,如图 5-2-5 所示。

汽油机怠速运转时,其指示功率完全用来克服机械损失功率,机械效率 η_m 为零,故 g_e 为无穷大。指示热效率 η_i 随负荷增加而上升,故 g_e 迅速下降,直至降到最低值。当负荷继续增加,节气门开度增大到全开度 80% 左右时,燃料供给系供给发动机较浓的功率混合气,燃烧不完全,η_i 下降,结果 g_e 有所上升。

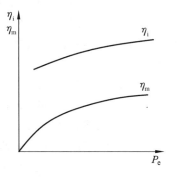

图 5-2-5 η_i 和 η_m 随负荷的变化关系

第二节 柴油机特性

一、柴油机的速度特性

1. 定义

当喷油泵的油量调节机构(油门拉杆或齿条)位置固定不动时,柴油机的性能指标 M_e、P_e、G_T、g_e 等随转速 n 的变化关系,称为柴油机的速度特性。

2. 速度特性的分类

(1)标定功率速度特性(又称外特性)。

油量调节机构(油门拉杆)固定于标定功率循环供油量位置时测得的速度特性,称为标定功率速率特性,又称外特性。它代表该柴油机在使用中允许达到的最高性能。所有柴油机均需标明标定功率速度特性。

(2)部分负荷速度特性。

油量调节机构固定在小于标定工况循环供油量位置时测得的速度特性,称为部分负荷速度特性。

3. 外特性曲线分析

柴油机的外特性曲线如图 5-2-6 所示。

(1)有效转矩 M_e 曲线。

柴油机的有效转矩 M_e 主要取决于每循环供油量 Δg、指示热效率 η_i 和机械效率 η_m。η_i、η_m、Δg 随 n 的变化如图 5-2-7 所示。每循环供油量 Δg 随柴油机转速变化的情况由喷油泵的

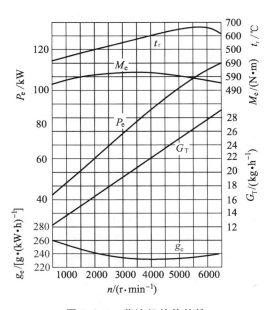

图 5-2-6 柴油机的外特性

速度特性决定。柴油机指示热效率 η_i 和机械效率 η_m 随转速的变化规律与汽油机基本相同，只是 η_i 的变化较平坦。而柴油机循环供油量与充气效率无关。

与汽油机相比，柴油机指示热效率 η_i 随转速的变化较平坦，而且在较高转速范围内，随着转速的提高，Δg 增加，对 η_i 和 η_m 的下降有补偿作用，所以转矩 M_e 随 n 的变化也比汽油机相对平坦。转矩储备系数 μ 比汽油机小，只在 5%～10% 的范围。

（2）有效功率 P_e 曲线。

由于不同转速时 M_e 变化不大，在一定转速范围内，P_e 几乎随 n 的提高成正比增加。

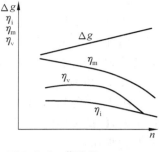

图 5-2-7　柴油机 η_i、η_m、η_v、Δg 随 n 的变化

柴油机的最高转速由调速器限制。由于循环供油量过多，会使燃烧严重恶化，并出现排气严重冒黑烟现象，因此，车用柴油机的标定功率受冒烟界限的限制。

（3）有效燃油消耗率 g_e 曲线。

柴油机外特性的 g_e 变化趋势与汽油机相似，也是一条凹形曲线。由于 η_i 随 n 的变化比较平坦，使曲线凹度较小。由于柴油机的压缩比高，其燃油消耗率比汽油机低 20%～30%。

4. 部分负荷速度特性

图 5-2-8 为柴油机部分负荷速度特性，其中 t_r 为排气温度。当喷油泵油量调节机构固定在油量较小位置时，循环供油量减少，Δg 随 n 变化的趋势由油泵速度特性决定。柴油机部分负荷速度特性曲线与外特性曲线相似，但比外特性曲线低。

5. 喷油泵的速度特性及校正

当油量控制机构位置不变时，循环供油量随转速变化的特性称为喷油泵的速度特性。常用柱塞式喷油泵的速度特性表明，由于柱塞副进、回油孔的节流作用，当发动机转速升高时，供油持续时间延长，供油量随之增加，发动机转矩增加。

上述这种喷油泵的速度特性不能满足汽车对柴油机转矩特性的要求。此外，由于发动机的充气效率随转速下降而提高，而供油量却随转速下降而减少，这种喷油泵速度特性必然造成低速时气缸中的空气不能充分利用，不能输出较大转矩，其潜力得不到充分发挥。因此，必须使喷油

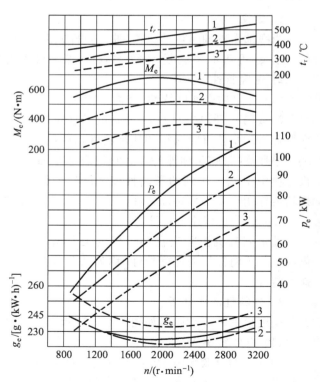

1—90% 负荷；2—75% 负荷；3—55% 负荷

图 5-2-8　柴油机部分负荷速度特性

泵的速度特性与充气效率随转速变化的特性相一致。图 5-2-9 是按要求确定的最佳喷油泵速度特性。在一定转速范围(一般由标定功率时的转速起,图中 BA 段),供油量应随转速的下降而较快地增加,以提高柴油机适应外界阻力变化的能力。为使柱塞式喷油泵的速度特性满足最佳喷油泵速度特性,常用出油阀校正和弹簧校正两种校正方法。

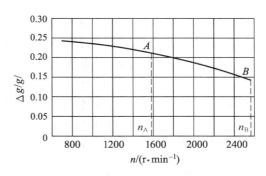

图 5-2-9 最佳喷油泵速度特性

二、柴油机的负荷特性

1. 定义

每小时耗油量 G_T、有效燃油消耗率 g_e 随 P_e(或 M_e、p_e)变化的关系称为柴油机负荷特性。当柴油机转速一定时,充入气缸的空气量基本不变,调节负荷时只是改变每循环供油量,便改变了混合气浓度,此种负荷调节方式称为质调节。柴油机负荷特性曲线如图 5-2-10 所示。

2. 每小时耗油量 G_T

发动机转速一定时,每小时耗油量 G_T 主要取决于每循环供油量 Δg。当负荷小于 85% 时,随着负荷的增加,Δg 加大;当负荷继续增加超过 85% 后,随着负荷的增加,由于 Δg 过大,使混合气过浓,燃烧恶化,G_T 迅速增大,而有效功率增加缓慢,甚至下降。

3. 有效燃油消耗率 g_e

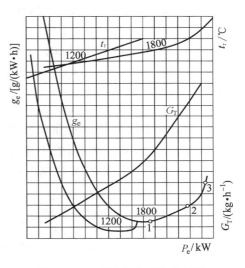

图 5-2-10 柴油机负荷特性曲线

由 g_e 与 η_i 和 η_m 成反比,g_e 曲线变化取决于 η_i、η_m 的变化,如图 5-2-11 所示。柴油机负荷为零时,$\eta_m = 0$,随着负荷增加,机械效率 η_m 增大,但增长速度逐渐变缓。随着负荷的增加,由于每循环供油量 Δg 增加,α 值减小,混合气变浓,燃烧不完全;当 α 降低到一定程度时,不完全燃烧加剧,使 η_i 降低,且负荷越大,η_i 下降速度越快。

g_e 曲线的变化:受 η_i 和 η_m 的影响,怠速时,由于 η_m 为零,g_e 趋于无穷大;在较小的负荷范围内,随着负荷增加,η_m 增大的速度比 η_i 减小的速度快,故 g_e 降低,直到某一中等负荷时,η_i 和 η_m 的乘积最大,g_e 最小;在大负荷范围内,随着负荷增加,η_m 增大的速度比 η_i 减小的速度慢,g_e 增加;负荷增加

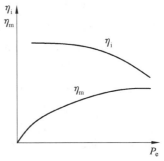

图 5-2-11 柴油机 η_i 和 η_m 随负荷变化情况

到图 5-2-10 中的 2 点时,由于混合气过浓,不完全燃烧显著增加,柴油机排气开始冒黑烟,随着负荷增加,g_e 的增加将越来越快;负荷增加到 3 点以后,负荷再继续增加,由于燃烧条件极度恶化,g_e 仍继续增加,P_e 反而下降。

对应图 5-2-10 中 2 点的每循环供油量称为"烟度界限",超过该限值继续增加供油量时,柴油机将出现大量黑烟,污染环境,使后燃增加。

在负荷特性曲线上,最低燃油消耗率 g_{emin} 越小,在负荷较宽范围内 g_e 变化不大,即 g_e 曲线变化较平坦,经济性越好。柴油机的经济性较好,且曲线变化较平坦,具有较宽的经济负荷区域,部分负荷时低油耗区比汽油机宽,故在部分负荷下,柴油机比汽油机更省油。

从负荷特性曲线上还可以看出,低负荷区的有效燃油消耗率 g_e 较高,随着负荷的增加,g_e 值迅速降低,在接近全负荷时,g_e 达到最小值。

三、柴油机的调整特性

1. 柴油机喷油提前角调整特性

在柴油机转速和喷油泵油量调节机构位置不变的条件下,柴油机有效功率和有效燃油消耗率随喷油提前角的变化关系,称为喷油提前角调整特性。

如图 5-2-12 所示,由于测定柴油机喷油提前角调整特性时,柴油机的转速和喷油泵油量调节机构的位置不变,所以每小时耗油量 G_T 值为常数,喷油提前角的改变对 G_T 没有影响。

对应每一种工况,均有一最佳的喷油提前角 θ_0。此时,有效功率最大,有效燃油消耗率最低。

当喷油提前角过大时,着火延迟期增长,造成速燃期的压力升高率过大,导致柴油机工作粗暴,使 P_e 下降和 G_T 增加。

当喷油提前角过小时,燃烧推迟到膨胀过程中进行,因而使压力升高率降低,最高压力大幅度降低,排气温度升高,热损失增加,热效率显著下降,使 P_e 下降和 G_T 增加。

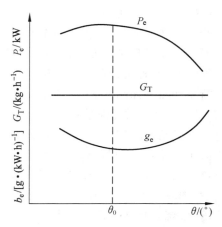

图 5-2-12 柴油机喷油提前角调整特性

柴油机在一定负荷下以不同转速工作时,其最佳喷油提前角也是不同的,一般应随转速的提高适当增大喷油提前角。为满足上述要求,在传统的柴油机燃料供给系统中通常装有离心式喷油提前角调节装置。

2. 柴油机的调速特性

柴油机在运转过程中负荷变化范围较大,为了保持转速稳定,需要装配调速器。

如图 5-2-13 所示,柴油机的转矩曲线比汽油机的转矩曲线平坦,转矩储备系数低,所以当阻力矩由 R_1 增大到 R_2 时,柴油机转速将从 n_1 降到 n_2,变化范围较大。

在实际使用中,为防止高速飞车和怠速熄火,必须装配调速器。

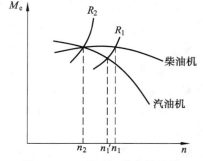

图 5-2-13 发动机稳定性比较

(1) 全程式调速器的调速特性。

柴油机装配全程式调速器后,在所有的转速范围内,调速器都能根据外界负荷的变化,通过转速感应元件自动调节喷油泵供油量,保证在驾驶员选定的任何转速下,柴油机都能在极小的转速变化范围内稳定运转。

如图 5-2-14 所示,当柴油机在某一工况下稳定运转时,若外界阻力矩减小,由于转速上升,调速器将带动供油量调节装置减少供油量,柴油机输出有效转矩迅速减小;反之,当外界阻力矩增加时,由于转速下降,调速器使循环供油量增加,柴油机输出的有效转矩迅速增大。

（2）两极式调速器的调速特性。

两极式调速器只在柴油机最低转速和最高转速时起作用,以防止怠速熄火和高速飞车,中间转速由驾驶员根据需要直接操纵油量调节机构,如图 5-2-15 所示。

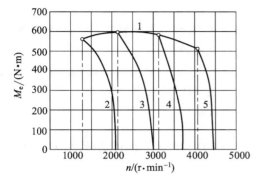

1—外特性;2～5—不同负荷时的调速特性

图 5-2-14　装有全程式调速器的柴油机调速特性

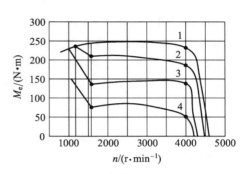

1～4—不同负荷时的调速特性

图 5-2-15　装有两极式调速器的柴油机调速特性

第三章　汽车行驶基本原理

汽车理论主要研究作用于汽车的各种外力、汽车的动力性、制动性、燃油经济性、操纵稳定性、平顺性和通过性等。汽车正常行驶必须考虑两个因素:驱动条件、附着条件。汽车行驶时作用于汽车上的外力包括驱动力与行驶阻力。

第一节　汽车的驱动力

一、汽车的驱动

汽车的行驶是依靠发动机输出动力而实现的。发动机输出的转矩经传动系传到驱动轮上。如图 5-3-1 所示,作用于驱动轮上的转矩 M_t 使车轮对路面产生一圆周力 F_0,此力是驱动轮对路面的作用力,路面则对驱动轮产生一个反作用力 F_t,两力大小相等、方向相反,作用在两个物体上,从而使汽车运动。

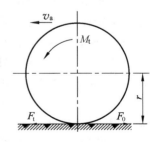

图 5-3-1　汽车的驱动力

二、汽车的驱动力

驱动力是由发动机的转矩经传动系统传至驱动轮上得到的。如图 5-3-1 所示,F_t 是驱动汽车的外力。此外力称为汽车的驱动力,单位为 N。驱动力 F_t

的计算公式为

$$F_t = -F_0 = \frac{M_t}{r}$$

式中，F_t 为驱动力（N），F_0 为作用于路面的圆周力（N），M_t 为作用于驱动轮上的转矩（N·m），r 为车轮半径（m）。

作用于驱动轮上的转矩 M_t 是由发动机产生并经传动系传至驱动轮上的。若发动机转矩为 M_e，则

$$M_t = M_e i_g i_0 \eta_T$$

式中，M_t 为作用于驱动轮上的转矩（N·m），M_e 为发动机输出的有效转矩（N·m），i_g 为变速器的传动比，i_0 为主减速器的传动比，η_T 为传动系的机械效率。

此公式适用于具有手动有级变速的一般传动系统的汽车，对装有分动器、轮边减速器、液力传动等其他传动装置的汽车，还应考虑相应的传动比和机械效率，则驱动力为

$$F_t = -F_0 = \frac{M_t}{r} = \frac{M_e i_g i_0 \eta_T}{r}$$

由此公式可知，汽车的驱动力与发动机输出的有效转矩、传动系的传动效率、车轮半径、传动系的传动比有关。

第二节　汽车的行驶阻力

汽车在水平道路上等速行驶时，必须克服来自地面的滚动阻力和来自大气的空气阻力。滚动阻力以符号 F_f 表示，空气阻力以符号 F_w 表示。当汽车在坡道上行驶时，还必须克服汽车重力沿坡道的分力，称为坡道阻力，用 F_i 表示。汽车直线加速行驶时，还需要克服惯性力，称为加速阻力，用 F_j 表示。所以汽车行驶总阻力为

$$\sum F = F_f + F_w + F_i + F_j$$

一、滚动阻力

滚动阻力是汽车车轮在路面上滚动所引起的阻力的总称，通常用 F_f 表示。

车轮滚动时，轮胎与路面的接触区域产生相互作用力，使轮胎和支承路面发生相应的变形。车轮在地面上滚动产生轮胎变形或者路面变形，此时由于轮胎有内部摩擦产生弹性迟滞损失，使轮胎变形时对它做的功不能全部回收。

图 5-3-2 为轮胎在硬路面上受径向载荷时的变形曲线。图中 OCA 为加载变形曲线，面积 OCABO 为加载过程中对轮胎做的功。ADE 为卸载变形曲线，面积 ADEBA 为卸载过程中轮胎恢复变形时放出的能量。由图可知，两面积之差 OCADEO 即为加载与卸载过程的能量损失，最后转化为热能而散失在大气中，称为轮胎的弹性迟滞损失。

轮胎的弹性迟滞损失表现为阻碍车轮滚动的一种阻力偶。当车轮静止时，地面对车轮的法向反作用力的分布是前后对称的，合力通过车轮中心；而当车轮滚动时，在法线 nn' 前后相对应点 d 和 d' 变形量相同，如图 5-3-3(a) 所示。由于弹性迟滞现象，处于压缩过程的前部 d 点的地面法向反作用力就会大于处于恢复过程的后部 d' 点的地面法向反作用力。如图 5-3-3(b) 所示，设取同一变形 δ，压缩时的受力为 CF，恢复时的受力为 DF，而 CF 大于

DF。这样，就使地面法向反作用力的分布前后并不对称，而使它们的合力 F_z 相对于法线 nn' 向前移了一个距离 a [图 5-3-4(a)]，这个距离随弹性迟滞损失的增大而变大。合力 F_z 与法向载荷 W 大小相等、方向相反，即 $F_z=W$。由于 F_z 的作用点前移了一个距离 a，而形成一个滚动阻力偶矩 $M_f=F_z a$，阻碍车轮滚动。

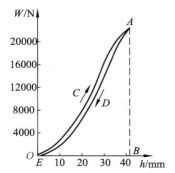

图 5-3-2　轮胎的径向变形曲线

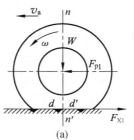

图 5-3-3　弹性车轮在硬路面上的滚动

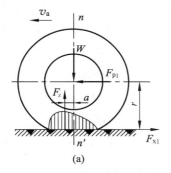

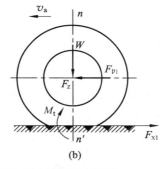

图 5-3-4　从动车轮在硬路面上滚动时的受力情况

由图 5-3-4 可知，要使从动轮在硬路面上等速滚动，必须在车轮中心施加一个推力 F_{p1}，此推力与地面切向反作用力 F_{x1} 构成一个力偶矩来克服滚动阻力偶矩。由平衡条件得

$$F_{p1} r = M_f$$

则

$$F_{p1} = \frac{T_f}{r} = F_z \frac{a}{r} = W \frac{a}{r}$$

令

$$f = \frac{a}{r}$$

则

$$F_{p1} = Wf \text{ 或 } f = \frac{F_{p1}}{W}$$

式中，f 为滚动阻力系数，r 为轮胎变形后的滚动半径。

滚动阻力系数是车轮在一定条件下滚动时所需的推力与车轮载荷之比，即单位汽车重力所需的推力。换言之，滚动阻力 F_f 等于滚动阻力系数 f 与车轮载荷 W 的乘积，即

$$F_f = \frac{M_f}{r} = Wf$$

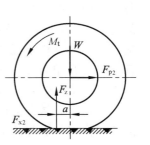

图 5-3-5　驱动轮在硬路面上滚动时的受力图

图 5-3-5 是驱动轮在硬路面上等速滚动时的受力图。图中 F_{x2} 为驱动力矩 M_t 所引起的道路对车轮的切向反作用力,W 为驱动轮上的垂直载荷,F_{p2} 为驱动轴作用于车轮的水平力。法向反作用力 F_z 由于轮胎的弹性迟滞现象,其作用点向前偏移了一个距离 a,即在驱动轮上也作用有滚动阻力偶矩 M_f,根据力矩平衡方程有

$$F_{x2} \cdot r = M_t - M_f$$

$$F_{x2} = \frac{M_t}{r} - \frac{M_f}{r} = F_t - F_f$$

由此可见,汽车行驶中,真正驱动汽车前进的外力 F_{x2} 等于汽车的驱动力 F_t 与驱动轮上的滚动阻力 F_f 之差,它是真实存在的,而驱动力 F_t 和滚动阻力 F_f 都是定义的力。

滚动阻力系数由试验确定。滚动阻力系数与路面的种类、行驶车速以及轮胎的构造、材料、气压等有关。表 5-3-1 给出了汽车在某些路面上以中、低速行驶时,滚动阻力系数的数值。

表 5-3-1 滚动阻力系数 f 的数值

路面类型	滚动阻力系数	路面类型	滚动阻力系数
良好的沥青或混凝土路面	0.010~0.018	雨后压紧土路	0.050~0.150
一般的沥青或混凝土路面	0.018~0.020	泥泞土路	0.100~0.250
碎石路面	0.020~0.025	干砂路面	0.100~0.300
良好的卵石路面	0.025~0.030	湿砂路面	0.060~0.150
坑洼的卵石路面	0.035~0.050	结冰路面	0.015~0.030
干燥压紧土路	0.025~0.035	压紧雪道	0.030~0.050

滚动阻力系数的数值也可以用经验公式大致估算。在一般较平坦的硬路面上,轿车的滚动阻力系数可按下式估算:

$$f = f_0 \left(1 + \frac{v_a^2}{19440}\right)$$

式中,f_0:良好沥青或混凝土路面为 0.014,卵石路面为 0.025,砂石路面为 0.020;v_a 为行驶车速(km/h)。

对滚动阻力系数影响最大的是路面的类型、表面状态和力学物理性质等。

因此车轮在松软路面上滚动时,倘若路面极其松软导致路面变形大,而车轮的变形小,与路面的变形量相差悬殊,即类似刚性车轮在松软路面上滚动的情况,如图 5-3-6 所示,此时,地面对车轮的反作用力垂直于支撑面并沿车轮半径指向车轮中心,该反作用力 R 可分解为垂直分力 R' 和水平分力 F_f。F_f 即为滚动阻力,其滚动阻力矩等于零。车轮陷入路面越深,则滚动阻力越大。

滚动损失是指车轮在路面上滚动时,由于轮胎与路面之间的相互作用而引起的能量损失。这些能量损失主要包括:消耗于轮胎变形和路面变形的能量损失,轮胎与支承面间的摩擦损失,路面不平导致汽车振动而引起的能量损失。

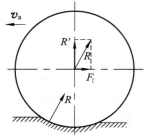

图 5-3-6 刚性轮在软路面上的滚动

车轮在硬路面上的滚动损失绝大部分是轮胎变形的能量损失,即表现为弹性迟滞损失的轮胎橡胶、帘布等材料内的分子摩擦损失,以及内胎与外胎、轮胎与轮辋、橡胶与帘布层等轮胎各组成件之间的机械摩擦损失。

车轮在软路面上的滚动损失大部分是消耗于土壤变形损失,即土壤变形时其微粒间的机械摩擦损失。

汽车在凹凸不平的硬路面上行驶时,汽车振动引起的能量损失所占比例较大。

二、空气阻力

将汽车直线行驶时受到的空气作用力在行驶方向上的分力称为空气阻力,通常用 F_w 表示。

空气阻力分为摩擦阻力和压力阻力两部分。摩擦阻力是由于空气的黏滞性在车身表面产生的切向力的合力在汽车行驶方向上的分力。压力阻力是作用在汽车外形表面上的法向压力的合力在行驶方向上的分力。压力阻力分为形状阻力、干扰阻力、内循环阻力和诱导阻力等四个部分。

图 5-3-7 所示为空气环绕汽车流过的情况。图 5-3-8 所示为车身外形的变化对空气阻力的影响。

图 5-3-7 空气环绕汽车流过的情况

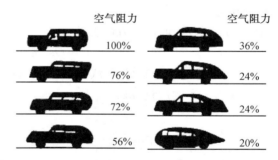

图 5-3-8 车身外形变化对空气阻力的影响

在一般轿车中,形状阻力占 58%,干扰阻力占 14%,内循环阻力占 12%,诱导阻力占 7%,摩擦阻力占 9%。

在汽车行驶范围内,空气阻力为

$$F_w = \frac{1}{2} C_D A \rho v_r^2$$

式中,F_w 为空气阻力(N);C_D 为空气阻力系数;ρ 为空气密度,一般 $\rho = 1.2258 \text{kg/m}^3$;$A$ 为汽车迎风面积,即汽车行驶方向的投影面积(m^2);v_r 为汽车与空气的相对速度(m/s)。

无风时,$v_r =$ 汽车行驶速度 v_a;顺风时,$v_r =$ 汽车行驶速度 - 风速;逆风时,$v_r =$ 汽车行驶速度 + 风速。

如果汽车在无风时运动,v_r 即为汽车行驶速度 v_a,单位以 km/h 计,则空气阻力为

$$F_w = \frac{C_D A v_a^2}{21.15}$$

式中,F_w 为空气阻力(N),C_D 为空气阻力系数,A 为汽车迎风面积(m^2),v_a 为汽车行驶速度(km/h)。

空气阻力与汽车相对速度的平方成正比,相对速度越高,空气阻力越大。空气阻力与空气阻力系数 C_D 及汽车迎风面积 A 成正比。汽车迎风面积 A 受到乘坐使用空间的限制不易进一步减小,汽车与空气的相对速度 v_r 受汽车运输效率的限制也不易减小,所以降低空气阻力系数 C_D 是降低空气阻力的主要手段。

空气阻力系数可由道路试验、风洞试验等方法测得。一般汽车的空气阻力系数和迎风面积见表 5-3-2。

表 5-3-2 汽车的空气阻力系数和迎风面积

车型	迎风面积 A/m^2	空气阻力系数 C_D
轿车	1.4～1.9	0.32～0.5
货车	3～7	0.6～1.0
客车	4～7	0.5～0.8

三、坡道阻力

汽车在上坡行驶时,汽车重力沿坡道的分力与汽车行进的方向相反,该分力称为上坡阻力,通常用 F_i 表示;下坡时,汽车重力沿坡道的分力与汽车行进的方向相同,形成了下坡阻力,通常取其值为负值。

如图 5-3-9 所示,坡道阻力可表示为

$$F_i = G\sin\alpha = mg\sin\alpha$$

式中,F_i 为坡道阻力(N),G 为汽车的重力(N),α 为坡道的倾角(°),g 为重力加速度(m/s^2),m 为汽车的质量(kg)。

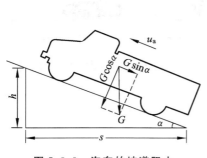

图 5-3-9 汽车的坡道阻力

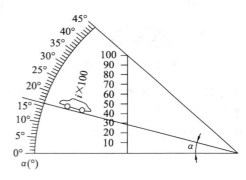

图 5-3-10 道路坡度 i 与坡道角 α 的换算图

道路坡度 i 是以坡高与相应的水平距离之比来表示的,道路坡度与坡道角的关系为

$$i = \frac{h}{s} \times 100\% = \tan\alpha$$

图 5-3-10 表示了坡度与坡道角的关系。

根据我国公路路线的设计规范,高速公路平原微丘区最大纵坡为 3%,一级汽车专用公路平原微丘区最大坡度为 4%,一般四级公路平原微丘区最大坡度为 5%,山岭重丘区为 9%。一般公路上极少有坡度超过 15% 的,而当 $\alpha<15°$ 时,有

$$\sin\alpha \approx \tan\alpha \approx i$$

则坡道阻力 F_i 可表示为汽车重力与坡度值的乘积,即
$$F_i \approx Gi$$

值得注意的是,该计算方式只适用于坡度值较小的情形(即 $\alpha < 15°$ 时),否则将导致计算误差过大。

四、加速阻力

汽车加速行驶时,需要克服汽车质量加速运动时的惯性力,这就是加速阻力 F_j。汽车的质量分为平移质量和旋转质量两部分。为了计算方便,通常把旋转质量的惯性力偶矩转化为平移质量的惯性力,计算时,用系数 δ 作为计入旋转质量惯性力偶矩后的汽车旋转质量换算系数,因此,汽车加速时的加速阻力为

$$F_j = \delta m \frac{dv}{dt}$$

式中,F_j 为加速阻力(N),δ 为汽车旋转质量换算系数,m 为汽车质量(kg),$\frac{dv}{dt}$ 为行驶加速度(m/s²)。

其中,汽车旋转质量换算系数主要与汽车飞轮、离合器、车轮等部件的转动惯量以及汽车传动系的传动比有关,在进行汽车动力性一般计算时,可以按下面的经验公式估算:

$$\delta = 1 + \delta_1 + \delta_2 i_g^2$$

式中,δ_1 为车轮旋转质量换算系数,轿车的 $\delta_1 = 0.05 \sim 0.07$,货车的 $\delta_1 = 0.04 \sim 0.05$;$\delta_2$ 为飞轮旋转质量换算系数,$\delta_2 = 0.03 \sim 0.05$;$i_g$ 为变速器传动比。

第三节 汽车的驱动和附着条件

理论和实践证明,汽车动力性能不仅受到汽车驱动力的限制,而且还受到轮胎与路面附着条件的限制,作用于汽车的外力要互相平衡,即驱动力和行驶阻力的平衡。

一、汽车的驱动力平衡方程

汽车行驶时,作用于汽车的外力有驱动力和行驶阻力,它们互相平衡时,可得到汽车的驱动力平衡方程,即

$$F_t = F_f + F_w + F_i + F_j$$

或

$$\frac{M_e i_g i_0 \eta_T}{r} = Gf + Gi + \frac{C_D A v_a^2}{21.15} + \delta m \frac{dv}{dt}$$

上式表明了汽车行驶时驱动力和外界阻力之间相互关系的普遍情况。当发动机的转速特性、变速器的传动比、主减速比、传动效率、车轮半径、空气阻力系数、汽车迎风面积以及汽车质量等初步确定后,便可利用此式分析汽车在附着性能良好的典型路面(混凝土、沥青路面)上的行驶能力,即确定汽车在节气门全开时可能达到的最高车速、加速能力和爬坡能力。

二、汽车行驶的驱动条件

由汽车驱动力平衡方程可知:$F_t = F_f + F_w + F_i$ 时,汽车将等速行驶;$F_t > F_f + F_w + F_i$

时，汽车将加速行驶；$F_t < F_f + F_w + F_i$ 时，汽车无法起步，行驶中的汽车将减速直至停车。

因此，汽车行驶的驱动条件（或称必要条件）即第一个条件为

$$F_t \geqslant F_f + F_w + F_i$$

三、汽车行驶的附着条件

为了满足汽车的驱动条件，我们可以采用增加发动机转矩、加大传动比等办法来增大汽车驱动力。但是增大驱动力有时会使驱动轮与路面发生滑转现象，即驱动汽车的外力受轮胎与路面之间附着条件的限制。汽车行驶除满足驱动条件外，还要满足轮胎与地面的附着条件。

轮胎与路面之间的附着条件可用附着力来表示，附着力越大，附着条件越好。地面对轮胎切向反作用力的极限值称为附着力 F_φ。对一定的轮胎和路面，附着力与驱动轮法向反作用力 F_z（或垂直载荷 W）成正比，即

$$F_{x\max} = F_\varphi = F_z \varphi$$

式中的 φ 称为附着系数，附着系数由路面和轮胎的情况决定。地面切向反作用力不能大于附着力，否则会发生驱动轮滑转现象。因此，汽车行驶的附着条件为

$$F_{x2} = \frac{M_t}{r} - \frac{M_f}{r} = F_t - F_f \leqslant F_\varphi = F_z \varphi$$

即
$$F_t \leqslant F_z \varphi + F_f = F_z \varphi + Wf = F_z \varphi + F_z f$$

$$F_t \leqslant F_z (\varphi + f)$$

因为和附着系数相比，滚动阻力系数 f 值较小，所以可近似写为

$$F_t \leqslant F_z \varphi$$

式中，F_z 为作用于所有驱动轮上的地面法向反作用力。

对于前轮驱动的汽车，$F_z = F_{z1}$；对于后轮驱动的汽车，$F_z = F_{z2}$；对于全轮驱动汽车，$F_z = F_{z1} + F_{z2}$。

这是汽车行驶的第二个条件——附着条件，它是汽车行驶的充分条件。

$$F_f + F_w + F_i \leqslant F_t \leqslant F_\varphi = F_z \varphi$$

上述关系称为汽车行驶的驱动与附着条件，也是汽车行驶的充分与必要条件。

四、附着系数

附着系数主要取决于路面的种类和表面状况，还和轮胎结构、胎面花纹以及使用条件等有关，行驶车速对附着系数也有影响。

车轮在硬路面上滚动时，轮胎的变形比路面变形大，使车轮与路面有较好的附着能力。当路面覆盖有尘土时，附着系数则降低。在潮湿的路面上，附着性能显著下降。

车轮在软路面上滚动时，土壤变形比轮胎变形大，轮胎花纹的凸起部分嵌入土壤，这时附着系数的数值不仅取决于轮胎与土壤间的摩擦，同时取决于土壤的抗剪强度。

轮胎的结构及材料对附着系数的影响也很显著。具有细而浅花纹的轮胎在硬路面上有较好的附着能力，具有宽而深花纹的轮胎则在软土壤上可得较大的附着系数。花纹纵向排列的轮胎所能传递的侧向力较大，花纹横向或人字形排列的轮胎则传递切向力的能力较强。轮胎材料不同，附着系数也不同，合成橡胶轮胎的附着系数比天然橡胶轮胎高。轮胎气压不

同,附着系数也不同(图5-3-11)。低气压、宽断面和子午线轮胎与地面的接触面积较大,附着系数比一般轮胎高。

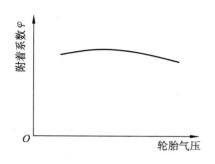

图5-3-11 附着系数与轮胎气压的关系

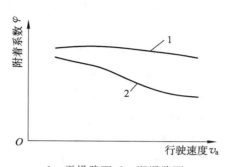

1—干燥路面;2—潮湿路面

图5-3-12 附着系数与行驶速度的关系

汽车行驶速度对附着系数也有显著影响(图5-3-12)。在硬路面上行驶速度增加,附着系数有所降低。在潮湿路面或软土壤上如果行驶速度过高,附着系数显著降低。

表5-3-2中所列为不同轮胎在各种路面上测试的附着系数。

表5-3-2 不同轮胎在各种路面上测试的附着系数

路面		轮胎		
类型	状态	高压轮胎	低压轮胎	越野轮胎
沥青、混凝土路面	干燥 潮湿 污染	0.50～0.70 0.35～0.45 0.25～0.45	0.70～0.80 0.45～0.55 0.25～0.40	0.70～0.80 0.50～0.60 0.25～0.45
碎石路面	干燥 潮湿	0.50～0.60 0.30～0.40	0.60～0.70 0.40～0.50	0.60～0.70 0.40～0.55
土路	干燥 潮湿 泥泞	0.40～0.50 0.20～0.40 0.15～0.25	0.50～0.60 0.30～0.40 0.15～0.25	0.50～0.60 0.35～0.50 0.20～0.30
积雪荒地	松软 压实	0.20～0.30 0.15～0.20	0.20～0.40 0.20～0.25	0.20～0.40 0.30～0.50
结冰路面		0.08～0.15	0.10～0.20	0.05～0.10

第四章 汽车的动力性

汽车的动力性是汽车最基本、最主要的性能之一,它是指汽车在良好的路面上直线行驶时由汽车受到的纵向外力决定的、所能达到的平均行驶速度。

第一节 汽车的动力性与驱动平衡

一、汽车的动力性指标

汽车平均行驶速度是评价汽车动力性的总指标,汽车的动力性主要应由汽车的最高车速、汽车的加速时间和汽车的最大爬坡度这三方面的指标来评定。

1. 汽车的最高车速

汽车的最高车速是指满载时,在风速≤3m/s 的条件下,在水平良好的路面(混凝土或沥青)上汽车能达到的最高行驶速度,用 v_{amax} 表示,单位为 km/h。一般轿车的最高车速为 130～200km/h,客车的最高车速为 90～130km/h,货车的最高车速为 80～110km/h。

2. 汽车的加速时间

汽车的加速时间表示汽车的加速能力,它对平均行驶车速有着很大影响,特别是轿车对加速时间更加重视。常用原地起步加速时间和超车加速时间来表示汽车的加速能力。汽车的加速时间用 t 表示,单位为 s。

原地起步加速时间指汽车由 1 挡或 2 挡起步,并以最大的加速强度(包括选择恰当的换挡时机)逐步换至最高挡后到某一预定的距离或车速所需的时间。

超车加速时间指用最高挡或次高挡由某一较低车速全力加速至某一高速所需的时间。

3. 汽车的最大爬坡度

汽车的最大爬坡度是指汽车满载(或某一载质量)以最低挡位在良好路面上行驶所能爬上的最大坡度,它反映汽车的爬坡能力。爬坡度可用角度 α 表示,也常用每 100m 水平距离内坡道的升高距离 h 与 100m 的比值 i 来表示,即

$$i = \frac{h}{100} \times 100\% = \tan\alpha$$

各种车辆的爬坡能力不同。轿车最高车速大,加速时间短,一般不强调它的爬坡能力;但它的 1 挡加速能力大,故爬坡能力也强。而货车需在各种地区的各种道路上行驶,尤其在满载的情况下功率储备不大,所以必须具有足够的爬坡能力,一般它的最大爬坡度在 30%,即 16.7°左右。越野汽车需要在坏路或无路条件下行驶,必须具备很强的爬坡能力,因而爬坡能力是一个很重要的指标,一般它的最大爬坡度可达 60%,即 31°或更高。

二、汽车的驱动平衡

汽车正常行驶就要保持驱动平衡,也就是说主驱动力和行驶阻力必须互相平衡,汽车发动机功率和汽车行驶的阻力功率也要互相平衡。

1. 汽车的驱动力平衡

汽车起步时,驱动力 F_t 克服汽车静止时所受的阻力,使驱动轮沿路面滚动,并同时通过行驶系推动从动轮沿路面滚动,使汽车起步。驱动力是从轮胎下边缘传给汽车车轴,同时克服阻力使车轴向前移动,从而推动驱动轮沿路面滚动的。

汽车起步后,其行驶情况取决于驱动力与行驶总阻力之间的关系。当驱动力大于汽车行驶总阻力时,汽车将加速行驶,其动能也将增大。同时由于车速的增加,空气阻力和行驶

总阻力也急剧增加,汽车速度只能增大到驱动力和行驶总阻力达到新的平衡为止,此后汽车便以较高的速度等速行驶。当驱动力小于汽车行驶总阻力时,汽车将减速行驶,其动能也随之降低。由于车速的降低,空气阻力和行驶总阻力也将随之减小,车速减小到驱动力和行驶总阻力达到又一个新的平衡为止,此时汽车则以较低的速度等速行驶。倘若随车速的降低,驱动力始终不能与降低的行驶总阻力达到新的平衡,则汽车将减速至停车为止。汽车的驱动力平衡方程式为

$$F_t = F_f + F_w + F_i + F_j$$

或

$$\frac{M_e i_g i_0 \eta_T}{r} = Gf + Gi + \frac{C_D A v_a^2}{21.15} + \delta m \frac{dv}{dt}$$

图解法就是在汽车驱动力图上再画上汽车行驶中经常遇到的滚动阻力和空气阻力曲线,作出汽车的驱动力-行驶阻力平衡图,并用来确定汽车的动力性。

图 5-4-1 为某一具有四挡变速器汽车的驱动力-行驶阻力平衡图。图中既有各挡的驱动力,又有滚动阻力以及滚动阻力和空气阻力叠加后得到的行驶阻力曲线。

(1) 最高车速的确定。

从图中可以清楚地看出不同车速时驱动力和行驶阻力之间的关系。根据汽车最高车速的定义,最高挡位的驱动力曲线与行驶阻力($F_f + F_w$)曲线的交点所对应的车速即为汽车的最高车速 v_{amax}。汽车达到最高车速时,加速阻力 F_j 和坡道阻力 F_i 应为零,则 $F_t = F_f + F_w$。因此汽车以最高车速行驶时,驱动力全部用来克服滚动阻力和空气阻力,无多余的驱动力来爬坡或加速,此时汽车处于相对稳定的平衡状态。

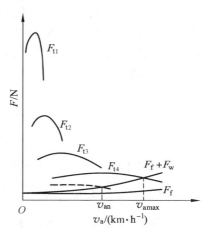

图 5-4-1 汽车的驱动力-行驶阻力平衡图

在图 5-4-1 中,由 F_{t4} 曲线与($F_f + F_w$)曲线的交点便可得到汽车以最高挡行驶时的最高车速 v_{amax}。若汽车在水平路面上的实际车速还未达到 v_{amax},此时驱动力大于行驶阻力,则汽车仍可加速至 v_{amax};若车速已经超过 v_{amax},由于此时驱动力已小于行驶阻力,则汽车必然会减速至 v_{amax},所以汽车的最高车速 v_{amax} 只能是一个稳定值。此时驱动力和行驶阻力相等,汽车处于相对稳定的平衡状态。当需要在较低速度 v_{an} 等速行驶时,驾驶员可以关小节流门开度(图中虚线),此时发动机只用部分负荷特性工作,相应地得到虚线所示驱动力曲线以使汽车达到新的平衡。

汽车以某一速度行驶时,其相对应的驱动力与阻力的差值越大,则汽车的剩余牵引力越大,那么汽车能产生的加速度也就越大,能用于克服坡道阻力的潜力也越大,换言之,汽车的储备动力越大。

(2) 加速能力的确定。

汽车的加速能力通常用它在水平良好路面上行驶时能产生的最大加速度或最短加速时间来表示。

① 汽车的加速度。

由汽车的驱动力平衡方程式得

$$\frac{\mathrm{d}v}{\mathrm{d}t}=\frac{1}{\delta m}[F_\mathrm{t}-(F_\mathrm{f}+F_\mathrm{w})] \quad (设\ F_\mathrm{i}=0)$$

由图 5-4-1 可计算得出各挡节气门全开时的加速度曲线,见图 5-4-2。从图 5-4-2 中可以看出,高挡位时的加速度要小些,1 挡的加速度最大。但是有的越野汽车 1 挡的 δ 值很大,2 挡的加速度就可能比 1 挡的加速度还大。

② 加速时间。

实际中常用加速时间来表示汽车的加速能力。比如用直接挡行驶时,由最低稳定速度加速到一定距离或 $80\% v_\mathrm{amax}$ 所需的时间表明汽车的加速能力。

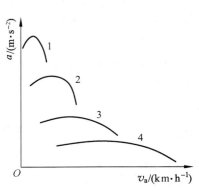

图 5-4-2　汽车的行驶加速度曲线

根据不同行驶速度的驱动力和行驶阻力可计算得各挡油门全开时的加速度曲线(图 5-4-2)。根据加速度曲线图可以进一步求得由某一车速 v_1 加速至另一较高车速 v_2 所需的时间。

由运动学可知

$$\mathrm{d}t=\frac{1}{a}\mathrm{d}v$$

$$t=\int_0^t \mathrm{d}t=\int_{v_1}^{v_2}\frac{1}{a}\mathrm{d}r=A$$

加速时间可用积分计算或图解积分法求出。用图解积分法时,将加速度与车速曲线,即 a-v_a 曲线(图 5-4-2)转化成 $\frac{1}{a}$-v_a 曲线[图 5-4-3(a)],曲线下两个速度区间的面积就是通过此速度区间的加速时间。例如,求某一挡位下由某一车速 v_1 加速至另一较高车速 v_2 的加速时间,常将速度区间分为若干区间,通过确定面积 $\Delta_1,\Delta_2,\cdots$ 来计算总的加速时间[图 5-4-3(b)]。

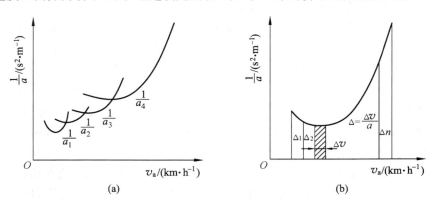

图 5-4-3　汽车加速度倒数曲线

(3) 爬坡能力的确定。

汽车的爬坡能力,是指汽车等速行驶在良好路面上克服滚动阻力和空气阻力后所剩的动力全部用来克服坡道阻力时所能爬上的坡度,所以 $\frac{\mathrm{d}v}{\mathrm{d}t}=0$,因此

$$F_\mathrm{i}=F_\mathrm{t}-(F_\mathrm{f}+F_\mathrm{w})$$

一般汽车的最大爬坡度达 30% 左右。汽车以较低挡位行驶时,能爬过的坡道角较大,由于 $F_t = G\sin\alpha$,所以汽车的爬坡度应根据汽车的驱动力-行驶阻力平衡图按下式进行求解:

$$\alpha = \arcsin \frac{F_t - (F_f + F_w)}{G}$$

$$i = \tan\alpha$$

根据汽车的驱动力-行驶阻力平衡图求出汽车能爬上的坡道角,相应地根据 $i = \tan\alpha$ 就可以求出坡度值。汽车的最大爬坡度 i_{max} 为 1 挡时的最大爬坡度。直接挡最大爬坡度 i_{0max} 也是一项重要指标,因为汽车经常以直接挡行驶,i_{0max} 过小,汽车在遇到不大的坡度时就要经常换挡,这样就会影响汽车的平均行驶速度。汽车的爬坡度图如图 5-4-4 所示。

直接挡最大爬坡度 i_{0max} 为

$$i_{0max} = \tan\alpha \approx \sin\alpha = \frac{F_t - (F_f + F_w)}{G}$$

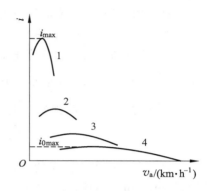

图 5-4-4 汽车的爬坡度图

式中,F_t 为直接挡时的最大驱动力。

2. 汽车的功率平衡

汽车行驶时,汽车发动机功率和汽车行驶的阻力功率也总是平衡的。所谓汽车的功率平衡,就是指发动机发出的有效功率在各种阻力间的分配。汽车运动阻力所消耗的功率有滚动阻力功率 P_f、空气阻力功率 P_w、坡道阻力功率 P_i 及加速阻力功率 P_j。设发动机输出功率为 P_e,机械传动效率为 η_T,则驱动轮所得到的功率为 $P_e\eta_T$,根据能量守恒定律,可得汽车功率平衡方程式为

$$P_e\eta_T = P_f + P_w + P_i + P_j$$

经换算可得

$$P_e = \frac{1}{\eta_T}\left(\frac{Gfv_a}{3600} + \frac{C_D A v_a^3}{76140} + \frac{Giv_a}{3600} + \frac{\delta m v_a}{3600}\frac{dv}{dt}\right)$$

式中,P_e 为发动机功率(kW),η_T 为传动系效率,G 为作用于汽车上的重力(N),f 为滚动阻力系数,i 为道路坡度,C_D 为空气阻力系数,A 为迎风面积(m²),δ 为汽车旋转质量换算系数,m 为汽车质量(kg),v_a 为汽车速度(km/h),$\frac{dv}{dt}$ 为汽车加速度(m/s²)。

汽车的功率平衡图以发动机的功率 P_e 为纵坐标,以汽车行驶速度 v_a 为横坐标,将各挡的 P_e-v_a 曲线和汽车在平直良好路面上等速行驶所遇到的阻力功率 $\frac{P_f + P_w}{\eta_T}$ 与车速 v_a 的关系曲线绘出,即得汽车的功率平衡图,如图 5-4-5 所示。

根据发动机功率曲线以及把发动机转速转换成车速 $v_a = 0.377\frac{rn}{i_g i_0}$,便可以得到不同挡位时的发动机功率与车速的关系曲线 P_e-v_a。在不同挡位下,各条曲线的起始

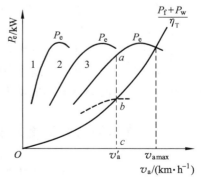

图 5-4-5 汽车功率平衡图

点、终点及峰值的发动机功率 P_e 是一致的,但各挡发动机功率曲线所对应的车速位置不同,高挡时车速高,所占速度变化区域宽;低挡时车速低,所占速度变化区域窄。

$\frac{P_f+P_w}{\eta_T}$-v_a 阻力功率曲线是一条斜率越来越大的曲线,这是因为汽车行驶速度增加后,汽车要克服的空气阻力越来越大。

高挡时,发动机功率曲线与阻力功率曲线相交点的车速,就是在良好水平路面上汽车的最高车速 v_{amax}。当汽车在良好水平路面上以较低速度 v_a' 等速行驶时,驾驶员应减小节气门的开度,使发动机以部分负荷速度特性工作,其功率曲线如图 5-4-5 中虚线所示,以维持汽车等速行驶。此时,汽车的阻力功率 $\frac{P_f+P_w}{\eta_T}$ 为 bc 段所对应的功率。如发动机在汽车行驶速度 v_a' 时节气门全开,则发动机发出的功率为 ac 段所对应的功率,于是

$$P_e - \frac{P_f+P_w}{\eta} = P_{ac} - P_{bc} = P_{ab}$$

这部分功率称为汽车的后备功率,可用来加速或爬坡。所以,在一般情况下维持汽车等速行驶所需的发动机功率并不大,发动机节气门开度可减小。汽车的后备功率愈大,汽车的动力性愈好。

第二节　汽车的动力特性及其应用

一、汽车的动力特性

利用汽车的驱动力-行驶阻力平衡图,可以确定一辆汽车的最高车速、加速能力和爬坡能力,可以评价同一类型汽车的动力性,但它不能用于评价不同类型汽车的动力性。因为汽车的道路阻力和加速阻力均与汽车重力成正比,空气阻力则与汽车外形等因素有关,所以不能单纯根据汽车驱动力的大小简单地判定汽车的动力性。

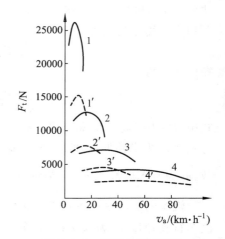

图 5-4-6　两辆总重不同的
汽车的驱动力图

如图 5-4-6 所示,第一辆汽车(总重为 63.7kN)的各挡驱动力均较第二辆汽车的要大,但不能由此断定第一辆汽车的加速和爬坡性能(即动力性)较第二辆好。因为第一辆汽车在行驶中与总重成正比的滚动阻力和加速阻力要比第二辆汽车大,且与汽车外形有关的空气阻力在它们间也可能存在很大的差异。因此,需要有一个既考虑驱动力又包括汽车重力和空气阻力的综合性参数。评价不同类型汽车的动力性参数称为动力因数。

二、汽车的动力平衡方程式和动力特性的指标

汽车的驱动力平衡方程式为

$$F_t = F_f + F_w + F_j + F_i$$

$$F_t - F_w = Gf + \delta \frac{G}{g} \frac{dv}{dt} + Gi = G(f+i) + \delta \frac{G}{g} \frac{dv}{dt}$$

令 $\Psi = f + i$，Ψ 为道路阻力系数，两边除以重力得

$$\frac{F_t - F_w}{G} = \Psi + \frac{\delta}{g} \frac{dv}{dt}$$

现设 $D = \dfrac{F_t - F_w}{G}$，D 称为汽车的动力因数，则

$$D = \Psi + \frac{\delta}{g} \frac{dv}{dt}$$

此式称为汽车的动力平衡方程式。该式表明，不论汽车自重等参数有什么不同，只要有相同的动力因数 D，便能具有同样的加速和爬坡能力。将动力因数 D 作为表征汽车动力特性的指标。

三、动力特性图分析及其应用

汽车在各挡位的动力因数与车速的关系曲线称为动力特性图，如图 5-4-7 所示。将汽车滚动阻力系数 f 随汽车行驶速度 v_a 变化关系曲线以相同比例尺画在动力特性图上，就可以方便地求解汽车动力性评价指标。动力因数和滚动阻力系数之间出现的差值可以用来使汽车加速、爬坡或牵引挂车，这一差值通常称为汽车的剩余动力因数。

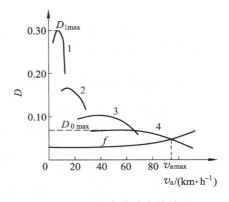

图 5-4-7　汽车的动力特性图

1. 最高车速的确定

汽车的最高车速是指汽车在良好水平路面上满载等速行驶达到的最高车速。当汽车达到最高车速时，$\Psi = f$，$\dfrac{dv}{dt} = 0$。所以根据动力平衡方程式可得

$$D = f$$

在汽车的动力特性图上，$D-v_a$ 曲线与直接挡 $f-v_a$ 曲线的交点所对应的车速，就是汽车的最高车速。

2. 加速能力的确定

要使汽车在各种条件下达到最大加速能力，应有 $i=0$，即 $\Psi = f$。所以，根据动力平衡方程式可得

$$D = f + \frac{\delta}{g} \frac{dv}{dt}$$

$$\frac{dv}{dt} = \frac{g}{\delta}(D - f)$$

因此，$D-v_a$ 曲线与 $f-v_a$ 曲线间距离的 $\dfrac{g}{\delta}$ 倍就是各挡的加速度。

3. 爬坡能力的确定

汽车在各挡位爬越最大坡度时，加速度为零$\left(\text{即} \dfrac{dv}{dt} = 0\right)$，则在此条件下动力平衡方程

式为

$$D = \Psi = f + i$$
$$i = D - f$$

所以 D-v_a 曲线之间的距离表明了汽车的爬坡能力。但是 1 挡时,由于坡度较大,计算误差较大,不能用此方法。1 挡时的最大爬坡度的计算公式为

$$D = f\cos\alpha_{max} + \sin\alpha_{max}$$

用 $\cos\alpha_{max} = \sqrt{1 - \sin^2\alpha_{max}}$ 代入整理得

$$\alpha_{max} = \arcsin\frac{D_{1max} - f\sqrt{1 - D_{1max}^2 + f^2}}{1 + f^2}$$

然后根据 $\tan\alpha = i$ 可求出坡度值。若将 1 挡最大动力因数 D_{1max} 和滚动阻力系数 f 代入上式,就可直接求出最大爬坡度 i_{max}。

第三节　影响汽车动力性的主要因素

影响汽车动力性的主要因素有发动机参数、传动系统参数、汽车总质量、空气阻力、轮胎尺寸与形式、使用因素等。

一、发动机参数的影响

1. 发动机的最大功率

发动机功率越大,其后备功率也越大,汽车的动力性也越好,汽车的加速能力和爬坡能力也就越好。但发动机功率过大会导致发动机的剩余牵引力过大,这不但会使汽车的燃油经济性降低,而且汽车的驱动力还会受到附着条件的限制。

单位汽车总质量所具有的发动机净功率,即发动机最大净功率与机动车最大允许总质量之比称为发动机比功率。发动机功率的选择取决于车辆满载时的最高车速,常用比功率指标表示不同总质量汽车的动力性。

不同类型的汽车由于对动力性的要求不同,其比功率都有一个大致的范围。如表 5-4-1 所示为几种车辆的比功率参数。

表 5-4-1　几种车辆的比功率参数

车型	满载总质量/kg	发动机功率/kW	比功率/(kW/t)
昌河 CH1018 微型车	1400	25.7	16.52
解放 CA1040L 轻型货车	3805	65	15.37
解放 CA1091 中型货车	9310	99	9.57
东风 EQ1140F 重型货车	13770	120	7.84
斯太尔 14-28/K29 自卸货车	32000	206	5.79
依维柯 A40.10 轻型客车	4020	76	17.01

续表

车型	满载总质量/kg	发动机功率/kW	比功率/(kW/t)
沈飞 SFQ6982 客车	10800	99	8.25
北京 BJ2021 切诺基越野车	2010	74.2	33.22
桑塔纳 LX	1460	63	38.84
奥迪 Audi100	1660	66	35.78
通用凯迪拉克	3277	104	28.56
福特·林肯马克Ⅳ轿车	2165	167	69.42
奔驰 560SEL	2310	220	85.71

2. 发动机的最大扭矩

发动机的最大扭矩较大,在主减速器传动比 i_0 和变速器传动比 i_g 一定时,最大动力因数较大,汽车的加速和爬坡能力也较强。

3. 发动机特性

发动机特性受其结构形式的影响,不同种类的发动机有不同的特性。图 5-4-8 所示为三种最大功率相等但不同类型发动机的特性曲线,图 5-4-8(a) 为一般活塞式发动机外特性曲线,图 5-4-8(b) 为一种假想的能在不同转速下发出等功率的发动机特性曲线,图 5-4-8(c) 为活塞式蒸汽机的特性曲线。把这三种发动机分别装在汽车上,并保证汽车的总质量、变速比、最高车速均相同,在这个前提下,根据三种发动机特性曲线,作出汽车的功率平衡图与驱动力-行驶阻力平衡图,如图 5-4-9 所示。

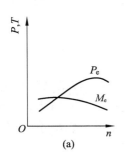 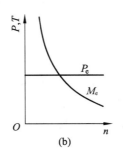 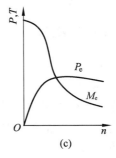

图 5-4-8 几种发动机的特性曲线

由图 5-4-9 可以看出,活塞式发动机、活塞式蒸汽机与等功率发动机具有同一最大功率,但活塞式发动机汽车在车速较低时能提供的驱动力很小,其原因是该发动机在低转速时功率较小,后备功率也较小,若不配备变速器,只能通过很小的坡度。活塞式蒸汽机汽车可以克服 30% 以上的坡度,等功率发动机汽车可以克服更大的坡度。由此可见,活塞式发动机的外特性远不如活塞式蒸汽机好,更比不上等功率发动机。等功率发动机的特性曲线为理想的汽车发动机特性曲线。

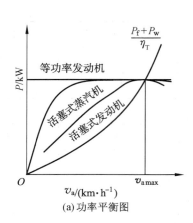
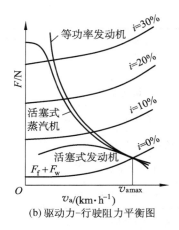

图 5-4-9　汽车的功率平衡图与驱动力-行驶阻力平衡图

汽车上配备的发动机的功率越大,则汽车的动力性越好,但功率过大,会使经济性降低。可用汽车的比功率评价汽车的动力性能。发动机所发出的转矩随转速的降低而增大的程度对发动机的工作性能甚为重要,通常以发动机的适应性系数来表征发动机的这种工作性能。发动机适应性系数 K 是指最大转矩 M_{emax} 与最大功率时的转矩 M_{Pmax} 的比值,即

$$K = \frac{M_{emax}}{M_{Pmax}}$$

汽车发动机的转矩特性对汽车动力性有很大影响。对于低速发动机,其转矩变化较大,适应性系数较高,在低速范围内具有较大的转矩,但转速低将导致功率下降,降低了高速行驶时的汽车动力性。对于高速发动机,其转矩变化较小,适应性系数较低,但选择了适当的传动系统后,可以使转矩随转速增加而下降缓慢,所以现在汽车发动机多向高速方向发展。

二、传动系统参数的影响

1. 传动效率

传动损失功率可表示为 $P_T = P_e - P_e\eta_T$,可见机械效率 η_T 越高,传动系的损失功率 P_T 越小,发动机能有更多的有效功率转变为驱动力并用于克服汽车的行驶阻力。目前可采用提高加工精度、在润滑油中加入减磨添加剂和选用黏度适当且受温度影响小的润滑油等措施来提高传动效率。

2. 主减速器传动比

汽车装用的发动机和变速器等均相同时,其动力性可因改变主减速器传动比而有所变化。图 5-4-10 所示为不同主减速器传动比对汽车动力性的影响,其中,$i_0''' > i_0'' > i_0'$。

由图可知,随着 i_0 的增大,功率曲线向左移动,在一定行驶车速时的后备功率增大,所以汽车的爬坡能力和加速能力提高。此外,汽车的最大行驶速度 v_{amax} 也随着 i_0 的增大而发生变化。当主减速器传动比为 i_0'' 时,阻力功率曲线与发动机外特性曲线相交于最大功率处,此时汽车的最高车速 v_{amax} 的数值最高。当主减速器传动比大于或小于 i_0'' 时($i_0''' > i_0'' > i_0'$),汽车的最高车速 v_{amax} 的数值均有所降低。由此可见,为提高汽车的动力性和加速性,应在保证最高车速的前提下,尽可能选择较大的主减速器传动比。

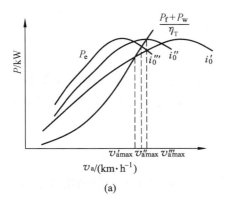 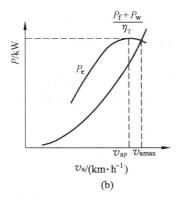

图 5-4-10 主传动比 i_0 对汽车动力性的影响

应该注意的是,若主减速器传动比过分增大,不仅会使汽车的最高车速 v_{amax} 减小,也会使发动机经常以较高转速工作,对发动机的使用寿命和燃油经济性均会产生不利的影响。此外,增大主减速器传动比,与之相应的主减速器外形尺寸也要加大,使结构过于复杂,并减小了驱动桥的离地间隙,影响汽车的通过性。主传动比为 i_0''' 的发动机功率曲线与阻力功率曲线的位置关系如图 5-4-10(b)所示,两车速的比值一般为 $\dfrac{v_{amax}}{v_{aP}}=1.1\sim1.25$,其中 v_{aP} 是相当于最大功率时的行驶速度,但此时燃油经济性较差。

3. 变速器参数

为了使发动机的转矩变化范围扩大,克服活塞式发动机特性曲线上的缺陷,汽车必须在传动系统中采用变速器,才能使汽车的驱动功率与驱动力矩接近等功率发动机,改善汽车的动力性。影响汽车动力性的变速器参数有变速器挡数及变速器传动比。

(1) 变速器挡数。

变速器挡数对汽车动力性有很大影响,变速器挡数越多,越接近等功率发动机。若变速器挡数无限增多,即采用无级变速器,则活塞式发动机就可能总是在最大功率 P_{emax} 下工作。

增加变速器挡数,可在不同行驶条件下选择最佳的挡位,使发动机输出最大功率,从而提高汽车的后备功率,使汽车具有较强的加速能力和爬坡能力。在汽车上采用无级变速器是解决上述矛盾的最佳选择。

(2) 变速器传动比。

变速器传动比要分别考虑最低挡传动比和各挡传动比。最低挡传动比对汽车动力性有重大影响,最低挡传动比越大,汽车所能克服的道路阻力越大,但应考虑驱动轮与道路之间的附着情况,驱动轮上的最大驱动力不能大于驱动轮与道路之间的附着力。变速器各挡传动比之间的分配对汽车动力性也有影响,因此各挡传动比要合理分配,否则会导致换挡困难,影响汽车的动力性。

三、汽车总质量的影响

汽车总质量对汽车的动力性有很大影响。除了空气阻力以外,所有运动阻力都与汽车总质量有关。在其他条件相同的情况下,汽车总质量增加,则汽车动力性能下降。因此行驶阻力与汽车总质量成正比。在其他条件相同的情况下,动力因数与汽车总质量成反比。为减轻汽车的质量,应尽可能选用一些轻质材料。

四、空气阻力的影响

空气阻力系数 C_D、迎风面积 A 及车速 v_a 取决于汽车所受空气阻力的大小。汽车高速行驶时,空气阻力和车速平方成正比,因而其在汽车行驶阻力总值中占很大比例,对汽车动力性的影响较大。

五、轮胎的影响

减小轮胎的滚动阻力,能提高汽车的动力性;增大轮胎与地面间的附着系数,可以使驱动力得到充分发挥,利于汽车动力性的提高。

在其他条件相同时,驱动力与轮胎半径成反比,而汽车的行驶速度与轮胎半径成正比。这说明,轮胎半径对与动力性有关的驱动力和车速的影响是矛盾的。

轮胎形式、花纹和气压对汽车的动力性也有影响。为提高汽车的动力性,应尽量减小汽车轮胎的滚动阻力,同时增加道路与轮胎间的附着力。一般情况下,硬路面上行驶的汽车用具有小而浅花纹的子午线胎及较高的轮胎气压;在软路面上行驶的汽车用具有大而深花纹的子午线胎及较低的轮胎气压。这有利于提高汽车动力性和通过性。

六、使用因素的影响

汽车的动力性还在不同程度上受到汽车运行条件的影响,如道路、气候、海拔高度、驾驶技术、技术保养与调整、交通规则与运输组织等。在汽车使用过程中,加强保养维护,采用正确的驾驶方法、合理的运输组织,改善道路和交通条件,均有利于提高汽车的平均行驶速度,充分发挥汽车的动力性能,以提高汽车运输效率。

1. 发动机技术状况

发动机技术状况是保证汽车动力性的关键。因此加强对汽车的日常维护,注重修理质量,是保证发动机具备应有的功率和转矩,确保动力性的发挥,防止汽车动力性下降的有力措施。

2. 汽车底盘的技术状况

确保汽车传动系统各轴承的紧固与润滑、前轮定位角度、轮胎气压、制动器的调整、离合器的调整以及传动系统润滑油的质量等,是提高汽车的机械传动效率,降低行驶阻力,使汽车动力性得到充分发挥的前提。

3. 驾驶员操作技术

熟练地驾驶、适时和迅速地换挡、正确选择挡位,能最大限度地发挥和利用汽车的动力性。例如,驾驶员充分利用汽车的惯性进行冲坡,可以使汽车通过坡度比使用说明书中的最大坡度更大的陡坡。

4. 汽车的行驶条件

路面和气候条件也影响着汽车的动力性。道路状况直接影响到汽车的行驶阻力和附着力,气候条件对发动机功率的发挥及汽车行驶时的附着力也有着一定的影响。

5. 运输组织

不同类型的汽车具有不同的性能特点,能否合理进行运输组织、合理利用汽车的性能特点,对汽车动力性的充分发挥有着较大的影响。例如,后备功率较小的车辆在良好路面上行驶时,能发挥其应有的动力性,而将之选派去从事山区运输任务,则会因爬坡能力和加速能力低而影响汽车动力性的充分发挥,影响运行效率。

第五章　汽车的燃油经济性

在保证动力的条件下,汽车以尽量少的燃油消耗量完成经济行驶的能力,称为汽车的燃油经济性。汽车的燃油经济性是汽车的主要性能之一。

汽车的燃油经济性又与汽车的日常使用成本息息相关。在汽车的运输成本中,燃油消耗的费用占到总费用的30%左右。燃油经济性的提高就意味着汽车运输成本的下降和经济效益的提高。

第一节　汽车燃油经济性的评价指标

一、汽车燃油经济性的评价指标

汽车的燃油经济性通常用一定运行工况下汽车行驶百千米燃油消耗量或一定燃油量能使汽车行驶的里程来衡量。

在我国以及欧洲,燃油经济性的指标是汽车每行驶百千米消耗的燃油升数,单位是L/100km。而在美国,衡量汽车燃油经济性的指标是每加仑燃油所能行驶的英里数,单位为MPG,即mile/USgal(1USgal=4.546L,1mile=1.609km)。

百千米燃油消耗量分为等速行驶百千米燃油消耗量和循环工况行驶百千米燃油消耗量。

1. 等速行驶百千米燃油消耗量

等速行驶百千米燃油消耗量是比较常用的一种评价指标,指汽车在一定载荷(我国标准规定轿车为半载、货车为满载)下,以最高挡在水平良好路面上等速行驶100km的燃油消耗量。测试时,通常是用最高挡在平直路面上每隔10km/h或20km/h测出汽车的等速百千米燃油消耗量,然后在图上(以行驶速度为横坐标,以百千米燃油消耗量为纵坐标)连成曲线,这就得到了汽车的等速百千米燃油消耗曲线图(图5-5-1)。曲线最低点相对应的车速就被称作经济车速。

2. 循环工况行驶百千米燃油消耗量

等速行驶百千米燃油消耗量不能准确地评定汽车的燃油经济性,特别是在市区行驶,因此,世界各国都制定了一些典型的循环行驶试验工况来模拟实际汽车的运行状况,并以其百千米燃油消耗

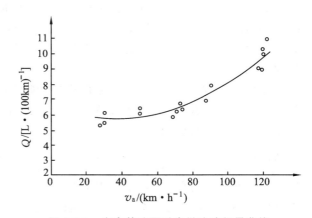

图 5-5-1　汽车等速百千米燃油消耗量曲线

量,即循环工况行驶百千米燃油消耗量来评定汽车的燃油经济性。

循环工况至少要规定等速、加速和减速三种工况,复杂的还要计入启动和怠速等多种工况,并且还规定了一定的行驶规范,如何时换挡、何时制动以及行车的速度和加速度等数值。

在我国,有 6 工况循环油耗(货车)和城市 4 工况循环油耗(客车),如图 5-5-2 所示,并规定以等速百千米燃油消耗量和最高挡全油门行驶 500m 的加速油耗作为单项评价指标,以循环工况油耗作为综合性评价指标。

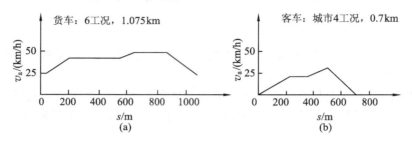

图 5-5-2 我国汽车燃油经济性的行驶工况

欧洲经济委员会(ECE)规定,要测量车速为 90km/h 和 120km/h 的等速百千米油耗和按 ECE-R.15 循环工况的百千米油耗,并各取 1/3 相加作为混合百千米油耗来评定汽车燃油经济性。

美国环境保护局(EPA)规定,要测量市内循环工况(UDDS)以及公路循环工况(HWFET)的燃油经济性(单位为每加仑燃油汽车行驶的英里数,mile/USgal),并按下式计算综合燃油经济性(单位为 mile/USgal),作为燃油经济性的综合评定指标:

$$综合燃油经济性 = \frac{1}{\dfrac{0.55}{城市循环工况燃油经济性} + \dfrac{0.45}{公路循环工况燃油经济性}}$$

二、汽车在各工况下的燃油消耗

在汽车的设计与开发中,一般依据发动机台架试验得到的万有特性图与汽车功率平衡图对汽车的燃油经济性进行估算。

1. 等速行驶燃油消耗量的计算

如图 5-5-3 所示为一汽油发动机的万有特性曲线,图上有等燃油消耗率曲线。根据这些曲线可以确定发动机在一定转速 n、发出一定功率 P_e 时的燃油消耗率 g_e。

计算时,将发动机转速 n 按汽车等速行驶时的最高挡转换成行驶车速,并画在横坐标上。此外,还要计算出等速行驶时为克服滚动阻力与空气阻力的汽车阻力功率 $\dfrac{P_f + P_w}{\eta_T}$,即汽车发动机发出的功率。根据等速行驶车速 v_a 及阻力功率 P,可在万有特性图上用插值法确定相应的燃油消耗率 g_e。这样就可以计算出该汽车等速行驶时单位时间内

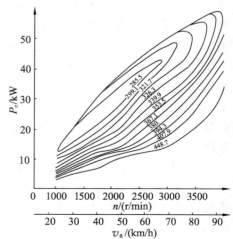

图 5-5-3 汽油发动机万有特性曲线

的燃油消耗量 Q_t(mL/s)为

$$Q_t = \frac{Pg_e}{367.1\rho g}$$

式中，P 为阻力功率(kW)，$P = \frac{P_f + P_w}{\eta_T}$；$g_e$ 为燃油消耗率[g/(kW·h)]；ρ 为燃油的密度(汽油可取为 $0.71 \sim 0.73$kg/L，柴油可取为 $0.81 \sim 0.83$kg/L)；g 为重力加速度(m/s²)。

整个等速过程行驶 s(m)行程的燃油消耗量 Q(mL)为

$$Q = \frac{Pg_e s}{102 v_a \rho g}$$

式中，v_a 为行驶速度(km/h)。

折算成等速行驶百千米燃油消耗量 Q_s(L/100km)为

$$Q_s = \frac{Pg_e}{1.02 v_a \rho g}$$

2. 等加速行驶燃油消耗量的计算

汽车加速行驶时，发动机除克服滚动阻力和空气阻力外，还要提供为克服加速阻力所消耗的功率。若加速度为 $\frac{dv}{dt}$，则发动机提供的功率 P 应为

$$P = \frac{1}{\eta_T}\left(\frac{Gf v_a}{3600} + \frac{C_D A v_a^3}{76140} + \frac{\delta m v_a}{3600}\frac{dv}{dt}\right)$$

式中，P 为阻力功率(kW)，G 为汽车总重力(N)，v_a 为汽车行驶速度(km/h)，A 为迎风面积(m²)，m 为汽车总质量(kg)，$\frac{dv}{dt}$ 为汽车加速度(m/s²)。

计算汽车由 v_{a1} 以等加速度行驶至 v_{a2} 的燃油消耗量(图 5-5-4)，可根据相应的发动机发出的功率与燃油消耗率求得

$$Q_t = \frac{Pg_e}{367.1\rho g}$$

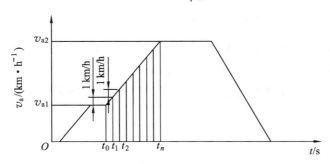

图 5-5-4 等加速工况的燃油消耗量的计算

而汽车行驶速度每增加 1km/h 所需时间 Δt(s)为

$$\Delta t = \frac{1}{3.6\frac{dv}{dt}}$$

式中，$\frac{dv}{dt}$ 为行驶速度增加 1km/h 期间汽车的加速度(m/s²)。

汽车以行驶初速度 v_{a1} 加速至 $(v_{a1}+1\text{km/h})$ 所需燃油量 $Q_1(\text{mL})$ 为

$$Q_1 = \frac{1}{2}(Q_{t0} + Q_{t1})\Delta t$$

式中，Q_{t0} 为汽车行驶初速度为 v_{a1} 时，即 t_0 时刻的单位时间燃油消耗量(mL/s)；Q_{t1} 为车速为 $(v_{a1}+1\text{km/h})$ 时，即 t_1 时刻的单位时间燃油消耗量(mL/s)。

同理可知，车速由 $(v_{a1}+1\text{km/h})$ 再增加 1km/h 所需的燃油量 $Q_2(\text{mL})$ 为

$$Q_2 = \frac{1}{2}(Q_{t1} + Q_{t2})\Delta t$$

式中，Q_{t2} 为车速为 $(v_{a1}+2\text{km/h})$ 时，即 t_2 时刻的单位时间燃油消耗量(mL/s)。

依此类推，其他各个区间的燃油消耗量为

$$Q_3 = \frac{1}{2}(Q_{t2} + Q_{t3})\Delta t$$

$$\vdots$$

$$Q_n = \frac{1}{2}(Q_{t(n-1)} + Q_{tn})\Delta t$$

式中，$Q_{t3},Q_{t4},\cdots,Q_{tn}$ 为 $t_3,t_4,\cdots,t_n$ 各个时刻的单位时间燃油消耗量(mL/s)。

整个加速过程的燃油消耗量 $Q_a(\text{mL/s})$ 为

$$Q_a = \sum_{i=1}^{n} Q_i = Q_1 + Q_2 + \cdots + Q_n$$

或

$$Q_a = \frac{1}{2}(Q_{t0} + Q_{tn})\Delta t + \sum_{i=1}^{n-1} Q_{ti}\Delta t$$

整个加速区段内汽车行驶的距离为

$$s_a = \frac{v_{a2}^2 - v_{a1}^2}{25.92\frac{dv}{dt}}$$

式中，s_a 为加速区段内汽车行驶距离(m)，v_{a2} 为汽车加速终了的行驶速度(km/h)，v_{a1} 为汽车加速起始的行驶速度(km/h)，$\frac{dv}{dt}$ 为汽车加速度(m/s^2)。

3. 等减速行驶燃油消耗量的计算

汽车减速时，油门松开，发动机处于强制怠速工作状态，其燃油消耗量即为正常怠速时的燃油消耗量。因此，等减速工况燃油消耗量为怠速燃油消耗率与减速行驶时间的乘积。

减速时间 $t(\text{s})$ 为

$$t = \frac{v_{a2} - v_{a3}}{3.6\frac{dv}{dt}}$$

式中，v_{a2} 为等减速行驶的起始车速(km/h)，v_{a3} 为等减速行驶的终了车速(km/h)，$\frac{dv}{dt}$ 为减速度(m/s^2)。

所以，等减速过程燃油消耗量 $s_d(\text{mL})$ 可按下式计算：

$$Q_d = \frac{v_{a2} - v_{a3}}{3.6\frac{dv}{dt}} Q_i$$

式中，Q_i 为怠速燃油消耗率(mL/s)。

减速区段内汽车行驶的距离 s_d(m)为

$$s_d = \frac{v_{a2}^2 - v_{a3}^2}{25.92 \dfrac{dv}{dt}}$$

4. 怠速停车时的燃油消耗量

如果怠速停车时间为 t_s(s)，则怠速停车时的燃油消耗量 Q_{id}(mL)为

$$Q_{id} = Q_i t_s$$

式中，Q_i 为怠速燃油消耗率(mL/s)。

5. 整个循环工况的百千米燃油消耗量

对于由等速、等加速、等减速、怠速停车等行驶工况组成的循环工况，如 ECE-R.15 和我国货车六工况法等，其整个试验循环的百千米燃油消耗量 Q_s(L/100km)可按下式计算：

$$Q_s = \frac{\sum Q}{s} \times 100$$

式中，$\sum Q$ 为所有过程油耗量之和(mL)，s 为整个循环的行驶距离(m)。

第二节　提高燃油经济性的措施

一、影响汽车燃油经济性的主要因素

为了改善汽车燃油经济性，必须对影响燃油经济性的有关因素进行研究。影响汽车燃油经济性的因素主要有汽车结构和汽车使用两个方面。

（一）汽车结构对燃油经济性的影响

1. 汽车的尺寸和质量对燃油经济性的影响

研究结果表明：对于轿车来说，大而重的轿车比小而轻的轻型或微型轿车的油耗要高出很多。如果一辆轿车的质量减少 10%，油耗可降低 3%～4%。

对于货车来说，发动机的负荷率和质量利用系数与油耗有很大的关系，而质量利用系数越大，制造中消耗的成本就越低，运输过程中的油耗和成本都得以降低。

2. 汽车发动机对燃油经济性的影响

发动机是对汽车燃油经济性影响最大的部件。目前，提高发动机燃油经济性的途径主要有以下几种：

（1）提高现有汽油发动机的热效率和机械效率。目前的轿车发动机大多是高速汽油发动机，发动机的热效率越高，燃油利用率越高。现在轿车汽油发动机的压缩比一般在 9～12 之间。同时，发动机中还采用配气系统可变装置(可变气门升程、可变凸轮轴转角、可变进气管长度等)和稀燃技术，从而达到节油目的。

（2）扩大柴油发动机的应用范围。

（3）增压化。发动机增压后的燃油经济性比自然吸气发动机更好。

（4）电子计算机控制技术的广泛应用。例如，CBR(可控燃烧速率)、VVT(可变气门正时)、DGI(汽油缸内直喷)以及高压共轨式供油系统等电控技术都能提高汽车的燃油经

济性。

3. 传动系对燃油经济性的影响

汽车传动系对燃油消耗的影响,取决于传动系效率、变速器的挡位数与传动比。

4. 汽车外形与轮胎对燃油经济性的影响

改善汽车的外形,降低空气阻力系数,有利于提高汽车的燃油经济性,尤其对于高速行驶的汽车来说,燃油经济性的改善效果将更为明显。

合理选用轮胎,有利于减小汽车的滚动阻力系数,从而提高汽车的燃油经济性。现在公认子午线轮胎的综合性能最好。试验表明,大型货车装用子午线轮胎后,滚动阻力可减小15%～30%,节油 5%～8%;轿车装用子午线轮胎后的节油率为 6%～9%。

（二）汽车使用对燃油经济性的影响

在汽车使用方面,影响燃油经济性的主要因素为汽车的技术状况、驾驶操作技术和运输组织情况。

1. 汽车的技术状况

（1）发动机的技术状况。发动机是汽车上直接消耗燃油的总成,在发动机的结构因素一定的前提下,保持其良好的技术状况是减少燃油消耗的技术基础。

（2）底盘技术状况。在汽车底盘方面,要加强对各总成的维护与调整,以保持适当的滑行能力,减少燃油消耗量。汽车的滑行能力常用滑行距离来评价,滑行距离的多少可以用来检查底盘的技术状况。

2. 驾驶操作技术

汽车驾驶技术也是影响汽车燃油经济性的主要因素之一,正确的驾驶操作可大大降低汽车的燃油消耗量。

（1）正确选用行车速度。汽车在行驶过程中,采用中速行驶是最经济的。因为汽车中速行驶时燃油消耗量最低,速度过高或过低都会造成燃油消耗量的增加。

（2）正确使用挡位。汽车行驶的道路条件相同时,使用不同的挡位行驶,燃油消耗量是不一样的。在同一道路条件与车速下,发动机发出的功率相同,在低挡位,后备功率较大,发动机的负荷率低,燃油消耗率高;高挡位时则相反。因此,要尽可能使用高速挡行驶。

（3）正确使用制动。在汽车行驶过程中,在保证行车安全的情况下,尽量少用制动。汽车在行驶时的惯性能量是由燃油产生的化学能转换而来的。汽车在制动时,通过摩擦使得惯性能量消耗,也就意味着浪费燃油。此外,驾驶汽车时,要轻踩加速踏板,缓慢加油,不乱踩加速踏板,即在加速过程中要做到"缓加速"。

3. 运输组织情况

在使用汽车时,要尽量发挥运输工作人员的主观能动性,努力采取各种措施以减少单位运输工作的燃油消耗量。

二、提高燃油经济性的主要措施

（1）政策性措施:包括燃油价格政策、燃油与道路的税收政策、燃油分配与奖励政策、燃油的管理制度、能源的开发等。

（2）改进车辆的结构措施:包括提高压缩比、改进进气和排气系统、采用稀混合气、减少强制怠速油耗、汽车轻量化、减少滚动阻力和空气阻力、选择最佳传动比。

（3）改进驾驶技术：包括发动机的启动升温、汽车的起步加速、加速踏板的运用、挡位的合理选择与运用、汽车行驶速度的控制、离合器的合理运用、车温的掌控、合理使用制动。

（4）加强维护，保持车辆技术状况良好。

（5）加强节能汽车的研究。

第六章　汽车的制动性

汽车的制动性是汽车的主要性能之一。制动性的好坏直接影响行车安全，也关系到汽车动力性的有效发挥。

汽车的制动性是指汽车行驶时能在短距离内停车且维持行驶方向的稳定性和在下长坡时能维持一定车速的能力，即行车制动性和驻车制动性。

第一节　汽车的制动性评价指标及制动时车轮的受力

一、汽车制动性评价指标

评价汽车的制动性一般用三方面的指标：制动效能、制动效能的恒定性和制动时的方向稳定性。

1. 制动效能

制动效能包括制动距离、制动减速度。具体来讲，制动效能是指汽车迅速减速直至停车的能力，即在良好路面上，汽车以一定的初速度制动到停车的制动距离或制动时汽车的减速度。它是制动性能最基本的评价指标。

2. 制动效能的恒定性

制动效能的恒定性是指抵抗制动效能的热衰退和水衰退的能力。制动效能的抗热衰退性是指汽车在高速行驶或下长坡连续制动时制动效能保持的程度。汽车的制动过程实际上是把汽车行驶的动能通过制动器吸收转换为热能的过程，制动器自身温度升高以后，摩擦副摩擦系数下降，摩擦力矩下降，制动力矩下降，制动减速度减小，制动距离增大，称之为制动器的热衰退。制动效能降低的程度用热衰退率 η_t 表示：

$$\eta_t = \frac{j_冷 - j_热}{j_冷} \times 100\% = \frac{S_热 - S_冷}{S_热} \times 100\%$$

式中，$j_冷$ 为冷状态（制动起始温度在 100℃ 以下）下的制动减速度（m/s²），$j_热$ 为制动器温度升高以后的制动减速度（m/s²），$S_冷$ 为冷状态（制动起始温度在 100℃ 以下）下的制动距离（m），$S_热$ 为制动器温度升高以后的制动距离（m）。

抗水衰退能力是指汽车在潮湿的情况下或涉水行驶后，制动效能保持的程度。由于制动器表面水膜的作用，造成摩擦系数降低，制动力减小。在实际过程中可以通过踩刹车来解决水衰退问题。

3. 制动时的方向稳定性

制动时汽车方向的稳定性，常用制动时汽车按给定路径行驶的能力来评价，是指制动时不发生跑偏（制动时汽车偏驶，但后轮沿前轮的轨迹运动）、侧滑（制动时汽车一轴或双轴发生横向滑动，前、后轮轨迹不重合）或失去转向能力（如前轮抱死拖滑，汽车将失去转向能力）而按驾驶员给定方向行驶的性能。

表 5-6-1 列出了一些国家轿车制动规范对行车制动器制动性的部分要求。

表 5-6-1 轿车制动规范对行车制动性的部分要求

项目	中国 ZBT 24007—89	欧洲经济共同体 (EEC)71/320	中国 GB 7258	美国 联邦 135
试验路面	干水泥路面	附着良好	$\varphi \geqslant 0.7$	Skid No81
载重	满载	一个驾驶员或满载	任何负载	轻满载
制动初速度	80km/h	80km/h	50km/h	96.5km/h
制动时的稳定性	不许偏出 3.7m 通道	不抱死跑偏	不许偏出 2.5m 通道	不抱死跑偏
制动距离或制动减速度	$\leqslant 50.7$m	$\leqslant 50.7$m, $\geqslant 5.8$m/s²	$\leqslant 20$m	$\leqslant 65.8$m
踏板力	<500N	<490N	<500N	66.7～667N

二、汽车制动时车轮的受力分析

汽车受到与行驶方向相反的外力时，才能从一定的速度制动到较小的车速或直至停车。地面提供的这种使汽车减速至停车的力，称为地面制动力。当汽车质量一定时，地面制动力越大，制动减速度越大，制动距离也越短。

1. 地面制动力

汽车在良好路面上制动时，车轮受力情况如图 5-6-1 所示。图中滚动阻力偶矩和减速时的惯性力、惯性力偶矩均忽略不计，M_μ 是车轮制动器内摩擦片与制动鼓或制动盘相对滑转时的摩擦力矩，单位为 N·m；F_{xb} 为地面制动力，单位为 N；W 为车轮法向载荷，单位为 N；F_p 为车轴对车轮的推力，单位为 N；F_z 为地面对车轮的法向反作用力，单位为 N。

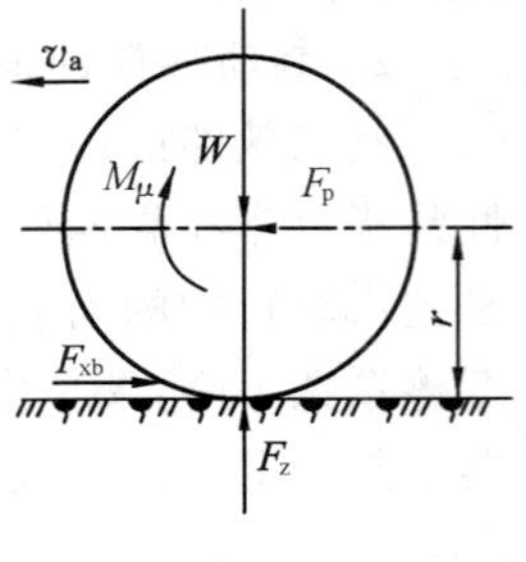

显然，从力矩平衡分析可得

$$F_{xb} = \frac{M_\mu}{r}$$

图 5-6-1 车轮在地面制动时的受力分析

式中，F_{xb} 为地面制动力，M_μ 为车轮制动器的摩擦力矩，r 为车轮半径。

地面制动力是使汽车制动而减速或停车的外力，它的产生源于制动力矩 M_μ，是在 M_μ 的作用下，地面反作用于车轮使汽车减速或停车的切向力。地面制动力的大小取决于两个摩擦副的摩擦力：一个是制动器内制动摩擦片与制动鼓或制动盘间的摩擦力，一个是轮胎与地面间的摩擦力，即附着力。

2. 制动器制动力

图 5-6-2 为汽车架离地面后某一车轮在旋转过程中制动时的受力分析。其中忽略了惯性力偶矩,F_z 为支架对车轮的法向反力,W 为车轮的垂直载荷,M_μ 为车轮制动器中摩擦片与制动鼓或制动盘相对滑转时的摩擦力矩,单位为 N·m,在车轮周缘为克服制动器摩擦力矩所需施加的切向力称为制动器制动力,以符号 F_μ 来表示,单位为 N。若车轮半径为 r,单位为 m,则

$$F_\mu = \frac{M_\mu}{r}$$

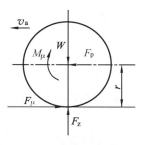

图 5-6-2 车轮架离地面时制动受力分析

由上式可知,制动器制动力是由制动系统的设计参数所决定,仅取决于制动器的摩擦力矩,即取决于制动器的形式、结构尺寸、车轮半径、摩擦副的摩擦系数、制动传动系统的油压或气压(即制动踏板力)。在结构参数一定的情况下,一般它与制动系统的油压或气压成正比。

3. 地面制动力、制动器制动力与附着力之间的关系

汽车制动时,车轮的运动可简单地考虑为减速滚动和抱死拖滑两种状态。此时地面制动力、制动器制动力及地面附着力之间的关系如图 5-6-3 所示。

(1) 车轮做减速滚动。

当制动踏板力较小时,制动器摩擦力矩不大,车轮滚动时的地面制动力就等于制动器制动力,且随踏板力增大成正比地增大。但地面制动力是滑动摩擦的约束反力,它的值不能超过附着力,即

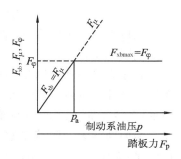

图 5-6-3 地面制动力、制动器制动力及地面附着力之间的关系

$$F_{xb} \leqslant F_\varphi = F_{z\varphi}$$

或最大地面制动力

$$F_{xbmax} = F_{z\varphi}$$

(2) 车轮抱死拖滑。

当制动器踏板力上升到某一值时,车轮抱死不转而出现拖滑现象。制动器制动力继续上升,但如作用在车轮上的法向载荷不变,则地面制动力 F_{xb} 达到地面附着力的值后不再增大。

只有汽车具有足够的制动器制动力,同时地面又能提供高的附着力时,才能获得足够的地面制动力。

4. 硬路面上的附着系数

汽车的制动过程实际上并不只是包含滚动和抱死拖滑两种状态,而是从车轮滚动到抱死拖滑的一个渐变的连续过程,车轮在路面上的运动是一个边滚边滑的过程。通过观察制动过程中轮胎留在地面上的印痕(图 5-6-4)可以发现,轮胎印痕基本分三个阶段。

(1) 车轮印痕的形状与轮胎胎面花纹基本一致,车

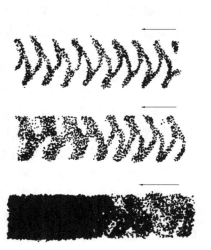

图 5-6-4 制动时轮胎留在地面上的印痕

轮接近于纯滚动,可以认为

$$v_\omega = r_{r0} \omega_\omega$$

式中,v_ω 为车轮中心的速度,ω_ω 为车轮的角速度,r_{r0} 为无地面制动力时车轮滚动半径。

(2) 车轮边滚动边滑动,此时印痕内花纹渐趋模糊,车轮运动不只是纯滚动,发生一定程度的相对滑动,即

$$v_\omega > r_{r0} \omega_\omega$$

且随着制动强度的增大,滑动成分越来越大,即

$$v_\omega \gg r_{r0} \omega_\omega$$

(3) 车轮纯滑动,此时车轮抱死拖滑,印痕粗黑,看不出轮胎花纹。因此

$$\omega_\omega = 0$$

可以看出,随着制动强度的增加,车轮滚动成分越来越少,而滑动成分越来越多。一般用滑移率 s 来说明这个过程中滑动成分的多少。滑移率的定义是

$$s = \frac{v_\omega - r_{r0} \omega_\omega}{v_\omega} \times 100\%$$

从以上公式可以看出,车轮纯滚动时,$s = 0$;车轮抱死纯滑动时,$s = 100\%$;车轮边滚动边滑动时,$0 < s < 100\%$。

若令车轮的地面制动力与车轮垂直载荷之比为车轮与路面间的纵向附着系数 φ_x,则 φ_x 随滑移率 s 而变;若令车轮的侧向力与车轮垂直载荷之比为车轮与路面间的侧向附着系数 φ_y,则 φ_y 也随滑移率 s 而变化,如图 5-6-5 所示。

对于纵向附着系数曲线来说,曲线的 OA 段近似于直线,φ_x 随着 s 的增大而迅速增大,虽有一定的滑移率,但轮胎与地面没有发生真正的相对滑动。$s > 0$ 是由于有地面制动力的作用,轮胎前面即将与地面接触的胎面受到拉伸而有微量的伸长,车轮的滚动半径 r 随地面制动力的增大而增大,故

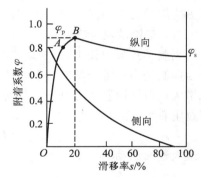

图 5-6-5　附着系数随滑移率变化的关系

$$v_\omega = r_r \omega_\omega > r_{r0} \omega_\omega$$

曲线至 A 点后,纵向附着系数增长渐缓,这是由于轮胎与地面接触处出现局部相对滑动。在 B 点 φ 取最大值 φ_p,称为峰值附着系数。φ_p 一般出现在 $s = 15\% \sim 20\%$ 时。B 点以后,纵向附着系数逐渐下降,直至滑移率为 100%。当 $s = 100\%$ 时,附着系数降至最小,称为滑动附着系数 φ_s。在干燥路面上,φ_s 和 φ_p 的差别不大,而在湿路面上差别较大。

对于侧向附着系数曲线来说,随着滑移率的升高,侧向附着系数逐渐减小,轮胎保持转向和防止侧滑的能力逐渐下降。侧向附着系数曲线是有侧向力作用而发生侧偏时,侧向力系数(侧向附着系数)与滑移率 s 的关系曲线。侧向力系数为侧向力与法向载荷之比。

曲线表明:滑移率愈低,同一侧偏角条件下的侧向力附着系数愈大,即轮胎保持转向、防止侧滑的能力愈强。

各种路面上的平均峰值附着系数和滑动附着系数见表 5-6-2。

表 5-6-2　各种路面上的平均峰值附着系数和滑动附着系数

路面	峰值附着系数 φ_p	滑动附着系数 φ_s
沥青或混凝土（干）	0.8～0.9	0.75
沥青	0.5～0.7	0.45～0.6
混凝土	0.8	0.7
砾石	0.6	0.55
土路（干）	0.68	0.65
土路（混）	0.55	0.4～0.5
雪（压紧）	0.2	0.15
冰	0.1	0.07

附着系数的数值主要取决于道路的材料、路面的状况、轮胎结构、胎面花纹、轮胎材料以及汽车运动的速度等因素。

影响纵向附着系数和侧向附着系数的因素可归纳为四类：轮胎因素 T、汽车因素 V、路面因素 R 和制动工况因素 M，即

$$\varphi_x = f_x(T, V, R, M, s)$$
$$\varphi_y = f_y(T, V, R, M, s)$$

轮胎因素包括：轮胎的径向、切向、侧向刚度，轮胎尺寸及其比例，帘布层结构，胎压，胎面花纹及其磨损程度，轮胎类型（四季型、夏季型、冬季型）等。

汽车因素包括：整车质心位置、轴距、车轮外倾角、整车质量、悬挂质量、前后轮距、每个车轮的动态载荷、车身绕其质心的转动惯量、各个车轮的转动惯量、转换到驱动轮上的转动惯量、悬挂装置的类型和性能、转向系统的类型和性能、制动系统的类型和性能等。

路面因素包括：路面宏观不平度、路面微观粗糙度、路面基础、路面材料、路表面的覆盖物（如灰尘、油污、水、雪、冰等）、路面曲率、路面横向坡度等。

制动工况因素包括：车辆行驶路迹、风速及其作用方向、车速、制动踏板动作速度、侧向力和制动器的温度等。

当汽车行驶时，这些因素随时在改变。

只有当以上这些因素确定时，纵向和侧向附着系数才能表达成车轮滑移率 s 的函数。

$$\varphi_x = f_x(s)$$
$$\varphi_y = f_y(s)$$

其变化趋势如图 5-6-6 所示。

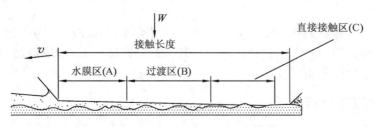

图 5-6-6　路面有积水层时轮胎接触地面中的三个区域

汽车行驶时可能遇到两种附着能力很小的危险情况：一是刚开始下雨，路面上只有少量的雨水，附着性能大为下降，平滑的路面变得像冰雪路面一样滑；另一种情况是高速行驶的汽车经过有积水层的路面时出现"滑水现象"。

轮胎在有积水层的路面上滚动时，其接触情况如图5-6-6所示。其中A区是水膜区；C区是轮胎胎面与路面直接接触产生附着力的主要区域；B区是介于A区与C区之间的过渡区，是部分穿透的水膜区，只有路面突出部分与胎面接触，提供部分附着力。轮胎低速滚动时，由于水的黏滞性，接触面前部的水需要一定时间才能挤出，所以接触面中轮胎胎面前部将越过楔形水膜（即A区）滚动。车速提高后，高速滚动的轮胎迅速排挤水层，由于水的惯性的影响，接触区的前部产生与车速的平方成正比的动压力。该动压力使胎面与地面分开，即随着车速的增加，A区水膜在接触区中向后扩展，B、C区相对缩小。当车速达到某一值时，在胎面下的动压力的升力等于垂直载荷时，轮胎将完全漂浮在水膜上面而与路面毫不接触，B、C区不复存在。这就是滑水现象。

第二节　汽车制动效能的恒定性

汽车的制动效能是指汽车迅速降低车速直至停车的能力。评定制动效能的指标是制动距离$S(m)$和制动减速度$j(m/s^2)$。

一、制动距离与制动减速度

制动距离是指汽车速度为v_0时，从驾驶员开始操纵制动控制装置（制动踏板）到汽车完全停住为止所驶过的距离。制动距离与许多因素有关。

制动减速度是制动时车速对时间的导数，即$\dfrac{dv}{dt}$。地面制动力的大小与制动器制动力（车轮滚动时）及附着力（车轮抱死拖滑时）有关。

在不同路面上，由于地面制动力为

$$F_{xb} = \varphi G$$

故汽车所能达到的减速度(m/s^2)的最大值为

$$j_{max} = \varphi g$$

若允许汽车的前、后车轮同时抱死，则

$$j_{max} = \varphi_s g$$

但汽车制动时，一般不希望任何车轴上的制动器抱死，故

$$j_{max} < \varphi_s g$$

若装有理想的制动防抱死装置来控制汽车的制动，则制动减速度为

$$j_{max} = \varphi_p g$$

制动减速度一般控制在$j<(0.4～0.5)g$，点制动时$j=0.2g$。当$j=(0.7～0.9)g$时，将有害于人员和货物的安全。制动减速度与制动力有直接关系，即地面制动力是使汽车强制减速直至停车的最本质因素。

二、制动距离分析

从驾驶员接收到制动信号开始，直至制动停车的制动全过程中，制动减速度与制动时间

的关系曲线如图 5-6-7 所示。

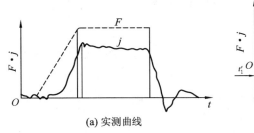
(a) 实测曲线

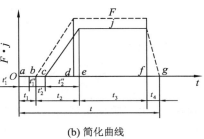
(b) 简化曲线

图 5-6-7　汽车的制动过程

1. 制动过程分析

图 5-6-7(a)是实际测得的制动踏板力与制动减速度及制动时间的关系曲线；图 5-6-7(b)是经过简化后的曲线。该图反映了从驾驶员接收紧急制动信号开始到制动结束的全过程。下面结合图 5-6-7(b)对制动全过程进行粗略的分析。

(1) 驾驶员反应时间 t_1。图中 a 点表示出现危险信号,开始计算时间。驾驶员接到紧急停车信号时,要经过 t_1' 后才意识到应进行紧急制动,并移动右脚,再经过 t_1'' 后踩着制动踏板(对应图中的 b 点)。从 a 点到 b 点所经过的时间 $t_1 = t_1' + t_1''$ 称为驾驶员反应时间,这段时间一般为 0.3~1.0s。

(2) 制动系协调时间(即制动器的作用时间) t_2。b 点之后,随着驾驶员踩踏板的动作,踏板力迅速增大,到 d 点时达到最大值。不过由于制动蹄是由回位弹簧拉着,蹄片与制动鼓间存在间隙,所以经过 t_2',即至 c 点,地面制动力才起作用。由 c 点到 e 点是制动器制动力增长过程所需的时间 t_2''。$t_2 = t_2' + t_2''$ 称为制动系协调时间(又称制动器作用时间)。制动系协调时间一方面取决于驾驶员踩踏板的速度,另外更重要的是受制动系结构形式的影响。t_2 一般在 0.2~0.8s 之间。

(3) 持续制动时间 t_3。由 e 点到 f 点为持续制动时间 t_3,驾驶员保持制动踏板力不变,制动减速度基本保持不变。

(4) 制动释放时间 t_4。到 f 点驾驶员松开踏板,但制动力的消除还需要一段时间。这段时间 t_4 称为制动释放时间。t_4 一般在 0.2~0.8s 之间。《安全技术条件》规定,机动车制动完全释放时间(指从松开踏板到制动力完全消除所需时间)不得大于 0.8s。

2. 制动距离 S

制动距离是检验汽车制动效能的最基本指标之一,也是最直观的指标。

制动的全过程包括驾驶员反应时间、制动系协调时间、持续制动时间和制动系释放时间四个阶段。影响制动过程的因素主要是 t_2 和 t_3。一般所指制动距离是从驾驶员刚踩着制动踏板起到完全停车为止汽车所驶过的距离。因此制动距离

$$S = S_2 + S_3$$

(1) 制动系协调时间(即制动器的作用时间)内驶过的距离 S_2。制动系协调时间又可分为消除制动系间隙时间 t_2' 和制动力增长时间 t_2''。因此,在 t_2 时间内的制动距离为

$$S_2 = S_2' + S_2'' = v_0 t_2' + v_0 t_2'' - \frac{1}{6} j_{\max} t_2''^2 = v_0 t_2 - \frac{1}{6} j_{\max} t_2''^2$$

(2) 持续制动阶段驶过的距离 S_3(拖印长度)。此阶段内汽车以 $j_{\max}$ 做匀减速运动,其

初速度为 v_0，末速度为 0，故

$$S_3 = \frac{v_0^2}{2j_{max}} - \frac{v_0 t_2''}{2} + \frac{j_{max} t_2''^2}{8}$$

（3）总制动距离 S。

$$S = S_2 + S_3 = \left(t_2' + \frac{t_2''}{2}\right)v_0 + \frac{v_0^2}{2j_{max}} - \frac{j_{max} t_2''^2}{24}$$

因 t_2'' 很小，略去二阶微量 $\frac{j_{max} t_2''^2}{24}$，且车速单位为 km/h，则

$$S = \frac{1}{3.6}\left(t_2' + \frac{t_2''}{2}\right)v_0 + \frac{v_0^2}{25.92 j_{max}}$$

上式是从评价汽车制动效能的角度得出的计算制动距离的基本公式。在实际汽车行驶中，驾驶员的反应时间 t_1 直接影响安全制动距离。因此，保证制动安全所需最小距离应为

$$S' = S_1 + S_2 + S_3 = \frac{1}{3.6}\left(t_1 + t_2' + \frac{t_2''}{2}\right)v_0 + \frac{v_0^2}{25.92 j_{max}}$$

以上公式中，将 $j_{max} = g\varphi$，制动系协调时间取平均值，代入上式进行整理，可得汽车以初速度 v_0(km/h)在附着系数为 φ 路面的紧急制动距离为

$$S = \frac{v_0}{3.6}\left(t_1 + \frac{t_2}{2}\right) + \frac{v_0^2}{259\varphi}$$

决定汽车制动距离的主要因素是制动器起作用的时间、最大制动减速度（或最大制动器制动力）和制动的起始车速。

由制动距离的理论公式可知，制动初速度稍有不同，制动距离会相差很大。各种车型制动距离的经验公式见表 5-6-3。

表 5-6-3　各种车型制动距离的经验公式

车型	装置	t_1/s	t_2/s	j_{max}/(m/s²)	经验公式
小型车，总质量 <4.5t	空	0.03	0.30	7.4	$s = 0.05 v_0 + v_0^2/190$
	满	0.03	0.34	7.4	$s = 0.055 v_0 + v_0^2/190$
中型车，总质量 4.5~12t	空	0.05	0.30	6.2	$s = 0.055 v_0 + v_0^2/160$
	满	0.05	0.34	6.2	$s = 0.06 v_0 + v_0^2/160$
大型车，总质量 >12t	空	0.05	0.34	5.5	$s = 0.06 v_0 + v_0^2/142$
	满	0.05	0.40	5.5	$s = 0.07 v_0 + v_0^2/142$
转向盘式拖拉机带挂车	空	0.08	0.40	4.0	$s = 0.08 v_0 + v_0^2/108$
	满	0.08	0.64	4.0	$s = 0.11 v_0 + v_0^2/105$

三、制动效能的恒定性

制动效能因使用环境的不同而发生改变，制动效能的恒定性是指抗制动效能下降的能力。

1. 热衰退

制动器的制动力矩是由其摩擦副产生的摩擦力形成的，摩擦衬片对摩擦性能起决定性作用。制动器温度常在 300℃ 以上，有时高达 600℃～700℃。制动器温度上升后，摩擦力矩常会有显著下降，这种现象称为制动器的热衰退。严重时，制动蹄表面会烧糊，即使冷却下

来,摩擦系数也不能恢复。用来评价制动器热衰退程度的指标是热衰退率。衡量抗热衰退性能一般以连续制动时制动效能占冷制动效能的百分数作为评价指标。

不同结构类型的制动器在不同摩擦系数下,其制动器效能因数的变化如图 5-6-8 所示。摩擦因数的微小改变就能引起制动效能大幅度变化,即制动器的稳定性差。盘式制动器,其制动效能没有鼓式制动器大(一般盘式制动器常加装真空助力器以增大制动效能),但其稳定性好,反应时间短且不会因为热膨胀而增加制动间隙。

制动器发生热衰退后,汽车经过一段时间的行驶和一定次数的和缓制动使用,由于散热作用,制动器的温度下降,摩擦材料表面得到磨合,制动器的制动力可重新提高,称为热恢复。盘式制动器的散热效果好,热恢复也较快。

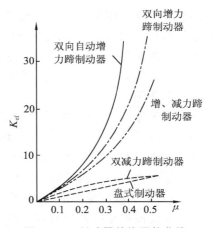

图 5-6-8　制动器效能因数曲线

2. 水衰退

汽车涉水后制动效能的变化是制动效能稳定性的内容之一。涉水后由于制动器被水浸湿,制动器摩擦副的摩擦系数会降低,制动效能也会降低,这种现象称为水衰退现象。

汽车制动时产生的热量可使摩擦片干燥。汽车涉水后,可多踩几次制动踏板(一般为5～15次),有意识地提高制动器温度,使水分迅速蒸发。经过若干次制动后,制动器可逐渐恢复浸水前的性能,称为水恢复。

图 5-6-9 标出了鼓式制动器和盘式制动器在浸水后制动效能的下降程度及经过若干次制动后制动效能恢复的情况。由图可见,鼓式制动器的水衰退影响比盘式制动器要大,制动效能的恢复也较慢。

除上述对制动效能稳定性的影响因素外,在液压制动系统中,制动液在高温下会汽化,在制动管路形成气泡,影响液压能的传递,使制动效能降低,甚至造成制动失效,这种现象称为气阻,在汽车下长坡或多次连续使用制动后易发生。

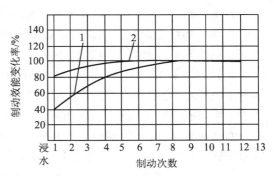

1—鼓式制动器;2—盘式制动器
图 5-6-9　制动器的水衰退及恢复

第三节　汽车制动时的方向稳定性

汽车制动时的方向稳定性是指在制动过程中,汽车按驾驶员给定的轨迹行驶的能力,即保持直线行驶或按预定弯道行驶的能力。

一、制动跑偏

在汽车制动时,汽车自动偏驶的现象称为制动跑偏。

汽车制动跑偏的原因主要是左、右轮(尤其是前轴左、右轮)制动器制动力不相等。制动跑偏的程度可用横向位移或航向角来评价。横向位移是指汽车制动后车身最大的横向移动量。航向角是指制动后汽车的纵向轴线与原行驶方向的夹角。

(1) 汽车左、右车轮,特别是左、右转向轮制动器制动力不相等。

由于左、右转向轮制动力不相等引起汽车制动跑偏的受力分析如图 5-6-10 所示。设左前轮的制动器制动力大于右前轮,即地面制动力 $F_{x1l} > F_{x1r}$。此时,前、后

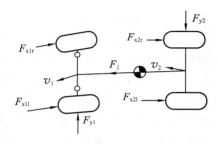

图 5-6-10　制动跑偏时的受力图

轴分别受到地面侧向反力 F_{y1} 和 F_{y2} 的作用。显然 F_{x1l} 绕主销的力矩大于 F_{x1r} 绕主销的力矩,虽然转向盘固定不动,但因转向系各处的间隙及零部件的弹性变形,转向轮仍会向左偏转一角度使汽车有轻微的向左偏驶,即产生跑偏。同时由于主销有后倾,也使 F_{y1} 对转向轮产生同一方向的偏转力矩,从而增大了向左转的角度。

试验证明,前轴左、右制动轮制动力之差超过 5%,后轴左、右制动轮制动力之差超过 10%,将引起制动跑偏现象。跑偏的方向总是朝向制动力较大的一侧。若左、右轮主销的内倾角不等,即使制动力相等,也会向主销内倾角较小的一侧跑偏。

(2) 悬架导向杆系和转向系拉杆的运动不协调。

悬架导向杆系与转向系拉杆发生运动干涉,且跑偏的方向不变,一般是设计造成的。

二、制动侧滑

制动侧滑,是指制动时汽车的某一轴车轮或全部车轮发生横向移动的现象。制动侧滑影响汽车的操纵稳定性。侧滑与跑偏是有联系的,严重的跑偏有时会引起后轴侧滑,易于发生侧滑的汽车也有加剧跑偏的趋势。

车轮侧滑是由于侧向力超过了侧向附着力。在汽车制动时,随车轮滑移率的增大,侧向附着系数减小,侧滑的可能性增大。当车轮被抱死拖滑(滑移率为 100%)时,侧向附着系数几乎为零,稍有侧向力就会引起侧滑。

制动时发生侧滑,特别是后轴侧滑,会使汽车行驶方向改变很大,甚至发生汽车掉头或剧烈回转的现象。由试验与理论分析得知,制动时,若后轴车轮比前轴车轮先抱死拖滑,就有可能发生后轴侧滑。若能使前、后轴车轮同时抱死或前轴车轮先抱死,后轴车轮再抱死或不抱死,则能防止后轴侧滑,但是前轴车轮抱死后将失去转向能力。

1. 车辆侧滑的条件

制动过程中车轮侧滑受力分析如图 5-6-11 所示。该轮所受的垂直载荷为 W,地面垂直反力为 F_z,制动器的摩擦力矩为 M_μ,所产生的地面制动力为 F_{xb};由于侧向风、道路横坡引起的侧向力及转弯时离心力的作用,车轮上产生侧向力 F_r,相应的地面侧向反力为 Y。

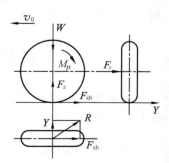

图 5-6-11　汽车车轮侧滑的受力情况

F_{xb} 和 Y 的合力为 R,显然,当 $R = F_z \varphi$ 时,将产生侧滑。在地面制动力 F_{xb} 的作用下,不产生侧滑所承受的侧向力为

$$R = \sqrt{F_{xb}^2 + Y^2} \leqslant F_z \varphi$$

上式表明,抗侧滑的稳定性与作用在车轮上的切向力和法

向力有关。当切向力与车轮和地面的附着力相等时,即 $F_{xb}=F_z\varphi$,即使是微小的侧向力都将引起车轮的侧向滑移。

2. 汽车侧滑时的运动

汽车侧滑时的运动情况如图 5-6-12 所示。图 5-6-12(a)为汽车前轴侧滑时的运动分析简图,直线行驶的汽车制动时,若前轮抱死而后轮滚动,则前轴在侧向力的作用下发生侧滑。汽车前轴中点的速度方向将偏离汽车纵轴线,而后轴中点的速度方向仍保持汽车的纵轴方向。汽车做类似转弯的运动,其瞬时回转中心为速度 v_A 和 v_B 两垂线的交点 O,汽车相当于绕 O 做圆周运动,所产生的离心惯性力为 F_j,显然 F_j 的方向与汽车侧滑的方向相反。这就是说,F_j

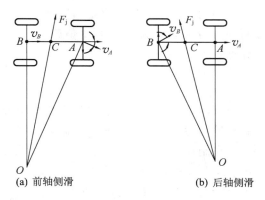

图 5-6-12 汽车侧滑时的运动分析

能起到消减侧滑的作用。而且一旦侧向力消失,F_j 又使汽车自动回正的作用。因此,仅前轴抱死产生的侧滑在汽车前进方向上的改变不大。

图 5-6-12(b)为汽车后轴侧滑时的运动分析简图,此时后轮制动抱死而前轮滚动。若在侧向力作用下后轴发生侧滑,则侧滑方向与离心惯性力 F_j 的方向基本一致。于是离心惯性力加剧后轴侧滑,后轴进一步侧滑又加剧离心惯性力增大。如此,汽车将产生甩尾,甚至掉头。为消除侧滑,驾驶员可朝后轴侧滑方向适度转动转向盘,使回转半径加大,从而减小惯性力。

3. 转向能力的丧失

转向能力的丧失是指弯道制动时,汽车不再按原来的弯道行驶而是沿弯道切线方向驶出,直线行驶制动时,虽然转动转向盘,但汽车仍按直线方向行驶的现象。一般汽车如后轴不会侧滑,前轮就可能丧失转向能力;后轴侧滑,前轮常仍保持转向能力。

只有前轮抱死或前轮先抱死时,即转向轮抱死拖滑(滑移率为 100%)时,侧向附着系数几乎为零,汽车将完全丧失转向能力。

从保证汽车方向稳定性的角度出发,汽车上普遍采用的防抱死制动系统(ABS)已解决了制动时的车轮抱死问题。

三、前、后轮制动器制动力的比例关系

在汽车的制动过程中,前、后轮抱死拖滑的次序将影响汽车制动时的方向稳定性和附着条件利用程度。

1. 普通制动系统前、后轮抱死次序

对不装 ABS 的普通制动系统,在汽车制动过程中,前、后轴车轮的抱死次序可分为三种:前轮先于后轮抱死,后轮先于前轮抱死,前、后轮同时抱死。

(1) 前、后车轮的抱死次序对方向稳定性的影响。

在汽车的制动过程中,如果前轮先于后轮抱死,则在汽车未达到最大制动强度之前,就会出现前轮抱死拖滑的现象,虽然前轮发生侧滑时危险性不大,但通常作为转向轮的前轮会失去转向能力;如果后轮先于前轮抱死,则在汽车未达到最大制动强度之前,后轴车轮就容易发生因抱死而侧滑的现象,后轴侧滑具有较大的危险性;如果前、后轮同时抱死,在汽车未

达到最大制动强度之前,前、后轴车轮均不会抱死,有利于保持汽车制动时的方向稳定性。

(2) 前、后车轮的抱死次序对制动系统工作效率的影响。

制动系统的工作效率是指制动器制动力的利用程度,一般用全部车轮均抱死时的地面制动力与制动器制动力的比值来表示。对两轴汽车,制动系统的工作效率 η_b 可用下式计算:

$$\eta_b = \frac{F_{r1max} + F_{r2max}}{F_{\mu1} + F_{\mu2}}$$

式中,F_{r1max}、F_{r2max} 为前、后轮最大地面制动力,等于前、后轮上的附着力(N);$F_{\mu1}$、$F_{\mu2}$ 为前、后车轮均抱死时,前、后车轮的制动器制动力(N)。

在制动过程中,如果前轮先于后轮抱死,则前、后车轮均抱死时,$F_{\mu1} > F_{r1max}$,$F_{\mu2} = F_{r2max}$,所以制动系统的工作效率 $\eta_b < 1$;如果后轮先于前轮抱死,则前、后车轮均抱死时,$F_{\mu1} = F_{r1max}$,$F_{\mu2} > F_{r2max}$,制动系统的工作效率 $\eta_b < 1$;如果前、后轮同时抱死,则全部车轮均抱死时,$F_{\mu1} = F_{r1max}$,$F_{\mu2} = F_{r2max}$,制动系统的工作效率 $\eta_b = 1$。

由以上分析可见,对于不装 ABS 装置的汽车,前、后轮同时抱死是制动的最佳状态,不仅制动系工作效率高,而且制动时的方向稳定性好。

2. 理想的前、后轮制动器制动力的分配

在汽车的制动过程中,前、后轮抱死的次序取决于前、后制动器的制动力和附着力之间的关系。而在附着系数一定时,前、后轮的附着力取决于前、后轮的地面法向反作用力。

(1) 制动时前、后轮的地面法向反作用力。

汽车在水平路面上制动时的受力情况如图 5-6-13 所示。图中忽略了滚动阻力偶矩、空气阻力以及旋转质量惯性力偶矩。

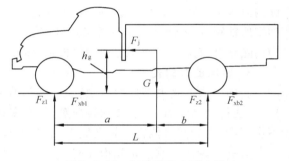

图 5-6-13 制动时汽车受力图

一定的汽车在一定的道路条件下制动时,前、后轮的地面法向反作用力是变化的:在制动强度较小时,前、后轮的地面法向反作用力取决于汽车的总地面制动力。前、后轮全部抱死时,前、后轮的地面法向反作用力取决于道路附着系数。

(2) 理想的前、后轮制动器制动力的分配。

理想的前、后轮制动器制动力的分配是指在各种道路条件下,均能保持最佳制动状态所需的前、后轮制动器制动力分配。制动时,前、后轮同时抱死拖滑是理想的制动状态,制动效果最佳。均能保证前、后轮同时抱死拖滑的前、后轮制动器制动力分配曲线称为理想分配曲线,如图 5-6-14 所示。

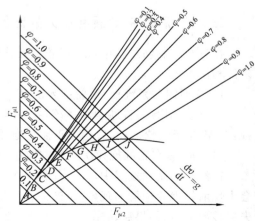

图 5-6-14 理想的前、后制动器制动力分配曲线

(3) 实际的前、后轮制动器制动力的分配。

① 具有固定比值的前、后轮制动器制动力与同步附着系数。

目前,一般两轴汽车实际的前、后轮制动器制动力之比为常数,即只能在某一种路面上使前、后轮同时抱死拖滑,而在其他路面上则不是前轮先抱死就是后轮先抱死。为了说明前、后轮制动器制动力的分配情况,通常用前轮制动器制动力与汽车的总制动器制动力之比来表示分配比例,称为制动器制动力分配系数,用符号 β 表示,即

$$\beta = \frac{F_{\mu 1}}{F_{\mu}}$$

式中,$F_{\mu 1}$ 为前轮制动器制动力;F_{μ} 为汽车全部制动器制动力,$F_{\mu} = F_{\mu 1} + F_{\mu 2}$;$F_{\mu 2}$ 为后轮制动器制动力。

由上式可得前、后轮制动器制动力之比为

$$\frac{F_{\mu 1}}{F_{\mu 2}} = \frac{\beta}{1-\beta}$$

由上式可知,$F_{\mu 1}$ 与 $F_{\mu 2}$ 的关系为一直线,此直线通过坐标原点,且其斜率为

$$\tan\theta = \frac{1-\beta}{\beta}$$

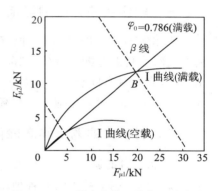

图 5-6-15 某汽车的 β 线与 I 线曲线

由此可见,实际汽车前、后轮制动器制动力的分配为固定比值,可用一直线来表示,该直线通过坐标原点,称为实际的前、后轮制动器制动力分配曲线,简称 β 线。图 5-6-15 给出了某汽车的 β 线,同时还给出了该车空载和满载时的 I 曲线。两线只有一个交点,该点对应的附着系数 φ_0 称为同步附着系数。同步附着系数所对应的制动减速度为临界减速度。

同步附着系数是汽车制动系的一个重要参数,它是由汽车的结构参数决定的。它说明前、后轮制动器制动力分配为固定比值的汽车,只有在具有同步附着系数的路面上制动时,才能使前、后车轮同时抱死。汽车满载时,同步附着系数最大,随着载荷减少,同步附着系数越来越小。

② 具有固定比值前、后轮制动器制动力的汽车制动过程的分析。

利用 β 线与 I 曲线的配合,就可以分析具有固定比值前、后轮制动器制动力的汽车在不同路面上的制动情况。由图 5-6-15 可以看出,只有在一种路面上,即附着系数为 φ_0 的路面上制动时,才能达到前、后轮同时抱死的理想制动状态。在 $\varphi < \varphi_0$ 的路面上制动时,由于 I 线(满载)位于 β 线的上方,当前轮抱死所需的制动器制动力一定时,实际的后轮制动器制动力总是达不到同时抱死需要的制动力,所以前轮先于后轮抱死。而在 $\varphi > \varphi_0$ 的路面上制动时,由于 I 线(满载)位于 β 线的下方,当前轮抱死所需的制动器制动力一定时,实际的后轮制动器制动力总是已超过同时抱死需要的制动力,所以后轮先于前轮抱死。

汽车空载的 I 线基本位于 β 线下方,所以空载制动时,一般都是后轮先于前轮抱死。

③ 同步附着系数的选择。

由以上讨论可知,汽车的制动情况取决于 β 线与 I 曲线的配合,或者说同步附着系数对汽车制动减速度、制动效率以及制动时汽车的方向稳定性有着重要的影响。

由 β 线和 I 线交点对应的前、后轮制动器制动力关系可得

$$\varphi_0 = \frac{L\beta - b}{h_g}$$

同步附着系数主要根据车型和使用条件来选择。β 值越大，β 线的斜率越小，同步附着系数 φ_0 越大。为防止汽车制动时发生危险的后轴侧滑，同步附着系数一般应保证在多数道路条件下制动时，前轮先于后轮抱死。目前，一般轿车的最高车速为 140~200km/h 或更高，在高速行驶时制动，引起后轴侧滑是十分危险的，因此采用较高的同步附着系数。轿车的同步附着系数一般为 0.6~0.9，货车一般为 0.5~0.8。

第四节 影响汽车制动性的使用因素

汽车的制动性与汽车的结构及其使用条件有关。如汽车轴间负荷的分配、载质量、制动器的结构、利用发动机制动、制动初速度、道路条件、驾驶技术等，均对制动过程有一定的影响。

一、轴间负荷分配的影响

汽车制动时，前轴负荷增加，后轴负荷减小。如果前、后轮制动器制动力根据轴间负荷的变化符合理想分配的条件，则前、后轮同时抱死。如果前、后轮制动器制动力的比例为定值，则只有在具有同步附着系数的路面上，前、后轮才能同时抱死。当 $\varphi<\varphi_0$ 时，前轮先抱死；当 $\varphi>\varphi_0$ 时，后轮先抱死。空载时总是后轮先抱死。

二、制动力的调节和车轮防抱死

1. 制动力的调节

现代汽车制动系中装有各种压力调节装置，常见的压力调节装置有限压阀、比例阀、载荷控制比例阀、载荷控制限压阀。

2. 车轮防抱死

为了充分发挥轮胎与地面间的潜在附着能力，满足汽车制动性的要求，现在已使用了多种自动防抱死装置。有了防抱死装置，在紧急制动时，就能防止车轮完全抱死，而使车轮处于滑移率为 10%~20% 的状态，充分利用了峰值附着系数。

三、汽车载质量的影响

载质量较大的汽车，制动距离会因载质量的不同产生差异。因为在前、后轮制动器设计时，不能保证其在任何道路条件下使其制动力都同时达到附着极限。

四、车轮制动器的影响

制动器的结构不同，其效率不同。制动器效能因数大，则在制动鼓半径和制动器张力相同的情况下，制动器产生的制动力矩也大。但当制动器摩擦副的摩擦系数下降时，其制动力矩将显著下降，制动性能的稳定性也变差。

制动器的技术状况不仅和设计制造有关，还和汽车使用的技术状况有关。

五、制动初速度的影响

制动初速度高,需要通过制动消耗的运动能量大,所以制动距离就长。若只考虑能量平衡的因素,则制动距离与制动初速度的平方成正比变化。

六、利用发动机制动

把发动机当作辅助制动器,是利用发动机的内摩擦力矩和泵气损耗可用来作为制动时的阻力矩,而且发动机的散热能力也比制动器强得多。

发动机制动能使汽车制动性在较长的时间内发挥制动作用,减轻车轮制动器的负担,而且由于传动系中差速器的作用,可将制动力矩平均地分配在左、右车轮上,以减少侧滑甩尾的可能性。

装有柴油发动机的汽车,为了增强发动机的制动效果,需加装排气制动。这种方法使发动机在制动时能吸收 50% 以上的有效功率。

七、道路条件的影响

道路的附着系数对汽车的制动性有很大的影响,因为它限制了汽车的最大制动力。图 5-6-16 是汽车在各种不同附着系数的道路上制动时,制动距离与制动初速度之间的关系曲线。由图可见,当制动初速度相同时,随着道路附着系数值的减小,制动距离随之增加。

因此,在冰雪道路上行驶时,应加装防滑链。

八、驾驶技术的影响

驾驶技术对汽车的制动性有很大影响。制动时,如能保持车轮接近抱死而未抱死的状态,便可获得最佳的制动效果。在驾驶未安装 ABS 的传统汽车时,有经验的驾驶员在制动时都采用"点刹"。在紧急制动时,驾驶员如能迅速踩下制动踏板,则制动系的协调时间将缩短,从而缩短制动距离。在滑溜路面上,驾驶员应避免急松油门和猛烈踩制动踏板,以免车速急剧变化,导致汽车侧滑。

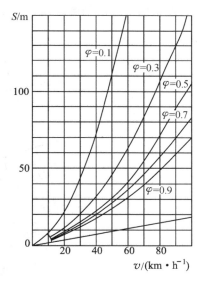

图 5-6-16 附着系数 φ 对汽车制动性的影响

第七章 汽车的稳定性

汽车的稳定性是指在驾驶员不感觉过分紧张、疲劳的条件下,汽车能遵循驾驶员通过转向系及转向车轮给定的方向行驶,且当受到外界干扰时,汽车能抵抗干扰而保持稳定行驶的能力。

第一节 汽车的纵向和横向稳定性

汽车的稳定性可分为汽车的纵向稳定性和横向稳定性。

一、汽车的纵向稳定性

汽车在上下坡或者运动状态发生改变时,抵抗纵向倾覆的能力称为汽车的纵向稳定性。

汽车的纵向翻倒一般最容易发生在上坡的时候。由图 5-7-1 可求得汽车前、后轮的地面法向反作用力:

$$F_{z1}=\frac{bG\cos\alpha-h_{g}G\sin\alpha}{L}$$

$$F_{z2}=\frac{aG\cos\alpha-h_{g}G\sin\alpha}{L}$$

式中,F_{z1} 为前轮地面法向反作用力(N),F_{z2} 为后轮地面法向反作用力(N),G 为汽车的总重力(N),h_g 为汽车重心高度(m),L 为汽车前后轴距(m),a 为汽车质心到前轴的距离(m),b 为汽车质心到后轴的距离(m),α 为道路纵向坡道角度(°)。

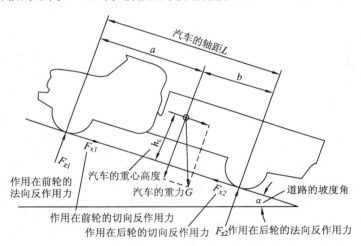

图 5-7-1　汽车在上坡时的受力图

从汽车前、后轮的地面法向反作用力计算式可以看出,随着坡度 α 的增大,前轮的地面法向反作用力 F_{z1} 减小。当前轮的法向反作用力为 0 时,即为汽车在上坡时发生绕后轴倾覆时的情况。因此,将 $F_{z1}=0$ 代入

$$F_{z1}=\frac{bG\cos\alpha_{\max}-h_{g}G\sin\alpha_{\max}}{L}$$

整理上式得汽车在上坡时,不发生纵向翻倒的最大坡度(临界坡度)为

$$\tan\alpha_{\max}=\frac{b}{h_{g}}$$

推算可得汽车后轮不发生滑转所能克服的最大道路坡度,即

$$\tan\alpha_{\varphi\max}=\frac{a\varphi}{L-\varphi h_{g}}$$

式中，α 为坡度角，L 为汽车的轴距(m)，h_g 为汽车的重心高度(m)。

前轮驱动的汽车上坡时是永远不可能发生纵向倾覆现象的。全轮驱动汽车的纵向稳定性条件与后轮驱动汽车相同。汽车在下坡时的纵向稳定性条件，同样也可就后轮驱动、前轮驱动和全轮驱动得出相应的结论。总之，汽车质心至驱动轴的距离 b 越大，重心高度 h_g 越低，则对汽车的纵向稳定性越有利。

二、汽车的横向稳定性

汽车在横向坡度路面或转弯行驶时，或者在行驶中受到其他侧向力作用的情况下，汽车能抵抗侧向倾覆和侧滑的能力，称为汽车的横向稳定性。

侧向力有重力的侧向分力、离心力、侧向的风力以及不平道路的侧向冲击力等多种。汽车在侧向力的作用下，当车轮的侧向反作用力达到车轮的附着力时，汽车将沿侧向力的作用方向发生滑移。侧向力同时会引起左、右车轮的地面法向反作用力的改变。当侧向力足够大，一侧车轮上的地面法向反作用力变为零时，汽车就有可能发生侧向翻倒。

汽车在高速转弯时，由于受到离心力的作用，最容易发生侧向的翻倒。

图 5-7-2 为汽车在横向坡道路面上做等速行驶时的受力图。由于汽车在横向坡道上行驶时，重力所产生的侧向分力也有使汽车产生侧向滑动的可能，即当车轮的侧向反作用力达到或超过侧向附着力时，汽车沿侧向力的作用方向发生滑移。

图 5-7-3 是汽车在水平路面上高速转弯行驶时的受力图。随着车速的提高和转弯半径的减小，离心力 F_j 增大。当离心力与重力 G 的合力 F 作用线通过外侧车轮与地面的接触线时，内侧车轮对地面的作用载荷为零（即 $F_{zi}=0$），则汽车处于侧向翻倒的临界状态。

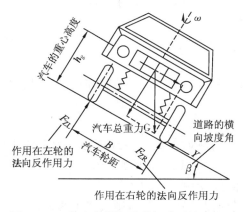
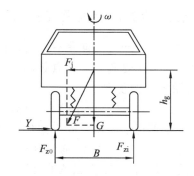

图 5-7-2　汽车在横向坡道行驶时的受力图　　图 5-7-3　汽车在水平路面转弯行驶时的受力图

汽车无论在横向坡道还是在水平弯道路面行驶，其横向稳定性条件是相同的。所以，在结构上可通过合理增大轮距 B、降低重心高度 h_g 等方法，提高汽车的横向稳定性。汽车横向稳定性条件中的比值 $\dfrac{B}{2h_g}$，称为汽车的横向稳定性系数。如表 5-7-1 所示为几种汽车的横向稳定性系数。

表 5-7-1　几种汽车的横向稳定性系数

车辆类型	重心高度/cm	轮距/cm	横向稳定性系数
跑车	46～51	127～154	1.2～1.7
微型轿车	51～58	127～154	1.1～1.5
豪华轿车	51～61	154～165	1.2～1.6
轻型客货两用车	76～89	165～178	0.9～1.1
客货两用车	76～102	165～178	0.8～1.1
中型货车	114～140	165～190	0.6～0.8
重型货车	154～216	178～183	0.4～0.6

汽车侧翻只有在附着系数大于横向稳定性系数的道路上才会发生。一般汽车即使在 φ 值较大的干燥沥青或水泥路面上行驶（φ 值为 0.7～0.8），大多也能够满足汽车横向稳定性条件。

从上表所列的汽车横向稳定性系数可得知：中、重型载货汽车由于其横向稳定性系数偏小，有可能在汽车尚未达到侧滑时先行发生侧向翻倒，所以在驾驶中、重型载货汽车的时候，对汽车的横向稳定性要有足够的重视。

第二节　汽车的转向特性

汽车转向过程中会出现不同的转向特性，这种特性是由车辆本身的特性决定的。不同转向特性的车辆表现出来的安全稳定性也不一致。

一、轮胎的侧偏特性及其影响因素

汽车轮胎在径向和侧向具有一定的弹性。当轮胎滚动时，由于受到侧向力的作用，会产生侧向变形而引起轮胎侧向行驶偏离现象。

1. 轮胎的侧偏现象

汽车在行驶过程中，由于路面的侧向倾斜、曲线行驶时的离心力或侧向风力等的作用，车轮中心将在垂直于车轮平面方向作用有侧向力 F_y，而地面对轮胎则产生与 F_y 大小相等、方向相反的一个反作用力 Y，通常将该反作用力称为轮胎的侧偏力（图 5-7-4）。

如果轮胎是刚性的，那么汽车在行驶过程中受到侧向力作用时，则会产生两种情况：

（1）当轮胎的侧偏力小于轮胎与地面间的附着力时，轮胎与地面间没有滑动，车轮仍沿其本身平面 cc 的方向行驶，如图 5-7-4(a)所示。

（2）当轮胎的侧偏力达到轮胎与地面间的附着极限时，轮胎将产生侧向滑移，如图 5-7-4(b)所示。

如果轮胎有侧向弹性，则受到侧向力的作用会产生侧向变形，此时即使侧偏力未达到附着极限，车轮行驶的方向也将偏离车轮平面 cc 方向，这就是轮胎的侧偏现象（图 5-7-5）。

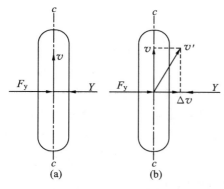
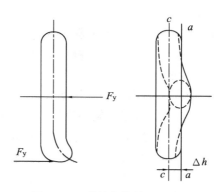

图 5-7-4 有侧向作用力时刚性车轮的滚动

图 5-7-5 弹性车轮的侧向变形

2. 轮胎的侧偏特性

当车轮静止不动时,在侧偏力的作用下,车轮会发生侧向变形,轮胎与地面之间接触印痕的中心线 aa 与车轮平面 cc 不重合,偏离 Δh,但 aa 仍与 cc 平行,如图 5-7-5 所示。

当已产生侧向变形的轮胎滚动时,轮胎与地面之间的接触印痕的中心线 aa 不仅偏离车轮平面 cc,而且不再与车轮平面 cc 平行,aa 与 cc 间形成一个夹角,该夹角为 α,即称为轮胎的侧偏角(图 5-7-6)。

为了分析出现侧偏角的原因,可在轮胎胎面的中心线上标上 $a_1, b_1, c_1, \cdots$ 各点,随着车轮向前滚动,各点将依次落在地面上的 $a_1', b_1', c_1', \cdots$ 各点上。

随着侧偏力的增大,轮胎与地面的接触印痕的中心将更偏离轮胎胎面的中心,所形成的夹角 α 也将随之增大。轮胎侧偏角随侧偏力变化而变化的关系,称为轮胎的侧偏特性。

如图 5-7-7 所示为轮胎侧偏特性曲线,该曲线表明,侧偏角小于 5°时,侧偏力 F_y 与侧偏角 α 成线性关系,即

$$F_y = k\alpha$$

式中,k 为轮胎的侧偏刚度[N/(°)],其值在理论上应为负值,以表示力的方向。

弹性车轮的侧偏角不仅与侧偏力有关,还与侧偏刚度有关。侧偏刚度表示弹性轮胎每产生 1°的侧偏角所需施加的侧向力,它是衡量轮胎操纵稳定性的重要参数。

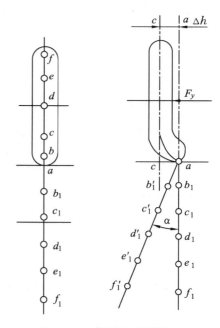

图 5-7-6 轮胎的侧偏现象

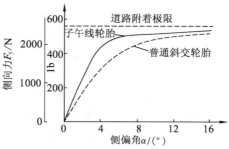

图 5-7-7 轮胎侧偏特性曲线

轮胎的最大侧偏力取决于轮胎的附着条件,即垂直载荷、轮胎花纹、材料、结构、气压、路面材料、路面潮湿程度及车轮的外倾角等。一般来说,轮胎的最大侧偏力越大,则轮胎的极

限性能越好。

3. 轮胎侧偏特性的影响因素

轮胎的侧偏刚度主要与轮胎的结构、工作条件等有关。一般用试验方法确定。

（1）轮胎的结构。

轮胎的尺寸、形式和结构参数对轮胎的侧偏刚度有着较大的影响。从表5-7-2可以看出，轮胎尺寸越大，则侧偏刚度越大。尺寸相同的子午线轮胎比普通斜交胎的侧偏刚度大；而钢丝子午线轮胎的侧偏刚度要比尼龙子午线轮胎高。同一型号、同一尺寸的轮胎，帘布层越多，帘线与轮胎平面的夹角越小，轮胎承压能力越大，则轮胎的侧偏刚度越大。

表 5-7-2 几种轮胎的侧偏刚度值

轮胎	车轮载荷/N	轮胎气压/kPa	侧偏刚度/[N/(°)]
5.20—13	2452	1×10^4	312
6.00—13	2943	8.75×10^4	309
6.40—13	3924	1.06×10^4	360
165R14	3924	1.2×10^4	555
175HR14	3433	1.25×10^4	670
5.60—15	2943	1.13×10^4	512
155SR15	3924	1.31×10^4	507
6.50—16	5886	1.56×10^4	861
9.00—20	19620	3.42×10^4	2316
9.00R20	19620	3.42×10^4	2936
11R22.5	16180	4.84×10^4	1969
12.00—20	29430	4×10^4	3270

轮辋的类型对轮胎的侧偏刚度也有影响。轮辋较宽的轮胎侧偏刚度较大。

以百分数表示的轮胎的断面高度 H 与宽度 B 的比值称为轮胎的扁平率。早期轮胎的扁平率为100％，现代轮胎的扁平率逐渐减小，目前不少轿车已采用扁平率为60％或称60系列的宽轮胎，其侧偏刚度较大。

（2）轮胎的工作条件。

垂直载荷的变化对轮胎的侧偏特性有显著影响。一般情况下，随着轮胎所受垂直载荷的增加，轮胎的侧偏刚度加大。但如果垂直载荷过大，轮胎会产生剧烈的径向变形，使得轮胎与地面之间接触区的压力极不均匀，反而造成轮胎的侧偏刚度减小。

轮胎的充气压力对轮胎的侧偏刚度也有较大影响。轮胎气压增大后，弹性会下降，侧偏刚度则增大。但如果轮胎气压过高，侧偏刚度将不再变化，这是轮胎受到附着力的限制，使得侧偏力不能再增加的缘故。

路面的材料及其粗糙程度、干湿状况对轮胎的侧偏特性，尤其是最大侧偏力有很大的影响。当路面结冰时,轮胎侧偏力趋于零,完全丧失侧偏能力。

汽车行驶速度对轮胎的侧偏刚度没有什么影响。

二、汽车的稳态转向特性

汽车在等速直线行驶时,将转向盘转过一定角度并保持不变,汽车即迅速进入等速圆周行驶状态,并且不随时间而改变,这种稳态响应称之为汽车的稳态转向特性。

1. 无侧偏时的转向半径

为使汽车转向时所有的轮胎均保持纯滚动,减少轮胎磨损和提高汽车行驶的稳定性,则汽车的所有轮胎必须在同一瞬时围绕同一转向中心做曲线运动。

汽车在实际转向时,内、外转向轮的转角关系是由转向梯形机构的参数来保证的。汽车只在转向角度较小时能近似符合理论转角关系,而当转向角度较大时则偏差也较大,这就不能保证汽车在转向时所有车轮均为纯滚动。

2. 有侧偏时的转向半径

汽车在转向行驶时,产生的离心力使弹性车轮发生侧偏现象,轮胎的侧偏会影响实际的转向半径。同样的前轮转向,弹性车轮由于侧偏特性,其转向半径与刚性车轮转向半径是有差别的。

三、汽车转向特性对汽车操纵稳定性的影响

1. 具有中性转向特性的汽车行驶特点

具有中性转向特性的汽车的转向轮侧偏角与汽车的行驶速度无关。当转向盘角度固定不动,汽车加减速或以不同车速等速行驶时,汽车都将沿给定的半径进行圆周运动,即汽车的转弯半径保持不变。

2. 具有不足转向特性的汽车行驶特点

具有不足转向特性的汽车,当转向盘保持一个固定的转角,汽车加减速或以不同的车速等速行驶时,其转向半径大于同样条件下的刚性车轮的汽车转向半径,转向半径不断增大。

3. 具有过多转向特性的汽车行驶特点

具有过多转向特性的汽车行驶特点正好与不足转向特性的汽车行驶特点相反。当转向盘保持一个固定的转角,汽车加减速或以不同的车速等速行驶时,转向半径不断减小。

具有过多转向特性的汽车在行驶中有使汽车失去稳定性的危险,在汽车运用上应加以避免。

具有中性转向特性的汽车在行驶中的操纵性也不好,且在其使用中随某些条件的改变,极易转变为过多转向特性而使汽车失去稳定性,故不宜采用。

具有适度不足转向特性的汽车在行驶中具有良好的操纵稳定性,所以目前绝大多数的汽车具有不足转向特性。

为提高汽车转向时的操纵稳定性,使汽车具有适度的不足转向特性,一般通过合理选择汽车的重心位置和轮胎气压来实现。在使用中,轮胎的充气压力是影响其侧偏刚度的重要因素。减小轮胎气压,将使轮胎更富有弹性,有利于增大轮胎的侧偏角。一般汽车的前轮充气压力均小于后轮充气压力。

四、前轮定位的稳定效应

转向轮的稳定效应是指转向轮具有保持中间位置（直线行驶位置）及自动返回中间位置的能力。

在转向轮的定位参数中，主销内倾和主销后倾对操纵稳定性影响较大。

1. 主销内倾的影响

主销内倾角是指在汽车横向垂直平面内，转向主销中心线与铅垂线之间的角度 α，如图 5-7-8 所示。当汽车转向时，假设转向轴的空间位置不变，转向轮绕主销偏转 $180°$，则车轮与路面的接触点由 A 点移至 A'，而 A' 将在地面以下。

但实际上接触点 A' 是不可能深入地面以下的，而是将转向轮连同汽车的前轴被地面抬高了一个高度 h，此时，驾驶员施加于转向盘的运动能量将转化为车轴的势能而储存起来。在实际过程中，汽车转向轮的最大偏转角度不可能达到 $180°$，一般在 $35°$ 左右。汽车转向后，当松开转向盘时，在前轴重力的作用下，被储存的势能便释放出来，从而促使转向轮自动回到中间位置，产生转向轮的稳定效应。主销内倾的稳定效应随主销内倾角 α 的增大而增大。但主销内倾角过大，会使转向沉重。

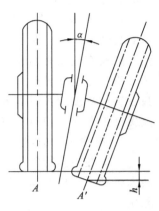

图 5-7-8　前轮主销内倾角

2. 主销后倾的影响

主销后倾角是指在汽车纵向垂直平面内，转向主销中心线与铅垂线之间的角度 β，如图 5-7-9 所示。当转向轮偏转时，汽车便处于转向行驶状态，会有相应的离心力产生，离心力作用于车轮后将引起路面对车轮的侧向反作用力 Y_1。由于主销的后倾导致此反作用力 Y_1 不通过主销的中心线（即车轮转动中心）而偏离主销中心 b_β 距离，从而对转向车轮产生一个稳定力矩，促使转向轮回到中间位置。因此，主销内倾角也有利于保持汽车的直线行驶时的稳定性。但主销后倾角过大，同样也会使转向沉重。

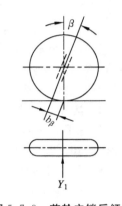

图 5-7-9　前轮主销后倾角

现代高速汽车广泛采用低压轮胎，并且由于前轮承受重量增加，因此轮胎弹性变形所产生的稳定效应增大。试验表明，转向车轮在侧向力的作用下，当弹性变形的偏离角为 $1°$ 时，所引起的稳定力矩相当于主销后倾 $5°\sim 6°$ 的稳定效果。所以，当前汽车转向轮的主销后倾角在逐渐减小，甚至出现负值。

第三节　汽车转向轮的摆振

一、转向轮的振动

汽车的转向轮通过悬架及转向传动机构与车架相连，这些互相联系的机件组成了弹性振动系统。汽车在行驶过程中，由于受到不平路面的冲击，会使转向轮出现左右摆动和上下跳动的现象。

转向轮的振动将会破坏汽车行驶的稳定性,严重影响汽车的行驶安全。同时转向轮的振动也会增加轮胎的磨损和滚动阻力,并使转向系和行驶系的负荷增大,降低部件的使用寿命。

转向轮的上下跳动可看作是前轴绕纵轴的角振动,它一般是由路面不平或车轮不平衡引起的。

车轮的左右摆动是转向轮绕主销的角振动。无论是由于路面不平、车轮不平衡或侧向风等直接引起转向轮绕主销的角振动,还是转向轮绕汽车纵轴线的角振动间接引起转向轮绕主销的角振动,都会影响汽车直线行驶时的方向稳定性。

在外力的扰动下,由转向轮、悬架、转向传动机构及车架等相互联系的机件组成的弹性系统可能被激发的振动形式主要有受迫振动、有阻尼的自由振动和自激振动。

1. 受迫振动

当汽车在行驶中所受到的外力呈现出某种规律性的周期变化时,如汽车行驶在搓板路面,或因车轮的不平衡造成了离心力距等,在此种外力的扰动下,系统被激发为有阻尼的受迫振动。如果外力的变化频率与系统的固有频率重合或相接近时,转向轮便会发生强烈的共振现象,此时汽车就会呈现不稳定的状态。

2. 有阻尼的自由振动

当汽车行驶中所受外力是偶然的和单次的,由于各机件的缓冲作用、内摩擦及其产生的稳定力矩,使系统被激发为有阻尼的自由振动。如汽车直线行驶时,其车轮越过单个凸起或凹坑,或者突然受到侧向风的扰动,转向轮便会发生瞬时的偏转。

当外力消除之后,振动即衰减。这时,如果稳定力矩足够大,转向轮可克服初始的偏转而自动回正,对汽车产生稳定效应。

3. 自激振动

如果在偶然的单次外力的扰动下而引起车轮的振动,且当外力消除后,此种振动并没有衰减,相反却激起了系统内部某种交变力的产生而使振动加剧,这种振动现象称为自激振动。如汽车直线行驶时,连续越过多个凸起或凹坑后,前轮产生了绕汽车纵轴的角振动,这样,转向轮将由于陀螺效应而绕主销偏转。同样也由于陀螺效应,车轮绕主销的角振动会反过来加剧转向轮绕前轴的角振动。

二、转向轮振动的防止

为了有效防止转向轮的振动,确保转向轮的稳定效应,通常可采取以下一些措施:

1. 采用不等臂的双横杆独立悬架

因陀螺效应引起的转向轮振动对汽车行驶稳定性的影响最大。在独立悬架的汽车上,通常采用不等长的双横臂独立悬架,以减小轮距的改变量和车轮的侧滑量。因为如采用等长的双横臂式独立悬架,虽然转向轮在上下跳动时只做平移而不偏转,不存在使转向轮左右偏转的回转力矩,避免了转向轮绕主销的角振动,但是这种结构在车轮上下跳动时,轮距改变较大,增加了轮胎的侧滑,加剧了轮胎的磨损。

2. 减轻或消除转向系与悬架的运动干涉

悬架与转向传动机构的运动关系不协调,也是引起转向轮左右摆动的一个重要因素。当路面不平引起前轴在垂直平面内产生角振动时,转向轮将出现水平面内的左右偏摆。

为了避免和减弱转向系和悬架的运动干涉,应在汽车设计或改造时合理布置转向及悬架系统,使转向轴、主销、转向节臂的运动轨迹趋于相同,使运动不协调引起的车轮偏转量降至最小,以提高转向轮在汽车直线行驶时的稳定效应。

3. 轮胎要有良好的动平衡

无论装用新轮胎还是经翻修过的旧胎,都要进行动平衡检验,以消除不平衡因素。轮胎的不平衡所构成的离心力距会使转向轮产生周期性的上下跳动和左右摆动。如果两车轮的不平衡质量处于对称位置,则将使转向轮的振动更为严重。行驶速度越高的车辆,对其轮胎的不平衡度要求也越高。

4. 增大前桥悬架系统的刚性,减小其转动惯量

当外力的变化频率接近或与前轮系统的固有频率相等时,转向轮将发生共振,严重时会使汽车呈现不稳定状态。固有频率主要取决于该系统的刚度和转动惯量。若提高前桥悬架系统的刚度,减小转动惯量,其固有频率将得到足够的提高。这时,即使外力的变化频率随车速提高也相应提高,也仍然低于前桥悬架系统的固有频率,所以可有效避免共振现象的发生,确保汽车稳定行驶。例如,采用弹性系数较大的轮胎和悬架系统、采用高性能的减振器、在转向系中加装转向减振器,都有利于减轻转向轮的振动,提高汽车行驶的稳定性。

第八章 汽车的平顺性和通过性

第一节 汽车的平顺性

汽车的平顺性就是保持汽车在行驶过程中,乘员所处的振动环境具有一定的舒适度的性能。对于载货汽车还包括保持货物完好的性能。由于行驶平顺性主要是根据乘员的舒适程度来评价的,所以又称为乘坐舒适性。

一、汽车行驶平顺性的评价指标

汽车行驶平顺性的评价方法,通常是根据人体对振动的生理反应及对保持货物完整性的影响来制定的,并用振动的物理量,如频率、振幅、加速度、加速度变化率等作为行驶平顺性的评价指标。

目前,常用汽车车身振动的固有频率和振动加速度评价汽车的行驶平顺性。

1. 疲劳-工效降低界限

它是一组不同承受时间下的频率与加速度均方根值的界限曲线,如图 5-8-1 所示。当驾驶员承受的振动强度在此界限之内时,能准确灵活地反应,正常地进行驾驶。当超过这个界限值时,就会感到疲劳,降低工作效率。

由此界限曲线可见,人对振动最敏感的频率在垂直方向是 4~8Hz,在水平方向(纵向、横向)是 2Hz 以下,即在上述频率范围内,人体能承受的加速度均方根值最低。

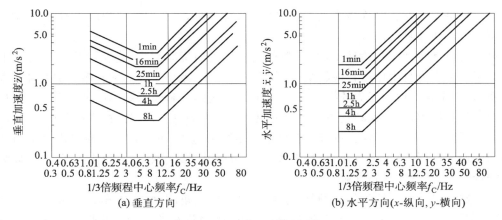

(a) 垂直方向　　(b) 水平方向(x-纵向,y-横向)

图 5-8-1　疲劳-工效降低界限

2. 暴露极限（健康及安全极限）

暴露极限大约是人的痛感阈限的一半,越过此界限就意味着不安全和有害于健康。该界限曲线与"疲劳-工效降低界限"曲线完全相同,只是把相应的振动强度增大一倍（增加 6dB）。

3. 舒适降低界限

在这个界限之内,人体在承受的振动环境感觉良好,能顺利完成吃、读、写等动作。该界限也具有与"疲劳-工效降低界限"相同的曲线形式,只是把加速度均方根值降到"疲劳-工效降低界限"的 3.15 倍（降低 10dB）。

二、汽车行驶平顺性的评价方法

为了用"疲劳-工效降低界限"评价汽车的平顺性,首先要对经过汽车座椅传至人体的振动进行频谱分析,得到 1/3 倍频带的加速度均方值谱。

常用的两种评价方法是 1/3 倍频带分别评价法和总加速度加权均方值评价法。

三、影响汽车行驶平顺性的结构因素

在研究振动时,常将汽车用当量系统代替,即把汽车视为由彼此相联系的悬挂质量与非悬挂质量所组成。

悬架结构、轮胎、悬挂质量和非悬挂质量是影响汽车平顺性的重要因素。

1. 悬架结构

悬架结构主要指弹性元件、导向装置与减振装置,其中弹性元件与悬架系统的阻尼对平顺性的影响较大。

减小悬架刚度,即增大静挠度,可提高汽车行驶的平顺性。但刚度降低会增加非悬挂质量的高频振动位移。而大幅度的车轮振动有时会使车轮离开地面,前轮定位角也将发生显著变化,在紧急制动时会产生严重的汽车"点头"现象。转弯时因悬架侧倾刚度的降低,会使车身产生较大的侧倾角。

为了防止路面对车轮的冲击而使悬架与车架相撞,要相应地增加动挠度,即要有较大的缓冲间隙,对纵置钢板弹簧就要增加弹簧长度等,从而使悬架布置发生困难。

为了使悬架既有大的静挠度又不影响其他性能指标,可采取一些相应措施,如采用悬架刚度可变的非线性悬架。

采用变刚度特性曲线的悬架,对于载荷变化较大的货车而言,会明显地改善行驶平顺性。为了衰减车身自由振动和抑制车身、车轮的共振,以减小车身的垂直振动加速度和车轮的振幅(减小车轮对地面压力的变化,防止车轮跳离地面),悬架系统中应具有适当的阻尼。

在悬架系统中,引起振动衰减的阻尼来源很多。有的汽车采用钢板弹簧悬架时,可以不装减振器,但阻尼力的数值很不稳定,钢板生锈后阻力过大,不易控制。而采用其他内摩擦很小的弹性元件(如单片钢板弹簧、螺旋弹簧、扭杆弹簧等)的悬架,必须使用减振器,以吸收振动能量,使振动迅速得到衰减。

减振器可提高汽车行驶的平顺性,还可增加悬架的角刚度,改善车轮与道路的接触条件,防止车轮离开路面,因而可改善汽车的稳定性,提高汽车的行驶安全性。改进减振器的性能,对提高汽车在不平道路上的行驶速度有很大的作用。

悬架系统的干摩擦可使悬架的弹性元件部分或人为地被锁住,使汽车只在轮胎上发生振动,因而增加振动频率,且使路面冲击容易传给车身。

2. 轮胎

轮胎对行驶平顺性的影响取决于轮胎的径向刚度、轮胎的展平能力以及轮胎内摩擦所引起的阻尼作用。

为了提高汽车行驶的平顺性,轮胎径向刚度应尽可能减小。在采用足够软的悬架的情况下,在相当大的行驶速度范围内,低频共振的可能性完全可以消除。但轮胎刚度过低,会增加车轮的侧向偏离,影响稳定性,同时还使滚动阻力增加,轮胎寿命降低。

3. 悬挂质量

悬挂质量是指由弹簧支承的车身等的质量。一般来说,汽车的悬挂质量越大,汽车的平顺性越好,这是车身振动和加速度降低的缘故。

减小公共汽车和载货汽车的悬挂质量。由于车身振动的低频和加速度增加,会大大降低行驶平顺性,在此情况下,为了保持良好的行驶平顺性,应采用等挠度悬架,使悬架刚度随悬挂质量的减小而减小。

座位的布置对行驶平顺性也有很大影响。实际感受和试验表明:座位接近车身的中部,其振动最小。座位位置常由它与汽车质心间的距离来确定,用座位到汽车质心距离与汽车质心到前(后)轴的距离之比评价座位的舒适性。该比值越小,车身振动对乘客的影响越小。

对载货汽车和公共汽车,座位在高度上的布置也很重要。为了减小水平纵向振动的振幅,座位在高度方面与汽车质心间的距离应该不大。

弹簧座椅刚度的选择要适当,防止因乘客在座位上的振动频率与车身的振动频率重合而发生共振。对于具有较硬悬架的汽车,可采用较软的坐垫。对于具有较软悬架的汽车,可采用较硬的坐垫。

4. 非悬挂质量

非悬挂质量即不由悬架支承的质量,主要包括车轮和车轴。

减小非悬挂质量可降低车身的振动频率,增高车轮的振动频率。这样就使低频共振与高频共振区域的振动减小,而将高频共振移向更高的行驶速度,对行驶平顺性有利。

其次，减小非悬挂质量，还将引起高频振动的相对阻尼系数增加，因而减振器所吸收的能量减少，工作条件可以获得改善。非悬挂质量可因悬架导向装置类型而改变，采用独立悬架，可使非悬挂质量减小。

常用非悬挂质量与悬挂质量之比 m/M 评价非悬挂质量对行驶平顺性的影响。比值越小，行驶平顺性越好。对于现代轿车，$m/M=10.5\%\sim14.5\%$，可以保证良好的行驶平顺性。

总之，影响行驶平顺性的结构参数很多，且其关系错综复杂，必须对这些参数进行综合分析，以便正确选择参数，提高汽车行驶的平顺性。

第二节　汽车的通过性

汽车的通过性（越野性）是指汽车在一定装载质量下能以足够高的平均车速通过各种坏路、无路地带和各种障碍的能力。

通过性是汽车重要的使用性能之一，可分为轮廓通过性和支承与牵引通过性。前者是表征车辆通过坎坷不平路段和障碍（如陡坡、侧坡、台阶、壕沟等）的能力，后者是指车辆能顺利通过松软土壤、沙漠、雪地、冰面、沼泽等地面的能力。

一、轮廓通过性

在越野行驶时，由于汽车与不规则地面的间隙不足，可能出现汽车被托住而无法通过的现象，称为间隙失效。

汽车通过性的几何参数在一定程度上可以表示汽车通过高低不平地带和障碍物的能力。这些参数主要有最小离地间隙 h、纵向通过半径 ρ_1、横向通过半径 ρ_2、接近角 γ_1 和离去角 γ_2。另外，汽车的最小转弯半径和内轮差、转弯通道圆及车轮半径也是汽车通过性的重要轮廓参数（图 5-8-2）。

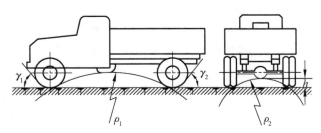

图 5-8-2　汽车通过性的结构参数

1. 最小离地间隙 h

最小离地间隙是指汽车满载、静止时，除车轮外的最低点与路面之间的距离。它表征了汽车无碰撞地通过地面凸起的能力。

2. 纵向通过半径 ρ_1 和横向通过半径 ρ_2

纵向通过半径是在汽车侧视图上作出的与前、后车轮及两轴中间轮廓线相切圆的半径。它表示汽车能够无碰撞地通过小丘、拱形障碍物的轮廓尺寸。ρ_1 愈小，汽车的通过性愈好。

横向通过半径是指在汽车的正视图上所作的与左、右轮及两轮中间轮廓线相切圆的半径。它表示汽车通过小丘及凸起路面的能力。

3．接近角 γ_1 和离去角 γ_2

接近角 γ_1 和离去角 γ_2 是指汽车满载静止时，自车身前、后端突出点向前、后车轮引切线时，切线与路面之间的夹角。它表征了汽车接近或离开障碍物（如小丘、沟洼地等）时不发生碰撞的能力。接近角和离去角越大，汽车的通过性越好。

4．最小转弯半径 R_H 和内轮差 d

车辆在转向过程中，转向盘向左或向右转到极限位置时，车辆外转向轮印迹中心至转向中心的距离，称为车辆的最小转弯半径 R_H。它表征车辆在最小面积内的回转能力和通过狭窄弯曲地带或绕过障碍物的能力。内轮差 d 是指前内轮轨迹与后内轮轨迹中心在车辆支承平面上的轨迹圆之差（图 5-8-3）。

5．转弯通道圆

转向盘转至极限位置时，图 5-8-4 中两圆之间的通道为车辆转弯通道圆：车辆所有点在车辆支承平面上的投影均位于圆外的最大内圆和包含车辆所有点在车辆支承平面上的投影均位于圆内的最小外圆。

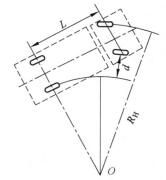

图 5-8-3　最小转弯半径和内轮差示意图

车辆有左和右转弯通道圆。转弯通道圆的最大内圆直径越大，最小外圆直径越小，车辆所需的通道宽度越窄，通过性越好。

6．车轮半径

汽车在不平路面上行驶时，克服垂直障碍物（台阶、壕沟）的能力与车轮半径有关。试验表明：对于后轮驱动的四轮汽车，能越过的台阶最大高度一般约为 $2/3r$［图 5-8-5(a)］；对于双轴驱动的汽车，能越过的台阶最大高度约等于汽车车轮的半径 r［图 5-8-5(b)］。如果壕沟的边沿足够结实，对于双轴汽车在单轴驱动时，在低速条件下能越过的壕沟宽度一般约等于车轮半径 r；对于双轴汽车在双轴驱动时，在低速条件下能越过的壕沟宽度一般约等于车轮半径的 1.2 倍［图 5-8-5(c)］。

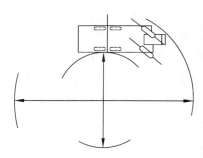

图 5-8-4　汽车转弯通道圆示意图

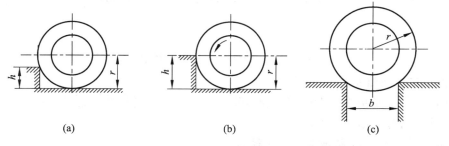

图 5-8-5　车轮半径与汽车越过障碍物壕沟能力的关系

各类汽车通过性几何参数的数值范围见表 5-8-1。

表 5-8-1　汽车通过性几何参数

汽车类型		最小离地间隙 h/mm	接近角 γ_1/(°)	离去角 γ_2/(°)	纵向通过半径 ρ_1/mm
轿车	轻型、微型、中型、高级	120～180 130～200	20～30	15～30	3～5 5～8
货车	轻型、中型、重型	180～220 220～300	25～30	25～45	2～4 4～7
越野车		260～370	30～60	30～48	19～36
客车	小型、中型、大型	180～220 240～290	8～30 8～12	8～20 7～15	5～9

二、支承与牵引通过性

影响汽车通过性的支承与牵引参数主要有最大动力因数、驱动轮附着质量和单位压力。

1. 最大动力因数

最大动力因数表明了汽车最大爬坡能力和克服道路阻力的能力。当汽车在坏路或无路地带行驶时，行驶阻力很大，为了保证汽车的通过性，必须提高汽车的动力因数。

在越野汽车的传动系中，大多通过增设副变速器或低挡分动器以增大传动系的传动比。

2. 单位压力

车轮对地面的单位压力是作用在车轮上的垂直负荷与轮胎接地面积之比。汽车在松软的路面上行驶时，可适当减小轮胎气压，使车轮对地面的单位压力降低，降低行驶阻力。同时因增大了轮胎与地面的接触面积，使得附着系数提高。

3. 驱动轮附着质量

汽车正常行驶时，不仅要满足驱动条件，而且还要满足附着条件。提高汽车的驱动力与提高汽车的通过性是同样重要的。驱动轮附着质量越大，附着力越大，汽车的通过性越好。所以，适当提高汽车质量在驱动轮上的分配比例，最好采用全轮驱动以充分利用各车轮上的附着质量，可提高汽车的通过性。不同类型汽车的相对附着质量系数如表 5-8-2 所示。

表 5-8-2　不同类型汽车的相对附着质量系数

汽车类型	相对附着质量系数
4×2 轿车	0.45～0.50
4×2,6×4 货车	0.65～0.75
4×4,6×6 货车（或越野车）	1.0

从表 5-8-2 可看出，全驱动汽车的相对附着质量达到最大值。

三、影响汽车通过性的主要因素

影响汽车通过性的因素很多，但主要的是汽车的结构因素和使用因素。

1. 汽车结构因素对通过性的影响

（1）发动机的动力性。

为了保证汽车的通过性，必须提高汽车的动力性，提高汽车的最大动力因数。

（2）传动系的传动比。

汽车低速行驶时，土壤的物理特性有所改善，土壤的剪切破坏、车轮滑转的可能性随之减小，因此低速行驶可以克服困难路段，改善汽车的通过性。

（3）液力传动。

装有液力变矩器或液力偶合器的汽车可以提高在松软路面上的通过能力。这种汽车在起步时驱动轮的转矩增加缓慢且平稳，驱动轮对路面产生的冲击减轻，可以避免因土壤层被破坏而导致附着系数下降，也可避免因土壤被破坏而导致车轮下陷，从而使附着力提高，滚动阻力减小，汽车的通过性提高。

液力传动的汽车能维持长时间稳定的低速（0.5～1km/h）行驶，可以避免机械式有级变速汽车在坏路面上行驶时产生的一些问题，如在换挡时动力中断，而惯性力不足以克服较大的行驶阻力，从而导致停车，重新起步又可能引起土壤破坏而使起步困难。

（4）差速器。

在汽车转弯时，为保证左、右驱动车轮能以不同的角速度旋转，在汽车传动系中装有差速器。由于普通齿轮式差速器具有在驱动轮间平均分配转矩的特性，因此会大大降低汽车的通过性。

差速器中机件间的摩擦作用对提高汽车的通过性是有益的。正是由于这种摩擦作用，差速器才可能将较大的转矩传给不滑转的车轮。

（5）前后轮距。

当汽车在松软地面上行驶时，需要克服各个车轮轮辙的滚动阻力。若汽车的前后轮距相等，并具有相同的轮胎宽度，则前后轮辙重合，后轮就沿着已被前轮压实的轮辙行驶，因而汽车的总滚动阻力减小。相反，若前后轮距不等，则总滚动阻力增大。

（6）驱动轮数目。

增加驱动轮数目，可增加汽车的相对附着质量和驱动轮胎与地面的接触面积，能充分利用其驱动力。

（7）车轮尺寸。

增加车轮的直径和宽度，均可降低轮胎对地面的单位压力，从而提高通过性。加大轮胎宽度既能直接降低轮胎对地面的单位压力，又允许胎体有较大的变形，这样不仅不会降低轮胎的使用寿命，而且可以选用较低的轮胎气压。

（8）驱动防滑系统（ASR）。

汽车在泥泞道路或冰雪路面行驶时，因路面的附着系数小，常会出现驱动轮滑转现象。当驱动轮滑转时，产生的驱动力很小。汽车驱动轮胎滑转，限制了汽车动力性的发挥，增加了轮胎的磨损，降低了轮胎的使用寿命，并使汽车抗侧向力的能力下降，当遇到侧风或横向斜坡时，容易发生侧滑，影响汽车行驶的横向稳定性。

ASR系统可以自动调节发动机转矩到驱动轮的驱动力，使驾驶员的工作强度得以减小，稳定性和操纵性得到安全的调节，驱动力的发挥得以改善。ASR系统保持驱动轮处于最佳滑转范围内的控制方式有以下几种：调节发动机输出转矩，制动驱动轮以及锁止差速器。这些控制方式的目的都是调节驱动轮上的驱动力矩，从而提高汽车的通过性。

2. 汽车使用因素对通过性的影响

(1) 轮胎花纹。

轮胎花纹对附着系数的影响较大。一般轿车主要在硬路面上行驶,应采用细而浅的轮胎花纹;载重汽车应采用较粗的轮胎花纹;越野汽车应采用宽而深的花纹。

在表面滑溜泥泞而底层坚实的道路上,提高通过性的最简单办法是在轮胎上套防滑链(或使用带防滑钉的轮胎),从而提高附着能力。

(2) 轮胎气压。

在松软地面上行驶的汽车,应相应降低轮胎气压,以增大轮胎与地面的接触面积,降低接地比压,从而减小轮胎在松软地面的沉陷量及滚动阻力,提高土壤推力,从而可改善汽车的通过性。

(3) 行驶速度。

车速较高或车速变化时,会加重轮胎对路面的冲击,在松软路面上行驶就存在土壤被破坏,使附着系数下降、滚动阻力增加的可能。因此,在坏路面上行驶时,以较低的车速匀速行驶,可提高汽车的通过性。

(4) 驾驶方法。

正确驾驶对提高汽车的通过性有很大作用。当汽车通过沙地、泥泞及雪地等松软路面时,附着力的大小起着决定性作用,所以此时要用低速挡行驶。要尽量避免换挡、制动和加速,因为汽车速度的变化容易引起冲击载荷,而使松软的土壤表面被剪切破坏,造成轮胎的附着力下降,影响汽车的通过性。

当汽车传动系装有差速锁时,驾驶员应该在经过估计有可能使车轮滑转的地区前就将差速器锁住。因为车轮一旦滑移,土壤表面就会被破坏,附着系数下降,再锁住差速锁就不会起显著作用。当汽车离开坏路地段后,驾驶员应将差速锁脱开,避免由于功率循环现象使发动机、传动系和轮胎磨损增加,燃料经济性和动力性变坏,以及通过性降低。

第六单元 汽车电子控制技术

第一章 汽油机燃油喷射系统

第一节 汽油机燃油喷射系统概述

一、电控燃油喷射系统的组成

（1）电控燃油喷射系统按结构可分为电子控制单元（ECU）、传感器和执行器三部分。

（2）电控燃油喷射系统按工作原理可分为燃油供给系统、空气供给系统和电子控制系统，如图 6-1-1 所示。

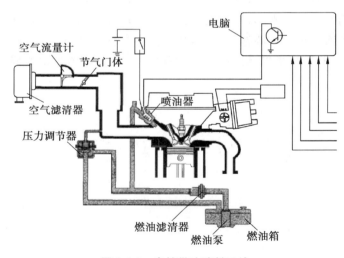

图 6-1-1 电控燃油喷射系统

二、电控燃油喷射系统的分类

电控燃油喷射系统可按喷射位置、喷射方式、喷油器数目、空气量检测方式、控制方式等方法分类。

（1）按喷射位置分：缸内喷射和缸外喷射。

（2）按喷射方式分：连续喷射和间歇喷射。

(3) 按喷油器数目分：单点喷射与多点喷射。
(4) 按空气量检测方式分：质量流量方式、速度密度方式、节流速度方式。
(5) 按控制方式分：开环控制、闭环控制。

三、电控燃油喷射系统的概念及其工作原理

电子燃油喷射控制(Electronic Fuel Injection,简称 EFI)系统,以电子控制装置(又称电脑或 ECU)为控制中心,通过各种传感器,测得发动机的工作参数,按照在电脑中设定的控制程序,通过控制喷油器,精确地控制喷油量,使发动机在各种工况下都能获得最佳浓度的混合气,还能实现启动加浓、暖机加浓、加速加浓、全负荷加浓、减速调稀、强制断油、自动怠速控制等功能,满足发动机特殊工况对混合气的要求,使发动机获得良好的燃料经济性和排放性,也提高了汽车的使用性能。

电子控制燃油喷射系统的喷油压力是由电动燃油泵提供的,油箱内的燃油被电动燃油泵吸出并加压,压力燃油经燃油滤清器滤去杂质后,被送至发动机上方的分配油管,分配油管与各缸喷油器相通,通电时喷油器开启,压力燃油以雾状喷入进气歧管内与空气混合,在进气行程中被吸进气缸。分配油管的末端装有燃油压力调节器,用来调整分配油管中燃油的压力,使燃油压力保持某一定值,多余的燃油从燃油压力调节器上的回油口返回燃油箱。

进气量由驾驶员通过加速踏板操纵节气门来控制,在同一转速下,进气歧管真空度与进气量成一定的比例关系。进气管压力传感器可将进气歧管内真空度的变化转变成电信号的变化,并传送给电脑,电脑根据进气歧管真空度的大小计算出发动机进气量,再根据曲轴位置传感器测得信号计算出发动机转速,根据进气量和转速计算出相应的基本喷油量。电脑根据进气压力和发动机转速控制各缸喷油器,通过控制每次喷油的持续时间来控制喷油量。喷油持续时间愈长,喷油量就愈大(一般每次喷油的持续时间为 2～10ms)。各缸喷油器每次喷油的开始时刻则由发动机转速(曲轴位置)传感器测得位置信号来控制。

四、电控燃油喷射系统喷油量控制

发动机在不同工况下运转,对混合气浓度的要求也不同。特别是在一些特殊工况下(如启动、急加速、急减速等),对混合气浓度有特殊的要求。电脑要根据有关传感器测得的运转工况,按不同的方式控制喷油量。喷油量的控制方式可分为启动控制、运转控制、断油控制和反馈控制。

1. 启动喷油控制

启动时,发动机由启动马达带动运转。由于转速很低,转速的波动也很大,因此这时空气流量传感器所测得的进气量信号有很大的误差。基于这个原因,在发动机启动时,电脑不以空气流量传感器的信号作为喷油量的计算依据,而是按预先给定的启动程序来进行喷油控制。电脑根据启动开关及转速传感器的信号,判定发动机是否处于启动状态,以决定是否按启动程序控制喷油。当启动开关接通,且发动机转速低于 300r/min 时,电脑判定发动机处于启动状态,从而按启动程序控制喷油。

在启动喷油控制程序中,电脑按发动机水温、进气温度、启动转速计算出一个固定的喷油量。这一喷油量能使发动机获得顺利启动所需的浓混合气。

2. 运转喷油控制

在发动机运转中,电脑主要根据进气量和发动机转速来计算喷油量。此外,电脑还要参考节气门开度、发动机水温、进气温度、海拔高度及怠速工况、加速工况、全负荷工况等运转参数来修正喷油量,以提高控制精度。

由于电脑要考虑的运转参数很多,为了简化电脑的计算程序,通常将喷油量分成基本喷油量、修正量、增量三个部分,并分别计算出结果。然后再将三个部分叠加在一起,作为总喷油量来控制喷油器喷油。

基本喷油量:根据发动机每个工作循环的进气量,按理论混合比(空燃比14.7∶1)计算出的喷油量。

修正量:根据进气温度、大气压力等实际运转情况,对基本喷油量进行适当修正,使发动机在不同运转条件下都能获得最佳浓度的混合气。

增量:在一些特殊工况下(如暖机、加速等),为加浓混合气而增加的喷油量。加浓的目的是使发动机获得良好的使用性能(如动力性、加速性、平顺性等)。

3. 断油控制

断油控制是指电脑在一些特殊工况下,暂时中断燃油喷射,以满足发动机运转中的特殊要求。它包括以下几种控制方式:

(1)超速断油控制。

超速断油控制是指在发动机转速超过允许的最高转速时,由电脑自动中断喷油,以防止发动机超速运转,造成机件损坏。超速断油控制有利于减少燃油消耗量,减少有害排放物。

(2)减速断油控制。

汽车在高速行驶中突然松开油门踏板减速时,发动机仍在汽车惯性的带动下高速旋转。由于节气门已关闭,进入气缸的混合气量很少,在高速运转下燃烧不完全,使废气中的有害排放物增多。减速断油控制就是当发动机在高转速运转中突然减速时,由电脑自动中断燃油喷射,直至发动机转速下降到设定的低转速时再恢复喷油。其目的是控制急减速时有害物的排放,减少燃油消耗量,促使发动机转速尽快下降,有利于汽车减速。

(3)溢油消除。

汽车启动时汽油喷射系统向发动机提供很浓的混合气,若多次转动启动马达后发动机仍未启动,淤集在气缸内的浓混合气可能会浸湿火花塞,使之不能跳火。这种情况称为溢油或淹缸。此时驾驶员可将油门踏板踩到底,并转动点火开关,启动发动机。电脑在这种情况下会自动中断燃油喷射,以排除气缸中多余的燃油,使火花塞干燥。

(4)减扭矩断油控制。

装有电子控制自动变速器的汽车在行驶中自动升挡时,控制变速器的电脑会向汽油喷射系统的电脑发出减扭矩信号。汽油喷射系统的电脑在收到这一减扭矩信号时,会暂时中断个别气缸(如2、3缸)的喷油,以降低发动机转速,从而减轻换挡冲击。

第二节 燃油供给系统

一、燃油供给系统的作用

燃油供给系统的作用是提供汽油喷射所需的压力燃油,并在电脑的控制下将燃油喷入进气歧管或气缸内。

二、燃油供给系统的组成

燃油供给系统主要由燃油箱、电动燃油泵、燃油滤清器、汽油分配管、喷油器、压力调节器、回油管等组成,如图 6-1-2 所示。

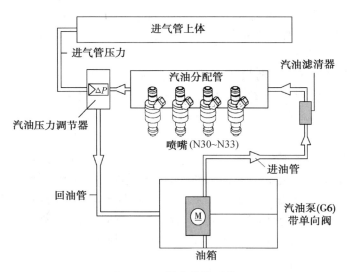

图 6-1-2　燃油供给系统

(一)电动燃油泵

电动燃油泵由小型直流电动机驱动,其作用是提供燃油喷射所需的压力燃油。

叶片式电动燃油泵由电动机和泵体两大部分组成,它包括滤清器、叶轮、单向阀、减压阀等主要零部件,如图 6-1-3 所示。叶轮被电动机驱动运转时,转子周围小槽内的燃油跟随转子一同高速旋转,由于离心力的作用,使燃油出口处油压增高,同时在进口处产生一定的真空,从而使燃油从进口吸入并被泵向出口。

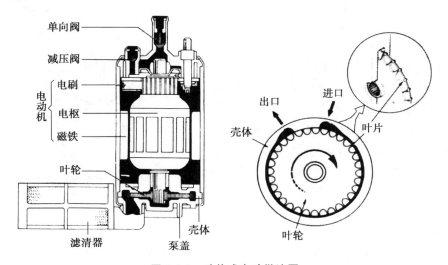

图 6-1-3　叶片式电动燃油泵

叶片式电动燃油泵的最大泵油压力可达 0.6MPa。当压力达到 0.4~0.6MPa 时,减压阀打开,高压燃油直接流回油箱。减压阀可防止燃油压力升高,以致超过上述压力。当叶片式电动燃油泵停转时,燃油泵出口的单向阀关闭,以保持燃油管路中的燃油压力,有助于重新启动。如果没有残余压力,在高温下很容易产生气阻使发动机重新启动困难。有时在油箱内还设有一个小油箱,并将燃油泵置于小油箱中,可防止在油箱燃油不足时,因汽车转向或倾斜引起燃油泵周围燃油的移动,使燃油泵吸入空气而产生气阻。叶片式电动燃油泵泵油量大,在各种工况下,它都能保持较稳定的供油压力,而且运转噪音小,叶片无磨损,使用寿命长。

注意:由于电动燃油泵中的燃油泵和电动机都浸在燃油中,燃油不断穿过燃油泵和电动机,燃油泵本身及电动机中的线圈、电刷、轴承等部位都靠燃油来冷却或润滑,因此电动燃油泵要绝对禁止在无油的情况下运转,以免烧坏。

(二)燃油滤清器

燃油滤清器的作用是滤去燃油中的杂质,以防止污物堵塞喷油器针阀等精密机件。燃油滤清器装在电动燃油泵之后的输油管路中,由纸质滤芯再串联一个棉纤维过滤网制成。滤网有很好的滤清效果,能滤去直径大于 0.01mm 的杂质,其外壳为密封式铝壳或铁壳,有一定的耐压能力。在正常使用情况下,这种燃油滤清器的使用寿命较长,更换视燃油清洁情况和车型而定,一般汽车每行驶 4 万千米以上时需要更换。

(三)燃油压力调节器

燃油压力调节器的作用是根据进气歧管压力的变化来调节进入喷油器的燃油压力,使喷油压力与进气歧管压力两者之间保持恒定的压力差。当压力一定时,燃油量的多少取决于喷油器的开启时间(常称为喷油脉宽),ECU 通过控制喷油时间的长短来精确地控制喷油量。燃油压力调节器的工作原理是:燃油压力调节器的膜片把金属壳体组成的内腔分为弹簧室和燃油室,弹簧室内有一根通气管与进气歧管相连,使供油系统中的油压不仅取决于弹簧力,还取决于进气歧管内的气体压力。怠速时进气歧管压力较低,输入的燃油压力高于弹簧力与进气歧管压力之和,燃油向上推动膜片压缩弹簧,回油阀开度较大,使部分燃油流回油箱,油路中的油压降低。全负荷时进气歧管压力升高,输入的燃油压力与弹簧力和进气管压力平衡,膜片向下退回一些,回油阀开度减小,油压升高;喷油压力随进气歧管的压力而变化,从而使喷油压力与进气歧管压力之差值保持不变。燃油压力调节器的结构如图 6-1-4 所示。

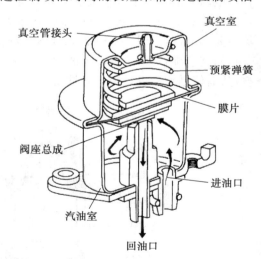

图 6-1-4 燃油压力调节器的结构

(四)喷油器

1. 喷油器的作用

喷油器的作用是根据 ECU 提供的电信号,控制燃油喷射。电喷发动机大多采用多点喷射系统,喷油器安装在进气歧管上。

2. 喷油器的结构

轴针式喷油器主要由喷油器外壳、滤网、插座、电磁线圈、衔铁、针阀、轴针、上下密封圈组成,如图 6-1-5 所示。当喷油器的电磁线圈没有电流通过时,针阀在弹簧的作用下将喷油器的阀口关闭,喷油器不喷油。当电磁线圈通电时,线圈产生磁场,电磁吸力将衔铁吸起上移,与衔铁一体的针阀同时上移,喷油器的阀口被打开,燃油从精密的环形喷口以雾状喷出。喷油器用专门的 O 形密封圈安装,该密封圈为橡胶成型件,具有隔热作用,能防止喷油器中的燃油产生气泡,有助于提高发动机的高温启动性能。喷油器经燃油管,或使用带保险夹头的连接插座与燃油分配管连接。

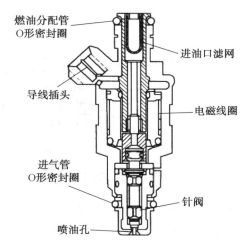

图 6-1-5 轴针式喷油器的结构

第三节 空气供给系统

一、空气供给系统的作用

空气供给系统的作用是测量和控制发动机的进气量。

二、空气供给系统的工作原理

1. 质量流量式空气供给系统(L 型)的工作原理

质量流量式空气供给系统如图 6-1-6 所示。在气缸内进气行程真空吸力的作用下,经空气滤清器过滤的空气,流经空气流量计、节气门体、怠速空气阀、进气总管、进气歧管,然后与喷油器喷出的汽油混合,吸入气缸内燃烧。空气流量计测量进气量,ECU 根据进气量和发动机工况所需的空燃比计算汽油的基本喷射量。

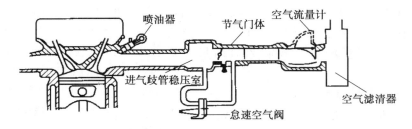

图 6-1-6 质量流量式空气供给系统

2. 速度密度式空气供给系统(D 型)的工作原理

速度密度式空气供给系统如图 6-1-7 所示。在气缸内进气行程真空吸力的作用下,经空气滤清器过滤的空气流经节气门体与怠速空气阀、进气总管、进气歧管,然后与喷油器喷出的汽油混合,吸入气缸内燃烧。装于进气总管处的进气歧管压力传感器测量进气歧管内的气体压力,ECU 根据该压力经计算转换成实际的进气量,并根据该进气量和发动机工况所需的空燃比计算出汽油的基本喷射量。

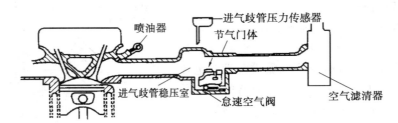

图 6-1-7　速度密度式空气供给系统

三、空气供给系统的组成

空气供给系统由空气滤清器、空气流量计/进气歧管压力传感器、节气门位置传感器、怠速控制装置、进气总管、进气歧管和增压控制装置等组成。

（一）空气滤清器

空气滤清器的作用是防止空气中的灰尘、杂物等随空气吸入气缸，同时还可以防止发动机回火时火焰传到外面。电控汽油喷射发动机的空气滤清器的结构、原理与普通发动机上装用的空气滤清器相同。

（二）空气流量计（MAF）

空气流量计的作用是测量进入发动机的空气流量，将此信号输送给 ECU，ECU 根据此信号决定将要喷射的油量。空气流量计必须准确地测量每一瞬间吸入发动机的空气量，如果空气流量计出现问题，ECU 收不到准确的进气量信号，此时，喷油量就不能准确控制，将会造成混合比过浓或过稀，使发动机不能正常工作。目前常见的空气流量计有热线式和热膜式两种。

1. 热线式空气流量计

热线式空气流量计的基本构成是感知空气流量的白金热线、根据进气温度进行修正的温度补偿电阻（冷线）、控制热线电流并产生输出信号的控制线路板以及空气流量计的壳体，如图 6-1-8 所示。而根据白金热线在壳体内安装的部位不同，热线式空气流量计可分为主流量测量方式和旁通测量方式两种。

2. 热膜式空气流量计

以帕萨特 B5 发动机空气流量计为例说明，在空气滤清器与节气门体之间的进气管上装有热膜式空气流量计，用于测量发动机吸入的空气量，并转换成 1~5V 的电压信号送给 ECU，ECU 根据此信号，结合其他传感器信息，计算出最佳供油量和点火正时。

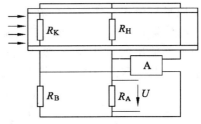

A—集成电路；R_H—热线电阻；
R_A—精密电阻；R_K—温度补偿电阻；
R_B—电桥电阻

图 6-1-8　热线式空气流量计

热膜式空气流量计由用铅片制成的热膜电阻、空气补偿电阻、精密金属膜电阻和电子回路等组成，如图 6-1-9 所示。热膜电阻、空气补偿电阻及其他精密电阻用厚膜工艺固定在以陶瓷为基片的树脂膜上，在空气通路中放置一发热体，由于热量被空气吸收，发热体本身会变冷,热膜的阻值会变小。发热体周围通过的空气流量越多,被带走的热量也越多。热膜式空气流量计就是利用发热体与空气之间的这种热传递现象进行空气流量测量的。这种空气流量计设有进气温度测量部分和发热部分,ECU 根据进气温度和进气量的大小,改变供给热膜的电流,保持吸入空气的温度与热膜的温度差值恒定。热膜式空气流量计在 ECU 计算喷油持续期及空燃比时无须对进气温度和压力进行修正。热膜电阻、温度补偿电阻、精密金属膜电阻组成惠斯顿电桥。控制电路使热膜的温度始终保持比空气流温度高出一定值(如 100℃),当空气流量增大时,对热膜的冷却作用加剧,电阻减小,从而破坏了电桥的平衡,改变了电桥中的电压分布。以电阻的端电压为输出电压信号,可测得吸入气缸的空气量。

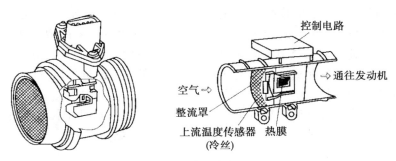

图 6-1-9　热膜式空气流量计

为了提高测量精度,其内部设有稳定电路,以便控制热膜两端电压保持恒定,使其不受外部电源变动的影响。由于这种流量计基于热膜表面与空气的热传导,热膜上的任何沉积物都将对输出信号产生有害的影响,因此控制电路中具备"自净"功能。每当发动机熄火后 4s,控制电路发出控制电流,使热膜温度迅速升至 1000℃的高温状态,加热 1s,将黏附于热膜表面的污染物完全烧净。

(三)进气歧管压力传感器(MAP)

进气歧管压力传感器(MAP)以检测进气歧管的负压变化来感知发动机的进气量大小,ECU 以此信号和其他传感器信号控制喷油器的喷油量。

进气歧管压力传感器最常用的是半导体压敏电阻式,该传感器转换元件是利用半导体的压阻效应制成的硅膜片,硅膜片的一面是真空室,另一面导入进气歧管压力。进气歧管内绝对压力越高,硅膜片的变形越大,其变形量与压力成正比,附在硅膜片上的应变电阻阻值产生与变形量成正比的变化,利用这种原理把进气歧管内的压力变化转换成为电信号,如图 6-1-10 所示。

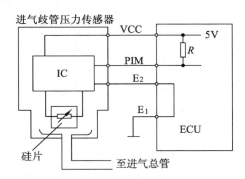

图 6-1-10　进气歧管压力传感器

(四)节气门位置传感器(TPS)

节气门位置传感器的作用是检测节气门的开度及开度变化,此信号输入 ECU,控制燃油喷射及其他辅助控制。

滑动电阻式节气门位置传感器利用触点在电阻体上的滑动来改变电阻值,测得节气门开度的线形输出电压,可知节气门开度。全关时电压信号应约为 0.5V,随节气门增大,信号电压增强,全开时约为 5V,如图 6-1-11 所示。

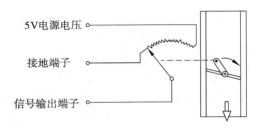

图 6-1-11　滑动电阻式节气门位置传感器

(五) 怠速控制装置

怠速是指发动机在无负荷(对外无功率输出)情况下的稳定运转状态。怠速转速过高,会增加燃油消耗量。考虑到减少有害物的排放,怠速转速又不能过低。怠速控制还应考虑如冷车运转、电器负荷、空调装置、自动变速器、动力转向等情况,否则发动机运转不稳甚至会引起熄火现象。

怠速控制包括:启动后的控制、暖机过程的控制、负荷变化的控制、减速时的控制等,其实质是对怠速时进气量、喷油量、点火提前角的控制,通过对这三者的增减,以达到适合各工况的稳定转速。怠速控制系统根据进气量控制方式的不同,可分为节气门直动式、空气旁通式两种基本类型。它们都是通过调节空气通路截面来控制气缸进气流量的。

1. 节气门直动式

节气门直动式怠速控制装置通过调节怠速时的节气门开启度来控制怠速进气量,又可分为怠速节气门电动机调节式和电子节气门调节式两种类型。

(1) 怠速节气门电动机调节式。

在怠速工况下,通过控制节气门开启角度,调节空气通路的截面,达到控制充气量,实现怠速控制的目的。

(2) 电子节气门调节式。

电子节气门取消了节气门拉线,节气门在整个开启范围内均依靠直流电机驱动,它不仅负责怠速控制,还可以作为牵引防滑系统、电子稳定系统、巡航控制的执行元件。

2. 空气旁通式

空气旁通式怠速控制装置可分为怠速步进电机式、占空比电磁阀式、旋转电磁阀式等类型。

(1) 怠速步进电机。

微机根据节气门开关信号(怠速开关)、车速信号判断发动机是否处于怠速状态,再由冷却液温度传感器、空调信号、动力转向信号、自动变速器挡位信号等负荷情况,通过存储器存储参考数据,确定相应的目标转速,将发动机实际转速和目标转速相比较,根据比较得出的差值确定相应目标转速控制量,去驱动步进电机,使步进电机转子旋转,改变阀门与阀座之间的距离,调节旁通空气道的空气流量,使发动机怠速转速达到所要求的目标转速。步进电机式怠速控制阀的结构如图 6-1-12 所示。

(2) 占空比电磁阀。

占空比电磁阀主要由电磁线圈、复位弹簧、阀芯、阀座、固定铁芯、活动铁芯、进气口和出气口等组成。阀芯固定在阀杆上,阀杆一端与固定铁芯连接,另一端设置有复位弹簧。其工作原理是:电磁线圈接通电流时就会产生电磁吸力,当线圈产生的电磁吸力超过复位弹簧的弹力时,活动铁芯在电磁吸力的作用下就会向固定铁芯方向移动,同时通过阀杆带动阀芯向右移动,使阀芯离开阀座将旁通空气道开启;当电磁线圈断电时,活动铁芯与阀芯在复位弹簧弹力的作用下左移复位,将旁通空气道关闭。

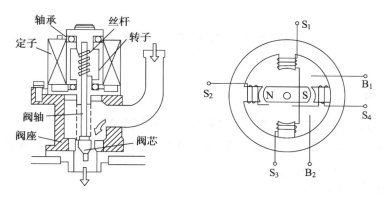

图 6-1-12　步进电机式怠速控制阀

电磁阀占空比进气量调节：所谓占空比，是指一个脉冲循环中，电磁线圈通电时间（即阀口打开时间）所占的比值。占空比越大，阀口打开的时间相对增加，空气充气量越多。因此，微机只要控制电磁阀线圈的脉冲占空比，就能控制旁通空气道中的空气流量，也就能控制怠速转速。由上可知，占空比越大，怠速转速越高；反之，怠速转速越低。占空比电磁阀式怠速控制阀如图 6-1-13 所示。

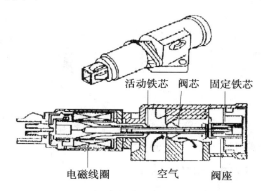

图 6-1-13　占空比电磁阀式怠速控制阀

（3）旋转电磁阀。

旋转电磁阀式（ISCV）怠速控制阀主要由旁通空气阀和电动机组成，通过改变旁通空气开启面积的大小来增减进气量，如图 6-1-14 所示。

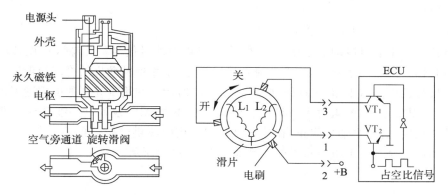

图 6-1-14　旋转电磁阀式怠速控制阀

第四节 电子控制系统

一、传感器

(一)发动机转速与曲轴位置传感器(CKP/TDC)

作用:检测发动机上止点、曲轴转角、发动机转速信号送给ECU,以确认曲轴位置,用来控制喷油正时和点火正时。

类型:磁电式、霍尔式。

位置:经常安装在发动机的曲轴端、凸轮轴端、飞轮上。

1. 磁电式曲轴位置传感器

利用转子旋转使磁通量变化,从而在感应线圈里产生交变的感应电动势信号,将此信号放大后,送入电脑ECU,如图6-1-15所示。

2. 霍尔式曲轴位置传感器

(1)组成:由转子、永久磁铁、霍尔晶体管和放大器组成,如图6-1-16所示。

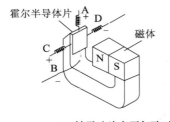
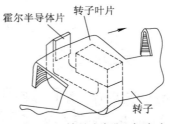
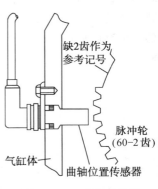

(a) 转子叶片离开气隙时　　(b) 转子叶片进入气隙时

图6-1-16 霍尔式曲轴位置传感器

图6-1-15 磁电式曲轴位置传感器

(2)工作原理:ECU控制电源使电流通过霍尔晶体管,旋转转子的凸齿经过磁场时使磁场强度改变,霍尔晶体管产生的霍尔电压放大后输送给ECU,ECU根据霍尔电压产生的次数确定曲轴转角和发动机转速。

霍尔效应原理:叶片对永久磁铁和霍尔元件隔磁,不产生霍尔电压;叶片离开空气隙,产生霍尔电压。

(二)冷却液温度传感器(THW)

在电控系统中装有冷却液温度传感器,用于修正喷油量信号。冷却液温度传感器安装在发动机缸体或缸盖的水套上,与冷却液直接接触,用于测量发动机的冷却液温度。其内部装有负温度特性的热敏电阻(NTC),如图6-1-17(a)所示。利用半导体的电阻随温度变化而变化的特性,温度愈低,电阻愈大;温度愈高,电阻愈小。ECU根据这一变化便可测得发动机冷却液的温度,进行喷油量修正,在冷车启动和暖机阶段供给较浓的混合气,冷却液升高后供给稍稀的混合气。电阻与水温的关系如图6-1-17(b)所示。

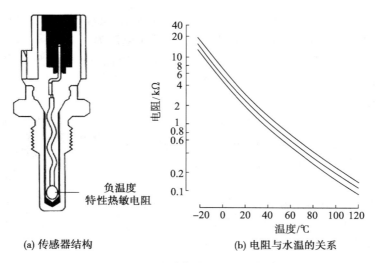

(a) 传感器结构　　(b) 电阻与水温的关系

图 6-1-17　冷却液温度传感器

（三）进气温度传感器（THA）

空气质量大小与进气温度和大气压力的高低有关。当进气温度降低时，空气密度增大，相同体积气体的质量增大；反之，当进气温度升高时，相同体积的气体质量将减小。ECU 根据发动机的进气温度和大气压力信号修正喷油量，使发动机自动适应外部环境温度（寒冷、高温）和大气压力（高原、平原）的变化。当进气温度低时（空气密度大），热敏电阻的阻值大，传感器输入 ECU 的信号电压高，ECU 控制喷油器增加喷油量；反之，当进气温度高时（空气密度小），热敏电阻阻值小，传感器输入 ECU 的信号电压低，ECU 将控制喷油器减少喷油量。进气温度传感器安装在空气流量计内或空气滤清器之后的进气管上，其结构和工作原理与冷却液温度传感器相同。进气温度传感器的温度与电阻值关系，与冷却液温度传感器一样。

（四）爆震传感器（KS）

发动机电子控制系统应用点火时刻闭环控制的方法，有效地抑制了发动机爆震现象的发生。爆震传感器的作用是检测发动机有无爆震现象，并将信号送入发动机微机控制装置。常用的爆震传感器是共振型压电式，利用产生爆震时的发动机振动频率与传感器本身的固有频率相符合而产生共振现象，用以检测爆震是否发生，如图 6-1-18 所示。

（五）氧传感器（O_2S）

汽车安装了三元催化转换器，空燃比一旦偏离理论空燃比，三元催化剂对 CO、HC 和 NO_x 的净化能力急剧下降。故在排气管中插入氧传感器，根据排气中的氧浓度测定空燃比，向微机控制装置发出反馈信号，控制

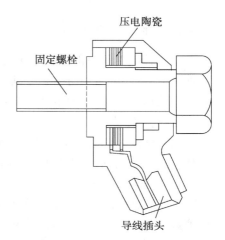

图 6-1-18　爆震传感器

空燃比接近于理论值。目前已实际应用的氧传感器有氧化锆式和氧化钛式两种氧传感器，前者的六方为 22mm，后者的六方为 17mm，因二者的材料不同，特性不同，不能互换使用。

正常情况下氧传感器输出电压应在 0.1~0.9V 之间变化,通常每 10s 内变化 8 次。一般来说,当输出电压为 0.5~0.9V 时说明混合气浓,当输出电压为 0.1~0.5V 时说明混合气稀。

近几年还出现了一种宽量程空燃比的氧传感器,使用在一些车型上,随着空燃比在 12~20 变化,它的电压值变化范围是 2.4~4.8V。

1. 氧化锆式氧传感器

氧化锆式氧传感器的基本元件是专用陶瓷体,即二氧化锆(ZrO_2)固体电解质。陶瓷体制成试管式的管状,亦称锆管。锆管固定在带有安装螺丝的固定套中,其内表面与大气相通,外表面与废气相通。锆管内外表面都覆盖着一层多孔性的铂膜作为电极。氧传感器安装于排气管上。为了防止废气中的杂质腐蚀铂膜,在锆管外表面的铂膜上覆盖有一层多孔的陶瓷层,并且还加装一个防护套管,套管上开有槽口。氧传感器的接线端有一个金属护套,其上开有一孔,用于锆管内表面与大气相通,电线将锆管内表面铂电极经绝缘套从传感器引出,如图6-1-19所示。

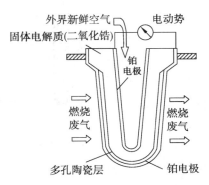

图 6-1-19 氧化锆式氧传感器

2. 氧化钛式氧传感器

氧化钛式氧传感器的优点是:结构简单,造价便宜,抗腐蚀、抗污染能力强,经久耐用,可靠性高。

氧化钛式氧传感器是利用二氧化钛(TiO_2)材料的电阻值随排气中氧含量的变化而变化的特性制成的,故又称电阻型氧传感器。二氧化钛是在室温下具有很高电阻的半导体,但当排气中氧含量减少(混合气浓)时,氧分子将脱离,使其晶体出现缺陷,便有更多的电子可用来传送电流,材料的电阻亦随之降低。此种现象与温度和氧含量有关,因此,欲将二氧化钛在 300℃~900℃ 的排气温度中连续使用,必须做温度补偿。

二、电子控制单元(ECU)

电子控制单元一般装在金属盒子内,由大量的集成电路(芯片)、印刷电路板和其他电子元件组成,从功能上可分为微处理器(CPU)、存储器和输入/输出电路(I/O)。学习汽车微型计算机的基本知识,有利于掌握电控系统的工作原理及进行故障分析。

(一) 电信号

(1)模拟电压信号是一种在一定范围内连续变化的信号。数字电压信号不是高电压就是低电压。换句话说,电压信号不是 5V 就是 0V,这类电压信号就叫作数字信号,数字信号也可以叫作方波信号。

(2)二进制码。逢 2 进 1 的计数方法即为二进制。数字信号有低值和高值两种信号,低值数字信号可用 0 代表,高值数字信号用 1 代表,"二进制"一词意味着只有 0 和 1 两个数字。在车用计算机中,将物理的、化学的、电学的状态、数值都用一串串的 0 和 1 表示,即信息都以二进制码进行交换。

(二) 输入信号处理

放大器的作用是将输入信号放大到计算机可准确识别的程度;模数(A/D)转换器的作

用是将模拟信号转换成数字信号。

（三）微处理器

微处理器(MPU或CPU)是计算机中计算决策的芯片，程序是微处理器执行的一组指令，微处理器有信息存储、信息检索等功能。

1. 发动机电控单元各端子的排列

要检测电控单元工作是否正常，就一定要熟悉其插座上各端子的含义。帕萨特B5发动机电控单元J220的线束插座上有80个接线端子(图6-1-20)，采用两个插接器(52针插接器、28针插接器)，分别与电源、传感器、执行器相连(图6-1-21、图6-1-22)。帕萨特B5的有效端子为43个，其余为备用端子。

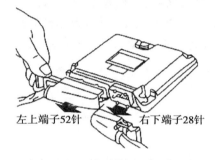

图 6-1-20　B5 发动机电控单元 J220

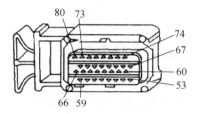

图 6-1-21　B5 发动机电控单元 J220 28 针插座

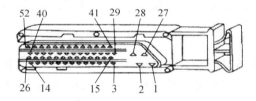

图 6-1-22　B5 发动机电控单元 J220 52 针插座

2. 更换发动机电控单元的注意事项

发动机电控单元一般不可修复，如果确认有故障，则必须更换。更换发动机电控单元时应注意以下几点：

（1）正确识别是更换电控单元的前提。正确地识别不仅需要知道被换车辆的厂家、车型、年代以及发动机的排量，还要知道发动机电控单元上写的OEM零件号，通过这个零件号在供货商中查找所需的电控单元。

通常情况下，标定芯片和可编程只读存储器PROM因存储着针对不同车型的程序，所以不与电控单元一起销售。如果更换的可编程只读存储器PROM没有按所修的车型正确编程，那么在安装后必须进行重新编程。

（2）在拆卸旧的或安装新的电控单元前都必须断开蓄电池，等安装好后再重新连接上。

（3）在安装好新的电控单元后，电脑必须经过"再学习"这一过程，使电脑建立基本的怠速、空燃比的学习修正值等。"再学习"对于有些车型来说需要经过一些特定的程序才能建立，而有些车型只需要经过短时间的驾驶即可，具体的要求应参照相关车型的维修手册。

第二章 自动变速器

第一节 自动变速器概述

新型汽车所装用的自动变速器绝大多数是指液力自动变速器,它是由液力变矩器和齿轮式自动变速器组合起来的,与传统的齿轮式变速器相比,结构、原理复杂,造价高,传动效率低,油耗高。由于自动变速器操作简单,行驶平顺性好,汽车行驶更安全,为此自动变速器被大量应用到轿车和城市公共汽车上,如广州本田雅阁上海别克、桑塔纳、一汽奥迪、捷达等汽车都有自动变速器配置。

一、自动变速器的特点

与手动变速器相比,自动变速器具有以下特点:

1. 提高了发动机、传动系统的使用寿命

自动变速器车型的发动机与传动系统之间有液力变矩器,由液体这种"弹性体"执行动力传递功能,能够起到一定的缓冲和过载保护作用,在汽车起步、换挡或制动时,能吸收振动,提高零部件的使用寿命。

2. 驾驶、换挡轻便

自动变速器采用液压传动控制换挡过程,比手动变速器通过拨叉操纵滑动齿轮换挡要简单、轻便得多。另外,自动变速器通常采用啮合齿轮组,取消了离合器,降低或消除了换挡时的齿轮冲击,减轻了驾驶员的操作复杂性和劳动强度。

3. 提高了动力性、适应性

自动变速器能平稳地自动适应汽车驱动轮的负荷变化。当行驶阻力增大时,车速自动降低,驱动轮上牵引力自动增大;相反则减小,同时提高车速。在起步时,驱动轮上的牵引力逐渐增大,有效衰减了传动系的扭振,减少了因车轮打滑造成的起步困难;当行驶阻力很大时,汽车能以极低的速度行驶,发动机不易熄火,提高了汽车的动力性、平稳性、舒适性和安全性。

4. 减轻了污染

自动变速器能够根据行驶路况和驾驶需求自动换挡,能使汽车发动机基本达到最佳工作状态,有效降低了排放,减轻了对空气的污染。

二、自动变速器的组成

现代汽车自动变速器主要由以下几个部分组成,如图 6-2-1 所示。

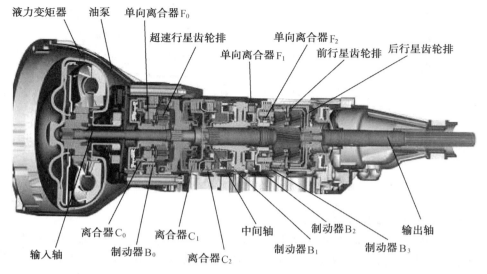

图 6-2-1　自动变速器的结构示意图

1. 液力变矩器

包括泵轮、涡轮、导轮、导轮单向离合器、锁止离合器等元件。

2. 行星齿轮机构

包括太阳轮、行星齿轮、行星架、齿圈等元件。

3. 液压控制系统

包括油泵、滤清器、各种换挡阀、节流阀、速控阀、调压阀、离合器、制动器等元件。

4. 电子控制系统

包括各种传感器、控制电脑、控制程序、自诊断系统等。

三、自动变速器的工作原理

液力变矩器利用液体的流动,将来自发动机的扭矩传递给行星齿轮机构,液压控制系统根据行驶需要(节气门开度、车速等信号)来操纵离合器、制动器等执行元件,通过行星齿轮机构获得相应的传动比和旋转方向,自动实现变速换挡。以上过程中,扭矩的增大、节气门开度以及车速信号对液压控制装置的操纵、行星齿轮机构传动比和旋转方向的改变,都是在变速器内部自动进行的,无须驾驶员操作。

自动变速器按控制方式不同,可分为液力控制自动变速器和电子控制自动变速器两种,其工作过程如下:

1. 液力控制自动变速器工作过程

液力控制自动变速器的工作过程如图 6-2-2 所示,它以节气门开度和车速变化作为依据,按照设定的换挡规律操纵阀板中各控制阀的动作,通过换挡执行元件实现自动换挡。

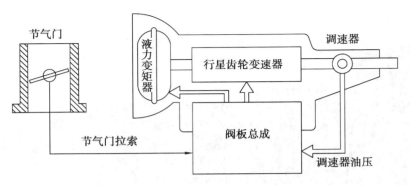

图 6-2-2 液力控制自动变速器的工作过程

2. 电子控制自动变速器的工作过程

电子控制自动变速器是通过各种传感器,将发动机转速、节气门开度、车速、发动机水温、自动变速器液压油温度等参数转变为电信号,并输入电脑;电脑根据这些电信号,按照设定的换挡规律,向换挡电磁阀、油压电磁阀等发出电子控制信制信号;阀体中的各个控制阀根据这些液压控制信号,控制换挡执行机构的动作;换挡电磁阀和油压电磁阀再将电脑的电子控制信号转变为液压控制自动换挡,如图 6-2-3 所示。

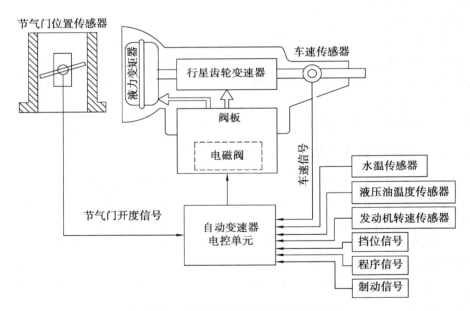

图 6-2-3 电子控制自动变速器的工作过程

四、自动变速器的正确使用

汽车在起步或上坡时需要很大的驱动力,必须使用低速挡;随着车速的提高,需要的驱动力减小,而转速却需要提高,因此,需要适时地换入较高的挡位。对于手动变速器车型,必须靠离合器切断发动机与变速器之间的动力传递,同时按行驶要求手动选择合适的挡位。自动变速器的使用原理基本和手动变速器一样,自动变速器的变矩器不仅能连接和切断动力,还可以增大扭矩。自动变速器能够根据转速和扭矩的变化自动换挡,为驱动轮提供合适的转速和扭矩。

虽然自动变速器操纵方便且能自动换挡,但必须正确使用自动变速器,一旦选择挡位,自动变速器就会按挡位的指示自动执行相应变速换挡,操作失误则会使自动变速器产生故障。

(一)自动变速器的挡位及功能

自动变速器的挡位因车型的不同稍有差别,常见的有3挡、4挡、5挡变速器,即有3个、4个或5个前进挡位,通常表示为P-R-N-D-3-2-1,如图6-2-4所示。此外还有带OD挡的。挡位的含义及功能说明如下:

P:驻车挡,在驻车或启动发动机时选用;
R:倒挡,在倒车时选用;
N:空挡,发动机启动时选用;
D:前进挡,汽车在一般工况下正常行驶时选用;
2:2挡,当需要瞬间加速或轻度发动机制动时选用;
L或1挡:低挡,在上陡坡时选用,以获得较大的驱动力。

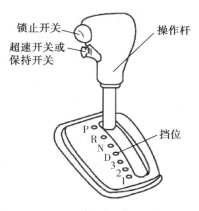

图6-2-4 自动变速器挡位示意图

(二)自动变速器的正确使用

1. 启动

自动变速器汽车的启动不同于手动变速器汽车,必须严格按照规定的操作方法进行,以免发生意外。启动前,必须将驻车制动器操纵杆拉紧,将选挡杆置于P位或N位,将制动踏板踩下,然后转动点火开关启动发动机,准备起步。汽车行驶途中熄火时,必须等汽车停稳后将选挡杆置于P位或N位时才能启动。为了防止将选挡杆由P位移入R位而突然倒车,在熄火时选用N位启动,由N位直接挂入D位比较方便、安全,在熄火后重新启动时,必须踩下制动踏板,拉紧驻车制动器操纵杆,以防发生意外。

2. 起步

自动变速器汽车启动后,在起步前要踩住制动踏板,前行时,将选挡杆由P位或N位换入D位;倒车时,由P位换至R位。同时查看选挡杆位置或仪表板上的挡位指示是否正确,以防止行进方向发生错误。正确选定挡位后再缓慢地松开制动踏板,利用汽车的蠕动缓慢起步。

3. 超车

在加速超车时,需要将加速踏板迅速踩到底,自动变速器会自动降低一个或两个挡位,从而获得明显的加速效果;车速提高松开加速踏板后,自动变速器又会自动升入高挡,当加速到理想的挡位以后,应立即稍松开一些加速踏板。

4. 上下坡

上坡时车速较低,选挡杆在D位就能上坡。如坡面较陡,则必须把选挡杆从D位移到L位或1位。

下长坡时,除踩制动踏板减速外,同时使用发动机制动。当车速降到30km/h以下时,如果把选挡杆移到L位,也会获得更强有力的发动机制动性能。

5. 雨天和雪地行驶

雨天行驶时要缓慢起步,更不能急加速、急降挡,以避免车辆产生滑移现象,最好选用合适的速度保持低速挡稳速行驶。

雪地行驶前方有雪坑时,要提前更换挡位,以免丧失牵引力。雪地行驶应尽可能不变速,保持一定速度行驶。

6. 停放和倒车入库

自动变速器汽车在停放和入库时很容易发生事故,因为在停放和倒车入库过程中需要对选挡杆和加速踏板重复进行操作,从而导致误操作机会增多。

倒车入库时,要在车辆完全停止后才能将选挡杆移到 R 位,利用自动变速器汽车的蠕动特性,不踩加速踏板而用脚制动来控制车辆缓慢移动,同时操纵转向盘将汽车倒进车库。

在狭窄地方停车或入库时需要多次重复进、退操作,多次更换进、退挡位选挡杆(在汽车停稳后再移动选挡杆),来回操纵转向盘;汽车停放好后,踩住制动踏板、熄火,拉紧驻车制动器操纵杆并将选挡杆移到 P 位,要特别注意不要误踩加速踏板以免造成事故。

五、无级变速器(CVT)技术

CVT 是无级变速器的英文缩写,全称为 Continuously Variable Transmission,它有若干分类,包括摩擦式、电传动式、滑动离合器式以及静液传动式等。而目前广泛运用的金属带式属于摩擦式类别。奥迪无级变速器如图 6-2-5 所示。

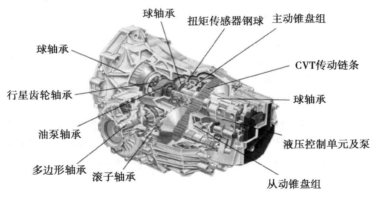

图 6-2-5 奥迪无级变速器

金属带式无级变速器一般由金属传动带、工作轮、油泵、起步离合器、中间减速机构以及控制系统等核心部件组成。

无级变速器的工作原理:传动器的主、被动轮由固定和可动的两部分半锥轮组成,其工作面大多为直线锥面体,从而形成 V 形槽,与金属带咬合。当输入工作带轮的可动部分沿轴向外移动时,输出工作轮的可动部分则沿轴向内移动,使输入带轮的工作半径变小,而输出带轮的工作半径变大,从而导致输出与输入带轮的工作半径之比随之变大,即传动比变大;反之则传动比变小。该变速器的传动轮工作半径大小变化是连续的,故称之为无级变速器。

无级变速器能够使发动机转速与车速获得相应的连续性变化,能最大限度地利用发动机的特性，使车辆的动力性与发动机燃油经济性获得最优匹配，且提高了驾乘人员的舒适性，有利于节油和平稳行驶。

第二节　液力变矩器的结构与工作原理

液力变矩器位于自动变速器的最前端，它安装在发动机的飞轮上，是自动变速器不可缺少的重要组成部分。自动变速器的传动效率主要取决于液力变矩器的结构和性能，与采用手动变速器的汽车中的离合器相似，它利用液力传递原理，将发动机动力传给自动变速器的输入轴，实现无级变速，具有一定减速增矩的功能。

由泵轮、涡轮、导轮（固定不动）组成的液力变矩器称为三元件液力变矩器，如图 6-2-6 所示。

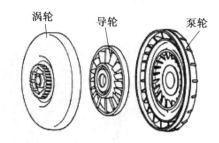

图 6-2-6　三元件液力变矩器主要零件

早期汽车使用的液力变矩器是在液力偶合器的基础上增加了一个固定不动的导轮，固定的导轮安装在涡轮和泵轮之间，其作用是将涡轮内缘流出的液体经导轮变向后进入泵轮的内缘，以减少动力损耗，增大涡轮的输出转矩。现代汽车自动变速器中所用的液力变矩器都是综合式液力变矩器，是在三元件液力变矩器的基础上增加了单项离合器和锁止装置，如图 6-2-7 所示。

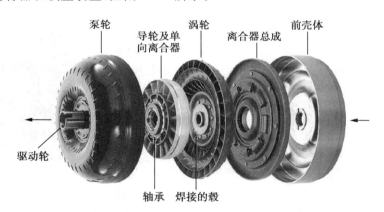

图 6-2-7　综合式液力变矩器主要零件

一、液力变矩器的结构

液力变矩器由泵轮、涡轮、导轮、单向离合器和变矩器壳组成，如图 6-2-8 所示。泵轮为主动件，与变矩器壳为同一构件，由若干曲面叶片组成，由发动机曲轴驱动。从动件涡轮和涡轮的流液之间，通过单向离合器内座圈花键与固定在变速器的壳体导管连接。叶片的内缘有导流环，促进油液的循环。泵轮的叶片数多于涡轮的叶片数，以防止传递动力时发生共振现象。

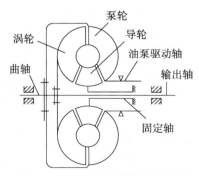

图 6-2-8　液力变矩器结构示意图

（一）泵轮

发动机转动时，液力变矩器泵轮随曲轴转动，其内部油液由于离心力的作用由叶片向外侧射出，形成驱动力。若将液力变矩器比作离合器，则泵轮相当于主动盘。泵轮结构示意图如图 6-2-9 所示。

（二）涡轮

涡轮轮毂部分的花键与输入轴的花键相啮合，输入轴的前端与液力变矩器内部轴套相配合，可自由转动。涡轮相当于离合器中的从动盘。涡轮结构示意图如图 6-2-10 所示。

图 6-2-9　泵轮结构示意图

图 6-2-10　涡轮结构示意图

（三）导轮

导轮为装在泵轮与涡轮之间带有叶片的小圆轮，导轮内装有单向离合器，如图 6-2-11 所示。单向离合器分为楔块式和滚柱式两种，当从涡轮回流的油冲击导轮的凹面，导轮向泵轮旋转相反的方向转动时，滚柱或楔块锁止，导轮不动，使液流改变方向直接冲击泵轮叶片的背面，从而产生反作用力矩而增扭。

（四）单向离合器和锁止离合器

离合器的功用是将变矩器与行星齿轮连接起来，从而将发动机的扭矩传送给中间轴，也可使变矩器与行星齿轮脱开，切断扭矩传送。单向离合器由内座圈和外座圈构成，在内、外座圈之间则有几个楔块和滚珠。单向离合器仅沿一个方向传送扭矩。

图 6-2-11　导轮结构示意图

1. 单向离合器的作用

由液力变矩器的输出特性可知：当液力变矩器的 $K<1$ 时，$M_d<0$，液力变矩器的效率比液力偶合器的效率低，即此时液力变矩器的传递效率低、油耗高、经济性差。所以，当液力变矩器的 $K<1$ 时，以液力偶合器工况工作，就能使液力变矩器的传递效率得到改善。那么，如何使液力变矩器在 $K<1$ 时以液力偶合器工况工作呢？由液力变矩器和液力偶合器的结构可知：液力变矩器只是比液力偶合器多了一个固定不动的导轮，如果将导轮拿掉，就成了液力偶合器，这当然是不行的。由液力变矩器的工作原理可知：假如让导轮自由转动，则液力变矩器就成为液力偶合器（因为导轮自由转动时 $M_d=0$）。如何使导轮在 $M_d<0$ 时由不动变为自由转动？实际液力变矩器是在导轮和导轮轴间设置了和涡轮同向转动的单向

离合器,利用单向离合器在受力方向或运动方向反向时具有自动接合或分离两元件的连接功能,从而当 $M_d<0$ 时,单向离合器使导轮和固定轴分离而转动,即导轮不起作用,液力变矩器成为液力偶合器工作状态;当 $M_d>0$ 时,单向离合器使导轮和固定轴接合,这样导轮就被固定,液力变矩器又起变矩作用。

2. 单向离合器的结构

单向离合器能在换挡过程中,使与之相连的元件受力方向改变时立即自动脱开,使系统可靠工作。常用的单向离合器有滚柱式和楔块式两种。

滚柱式单向离合器的结构如图 6-2-12 所示。工作时,当外环相对于内环做逆时针方向转动时,滚柱靠摩擦力在外环的带动下压缩弹簧,移向楔形槽的深处,单向离合器处于分离状态;当外环相对于内环做顺时针方向转动时,滚柱在外环的带动下靠摩擦力和弹簧力,移向楔形槽的浅处,单向离合器处于接合状态,内外环被连成一个整体。

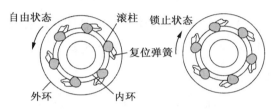

图 6-2-12　滚柱式单向离合器

楔块式单向离合器的构造如图 6-2-13 所示。当外环相对于内环做逆时针方向转动时,楔块被摩擦力所推动,形成倾斜状态,从而使内外环之间出现空隙,呈现打滑状态,内外环可以相对独立运动;当外环相对于内环做顺时针方向转动时,楔块被摩擦力所推动,形成直立状态,卡在内外环之间,使之连成一体。

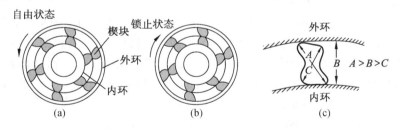

图 6-2-13　楔块式单向离合器

3. 锁止离合器

增设了单向离合器后,液力变矩器在涡轮高速运转时的传动效率得到了改善,等于液力偶合器的传动效率。但由于液力偶合器的最高传动效率仅为 90%,为了进一步改善液力变矩器高速时的传动效率,在现代汽车的液力变矩器中增设了锁止离合器,如图 6-2-14 所示。当汽车在某一车速运行时(车型不同,具体车速不同),利用锁止离合器将泵轮和涡轮直接接合,成为刚性连接,从而实际液力变矩器的传动效率接近 100%。如图 6-2-15 所示为带锁止离合器和单向离合器的液力变矩器结构。

图 6-2-14 锁止离合器

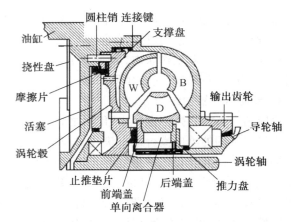

图 6-2-15 带锁止离合器和单向离合器的液力变矩器结构

除了上面介绍的液力变矩器形式,车用液力变矩器另外还有双导轮式、二涡轮式、三涡轮式等类型,但实际应用较少。

二、液力变矩器的工作原理

液力变矩器能够传递转矩的原理如图 6-2-16 中的一对风扇一样,图中 a 为主动风扇,b 为从动风扇,只要给 a 风扇以动力(通电)使之转动,b 风扇也随之转动,a、b 风扇之间并无机械连接,动力的传递是通过流体(空气)传递的。液力变矩器的工作与此极类似,不同之处是将空气换为液压油。

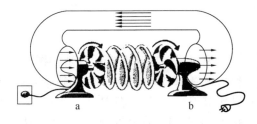

图 6-2-16 扭矩成倍增大原理

液力变矩器工作原理展开图如图 6-2-17 所示。发动机工作时通过曲轴带动泵轮旋转,充满在泵轮中的工作液体被泵轮带动旋转,由于离心力的作用,液体将由油泵轮叶片的内缘流向外缘,并从涡轮的外缘流入,冲击涡轮叶片,推动涡轮旋转,将动能传给涡轮。液体由涡轮的外缘进入后,从内缘流出又进入泵轮的内缘,形成了一个环流。由于增加了导轮,推动涡轮的环流流动方向变为:泵轮外缘→涡轮外缘→涡轮内缘→导轮→泵轮内缘→泵轮外缘。

(1)假设泵轮转速、转矩不变,涡轮转速为 0,导轮不动($n_d=0$),则由图 6-2-17(a)可知 $M_w=M_b+M_d$,即液力变矩器起增扭作用(汽车起步的情况)。

(2)当液力变矩器输出转矩(M_w)大到足以克服汽车阻力时,汽车开始起步,即涡轮转速 n_w 由 0 开始增大。此时,经涡轮内缘流向导轮的液流方向发生变化,液流冲向导轮的绝对速度 v 是液流的相对速度 w 和液流牵连速度 u 的合成,如图 6-2-17(b)所示,从而使 M_d 减小,M_w 也减小。

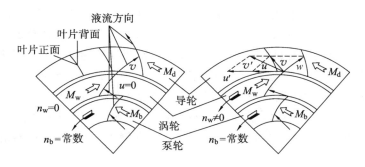

(a) 当 n_b=常数,n_w=0 时　　(b) 当 n_b=常数,n_w 逐渐增加时

n_b—泵轮转速；n_w—涡轮转速；M_b—泵轮转矩；M_w—涡轮转矩；M_d—导轮转矩；
u—涡轮线速度；v—从涡轮流向导轮的液流速度（液流绝对速度）

图 6-2-17　液力变矩器工作原理展开图

（3）随着车速的增加，n_w 上升，M_d 逐渐减小。当 M_d 下降到 0 时，$M_w=M_b$，即 $K=1$ 时，液力变矩器成为偶合状态。此时，从涡轮流出的环流沿导轮叶片的切线方向进入，对导轮无冲击力，即 $M_d=0$。

（4）在 $K=1$ 后，如果车速继续增加，即涡轮转速继续增加（n_w↑），此时从涡轮流出的液流冲向导轮叶片的背面，使 M_d 变为负值，从而使 $M_w<M_b$，降低涡轮的输出扭矩。

（5）当 $n_w=n_b$ 时，和液力偶合器一样不能传递能量，即 $i=1$ 不存在。

（6）液力变矩器的输出特性（导轮不动）。

① 传动比（i）和液力偶合器相同，$i=\dfrac{n_w}{n_b}<1$。

② 失速点：$n_w=0$ 时，$i=0$（和液力偶合器相同）。

③ 变矩系数（K）：

$$K=\frac{M_w}{M_b}$$

$n_w=0$ 时，K 达到最大值。随着 n_w 由 0 开始增大，M_w 下降，K 下降。当 M_w 下降到等于 M_b 时，即 $K=1$，液力变矩器就相当于液力偶合器，此时就叫液力变矩器的偶合点。

④ 液力变矩器效率（η）：

$$\eta=\frac{M_w \cdot n_w}{M_b \cdot n_b}=\frac{M_w}{M_b} \cdot i = K \cdot i$$

因为液力偶合器的效率 $\eta=i$，所以由上式可知：

当 $K>1$ 时，$M_d>0$，液力变矩器的效率比液力偶合器的效率高；

当 $K<1$ 时，$M_d<0$，液力变矩器的效率比液力偶合器的效率低；

当 $K=1$ 时，$M_d=0$，液力变矩器相当于液力偶合器，导轮不起作用。

由于三元件液力变矩器的传动效率较低，为此在上述结构基础上，对三元件液力变矩器的结构做了改进，增加了单向离合器和锁止离合器。

三、01N 自动变速器液力变矩器的结构与原理

01N 自动变速器的液力变矩器中装有锁止离合器，锁止离合器根据车辆的负载、速度

和挡位的状况机械性地闭合,与打滑无关。01N 4 挡自动变速器有 4 个液压控制的前进挡,当锁止离合器闭合时,前进挡由液力变矩器的打滑转变成机械驱动的挡位,其组成如图 6-2-18 所示。自动变速器只有在 P 或 N 挡时,发动机才能启动。对于装备自动变速器的汽车,不能通过推动或牵引汽车来启动发动机,这是因为变速器工作所需要的来自 ATF 油泵的工作油压只有在发动机运转时才能建立。装备自动变速器的汽车当换挡杆位于 N 挡时,汽车可以被牵引。但牵引时,牵引速度不能超过 50km/h,牵引距离不能大于 50km,如果距离更远,则需要将汽车前部抬起,这是因为发动机停止运转时,变速器的旋转零部件将得不到润滑。

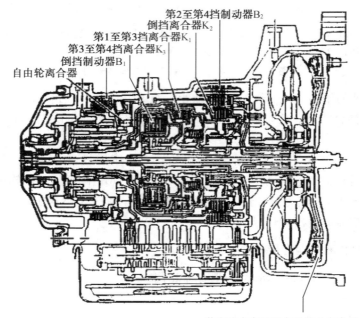

图 6-2-18　01N 自动变速器示意图

液力变矩器位于变速器中,安装固定在发动机上。液力变矩器的泵轮(以发动机转速旋转)和涡轮(变速器输入轴)存在转速差,该转速差简称为滑转。汽车起步时的转速差最大,液力变矩器在其最大的扭矩范围内工作。随着速度的提高,泵轮和涡轮的转速逐渐接近。为了降低燃油消耗,即以更经济的方式行驶,动力传递可跨越过液力变矩器,由发动机直接传递给变速器。当液力变矩器出现肉眼可见的损坏或功能故障时,应更换。

液力变矩器的液压动力传递路径如下:

发动机→泵轮→涡轮→带有单向自由轮支架的导轮。

涡轮轴→片式离合器 K_1、K_2。

液力变矩器的机械动力传递路径如下:

发动机→泵轮轴→片式离合器 K_3。

当变速器处于 1、2、3 挡时,与负载有关的发动机转矩通过液力变矩器以液力方式传输到行星齿轮变速机构中,片式离合器 K_1 和 K_2 通过涡轮轴与液力变矩器的涡轮连接在一起。3 挡时,与负载有关的转矩跨越过液力变矩器,通过泵轮轴以机械方式将动力传递到片

式离合器 K_3 上。4 挡时,转矩将通过泵轮轴和片式离合器 K_3 以机械方式传递动力。液力变矩器、泵轮和涡轮等的布置以及其动力传递路径如图 6-2-19 所示。

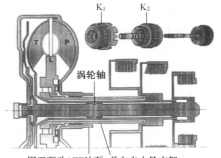

图 6-2-19 液力变矩器的动力传递路径

（一）单向离合器的工作过程

1. 单向离合器被锁止

从涡轮进入导轮的油液流动方向取决于泵轮与涡轮的转速差。当转速差很大时,从涡轮流出的工作油液冲击导轮叶片的前部,此时,导轮被单向离合器锁止而不能逆向转动,如图 6-2-20 所示,油液被导轮叶片改变流动方向后冲击泵轮叶片背面,推动泵轮转动,实现了变矩作用。

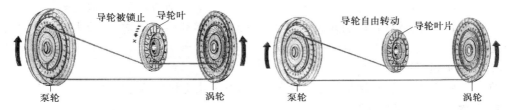

图 6-2-20 单向离合器被锁止　　　图 6-2-21 单向离合器自由转动

2. 单向离合器自由转动

当涡轮转速与泵轮转速接近时,从泵轮流出的工作油液冲击导轮叶片的背面,使导轮在单向离合器上转动,工作液直接由涡轮回流冲击泵轮的背面,单向离合器已不起作用,如图 6-2-21 所示。

综上所述,当涡轮转速达到泵轮转速的某一特定比例时,导轮就开始空转,液力变矩器丧失了增扭功能。

（二）锁止离合器的工作过程

液力变矩器在低速时有增扭的作用,而高速达到偶合之后就没有增扭的作用了。为提高液力变矩器的传递效率,改善变矩器在高速工况的效率,降低燃油消耗,一般在液力变矩器中都加装锁止离合器,如图 6-2-22 所示。

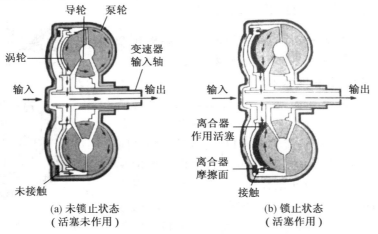

图 6-2-22 锁止离合器的工作过程

当锁止离合器左、右两侧产生压差时,锁止离合器被压紧,泵轮与液力变矩器壳内侧连为一体,此时相当于泵轮与涡轮完全锁止,使泵轮的动力直接传给输出轴,液力变矩器进入锁止状态。

当锁止离合器左右两侧油压相等时,锁止离合器分离,泵轮与涡轮的直接连接被断开,液力变矩器锁止状态解除,只能通过液力偶合方式接合。

（三）液力变矩器的工作过程

液力变矩器在换挡杆位于 D(前进)挡、低挡或 R(倒)挡时,各工作过程情况如下:

1. 车辆停住,发动机怠速运转

发动机怠速运转时,发动机自身产生的扭矩最小,由于车辆停住,涡轮的转速为零而变矩器输出扭矩最大,涡轮总是随时准备以大于发动机所产生的扭矩转动。

2. 车辆启动时

当制动器松开时,涡轮与变速器输入轴一起转动,加速踏板踩下时,涡轮转速就以大于发动机所产生的扭矩转动,车辆开始前进,涡轮转速从零开始逐渐增大,液力变矩器的输出扭矩逐渐减小。

3. 车辆低速行驶时

随着车速增加,涡轮转速快速接近泵轮转速,扭矩比也快速接近 1∶1。

4. 车辆以中、高速行驶时

当涡轮与泵轮转速接近偶合点时,导轮开始空转,扭矩下降,此时液力变矩器逐渐变为液力偶合器。涡轮转速与泵轮相等时,液力变矩器仅仅起到液力偶合器的作用。

第三节　行星齿轮变速机构

行星齿轮变速机构安装于铝合金制成的变速器壳体内,其功能是改变变速器输出转速及输出转动的方向,并将输出功率传送至主传动机构。行星齿轮机构由行星齿轮、离合器、制动器、轴与轴承组成。行星齿轮改变输出转速;离合器及制动器由液压操纵,以控制行星齿轮工作;轴传输发动机动力;轴承则使每个轴平滑转动。

一、行星齿轮机构的结构与工作原理

行星齿轮机构通常由多个行星排组成,基本结构和工作原理可由最简单的单排行星齿轮机构来说明。

（一）单排行星齿轮机构

单排行星齿轮机构由一个太阳轮(中心轮)、一个行星架、一个齿圈和几个行星齿轮组成,如图 6-2-23 所示。太阳轮位于系统的中心,行星齿轮与它相啮合,最外侧是同行星齿轮相啮合的齿圈,通常有 3～6 个行星齿轮均匀或对称布置,各行星齿轮借助于滚针轴承和行星齿轮轴安装在行星架上,两端有止推垫片。工作时,行星齿轮除绕行星齿轮轴自转外,还绕太阳轮公转,行星齿轮轴和行星架

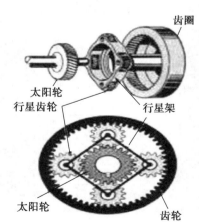

图 6-2-23　单排行星齿轮机构

将一起绕太阳轮旋转;行星齿轮与太阳轮和齿圈都是常啮合的。

单排行星齿轮机构示意图如图6-2-24所示,其运动特性方程式为

$$n_1 + an_2 - (1+a)n_3 = 0$$

其中

$$a = \frac{z_2}{z_1}$$

式中,n_1为中心轮转速,n_2为齿圈转速,n_3为行星架转速,z_2为齿圈齿数,z_1为中心轮齿数。

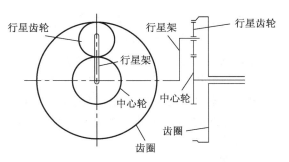

图 6-2-24　单排行星齿轮机构示意图

由上述运动特性方程式可以看出,如果将中心轮、齿圈、行星架三者中的任意一个作为主动件输入,余下两个中任选一个作为输出,最后一个固定(或以固定转速运转),则单排行星齿轮机构将以一定的传动比传递动力,可获六种不同的传递组合;如果不对三者中的任意元件进行固定,则单排行星齿轮机构处于自由运转状态,无法传递动力;如果将任意两个元件连接起来,则第三个元件也一起运转,成为直接传动。因此,只要固定和连接不同的元件或任其自由运转,则单排行星齿轮机构就可得到8种传动组合,可得8种不同的传动方式,这也就是行星齿轮的传动原理。单排行星齿轮的8种传动组合情况见表6-2-1。

表 6-2-1　单排行星齿轮的 8 种传动组合情况

序号	中心轮(z_1)	行星架	齿圈(z_2)	转动比(i)	说明
1	输入	输出	制动	$i_{1,3} = n_1/n_3 = 1+a$	减速、前进低挡
2	制动	输出	输入	$i_{2,3} = n_2/n_3 = (1+a)/a$	减速、前进高挡
3	输入	输入	输出	$i_{3,2} = n_3/n_2 = a/(1+a)$	超速、前进低挡
4	输出	输入	制动	$i_{3,1} = n_3/n_1 = 1/(1+a)$	超速、前进高挡
5	输入	制动	输出	$i_{1,2} = n_1/n_2 = -a$	减速、倒挡
6	输出	制动	输入	$i_{2,1} = n_2/n_1 = -1/a$	超速、倒挡
7	任两个相连,则第三个同转速			$i=1$	直接挡
8	不约束任何元件			自动转动	不传力、空挡

(二) 单排行星齿轮机构的传动

行星齿轮机构可提供减速挡、超速挡、直接挡、倒挡和空挡。下面以单排行星齿轮机构为例来分析其传动,进而掌握双排、多排或其他组合形式的行星齿轮机构传动规律。

1. 空挡

如行星齿轮机构所有元件都不受约束,可自由转动,则不论从哪一个元件输入动力,都不会有动力输出,即行星齿轮机构处于空挡位置。

2. 倒挡

若行星架被固定,太阳轮为主动件以顺时针方向转动,则从动齿圈以逆时针方向转动,如图6-2-25所示,因为行星齿轮不能环绕着其啮合的太阳轮转动(即公转);或者说,因行星架被固定,行星齿轮只能在自身轴上转动(即自转)。因此,若太阳轮驱动行星齿轮,行星齿

轮就驱动齿圈以相反方向转动,但转速较低,行星齿轮机构提供了倒挡降速传动。

若以齿圈为主动件,太阳轮为从动件,也可形成超速传动的倒挡。也就是说,只要行星架被固定,无论太阳轮为主动件还是齿圈为主动件,都可形成倒向传动,行星齿轮此时起惰轮的作用,因而以主动件相反的方向驱动从动件。

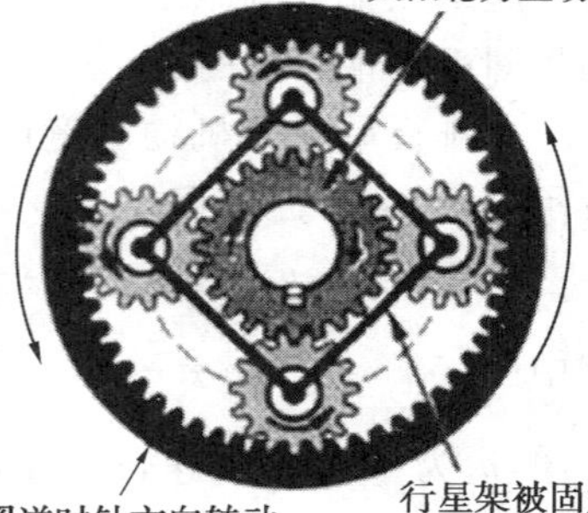

3. 减速挡

当输出齿轮转速低于输入齿轮转速时,即实现降速传动,且输出轴上的扭矩增大。

(1) 通过固定太阳轮实现降速传动。

当动力输入给齿圈时,行星齿轮在行星架上将发生自转,行星架与齿圈同向转动,如图6-2-26 所示。由于太阳轮被固定,则自转着的行星齿轮与行星架将一起绕着太阳轮公转,齿圈转动一整圈而行星架不能转动一整圈,所以实现降速传动,行星架以较低速度转动,其输出扭矩增大。

图 6-2-25　行星齿轮机构在倒挡工作

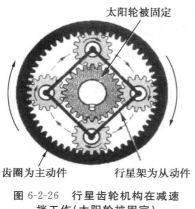

图 6-2-26　行星齿轮机构在减速挡工作(太阳轮被固定)

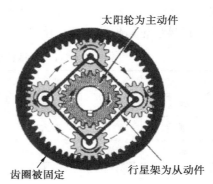

图 6-2-27　行星齿轮机构在减速挡工作(齿圈被固定)

(2) 通过固定齿圈,以太阳轮作为主动件实现降速传动。

当齿圈被固定而太阳轮作为主动件时,可实现降速传动,如图 6-2-27 所示。行星架绕着太阳轮转动,与上述齿圈驱动行星架的工作情况相比,行星架的转速更低,会导致更大的降速和扭矩更大的增加。

可以得出结论:每当行星架作为行星齿轮机构的从动件时,行星齿轮机构就会起降速增矩的作用。

4. 直接挡

若连接任意两个元件为主动件,使之同向同速转动,则第三个元件必然与前两者以相等的转速同向转动,如图 6-2-28 所示。当齿圈和太阳轮为主动件同向同速转动时,太阳轮使行星齿轮反方向转动,齿圈的内齿试图以同一方向转动行星

图 6-2-28　行星齿轮机构在直接挡工作

齿轮,结果把行星齿轮锁在齿圈与太阳轮之间,主动件与从动件被锁在一起从而形成直接挡传动,输入转速等于输出转速。

5. 超速挡

(1) 当行星架为主动件而太阳轮被固定时,可实现超速传动。

当行星架转动时,迫使行星齿轮围绕着固定的太阳轮公转,行星齿轮驱动齿圈以更快的速度转动。行星架每转动一圈,齿圈则以相同方向转一圈多,提供了较高的输出转速,且输出扭矩较低,称为超速挡,如图 6-2-29 所示。

(2) 当行星架为主动件而齿圈被固定时,可提供一个更高的超速挡。

行星架顺时针方向转动,迫使行星齿轮环绕着齿圈逆时针方向转动,从而驱动太阳轮与行星架同向转动。行星架每转动一圈,太阳轮则以相同方向转动好几圈,输出转速大幅增加,且输出转矩大幅降低。

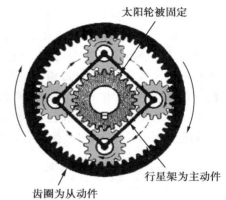

图 6-2-29　行星齿轮机构在超速挡工作

(三) 多排行星齿轮机构

由表 6-2-1 可知,用一个单排行星齿轮机构作动力传递装置,可得到 5 个前进挡、2 个倒挡、1 个空挡。因汽车变速器的输入、输出轴是固定的,一个单排行星齿轮机构在汽车上根本无法完成上述 8 种传动方式,为此车辆使用的行星齿轮自动变速器采用多个单排行星齿轮机构组合,以得到汽车行驶所需的各种挡位。

行星齿轮自动变速器较多采用的行星齿轮机构分为以下几种:

1. 辛普森双排行星齿轮机构

丰田、通用、宝马、日产、福特等公司生产的自动变速器大量采用此结构。该机构由 2 个单排行星齿轮机构组成,中心轮共用,动力可从后行星排齿圈或中心轮输入,前行星排齿圈和后行星架连接,作为动力输出元件,如图 6-2-30 所示。

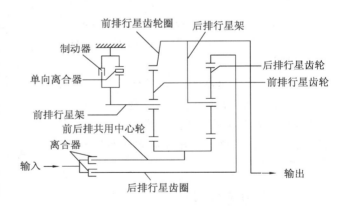

图 6-2-30　辛普森双排行星齿轮机构

这一机构可组成 3 个前进挡、1 个倒挡和 1 个空挡,各前进挡和倒挡的动力传递路线如下:

(1) 1 挡 (前排行星架固定):输入后排行星齿圈→后排行星齿轮→$\begin{cases}后排行星架\\ 中心轮→前排行星齿轮→前排行星齿圈\end{cases}$→输出。

(2) 2 挡 (中心轮固定):输入后排行星齿圈→后排行星齿轮→后排行星架→前排行星齿圈→输出。

(3) 3 挡 (后排行星齿圈与后中心轮连接,前排行星齿圈与前中心轮连接):输入后排行星齿圈和中心轮→前排行星齿圈和后排行星架→输出。

(4) 倒挡（前排行星架固定）：输入中心轮→前排行星齿轮→前排行星齿圈→输出。

2. 拉维娜行星齿轮机构

该机构又称复合行星轮系，大众、别克、三菱、宝马等公司生产的自动变速器大量采用此结构。以 01N 型四挡自动变速器为例，其结构如图 6-2-31 所示，其行星齿轮结构如图 6-2-32 所示。其复合行星轮系由大、小中心轮，长、短行星齿轮，齿圈和行星齿轮架等组成。大、小中心轮各自独立，短行星齿轮分别与长行星齿轮和小中心轮啮合，长行星齿轮分别与大中心轮、齿圈和短行星齿轮啮合，经变矩器输入的发动机动力通过 3 个离合器（C_1、C_2、C_3）分别传给小中心轮、大中心轮和行星架，最后由齿圈输出。制动器 B_2 控制大中心轮，单向离合器 F_1 和制动器 B_1 并联，用以控制行星架。

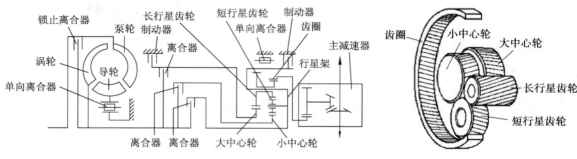

图 6-2-31　01N 型四挡自动变速器结构示意图　　图 6-2-32　01N 型四挡自动变速器行星齿轮结构

3. 平行轴式行星齿轮变速机构

本田雅阁 98 款轿车采用 BAXA 型电子自动变速器，发动机前部横置结构，与之相适应的是采用普通平行轴式自动变速驱动桥。如图 6-2-33 所示为平行轴式自动变速执行元件运作图。

此种自动变速器的结构特点是：主轴、副轴、中间轴和倒挡轴相互平行；全是外啮合的齿轮；只有离合器和单向器，没有制动器。因此，其结构简单，液压与电子控制方便，有利于提高工作可靠性。

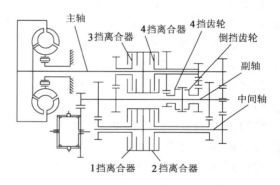

图 6-2-33　平行轴式自动变速执行元件运作图

二、换挡执行元件

行星齿轮机构得到不同的传动组合方式，即不同的挡位，则需对中心轮、齿圈和行星架进行限制和连接，换挡执行元件是用来限制和连接行星齿轮机构中的中心轮、齿圈和行星架的装置。

（一）换挡执行元件的作用

通过适当选择被约束的基本元件和约束方式，可以得到不同的传动比，实现变速。

（二）换挡执行元件的分类

自动变速器换挡执行元件有三种：离合器、制动器、单向离合器。离合器和制动器是以液压方式控制行星齿轮机构元件的旋转，而单向离合器则是以机械方式对行星齿轮机构的元件进行锁止。

（三）离合器

1. 作用

用来连接输入轴、中间轴、输出轴和行星排的某个基本元件，或将行星排的某两个基本元件连接在一起，使之成为一个整体转动，实现扭矩的传递。

2. 结构

多片湿式离合器的结构如图 6-2-34 所示。离合器活塞安装在离合器鼓内，是一种环状活塞，由活塞内外圆的密封圈保证其密封，从而和离合器鼓一起形成一个封闭的环状液压缸，并通过离合器鼓内圆轴颈上的进油孔和控制油道相通。钢片和摩擦片交错排列，两者统称为离合器片。钢片的外花键齿安装在离合器鼓的内花键齿圈上，可沿齿圈键槽做轴向移动；摩擦片由其内花键齿与离合器毂的外花键齿连接，也可沿键槽做轴向移动。摩擦片的两面均为摩擦系数较大的铜基粉末冶金层或合成纤维层。离合器鼓或离合器毂分别以一定的方式和变速器输入轴或行星排的某个基本元件相连接。

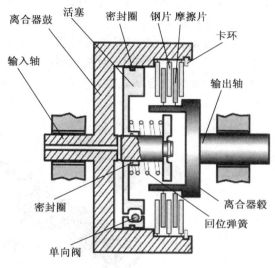

图 6-2-34　多片湿式离合器的结构

3. 工作原理

如图 6-2-35 所示，当来自控制阀的液压油进入离合器液压缸时，推动单向阀钢球，使其关闭单向阀，活塞克服回位弹簧力的作用，将所有的钢片和摩擦片相互压紧在一起，产生摩擦力，离合器接合；当液压控制系统将作用在离合器液压缸内的液压油的压力解除后，单向阀在离心力的作用下离开阀座，活塞缸外缘的油液经单向阀流出，活塞在回位弹簧的作用下

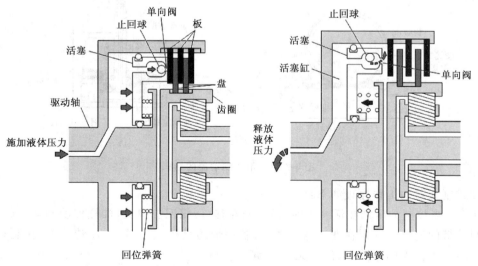

图 6-2-35　离合器工作原理示意图

回到原位,离合器分离。

(四)制动器

1. 作用

用来限制行星齿轮机构中的三元件,与离合器和单向离合器构成不同组合,得到不同挡位。

2. 结构

按摩擦元件结构不同分为片式和带式两种,片式使用较多。

(1)片式制动器。

与离合器相类似,只是安装位置不同,如图 6-2-36 所示。其与离合器的区别在于离合器的壳体是一个主动部件,而制动器的壳体和油缸是固定不转动的。当多片制动器的钢压板和摩擦片处于结合状态时,对摩擦片连接的构件起约束作用。

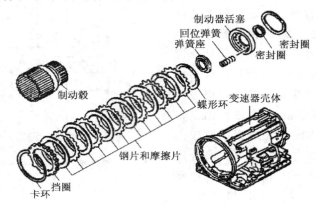

图 6-2-36 片式制动器分解图

(2)带式制动器。

结构简单、紧凑,但平顺性差,已逐渐减少使用,主要由制动带、液压缸和顶杆等组成,如图 6-2-37 所示。

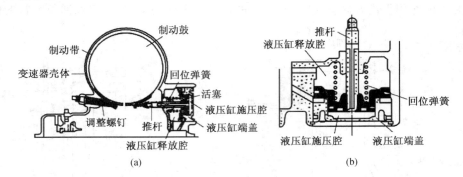

图 6-2-37 带式制动器的结构

带式制动器的工作原理如下:

制动:当控制油压加在活塞上时,活塞向左移,压缩回位弹簧,推杆推动制动带的一端,由于制动带的另一端固定在变速器壳体上,制动带的直径变小,箍紧在转鼓上,在制动带与转鼓之间产生很大的摩擦力,使之无法转动。

解除制动:当活塞缸中没有控制油压时,活塞和推杆在回位弹簧的作用下被推回,制动带松开,转鼓解除制动。

有些制动器和离合器的推动活塞有大小 2 只,这是为了改善接合平顺性,使换挡更柔和。

第四节 液压控制系统

自动变速器的液压控制系统向变速器各部分供给符合要求的液压油,使自动变速器能按要求准确自动换挡,保证换挡正时和换挡平顺。

一、液压控制系统的类型

液压控制系统按控制类型不同分为全液压式和电子液压式两种。

1. 全液压式控制系统

全液压式控制系统完全利用液压元件和液压原理来完成换挡控制,换挡的主要参数节气门开度(负荷)和车速信号(速度)转化为相应的液压控制信号,变速器根据这两个液压控制信号的变化进行自动换挡控制,如图 6-2-38 所示。

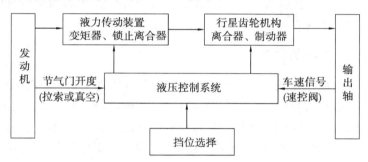

图 6-2-38 全液压式控制系统示意图

2. 电子液压式控制系统

电子液压式控制系统是一个机、电、液一体化的综合控制系统,它由传感器将汽车各种运行参数转变为电子信号传送给控制电脑,电脑按照设定的控制程序,向各种电磁阀(换挡电磁阀、油压电磁阀、锁止电磁阀等)发出相应的控制命令,通过打开或关闭电磁阀来切换油路和操纵换挡阀的工作,从而实现自动换挡控制,如图 6-2-39 所示。

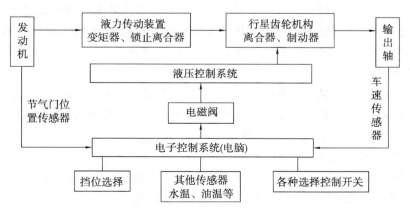

图 6-2-39 电子液压式控制系统示意图

电子液压式控制系统的优点如下:

(1) 节气门开度信号是由节气门位置传感器发出的电信号,车速信号是由车速传感器发出的电脉冲信号。在全液压式控制系统中,这两个信号分别是由节气门发出的节气门油压信号和由速控阀发出的速控油压信号。由于电子液压式控制系统采用了精确的电信号,所以提高了自动变速器的控制精度和性能。

(2) 在电子液压控制系统中加入了电磁阀。电磁阀根据控制电脑发出的命令,控制液压油路的通断或切换,实现了换挡时刻的精确控制,减少了换挡时的振动和冲击,简化了复杂的液压回路和液压控制阀,降低了制造和维修成本。

(3) 选挡杆不仅与手动阀相连,而且还连接着挡位选择开关。控制电脑和手动阀油路共同控制 P、R、N、D 和 L 等挡位的选挡范围,挡位选择开关将挡位信号送入电脑,电脑能存储多个行驶模式,模式开关可完成不同换挡规律的选择,驾驶员可选择最适合的行驶模式。

(4) 控制电脑能精确控制换挡正时及锁止离合器的正时,并且锁止离合器在低速范围内也可以作用,从而降低了油耗,提高了燃油经济性。

(5) 控制电脑提供的自诊断系统可通过电脑监测各个传感器和执行器的工作状态,帮助故障诊断分析和故障警告,降低故障的发生,方便维修。

二、液压控制系统的作用

自动变速器中液压控制系统的作用是:产生液压,并根据发动机负荷(节气门开度)和车速(车速传感器)等换挡信号的变化,提供不同的油压,使之符合自动变速器各系统的工作需要;根据操纵手柄的位置和汽车行驶状态,切换液压油道,控制变速器工作液的流向,以实现对变矩器和齿轮变速系统的控制,完成自动换挡;控制变矩器中液压油的循环和冷却;控制变矩器中锁止离合器的工作状态。

三、液压控制系统的组成

液压控制系统由油泵、阀体、电磁阀、减振器,以及连接这些部件的液体通道组成。

(一) 油泵

1. 油泵的作用

油泵是变速器所有油液循环的动力源,用于输送工作油液至液力变矩器,润滑行星齿轮装置,为系统提供施力装置所需要的油压。油泵安装于变速器壳体内,由变矩器花键毂或驱动轴驱动。在发动机运转时,不论汽车是否行驶,油泵都在工作。

2. 油泵的类型

油泵一般有齿轮泵、转子泵和叶片泵三种,它们的共同特点是内部元件为主动元件,外部元件为从动元件,与内部元件之间有一定的偏心距,从而形成转动中容积大小的变化,产生压力差,实现吸油与压油,使油液不断地流动。

3. 油泵的结构与原理

以内啮合齿轮泵为例,其结构如图 6-2-40 所示,主要由泵壳、内齿轮、小齿轮和油封等零件组成,在泵壳内腔有一月牙形隔板将小齿轮和内齿轮之间的工作腔分为吸油腔和泵油腔,两腔互不相通。

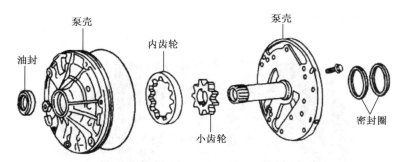

图 6-2-40 内啮合齿轮泵的结构

内啮合齿轮泵的工作原理如图 6-2-41 所示。泵壳上有进油口和出油口,进油口通过滤油器与变速器工作液底壳相通,出油口与相应控制阀相通。发动机运转时,变矩器后端的花键驱动小齿轮和内齿轮一同转动。吸油腔内,齿轮不断退出啮合,容积不断增大,产生吸力将油液从吸油口吸入;泵油腔内,齿轮不断进入啮合,容积不断减小,产生压力将油液压向出油口。油泵出油道设置有调压阀,用以限制最高油压,并使油压稳定。

（二）阀体

阀体是若干基本阀门的综合,用于控制和改变换挡执行元件液压回路的工作压力。自动变速

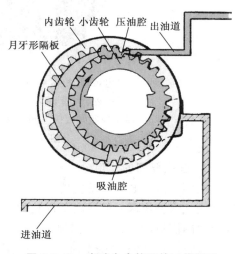

图 6-2-41 内啮合齿轮泵的工作原理

器内的压力一般分为:管路压力,用于控制离合器和制动器的动作;速控、温控、节气门液压,用于控制齿轮换挡;变矩器压力,用于控制变矩器和其他零件的润滑。不同自动变速器的阀体结构不尽相同,但其功能大致相同。

1. 阀体认识

以丰田 A341E 自动变速器阀体为例,上阀体各主要阀的位置如图 6-2-42 所示。

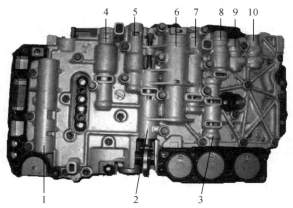

1—锁止继动阀;2—节气门阀;3—3、4 挡换挡阀;4—副调节阀;5—前进挡离合器节流孔控制阀;
6—前进挡离合器储能器;7—2、3 挡换挡阀;8—倒挡控制阀;9—单向阀;10—单向阀

图 6-2-42 上阀体各主要阀的位置图

下阀体各主要阀的位置如图 6-2-43 所示。

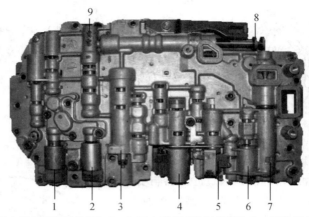

1—1 号电磁阀(控制换挡);2—2 号电磁阀(控制换挡);3—储能器控制阀;
4—4 号电磁阀(调节蓄压器背压);5—3 号电磁阀(调节锁止离合器压力);
6—锁止控制阀;7—主调节阀;8—手控阀;9—1、2 挡换挡阀。

图 6-2-43　下阀体各主要阀的位置图

2. 各主要阀的作用

主调节阀:根据手动换挡杆、节气门、车速自动调节液压系统的油压,是油压系统的总控制阀。次调压阀:根据汽车行驶的速度和油门开度的变化自动调节变矩器的油压,保证各摩擦副润滑的油压。换挡阀:自动变速器通常采用三个换挡阀,由两个换挡电磁阀来控制,并通过三个换挡阀之间油路互锁作用,实现四个挡位的变换。手动阀与换挡手柄相连,当换挡手柄在 P、R、N、D、2、L 之间变换时,手动阀随之移动,实现油路转换。1、2 挡换挡阀:控制自动变速器在 1 挡和 2 挡之间变换。2、3 挡换挡阀:控制变速器在 2 挡和 3 挡之间变换。3、4 挡换挡阀:控制变速器在 3 挡和 4(OD)挡之间变换。锁止离合器控制阀包括锁止电磁阀、锁止信号阀、锁止继动阀。蓄压器主要用于缓冲换挡时油压的冲击等。

四、液压控制系统的工作过程

液压控制系统是自动变速器的重要组成部分,其结构部件主要分为油压控制装置、换挡控制装置、变矩器锁止控制装置三个部分,它在自动变速器中的工作过程如图 6-2-44 所示。

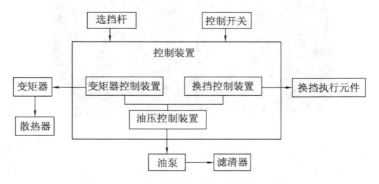

图 6-2-44　液压控制系统工作过程示意图

1. 供油部分

由油泵、滤油器、散热器、主调节阀、次调节阀、液力变矩器补偿压力调节阀等组成。油泵用来供给液力变矩器、液压控制系统以及换挡执行元件所需的液压油,并保证行星齿轮机构、换挡执行元件等机件的润滑,它是保证自动变速器正常工作的主要部件。

2. 控制信号

控制信号是换挡的依据,主要由三个方面决定是否换挡,即节气门开度、车速和选挡杆的位置。

3. 换挡时刻控制

换挡时刻控制是由若干个换挡控制阀组成的,它是一个油路开关装置,根据控制信号的指令,实现油路的转换,进而达到升降挡目的。

4. 换挡品质控制

换挡品质控制是自动变速器液压控制系统的重要内容,是指换挡过程的平顺性。造成换挡冲击的原因主要有:换挡过程中各执行元件之间的动作不协调、转动部件惯性能量引起的冲击、执行元件摩擦力矩剧变产生的不平顺等问题;为了减轻换挡过程中的冲击,液压控制系统采取了缓冲控制、正时控制及油压控制三种方式来改善换挡品质。

5. 执行元件

执行元件主要指离合器和制动器,液压控制系统最终要通过执行元件才能实现齿轮机构的挡位变换。

6. 锁止控制

锁止控制的目的是提高液力变矩器的传动效率,锁止控制是通过离合器的接合与分离来完成的。锁止控制的作用是在特定挡位下达到一定车速时,使得泵轮和涡轮之间不再是通过液力偶合的方式传递动力,而是直接接合,使传动效率达到100%,也降低了自动变速器油温。

7. 手动选挡部分

手动阀与驾驶室中的选挡杆(自动变速器操纵杆)连接,由驾驶员操纵,以改变换挡油路,实现挡位变换。

第五节　电子控制系统

汽车上装用的自动变速器大多采用电控液压控制,是在原液压控制系统的基础上,将部分液控阀和液压信号改换成电磁阀和电信号输入电脑,电脑结合其他一些信号(如自动变速器油温度、发动机工作温度等),经运算、分析,输出控制信号,以确定自动变速器的挡位、锁止离合器的工作及调节液压系统的油压高低等,故电控自动变速器较全液压控制自动变速器的工作更合理、可靠,功能更齐全。

一、电子控制系统的作用

电子控制系统是自动变速器控制系统的核心,它利用先进的电控手段对自动变速器以及发动机的工况进行检测,并根据检测结果和相应的控制程序来操纵阀板中各种控制阀的工作,以驱动离合器、制动器、单向离合器等液压执行元件,从而实现对自动变速器的全面控制。

二、电子控制系统的组成

电子控制系统主要由传感器及各种开关、ECU(电控单元)、执行器等部分组成,如图 6-2-45 所示。

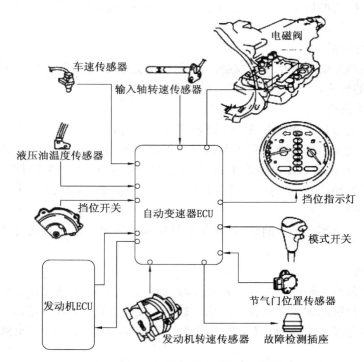

图 6-2-45　电子控制系统结构示意图

(一)传感器及开关

发动机转速传感器、节气门位置传感器、发动机冷却液温度传感器与发动机共用。如发动机与自动变速器共用一个电控单元,则上述传感器产生的电信号直接传送给发动机与自动变速器电控单元;如自动变速器有单独的电控单元,则自动变速器电控单元从发动机电控单元提取上述传感器产生的电信号。

1. 油温传感器

变速器油温传感器安装在变速器油底壳的阀体上,用于检测变速器油的工作温度。

2. 车速传感器

车速传感器由永久磁铁、电磁感应线圈组成,安装在变速器输出轴附近的壳体上。输出轴转动时,停车锁止齿轮的轮齿靠近和离开传感器,永久磁铁产生的磁通量发生变化,在电磁感应线圈内产生交流脉冲信号。交流脉冲信号的电压频率与车速成正比,电控单元根据交流脉冲信号的频率计算出车速,作为换挡参数。

3. 转速传感器

输入轴转速传感器安装在行星齿轮变速机构的输入轴或与输入轴连接的离合器毂附近的壳体上,用于检测输入轴转速,并将信号传给电控单元,以便更精确地控制换挡过程。电控单元还将输入轴转速与发动机转速相比较,计算液力变矩器的传动比,使控制过程得到进一步优化,以改善换挡感觉,提高汽车的行驶性能。

4. 选择开关

(1) 行驶模式选择开关为按钮式开关,安装在变速杆挡位面板旁边。有常规(Normal)和动力(Power)两种模式。汽车在常规模式下行驶时,换挡的转速较低,油耗小;在动力模式下行驶时,换挡的转速较高,具有良好的动力性。

(2) 空挡启动开关安装在变速器手动阀摇臂轴上或变速杆的下端,用于判断变速杆的位置,防止发动机在动力挡位时启动。当变速杆位于 P 挡和 N 挡时,启动电路才能接通。另外,当变速杆位于不同位置时,空挡启动开关将变速杆挡位信号传送到 ECU,以控制自动换挡,并接通相应的挡位指示灯,向驾驶员提供挡位信息。

(3) 强制降挡开关安装在加速踏板轴上,当加速踏板超过节气门全开位置时,强制降挡开关接通,向 ECU 传送电压信号。ECU 按内设程序使自动变速器降一个挡位,以提高汽车的加速性能。

(4) 超速挡(O/D)开关安装在变速手柄上,它为按钮式开关,控制是否能以超速挡行驶。当变速杆位于 D 挡,开关接通时,随着车速的提高,自动变速器可最终升至超速挡;当开关断开时,自动变速器不能升至超速挡。

(5) 制动灯开关安装在制动踏板支架上,它用以判断汽车是否进入制动状态。当制动踏板踩下时,制动灯开关接通,制动信号传给 ECU,ECU 解除锁止离合器的接合,防止传动系过载。在某些车上,制动灯开关信号还用于对变速杆锁止电磁铁的控制,踩下制动踏板,变速器锁止电磁铁抬起,才能推动变速杆。

变速杆锁止电磁铁位于变速杆下端,受点火开关控制,防止变速杆滑到其他位置。踩下制动踏板,变速杆锁止电磁铁被抬起,此时变速杆方可推入其他挡位。

(二) 电控单元

自动变速器的控制电脑除用于控制变速器本身外,还通过电路或 CAN 总线与其他系统的控制电脑相连,以获取与自动变速器有关的信号,或将变速器的工况传输给其他系统的电脑,让发动机或汽车其他系统的工作与自动变速器相配合。有的车型自动变速器与发动机共用一个电脑控制,以便实现动力和传输系统的最佳配合。

自动变速器电控单元是整个电子控制系统的中心,由中央处理器、用于储存程序和数据的存储器,以及与传感器和执行器进行数据交换的输入/输出接口三大部分组成,其控制功能有以下几种:

1. 换挡正时控制

换挡正时控制依据节气门开度和车速等传感器信号作为修正信号,以提高控制的精确性和换挡品质。车辆行驶过程中,电控单元根据驾驶员选定的行驶模式,以及车速和节气门开度信号,与设定的程序相比较,选择最佳换挡时刻,控制执行器操纵换挡阀打开或关闭换挡执行元件的液压通道,实现自动换挡。

2. 自动模式选择控制

有模式选择开关的自动变速器,在模式开关处于不同位置时,有不同的换挡规律。有些自动变速器没有行驶模式开关,而是采用了模糊逻辑控制,由电控单元进行自动模式选择控制。电控单元提供两条换挡曲线:一条为运动型换挡曲线,另一条为经济型换挡曲线。汽车行驶过程中,电控单元根据变速杆位置和驾驶员踩下加速踏板的速度快慢,在两条换挡曲线之间确定一条新的换挡曲线。若加速踏板踩下的速度较快,可采用接近运动型换挡曲线换挡;若加速踏板踩下的速度较慢,可采用接近经济型换挡曲线换挡。根据驾驶员不同的驾驶习惯,自动变速器为其选择不同的行驶模式,即具有学习功能。

3. 锁止控制

自动变速器电控单元将各种行驶模式下液力变矩器内锁止离合器的工作方式编程储存在存储器中。依据此程序,电控单元按照车速和节气门开度打开或关闭锁止电磁铁,操纵锁止控制阀改变作用在液力变矩器上锁止离合器的液压通道,使锁止离合器接合或分离。当在踩下制动踏板、发动机冷却液温度低于60℃或节气门全闭任一情况下时,电控单元立即切断锁止电磁阀电路,强制脱开锁止离合器,以防止传动系过载。电控单元在自动变速器油压过低时,阻止锁止离合器接合。

4. 发动机转矩控制

根据接收到的有关信号,电控单元判断自动变速器将要换挡时,向发动机发出指令,暂时延迟点火时刻,以控制发动机输出力矩,减小换挡冲击。发动机与变速器电控单元根据发动机转速信号及车速信号判断驾驶条件,根据换挡方式及节气门开度确定点火延迟的最佳量。

5. 故障自诊断

电控单元监测电子控制系统的工作情况,当电子控制系统出现故障时,能将故障代码的形式存储起来。在检修时,通过故障指示灯的闪烁,输出故障码;或者通过专用解码器从电控单元的存储器中读取故障代码,从而确定故障内容。

6. 失效保护功能

电控单元具有失效保护系统,它能在电子控制系统发生故障而失效时,使车辆以最基本的状态行驶。

7. 巡航控制

巡航控制系统能自动控制车速,使汽车接受巡航控制选定的速度稳定行驶,无须驾驶员反复调节节气门开度,必要时也可转为由驾驶员控制车速。

(三)执行器

自动变速器电子控制系统的执行器是电磁阀。电磁阀是电控装置的执行部分,用来开启或关闭油路以及调节油压。常用电磁阀有两种类型,即开关式和脉冲线性式。开关式电磁阀主要用于换挡控制和锁止控制,脉冲式线性式电磁阀用于油压控制和锁止控制。

1. 开关式电磁阀

常用于控制换挡阀和液力变矩器中锁止离合器的工作情况,开启或关闭液压油路,其结构原理如图6-2-46所示。

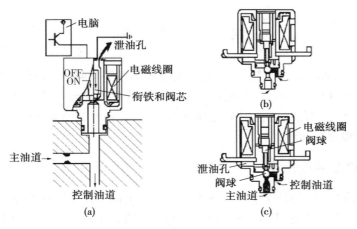

图 6-2-46 开关式电磁阀

2. 脉冲线性式电磁阀

通过改变每个脉冲信号周期内电流接通和断开的时间比率——占空比,来调节油路压力;常用于调节主油路或储能器油压,其结构原理如图 6-2-47 所示。

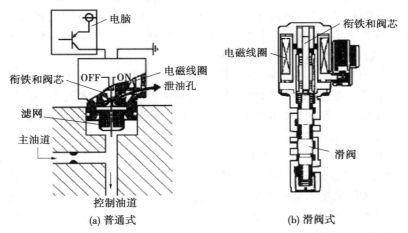

图 6-2-47 脉冲线性式电磁阀

第三章 汽车防滑控制系统

汽车防滑控制系统包括汽车防抱死制动系统(Anti-lock Brake System,ABS)、驱动防滑系统(ASR)以及车身稳定系统(ESP)。ABS 用于汽车制动过程中防止车轮抱死拖滑,改善汽车制动过程中的操纵稳定性,缩短制动距离;ASR 是 ABS 功能的延伸,通过调节驱动轮的牵引力,实现车轮滑转控制,提高汽车的加速性能及操纵稳定性;为了保证车辆在各种情况下行驶的稳定性,在 ABS、ASR 的基础上又发展了 ESP 行车稳定控制系统,该系统监控车辆车速信号,利用 ABS 制动油压调节制动力,改变发动机扭力控制来防止车辆由于不同的抓地力而产生各车轮的打滑。

第一节 概 述

汽车在行车时,若踩下制动踏板,车轮可能会在车辆停止前抱死,在这种情况下,若前轮抱死则车辆的操纵性便会降低,若后轮抱死则车辆的稳定性便会降低,从而导致车辆的操纵极为不稳定。ABS 可以精确地控制车轮的滑移率,以保证作用在轮胎上的附着力为最大,从而保证汽车的操纵性和稳定性。

一、ABS 的发展与应用

防抱死制动系统(ABS)是电子控制防抱死制动系统的简称,是一种制动安全装置。它是汽车上的一种主动安全装置,其作用是在汽车制动时,防止车轮抱死在路面上滑拖,以提高汽车制动过程中的方向稳定性、转向控制能力,缩短制动距离,使汽车制动更为安全有效。随着汽车行驶速度的提高、道路行车密度的增大以及人们对汽车行驶安全性的要求越来越高,ABS 已成为汽车上的一种重要安全装置。

20 世纪 50 年代,世界上第一台 ABS 研制成功并首先应用在航空领域的飞机上;60 年代初开始了 ABS 的开发工作,德国瓦布科公司从 1974 年就开始研制生产用于商用车辆的 ABS,是世界上最大的 ABS 生产厂家之一;1975 年研制出部分集成模拟信号处理的第一代 ABS 产品,并将微机控制应用于制动系统中。

进入 20 世纪 80 年代后,随着电子技术的进步,数字电子技术、大规模集成电路的发展和微机的运用,电子控制式 ABS 日趋成熟,成本不断降低,并且体积小、质量轻、控制精度高,仅在部分高级轿车上采用;90 年代后,在欧洲以及美国、日本和韩国等国家,ABS 的装车率大幅度提高,ABS 已成为汽车上的标准装备或选择装备。

我国对 ABS 的研究始于 20 世纪 80 年代初,1999 年制定的国家强制性标准 GB 12676—1999《汽车制动系统结构、性能和试验方法》中,已把装用 ABS 作为强制性法规。国内研究 ABS 的单位主要有东风汽车公司、交通部重庆公路研究所、济南捷特汽车电子研究所、清华大学、西安交通大学、吉林大学、华南理工大学、合肥工业大学等。目前,ABS 已发展成为成熟的产品。在汽车启动或加速时,因驱动力过大而使驱动轮高速旋转、超过摩擦极限而引起打滑,所以在 ABS 的基础上发展了驱动防滑系统(ASR),ASR 是 ABS 的逻辑和功能扩展,ASR 大多借用 ABS 的硬件,两者共存一体,发展成为 ABS/ASR 系统。

二、ABS 的功用

ABS 与普通制动系统相比可防止车轮完全抱死,制动效果优于普通制动系统的刹车装置,是在普通制动系统的基础之上经改进而成的。它充分利用轮胎和地面的附着系数,提高汽车制动能力。ABS 的功用就是在汽车制动过程中,当车轮滑移超过稳定界限时,ABS 将自动减小制动压力,以减小车轮制动器制动力,从而减小车轮滑移率;而当车轮滑移率低于稳定界限时,又自动增加制动压力,以增大车轮制动器制动力,从而增大车轮滑移率。

1. 缩短了制动距离

在汽车的制动过程中,ABS 不断高速制动压力,使车轮滑移率始终保持在 20% 左右,以便获得最大纵向附着系数,防止汽车侧滑或失去转向能力,提高汽车制动时的方向稳定性。

ABS 就是这样使汽车在制动时,充分利用车轮的附着力,使车轮处于最佳制动状态,缩短制动距离,同时保证汽车的制动方向稳定性,防止产生侧滑和跑偏。

2. 增强了转向控制能力

汽车在制动时,四个轮子上的制动力是不一样的,如果汽车的前轮先抱死,驾驶员就无法控制汽车的行驶方向;若汽车的后轮先抱死,则会出现侧滑、甩尾,甚至发生使汽车整个掉头等严重事故。ABS 可防止四个轮子制动时被完全抱死,提高了汽车行驶的稳定性。

3. 改善了轮胎磨损

车轮抱死会造成轮胎杯形磨损,轮胎面磨耗也会不均匀,使轮胎磨损消耗费增加。经测定,汽车在紧急制动时,车轮抱死所造成的轮胎累加磨损费已超过一套 ABS 系统的造价。

三、ABS 的分类

1. 按 ABS 的结构分类

(1) 液压制动系统中装用的 ABS,按其液压控制部分的结构原理不同主要可分为整体式和分离式两种类型。整体式 ABS 中,制动压力调节器与制动主缸结合为一个整体;分离式 ABS 中,制动压力调节器与制动主缸分别为独立的总成。

(2) 气压制动系统主要用于中、重型载货汽车上,所装用的 ABS 按其结构原理分为两种类型,用于 4 轮后驱动气压制动汽车上的 ABS 和用于汽车挂车上的 ABS。

2. 按 ABS 生产厂家分类

根据 ABS 的生产厂家不同,ABS 主要可分为博世(Bosch)ABS 系统、坦孚(Teves)ABS 系统、美国的达科(Delco)ABS 系统和美国的本迪克斯(Bendix)ABS 系统四类,都是广泛应用的系统。

3. 按控制通道分类

在 ABS 中,对能够独立进行制动压力调节的制动管路称为控制通道,ABS 装置的控制通道分为四通道式、三通道式、二通道式和一通道式。

四、车轮滑移率与附着系数的关系

汽车正常行驶时,车速(即车轮旋转中心的速度)与轮速(即车轮轮缘线速度)相同,车轮在路面上做纯滚动;当驾驶员踩下制动踏板时,车轮制动器产生一制动力,此时地面对车轮产生一反作用力,在该反作用力的作用下,使车轮轮缘线速度减小。当车轮轮缘线速度小于车轮旋转中心速度时,车轮便处于既滚动又滑动的状态,即实际车速与轮速不再相等。随着制动器制动力的增加,车轮转速不断减小。当制动器制动力超过车轮与路面的附着力时,车轮就抱死滑移,汽车车轮在地面上做纯滑动,直至汽车停止运行。

为表示汽车制动时车轮相对于路面的滑动程度,通常用滑移率来评定,用 $s_{移}$ 表示。它表示车轮纵向运动中滑动成分所占的比例。制动时 $s_{移}$ 值按下式计算:

$$s_{移} = \frac{v_{车} - v_{轮}}{v_{车}} \times 100\%$$

式中,$v_{车}$ 为车轮旋转中心的速度,在 ABS 中用参考车速来代替,参考车速是指刚开始制动时的轮缘线速度(km/h);$v_{轮}$ 为车轮轮缘线速度(km/h),由车轮转速传感器检测得到。

当车轮在路面上自由滚动时,如图 6-3-1 所示,$s=0$;当车轮被完全制动抱死在路面上做纯滑移或驱动车轮在路面上完全滑转时,如图 6-3-2 所示,$s=100\%$;当车轮在路面上一边滚动一边滑动时,如图 6-3-3 所示,$0<s<100\%$。车轮运动中滑动所占的比例越大,车轮的滑移率也就越大。

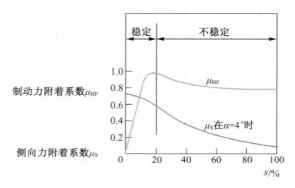

图 6-3-1　车辆纯滚动时

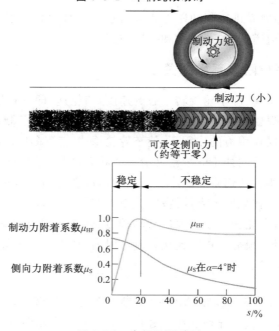

图 6-3-2　车辆纯滑动时

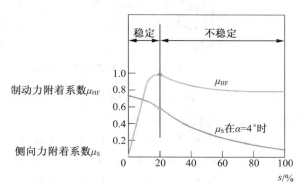

图 6-3-3　车辆既滚动又滑动时

在汽车制动过程中,车轮与路面之间的附着系数随车轮滑移率的变化而变化,其关系曲线如图 6-3-4 所示。当滑移率($s_{移}$)较小时,车轮与路面的纵向附着系数($\varphi_{纵向}$)随滑移率的增大而增大;当滑移率($s_{移}$)超过 20% 时,纵向附着系数($\varphi_{纵向}$)随滑移率的增大而减小。车轮与路面的横向附着系数($\varphi_{横向}$)随滑移率的增大而减小,随着 $s_{移}$ 值的增大,横向附着系数的下降率远大于纵向附着系数的下降率。当 $s_{移}=100\%$ 时,即车轮完全抱死时,横向附着系数($\varphi_{横向}$)几乎趋于 0,这时汽车若受到一侧向力的作用,就很容易发生侧滑现象。转向轮如果抱死,则会失去转向操纵

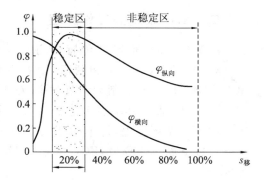

$s_{移}$—滑移率;φ—附着系数;$\varphi_{纵向}$—纵向附着系数;$\varphi_{横向}$—横向附着系数

图 6-3-4　制动时附着系数与滑移率的关系曲线(φ-$s_{移}$ 曲线)

性。要使汽车具有良好的制动性能,则汽车制动时车轮与路面的滑移率应保持在 15%～20% 之间,即图中稳定区的一部分。

第二节　ABS 系统的结构及工作原理

一、ABS 系统的结构

带有 ABS 系统的汽车制动系统由基本制动系统和制动压力调节系统两部分组成。前者是制动主缸、制动轮缸和制动管路等构成的普通制动系统,用来实现汽车的常规制

动;后者是由电控单元 ECU、液压控制单元(压力调节器)和轮速传感器等组成的压力调节控制系统,在制动过程中用来确保车轮始终不抱死,车轮滑移率处于合理范围内,如图 6-3-5 所示。

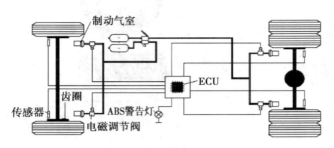

图 6-3-5　ABS 系统的结构组成

在制动压力调节系统中,传感器承担感受系统控制所需的汽车行驶状态参数,将运动物理量转换成为电信号的任务。控制器即电子控制装置(ECU),根据传感器信号及其内部存储信号,经过计算、比较和判断后,向执行器发出控制指令,同时监控系统的工作状况。执行器(制动压力调节器)则根据 ECU 的指令,依靠由电磁阀及相应的液压控制阀组成的液压调节系统对制动系统实施增压、保压或减压的操作,让车轮始终处于理想的运动状态。

二、ABS 系统的工作原理

汽车行驶时,轮速度传感器将车轮的速度以信号电压的方式传输给电子控制单元(ECU),经计算、分析和判断(滑移率和制动减速度),当感知车轮临界抱死状态时,ECU 即向 HCU 发出制动调节命令,对车轮的制动压力进行降压调节。在车轮制动过程中,一个 ABS 制动压力调节过程分为三个阶段,即制动车轮分泵油压由增压→保压→降压→增压的循环过程,每个循环仅 0.1~0.25s,电磁阀每次调节仅 0.002s,使车轮由刹车→释放→刹车→释放,ECU 能指令 HCU 反复制约车轮减速而又达到防止车轮抱死的目的。

ABS 系统是一个辅助制动系统,当 ABS 系统出现故障时电脑会切断 ABS 功能,点亮警告灯,系统按常规制动性能工作(无 ABS 调节作用);只有当紧急制动,制动力大到使车轮趋于抱死时,ABS 才进入工作状态。按理论知识理解:制动时车轮抱死,车轮滑移率为 100%,汽车侧向制动力大幅度降低,这时会造成汽车侧滑和转向失控;而滑移率为 10%~20%时,汽车在制动时可以利用纵向制动和侧向制动的力,来获得最理想的制动性能和转向操纵性能。

ABS 系统的制动工作过程分为常规制动和 ABS 调节制动两部分。当 ABS 系统检测认定制动车轮未发生抱死的情况下,汽车制动系统执行常规制动过程;而当系统认定车轮有抱死趋势时,便开始进行制动压力的调节,如图 6-3-6 所示。

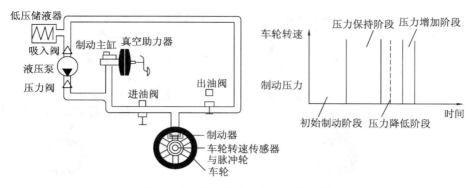

图 6-3-6　ABS系统工作原理示意图

1. 系统油压建立

当驾驶员踩下制动踏板时,制动主缸产生的油压通过管路,并经不带电的进油阀进入制动工作缸,不带电的出油阀处于关闭状态,从而使车轮制动器产生制动力。随着驾驶员踩下制动踏板行程的增加,制动压力逐渐上升,车轮转速逐渐下降,此阶段 ABS 系统的电控单元不对制动液压进行控制,整个过程和传统制动系统相同,如图 6-3-7 所示。

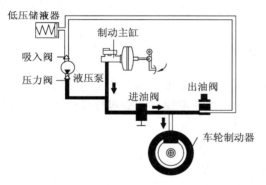

图 6-3-7　系统油压建立

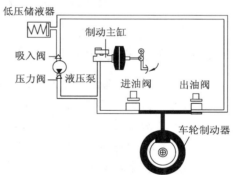

图 6-3-8　系统油压保持

2. 油压保持阶段

随着制动压力升高和车轮转速下降到一定程度,车轮开始出现部分滑移现象。当车轮的滑移率达到 15%～20% 左右时,ABS 中的电控单元将输出控制信号给进油阀,使其通电而关闭油路,出油阀不通电仍处于关闭状态。此时,制动工作缸内油压将保持不变,即处于某一个稳定的油压状态,如图 6-3-8 所示。

3. 油压降低阶段

当制动油压保持不变而车轮转速继续下降,车轮的滑移率超过 15% 时,ABS 中的电控单元将输出控制信号给出油阀,使其通电而处于打开状态,进油阀继续通电而处于关闭状态,从而使制动工作缸内的高压油从出油阀经管路流入储能器中,制动工作缸内的制动油压下降,车轮转速由下降逐渐变为上升,滑移率也由增加逐渐变为下降。与此同时,ABS 中的电控单元还将输出控制信号给电动液压泵,使其工作,从而把储能器和由出油阀流出的液压油泵回制动主缸,以保证制动工作缸内的制动液压能迅速有效地下降,如图 6-3-9 所示。

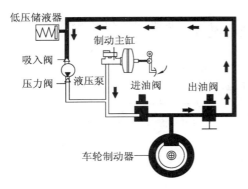
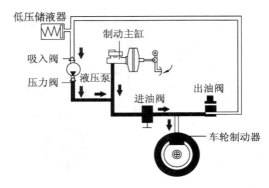

图 6-3-9　系统油压降低　　　　　　　图 6-3-10　系统油压增加

4. 油压增加阶段

当车轮转速上升,滑移率下降到低于 30% 时,ABS 中的电控单元将输出控制信号给进、出油阀,使其断电。此时,进油阀打开,出油阀关闭,制动主缸和制动工作缸油路接通,制动主缸的压力油进入制动工作缸,制动油压增加,车轮转速又开始下降。同时,电动液压泵继续工作,以保证制动油压的增加更快速有效,如图 6-3-10 所示。如此交替控制进、出油阀的开闭(其变化频率为 5～6Hz),使车轮的滑移率始终被控制在 15%～20%,从而使汽车的制动性能达到最佳状态。

三、ABS 系统主要部件的结构及工作原理

ABS 系统中的主要部件有轮速传感器、电磁阀等。轮速传感器产生与车轮转速成正比的交流信号,将车轮转速信号传给 ABS 系统电控单元。电控单元通过计算决定是否开始工作,即准确地进行防抱死制动,控制电磁阀的开启。

(一)传感器的结构及工作原理

ABS 系统的传感器是感受汽车运动参数(车轮转速)的元件,主要包含以变换车轮转速信号为目的的轮速传感器和以感受车身加速度为目的的加速度传感器。

轮速传感器有电磁感应式与霍尔式两大类。前者利用电磁感应原理,将车轮转动的位移信号转化为电压信号,由随车轮旋转的齿盘和固定的感应元件组成;后者利用霍尔半导体元件的霍尔效应工作,当电流 I_V 流过位于磁场中的霍尔半导体层时,如图 6-3-11 所示,电子向垂直于磁场和电流的方向转移,在半导体横断面上出现霍尔电压 U_H,这种现象称为霍尔效应。

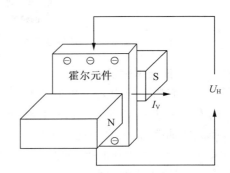

图 6-3-11　霍尔传感器原理

1. 电磁感应式轮速传感器

(1)基本结构。

轮速传感器是一种由磁通量变化而产生感应电压的装置,在每个车轮上安装一个,共四个,一般由磁感应传感头与齿圈组成。传感头是一个静止部件,通常由永久磁铁、电磁线圈和磁极等构成,安装在每个车轮的托架上。齿圈是一个运动部件,一般安装在轮毂或轮轴上

与车轮一起旋转,传感头磁极与齿圈的端面有一空气隙,一般在1mm左右。前轮转速传感器的安装位置如图6-3-12所示。

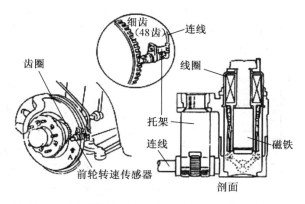

图6-3-12　前轮转速传感器的安装位置及传感器剖面图

轮速传感器与普通的交流发电机原理相同,永久磁铁产生一定强度的磁场,齿圈在磁场中旋转时,齿圈齿顶和电极之间的间隙就以一定的速度变化,使齿圈和电极组成的磁路中的磁阻发生变化,其结果是使磁通量周期性增减,在线圈两端产生正比于磁通量增减速度的感应电压,如图6-3-13所示,感应电压正比于车轮转速。

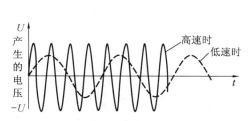

图6-3-13　轮速传感器产生的电压信号

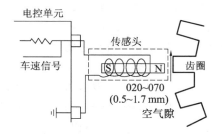

图6-3-14　电磁感应式轮速传感器工作原理

（2）工作原理。

如图6-3-14所示,当齿圈随车轮旋转时,永久磁铁上的电磁感应线圈中就产生交流信号,交流信号的频率与车轮转速成正比,交流信号的振幅随轮速的变化而变化。ABS电控单元通过识别传感器发来交流信号的频率来确定车轮的转速,滑移率达到20%时,电控单元给液压调节器发出指令,减小或停止车轮的制动力,以免车轮抱死。传感器引出两根屏蔽线接入电控单元,轮速传感器或其线路如果有故障,ABS电控单元会自动记录故障,点亮故障警告灯,让普通制动系统继续工作。

2. 霍尔式轮速传感器

霍尔传感器可将带隔板的转子置于永磁铁和霍尔集成电路之间的空气间隙中。霍尔集成电路由一个带封闭的电子开关放大器的霍尔层构成。当隔板切断磁场与霍尔集成电路之间的通路时,无霍尔电压产生,霍尔集成电路的信号电流中断;若隔板离开空气间隙,磁场产生与霍尔集成电路的联系,则电路中出现信号电流。

霍尔式轮速传感器由齿圈和传感头组成,如图6-3-15所示,传感头由永久磁铁、霍尔元件和电子电路等组成。永久磁铁的磁感线穿过霍尔元件通向齿圈,在图 6-3-15(a)所示位置时,穿过霍尔元件的磁感线分散,磁场相对较弱。在图 6-3-15(b)所示位置时,穿过霍尔元件的磁感线集中,磁场相对较强。齿圈转动过程中,使得通过霍尔元件的磁感线密度发生变化,因而引起霍尔电压的变化,霍尔元件将电压以正弦波形式输出给电子控制装置,电子控制装置以此作为计算轮速和汽车的参考速度。

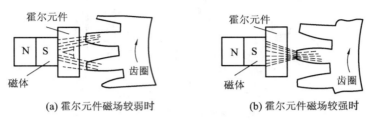

图 6-3-15　霍尔式轮速传感器的工作原理

(二) 液压控制单元的结构及工作原理

液压式调节器是用电磁阀和液压泵产生的压力控制制动力的,系统内部都有电磁阀,用来控制制动压力;通常把直接控制制动压力的形式称为循环式,把间接控制制动压力的形式称为可变容积式。

循环式调节器是在汽车原有的制动管路中串联进三位三通电磁阀,直接控制压力的增减;可变容积式调节器是在汽车原有制动系统管路上增加一套液压控制装置,它采用压力调节装置将主缸与轮缸隔离,制动液在轮缸和压力调节装置间交换,通过机械方式如活塞运动使密闭的轮缸管路容积发生变化,实现加、减压调节。

1. 电动泵和蓄压器

电动泵(高压泵)在蓄压器中短时间内将制动液加压至 14000~18000kPa,给整个液压系统提供高压制动液体,电动泵的工作独立于 ABS 电控单元。蓄压器的结构如图 6-3-16 所示,在它内部充有氮气。蓄压器被一个隔板分成上下两个腔室,上腔室充满了氮气,下腔室充满了来自电动泵的制动液(蓄压器下腔与电动泵泵油腔相通)。

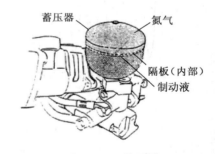

图 6-3-16　蓄压器

电动泵给蓄压器下腔泵入制动液,使隔板上移,蓄压器上腔中的氮气被压缩后产生压力,反过来推动隔板下移,会使蓄压器下腔的制动液始终保持 14000~18000kPa 的压力。在普通制动系统工作的时候(ABS 系统没有工作),蓄压器就可提供较大压力的制动液到后轮制动分泵;当 ABS 系统工作时,加压的制动液可进入前、后轮制动分泵。

2. 电磁阀的结构及工作原理

电磁阀是 ABS 执行器的核心部件,有二位二通、三位三通几种。其作用主要是控制制动轮缸的进、出油,通常是进油电磁阀控制制动主缸到制动轮缸的进油,常闭出油阀控制从制动轮缸到电动液压泵和低压储液器的出油。

(1) 二位二通电磁阀。

二位二通电磁阀主要由两个阀门(第一球阀和第二球阀)、衔铁、弹簧及电磁线圈等组成,如图 6-3-17 所示。第一球阀(常闭阀门)用于控制助力室与内部储液室之间的制动液通路——高压控制;第二球阀(常开阀门)用于控制储液筒与内部储液室之间的制动液通路——低压控制。

当电磁线圈上没有电压时,阀芯的锥形顶部在弹簧预紧力的作用下脱离阀座,进油口和出油口接通,进油阀处于开启状态,来自制动主缸的制动液经进油管滤清器进入阀座内的通道,并经出油口进入制动轮缸;当向电磁线圈提供电压时,电磁线圈对衔铁产生电磁吸力,阀芯在电磁吸力的作用下克服弹簧张力向下移动,直至阀芯锥形顶部紧压靠在锥形阀座上,进油口和出油口的通道被断开,制动液既不能从制动轮缸进入制动主缸,制动主缸中的制动液也不能流入制动轮缸。

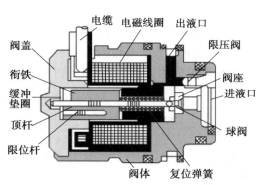

图 6-3-17 二位二通电磁阀

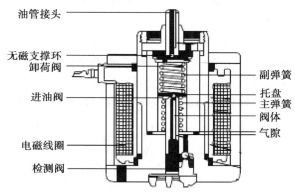

图 6-3-18 三位三通电磁阀

(2) 三位三通电磁阀。

三位三通电磁阀主要由阀体、进油阀、卸荷阀、检测阀、支架、托盘、主弹簧、副弹簧、无磁支撑环、电磁线圈和油管接头组成,如图 6-3-18 所示。三位三通电磁阀的动作根据电流的大小,可将柱塞控制在三个位置,改变三个阀口之间的通路,如图 6-3-19(a)所示。如图 6-3-19(b)所示是用符号表示的示意图,图中上段表示电流为零,中段电流小,下段电流大。

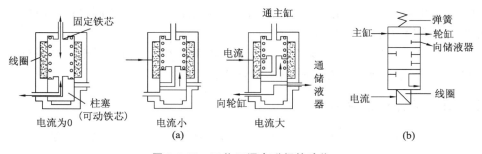

图 6-3-19 三位三通电磁阀的动作

表 6-3-1 列出了三位三通电磁阀与 ABS 工作状态之间的关系。

表 6-3-1　三位三通电磁阀与 ABS 工作状态之间的关系

工作状态	电路状态	系统状态
正常制动	断　电	制动主缸与轮缸相通
保　压	小电流（半通电）	制动轮缸与主缸、储油容器的通路截止
减　压	大电流（全通电）	轮缸与储油容器相通
增　压	电磁阀断电	油泵启动，主缸与轮缸相通

（三）ABS 系统电控单元（ECU）

ABS 系统电子控制部分简称 ECU，ECU 由轮速传感器的输入放大电路、运算电路、电磁阀控制电路、稳压电源、电源监控电路、故障反馈电路和继电器驱动电路几个基本电路组成。

ECU 是 ABS 系统的控制中心，它是一台微型数字计算机，一般由两个微处理器和其他必要电路组成，是不可分解修理的整体单元。ABS 系统电控单元的基本输入信号是四个轮速传感器送来的车轮转速信号，基本输出信号是给液压控制单元的控制信号、输出的自诊断信号和输出给 ABS 故障警告灯的信号，如图 6-3-20 所示。

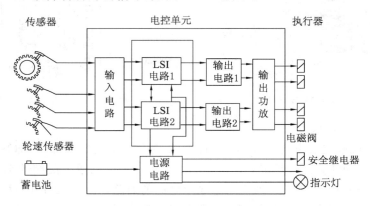

图 6-3-20　ABS 系统电控单元和基本输入输出信号

ABS 系统电控单元按控制程序向液压调节器的电路系统及电磁阀输送脉冲检查信号，判断分析轮速传感器传输的轮速信号是否正常。

ABS 系统出现故障，如制动液损失、液压压力降低或车轮速度信号消失，电控单元都会自动发出指令，让普通制动系统进入工作，停止 ABS 系统工作。

四、ABS 系统常见故障

（1）系统线路故障：多为连接线短路或断路、插接器接触不良等原因引起，一般可由万用表进行检测。

（2）传感器信号故障：因传感头安装位置不对、传感头与齿圈间隙过大、传感头松动等引起。

（3）电源故障：一般由电压不稳、发电机故障、电压调节器故障等引起。

(4) 油路故障：因油泵转子卡死、油泵电机搭铁线断路、电磁阀损坏、调压器进有空气等引起。汽车 ABS 系统故障检测与诊断的一般程序如图 6-3-21 所示。

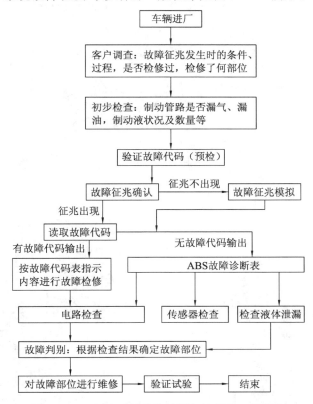

图 6-3-21　ABS 系统故障检测与诊断的一般程序

第三节　主要车型 ABS 系统组成及控制电路

一、上海别克轿车 ABS 系统元件位置

上海别克轿车采用的是将 ABS 电子控制模块和制动压力调节器制成一个总成的通用公司新一代 Delphi 控制系统，简称 DBC 7 型 ABS 系统，如图 6-3-22 所示。

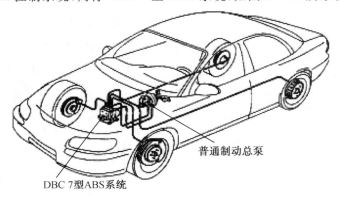

图 6-3-22　上海别克轿车 DBC 7 型 ABS 系统在车上的布置情况

别克轿车 ABS 系统主要元件的位置如图 6-3-23～图 6-3-25 及表 6-3-2 所示。

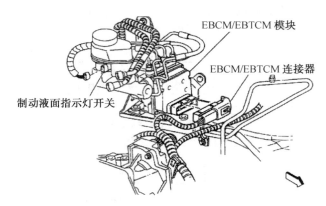

图 6-3-23　发动机舱右后侧

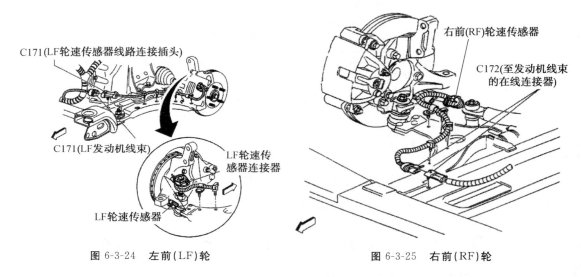

图 6-3-24　左前(LF)轮　　　　图 6-3-25　右前(RF)轮

表 6-3-2　ABS 系统元件位置

元件名称	元件位置
车身控制模块(BCM)	左侧 IP 下方,转向柱左边
制动液面指示灯开关	装在制动液贮液罐的右边
数据传输装置连接器(DLC)	IP 的左侧下部,转向柱的右边
电控制动控制模块/电动制动牵引力控制模块(EBCM/EBTCM)	发动机舱的后左侧,与连在制动主缸前部的制动压力调节器阀(BPMV)装在一起
电控牵引力控制和雾灯总成	IP 的前方,转向柱的左边,大灯开关总成的下方
保险丝盒	IP 的右侧,在右前门洞内
铰接组件 SP205	IP 下方,转向柱的右侧
发动机罩内辅助设备接线盒	发动机舱的右侧,装在悬架支柱上

续表

元件名称	元件位置
LF 轮速传感器	LF 轮毂内
LR 轮速传感器	LR 轮毂内
RF 轮速传感器	RF 轮毂内
RR 轮速传感器	RR 轮毂内
C171	发动机线束至左前电控制动控制线束,位于左前下控制臂处
C172	发动机线束至右前电控制动控制线束,位于右前下控制臂处
C371	车身线束至左后电控制动控制线束,位于车辆下方,左后轮的前方
C372	车身线束至右后电控制动控制线束,位于车辆下方,右后轮的前方

二、上海别克轿车 ABS 系统电路图

上海别克轿车 ABS 系统的电路如图 6-3-26～图 6-3-29 所示。

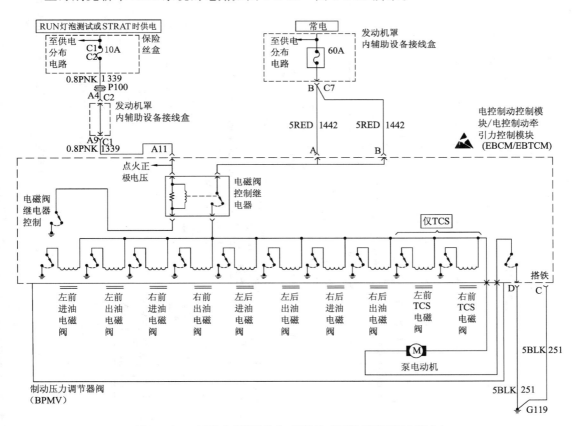

图 6-3-26　ABS 电路图(供电、搭铁和 EBCM/EBTCM 部分)

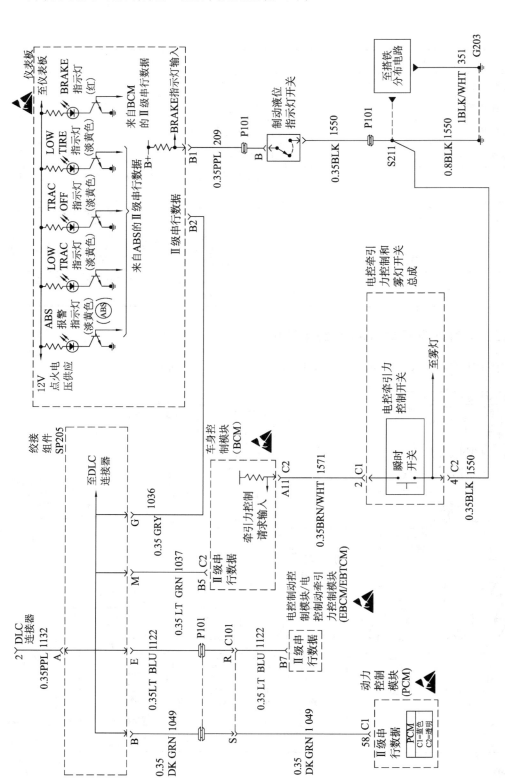

图 6-3-27 ABS 电路图（串行数据、SP205、PCM、BCM、仪表板和 EBCM/EBTCM 部分）

第六单元 汽车电子控制技术 237

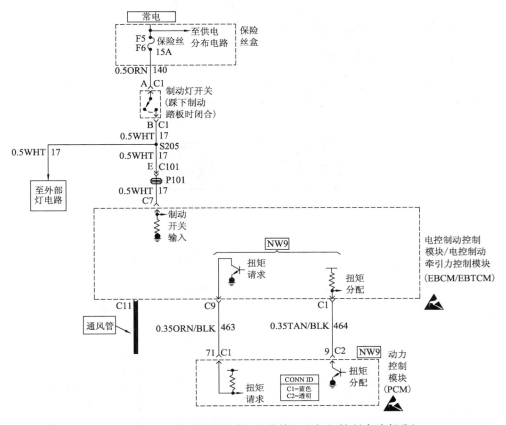

图 6-3-28 ABS 电路图(制动灯开关输入和扭矩控制电路部分)

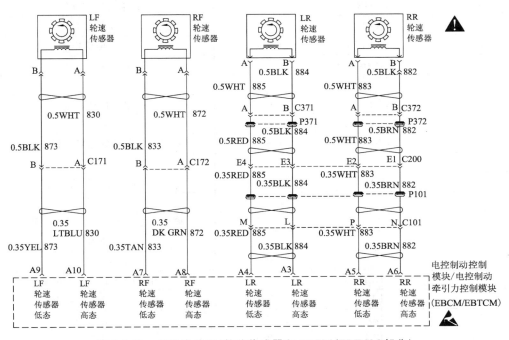

图 6-3-29 ABS 电路图(轮速传感器和 EBCM/EBTCM 部分)

三、ABS 防抱死制动系统主要元件端子

上海别克轿车 ABS 防抱死制动系统主要元件端子如表 6-3-3、表 6-3-4 所示。

表 6-3-3　电控制动控制模块(EBCM/EBTCM)连接器端子及各端子的含义

连接器参数		· 15317510 · 33-Way F Micro-Pack Series(RED) · 15317511 · 4-Way F Metri-Pack　280 Series（BLK）	
端子	导线颜色	线路编号	功用
A1－A2	—	—	未用
A3	BLK	884	LR 轮速传感器信号
A4	RED	885	LR 轮速传感器反馈
A5	WHT	883	RR 轮速传感器反馈
A6	BRN	882	RR 轮速传感器信号
A7	TAN	833	LF 轮速传感器反馈
A8	DK GRN	872	RF 轮速传感器信号
A9	YEL	873	LF 轮速传感器反馈
A10	LT BLU	830	LF 轮速传感器信号
A11	PNK	1339	经保险线输出－IGN1
B1－B6	—	—	未用
B7	LT BLU	1122	串行数据信号
B8－B11	—	—	未用
C1	TAN/BLK	464	牵引力控制系统信号－扭矩输出
C2－C6	—	—	未用
C7	WHT	17	制动灯开关输出
C8	—	—	未用
C9	ORN/BLK	463	牵引力控制系统信号－扭矩预置
C10	—	—	未用
C11	—	3000	真空软管口
A	RED	1442	经保险丝输出－蓄电池
B	RED	1442	经保险丝输出－蓄电池
C	BLK	251	搭铁
D	BLK	251	搭铁

表 6-3-4　轮速传感器连接器及各端子的含义

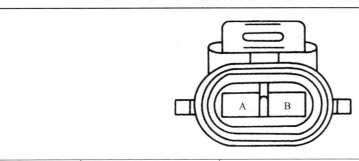

	连接器元件参数		• 12052644 • 2-Way F Metric-Pack 150 Series Sealed(GRY)	
LF 轮速传感器	端子	导线颜色	线路编号	功用
	A	WHT	830	LF 轮速传感器信号
	B	BLK	873	LF 轮速传感器反馈
	连接器元件参数		• 15305168 • 2-Way F Metric-Pack 150 Series Sealed(GRY)	
RR 轮速传感器	端子	导线颜色	线路编号	功用
	A	WHT	883	RR 轮速传感器反馈
	B	BLK	882	RR 轮速传感器信号
	连接器元件参数		• 12052644 • 2-Way F Metric-Pack 150 Series Sealed(GRY)	
RF 轮速传感器	端子	导线颜色	线路编号	功用
	A	WHT	872	RF 轮速传感器信号
	B	BLK	833	RF 轮速传感器反馈
	连接器元件参数		• 15305168 • 2-Way F Metric-Pack 150 Series Sealed(GRY)	
LR 轮速传感器	端子	导线颜色	线路编号	功用
	A	WHT	885	LR 轮速传感器反馈
	B	BLK	884	LR 轮速传感器信号

四、上海别克轿车 ABS 系统故障诊断

（一）ABS 系统故障自诊断

上海别克轿车 ABS 系统具有故障自诊断功能，当 EBCM/EBTCM 在 ABS 系统中检测到故障时，EBCM/EBTCM 便设置故障代码，并点亮仪表板上的"ANTILOCK"和/或"TRACTION CONTROL"指示灯，自动解除 ABS/ETS/TCS 功能；用 Tech 2 扫描工具可以读取 ABS 系统故障代码，具体操作方法参见 Tech 2 扫描工具使用手册。上海别克轿车 ABS 系统的故障代码如表 6-3-5 所示。

表 6-3-5　ABS 系统故障代码

故障代码	故障内容
C1214	电磁阀继电器触点或线圈线路断路
C1217	泵电动机线路与搭铁短路
C1218	泵电动机线路与电源短路
C1221	LF 轮速传感器输入信号为 0
C1222	RF 轮速传感器输入信号为 0
C1223	LR 轮速传感器输入信号为 0
C1224	RR 轮速传感器输入信号为 0
C1225	LF 轮速变化过大
C1226	RF 轮速变化过大
C1227	LR 轮速变化过大
C1228	RR 轮速变化过大
C1232	LF 轮速传感器线路断路或短路
C1233	RF 轮速传感器线路断路或短路
C1234	LR 轮速传感器线路断路或短路
C1235	RR 轮速传感器线路断路或短路
C1236	系统供压电压低
C1237	系统供压电压高
C1238	制动热模式超出(Brake Thermal Model Exceeded)
C1241	磁力转向故障(Magnasteer Malfanction)
C1242	泵电动机线路断路
C1243	BPMV(制动压力调节器阀)泵电动机失速(stalled)
C1245	检测到轮胎气压低
C1247	检测到制动液低
C1254	检测到不正常的关闭信号
C1255	EBCM/EBTCM 内部故障
C1256	EBCM/EBTCM 内部故障
C1261	LF 进油电磁阀故障
C1262	LF 出油电磁阀故障
C1263	RF 进油电磁阀故障
C1264	RF 出油电磁阀故障
C1265	LR 进油电磁阀故障

续表

故障代码	故障内容
C1266	LR 出油电磁阀故障
C1267	RR 进油电磁阀故障
C1268	RR 出油电磁阀故障
C1272	LF TCS 电磁阀故障
C1274	RF TCS 电磁阀故障
C1275	PCM 请求解除 ETS
C1276	扭矩分配信号线路故障
C1277	扭矩请求信号线路故障
C1278	TCS 被 PCM 暂时关闭
C1291	在减速期间,制动灯开关触点断开
C1293	点火循环之前,C1291 已被设置
C1294	制动灯开关线路一直工作
C1295	制动灯开关线路断路
C1298	PCM 的Ⅱ级串行数据传输连接装置故障
U1016	与 PCM 失去通信联络
U1255	串行数据线故障
U1300	Ⅱ级串行数据线与搭铁短路
U1301	Ⅱ级串行数据线与蓄电池(电源)短路

(二) ABS 系统诊断检查

ABS 系统诊断检查流程如表 6-3-6 所示。

表 6-3-6　ABS 系统诊断检查流程

步骤	操作方法	是	否
1	(1) 重新连上所有预先脱开的元件 (2) 将点火开关由"OFF"位置转至"ON"位置,发动机不启动 (3) 将 Tech 2 扫描工具连在 DLC(诊断连接器)上 (4) 看 Tech 2 扫描工具是否能与 EBCM/EBTCM 进行通信联络	进行第 2 步	进行第 3 步,不能与 EBCM/EBTCM 进行通信联络的诊断
2	用 Tech 2 扫描工具读取故障代码,看是否有故障代码	参阅表 6-3-5	进行第 3 步
3	将点火开关由"OFF"位置转至"ON"位置,不启动发动机,看仪表板上的"ANTILOCK"指示灯是否点亮几秒后熄灭	进行第 4 步	进行第 7 步

续表

步骤	操作方法	是	否
4	将点火开关由"OFF"位置转至"ON"位置,不启动发动机,看仪表板上的"LOW TRAC"指示灯是否点亮几秒后熄灭	进行第5步	进行第8步
5	将点火开关由"OFF"位置转至"ON"位置,不启动发动机,看仪表板上的"TRAC OFF"(牵引力控制)指示灯是否点亮几秒后熄灭	进行第6步	进行第9步
6	将点火开关由"OFF"位置转至"ON"位置,不启动发动机,看仪表板上的"LOW TIRE"指示灯是否点亮几秒后熄灭	进行第11步	进行第10步
7	"ANTILOCK"指示灯是否点亮并一直保持点亮状态	进行第4步	进行第5步
8	"LOW TRAC"指示灯是否点亮并一直保持点亮状态	进行第6步	进行第7步
9	"TRAC OFF"(牵引力控制)指示灯是否点亮并一直保持点亮状态	进行第8步	进行第9步
10	"LOW TIRE"指示灯是否点亮并一直保持点亮状态	进行"LOW TIRE(低胎压)指示灯一直点亮又无故障代码"的诊断	进行"LOW TIRE(低胎压)指示灯一直不亮又无故障代码"的诊断
11	有无任何历史故障代码	进行第12步	系统诊断结束
12	(1) 参阅故障代码表,看历史故障代码的含义 (2) 在设置历史故障代码的条件下细心地驾驶车辆 (3) 用Tech 2扫描工具监测ABS系统的故障代码,看历史故障代码是否又作为当前故障代码被存储	按故障代码进行诊断	系统诊断结束

(三) 上海别克轿车 ABS 系统故障案例

1. ABS 指示灯亮(无故障代码)的诊断

ABS 系统指示灯电路如图 6-3-30 所示,当点火开关被转至"RUN"位置,进行 IPC 灯泡检查期间,IPC 将点亮"ABS"警告指示灯约 3s,然后熄灭。若 EBCM/EBTCM 设置了故障代码,EBCM/EBTCM 便向Ⅱ级串行数据发送一个信息给 IPC,让 IPC 命令仪表板上的 ABS 指示灯点亮。ABS 指示灯亮(无故障代码)的诊断流程如图 6-3-31 所示。

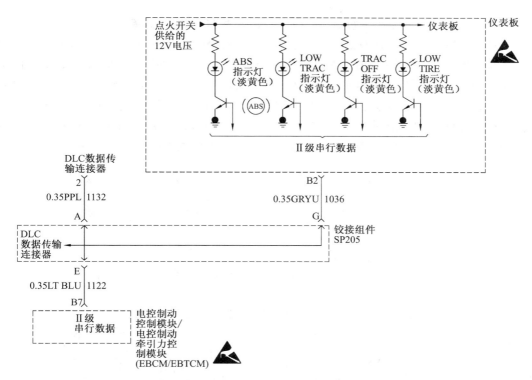

图 6-3-30　ABS 系统指示灯电路

图 6-3-31　ABS 指示灯亮(无故障代码)诊断流程

2. "LOW TRAC" 指示灯常亮的诊断

如图 6-3-30 所示，当将点火开关转至"RUN"位置进行 IPC 灯泡检查期间，IPC 将点亮"LOW TRAC"指示灯约 3s；"LOW TRAC"指示灯由 EBTCM 控制，"LOW TRAC"指示灯仅在进行牵引力控制时点亮。当 EBTCM 检测到一个"低牵引力"条件时，EBTCM 便通过 Ⅱ 级串行数据线向 IPC 发送一个信息点亮"LOW TRAC"指示灯，"LOW TRAC"指示灯常亮故障诊断流程如图 6-3-32 所示。

将 Tech 2 扫描工具连在 DLC 上，将点火开关转至"RUN"位置，进入仪表板显示中的"输出控制"，用 WOW 方式打开再关闭仪表板上所有的指示灯，在发命令时，"LOW TRAC"指示灯应能打开（点亮）再关闭（熄灭），看结果是否如上所述。

是 → 更换 EBTCM
否 → 检查仪表板

图 6-3-32　"LOW TRAC"指示灯常亮诊断流程

3. "TRAC OFF"(牵引力控制)指示灯常亮(无故障代码)的诊断

车身控制模块(BCM)接收来自牵引力控制开关的输入信号,BCM 然后向 EBTCM 发送一个Ⅱ级串行数据,告诉 EBTCM 牵引力控制开关的状态,如图 6-3-33 所示;BCM 向牵引力控制(TCS)开关供应一个电压,当 TCS 开关被压下时,BCM 监测到该电压变低,便向 EBTCM 发送 TCS 开关状态已经变化的信息;当 EBTCM 从 BCM 接收到开关状态已经变化的信息后,便打开或关闭牵引力控制,仪表板上的"TRAC OFF"指示灯便指示出上述状态。"TRAC OFF"指示灯一直点亮但无故障代码的诊断流程如图 6-3-34 所示。

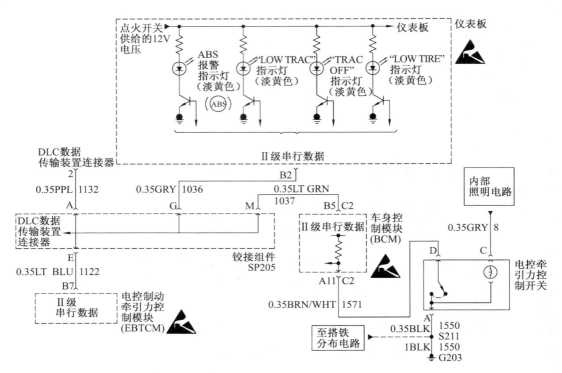

图 6-3-33 牵引力控制系统电路图

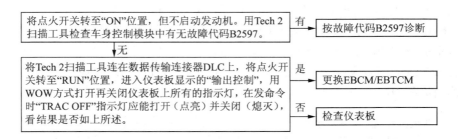

图 6-3-34 "TRAC OFF"(牵引力控制)指示灯常亮诊断流程

4．"TRAC OFF"（牵引力控制）指示灯一直熄灭（无故障代码）的诊断

"TRAC OFF"（牵引力控制）指示灯一直熄灭（无故障代码），牵引力控制系统电路如图 6-3-33 所示，故障诊断流程如图 6-3-35 所示。

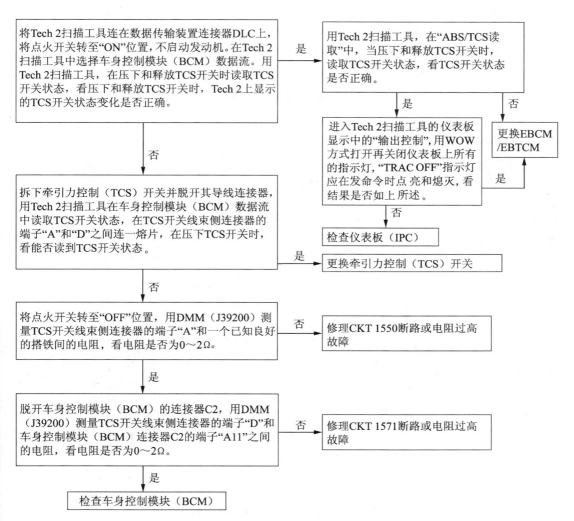

图 6-3-35　"TRAC OFF"（牵引力控制）指示灯一直熄灭诊断流程

5. 故障代码 C1214——电磁阀继电器触点或线圈线路断路的诊断

电控制动控制系统的电路如图 6-3-36 所示。电控制动控制继电器用于向电磁阀和泵电动机供电。位于 EBCM/EBTCM 上的电控制动控制继电器在无故障存在的情况下,只要点火开关位于"RUN"位置,它便动作;一旦点火开关被转至"OFF"位置或 EBCM/EBTCM 检测到一个故障,电控制动控制继电器便停止工作。电控制动控制继电器被命令打开且电磁阀继电器电压小于 8V、点火开关电压大于 10.5V,EBCM/EBTCM 便记录故障代码 C1214,同时 EBCM/EBTCM 关闭 ABS/TCS,点亮 ABS/TCS 指示灯。故障代码 C1214——电磁阀继电器触点或线圈线路断路的诊断流程如图 6-3-37 所示。

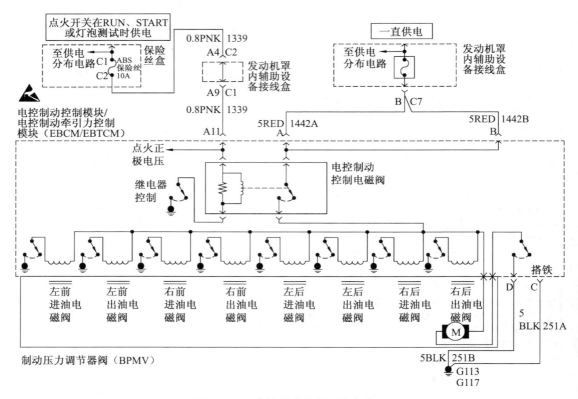

图 6-3-36　电控制动控制系统电路图

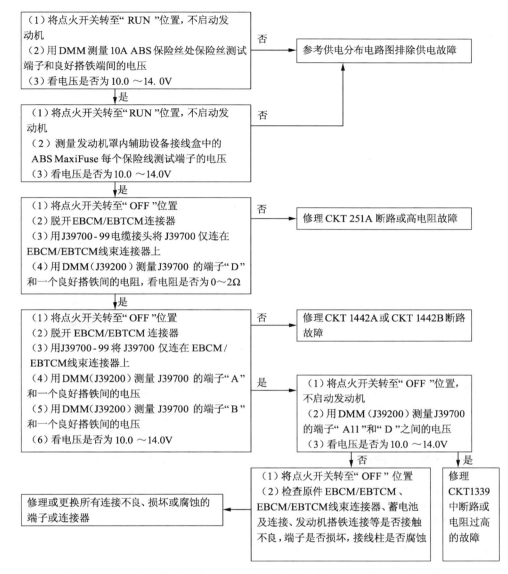

图 6-3-37 故障代码 C1214——电磁阀继电器触点或线圈线路断路诊断流程

6．故障代码 C1221——LF 轮速传感器输入信号为 0 的诊断

LF 轮速传感器的电路如图 6-3-38 所示。当左前轮速为 0 且其他车轮的速度大于 8km/h 的情况下出现的时间达 2.5s，故障代码 C1221 便被设置，EBCM/EBTCM 在存储故障代码的同时，解除 ABS/ETS/TCS，并点亮仪表板上的黄色 ABS/ETS/TCS 指示灯。故障代码 C1221——LF 轮速传感器输入信号为 0 的诊断流程如图 6-3-39 所示。

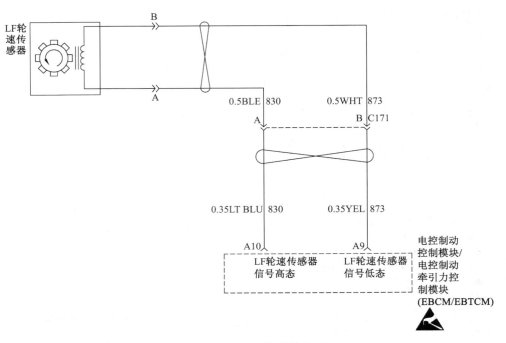

图 6-3-38　LF 轮速传感器电路图

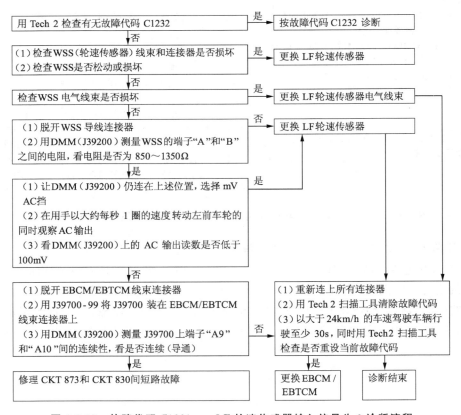

图 6-3-39　故障代码 C1221——LF 轮速传感器输入信号为 0 诊断流程

7. 故障代码 C1262——LF 出油电磁阀故障的诊断

进、出油电磁阀电路如图 6-3-40 所示。在点火开关位于"ON"位置时,蓄电池向进、出油电磁阀供应蓄电池电压。EBCM/EBTCM 在必要时通过控制其搭铁线路控制电磁阀的工作。当 EBCM/EBTCM 在 LF 出油电磁阀的线路中监测到断路、与搭铁短路或与电源短路时,便记录故障代码 C1262。EBCM/EBTCM 在存储故障代码 C1262 的同时,解除 ABS/TCS,并点亮仪表板上的淡黄色的 ABS/TCS 指示灯。

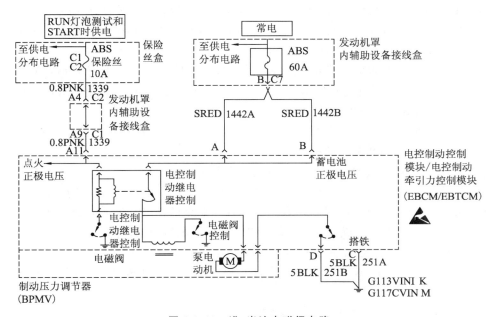

图 6-3-40　进、出油电磁阀电路

故障代码 C1262——LF 出油电磁阀故障的诊断步骤如下:
(1) 将点火开关转至"OFF"位置。
(2) 将 Tech 2 扫描工具连在数据传输连接装置连接器上。
(3) 将点火开关转至"RUN"位置,不启动发动机。
(4) 用 Tech 2 扫描工具进行自动测试。
(5) 检查故障代码 C1262 是否作为当前故障代码重设,若是,则更换 EBCM/EBTCM(电磁阀线路和电磁线圈在 EBCM/EBTCM 内部,不能单独更换,只能更换 EBCM/EBTCM 总成);若没有重设,则诊断结束。

8. ABS 系统排放空气程序

多数情况下,除更换 BPMV(制动压力调节器)外,基本制动放气在更换其他多数元件(如轮缸、制动卡钳、制动管路和制动主缸)时都要进行;ABS 系统排放空气在一些情况下都应进行,如利用手动放气对轮缸进行放气、更换 BPMV、制动液严重泄漏、怀疑有空气进入等。

ABS 系统自动放气程序(Auto Bleed Procedure)用于 DBC7 装备的车辆,该放气程序是利用 Tech 2 扫描工具使电磁阀和泵循环工作,将空气从二次电路(Secondary Circuits)排出;二次电路通常处于关闭状态,且仅在车辆启动进行系统预置期间和在 ABS 工作期间打开。自动放气程序打开这些二次电路,并让一些空气进入 BPMV 再流向轮缸或制动卡缸,从而将空气从这里排出系统。

ABS 自动放气程序项目要求(Items Required):Tech 2 扫描工具 1 台;带恰当的制动主缸接头的 241kPa 压力放气器 1 只;取自干净、密封容器的 Delco Supreme 11 或等效 DOT 3 制动液;举升器 1 台;一个带制动软管的不破的塑料放气器容器,以便在车轮处接住制动液;必要时找一个助手;合适的安全服,包括安全眼镜。进行自动放气的步骤如下:

(1) 在压力放气工具压力为 206.7~241.1kPa(30~35psi)且所有放气器螺钉均处于关闭位置的情况下,在 Tech 2 扫描工具上选择"Automated Bleed Procedure"自动放气程序并按说明书操作。

(2) 自动放气程序的第一部分是使泵和前释放阀循环 1min。循环停止后,Tech 2 扫描工具将进入"Cool down"模式并显示一个 3min 计时器,直到计时器终止(Time expired)且不超程为止,自动放气将不再继续进行。

(3) 在下一步期间,Tech 2 扫描工具将要求打开一个放气器螺钉。Tech 2 扫描工具将接着循环相应的释放阀和泵电动机 1min。

(4) Tech 2 扫描工具对剩下的放气器螺钉将重复步骤(3)。

(5) 让放气工具仍连在车辆上并保持 241.1kPa(35psi)的压力,Tech 2 扫描工具将指示技术人员单独打开每个放气器螺钉大约 20s,将任何剩余的空气从制动管路中排出。

(6) 当自动放气程序完成时,Tech 2 扫描工具将显示恰当的信息。

(7) 对压力放气工具泄压并从车辆上脱开工具。

(8) 踩压制动踏板以测量制动踏板的高度和感觉。重复步骤(1)~(8)直到制动踏板正确。

(9) 从 DLC 连接器上拆下 Tech 2 扫描工具。

(10) 将轮胎和车辆总成装上(若它们已被拆下),放下车辆。

(11) 检查制动主缸中的制动液面,必要时添加制动液。

(12) 在路试车辆的同时确认制动踏板高度恰当、合适。

注意:如果车辆装置备有 TCS,Tech 2 扫描工具将一起循环 ABS 和 TCS 电磁阀,放气步骤与前述一样。

第四节 ASR 系统和 ESP 控制

随着机动车的普及和交通流量的增加,驾驶人对汽车起步性能和操纵性能的要求日益提高。汽车行驶过程中,驾驶人、汽车、环境三者必须处于可控状态。汽车可进一步分为自动控制系统和被控制的对象(车体);驾驶人控制汽车是指操纵加速踏板、制动踏板和转向盘,按照自己的意图控制汽车;汽车与环境之间最重要的是车轮和路面的摩擦面,即滑移率必须在允许范围之内,必须采用比人工控制快得多的防抱死制动系统(ABS)和驱动防滑系统(ASR)。

一、驱动防滑系统(ASR)

(一) ASR 系统概述

ABS 是防止制动过程中的车轮抱死、保持方向稳定性和操纵性并能缩短制动距离的装置。与此相反,驱动防滑系统(ASR)的作用是防止汽车加速过程中的打滑,特别是防止汽车在非对称路面或在转弯时驱动轮的空转,保持方向稳定性、操纵性,维持最大驱动力的装置。对于大功率的后驱动车,若猛踩加速踏板又快速放松,将使汽车发生不规则的旋转;对于前驱车,会使驱动轮空转,方向失去控制,如图 6-3-41

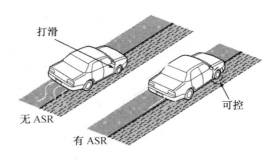

图 6-3-41 有无 ASR 系统的驱动力对比

所示。在控制车轮和路面间的滑移率这一点上,ABS 和 ASR 采用的是相同的技术,但两者所控制的车轮滑移方向是相反的。

ASR 通过调节发动机输出转矩、变速器传动比、差速器锁紧系数等因素实现驱动力矩调节,目前大部分采用调节发动机输出转矩的方式,通过调节节气门开度、点火提前角、燃油喷射量,以及中断燃油喷射和点火实现对发动机输出转矩的调节,即通过发动机电子控制系统对发动机的点火和供油进行控制,对发动机的输出转矩进行调节,使驱动车轮的转速迅速降低,两侧驱动车轮获得不同的牵引力。

在 ASR 中,为了确定驱动车轮是否滑转,可利用 ABS 中的车轮转速传感器获得车轮转速的信号,ASR 电子控制装置既可是独立的,也可与 ABS 共用;ASR 的制动压力调节装置通常与 ABS 的制动压力调节装置共用,ASR 通常都与 ABS 和发动机电子控制系统交织在一起,ASR 中都具有 ASR 关闭指示灯和 ASR 工作指示灯。

(二) ASR 系统的结构与工作原理

1. ASR 系统的结构

ASR 由 ECU、执行器(制动压力调节器、节气门驱动装置)、传感器(车轮转速传感器、节气门开度传感器)等组成。车轮转速传感器将行驶汽车驱动车轮转速及非驱动车轮转速转变为电信号,输送给电控单元 ECU。ECU 根据车轮转速传感器的信号计算驱动车轮的滑移率,若滑移率超限,控制器再综合考虑节气门开度信号、发动机转速信号、转向信号等因素确定控制方式,输出控制信号,使相应的执行器动作,将驱动车轮的滑移率控制在目标范围之内。ASR 系统示意图如图 6-3-42 所示。

ASR 在汽车驱动过程中,其电子控制装置根据各车轮转速传感器产生的车轮转速信号,确定驱动车轮滑移率和汽车参考速度。当 ABS/ASR 电子控制装置判定驱动车轮的滑移率超过设定限值时,就使驱动副节气门的步进电动机转动,减小副节气门的开度,发动机的输出转矩减小,驱动车轮上的驱动力矩随之减小;如果驱动车轮的滑移率仍未降低到设定的控制范围内,ABS/ASR 电子控制装置又会控制 ASR 制动压力调节装置和 ABS 制动压力调节装置,对驱动车轮施加一定的制动压力,将制动力矩作用于驱动车轮。

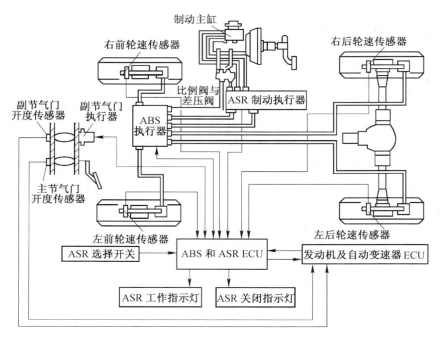

图 6-3-42　ASR 系统示意图

ASR 根据驱动车轮运动状况自动调节发动机的输出转矩、传动系的传动比和驱动车轮制动力矩,实现对驱动车轮驱动力矩的控制,将驱动车轮的滑移率控制在 5%～15% 的范围内。此时,驱动车轮纵向附着系数最大,能充分利用驱动车轮的最大附着力,使汽车获得更大的驱动力,从而提高了汽车的加速性能和爬坡能力。同时,侧向附着系数也较大,可保证汽车在驱动过程中具有良好的方向稳定性,在湿滑的路面上起步、加速、转弯,或在附着系数分离的路面上行驶等驱动过程中显得尤为重要。

如图 6-3-43 所示,当汽车在附着系数分离的路面上行驶时,无驱动防滑系统的汽车受普通齿轮式差速器转矩分配特性的制约,处于高附着系数路面上的驱动车轮所能产生的驱动力与处于低附着系数路面上的驱动车轮的驱动力是相等的,均为 F_L,汽车的总驱动力就等于 $2F_L$;装备驱动防滑系统的汽车可对处于低附着系数路面上的驱动车轮施加一定的制动力 F_B,尽管此时处于低附着系数路面上的驱动车轮所能产生的驱动力仍为 F_L,但另一驱动轮却可产生 F_L+F_B 的驱动力,从而使汽车总驱动力达到 $2F_L+F_B$,提高了汽车驱动力。

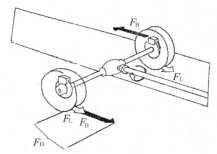

图 6-3-43　驱动防滑系统的增力作用

2. ASR 系统工作原理

在 ABS/ASR 电子控制装置中,ASR 制动压力调节装置主要包括制动供能装置和电磁控制阀总成两部分。制动供能装置主要由电动泵和储能器组成,电磁阀总成中有 3 个二位二通电磁阀。ASR 制动压力调节装置与 ABS 制动压力调节装置所组成的制动液压系统如图 6-3-44 所示。

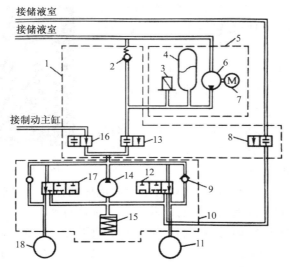

1—ASR 电磁阀总成；2—单向阀；3—压力开关；4—储能器；5—制动供能装置；
6—泵；7—电动机；8—电磁阀Ⅰ；9—单向阀；10—ABS 制动压力调节器；
11—左后驱动车轮；12—电磁阀Ⅳ；13—电磁阀Ⅱ；14—回液泵；15—储液器；
16—电磁阀Ⅲ；17—电磁阀Ⅴ；18—右后驱动车轮

图 6-3-44　ASR 制动液压系统

当 ABS/ASR 电子控制装置判定需要对驱动车轮施加制动力矩时，会给 ASR 制动压力调节装置中的电磁阀都通电，电磁阀Ⅲ将制动主缸至后制动轮缸的制动管路封闭，电磁阀Ⅱ将储能器至 ABS 制动压力调节装置的制动管路沟通，电磁阀Ⅰ将 ABS 制动压力调节装置至储液室的制动管路沟通，储能器中具有一定压力的制动液就会经过处于开启状态的电磁阀Ⅱ、Ⅳ和Ⅴ进入两后制动轮缸，驱动车轮的制动力矩随着制动轮缸制动压力的增大而增大。

当 ABS/ASR 电子控制装置判定需保持两驱动车轮的制动力矩时，ABS/ASR 电子控制装置就使 ABS 制动压力调节装置中的两个电磁阀Ⅳ和Ⅴ的电磁线圈中通较小的电流，将两后制动轮缸的进、出液管路都封闭，两后制动轮缸的制动压力保持一定；需减小两驱动车轮的制动力矩时，就使电磁阀Ⅳ和Ⅴ的电磁线圈中通较大的电流，两后制动轮缸的出液管路沟通，两后制动轮缸中的制动液经电磁阀Ⅳ、Ⅴ和Ⅰ流回制动主缸储液室，两后制动轮缸的制动压力就会减小。

在 ASR 制动压力调节过程中，ABS/ASR 电子控制装置根据车轮转速传感器输入的车轮转速信号，对驱动车轮的运动状态进行连续监测，通过控制电磁阀Ⅳ和Ⅴ通电，使后制动轮缸的制动压力循环往复"增大→保持→减小"的过程，从而将驱动车轮的滑移率控制在设定的理想范围内。

（三）各种车型上 ASR 的相同点

在各种车型上装备的 ASR 系统的具体结构和工作过程不尽相同，但以下几点应相同：

（1）ASR 可以由驾驶员通过 ASR 选择开关对其是否进入工作状态进行选择，如图 6-3-45 所示。在 ASR 进行防滑转调节时，ASR 工作指示灯会自动点亮；如果通过 ASR 选择开关将 ASR 关闭，关闭指示灯会自动点亮。

(2) ASR 处于关闭状态时,副节气门将自动处于全开位置;ASR 制动压力调节装置也不会影响制动系统的正常工作。

(3) 如果在 ASR 处于防滑转调节过程中,驾驶员踩下制动踏板进行制动,ASR 将会自动退出防滑转调节过程,而不影响制动过程的进行。

(4) ASR 通常只在一定的车速范围内才进行防滑转调节,而当达到一定车速以后(120km/h 或 80km/h),ASR 将会自动退出防滑转调节过程。

图 6-3-45　ASR 控制开关示意图

(5) ASR 在其工作车速范围内通常具有不同的优先选择性。在车速较低时,以提高牵引力作为优先选择,即对两后制动轮缸的制动压力分别进行调节;在车速较高时,则以提高行驶方向稳定性为优先选择,即对两后制动轮缸的制动压力进行统一调节。

(6) ASR 都具有自诊断功能,一旦发现存在影响系统正常工作的故障,ASR 将会自动关闭并向驾驶员发出警示信号。

二、电子车身稳定系统(ESP)

为保持车辆在各种情况下的行驶稳定性,在 ABS/ASR 的基础上又发展了电子车身稳定系统(Electronic Stability Program,ESP)。该系统监控车辆车速信号,利用 ABS 制动油压调节制动力,通过改变发动机扭力控制来防止车辆由于行驶在不同的道路上因不同的抓地力而产生各车轮的打滑。各车厂陆续发展用于制动稳定及转向容易的 ABS 及用于加速时防止车辆打滑的 TCS、ASC、ASR 系统和车辆转弯时的驾驶稳定系统,如奔驰、奥迪的 ESP,宝马的 DSC,三菱的 ASC/AYC,本田的 VSA,丰田的 VSC,其作用是相同的。

(一) ESP 系统简述

ESP 最早由德国 Bosch 公司发明,是将防止车辆在遭遇突发状况时发生打滑失控情形的电子系统和 ABS/EBD/BAS/ASR 等电子辅助系统相互整合在一起,通过对制动系统、发动机管理系统和自动变速器施加控制,防止车辆滑移的一项综合控制技术。

ESP 对各项电子制动系统的包含关系如图 6-3-46 所示;装备 ESP,则同时具有 TCS/ASR、EDL、ABS 功能;装备 TCS,则同时具有 EDL、ABS 功能。

(1) 防抱死制动系统(ABS):防止制动时车轮抱死,并保持良好的行驶稳定性和转向性能,缩短制动距离。

(2) 驱动防滑系统(ASR):通过对驱动轮制动并降低发动机转矩来阻止驱动轮空转打滑,如在砂石及冰面上。

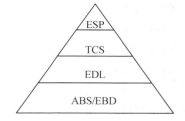

图 6-3-46　ESP 对各项电子制动系统的包含关系

(3) 电子差速锁(EDS/EDL):驱动轮在附着系数低的路面出现打滑空转时,对其采取制动,使车辆能起步行驶。

(4) 发动机牵引力力矩调整(MSR/EBC):当突然松开油门或挂入低挡时,阻止可能由发动机制动过大产生的驱动轮抱死。

(5) 电子制动力分配(EBV/EBD):ABS 起作用前或者 ABS 失效后,防止后轴出现过度制动导致甩尾。

（二）ESP 系统的组成及原理

1. ESP 系统的组成

ESP 系统由 ECU、转向盘转角传感器、横纵向加速度传感器、横向偏摆率传感器、轮速传感器及液压系统等所组成，如图 6-3-47 所示。

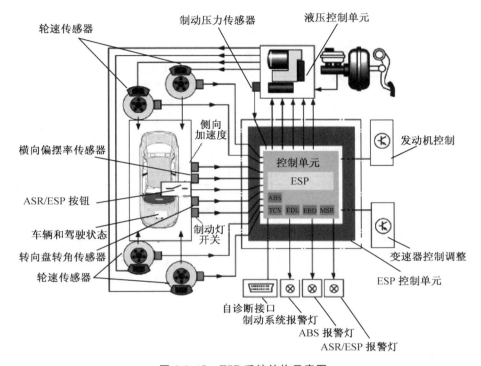

图 6-3-47 ESP 系统结构示意图

将传感器采集的数据进行计算，算出车身状态后与存储器里面预先设定的数据进行比对，当电脑计算数据超出存储器预存的数值，即车身临近失控或已经失控时，则命令执行器工作，以保证车身行驶状态能够满足驾驶员的意图，把车辆保持在驾驶者所选定的车道内。传感器向 ECU 提供汽车在任何瞬间的运行状况信息。

（1）转向角传感器。

位于转向开关和转向盘之间，安装在转向轴上，传感器由 2 个相互错开 90°的滑环构成。转向角传感器的测量范围从左边的 180°至右边的 180°，表示直行的位置，即转向盘中间位置。

（2）横向加速度传感器。

位于后行李箱上方，检测车身在转向及车辆横向侧滑加速度的作用力，并将信号送至 ESP 电脑。当车辆发生横向移动时，横向加速度传感器将信号送至 DSC 电脑，DSC 电脑自动执行制动力分配，将车辆减速，同时将发动机电脑点火正时延迟，变速器电脑挡位降低，以共同达到减低速度，使车辆行驶更安全。

2. ESP系统工作原理

在汽车行驶过程中,ESP系统通过不同传感器实时监控驾驶者转弯方向、车速、油门开度、刹车力,以及车身倾斜度和侧倾速度,判断汽车正常安全行驶和驾驶者操纵汽车意图的差距,通过调整发动机的转速和车轮上面的刹车力分布,修正过度转向或转向不足,如图6-3-48所示。

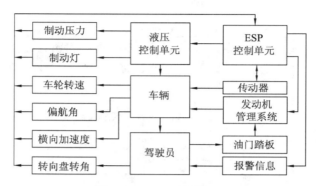

图6-3-48 ESP控制框图

(1) ESP控制转向不足。

如图6-3-49所示,转向不足时,ESP给右后内侧的后轮施加制动,使其回正。在车辆行驶中,由于车辆转弯时发动机功率过大致使车辆前轮打滑,此时ESP会制动前轮内侧车轮,使车轮向内侧移动,车辆依据驾驶员的行驶路线行驶。

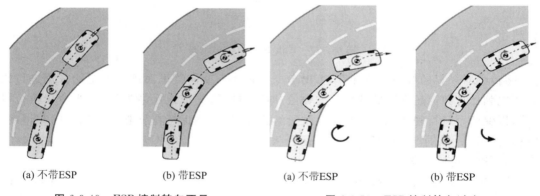

(a) 不带ESP   (b) 带ESP   (a) 不带ESP   (b) 带ESP

图6-3-49 ESP控制转向不足   图6-3-50 ESP控制转向过度

(2) ESP控制转向过度。

如图6-3-50所示,转向过度时,ESP给左前轮施加压力,使其回正。在车辆行驶中,由于外在意外造成转向过度,使后轮打滑,而车辆抛出转弯曲线,ESP利用制动力将前轮外侧车轮刹住,前轮会有瞬间向外的力量,使转弯的力量、后轮打滑的现象减少。

有ESP与只有ABS及ASR的汽车之间的差别在于ABS及ASR只能被动地做出反应,而ESP能够探测和分析车况并纠正驾驶的错误,防患于未然。ESP对过度转向或不足转向特别敏感,汽车在路滑时左拐过度转向(转弯太急)时会产生向右侧甩尾,传感器感觉到滑动就会迅速制动右前轮使其恢复附着力,产生一种相反的转矩而使汽车保持在原来的车道上。当然，任何事物都有一个度的范围，如果驾车者盲目开快车，现在的任何安全装置都难以保全。ESP 在提高汽车行驶稳定性方面效果显著，其实 ESP 的作用就是当驾驶员操纵汽车超过极限值后，电脑自动介入修正驾驶。

第四章 汽车空调系统结构与维护

第一节 制冷循环和制冷剂

一、制冷原理

低温低压液态制冷剂进入用来冷却车内空气的蒸发器，在定压下汽化，由于制冷剂汽化时的温度低于环境温度，因此能自动吸收空气中的热量，使空气温度下降，产生冷效应。制冷剂吸热汽化，由液体变成低温低压蒸气，然后被压缩机压缩变成高于环境温度的高温高压气体，进入冷凝器将热量释放给外界空气，从而冷凝成高压的液态制冷剂，最后经过节流阀，变为低温低压的液态制冷剂，再进入蒸发器汽化吸热，完成了一个制冷循环。

（一）制冷剂

R134a 是现在常用的汽车空调制冷剂。

（二）冷冻机油

冷冻机油是一种在高低温工况下均能正常工作的特殊润滑油。其性能要求如下：

(1) 凝点低，具有良好的低温流动性。

(2) 黏度受温度的影响要小。

(3) 与制冷剂的溶解性能要好。

(4) 要有较高的热稳定性。

(5) 化学性质要稳定。

（三）汽车空调系统的功能

1. 调节车内温度、湿度

汽车空调在冬季利用其采暖装置升高车内温度，夏季利用制冷装置对车内降温；利用制冷装置冷却降温去除空气中的水分，再由采暖装置升温以降低空气的相对湿度。

2. 调节车内的空气流速

夏季空气流速稍大有利于人体散热降温，冬季气流速度过大影响人体保温。因此，夏季的舒适风速一般为 0.25m/s，冬季的舒适风速一般为 0.20m/s。

3. 过滤净化车内空气

由于车内空间小，乘员密度大，车内极易出现缺氧，而车外道路上的粉尘等又容易进入车内造成空气污浊，影响乘员的身体健康，因此要求汽车空调必须具有补充车外新鲜空气、过滤和净化车内空气的功能。

（四）汽车空调系统的组成

(1) 通风装置：把车外新鲜空气吸进车内进行换气。
(2) 暖气装置：把车内空气或吸进来的新鲜空气加热。
(3) 冷气装置：把车内空气或吸进来的新鲜空气冷却或除湿。
(4) 空气净化装置：净化空气，除去车内存在的灰尘和气味。
(5) 控制装置：对制冷和暖风装置进行控制，使空调正常工作。

二、汽车空调制冷系统的类型

目前主要采用单级压缩蒸气制冷循环系统，主要有以下四种类型：恒温膨胀阀-吸气节流阀系统、储液器-阀组合系统、离合器恒温膨胀阀系统、离合器节流管系统，它们的共同特点是都能防止蒸发器结霜。

三、汽车空调制冷系统的工作原理

蒸气压缩制冷系统主要由压缩机、冷凝器、液体膨胀装置和蒸发器等总成构成。制冷系统工作时，制冷剂以不同的状态在这个密闭系统内循环流动，汽车空调系统的制冷循环流程如图6-4-1所示。制冷循环是由压缩、放热、节流和吸热四个过程组成的。

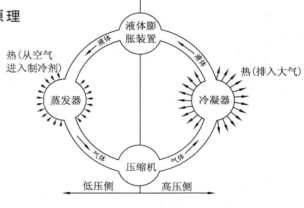

图 6-4-1　制冷循环流程

1. 压缩过程

压缩机吸入蒸发器出口处的低温低压的制冷剂气体，把它压缩成高温高压的气体，然后送入冷凝器。此过程的主要作用是压缩增压，以便气体易于液化；压缩过程中，制冷剂状态不发生变化，而温度、压力不断升高，形成过热气体。

2. 放热过程

高温高压的过热制冷剂气体进入冷凝器（散热器）与大气进行热交换。由于压力及温度的降低，制冷剂气体冷凝成液体，并放出大量的热。此过程的作用是排热、冷凝。冷凝过程的特点是制冷剂的状态发生变化，即在压力、温度不变的情况下，由气态逐渐向液态转变。冷凝后的制冷剂液体是高温高压液体。制冷剂液体过冷，过冷度越大，在蒸发过程中其蒸发吸热的能力也就越大，制冷效果越好，即产冷量相应增加。

3. 节流过程

高温高压制冷剂液体经膨胀阀节流降温降压，以雾状（细小液滴）排出膨胀装置。该过程的作用是使制冷剂降温降压，由高温高压液体迅速地变成低温低压液体，以利于吸热、控制制冷能力以及维持制冷系统正常运行。

4. 吸热过程

经膨胀阀降温降压后的雾状制冷剂液体进入蒸发器，因此时制冷剂沸点远低于蒸发器内温度，故制冷剂液体在蒸发器内蒸发、沸腾成气体。在蒸发过程中大量吸收周围的热量，降低车内温度。而后低温低压的制冷剂气体流出蒸发器等待压缩机再次吸入。吸热过程的特点是制冷剂状态由液态变为气态,此时压力不变,即在定压过程中进行这一状态的变化。

上述过程周而复始地进行,便可使汽车内温度达到并维持在给定的状态。

第二节 汽车空调设备的主要部件

一、制冷系统组成部件的结构与原理

（一）压缩机

压缩机由汽车发动机或专用发动机驱动,其功能是吸入低温低压的制冷剂蒸气,并将其压缩到所需压力后送往冷凝器。目前应用在汽车空调上的压缩机主要有摆盘式压缩机、斜盘式压缩机等。

1. 摆盘式压缩机

摆盘式压缩机的最大优点是工作平稳、结构紧凑、体积小,适用于在空间狭小的车厢使用,其结构如图6-4-2所示。各气缸均以压缩机的轴线为中心,均匀分布,连杆连接活塞和摆盘,两端采用球形万向联轴器,使摆盘的摆动和活塞移动相协调而不发生干涉。摆盘中心用钢球作支承中心,并用一对固定的圆锥齿轮限制摆盘只能摇动而不能转动。主轴和楔形的传动板连接在一起。

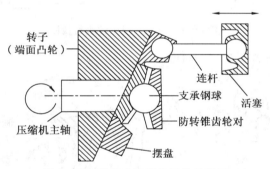

图 6-4-2 摆盘式压缩机工作示意图

压缩机工作时,主轴带动传动板一起旋转。由于楔形传动板的转动,迫使摆盘以钢球为中心进行左右摇摆移动。摆盘和传动板之间的摩擦力使摆盘具有转动的趋势,但是这种趋势被一对圆锥齿轮所限制,使得摆盘只能左右移动,并带动活塞在气缸内做往复运动。

该类压缩机与曲轴连杆式压缩机一样,均有进、排气阀片,工作循环也具有压缩、排气、膨胀、吸气四个过程。当活塞向右运动时,该气缸处于膨胀、吸气两个过程,而摆盘另一端的活塞做反向的向左移动,使该气缸处于压缩、排气两个过程。主轴每转动一周,一个气缸便要完成上述的压缩、排气、膨胀、吸气的一个循环。一般一个摆盘配有五个活塞,这样相应的五个气缸在主轴转动一周时,就有五次排气过程。以日本三电公司的产品 SD－5 型压缩机为例,其剖视图如图 6-4-3 所示。

SD－5 型压缩机为摆盘式轴向五缸压缩机,其解体图如图 6-4-4 所示。SD－5 型压缩机的主要结构：主轴和五个气缸轴线平行,缸体上均布着五个轴向气缸,气缸内的活塞和摆盘被连杆用球形万向联轴器连接,通过滚柱轴承,使楔形传动板与前缸盖和摆盘之间的滑动摩擦变为滚动摩擦,减少了摩擦阻力和零件的磨损,延长了零件寿命。轴承是一对滑动轴

承,它和钢球一起支承主轴和楔板运动。钢球还起到摆盘的支点作用。吸气腔和楔形板腔有通气孔,使夹带润滑油的制冷剂蒸气先润滑所有的运动部件和油封后,再到气缸中压缩。

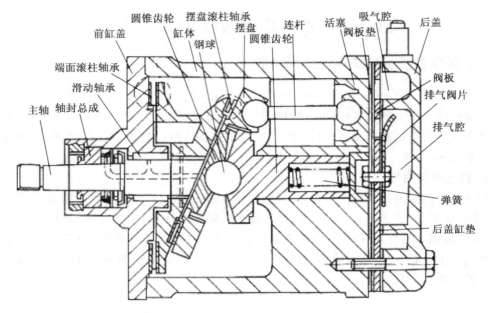

图 6-4-3 SD-5 型压缩机剖视图

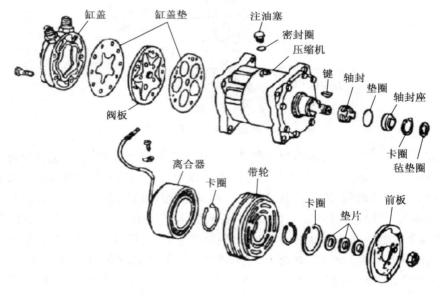

图 6-4-4 SD-5 型压缩机解体图

2. 斜盘式压缩机

斜盘式压缩机和摆盘式压缩机同属于轴向往复活塞式压缩机,其原理和结构比较如图 6-4-5 所示。

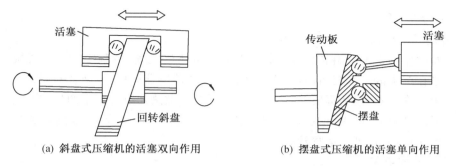

(a) 斜盘式压缩机的活塞双向作用　　(b) 摆盘式压缩机的活塞单向作用

图 6-4-5　斜盘式与摆盘式压缩机原理和结构比较

斜盘式压缩机剖视图如图 6-4-6 所示。斜盘式压缩机的主要零件有缸体、前后缸盖、前后阀板、活塞。其润滑方式有两种：一种是采用机油泵强制润滑，它用于豪华型轿车和豪华小型巴士车等具有较大制冷量的压缩机；另一种它没有油池，没有机油泵，而是依靠润滑油和制冷剂一道循环，利用在吸气腔内因压力和温度下降而分离出的润滑油来润滑压缩机各组件，与摆盘式压缩机类似。

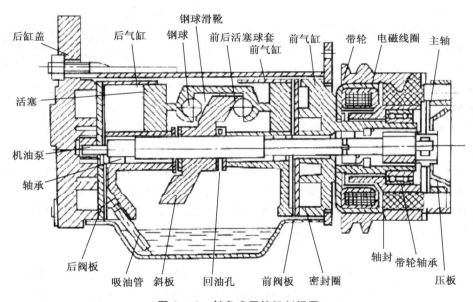

图 6-4-6　斜盘式压缩机剖视图

当主轴带动斜盘转动时，斜盘便驱动活塞做轴向移动，由于活塞在前后布置的气缸中同时做轴向运动，相当于两个活塞在做双向运动。当前缸活塞向左移动时，排气阀片关闭，余隙容积的气体首先膨胀；在缸内压力略小于吸气腔压力时，吸气阀片打开，低压蒸气进入气缸开始了吸气过程，一直到活塞向左移动到终点为止。当后缸活塞向左移动时，开始压缩过程，蒸气不断压缩，压力和温度不断上升。当压缩蒸气的压力略大于排气腔压力时，排气阀片打开，转到排气过程，一直到活塞移动到左边为止。这样斜盘每转动一周，前后两个活塞各自完成吸气、压缩、排气、膨胀过程，完成一个循环。

(二) 冷凝器

1. 冷凝器的作用

冷凝器的作用是把高温高压气态制冷剂的热量传给大气，使制冷剂冷凝成液体。冷凝器大多布置在车头散热水箱前面，由冷却系统风扇或冷凝器风扇，或两者共同进行冷却。汽车空调系统的冷凝器（包括蒸发器）是一种由管子与铝散热片组合起来的热交换设备。冷凝器的材料可以是铜、钢或铝，现在以铝质居多。管子做成各种盘管状，散热片是为了增大冷凝器的散热面积，而且可支承盘管。

2. 冷凝器的类型

用于汽车空调中的冷凝器常用的有以下几种（图 6-4-7）：

(1) 管片式（管翅式）。

管片式冷凝器的制作工艺简单，它是在圆铜管上装上 0.2mm 铝片组合而成，是较早采用的一种冷凝器形式，目前一般用在大中型客车的冷气装置上。

(2) 管带式。

管带式冷凝器目前普遍使用在小型汽车上。它采用一整根扁形管，弯成蛇形状。管内用隔筋隔成若干个孔道，管外用 0.2mm 铝片焊在上下两管外皮处，铝片折成皱纹状以增大散热面积。这种冷凝器结构紧凑（单管多孔）、重量轻（全部铝质）、可靠性高（不用多处弯头焊接），但其管内制冷剂流动阻力要高于管片式。

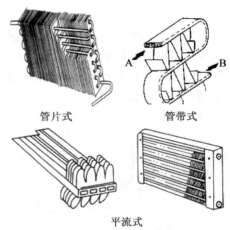

图 6-4-7 冷凝器

(3) 平流式。

平流式冷凝器是为汽车空调使用新型制冷剂 R134a 而开发的，制冷剂由输入端接头进入圆柱主管中，再分别同时流入多个扁管，并平行地流至对面的主管，再集中经过跨接管流至冷凝器输出端接头。平流式冷凝器具有制冷剂侧的压力损失小、导热系数高、制冷剂充注量少等特点，更适合具有 R134a 性质的制冷剂在汽车空调中的使用。

（三）蒸发器

蒸发器用于使液态雾状制冷剂蒸发冷却。汽车空调系统使用的蒸发器亦有管片式和管带式。其结构、材料与冷凝器相同，只是外观不同，其表面积约为冷凝器的 50%（同一冷气系统中）。图 6-4-8 为管带式蒸发器外观图（无外壳）。比管片式和管带式蒸发器换热效率更高的是板翅式（亦称层叠式）蒸发器。由两片冲成复杂形状的铝板叠在一起组成制冷剂通道，每两片通道之间焊接上蛇形散热带，将一个个单层叠置焊接再焊上集流箱，即构成了板翅式蒸发器。它的特点是：在较小的体积内可有较大的导热表面积，结构紧凑，热效率高；但其焊接工艺难度大，通道狭窄，容易堵塞。经过不断改进，板翅式蒸发器在使用 R134a 制冷剂的汽车空调中已被广泛

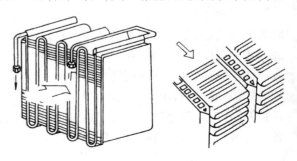

图 6-4-8 管带式蒸发器外形结构

采用。

(四) 膨胀节流装置

膨胀节流装置较常见的有内平衡热力膨胀阀、外平衡热力膨胀阀、H型膨胀阀、孔管式节流装置。

1. 内平衡热力膨胀阀

如图6-4-9所示为内平衡热力膨胀阀的结构。遥控温包内装有惰性液体或制冷剂液体,固定在回气管路上,当蒸发器出口温度较高时,温包内液体温度随之上升,从而压力也增高。高压作用在膜片上侧,当数值上大于蒸发器进入压力和过热弹簧压力总和时,针阀离开阀座,阀门开启,制冷剂流入蒸发器。针阀开启后,较多的制冷剂进入蒸发器,蒸发器内压力上升,回气温度降低,膜片下侧压力增加,上侧压力降低,阀门关闭。由于膜片上、下侧压力经常处于不平衡状态,所以阀门不断地做开启、闭合的循环。

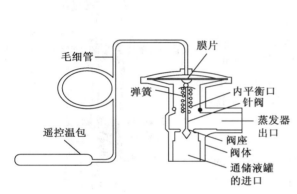

图 6-4-9 内平衡热力膨胀阀

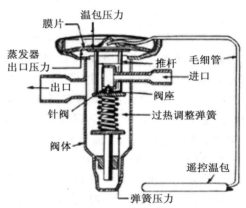

图 6-4-10 外平衡热力膨胀阀

2. 外平衡热力膨胀阀

如图6-4-10所示,外平衡热力膨胀阀的结构和部件与内平衡热力膨胀阀相似,只是向上施于膜片的压力是由一外平衡管从蒸发器出口处引入的,弥补了由蒸发器入口至出口端内部压力损失的影响,可加大阀芯调节范围和准确度,缩小过热气体所占通道空间,从而提高蒸发器的制冷量。外平衡热力膨胀阀适用于制冷量较大、蒸发器通道较长、压力损失大的制冷系统,如大中型客车、旅行轿车等;内平衡热力膨胀阀则多用于经济型轿车、货车、后装车。

3. H型膨胀阀

H型膨胀阀因其内部构造如字母H而得名,如图6-4-11所示。H型膨胀阀安装在蒸发器进气管与回气管之间,使温度传感器直接置于蒸发器出口处制冷剂中,反应快捷,不受环境及感温包位移、接触不实的影响。国产北京吉普(切诺基)、奔驰230E型汽车等轿车都采用了H型膨胀阀。

4. 孔管式节流装置

孔管式节流装置是一种阻尼元件,外观为

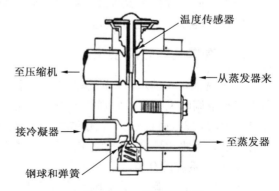

图 6-4-11 H型膨胀阀

一管形件,制冷剂由进口经过滤器过滤,再经节流孔降低高压制冷剂液体压力,最后经过滤器流入蒸发器。孔管式节流装置如图 6-4-12 所示。由于制冷剂经过此装置时只能节流而不能对制冷剂的流量进行调节,当蒸发器的温度降到一定值后,可由恒温器来对离合器进行通断的控制。孔管式节流装置已被通用、福特、丰田、大众等汽车公司普遍采用。

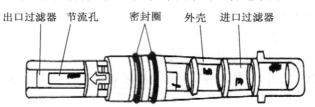

图 6-4-12　孔管式节流装置

(五) 储液干燥器和积累器

1. 储液干燥器

储液干燥器的功能是储存液体、吸收水分、过滤脏物、观察制冷剂流动工况,如图 6-4-13 所示。储液干燥器一般都是密封焊死的钢质或铝质压力容器,里面放有干燥剂、过滤网。从冷凝器来的高压液态制冷剂从上部进入罐中,经过滤干燥后,从底部由引管排出至膨胀阀,观察制冷剂流动情况的镜片正对着流出来的制冷剂。

2. 积累器(气液分离器)

积累器是里面装有干燥剂且把气液制冷剂分离开的容器,是与孔管式节流装置配套的装置,装在蒸发器出口与压缩机进气管之间,如图 6-4-14 所示。系统工作时,制冷剂进入容器中,液态的沉入容器底部,气态的从顶部被吸回压缩机中,容器底部有小孔允许少量液态制冷剂与润滑油进入压缩机,因量小故不会产生液击,润滑油则保证了压缩机的润滑冷却需要。当压缩机停止工作后,孔管不能关死,孔管两端高低压力平衡迅速,压缩机重新启动时负荷小,启动容易,这是此种系统节能的主要原因,但易有液击产生。而气液分离罐将液态制冷剂储存起来,阻止其回到压缩机内,从而防止了液击。

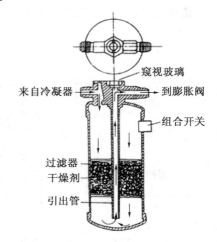

图 6-4-13　储液干燥器

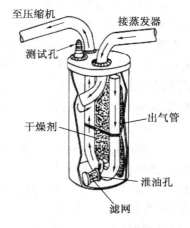

图 6-4-14　积累器

二、汽车空调暖风系统

对车内空气或进入车内的外部空气进行加热的装置,称为汽车空调暖风装置。它通过冷热风的混合,人为设定冷热风量的比例,通过风门开闭和调节,满足人们对舒适性的要求。因此,暖风系统是汽车空调的重要组成部分。

1. 暖风系统的分类

按所使用的热源不同,暖风系统可分为:水暖式,利用发动机的冷却液热量,多用于轿车;

独立热源式,装有专门的暖风装置,多用于客车和载货车;综合预热式,既利用发动机的冷却液热量,又装有燃烧预热的综合加热暖风装置,多用于大客车。

2. 暖风系统的作用

(1) 冬季天气寒冷,在运动的汽车内人们感觉更寒冷,汽车空调可以向车内提供暖风,提高车室内的温度,使乘员不再感觉到寒冷。

(2) 冬季或者初春,室内外温差较大,车窗玻璃会结霜或起雾,影响司机和乘客的视线,不利于安全行车,可用暖风来除霜和除雾。

3. 水暖式暖风系统

水暖式暖风系统一般由控制开关、鼓风机、暖风水箱、循环水控制开关及相应的管路组成,如图 6-4-15 所示。需要暖风时,接通控制开关,循环水控制开关自动接通,发动机的冷却液在暖风水箱及管路中循环;鼓风机开始转动,风通过暖风出风口吹向车内。汽车空调配气,主要是解决车室内温度、风量控制的自动化和各类通风温调方式,以提高舒适性。车室内配气,有各种用途的吹出口,吹出口风温由风门切换。

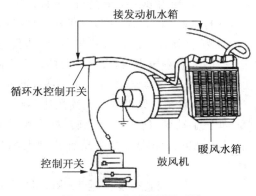

图 6-4-15 水暖式暖风系统

第三节 汽车空调系统的维护

一、制冷剂的排放

汽车空调系统在进行部件拆卸、系统检修前,都必须先排放系统中的制冷剂。制冷剂的排放有两种方法:一是传统排空法,即把制冷剂放到大气中,这种方法简单易行,但 R12 这类制冷剂直接放到大气中去会造成环境污染;二是回收排空法,此法较好,但要有回收装置。

传统排空法如图 6-4-16 所示,按以下步骤进行操作:

(1) 把歧管压力表组连接到系统的高、低压检修阀上,启动发动机并使转速维持在 1000～1200r/min,并运行 10～15min。

(2) 风扇开至高速运转,将系统中所有的控制开关都调到最冷位置,使系统达到稳定状态。

(3) 把发动机转速调到正常怠速状态。

(4) 关闭空调的控制开关,关闭发动机,打开歧管压力表组上的高、低压阀,让制冷剂从中间软管流入回收装置中。

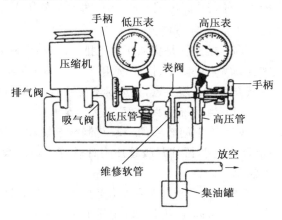

图 6-4-16 传统排空法

(5) 歧管压力表组的高、低压力表指示为零,说明系统内制冷剂已排空。

中间软管开口端应裹上抹布,如有润滑油排出,必然显示在抹布上。如果系统内排出的润滑油较多,应将软管的开口端放置在带刻度的容器内,以便确定需补充润滑油的量。

二、空调制冷系统的抽真空

抽真空的目的是排除制冷系统内残留的空气和水分,同时检查系统的密闭性,为向系统内充注制冷剂做好准备。抽真空管路连接如图 6-4-17 所示。

(1) 将压力表组上的高、低压管连接到制冷系统管路上,并打开高、低压手动阀,中间软管接在真空泵进口上。

(2) 拆除真空泵排气口护盖,启动真空泵,打开高、低压手动阀,观察压力表,表针应向抽真空方向偏摆。

(3) 真空泵运转了 10min 之后,低压表读数应大于 79.8kPa。注意:如果低压表读数达不到 79.8kPa,应关闭高、低压手动阀,使真空泵停转,检查系统是否有泄漏,并根据情况进行修理。如果没有找到泄漏处,继续进行抽真空。

(4) 当系统真空度接近 100kPa 时,关闭高、低压手动阀及真空泵,放置 5~10min,如果压力上升且压力值大于 3.4kPa,说明系统有泄漏,应检查排除泄漏后,再进行抽真空工序。

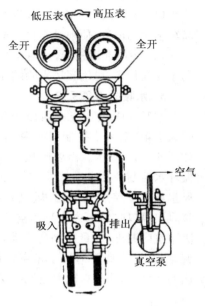

图 6-4-17 抽真空管路连接图

(5) 如果低压表指针保持不动,继续进行抽真空 30min 以上,然后先关闭高、低压手动阀,再关闭真空阀,防止空气进入制冷系统。

三、制冷剂充注

在制冷系统经过抽真空并确认没有泄漏后,可开始对系统充注制冷剂,其充注方法有两种:一种是从高压端充注,另一种是从低压端充注。

(一) 高压端充注

高压端充注是指从压缩机排气阀(高压阀)的旁通孔(多用通道)充注,充入的是制冷剂液体。其特点是安全、快速,适用于制冷系统的第一次充注,即经检漏、抽真空后的系统充注。但用该方法时必须注意,充注时不可开启压缩机(发动机停转),且制冷剂罐要求倒立。

(1) 当系统抽真空后,关闭歧管压力计上的高、低压手动阀。

(2) 将中间软管的一端与制冷剂罐注入阀的接头连接起来,如图 6-4-18 所示,打开制冷剂罐开启阀,再拧开歧管压力计软管一端的螺母,让气体溢出几分钟,把空气赶走,然后再拧紧螺母。

(3) 打开高压侧手动阀至全开位置,将制冷剂罐倒立,以便从高压侧充注液态制冷剂。

(4) 从高压侧注入规定量的液态制冷剂。关闭制冷剂罐注入阀及歧管压力计上的手动高压阀,然后将仪表卸下。特别要注意,从高压侧向系统充注制冷剂时,发动机应处于不启动状态(压缩机停转),更不可拧开歧管压力计上的手动低压阀,以防止产生液压冲击。

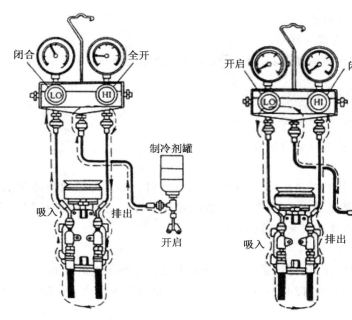

图 6-4-18　高压端充注　　　　图 6-4-19　低压端充注

（二）低压端充注

低压端充注是指从压缩机吸气阀（低压阀）的旁通孔（多用通道）充注，充入的是制冷剂气体。其特点是充注速度慢，可在系统补充制冷剂的情况下使用。通过歧管压力计上的手动低压阀，可向制冷系统的低压侧充注气态制冷剂。

（1）如图 6-4-19 所示，将歧管压力计与压缩机和制冷剂罐连接好。

（2）打开制冷剂罐，拧松中间注入软管在歧管压力计上的螺母，直到听见有制冷剂蒸气流动的声音，然后拧紧螺母，排出注入软管中的空气。

（3）打开手动低压阀，让制冷剂进入制冷系统。当系统的压力值达到 0.4MPa 时，关闭手动低压阀。

（4）启动发动机，将空调开关接通，并将风机开关和温控开关都调至最大。

（5）打开歧管压力计上的手动阀，让制冷剂继续进入制冷系统，直至充注量达到规定值。

（6）在向系统中充注规定量制冷剂之后，从视液玻璃窗处观察，确认系统内无气泡、无过量制冷剂。随后将发动机转速调至 2000r/min，冷风机风量开到最高挡。若气温在 30℃～35℃，系统内低压侧压力应为 0.147～0.192MPa，高压侧压力应为 1.37～1.67MPa。

（7）充注完毕后，关闭歧管压力计上的手动低压阀，关闭装在制冷剂罐上的注入阀，使发动机停止运转，将歧管压力计从压缩机上卸下，卸下时动作要迅速，以免过多制冷剂排出。

（三）制冷剂充注量

制冷剂充注量是否合适可从几方面观察，然后参照厂方提供的手册加注。

1. 压力表观察

对于 R12 制冷剂系统，发动机转速为 2000r/min，风机转速为最高挡，气温为 30℃～35℃时，系统内低压侧压力应为 0.15～0.19MPa，高压侧压力应为 1.37～1.67MPa。

R134a 制冷剂系统压力稍低。

2. 贮液干燥器上视液窗观察

系统工作时视液窗内清亮、无气泡,可观察到有液体流动。

四、冷冻机油的添加

(一)压缩机冷冻机油量的检查

压缩机冷冻机油量的检查方法有:

1. 观察视镜

通过压缩机上安装的视镜玻璃,可观察冷冻机油量。如果压缩机冷冻机油面达到观察高度的 80% 位置,一般认为是合适的;如果油面在这个界限之下,则应添加冷冻机油;如果在这个位置之上,则应放出多余的冷冻机油。

2. 观察油尺

未装视镜玻璃的压缩机,可用量油尺检查其油量。这种压缩机有的只有一个油塞,油塞下面有的装有油尺,有的没有油尺,需要另外用专用油尺插入检查,观察油面的位置是否在规定的上下限之间。

(二)添加冷冻机油

添加冷冻机油一般可在系统抽真空之前进行,添加方法有:

1. 直接加入法

将冷冻机油装入干净的量瓶里,从压缩机的旋塞口直接倒入即可。这种方法适合于更换蒸发器、冷凝器和贮液干燥器时采用。

2. 真空吸入法

首先将系统抽真空到 100kPa,准备一带刻度的量杯并装入稍多于所添加量的冷冻机油,关闭高压手动阀及辅助阀门,将高压软管一端从歧管压力表组上卸下,并插入量杯中,如图 6-4-20 所示,打开辅助阀门,油从量杯内被吸入系统;当油面到达规定刻度时,立即关闭辅助阀门,将软管与歧管压力表组连接,打开高压手动阀,启动真空泵,先对高压软管抽空,然后打开辅助阀门对系统抽真空。

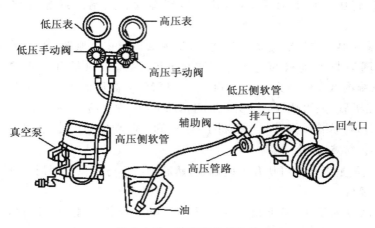

图 6-4-20 冷冻机油的加注

3. 冷冻机油添加量

新装汽车空调系统中,只有压缩机内装有冷冻润滑油,油量一般为280~350g,具体可查看供应商手册。

注意:

(1) 严禁加错制冷剂。

(2) 制冷剂罐温度不应高于51.7℃。不许用明火和电阻加热器加热制冷剂罐。

(3) 装上或更换一磅罐制冷剂,在充注前一定记住先放掉软管内的空气。

(4) 低压侧加注时,压力低于337kPa前,不要倒置制冷剂罐。搬运制冷剂罐时,应戴护目镜,应在通风无火处排放制冷剂。

第五章 汽车安全防护系统

第一节 安全气囊

一、安全气囊概述

1. 安全气囊系统的功用和组成

安全气囊系统(SRS)是座椅安全带的辅助装置,只有在使用安全带的条件下才能充分发挥保护驾驶员与乘员的作用。为此,汽车装备了座椅安全带和安全气囊等被动保护装置,以尽量减轻碰撞对人体的伤害。SRS主要由碰撞传感器、安全气囊组件、安全气囊系统指示灯和SRS ECU四部分组成,如图6-5-1所示。

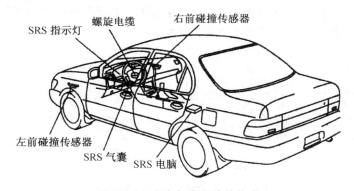

图6-5-1 安全气囊系统的构成

2. 安全气囊系统的种类

(1) 按传感器的类型分类,可分为机械式安全气囊系统和电子式安全气囊系统。

(2) 按碰撞类型分类,可分为正面防撞安全气囊、侧面防撞安全气囊和顶部防撞安全气囊。

3. 安全气囊系统的工作原理

在发生一次碰撞后、二次碰撞前,迅速在乘员和汽车内部结构之间打开一个充满气体的袋子,使乘员扑在气袋上,避免或减缓二次碰撞,从而达到保护乘员的目的。由于乘员和气袋相碰时,因振荡会造成乘员伤害,所以一般在气囊的背面开两个直径 25mm 左右的圆孔。这样,当乘员和气囊相碰时,借助圆孔的放气可减轻振荡,放气过程同时也是一个释放能量的过程,因此可以很快地吸收乘员的动能,有助于保护乘员,如图 6-5-2 所示。

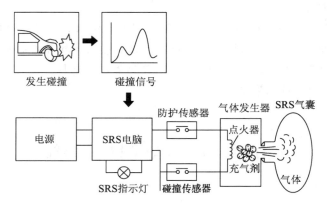

图 6-5-2　安全气囊系统的工作原理

当汽车受到前方一定角度范围内的高速碰撞时,安装在汽车前端的碰撞传感器和与 SRS 电脑安装在一起的防护碰撞传感器就会检测到汽车突然减速的信号,传感器触点闭合,将减速信号传到 SRS 电脑;SRS 电脑中预先设置的程序经过数学计算和逻辑判断后,立即向 SRS 气囊组件内的电热点火器(电雷管)发出点火指令,引爆电雷管,点火剂(引药)受热爆炸(即电热丝通电发热引爆炸药)。点火剂引爆时,迅速产生大量热量,充气剂(叠氮化钠固体药片)受热分解释放大量氮气充入气囊,气囊便冲开气囊组件的装饰盖板鼓向驾驶员,使驾驶员头部和胸部压在充满气体的气囊上,在人体与车内构件之间铺垫一个气垫,将人体与车内构件之间的碰撞变为弹性碰撞,通过气囊产生变形来吸收人体产生的动能,达到保护人体的目的。整个动作过程如图 6-5-3 所示。

(a) 尚未引爆　　　(b) 气囊充满　　　(c) 能量吸收　　　(d) 气体溢出

图 6-5-3　安全气囊系统的动作过程

(1) 碰撞约 10ms 后,气囊达到引爆极限,气囊组件中的电雷管引爆点火剂,并产生大量的热量,使充气剂(叠氮化钠药片)受热分解,驾驶员尚未动作。

(2) 碰撞约 40ms 后,气囊完全充满,体积最大,驾驶员向前移动,安全带斜系在驾驶员身上并收紧,部分冲击能量已被吸收。

(3) 碰撞约 60ms 后,驾驶员头部及身体上部压向气囊,气囊背面的排气孔在气体和人体压力作用下排气,利用排气节流作用吸收人体与气囊之间弹性碰撞产生的动能。

(4) 碰撞约110ms后，大部分气体已从气囊逸出，驾驶员身体上部回到座椅靠背上，汽车前方恢复视野。

(5) 碰撞约120ms后，碰撞危害解除，车速降低至零。

安全气囊的工作过程可由图6-5-4表示。

由此可见，在安全气囊系统工作过程中，气囊动作时间极短。从开始充气到完全充满的时间约为30ms，从汽车遭受碰撞开始

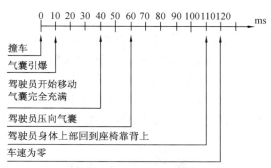

图6-5-4 安全气囊系统的工作过程

到气囊收缩为止，所用时间极为短暂，仅为120ms左右，而人的眼皮眨一下所用时间约为200ms。

二、安全气囊系统部件的结构与原理

1. 碰撞传感器

碰撞传感器按结构可分为机械型碰撞传感器、汞开关型碰撞传感器和半导体型碰撞传感器三种。

(1) 机械型碰撞传感器。

机械型碰撞传感器分为偏心锤型碰撞传感器、滚球型碰撞传感器、滚轴型碰撞传感器三种。

(2) 汞开关型碰撞传感器。

汞开关型碰撞传感器是利用汞导电良好的特性来控制气囊点火器电路接通或切断的，一般用作防护传感器，其结构如图6-5-5所示。

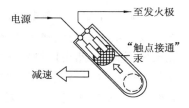

图6-5-5 汞开关型碰撞传感器

(3) 半导体型碰撞传感器。

半导体型碰撞传感器由电阻应变片和集成电路组成。

2. 电子控制单元(ECU)

SRS ECU是安全气囊系统的核心部件，主要由中央处理单元CPU、备用电源电路、稳压电路、信号处理电路、保护电路、点火电路和监测电路等组成。

3. 备用电源

SRS有两个电源，一个是汽车电源(蓄电池和交流发电机)，另一个是备用电源(BACK-UP POWER)。

4. 故障指示灯

故障指示灯又称为SRS警示灯，安装在驾驶室仪表盘面膜下面，并在面膜表面相应位置制作有气囊动作图形或"SRS""AIG BAG"等字样表示。

5. 安全气囊组件

SRS气囊组件按功能分为正面SRS气囊组件和侧面SRS气囊组件两大类。按安装位置分为驾驶席、前排乘员席(副驾驶席)、后排乘员席和侧面气囊组件四种。

气囊组件由气囊、点火器和气体发生器等组成。驾驶席与乘员席气囊组件一般都用同一个SRS ECU控制，其组成部件和工作原理基本相同，但具体结构有所不同。

(1) 气体发生器。

气体发生器的结构如图 6-5-6 所示,由上盖、下盖、充气剂和金属滤网组成,其功用是在点火器引爆点火时,产生气体向气囊充气,使气囊膨开。

(2) 点火器。

点火器外包铝箔,安装在气体发生器内部中央位置,其结构如图 6-5-7 所示,主要由引爆炸药、药筒、引药、电热丝、电极和引出导线等组成。

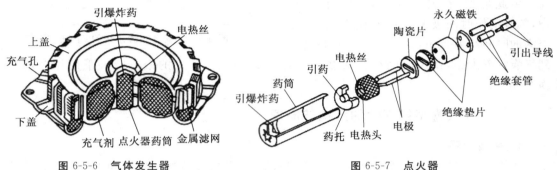

图 6-5-6 气体发生器　　图 6-5-7 点火器

(3) 气囊。

气囊是用聚酰胺织物(如尼龙)制成,内部涂有聚氯丁二烯,用以密封气体。气囊安放在气体发生器上部与气囊饰盖之间。气囊开口一侧固定在气囊安装支架上,先用金属垫圈和支架座圈夹紧,然后用铆钉铆接。除此之外,固定气体发生器的专用螺栓也穿过金属垫圈和支架座圈将气囊与气体发生器固定在一起,以便承受气体压力的冲击。气囊饰盖表面膜压有撕印,以便气囊充气时撕裂饰盖,减小冲出饰盖的阻力。

三、安全气囊系统的有效范围

汽车安全气囊系统并非在所有碰撞情况下都能起作用。正面安全气囊只有在汽车正前方或斜前方±30°角范围内发生碰撞,且纵向减速度达到设定值时系统才能工作,如图 6-5-8 所示。在下列条件之一的情况下,安全气囊不会动作:

(1) 汽车遭受侧面碰撞超过斜前方±30°角时。
(2) 汽车遭受横向碰撞时。
(3) 汽车遭受后方碰撞时。
(4) 汽车发生绕纵向轴线侧翻时。
(5) 纵向减速度未达设定值时。
(6) 汽车正常行驶、正常制动或在路面不平的道路条件下行驶时。

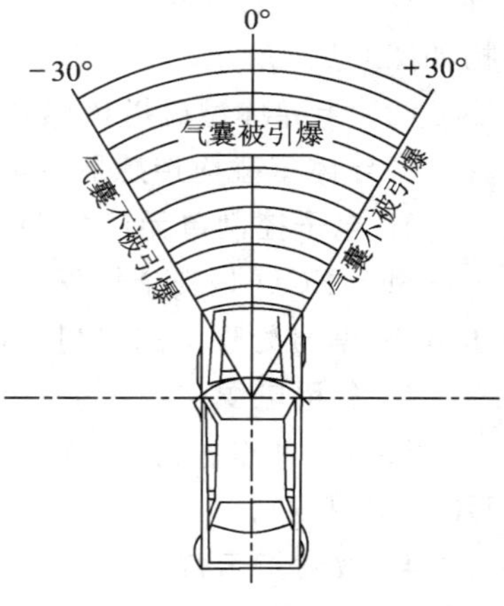

图 6-5-8 正面碰撞时安全气囊的有效范围

四、装备安全带收紧器的安全气囊系统

汽车安全气囊属于一次性使用设备,而且造价较高。为了保护驾驶员和乘员安全,降低

耗费,部分中高档轿车装备了带安全带收紧器的安全气囊。

1. 基本组成

安全带控制系统的组成与安全气囊相似,由碰撞防护传感器、中心碰撞传感器、前碰撞传感器、电控单元 ECU 和安全带收紧器组成,其中安全带收紧器为执行器。安全带控制系统仅在安全气囊系统的基础上,增设了防护传感器和左、右座椅安全带收紧器。中心碰撞传感器、前碰撞传感器和 SRS ECU 均为公用部件。

2. 工作原理

安全带控制系统和安全气囊控制系统组成的辅助防护系统控制电路如图 6-5-9 所示。前左、右碰撞传感器与设置在 SRS ECU 内部的中心传感器互相并联,驾驶室气囊(点火器)与乘员席气囊(点火器)并联,左、右安全带收紧器(点火器)并联。在 SRS ECU 中,设有两只相互并联的防护传感器,其中一只控制收紧器点火器电源,另一只控制气囊点火器电源。

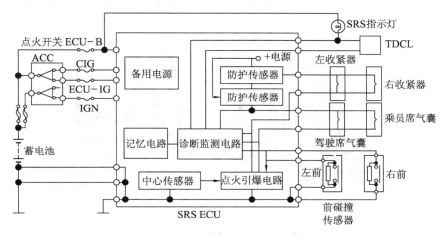

图 6-5-9 安全带控制系统和安全气囊控制系统组成的辅助防护系统控制电路

五、安全气囊的使用与处置

1. 安全气囊的使用说明

(1) 安全气囊必须和安全带配合使用。

(2) 避免高温,注意日常检查,及时排除安全气囊的故障。

(3) 避免意外磕碰和振动,不要擅自改变安全气囊系统及其周边布置。

(4) 严格按规范保管安全气囊系统元器件,乘坐装备常规安全气囊的汽车时应尽量坐后排。

2. 安全气囊使用注意事项

(1) 安全气囊装置只能工作一次,发生事故引爆后的气囊组件必须更换,为安全起见最好更换装置全部元件。

(2) 维修安全气囊时,必须拆下蓄电池搭铁线 90s 以上,以防备用电源使气囊误爆。

(3) 在进行维修工作前应先进行故障自诊断,利用故障码找出故障部位,然后进行维修。

(4) 碰撞传感器、电控单元、气囊组件、转向盘衬垫等元件均不可修理,出现故障后应换新件。

(5) 应用高阻抗(10kΩ 以上)万用表诊断电路的故障,绝对不允许测量点火器的电阻。

(6) 在车辆上进行焊接作业时,必须先脱开气囊组件连接器才能进行。

3. 安全气囊系统的处置

在报废整车或报废 SRS 组件前,应先将安全气囊引爆。具体操作方法如下(图 6-5-10):

(1) 拆下蓄电池负极电缆。

(2) 拔下 SRS 组件与螺旋线束之间的连接器。

(3) 剪断 SRS 组件线束,使连接器与线束分离。

(4) 连接引爆器接线夹与 SRS 组件引线。

(5) 先将引爆器放置距 SRS 组件 10m 以外的地方,然后再将电源夹与蓄电池连接。

(6) 查看引爆器上的红灯指示灯是否发亮,当红色指示灯发亮后才能引爆。

(7) 按下引爆开关引爆 SRS。待绿色指示灯发亮之后,将引爆好的 SRS 装入塑料袋内再做废物处理。

图 6-5-10 安全气囊的车下引爆

第二节 防盗系统

一、防盗系统的组成和分类

车辆防盗系统按功能主要可分为三类:防止非法进入汽车的防盗系统、防止破坏或非法搬运汽车的防盗系统、防止汽车被非法开走的防盗系统。目前汽车上常用的是防止汽车被非法开走的防盗系统。也就是说,汽车防盗一般应从三个方面考虑,门锁的工作可靠性、发动机的防盗性、汽车的防盗报警功能。

(一) 汽车防盗系统的组成

狭义的防盗系统主要是指一些防盗设备,如各种防盗锁和各类报警器;广义的防盗系统应包括中控门锁、发动机控制单元和报警系统。特别是汽车先进的门锁控制系统和发动机控制单元是先进的防盗系统不可或缺的一部分。

最基本的汽车防盗系统如图 6-5-11 所示,通常包括三个部分:报警启动/解除操作部分、控制电路部分、执行机构部分。

点火开关首先启动防盗系统,接着由装在各类开关上的各类传感器检测是否出现非法进入汽车并开始启动发动机或非法搬运汽车的情况。当探测到汽车出现异常时,防盗控制 ECU 向执行机构部分发出命令,一方面要求其发出报警信号,包括尖锐的警示声音和灯光闪烁,另一方面要求其阻止启动机和发动机运转,使汽车失去运动能力。

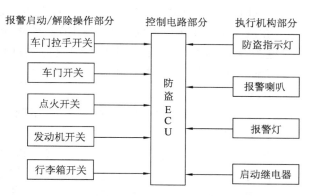

图 6-5-11　汽车防盗系统的组成

(二)汽车防盗系统的分类

汽车的防盗系统主要有两类,一类是汽车原配的防盗系统,另一类则是附加的防盗设备。各种高级轿车一般都配有原装防盗系统,而且这类防盗系统都采用了最新的技术,如射频识别技术(RFID)。对于普通的汽车,如果防盗系统不完善,车主一般会自己装备一些防盗设备。

汽车防盗装置按其发展过程可分为机械式防盗系统、电子式防盗系统、芯片式防盗系统和网络式防盗系统。

1. 机械式防盗系统

机械式防盗装置是靠坚固的金属材质的机械锁来锁止汽车的操纵装置(离合、制动、油门或转向盘、变速器操纵杆等)和车轮,如转向盘锁、变速手柄锁、拐杖锁、轮胎锁等,其只防盗不报警。

机械式防盗锁价格便宜、安装简便,但这类防盗器材只能起到限制车辆操作的作用而不能报警,故对防盗方面能够提供的帮助有限,现在已经很少单独使用,主要和另两类防盗系统联合使用。

2. 电子式防盗系统

电子式防盗系统是目前应用最广的防盗设备之一。车主通过遥控器来控制汽车,当电子式防盗系统启动(激活)之后,如有非法移动汽车,打碎玻璃,破坏点火开关锁芯,拆卸轮胎和音响,非法打开车门、燃油箱加注口盖、行李箱门或非法接通点火开关等,防盗系统均会立即报警。报警的方式有灯光闪烁、警笛长鸣、发射电波。有些车型在报警的同时再切断启动机电路,切断燃油供给,切断点火系统,切断喷油控制电路,切断发动机 ECU 接地电路,甚至切断变速器控制电路,从而使汽车发动机不能启动和运转,变速器不能换挡,汽车处于完全瘫痪的状态。为防止破坏防盗系统(如切断电源),有些车型在隐蔽位置加装了支援后备电源。

3. 芯片式防盗系统

大多数高级轿车均采用这种防盗方式作为原配防盗器。其基本原理是用密码钥匙锁住汽车的马达、电路和油路,在没有钥匙的情况下无法启动车辆。由于数字化的密码重码率极低,而且要用密码钥匙接触车上的密码锁才能开锁,杜绝了被扫描的弊病。它还具有其他先进之处：它采用的独特射频识别技术（RFID）可以保证系统在任何情况下都能正确识别驾驶者，在车主接近或远离车辆时可自动识别其身份，自动打开或关闭车锁。

芯片式防盗系统是现在汽车防盗系统发展的重点，它具有特殊诊断功能，即合法使用者在读取钥匙保密信息时，能够得到该防盗系统的历史信息。目前进口的很多高档车以及国产的大众、广州本田等车型都装有原厂配备的芯片式防盗系统。

4．网络式（GPS）防盗系统

GPS（全球卫星定位系统）由卫星监控中心的中央控制系统、车辆上的移动 GPS 终端设备及 GSM 通信网络组成。

监控中心通过定位卫星对全国范围内的车辆（必须安装移动 GPS 终端设备）实行 24 小时不间断、高精度的监控，同时利用 GSM 网络的短信息平台作为通信媒介来实现定位信息的传输。当车辆遭受到非正常启动或人为破坏时，车辆就会通过电台自动报警，GPS 卫星定位系统将报警信息和报警车辆所在位置无声地传送到报警中心，不会引起盗贼的警觉。车辆报警后，监控中心可以马上显示出该车辆的警示图标和周边情况，以便指挥有关人员协助搜寻。还可以通过车载移动电话监听车内声音，必要时可以通过手机关闭车辆油路、电路并锁死所有门窗。如果 GPS 防盗器被非法拆卸，那么它会自己发出报警信息，报警台很快就能准确判断车辆方位。

正是由于 GPS 系统可以随时从电子地图了解车辆位置及情况，与车主保持联系，所以实现了对车辆的跟踪掌握。目前这项技术正在开始应用到汽车租赁、物流车辆的管理及私家车防盗。但由于其造价太高，车主需要交纳一定的服务费，某些技术问题还未完全解决，目前在市场上还没有普及应用。

二、典型汽车防盗系统的基本原理

以点火控制型防盗器为例，主要采用控制点火装置的模块，对点火系统进行控制。在车主离开汽车并打开防盗系统后，如有人非法进入车内，并试图用非法配制的点火钥匙启动车辆，点火电路受控制模块防盗装置的作用，将拒绝提供发动机运转所需的点火功能，同时也可防止点火开关的线路接通，并通过音响报警装置向车主或车场保管人员通报。

还有一种防盗器是用特殊的材料制成盒状，将汽车的点火器安装在内，并设置一个错误点火线路模块和开关电路，在开关钥匙上置入密码芯片，一旦密码交流认证不符，就会进入错误模式，使发动机无法启动。这种盒状防盗器在锁止后，除使用密码开关钥匙外无法打开，且有很强的防撬、防钻、防砸功能，在发动机启动后，就可取下开关钥匙。一旦车辆被抢，劫犯在抢劫车辆后，不能熄火，熄火后就无法再次启动，不但具备防盗功能，同时还具备防抢劫功能。

（一）发动机防盗锁止系统

1．作用

发动机防盗锁止系统利用钥匙中芯片的密码与启动电门中的密码进行匹配来控制发动机的启动，以达到防盗的目的。对于装有发动机防盗锁止系统的汽车，即使盗车者打开车门也不能启动发动机开走汽车。其基本配置如图 6-5-12 所示。

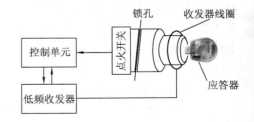

图 6-5-12　发动机防盗锁止系统的基本配置

2. 工作原理

在点火钥匙中装有芯片,每个芯片内都装有固定的 ID,只有钥匙芯片的 ID 与发动机的 ID 相匹配时,汽车才能启动;如果不一致,发动机无法启动。当车主转动钥匙发动车辆时,基站发射低频信号开始认证过程。钥匙端应答器工作能量由基站低频信号提供,在认证过程中,置于钥匙中的应答器首先发送自身的 ID 号,通过基站芯片的验证,基站会发出一串随机数和 MAC 地址,同时应答器做出回应。为了提高安全性,每次发送的信号都是经过加密的数据。其工作原理如图 6-5-13 所示。

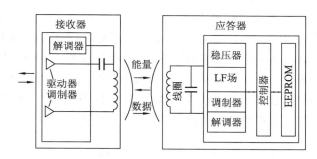

图 6-5-13 发动机防盗锁止系统工作原理图

IMMO 主要通过引擎控制单元 ECU 来控制发动机,整个方案包括低频收发器、MCU、稳压器和通信接口芯片(如 CAN、LIN 收发器)。点火锁附近的基站芯片 PCF7991＋钥匙中的应答器 PCF7936 如图 6-5-14 所示。

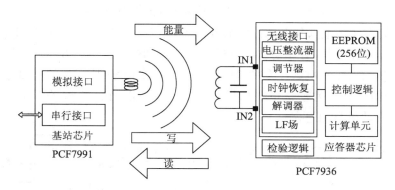

图 6-5-14 点火锁附近的基站芯片 PCF7991＋钥匙中的应答器 PCF7936

(二)驻车电脑防盗系统

驻车电脑防盗系统由点火钥匙、发射匙线圈、防盗电脑、发动机电脑等组成,如图 6-5-15 所示。

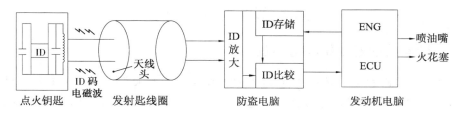

图 6-5-15 驻车电脑防盗系统结构图

该系统都有一个带 ID 密码的点火钥匙，ID 密码由原厂指定且不能更改。发动机启动时要对 ID 密码进行识别，确认正确后才能正常启动，否则发动机即使被启动，3s 之后也会自动熄火。这种系统采用内置无线发射芯片的点火钥匙，当位于点火开关周围的发射匙线圈接收到从点火钥匙发射芯片发出的 ID 密码信号时，防盗电脑判断其 ID 密码是否与存储的密码相匹配，如果匹配，发动机才能启动。驻车电脑防盗系统的工作原理可分三个步骤叙述：

第一步：点火钥匙发射电磁脉冲 ID 密码信号。点火钥匙打开，发射匙线圈产生变化的磁场，点火钥匙内置芯片内的电感小线圈感应电场，其感应的电场能被电容储存起来。电容存储的电能给 ID 密码电路供电，电感及电容组成的耦合电路将 ID 密码以电磁脉冲信号发射出去。

第二步：点火钥匙与驻车防盗电脑的匹配，如图 6-5-16 所示。点火钥匙 ID 密码的电磁脉冲信号被发射匙线圈天线头感应接收，发射匙线圈产生电脉冲信号并送至驻车防盗电脑的放大电路。电脉冲经过放大后被送至驻车防盗电脑的 ID 密码比较电路，比较电路将此 ID 密码与 ID 密码存储电路存储的密码进行比较，如果相同则进入下一步。

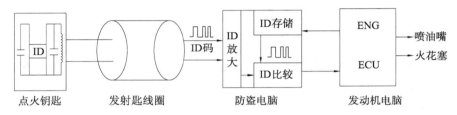

图 6-5-16　点火钥匙与驻车防盗电脑的匹配

第三步：驻车防盗电脑与发动机电脑的匹配，如图 6-5-17 所示。发动机电脑向驻车防盗电脑发出一个联络代码，驻车防盗电脑经过辨认识别（匹配）后发出一个允许发动机正常启动的指令代码给发动机电脑。发动机电脑接收该指令信号，使正常的喷油、点火程序继续执行，发动机继续工作。发动机电脑如果接收不到防盗电脑的指令信号，将会自动切断喷油、点火程序，发动机自动熄火。

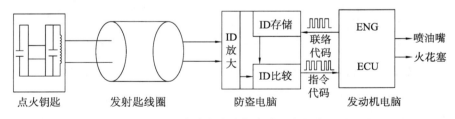

图 6-5-17　驻车防盗电脑与发动机电脑的匹配

第三节　电动座椅

一、电动座椅的基本结构与原理

普通电动座椅由若干个双向电动机、传动装置及控制开关等组成。每个电动机为双向电动机，通过开关控制双向动作，通电后，电动机输出动力经传动装置传至电动座椅，从而对座椅的不同位置进行调节。

电动座椅调节装置由前滑动调节机构、后滑动调节机构、前垂直调节机构(驾驶员座椅)、后垂直调节机构、靠背调节机构、腰部支撑调节机构、头枕调节机构以及开关、电路等组成。电动座椅的调节装置及其在座椅上的布置如图 6-5-18 所示。

电动座椅每个方向的调节机构都由一只双向电动机和传动装置等组成。传动装置主要包括上下轨道、螺杆、连轴节支架等部件,如图 6-5-19 所示。

电动座椅的电动机一般为永磁性直流电动机,利用开关可控制经电动机的电流方向,从而使电动机有两个转动方向,以实现座椅在某两个方向上的调整。

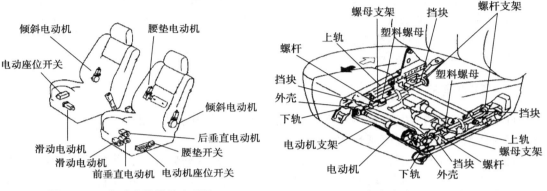

图 6-5-18　电动座椅的基本结构　　　　图 6-5-19　电动座椅前、后滑动传动装置

二、电动座椅控制电路

以广州本田雅阁电动座椅为例介绍电动座椅控制电路。广州本田雅阁电动座椅控制电路如图 6-5-20 所示。该座椅共设置了前端上下调节电动机、前后调节电动机、后端上下调节电动机和靠背倾斜调节电动机等四个电动机,分别对座椅前后滑动、前部上下移动、后部上下移动及靠背前后倾斜八个方向进行调节。

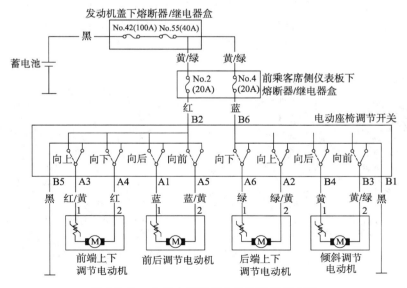

图 6-5-20　广州本田雅阁电动座椅控制电路

1. 座椅前端的上下调节

控制前端上下调节开关向上调整，A_3 和 B_6、A_4 和 B_5 接通。电路：蓄电池"＋"→发动机盖下熔丝盒熔丝→前乘客席侧仪表板下熔丝盒"2"号熔丝→电动座椅调节开关 B_6→A_3→前端上下电机"1"号端子→电动机→"2"号端子→电动座椅调节开关 A_5→B_5→搭铁→蓄电池"－"。若向下调节，则电流经过电机方向相反。

2. 座椅倾斜的前后调节

控制倾斜调节开关向前调整，B_2 和 B_3、B_1 和 B_4 接通。电路：蓄电池"＋"→发动机盖下熔丝盒熔丝→前乘客席侧仪表板下熔丝盒"4"号熔丝→电动座椅调节开关 B_2→B_3→倾斜调节电机"2"号端子→电动机→"1"号端子→电动座椅调节开关 B_4→B_1→搭铁→蓄电池"－"。若向后调节，则电流经过电机方向相反。

其他方向电路分析方法相似。

三、自动座椅

自动座椅是带存储功能的电动座椅，它是人体工程与电子技术相结合的产物，它能自动适应不同体型的乘员乘坐舒适性的要求。

自动座椅的调整装置除能改变座椅的前后、高低、靠背倾斜及头枕等的位置外，还能存储座椅位置的若干个数据（或信息），只要乘员一按按钮，就能自动调出座椅的各个位置，如果此时不符合存储数据（或信息）的乘员乘坐，汽车便发出蜂鸣声响信号，以示警告。目前，自动座椅在许多中高档轿车中广泛采用。

1. 自动座椅的组成

如图 6-5-21 所示，自动座椅的基本结构及驱动方式与普通电动座椅相似，不同之处是附加了一套电子控制系统。电子控制系统有两套控制装置：一套是手动的，它包括电动座椅开关、腰垫开关、腰垫电动机以及一组座椅位置调整电动机等，各人根据其需要，通过相应的座椅开关和腰垫开关来调整。此套装置的控制方式与普通电动座椅完全相同。另一套是自动的，它包括一组位置传感器、储存和复位开关、ECU 及与手动系统共用的一组座椅位置调整电动机。此套装置可以根据位置传感器的信号将座椅位置储存起来，以备下次恢复座椅位置时使用。两套装置驾驶员可以根据不同需要，通过操纵储存与复位开关选择使用。

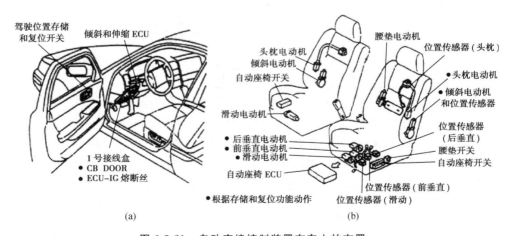

图 6-5-21 自动座椅控制装置在车上的布置

2. 自动座椅的工作原理

自动座椅电子控制系统电路原理图如图 6-5-22 所示,它由座椅位置传感器、电子控制 ECU 和执行机构的驱动电机三部分组成。

其动作方式有座椅前后滑动调节、座椅前端的上下调节、座椅后端的上下调节、靠背的倾斜调节、头枕的上下调节及腰垫的前后调节等。其中腰垫的前后调节是通过腰垫开关和腰垫电动机直接控制的,并无存储功能。驾驶员通过操纵电动座椅开关可以控制其余的五种调整。当座椅位置调好后,按下储存和复位开关,电控装置就把各位置传感器的信号储存起来,以备下次恢复座椅位置时再用。当下次使用时,只要一按位置储存和复位开关,ECU 便驱动座椅电动机,将座椅调整到原来位置。

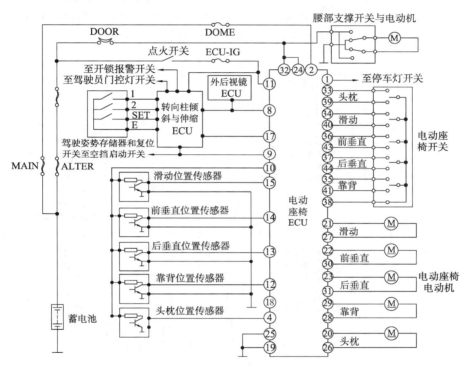

图 6-5-22 自动座椅控制电路图

3. 座椅位置传感器

它主要有两种形式:一种是滑动电位器式,如图 6-5-23 所示;另一种是霍尔式,如图 6-5-24 所示。滑动电位器式位置传感器主要由座椅电动机驱动的齿轮、电阻丝以及在其上

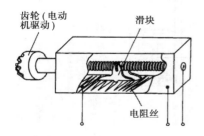

图 6-5-23 滑动电位器式自动座椅
位置传感器的结构图

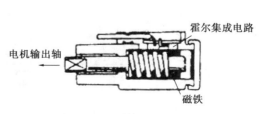

图 6-5-24 霍尔式自动座椅位置
传感器的结构图

滑动的滑块组成。它的工作原理是：当电动机驱动座椅的同时，也驱动齿轮带动螺杆，驱动滑块在电阻丝上滑动，从而将座椅位置信号转变成电压信号输入给ECU。

霍尔式位置传感器主要由永久磁铁、霍尔集成电路等组成。永久磁铁安装在由电动机驱动的转轴上，由于转轴的旋转而引起通过霍尔元件磁通量的变化，从而霍尔元件产生霍尔电压，再经霍尔集成电路进行放大并处理，然后取出旋转的脉冲信号输入给ECU。

四、座椅的主要功能

1. 座椅加热功能

如图 6-5-25 所示为广州本田雅阁 KB 型轿车的座椅加热系统控制电路。此系统在驾驶员和乘客座椅上各设置了一加热器和相应的加热器控制开关，两加热器及加热器开关结构完全相同，加热器开关有六个接线端子。其工作过程如下：

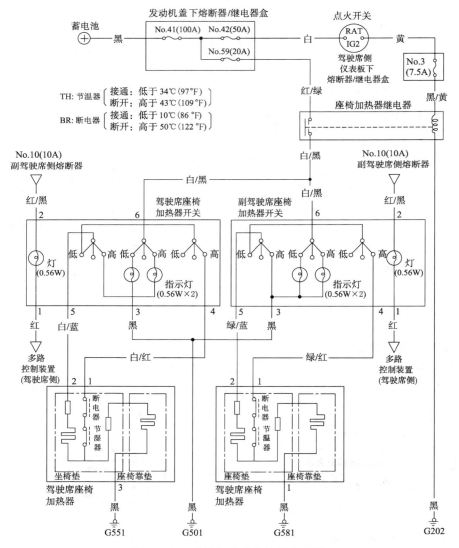

图 6-5-25 座椅加热系统控制电路图

（1）加热器开关处于断开位置时，加热系统不工作。

（2）加热器开关处于高位置时，系统处于快速加热状态。控制回路为：蓄电池正极→熔断器→座椅加热继电器→加热器开关"6"号端子（两个）→"4"号端子→座椅加热器"1"号端子（或"3"号端子）→断电器→节温器→靠背加热线圈→座椅垫加热线圈→"2"号端子→"5"号端子→"3"号端子→搭铁→蓄电池负极。由于座椅垫及靠背线圈并联加热，故加热速度快。与此同时，高位指示灯通电发光。

（3）加热器开关处于低位置时，加热系统处于缓慢加热状态，控制回路为：蓄电池正极→熔断器→座椅加热继电器→加热器开关"6"号端子（两个）→"5"号端子→座椅加热线圈→靠背加热线圈→"3"号端子→搭铁→蓄电池负极。由于座椅垫及靠背线圈串联加热，故加热速度缓慢。与此同时，低位指示灯通电发光。

2．座椅气垫功能

如图 6-5-26 所示，在气垫座椅上使用电动气泵，对各个气垫（腰椎支撑气垫、侧背支撑气垫、座位前部的大腿支撑气垫）进行充气，起到调节支撑腰椎、侧背、大腿的作用。

3．颈椎保护功能

颈椎保护系统包括贴近头部的安全头枕，可有效而均匀地承受乘员身体运动的椅背支撑结构以及位于椅背和坐垫连接处的内置式能量吸收机构。发生追尾事故时，椅背会随同乘员一起向后运动，

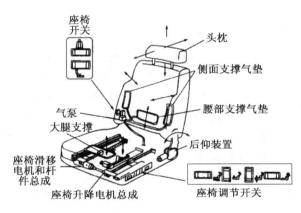

图 6-5-26　气垫座椅结构

最初做平行运动，接着做短暂的向后运动[图 6-5-27(a)]，驾驶员的头部由于惯性的作用会突然向后倾，很容易伤害颈椎。但是，由于放置在椅背与坐垫接缝处的能量吸收机构发挥了作用[图 6-5-27(b)]，因施加到乘员身上的作用力被减弱，颈椎受到伤害的可能性也随之减小。

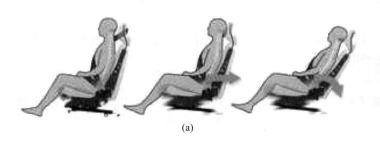
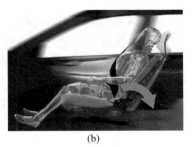

图 6-5-27　颈椎保护功能

第四节 中央门锁

最早的汽车门锁是机械式门锁,只是用于汽车行驶时防止车门自动打开而发生意外,只起行车安全作用,不起防盗作用。随着对汽车安全性、可靠性和方便性要求的不断提高,中高档轿车都配置了中央门锁,即汽车上的车门门锁和行李厢锁实现了集中控制。

一、中央门锁的组成

中央门锁主要由控制电路和门锁执行机构等组成。控制电路主要由门锁开关、定时装置和继电器等组成;门锁执行机构用于拨动车门门锁装置的锁扣,使门开锁或闭锁,如图 6-5-28 所示。

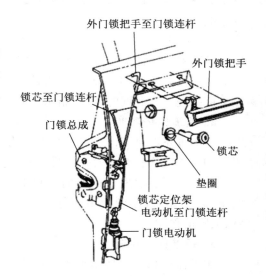

图 6-5-28 门锁执行机构的组成

(一)控制电路

1. 门锁开关

门锁开关实质上是一个电门开关,它用来控制各车门和行李厢锁筒的锁止和开启。用钥匙来拨动门锁锁芯转过一定的角度,即可接通门锁执行机构的电路,使电磁线圈产生吸力将门锁锁止或开启。

2. 定时装置

接通门锁开关的时间与电动机锁止门锁所需的时间不可能相等,往往开关接通电路时间较长,因此多会使执行机构过载而损坏门锁的机械传动装置或电气设备。于是在此电路中根据其特点设有定时装置,来设定门锁的锁止或开启所需的时间,以防止执行机构过载。

定时装置的基本原理是利用电容器的充放电特性来控制执行机构的通电时间,使执行机构锁止或开启,电容器的电恰好放完,继电器的电流中断而丧失吸力,触点断开。

3. 继电器

继电器用于在定时装置的控制作用下,接通或断开执行机构的电路。

(二)门锁执行机构

门锁执行机构的作用是执行驾驶员的指令,将门锁锁止或开启。门锁执行机构常见的有电磁线圈式、电动机式和永磁型电动机式。

1. 电磁线圈式

如图 6-5-29 所示,电磁线圈通电后产生电磁力吸动引铁轴向移动,引铁通过连接杆将门锁锁扣锁止。一般电磁线圈式执行机构有两个电磁线圈,其绕制方向相反,以便改变电流方向使执行机构进行开启或锁止。

电磁线圈式执行机构的优点是故障少,使用寿命长,同时还减少了维修费用;缺点是耗电量大。

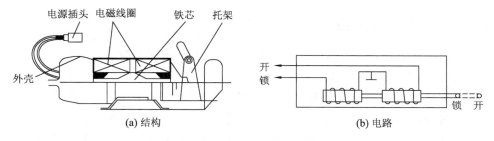

图 6-5-29 电磁线圈式执行机构

2. 电动机式

如图 6-5-30 所示为电机式门锁执行器结构,它由双向电动机以及齿轮和齿条等组成。

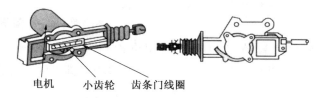

图 6-5-30 电机式门锁执行器

如图 6-5-31 所示,通过电动机转动并经传动装置(传动装置有螺杆传动、齿条传动和直齿轮传动)将动力传给门锁锁扣,使门锁锁扣进行开启或锁止。由于电动机能双向转动,所以通过电动机的正反转实现门锁的锁止或开启。

这种执行机构与电磁式执行机构相比,耗电量较小。虽然电动机式执行机构电路中设有定时装置,但设定的时间与实际的门锁开启或锁止时所需的时间不一定相等;虽然电路中设有断路器,但断路器需要有一定的加热时间,故短路灵敏度较差,于是常见有传动齿轮轮齿折断的现象等。

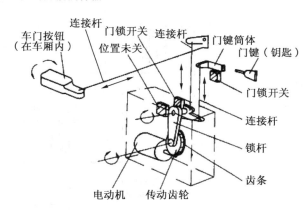

图 6-5-31 电动机式执行机构

3. 永磁型电动机式

永磁型电动机多是指永磁型步进电动机。它的作用与前述相同,但结构差异较大。其转子带有凸齿,凸齿与定子磁极径向间隙小而磁通量大。定子上带有轴向均布的多个电磁极,而每个电磁极上的电磁线圈按径向布置。定子周布铁芯,每个铁芯上绕有线圈,当电流通过某一相位的线圈时,该线圈的铁芯产生吸力吸动转子上的凸齿对准定子线圈的磁极,转子将转动到最小的磁通处,即一步进位置。要使转子继续转动一个步进角,根据需要的转动方向向下一个相位的定子线圈输入一个脉冲电流,转子即可转动。转子转动时,通过连杆使门锁锁扣锁止。

二、中央门锁控制电路及其工作原理

常见的门锁开关有普通门锁和带电容定时装置的门锁开关两种。

(一) 普通门锁开关控制电路

如图 6-5-32 所示为普通门锁开关控制电路,当接通闭锁开关时,闭锁继电器线圈中有电流通过,闭锁继电器触点闭合,接通闭锁线圈电路,线圈产生的电磁力吸引执行机构动作,将所有车门锁紧。

当接通开锁开关时,开锁继电线圈中有电流通过,开锁继电器触点闭合,接通开锁线圈电路,线圈产生的电磁力吸引活动铁芯通过连杆机构拉动锁舌,门锁被打开。

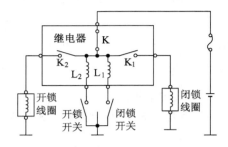

图 6-5-32 普通门锁开关控制电路

(二) 带电容定时装置的门锁开关控制电路

如图 6-5-33 所示的门锁开关带有电容定时装置,采用双掷双位开关。

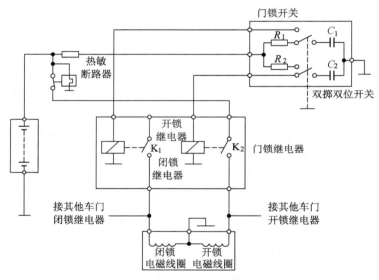

图 6-5-33 带电容定时装置的门锁开关控制电路

当门锁开关处于图示位置(即开锁位置)时,闭锁电容 C_1 与电源相通,电源向 C_1 充电直到充满电。此时,若将门锁开关接到闭锁位置,开锁电容 C_2 与电源接通,而充满电的闭锁电容 C_1 则接通闭锁继电器,通过闭锁继电器线圈放电,使闭锁继电器的触点 K_1 闭合,接通闭锁电磁线圈电路,使执行机构动作,锁住车上所有车门。

此后,若再将门锁开关接到开锁状态,充满电的开锁电容 C_2 对开锁继电器线圈通电,使其触点 K_2 闭合,接通开锁电磁线圈电路,使其执行机构动作,打开车上所有车门。

这种门锁开关利用电容器的充放电特性,具有自动切断电路的功能,避免了电动机的长时间通电运转,节约了电能;克服了普通门锁开关的闭合时间由人控制且容易因通电时间过长而过热的缺点;当轿车四门门锁同时动作的一瞬间,其电流值的变化会造成车上整个电路网络的不平衡,而电容器的充放电特性能避免车上电流发生大幅度波动。

三、车速感应式中央门锁控制电路

当汽车行驶速度超过规定速度时,为确保行车安全以防发生意外,有的中央门锁还受车速控制,它是在原中央门锁的基础上加设了车速控制电路,车速控制开关设在车速表内。当汽车行驶速度高时,车速传感器自动接通门锁锁止电路将门锁锁止,这种靠车速控制的门锁称为车速感应式门锁。即当车速超过 10km/h(针对不同车辆该数值有所差异)时,除驾驶座侧车门以外,其他 3 个车门锁扣会自动扣住,以确保行车安全。

如图 6-5-34 所示为车速感应式中央门锁控制电路。该电路具有驾驶员手动锁上或打开所有车门和仅锁止或打开驾驶员侧车门的功能。

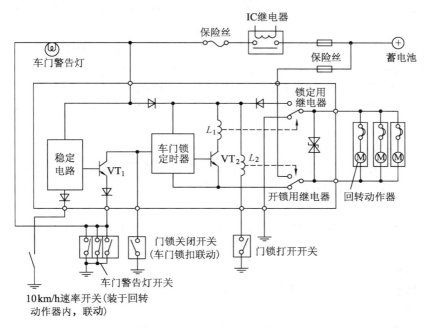

图 6-5-34　车速感应式中央门锁控制电路

其工作原理如下:

钥匙开关打开,IC继电器闭合,车门警告灯即点亮。当车速在 10km/h 以下时,装在车速表内的车速开关"接通",电流经稳定电路到车速开关搭铁,VT_1 无基极电流,故 VT_1 "切断",电动门锁不产生作用。当车速超过 10km/h 时,车速开关"关掉",电流由稳定电路流到 VT_1 的基极,使 VT_1 "接通",VT_1 "接通"后的动作与前述门锁定时器的作用相同。当锁扣扣下后,警告灯熄灭。

第五节　巡航控制系统

一、巡航控制系统概述

汽车巡航控制系统(Crusie Control System,CCS),根据其特点一般又称为巡航行驶装置、速度控制(Speed Control)系统、自动驾驶(Auto Drive)系统等。汽车巡航控制系统就是可使汽车工作在发动机有利转速范围内,减轻驾驶员的驾驶操纵劳动强度,提高行驶舒适性的汽车自动行驶装置。汽车巡航控制系统的作用是按驾驶员所要求的速度闭合开关之后,不用踩油门,踏板就可以自动地保持车速,使车辆以固定的速度行驶。采用了这种装置,当在高速公路上长时间行车后,驾驶员就不用再去控制油门踏板,减轻了疲劳,同时减少了不必要的车速变化,可节省燃料。

二、巡航系统的功能及优点

(一)巡航系统的功能

1. 基本功能

(1) 车速设定:当按下车速调置开关后,就能存储该时间的行驶速度,并能保持这一速度行驶。

(2) 消除功能:当踩下制动踏板时,上述功能立即消失,但上述调置速度继续存储。

(3) 恢复功能:当按恢复开关,则能恢复原来存储的车速。

(4) 加速:继续按下开关进行加速,以不操纵开关时的车速进入巡航行驶。

(5) 速度微调升高:在巡航速度行驶中,当操纵开关以 ON—OFF(接通—断开)方式变换时,使车速稍稍上升。

2. 故障保险功能

(1) 低速自动消除功能:当车速低于 40km/h 时,存储的车速消失,并不能再恢复此速度。

(2) 制动踏板消除功能:在制动踏板上装有两种开关,一个用于对计算机的信号消除,另一个直接使执行元件工作停止。

(3) 各种消除开关:除了利用制动踏板的消除功能外,还有驻车制动、离合器(M/T)、调速杆(A/T)等操作开关的消除功能。

(二)巡航控制系统的优点

综合其功能作用,巡航控制系统主要具有以下优点:

1. 提高汽车行驶时的舒适性

特别是在郊外或高速公路上行驶,这种优越性更为显著。另外,当汽车以一定的速度行驶时,减少了驾驶员的负担,使其可以轻松地驾驶。

2. 节省燃料,有一定的经济性和环保性

在同样的行驶条件下,对一个有经验的驾驶员来说,可节省燃料 15%。这是因为这一速度稳定器使用以后,可使汽车的燃料供给与发动机功率之间处于最佳的配合状态,并减少了废气的排放。

3. 保持汽车车速的稳定

汽车无论是在上坡、下坡、平路上行驶,或是在风速变化的情况下行驶,只要在发动机功率允许的范围内,汽车的行驶速度保持不变。

三、巡航控制装置的组成及原理

(一)巡航控制装置的组成

现代汽车均采用了电子巡航控制装置,它主要由指令开关、车速传感器、电控单元和节气门执行器四部分组成。如图 6-5-35 所示为电子巡航控制装置框图。

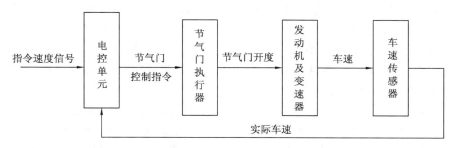

图 6-5-35　电子巡航控制装置框图

如图 6-5-36 所示为现代汽车电子巡航控制系统的构造与零部件布置图。电子巡航控制系统主要是由指令开关、传感器、电子控制器和油门执行器四部分组成。各种开关与计算机被配置在车室内；执行元件、真空泵则配置在发动机室内，执行元件的控制线缆与加速踏板相连接。

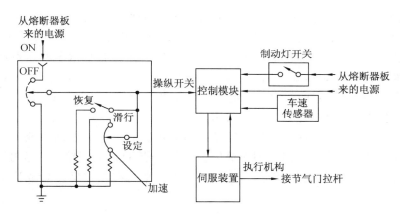

图 6-5-36　汽车电子巡航控制系统的构造与零部件布置图

1. 指令开关

包括主控开关、离合器开关、变速器空挡启动开关、刹车开关（包括手刹）和电源开关（点火开关）等。指令开关一般采用杆式开关，安装在转向柱上驾驶员易接近的地方，为一组合开关，有 4 挡开关位置，开关外形如图 6-5-37 所示。开关端部设有按钮，它是巡航控制装置的总开关（CRUISRON/OFF），按下按钮，仪表板上巡航控制装置 CRUISRON/OFF 指示灯亮起，表示装置进入运行状态；再按一下，按钮弹起，指示灯熄灭，装置处于关闭状态。向下扳动开关手柄为巡航速度的设定开关（SET/COAST），向上推动开关手柄是巡航速度的取消开关（CANCEL）；朝转向盘扳起开关手柄时恢复/加速开关（RES/ACC）。

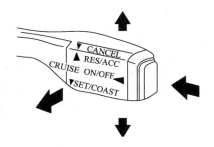

图 6-5-37　巡航控制系统指令开关

（1）主控开关。其作用是控制巡航系统的启动、关闭，控制调节巡航工作状态。

（2）离合器开关（仅对安装手动变速器车辆）。其作用是当汽车在巡航状态下行驶，出现驾驶员干预,如变换变速器挡位、制动等情况,驾驶员踩踏离合器踏板,离合器开关即由断开变为闭合,离合器开关的闭合,使电控单元立即自动关闭巡航工作状态。离合器开关装在驾驶室离合器踏板的上部,靠驾驶员踩踏离合器踏板的机械动作使其闭合。

(3) 变速器空挡启动开关(仅对安装自动变速器车辆)。其作用与离合器开关类似。空挡启动开关的安装位置紧靠变速器操纵杆,并与变速器操纵杆联动,当变速器操纵杆置于空挡时,空挡启动开关由断开变成闭合。

(4) 刹车灯开关。其作用是当驾驶员踩踏制动踏板时,在制动(接通)灯亮的同时,将控制节气门动作摇臂的电磁离合器断开,迅速退出巡航控制的工作状态。在刹车灯开关中原来常开触点的基础上,增加了与之联动的常闭触点,当驾驶员踩踏制动踏板、制动灯亮的同时,常闭触点断开,电磁离合器断电,节气门不再受巡航系统控制。

(5) 手刹车制动开关。其作用与离合器开关(变速器空挡启动开关)类似。安装位置紧靠手刹操纵杆并与手刹操纵杆联动,当拉手制动时,此开关由断开变为闭合。

(6) 点火开关。其主要作用是通断取自蓄电池和发电机的巡航控制的工作电源。

2. 传感器

(1) 车速传感器。车速传感器通常和车速里程表驱动装置相连。如果车速表是电子式的,车速传感器给出的信号可直接用作巡航控制系统的反馈信号,因而不必为巡航控制系统另外设置传感器。专用于巡航控制系统的车速传感器一般安装在汽车变速器输出轴上,实际车速与变速器输出轴转速成正比。

(2) 节气门传感器。它的作用是对电控单元提供一个与节气门位置成比例变化的电信号。节气门传感器与发动机电控传感器共用。

(3) 节气门控制摇臂传感器。节气门控制摇臂传感器是巡航控制系统专用的传感器,其作用是对电控单元提供节气门控制摇臂位置的电信号,目前应用较多的是滑线电位计式。当节气门控制摇臂转动时,电位计与之转动,便输出一个与控制摇臂位置成比例变化、连续变化的电信号。

3. 执行器

其作用是将电控单元输出的电流或电压信号转变为机械运动,进而控制节气门的开度,最终达到控制车速的目的。执行器有电动和气动操纵两种形式。

(二) 巡航控制系统的工作原理

电控单元接收两个输入信号,一个是来自指令开关的指令速度信号,另一个是来自车速传感器的实际车速反馈信号;电控单元检测两个输入信号之间误差后产生一个控制信号输送到节气门执行器,节气门执行器根据控制信号调节发动机的节气门开度以修正电控单元所检测的误差值,从而保持车速恒定。

(三) 巡航控制装置的使用注意事项

(1) 为了使汽车获得最佳控制,在交通拥挤场合以及滑湿路面行驶,不要启用巡航控制装置。

(2) 在不使用巡航控制装置时,要确认巡航控制装置指令开关处于关闭状态。

(3) 在上下陡坡时,不要使用巡航控制装置。

(4) 对于装备手动变速器的汽车,使用巡航控制装置行驶时,严禁在未踩下离合器的情况下将变速杆推入空挡。

第六章 汽车电控动力转向系统

汽车的转向运动是由驾驶员操纵转向盘,通过转向器和一系列的杆件传递到转向车轮而实现的。由于电子技术的发展,汽车转向系统中越来越多地采用电子部件,逐渐发展了电控液压动力转向、电动助力转向、前轮主动转向和线控转向等电子控制转向系统。

电控动力转向系统根据其助力机构不同分为电动液压式(简称 EPHS)和电动机直接助力式(简称 EPS)两种;按转向助力机构安装位置不同,可分为转向轴助力式、齿轮助力式和齿条助力式。

第一节 液压式电控动力转向系统

液压式电控动力转向系统是在传统液压式动力转向系的基础上增设转向助力电子控制装置构成,与传统液压动力转向系统相比,其优点是:在低速转向时可减轻转向力以提高汽车的转向操纵性,在高速时则可适当增大转向力以改善"路感",提高汽车的转向操纵稳定性。根据液压式电控动力转向系统的控制方式不同,可分为流量控制式、反力控制式和阀增益(灵敏度)控制式三种类型。流量控制式电控动力转向系统由于存在转向响应较差的缺点,已较少采用;反力控制式电控动力转向系统是一种通过车速传感器和电子控制装置操纵电磁阀,进而控制转向控制阀反力室油压,从而改变转向输入、输出增益倍率的系统,其转向刚度大,具有较大的转向力选择自由度,"路感"好;可变阀灵敏度控制式动力转向系统是采用车速传感器和电子控制装置操纵电磁阀,直接控制转向阀控制转向阀油压增益倍率的系统,具有结构简单、转向力选择自由度大、"路感"自然和转向特性好的优点。

一、液压式电控动力转向系统的组成及原理

液压式电控动力转向系统根据控制方式不同分为两类:流量控制式、反力控制式。

(一)流量控制式电控动力转向系统

1. 组成及工作原理

流量控制式电控动力转向系统主要由整体式液压动力转向器、动力转向油泵及管路、电磁阀、车速传感器和电子控制单元(俗称动力转向电脑)等组成。电磁阀安装在动力转向器(或动力缸)的高、低压油道之间。当电磁阀完全开启时,高压油道即被旁路泄压,使助力油缸失去助力作用,此时的"路感"最强,但转向液最沉;当电磁阀部分开启时(常用占空比控制),高压油道即被部分旁路,高压油道被部分分流泄压,使动力缸的助力作用减小,此时转向略沉,但"路感"增强。电脑根据车速传感器提供的车速信号,按预定程序确定电磁阀的开度(即旁路流量),向电磁阀发出占空比型号控制旁路流量。一般情况下,车速越高,转向阻力越小,电脑控制的电磁阀通电占空比越大,转向助力作用也越小;反之,使转向助力增加。通常情况下,流量控制式电控动力转向系统还设有转向角速度传感器,以便使电脑感知汽车急转弯或连续转弯工况,并对该工况实施较大助力增益控制,提高汽车的转向操纵性。

2. 工作性能与失效分析

流量控制式电控动力转向系统是一种利用电子控制单元和系统电磁阀,根据车速信号调节液压动力转向系统供油量和压力,从而改变动力油缸加力程度,以控制转向力,获取较好的理想"路感",在原液压动力转向系统的基础上增加压力油流量(压力)控制装置构成,结构简单、成本低。在电控装置失效后,可自动转变为普通液压动力转向,使用安全性好;但在较高车速下动力转向系统油压降到极限时,会产生快速转向助力不足、响应较慢等缺点,使它的使用受到一定限制。

3. 车型案例

以波罗轿车为例,采用的流量控制式电控动力转向系统,如图 6-6-1 所示,该系统主要由车速传感器、电磁阀、整体式动力转向控制阀、动力转向液压泵和电子控制单元等组成。

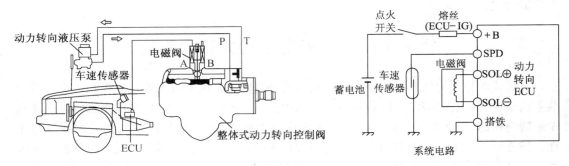

图 6-6-1 流量控制式电控动力转向系统

其工作原理:电磁阀安装在通向转向动力缸活塞两侧油室的油道之间,当电磁阀的阀针完全开启时,两油道就被电磁阀旁路。流量控制式电控动力转向系统就是根据车速传感器的信号,控制电磁阀阀针的开启程度,从而控制转向动力缸活塞两侧油室的旁路液压油流量来改变转向助力的。当车速很低时,ECU 输出的脉冲控制信号占空比很小,通过电磁阀线圈的平均电流很小,电磁阀阀芯开启程度很小,旁路液压油流量小,从而使液压助力作用大,使转向盘操纵轻便。当车速提高时,ECU 输出的脉冲控制信号占空比增大,使电磁阀线圈的平均电流增大,电磁阀阀芯的开启程度增大,旁路液压油流量增大,从而使液压助力作用减小,以增加转向盘的路感。

(二)反力控制式电控动力转向系统

反力控制式电控动力转向系统是在传统液压助力转向系统(HPS)的基础上增加一套反力控制装置而构成的。

1. 组成及工作原理

反力控制式电控动力转向系统的组成与工作原理如图 6-6-2 所示,主要由转向控制阀、分流阀及固定节流小孔、电磁阀、动力油缸、转向油泵、车速传感器和电子控制单元(ECU)等组成。其主要结构特点是在转向控制转阀阀芯的前端加装了两对反力柱塞,转向控制阀是在传统的整体转阀式动力转向控制阀的基础上增设油压反作用力室构成的,扭杆上端通过销子与转阀阀杆相连,下端与小齿轮轴用销子连接,小齿轮轴的上端部通过销子与控制阀阀体相连。

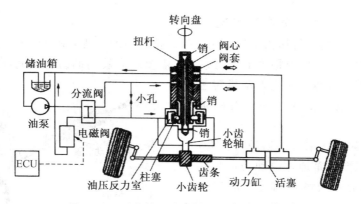

图 6-6-2　反力控制式电控动力转向系统

其工作原理：转向时，转向盘上的转向力通过扭杆传递给小齿轮轴，当转向力增大，扭杆发生扭转变形时，控制阀体和转阀阀杆之间将发生相对转动，改变了阀体和阀杆之间油道的通、断关系和工作油液的流动方向，从而实现转向助力作用。分流阀的作用是把来自转向油泵的油液向控制阀一侧和电磁阀一侧分流，按车速和转向要求，改变控制阀一侧与电磁阀一侧的油压，确保电磁阀一侧具有稳定的油压流量。固定小孔的作用是把供给转向阀的一部分流量分配到油压反作用力室一侧，电磁阀根据需要开启适当的开度，使油压反作用室一侧的油液流回储油箱。

当车辆在中高速区域转向时，ECU 使电磁阀线圈的通电电流减小，电磁阀开口面积减小，所以油压反力室的油压升高，作用于柱塞的背压增大，于是柱塞推动转阀阀杆的力增大，此时需要较大的转向力才能使阀体与阀杆之间做相对转动而实现转向助力作用，使得在中高速时驾驶员可获得良好的转向手感和转向特性。

电磁阀根据需要开启适当的开度，将油压反力室一侧的油液流回储油箱。工作时，电子控制单元 ECU 根据车速的高低线性控制电磁阀的开口面积。当车辆停驶或速度较低时，ECU 使电磁阀线圈的通电电流增大，电磁阀开口面积增大，经分流阀分流的油液通过电磁阀重新回流到储油箱中，使作用于柱塞的背压降低，于是柱塞推动控制阀转阀阀杆的力较小，因此只需要较小的转向力就可使扭力杆扭转变形，使阀体与阀杆发生相对转动而实现转向助力作用。

2. 工作性能与失效分析

如图 6-6-2 所示，反力控制式电控动力转向系统在电控装置失效时的情况下不同于流量控制式电控动力转向系统。流量控制式电控动力转向系统在电控装置失效而使电磁阀上无控制信号时，也将变为普通液压动力转向系统，使高速转向时的"路感"下降；而反力控制式电控动力转向系统在电控装置失效而使电磁阀上无控制信号时，将会保持最大的转向"路感"，使低速转向时方向较为沉重。反力控制式电控动力转向系统的主要优点是可较大车速范围内获得良好的转向"路感"，其结构复杂，价格相对较高。

二、上海大众帕萨特 B5 电控动力转向系统

(一) 电控动力转向系统概述

转向助力所需的系统压力由液压泵产生。传统的助力转向系统是由车辆的发动机直接驱动液压泵,发动机常常要损失部分功率。在需要最大转向助力的瞬间,转向速度越快,泵的转速越大,流量也越大。当发动机转速较高时,多余的泵功率通过一个旁路被分流。

转向系统靠液压来帮助驾驶员转向,但液压泵、齿轮泵都是通过电动马达驱动的。液压控制的转向系统与传统的转向系统结构相同,只有转向角以及与行驶速度相关的转向助力不同。为此在旋转分流阀上加装了一个转向角传感器,它把转向角速度传送到电子控制装置上,如图6-6-3所示。转向角的信息、车辆的行驶速度通过传感器导线直接传送到控制单元分析,通过 CAN-BUS 传递。

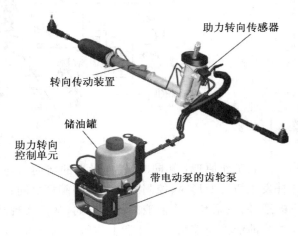

图 6-6-3 帕萨特 B5 电控动力转向系统

(二) 电控动力转向系统的组成及原理

1. 组成

帕萨特 B5 电控动力转向系统由转向控制灯、助力转向传感器(或转向角传感器)、转向控制单元、电动泵总成、助力转向传动装置等部件组成,如图 6-6-4 所示。

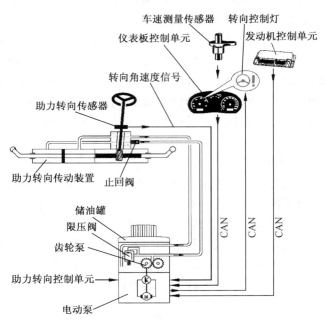

图 6-6-4 帕萨特 B5 电控动力转向系统示意简图

2. 工作原理

电动液压助力转向取决于转向角速度和汽车行驶速度。转向角速度、车速及发动机转速信号由传感器采集，然后将信号传送给控制单元，控制单元调节电动机以及齿轮泵的转速，进而调节流量，从而控制转向的角度和速度。与一般的助力转向系统相类似，在液压控制单元中有一根扭杆，它一方面与旋转分流阀相连，另一方面又与传动齿轮和控制套筒相连，其工作原理如图 6-6-5 所示。

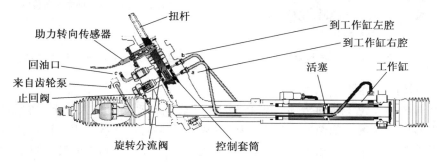

图 6-6-5　帕萨特 B5 电控动力转向系统的工作原理

（1）直线行驶时。

直线行驶时，扭杆处于旋转分流阀和控制套筒的中间位置，助力转向装置传感器测不出转向角速度，油液几乎是无压力地通过液压控制单元经回油道流回到储油罐。

旋转分流阀和控制套筒的控制槽位于中央位置，两者控制槽的相互作用使液压油可以进入工作缸的左右两腔，并能相应地经控制套筒的回油道回到储油罐。

（2）向左转时。

旋转分流阀通过扭杆的变形相对于控制套筒旋转，旋转分流阀的控制槽打开了通向工作缸右腔的高压油入口。高压油流入工作缸协助完成转向运动，如图 6-6-6 所示，旋转分流阀关闭通往左腔的进油口并将与工作缸的左腔接通的回油口打开，右腔的压力油将油液从工作缸的左腔压回到回油道。当转向过程结束时，扭杆将旋转分流阀及控制套筒回转到中间位置。

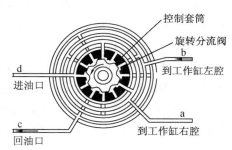

图 6-6-6　旋转分流阀

（3）向右转时。

右转与左转正好相反。旋转分流阀的控制槽打开了通向工作缸左腔的高压油入口。高压油流入工作缸并协助完成转向运动。与此同时，旋转分流阀关闭通往右腔的进油口并将与工作缸的右腔接通的回油口打开。左腔的压力油将油液从工作缸的右腔压回到回油道。当转向过程结束时，扭杆将旋转分流阀及控制套筒回转到中间位置。

3. 主要部件

（1）转向控制灯。

车辆点火后，控制灯亮，这时车辆进行内部检测。如果发动机发动及测试结束后控制灯依然亮着，则车辆内部可能有故障，如图 6-6-7 所示。

图 6-6-7　转向控制灯

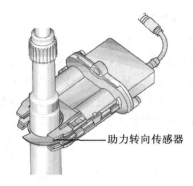

图 6-6-8　TRW 助力转向传感器

（2）助力转向传感器。

助力转向传感器位于转向传动装置上方且装于转向传动装置输入轴上。它测定转向盘转角并算出转向角速度。如图 6-6-8 所示为 TRW 助力转向传感器。为了识别转向运动，助力转向装置控制单元中必须输入必要的信号。转向角速度越大，则泵的转速也越大，进而流量也越大（在不考虑车速的情况下）。

当传感器失灵时，助力转向系统即进入程序设定的紧急运行状态。此时转向功能得以保证，但转向较重。传感器被连接在自诊断系统中，助力转向装置控制单元储存传感器的故障，在故障存储器访问中可以识别。

（3）转向角传感器。

转向角传感器安装在转向臂转接件和转向轮之间的转向柱上，如图 6-6-9 所示。传感器装在有电子稳定程序（ESP）的车型上，此时不使用助力转向传感器。ABS 和控制单元都利用通过 CAN 总线传输的转向角信号来驱动转向轮。

（4）助力转向控制单元。

助力转向控制单元是电动泵总成的组件。控制单元根据转向角速度及车速进行信号转换以驱动齿轮泵。瞬时供油量从控制单元中储存的通用特性场图中读取，如图 6-6-10 所示，还具有扩展功能：助力转向温度保护、出现故障后的再接通保护以及自诊断功能（控制器在运行期间能识别故障并将其存储在一个永久存储器中）。

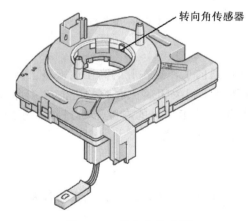

图 6-6-9　转向角传感器

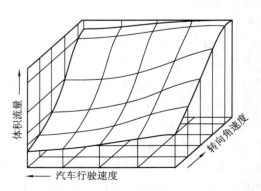

图 6-6-10　供油量通用特性场图

(5) 电动泵总成。

电动泵总成是一个紧密的构件，其结构如图 6-6-11 所示。

电动泵总成的一个专用支架在发动机室左侧用螺栓固定连接在减震器和轮壳之间的车架纵梁上。电动泵总成用橡胶轴承弹性地悬挂在支架上，并且用一个消音罩包封，它包括带有齿轮泵、限压阀及电动机的液压单元，液压油的储液罐，助力转向控制单元。

电动泵总成其内部润滑由液压油来完成，无须维护。它不可拆卸且不提供修理说明。泵通过压力管道与助力转向传动装置相连接，液压油的回油管道通向储液罐。

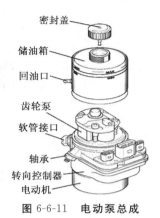

图 6-6-11　电动泵总成

第二节　电动式电控动力转向系统

随着计算机在汽车上的广泛应用，出现了电动式电控动力转向系统，简称电动式 EPS。电动式 EPS 是一种直接依靠电动机提供辅助转矩的电动助力式转向系统，与传统的液压式动力转向和液压式电控动力转向系统相比，电动式 EPS 具有工作灵敏度较高、结构简单紧凑、功率消耗低、不易产生泄漏、转向力易于有效控制、"路感"好等优点。

一、电动式电控动力转向系统的特点

与电动液压式相比，电动式电控动力转向系统具有如下优点：

(1) 能耗降低。电动式电控动力转向系统只有转向时系统才工作，消耗较少的能量。因而与电动液压式相比，在各种行驶工况下均可节能 80%～90%。

(2) 轻量化显著。电动式电控动力转向系统无液压式必须具有的动力缸、液压油泵、转阀、液压管道等部件，因此其结构紧凑，质量减轻，无油渗漏问题，系统易于布置。

(3) 优化助力控制特性。液压助力的增减有一定的滞后性，反应敏感性较差，随动性不够。电动式电控动力转向系统由于采用电子控制，可以使转向系统的转向性能得到优化，增强随动性。

(4) 系统安全可靠。当电动式电控动力转向系统出现故障时，可立即切断电动机与助力齿轮机构的动力传送，迅速转入人工-机械转向状态。

电动式电控动力转向系统的缺点如下：

(1) 电动机直接助力式电动转向系统提供的辅助动力较小，难以用于大型车辆。

(2) 减速机构、电动机等部件会影响汽车的操纵稳定性，正确匹配整车性能至关重要。

(3) 使用电动机、减速机构和转矩传感器等部件，增加了系统的成本。

二、电动式电控动力转向系统的组成与工作原理

（一）电动式电控动力转向系统的组成

电动式电控动力转向系统在机械式转向系统的基础上加装了转矩传感器、车速传感器、电动机、电磁离合器、减速机构和电子控制器等，各部件在车上的布置如图 6-6-12 所示。

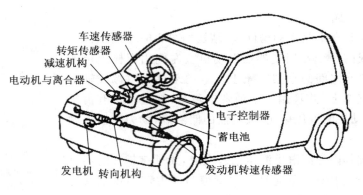

图 6-6-12 电动动力转向系统

(二) 电动式电控动力转向系统的工作原理

如图 6-6-13 所示,电动式电控动力转向系统以直流电动机作为助力源,电子控制单元根据车速和转向参数控制电动机通电电流强度,调节加力电动机工作力矩,进而控制转向助力强度。转动转向盘,转矩传感器向电脑发出转向信号,电脑根据车速和转向信号确定所需的转向助力的方向和大小,并选定电动机通电电流的转动方向,给电动机和离合器通电,产生的转矩经由电磁离合器传给减速机构,减速增扭后施加在转向机器上,实现转向助力。

电动式电控动力转向系统中装了转矩传感器,与液压式动力转向系统一样,工作时具有随动作用,表现在其转向助力和转向盘上转向力强度变化。当右转向时,电脑根据转矩传

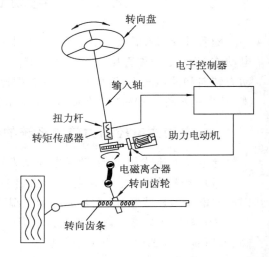

图 6-6-13 汽车电动动力转向系统结构原理图

感器上的扭力信号,以一定电流强度使电动机产生右转向助力转矩;随着转向到位,转矩传感器上信号减小到某一值,电脑减小电动机电流到相应值,以较小助力作用维持转向状态;在转向回正过程中,电脑根据转矩信号变化情况控制电动机的通电方向和电流值。当因回正速度较快或转向轮回正受到路面阻力时,电脑改变电动机电流方向,帮助转向轮回正。

电动式电控动力转向系统的助力作用受电脑控制,在低速转向时的助力作用最强,随着车速的升高,助力作用逐渐减弱,当车速达到 42~52km/h 时电脑停止向电动机供电,并使电磁离合器分离。电动式电控动力转向系统在低速转向时,可获得比较轻便的转向特性;在高速转向时,则可获得完全的转向"路感"。

三、电动式电控动力转向系统主要元件的结构及原理

(一) 转矩传感器

转矩传感器用来检测作用在转向盘上的转向力矩、转向方向参数,并将其转变为电信号输送给电脑,作为控制电动助力的主要依据之一。转矩传感器的基本工作原理如图 6-6-14 所示。

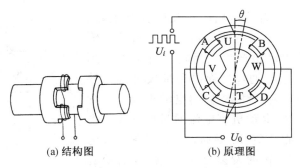

(a) 结构图　　　　　(b) 原理图

图 6-6-14　转矩传感器工作原理

用磁性材料制成的定子和转子可形成闭合的磁路,线圈 A、B、C、D 分别绕在极靴上,形成一个桥式回路,转向盘杆扭转变形的扭转角与转矩成正比,所以只要测定杆的扭转角,就可以知道转向力的大小。

在线圈的 U、T 两端施加连续的脉冲电压信号 U_i。当转向杆上的转矩为零时,定子与转子的相对转角也为零,这时转子的纵向对称面处于定子 AC、BD 的对称平面上,每个极靴上的磁通量是相同的,电桥平衡,V、W 两端的电位差 $U_0=0$。

如果转向杆上存在转矩时,定子与转子的相对转角不为零,此时转子与定子间产生角位移 θ。极靴 A、D 间的磁阻增加,B、C 间的磁阻减小,各个极靴的磁阻产生差别,电桥失去平衡,在 V、W 两端产生电位差。这个电位差与杆的扭转角 θ 和输入电压 U_i 成一定比例,从而可知道转向盘杆的转矩。

一种实际应用的转矩传感器的结构如图 6-6-15 所示,其工作原理与以上基本相同,优点是便于安装。

（二）电机组件

电动机、电磁离合器和减速机构组成的整体称为电机组件,其结构如图 6-6-16 所示。

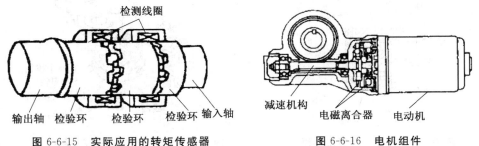

图 6-6-15　实际应用的转矩传感器　　　图 6-6-16　电机组件

1. 电动机

电动式电控动力转向系统常采用永磁式直流电动机,最大工作电流为 30A 左右,额定电压为 12V,额定转矩为 10N·m 左右。转向助力电动机是一般的永磁电动机(原理不再叙述),电动机的输出转矩控制是通过控制其输入电流来实现的,而电动机的正转和反转则由电子控制单元(ECU)输出的正反转触发脉冲控制。

如图 6-6-17 所示为简单适用的正反转控制电路。a_1、a_2 为触发信号端。从电子控制器得到的直流信号输入 a_1、a_2 端,用以触发电动机产生正反转。当 a_1 端得到输入信号时,晶体管 T_3 导通,T_2 管得到基极电流而导通,电流经过 T_2 管的发射极和集电极,电动机 M、T_3 管的集电极和发射极搭铁,电动机有电流通过而正转。当 a_2 端得到输入信号时,晶体管 T_4 导通,T_1 管得到基极电流而导通,电流经过 T_1 管的发射极和集电极,电动机 M、T_4 管的集电极和发射极搭铁,电动机有反向电流通过而反转。控制触发信号端的电流大小,就可以控制电动机通过电流的大小。

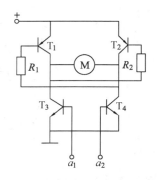

图 6-6-17 电动机正反转控制电路

2. 电磁离合器

一般使用干式单片电磁离合器,如图 6-6-18 所示,工作电压为 DC12V,额定转速时传递的转矩为 15N·m,线圈电阻(20℃ 时)为 19.5Ω。其构造与工作原理与空调电磁离合器相似。

当电流经过滑环进入主动轮电磁线圈时,产生电磁力,吸动从动轴上的压板压紧在主动轮上,靠摩擦力传递转矩,电动机的动力经过轴、主动轮、压板、花键、从动轴传给执行机构。电动式电控动力转向系统电磁离合器线圈的电流和电动机电流同时受电脑控制,当车速达到 45km/h 左右时即不需要转向助力,电脑停止电动机工作,断开电磁离合器线圈电流,使离合器处于分离状态,以免电动机较大的转动惯性影响系统工作。当系统发生故障致使电动机不能工作时,离合器也将自动分离,以利于进行人力转向。

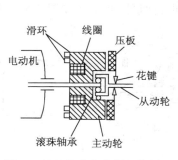

图 6-6-18 电磁离合器工作原理

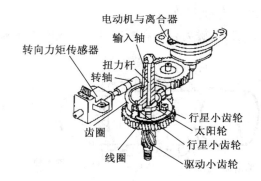

图 6-6-19 双级行星齿轮减速机构

3. 减速机构

目前使用的减速机构有多种组合方式,一般采用蜗轮蜗杆与转向轴驱动组合式,也有的采用双级行星齿轮与传动齿轮组合式,如图 6-6-19 所示。蜗轮与斜齿轮组合方式:蜗轮与固定在转向柱输出轴上的斜齿轮相啮合,它把电机的回转运动减速后传递到输出轴上。为了抑制噪声和提高耐久性,减速机构中的齿轮采用特殊齿形,用树脂材料制成。

（三）电子控制单元及其功能

1. ECU 所需传感器信号

点火信号，用以检测发动机的状态；转向力矩传感器信号，用以检测转向盘上转向力矩的大小和方向；车速传感器信号，用以检测车速。

2. ECU 控制功能

主要是电动机的驱动电流与电磁离合器控制。根据转向力矩和车速信号确定和控制电动机驱动电流的大小和方向，使汽车在各种车速下都可获得最优的转向助力，使电磁离合器的通断与电动机电流的通断同步。

(1) 转向助力的速度控制。

当车速高于 43～52km/h 时，停止电动机工作，电磁离合器分离，系统按普通机械转向方式工作，以获得较强的转向路感，确保行车安全。

(2) 极限状态控制。

避免当转向轮打死（极限状态）时由于电动机不能转动而使电流达到最大值，烧坏电动机和控制电路。每当电动机电流超过设定值 30s 以上时，电脑控制电流使其逐渐减小；当极限状态消除时，电脑逐渐增加电流达到正常值。采用简便方式控制最大电流的目的是防止因转向助力的突然变化而引起安全事故。

(3) 自诊断与安全控制。

电子控制单元具有自诊断功能，当系统存在故障时可显示出故障代码，以便采取正确的检修措施。当检测出系统重要部件，如转矩传感器、电动机、车速传感器等发生故障而使系统处于严重故障状态时，系统会使电磁离合器分离，并停止转向助力控制，使系统回归为普通机械转向系统，以确保行车安全。

3. ECU 的输出

ECU 的输出包括电动机电流控制输出、电磁离合器控制输出、故障显示与代码输出等。

四、典型的电动式电控动力转向系统

三菱"米尼卡"车电动式电控动力转向系统如图 6-6-20 所示，其控制系统如图 6-6-21 所示。

交流发电机的"L"端子可视为向电子控制器输入信号的一个传感器，利用交流发电机的"L"端子电压可以判断发动机是否转动。电动机和离合器接收电子控制器输出的控制电流，产生助力转矩，经传动齿轮减速后，再经过小齿轮实现动力转向，电动机的动力是通过行星齿轮机构传递的。离合器是由电磁铁和弹簧等组成的电磁离合器。

当点火开关接通时，电源加于 EPS 电子控制器上，电动助力转向系统才能进行工作。在发动机已被启动时，交流发电机的 L 端子的电压加到电子控制器上。当检测到发动机处于启动状态时，动力转向系统转为工作状态。

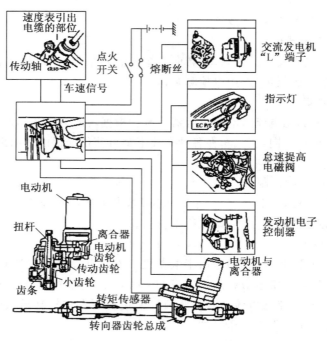

图 6-6-20 三菱"米尼卡"车电动式电控动力转向系统

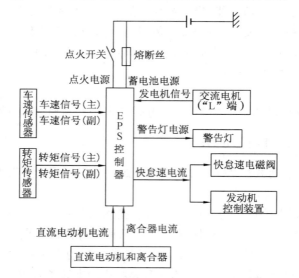

图 6-6-21 三菱"米尼卡"车电动式 EPS 电子控制系统

行车时,电子控制器按不同车速下的转向盘转矩控制电动机的电流,并完成电子控制转向和普通转向控制之间的转换。当车速高于 30km/h 时,则转换成普通的转向控制,电子控制器没有离合器信号和电动机电流输出,离合器处于分离状态。当车速低于 27km/h 时,EPS 电子控制器又输出离合器信号和电动机电流,普通转向控制又转换为动力转向的工作方式。

EPS 电子控制器还具有自我修正的控制功能。当电动助力转向系统出现故障时,可自动断开电动机的输出电流,恢复到通常的转向功能;同时速度表内的 EPS 报警灯点亮,以通知驾驶员动力转向系统发生故障。

五、电动式电控四轮转向系统

（一）系统结构与组成

四轮转向控制单元对输入的传感器信息进行分析处理，计算出所需的后轮转向角，并操纵后轮转向执行器电动机使后轮实现正确的转向。在此转向系统中，前轮转向器和后轮转向执行器之间没有任何机械连接装置，四轮转向控制电脑利用转向盘转角、车速和前轮转向角传感信息控制后轮转向角。

1. 后轮转向执行器

后轮转向执行器的结构包括一个通过循环球螺杆机构工作的电动机、后轮转向角传感器、回位弹簧等。电动机受电脑控制转动时，即可通过循环球螺杆产生轴向推力，克服回位弹簧的弹力带动后轮转向。执行器内的回位弹簧在关闭点火开关或四轮转向系统失效时，将后轮推回到直线行驶位置。

2. 后轮转向角传感器

后轮转向角主传感器为霍尔式，通过检测循环球螺母上的电磁转子转动情况感知后轮偏转角度。后轮偏转角度副传感器的伸缩杆顶在与后转向横拉杆的锥形轴表面，通过感知锥形轴的移动即可测得后轮偏转角度。

3. 前轮转向角传感器

转向盘转角传感器，又称前轮主转向角传感器，为霍尔式，装在组合开关下方的转向柱上。副前轮转向角传感器安装在齿条式转向器上，结构与工作原理和后轮副转向角传感器相同。

4. 车速传感器

与 ABS 系统共用的两只电磁式后轮车速传感器提供交变电压信号，供电脑判定车速。为了防止来自其他电线干扰，传感器带有附加的外屏蔽，如屏蔽损坏将严重影响电脑工作，因此严禁将电子传感器导线位置移动到靠近其他电源线路附近。

（二）系统的失效保护功能

如果四轮转向系统电脑检测到系统出现故障，将使系统转换到失效保护状态。在这种状态下，电脑存入故障码，并接通四轮转向指示灯发出警告，控制电脑切断后轮转向执行器电源，使后轮保持在直行位置，系统回归为两轮转向特性。为防止后轮转向执行器断电时回正过快而造成方向不稳，电脑在使系统进入保护状态的同时，给阻尼继电器通电，使电动机的转子电路短接，电动机作为发电机转动而产生阻尼力矩，使回正弹簧缓慢地将后转向拉杆推动到中央位置。

第七章 汽车电控悬架系统

对悬架的分析研究表明，具有固定刚度弹簧和确定阻尼减振器的传统悬架（又称被动悬架）无法满足现代汽车所要求的舒适性及操纵稳定性，无法从根本上解决传统悬架结构参数与行驶中不断变化的路面相适应的问题。电子控制技术被有效应用于现代汽车悬架系统后,最大的优点就是能使悬架随不同路况和行驶状态做出不同的反应,使汽车乘坐舒适性达到令人满意的状态,又能使汽车的操纵稳定性达到最佳状态。

一、电子控制悬架系统概述

车辆主动悬架系统是在悬架系统中附加一个可控制作用力装置,通常由四个部分组成:
(1) 执行机构:执行控制系统指令,如液压缸、气缸、电动机等。
(2) 测量系统:测量系统各状态,为控制系统提供依据,主要是各种传感器。
(3) 控制系统:处理数据,发出各种控制命令,主要是电脑。
(4) 能源系统:为以上各部分提供能源。

电子控制悬架系统通过控制调节悬架的刚度和阻尼力,突破传统被动悬架的局限性,使汽车的悬架特性与道路状况和行驶状态相适应,从而保证汽车行驶的平顺性和操纵的稳定性。当汽车在坏路面上行驶时,它可使车身高度上升,防止车桥与路面相碰;当汽车高速行驶时,又可以使车身高度下降,以便减少空气阻力,提高操纵稳定性。它通过调节和改变减振器的阻尼系数,防止汽车急速起步或急加速时车尾下蹲,防止紧急制动时的车头下沉,防止汽车急转弯时车身横向摇动,防止汽车换挡时车身纵向摇动等,提高行驶平顺性和操纵稳定性。它通过对弹簧弹性系数的调整,控制汽车起步、急转弯、急加速和紧急制动等情况下的姿势,可抑制汽车姿势的变化,从而改善汽车的乘坐舒适性与操纵稳定性。

二、电子控制悬架系统的类型

根据弹性元件的不同,可分为电子控制空气悬架和电子控制液压悬架;根据调节方式不同,可分为半主动悬架和主动悬架。

半主动悬架是指悬架元件中的弹簧刚度或减振器阻尼系数可根据需要进行调节。半主动悬架也称为无源主动悬架,只能调节悬架阻尼。为减少执行元件所需的功率,主要采用调节减振器的阻尼系数法。这种方法只需提供调节制动阀、控制器和反馈调节器所消耗的较小功率即可。

主动悬架也称为有源主动悬架,可调节悬架刚度和阻尼,是一种具有做功能力的悬架,通常包括产生力和转矩的主动作用器(液压缸、气缸、伺服电动机、电磁铁等)、测量元件和反馈控制器等。主动悬架需要一个动力源(液压泵或空气压缩机等)为悬架系统提供连续的动力输出。当汽车载荷、行驶速度、路面状况等行驶条件发生变化时,主动悬架系统能自动调整悬架刚度,从而能同时满足汽车行驶平顺性和操纵稳定性等各方面的要求。

三、电子控制悬架系统的组成及原理

电子控制悬架系统由空气弹簧减振器组件、执行器、电控悬架 ECU、高度控制压缩机、高度传感器、相关传感器(转向传感器、车速传感器、节气门位置传感器)等组成。

电子控制悬架系统需进行车身高度、弹簧刚度和阻尼系数的控制,主要由车高传感器、车速传感器、节气门位置传感器、转向传感器、制动开关、停车灯开关、车门开关等接收信号,这些信号经由电控单元 ECU 的运算处理,控制空气弹簧进行适性的调节,保持车辆平顺性和操纵稳定性。其工作原理可概括为:传感器(包括开关)对汽车行驶时路面的状况和车身的状态进行检测,将检测信号输入计算机处理,通过驱动电路控制悬架系统的执行器动作,完成悬架特性参数的调整。

第一节　半主动悬架控制系统

半主动悬架控制系统(又称为冲击阻尼器控制系统),可以根据不同驾驶条件选择最优化的悬架系统阻尼比(阻尼力)。其系统功能为:① 控制车辆运动以克服惯性力的不良影响,如车辆转弯时的侧倾和车辆制动时的前倾等;② 防止因路面激励而引起的振动。

冲击阻尼器控制系统主要包括三部分:阻尼控制装置(执行器)、传感器和控制单元,如图6-7-1所示。系统根据各种运行条件,确定最优阻尼力范围,以改进驾乘舒适性和操纵稳定性。

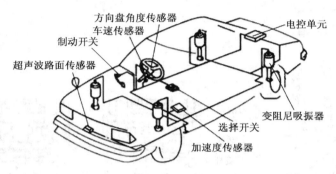

图 6-7-1　冲击阻尼器控制系统

一、传感器

1. 超声波路面传感器

该系统配置有超声波路面传感器,以实时监测路面情况,为有效调整悬架阻尼力提供实时信息。超声波路面传感器安装在车辆前端,其工作原理如图 6-7-2 所示。该传感器包括一个发射器和接收器,控制单元发送脉冲触发发射器发送超声波并开始计时,超声波信号到达路面后返回接收器,控制单元可以得到接收器收到信号的时刻,则传感器距路面高度 h 为

$$h = \frac{1}{2}Ct$$

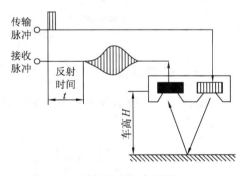

图 6-7-2　超声波路面传感器工作原理

式中,t 为发射到接收的时间,C 为声波速度。

超声波路面传感器到路面的距离会随路面的起伏而变化,由此可以对路面状况做出判断。

2. 压电效应传感器

压电效应传感器安装在阻尼器内,路面的起伏变化使得压电效应传感器产生与路面起伏方向相一致的电信号,从而使控制系统能够对路况做出判断。

二、执行器(阻尼控制装置)

系统的每一个车轮均配置一个执行器(压电式减振器),以尽可能快地调节阻尼力的大

小。压电式减振器的结构如图 6-7-3(a)所示,由利用压电效应工作的压电传感器、利用逆压电效应工作的压电执行器和阻尼变换器三个部分组成。阻尼变换器由活塞、挺杆和阻尼阀组成。压电执行器安装于阻尼器的柱塞杆内。当高电压(500V)加在压电执行器两端时,5ms 时间内该执行器可膨胀约 50um。由于逆压电效应,这种膨胀导致活塞销由移动式液压偶件单元推出,活塞销向下移动打开阻尼力开关阀的旁路。根据旁路流通截面积的不同,执行器动作产生的阻尼力可以有硬模式[图 6-7-3(b)]、中间模式和软模式[图 6-7-3(c)]三种,分别对应悬架系统的不同阻尼值,软模式的阻尼最小,硬模式的最大。

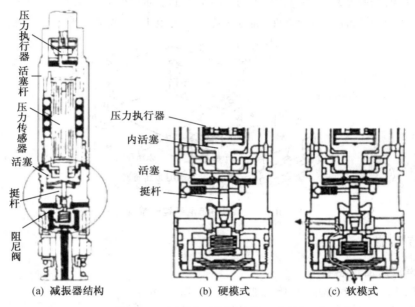

图 6-7-3 压力式减振器结构示意图

三、控制系统

如图 6-7-4 所示为半主动悬架控制系统原理框图。阻尼力控制目标及阻尼力控制策略见表 6-7-1。

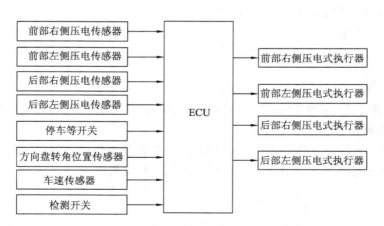

图 6-7-4 半主动悬架控制系统原理

表 6-7-1　阻尼力控制目标及阻尼力控制策略

控制目标		传感器					阻尼力模式(前/后)
		车速	转向盘转角	加/减速度	制动	路面条件	
侧倾	快速转向时减少侧倾	√	√				硬/硬
前倾	减少制动点头				√	√	硬/硬
	减少加速前倾	√		√			中/中
跳动	减少底部轻微弹跳振动	√				√	中/中
	减少起伏路面上的轻微弹跳振动	√				√	中/中
附着性能	粗糙路面行驶附着性能	√				√	中/中
其他	高速时稳定性改善	√					中/软
	防止停车和乘客上下车引起的振荡	√					硬/硬

控制单元可以根据汽车低频部件和高频部件振动幅值的大小判断路面条件，以选择合适的阻尼力控制模式。路面条件判断逻辑见表 6-7-2。

表 6-7-2　路面条件判断逻辑

高频部件	低频部件	
	小	大
小	平滑路面	起伏路面
大	不需要	粗糙路面

第二节　主动悬架控制系统

主动悬架是指系统能提供油压、气压能量，并根据检测到的行车环境和车况，依据某种控制理论，主动控制调节工作特性的悬架系统。它能更有效地改善汽车的操纵稳定性和行驶平顺性。

一、主动悬架控制系统的结构组成

主动悬架控制系统主要由空气弹簧、普通螺旋弹簧、可调减振器、电子控制装置、车速传感器、加速度传感器、转角传感器、节气门开度传感器、阻尼力转换执行器、刚度传感器、电磁阀、空气压缩机、储气筒、继电器和管路等组成。如图 6-7-5 所示为三菱 GALANT 轿车上装备的电控空气主动悬架系统(A-ECS)，它能够根据本身的负载情况、行驶状态和路面情况等，主动地调节包括悬架系统的阻尼力、汽车车身高度和行驶姿态、弹性元件的刚度在内的多项参数，使汽车的相关性能处于最佳状态。

采用主动式悬架后，汽车对侧倾、俯仰、横摆跳动和车身的控制都能更加迅速、精确，汽车高速行驶和转弯的稳定性提高，车身侧倾减少。制动时车身前俯小，启动和急加速可减少后仰。即使在坏路面上，车身的跳动也较少，轮胎对地面的附着力提高。

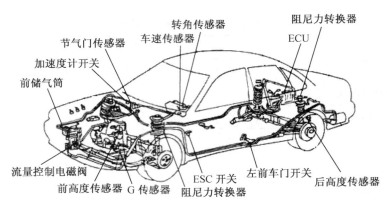

图 6-7-5　三菱电子控制主动悬架系统

1. 主动式液压悬架

电子控制的主动式液压悬架能根据悬架的质量和加速度等，利用液压部件主动地控制汽车的振动。

2. 主动式空气悬架

电子控制主动式空气悬架，根据传感器的信号、驾驶员的控制模式，电控系统改变了悬架的刚度和阻尼系数，确保车身在行驶中保持良好稳定性。主动式空气悬架的控制主要包括车身高度控制、减振器衰减力控制、弹簧弹性系数控制。

（1）车身高度控制分标准、升高和只升高后轮三种工作状态。

（2）减振器衰减力控制分低、中、高三挡。

（3）弹簧弹性系数控制分软、硬两挡。

二、传感器

1. 车身高度传感器

在每个悬架上都装有一只车身高度传感器，监测车身与悬架下臂之间的距离变化，检测汽车高度和因道路不平坦而引起的悬架位移量。如图 6-7-6 所示为光电式高度传感器结构图。

光电式车身高度传感器固定在车架上，传感器轴的外端装有导杆，导杆的另一端通过一连杆与独立悬架的下摆臂连接，如图 6-7-7 所示。悬架控制系统中利用节气门位置传感器信号来判断汽车是否进行急加速。

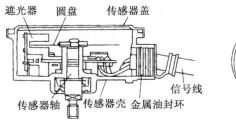

图 6-7-6　光电式高度传感器

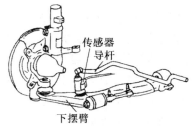

图 6-7-7　高度传感器的安装

2. 转向盘转角传感器

转向盘转角传感器用来检测转向盘是否位于中间位置及转向盘可能的偏转方向、偏转角度和偏转速度,主要是为了转弯时提高操纵稳定性防止侧倾,并向 ECU 提供车态信号。

3. 车速传感器

车速传感器包括磁铁、簧片开关,组合在速度里程表内。磁铁与速度里程表转轴一起转动,每转一圈,簧片开关产生 2 个脉冲信号,将车的速度传输给 ECU。

4. 节气门位置传感器

节气门位置传感器安装在节气门阀体上,以电信号方式测量其开度,并将数据以电压形式经发动机 ECU 传至 TEMS ECU,如图 6-7-8 所示。

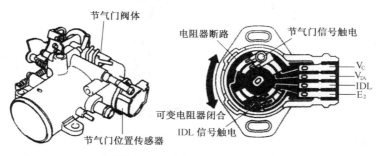

图 6-7-8　节气门位置传感器

三、执行机构主要零件

执行机构主要包括空气弹簧组件(空气弹簧、空气弹簧阀、空气压缩机、压缩机继电器)和可调阻尼减振器执行装置。

1. 空气弹簧

电控悬架用空气弹簧代替传统悬架的螺旋弹簧或钢板弹簧,因在其气室内充入空气而具有弹性功能。空气弹簧装在前后悬架减振器上,在下摆臂和车架横梁之间。每个空气弹簧都有一个进、排气电磁阀。空气弹簧比传统螺旋弹簧软 1/3,汽车乘坐舒适度高。

空气弹簧由主气室、副气室、弹簧刚度执行机构、阻尼转换执行机构和液压减振器等组成,如图 6-7-9 所示。弹簧刚度通过主气室与副气室进行调节,阻尼系数通过减振器进行调节。

空气弹簧具有一个保持正常气压的加强橡胶袋,当被压缩时,能够增加弹簧内的空气压力,使其刚性逐渐变大,如图 6-7-10 所示。非线性弹簧变化率有助于吸收冲击,对车身在悬架上下垂直颠簸起保护作用。

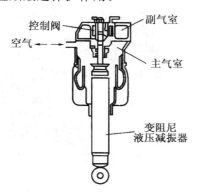

图 6-7-9　空气弹簧结构示意图

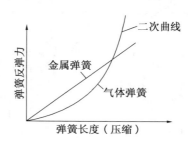

图 6-7-10　空气弹簧的特性

弹簧刚度越小,即弹簧越柔软,振动就越小,乘坐舒适性、平顺性就越好;弹簧刚度越大,即弹簧越坚硬,操纵稳定性就越好。空气弹簧刚度系数的调整如图 6-7-11 所示。

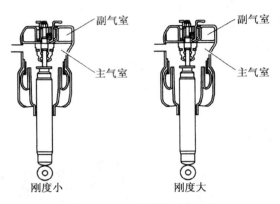

图 6-7-11 空气弹簧刚度系数

2. 弹簧刚度调节机构

弹簧刚度的调节是通过弹簧刚度执行机构开闭主气室与副气室之间的隔板,改变气室的容积而实现的(增大容积使刚度变小,减小容积可增加刚度)。ECU 根据车辆状态信号及时调节弹簧刚度:高速行驶时转换为大刚度;低速行驶时转换为小刚度;在制动时,使前弹簧刚度增加;在加速时,使后弹簧刚度增加;在转弯时,调节左、右弹簧刚度以减少侧倾。有的空气弹簧通过控制阀改变主、副气室之间的流通面积来调节空气弹簧刚度,可实现弹簧刚度的"软/中/硬"三级转换控制。

3. 车高控制执行机构

车高控制执行机构由空气弹簧阀、空气压缩机和主气室组成,车高控制主要利用空气弹簧中主气室空气量的多少来进行调节。当 ECU 接收到车高传感器、车速传感器、车门开关等传来的信号,经过处理判断,若是增加车高,则控制执行机构向空气弹簧主气室充气增加空气量,使汽车高度增加;若是降低车高,则控制执行机构打开排气装置向外排气,使空气弹簧主气室的空气量减少而降低汽车高度,如图 6-7-12 所示。

空气弹簧阀如图 6-7-13 所示,安装在空气弹簧顶部,是两位两通电磁滑阀。线圈通电时,阀芯移动将空气弹簧的通道打开,空气弹簧进气或排气。

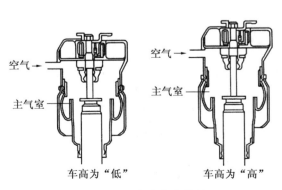

图 6-7-12 车身高度控制

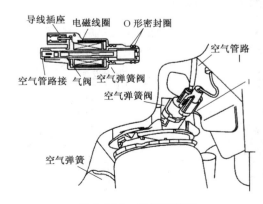

图 6-7-13 空气弹簧阀

四、使用、检测注意事项

电控悬架能根据行驶状态和需要对车高、悬架刚度和阻尼系数进行适时的调节，提高车辆的平顺性和操纵稳定性。但其也有不足之处，如空气弹簧一旦漏气，汽车没有弹性元件的作用，将使汽车高度降低而无法行驶。电控悬架与传统悬架在检查、维护和故障诊断等方面有本质不同，以凌志 LS400 轿车为例：

(1) 当用千斤顶将车顶起时，须停止高度控制。凌志 LS400 是将高度控制开关(ON/OFF)拨到关闭(OFF)位置，有的车辆是同时按高(HIGH)、运动(SPORT)、标准(NORMAL)三个按钮 2s 以上时，汽车高度控制被停止。

由于空气悬架具有自动调节车高的功能，如果举车时没将高度控制开关拨到关闭(OFF)位置，则 ECU 会判断系统出错而记录一个故障码。这时就需要在汽车四轮落地后，将产生的故障码设法从存储器中清除。有时，将高度控制开关拨到关闭(OFF)位置时会显示故障码，这是不正常的。只要将开关重新拨到打开(ON)位置，故障码就被清除。

(2) 放下千斤顶前，应清理出车下面所有物体。在维修过程中，进行了空气悬架的放气、空气管路拆检等操作，此时空气弹簧中的主气室无气或存有少量剩余气体，汽车落地后因自身的重量使汽车车身高度很低，就会将下面的物体压住。

(3) 启动发动机，将汽车高度调整至正常状态。在维修时，空气弹簧中的空气被放掉，车身高度变得很低，此时汽车起步，势必造成车身与悬架或轮胎相互碰撞。因此，维修后应首先启动发动机，用空气压缩机给空气弹簧气室输送压缩空气，使汽车高度恢复正常，这样汽车便可正常行驶。

(4) 汽车高度检查与调整。在高度检查前，车辆必须停在水平良好的地面上，并保持轮胎气压符合标准，轮胎磨损在正常范围内，轮胎纵向、横向的跳动也应符合相关规定。

(5) 在维修时，除非必要，一般不要触及前安全气囊碰撞传感器。若要触及，必须在维修前拆下安全气囊碰撞传感器，避免影响安全气囊系统的正常工作。

第八章　CAN 系统

第一节　CAN 系统组成及工作原理

一、CAN-BUS 系统的发展概况

随着车用电气设备越来越多，从发动机控制到传动系统控制，从行驶、制动、转向系统控制到安全保证系统及仪表报警系统，从电源管理到为提高舒适性而做的各种努力，使汽车电气系统形成一个复杂的大系统，并且都集中在驾驶室控制。

CAN 总线方案最初出现在 20 世纪 80 年代末的汽车工业中，由德国博世(Bosch)公司最先提出，即设计一个单一的网络总线，所有的外围器件都可以被挂接在该总线上。

二、CAN 系统组成及工作原理

1. CAN 总线的定义

CAN 是"Controller Area Network"（控制单元区域网络）的缩写，即控制器局域网，意思是各控制单元（ECU）之间通过网络交换数据。

CAN 数据总线又称为 CAN-BUS 总线，是一种现场总线，也是一种串行通信协议。CAN 总线的设计充分考虑了汽车的恶劣工作环境，可靠性高。因此，CAN 总线在诸多现场总线中独占鳌头，成为汽车总线的代名词。

2. CAN 数据总线的含义

一辆汽车不管有多少块电控单元，不管信息容量有多大，每块电控单元都只需引出两条线共同接在两个节点上，这两条导线就称作数据总线，亦称 BUS 线。

3. CAN 协议的含义

电子计算机网络中用电子语言，各电控单元必须使用和解读相同的电子语言，这种语言称为"协议"。汽车电脑网络常见的传输协议有数种。CAN 数据总线协议是由福特、互联网（Internet）与博世（Bosch）公司共同开发的高速汽车通信协议。CAN 协议的一个最大特点是废除了传统的站地址编码，而代之以对通信数据块进行编码。

4. CAN 总线技术的优点

CAN 总线与其他部件组合在一起就成为 CAN 数据传输系统，将其应用在汽车中的优点如下：

（1）用低成本的双绞线电缆代替了车身内昂贵的导线，并大幅度减少了用线数量；提高了可靠性、安全性，降低了成本。

（2）将传感器信号线减至最少，使更多的传感器信号进行高速数据传递。

（3）电控单元和电控单元插脚最小化应用节省了电控单元的有限空间。

（4）具有快速响应时间和高可靠性，并适合对实时性要求较高的应用，如刹车装置和气囊；是控制平台、信息平台、驾驶平台的互联基础。

（5）CAN 芯片可以抗高温和高噪声，并且具有较低的价格。

（6）开放的工业标准。CAN 数据总线符合国际标准，以便于一辆车上不同厂家的电控单元间进行数据交换。

（7）各电控单元对所连接的 CAN 总线进行实时监测，如出现故障，该电控单元会存储故障码。

（8）如果系统需要增加新的功能，仅需升级软件即可。

在现代轿车的设计中，CAN 已经成为必须采用的装置，奔驰、宝马、大众、沃尔沃、雷诺等汽车都采用了 CAN 作为控制器联网的手段。据报道，中国首辆 CAN 网络系统混合动力轿车已在奇瑞公司试装成功，并进行了初步试运行。

现代汽车典型的控制单元有电控燃油喷射系统、电控传动系统、防抱死制动系统（ABS）、防滑控制系统（ASR）、废气再循环系统、巡航系统、空调系统、车身电子控制系统（包括照明指示、车窗、刮水器等）。汽车 CAN 总线系统架构如图 6-8-1 所示。

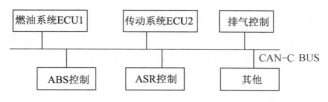

图 6-8-1　汽车 CAN 总线系统架构

5．CAN 总线的组成

CAN 数据总线收发传递系统由一个控制器、一个收发器、两个数据传输终端以及两条数据传输线组成。除了数据传输线，其他元件都置于控制单元内部，控制单元功能不变。

（1）CAN 控制器。

CAN 控制器的作用是接收控制单元中微处理器发出的数据，处理数据后传送给 CAN 收发器。同时 CAN 控制器也接收收发器收到的数据，处理数据后传送给微处理器（电脑内部数据的接收、处理及传送）。

（2）CAN 收发器。

CAN 收发器是一个发送器和接收器的组合，它将 CAN 控制器提供的数据转化成电信号并通过数据总线发送出去，同时，它也接收总线数据，并将数据传到 CAN 控制器。

（3）数据传输终端。

数据传输终端是一个电阻器，作用是防止数据在线端被反射（数据在传输终了被反射回来产生反射波），并以回声的形式返回。数据在线端被反射会影响数据的传输。

（4）数据传输线。

用以传输数据的双向数据线分为 CAN 高位（CAN-High）和低位（CAN-Low）数据线。数据没有指定接收器，数据通过数据总线发送给各控制单元，各控制单元接收后进行计算。为了防止外界电磁波干扰和向外辐射，CAN 总线采用两条线缠绕在一起，如图 6-8-2 所示。

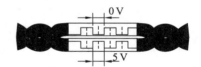

图 6-8-2　数据传输线

（5）数据传输过程。

数据传输过程如图 6-8-3 所示。① 提供数据：控制单元向 CAN 控制器提供数据用于传输；② 发送数据：CAN 收发器从 CAN 控制器处接收信号，并将其转化为二进制电信号发送出去；③ 接收数据：CAN 网络系统所有的控制单元的收发器都接收数据；④ 检验数据：控制单元对接收到的数据进行检测，看此数据是否为其功能所需；⑤ 认可数据：如果接收到的数据是有用的，将被认可及处理，反之忽略。

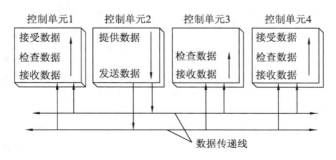

图 6-8-3　数据传输过程

CAN 总线中两条相互缠绕的线的电位总相反,如果一条是 5V,另一条就是 0V,始终保持电压总和为一常数。通过这种方法,CAN 数据总线得到了保护而免受外界的电磁场干扰,同时 CAN 数据总线向外辐射也保持中性,即无辐射。

空闲时主体电压:舒适 CAN 系统的 High 0V,Low 5V。动力 CAN 系统的 High 2.5V,Low 2.5V。数据见表 6-8-1 所示。

表 6-8-1　舒适 CAN 的信号电压域值范围

电位	$U_{CAN-High}$	$U_{CAN-Low}$	电位差
显性(0)	4V(>3.6V)	1V(<1.4V)	3V
隐性(1)	0V(<1.4V)	5V(>3.6V)	−5V

数据传输时主体电压:舒适 CAN 系统的 High 0~5V,Low 5~0V。动力 CAN 系统的 High 0~2.5V,Low 2.5~0V。

用万用表测量:High 为 0.35V,Low 为 4.65V,两者之和等于 5V。

其中属于舒适系统的控制单元有:发动机、组合仪表、自动空调、舒适电子系统、前照灯调节、多功能转向盘、收音机和导航系统、带记忆的驾驶员座椅调整、驾驶员侧车门、右前车门、左后车门和右后车门控制单元。属于动力系统的控制单元有:ABS、发动机、多功能转向盘、自动变速器和安全气囊控制单元。

在 CAN 总线中的动力系统所用 CAN 总线的颜色可分为 CAN-H 橙/黑色,CAN-L 橙/棕色。舒适系统所用 CAN 总线的颜色可分为 CAN-H 橙/绿色,CAN-L 橙/棕色。

目前 CAN 网络仍然不断在发展和完善,Bosch 及其他一些工作人员同来自半导体工业和学院搞研究的专家一起定义"CAN 的时间-触发通信"协议(TTCAN),计划把它国际标准化为 ISO 11898—4,这个 CAN 的扩展现在正在硅片上进行,它不仅允许用 CAN 作时间等间距传送报文和封闭控制循环,也允许在 X-by-wire 中使用 CAN。这个协议的扩展将使 CAN 的生命延长 5~10 年。

三、舒适 CAN 数据传输系统

CAN 数据总线连接五块控制单元,包括中央控制单元及四个车门的控制单元;数据传递有五个功能,即中央门锁、电动窗、照明开关、后视镜加热及自诊断功能。控制单元的各条传输线以星状汇聚一点,如果一个控制单元发生故障,其他控制单元仍可发送各自的数据。

该系统使经过车门的导线数据减少,线路变得简单。如果线路中某处出现对地短路、对正极短路或线路间短路,CAN 系统会立即转为应急模式运行或转为单线模式运行。

数据总线以 62.5kbit/s 速率传递数据,每一组数据传递大约需要 1ms,每个电控单元 20ms 发送一次数据,如图 6-8-4 所示。优先权顺序为:中央控制单元>驾驶员侧车门控制单元>前排乘客侧车门控制单元>左后车门控制单元>右后车门控制单元。由于舒适系统中的数据可以用较低的速率传递,所以发送器性能比动力传动系统发送器的性能低。

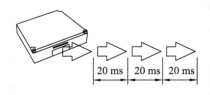

图 6-8-4　一个电控单元发送数据周期

第二节 CAN 系统控制方式

大众车系的车载网络系统称为 CAN 总线系统,该车系具有动力系统 CAN 和舒适系统 CAN 两个局域器控制网络,并且设置了网关,将这两个 CAN 连为一体就形成了车载网络系统。

本节以国内保有量很大的波罗(POLO)轿车为例介绍大众车系的车载网络系统及其故障诊断方法。

一、波罗(POLO)轿车 CAN 总线结构

2002 款波罗(POLO)轿车设有先进的 CAN 总线。该车具有动力系统 CAN 和舒适系统 CAN,并且设置了网关,将这两个 CAN 连为一体形成了车载网络系统。通过网关,可从一个 CAN 读取所接收的信息并翻译信息,然后向另一个 CAN 发送信息。

波罗轿车 CAN 总线的连接形式如图 6-8-5 所示。

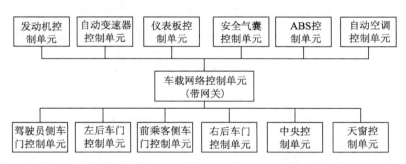

图 6-8-5 波罗轿车 CAN 总线的连接形式

二、车载网络控制单元 J519

车载网络系统控制单元在车载网络系统中起重要作用,它承担以前一直由单独的断电器和控制单元所执行的功能,主要功能有:负荷控制、车内灯控制、燃油系统供给控制、后窗刮水器控制、前窗刮水器控制、后视镜控制、后窗加热控制、后座椅靠背控制、转向信号灯控制、报警灯控制、编码。

1. 负荷控制

在行驶中大量舒适性装备和电热器(如座椅加热装置、后窗加热装置、外后视镜加热和电子辅助加热装置)会引起发电机过载,进而导致蓄电池放电,尤其是出现在距离极短的短途行车和冬季行驶时,以及时停时走和装备过多的车辆中。电路如图 6-8-6 所示。

考虑到短时间用电器的电流需求,车载网络系统控制单元的负荷管理系统定期监控蓄电池,网络系统控制单元将采取措施,以保持行驶能力并确保车辆重新启动能力,具体措施如图 6-8-7 所示。

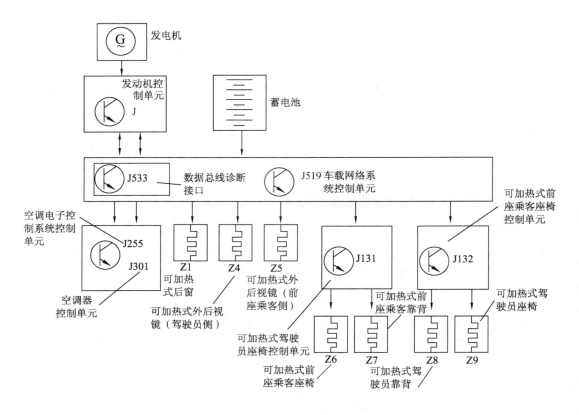

图 6-8-6 车载网络控制单元的负荷控制原理图

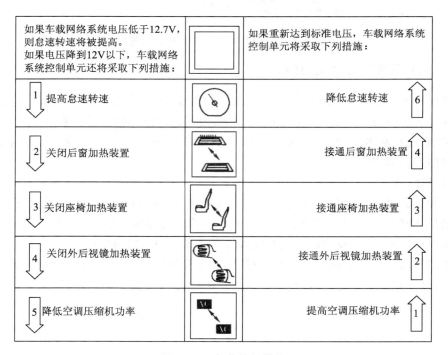

图 6-8-7 负荷控制措施

2. 车内灯控制

车内灯控制电路图如图 6-8-8 所示。

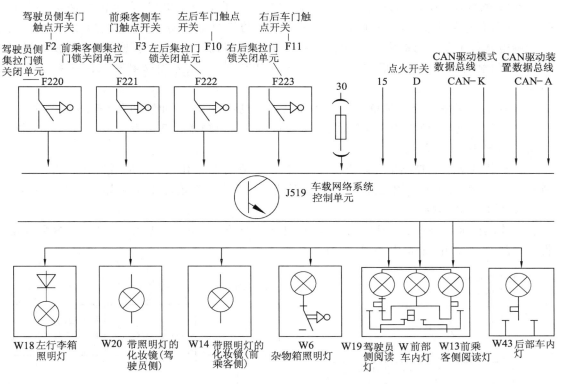

图 6-8-8　车内灯控制电路图

如果前部和后部车内灯开关都位于车门触点位置,如图 6-8-9、图 6-8-10 所示,通过车载网络系统控制单元 J519 可以确保在车辆停止而车门未关闭状态下,车内灯 10min 后自动关闭,避免蓄电池不必要的放电;如果解除车辆联锁或拔出点火钥匙,30s 后车内灯自动接通;在车辆锁止或打开点火开关后车内灯内即关闭;车内灯在撞车时自动接通。

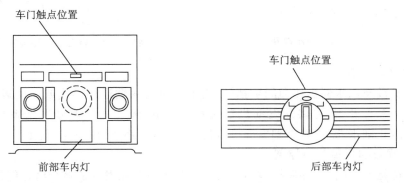

图 6-8-9　前部车门触点位置　　图 6-8-10　后部车门触点位置

车内灯控制的另一个作用是在点火开关关闭约 30min,自动关闭由手动打开的灯(车内灯、前后阅读灯、行李箱照明灯、杂物箱照明灯和化妆镜),该功能同样有利于保持蓄电池电能。

3. 燃油泵供给控制

2002款波罗中的汽油发动机有一个新的燃油泵供给控制单元,它是由燃油泵继电器J17和燃油供给继电器J643并联来代替单个集成防撞燃油关闭装置的燃油泵继电器。这两个继电器位于车载网络系统控制单元J519的继电器托架上。当驾驶员打开驾驶员侧车门后,车门触点开关F2(或集控门锁F220的关闭单元)将信号发送到车载网络系统控制单元。

接着车载网络系统控制单元控制燃油供给继电器J643,并使燃油泵G6运行大约2s。打开点火开关或启动发动机后,燃油泵G6通过燃油泵继电器J17由发动机控制单元控制,电路图如图6-8-11所示。

在车载网络系统控制单元内有一个定时开关,它有两个作用:一是当驾驶员侧车门短暂开启时,避免燃油泵持续运行;二是如果驾驶员侧车门开启超过30min,燃油泵重新受控。

4. 后窗刮水器控制

在前风窗玻璃刮水器置于1挡、2挡或间歇挡的条件下,当在进入倒挡后,后窗刮水器将自动刮水一次,电路如图6-8-12所示。

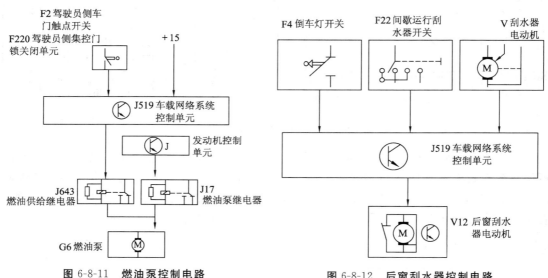

图6-8-11 燃油泵控制电路　　　　图6-8-12 后窗刮水器控制电路

5. 前刮水器控制

如果风窗玻璃刮水器已接通间歇挡(取决于车速的间歇运行模式或下雨运行模式),并且同时发动机盖打开,信号将从发动机盖接触开关F226发送至车载网络系统控制单元。控制单元将阻止刮水器运动,直到发动机盖再次关闭,电路如图6-8-13所示。

6. 外后视镜和后窗加热控制

为了保持蓄电池电能,外后视镜和后窗加热装置只有在发动机运行时才能接通,接通约20min后,加热装置将自动关闭,电路如图6-8-14所示。

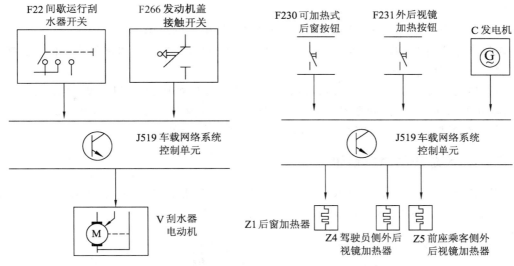

图 6-8-13 前刮水器控制电路

图 6-8-14 外后视镜和后窗加热控制电路

7. 后座椅靠背控制

后排座椅的中间位置带有三点式安全带的车辆具有后座椅靠背监控功能。

如果后排座椅中间位置靠背部分安装不正确,在打开点火开关后,仪表板中的一个指示灯亮起约 20s,电路如图 6-8-15 所示。

8. 信号灯和报警灯控制

车载网络系统控制单元 J519 控制转向灯闪烁、闪烁报警、防盗报警装置、集控门锁及挂车转向灯闪烁,电路如图 6-8-16 所示。

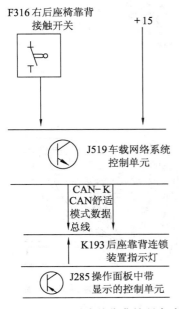

图 6-8-15 后座椅靠背控制电路

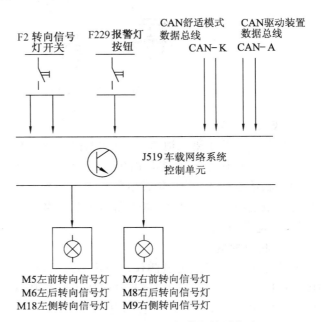

图 6-8-16 信号灯和报警灯控制电路

9. 编码

车辆的装备范围和国家标准决定了车载网络系统单元的编码。

编码由厂方进行,如果在售后服务或维修时装备被更改,如安装可加热式座椅或更换新的控制单元,必须重新编码。

需编码的装备有:后行李箱遥控解锁、可加热式外后视镜、4 车门车型、燃油泵供给控制系统、雨量控制传感器、可加热式前挡风玻璃、车内灯控制装置、带舒适开关的后窗刮水器、大灯清洗装置、可加热式座椅、主动电子负荷管理激活系统。

三、CAN 总线的附属装置

波罗轿车 CAN 总线的附属装置主要有主熔丝支架、电位分配器、熔丝支架、继电器托架、耦接装置、组合插头等,其分布如图 6-8-17 所示。

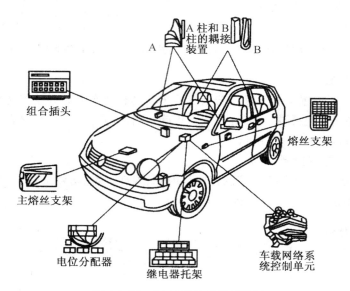

图 6-8-17 CAN 总线的附属装置

1. 主熔丝支架

主熔丝支架位于蓄电池盖上,结构如图 6-8-18 所示。熔丝的数目视车辆的装备而定。主熔丝最多容纳 6 根带状熔丝和 10 根插接式熔丝。通过一根导线实现与蓄电池(正极)的连接,紧靠蓄电池后安装有熔丝,可防止电路过载。

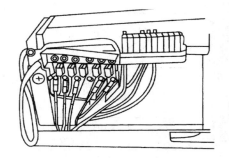

图 6-8-18 主熔丝支架的结构

2. 电位分配器

电位分配器位于驾驶员侧仪表板饰件之后,结构如图 6-8-19 所示。通过电位分配,接线柱 30V 电压从蓄电池上的主熔丝支架分配到各用电器。

3. 熔丝支架

熔丝支架位于仪表板左侧的盖板后,结构如图 6-8-20 所示。

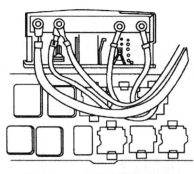 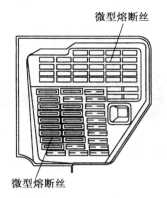

图 6-8-19　电位分配器的结构　　　　图 6-8-20　熔丝支架的结构

电路保护装置中有两种熔丝：一是最大熔断电流为 15A 的微型熔丝；二是熔断电流大于 15A 的小型熔丝。这样的组合的优点为：同一结构中可以布置更多的熔丝；可以对更多的电路安装熔丝。

第七单元 汽车新能源技术

第一章 新能源概论

新能源又称非常规能源,是指除传统能源之外的各种能源形式,指刚开始开发利用或正在积极研究、有待推广的能源,如太阳能、地热能、风能、海洋能、生物质能和核聚变能等。

一、新能源的定义

1980年联合国召开的"联合国新能源和可再生能源会议"对新能源的定义为:以新技术和新材料为基础,使传统的可再生能源得到现代化的开发和利用,用取之不尽、周而复始的可再生能源取代资源有限、对环境有污染的化石能源,重点开发太阳能、风能、生物质能、潮汐能、地热能、氢能和核能。《2013—2017年中国新能源产业调研与投资方向研究报告》对新能源的定义为:新能源一般是指在新技术基础上加以开发利用的可再生能源,包括太阳能、生物质能、水能、风能、地热能、波浪能、洋流能和潮汐能,以及海洋表面与深层之间的热循环等;此外,还有氢能、沼气、酒精、甲醇等。而已经广泛利用的煤炭、石油、天然气等能源,称为常规能源。随着常规能源的有限性以及环境问题的日益突出,以环保和可再生为特质的新能源越来越得到各国的重视。

相对于常规能源而言,在不同的历史时期和科技水平情况下,新能源有不同的内容。当今社会,新能源通常指太阳能、核能、海洋能、风能、地热能、氢能等。

二、新能源的类型

(一)太阳能

太阳能一般指太阳光的辐射能量。太阳能的主要利用形式有太阳能的光热转换、光电转换以及光化学转换三种主要方式。广义上的太阳能是地球上许多能量的来源,如风能、化学能、水的势能等都是由太阳能导致或转化成的能量形式。利用太阳能的方法主要有:太阳能电池,通过光电转换把太阳光中包含的能量转化为电能,如图7-1-1所示;太阳能热水器,利用太阳光的热量加热水。太阳能清洁环保,无任何污染,利用价值高。太阳能更没有能源短缺这一说法,其种种优点决定了其在能源更替中不可取代的地位。

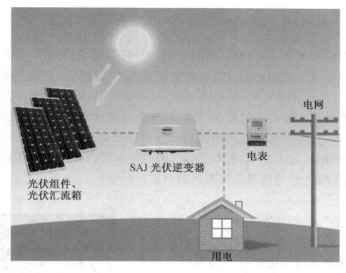

图 7-1-1　太阳能发电

1. 太阳能光伏

光伏板组件是一种暴露在阳光下便会产生直流电的发电装置,由几乎全部以半导体物料(如硅)制成的薄身固体光伏电池组成。由于没有活动的部分,故可以长时间操作而不会导致任何损耗。简单的光伏电池可为手表及计算机提供能源,较复杂的光伏系统可为房屋照明并为电网供电。光伏板组件可以制成不同形状,而组件又可连接,以产生更多电力。天台及建筑物表面均会使用光伏板组件,甚至被用作窗户、天窗或遮蔽装置的一部分,这些光伏设施通常被称为附设于建筑物的光伏系统。

2. 太阳能光热

现代的太阳热能科技将阳光聚合,并运用其能量产生热水、蒸汽和电力。除了运用适当的科技来收集太阳能外,建筑物亦可利用太阳的光和热能,方法是在设计时加入合适的装备,如巨型的向南窗户或使用能吸收及慢慢释放太阳热力的建筑材料。图 7-1-2所示为槽式太阳能光热系统。

3. 太阳光合能

植物利用太阳光进行光合作用,合成有机物。因此,可以人为模拟植物光合作用,大量合成人类需要的有机物,提高太阳能利用效率。

图 7-1-2　槽式太阳能光热系统

(二)核能

核能俗称原子能,它是原子核里的核子——中子或质子,重新分配和组合时释放出来的能量。核能是通过转化其质量从原子核释放的能量,符合爱因斯坦质能方程 $E=mc^2$;其中,E 表示能量,m 表示质量,c 表示光速。核能的释放主要有三种形式:

1. 核裂变能

所谓核裂变能是通过一些重原子核(如铀-235、铀-238、钚-239等)的裂变释放出的能量。

2. 核聚变能

由两个或两个以上氢原子核(如氢的同位素——氘和氚)结合成一个较重的原子核,同时发生质量亏损释放出巨大能量的反应叫作核聚变反应,其释放出的能量称为核聚变能。

3. 核衰变

核衰变是一种自然的慢得多的裂变形式,因其能量释放缓慢而难以利用。

在1945年之前,人类在能源利用领域只涉及物理变化和化学变化。二战时,原子弹诞生了,人类开始将核能运用于军事、能源、工业、航天等领域,美国、俄罗斯、英国、法国、中国、日本、以色列等国相继展开对核能应用前景的研究。

(三)海洋能

海洋能指蕴藏于海水中的各种可再生能源,包括潮汐能、波浪能、海流能、海水温差能、海水盐度差能等。这些能源都具有可再生性和不污染环境等优点,是一种亟待开发利用的具有战略意义的新能源。图7-1-3所示为海洋波涛所形成的动能。

(四)风能

风能是太阳辐射下流动所形成的。风能与其他能源相比,具有明显的优势,它蕴藏量大,是水能的10倍,分布广泛,永不枯竭,对交通不便、远离主干电网的岛屿及边远地区尤为重要。风能最常见的利用形式为风力发电。风力发电有两种思路,即利用水平轴风机和垂直轴风机。水平轴风机应用广泛,为风力发电的主流机型。

图 7-1-3　海洋能

(五)氢能

氢气的相对分子质量为2,仅为空气的1/14,因此氢气泄漏于空气中会自动逃离地面,不会形成聚集。而其他燃油燃气均会聚集地面而构成易燃易爆危险。氢气无味无毒,不会造成人体中毒,燃烧产物仅为水,不污染环境。

三、未来的几种新能源

1. 波能

即海洋波浪能。这是一种取之不尽、用之不竭的无污染可再生能源。据推测,地球上海洋波浪蕴藏的电能高达 9×10^{16} W。在各国的新能源开发计划中,波能的利用已占有一席之地。尽管波能发电成本较高,需要进一步完善,但其进展已表明这种新能源潜在的商业价值。日本的一座海洋波能发电厂已运行8年,电厂的发电成本虽高于其他发电方式,但对于边远岛屿来说,可节省电力传输等投资费用。美国、英国、印度等国家已建成几十座波能发电站,且均运行良好。

2. 可燃冰

这是一种甲烷与水结合在一起的固体化合物,它的外形与冰相似,故称"可燃冰"(图7-1-4)。可燃冰在低温高压下呈稳定状态,其融化所释放的可燃气体相当于原来固体化合物体积的100倍。据测算,可燃冰的蕴藏量比地球上的煤、石油和天然气的总和还多。

3. 煤层气

煤在形成过程中由于温度及压力增加,在产生变质作用的同时也释放出可燃性气体。从泥炭到褐煤,每吨煤产生 68m³ 气体;从泥炭到肥煤,每吨煤产生 130m³ 气体;从泥炭到无烟煤,每吨煤产生 400m³ 气体。

4. 微生物

世界上有不少国家盛产甘蔗、甜菜、木薯等,利用微生物发酵,可制成酒精,酒精具有燃烧完全、效率高、无污染等特点,用其稀释汽油可得到"乙醇汽油",而且制作酒精的原料丰富,成本低廉。据报道,巴西已改装"乙醇汽油"或酒精为燃料的汽车达几十万辆,减轻了大气污染。此外,利用微生物可制取氢气,以开辟能源的新途径。

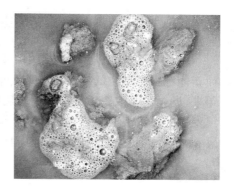

图 7-1-4　可燃冰

5. 第四代核能源

目前,科学家已研制出利用正反物质的核聚变来制造出无任何污染的新型核能源。正反物质的原子在相遇的瞬间灰飞烟灭,此时会产生高当量的冲击波以及光辐射能。这种强大的光辐射能可转化为热能。如果能够控制正反物质的核反应强度,并将其作为人类的新型能源,那将是人类能源史上一场伟大的能源革命。

四、新能源汽车发展方向

作为交通工具的汽车,每天要排放大量的碳、氮、硫的氧化物,碳氢化合物,以及铅化物等多种大气污染物,是重要的大气污染发生源,给人体健康和生态环境带来严重的危害。节能减排是汽车产业发展的永恒主题,不断加强节能减排工作,已成为我国经济实现又好又快发展的迫切需要。

在发达国家,汽车决定着石油需求,也是影响温室气体和有害气体排放的关键因素,实现环境保护目标需要减少汽车的石油消耗和有害气体排放。但另一方面,汽车是支柱产业,也是基本的交通工具,各国政府又要保持汽车的发展来促进经济的发展和民众生活福利的提高。发展节能环保汽车可以在保持汽车增长的状况下降低石油消耗、保护大气环境,因此各国政府普遍把发展节能环保汽车看成实现其能源环境政策和汽车工业可持续发展的重要组成部分。

对我国汽车产业而言,"十一五"以来,国家采取了一系列对策,包括国务院 2007 年 6 月印发的《节能减排综合性工作方案》《关于鼓励发展节能环保型小排量汽车的意见》,财政部、环境保护部联合印发的《关于环境标志产品政府采购实施的意见》等,并两次调整了汽车消费税。同时,在 2008—2009 年中国政府更是出台"燃油税""以旧换新"等政策鼓励小排量汽车的研发,除了在产业振兴规划中扶持新能源汽车外,中国政府更是通过提高国内成品油价的方法"逼迫"汽车业走上节能、环保的道路。2011 年 9 月 7 日,财政部、发改委、工信部签署"关于调整节能汽车推广补贴政策的通知",并在 2011 年 10 月 1 日起实施,主要是将纳入补贴范围的节能汽车门槛提高。这些措施鲜明地表达了政府促进汽车节能减排工作的决心和对汽车产品"抑大扬小"的态度。2012 年 7 月 9 日,国务院正式公布《节能与新能源汽车产业发展规划(2012—2020 年)》,规划称新能源汽车产业发展将以纯电驱动为新能源汽车发展和汽车工业转型的主要战略取向,当前重点推进纯电动汽车和插电式混合动力汽车产业化。

在汽车一百多年的发展历史中,为能源危机所迫,人类另寻出路开始研发新能源汽车,而新能源汽车量产的历史只有十余年。面对全球范围日益严峻的能源形势和环保压力,近年来,世界主要汽车生产国都把发展新能源汽车作为提高产业竞争能力、保持经济社会可持续发展的重大战略举措,新能源汽车成为市场新的增长点。目前,新一轮的新能源汽车研发、示范和产业化已经开始,而且得到了各国政府和企业的高度重视。

第二章　混合动力汽车

一、新能源汽车的定义

新能源汽车的英文为 New Energy Vehicle。我国 2009 年 7 月 1 日正式实施了《新能源汽车生产企业及产品准入管理规则》,明确指出:新能源汽车是指采用非常规的车用燃料作为动力来源(或使用常规的车用燃料、采用新型车载动力装置),综合车辆的动力控制和驱动方面的先进技术,形成的技术原理先进,具有新技术、新结构的汽车。

新能源汽车的定义因国家不同其提法也不相同,在日本通常被称为"低公害汽车"。2001 年,日本国土交通省、环境省和经济产业省制订了"低公害车开发普及行动计划"。该计划所指的低公害车包括 5 类,即以天然气为燃料的汽车、混合动力汽车、电动汽车、以甲醇为燃料的汽车、排污和燃烧限制标准最严格的清洁汽油汽车。在美国通常将新能源汽车称作"代用燃料汽车"。

二、新能源汽车的分类

新能源汽车包括混合动力汽车、纯电动汽车(BEV,包括太阳能汽车)、燃料电池电动车(FCEV)、氢发动机汽车、其他新能源(如高效储能器、二甲醚)汽车等各类别产品。

三、混合动力汽车的定义

混合动力汽车(Hybrid Electric Vehicle,HEV)是指车辆驱动系由两个或多个能同时运转的单个驱动系联合组成的车辆,车辆的行驶功率依据实际的车辆行驶状态由单个驱动系单独或共同提供。因各个组成部件、布置方式和控制策略的不同,形成了多种分类形式。混合动力车辆的节能、低排放等特点引起了汽车界的极大关注并成为目前汽车研究与开发的一个重点。

广义上说,混合动力汽车是指拥有至少两种动力源,使用其中一种或多种动力源提供部分或者全部动力的车辆。但是,在目前实际生活中,混合动力汽车多半采用传统的内燃机和电动机作为动力源,通过混合使用热能和电力两套系统开动汽车。使用的内燃机既有柴油机又有汽油机,因此可以使用传统汽油或者柴油,也有的发动机经过改造使用其他替代燃料,如压缩天然气、丙烷和乙醇燃料等。使用的电动力系统中包括高效强化的电动机、发电机和蓄电池。蓄电池目前使用的有铅酸电池、镍锰氢电池和锂电池,将来还可能使用氢燃料电池。狭义上说,既有内燃机又有电动机驱动的车辆就是混合动力汽车。

四、混合动力电动汽车的分类

(一)根据混合动力驱动的联结方式分类

1. 串联式混合动力系统(SHEV)

串联式混合动力系统一般由内燃机直接带动发电机发电,产生的电能通过控制单元传到电池,再由电池传输给电机转化为动能,最后通过变速机构来驱动汽车,如图 7-2-5 所示。电池对在发电机产生的能量和电动机需要的能量之间进行调节,从而保证车辆正常工作。这种动力系统在城市公交上应用较多,在轿车上很少使用。

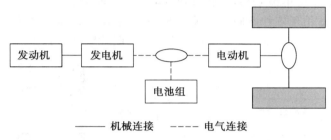

图 7-2-5　串联式混合动力电动汽车原理图

在串联式混合动力电动汽车上,由发动机带动发电机所产生的电能和蓄电池输出的电能,共同输出到电动机来驱动汽车行驶,电力驱动是唯一的驱动模式。串联式混合动力电动汽车动力流程图如图 7-2-6 所示。

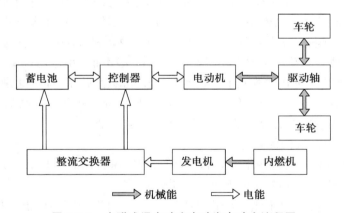

图 7-2-6　串联式混合动力电动汽车动力流程图

串联式混合动力电动汽车的优点:

(1) 发动机能够经常保持在稳定、高效、低污染的运转状态,使有害气体排放控制在最低范围。

(2) 总体结构比较简单,易于控制,只有电动机的电力驱动系统,其特点更加趋近于纯电动汽车。

(3) 串联式结构是由发动机、发电机和驱动电动机三大主要部件总成在电动汽车上布置起来的,有较大的自由度。

串联式混合动力电动汽车的缺点：

（1）三大部件总成各自的功率较大，外形较大，质量也较大，在中小型电动汽车上布置有一定的困难。

（2）在发动机—发电机—电动机驱动系统中的热能—电能—机械能的能量转换过程中，能量损失较大。

2. 并联式混合动力系统（PHEV）

并联式结构由发动机、电动机/发电机两大部件总成组成，并联式混合动力系统有两套驱动系统：传统的内燃机系统和电机驱动系统。两个系统既可以同时协调工作，也可以各自单独工作驱动汽车，如图7-2-7所示。并联式混合动力系统（PHEV）有三种驱动模式，即发动机单独驱动，电动机单独驱动，发动机和电动机混合驱动。

这种驱动模式适用于多种不同的行驶工况，尤其适用于复杂的路况。该连接方式结构简单，成本低。本田的Accord和Civic采用的就是并联式联结方式。

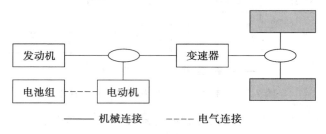

图7-2-7 并联式混合动力电动汽车原理图

发动机和电动机通过某种变速装置同时与驱动桥直接相连接。电动机可以用来平衡发动机所受的载荷，使其能在高效率区域工作，因为通常发动机工作在满负荷（中等转速）下燃油经济性最好。当车辆在较小的路面载荷下工作时，内燃机车辆的发动机燃油经济性比较差，而并联式混合动力电动汽车的发动机此时可以被关闭而只用电动机来驱动汽车，或者增加发动机的负荷使电动机作为发电机，给蓄电池充电以备后用（即一边驱动汽车，一边充电）。由于并联式混合动力电动汽车在稳定的高速下发动机具有比较高的效率和相对较小的质量，所以它在高速公路上行驶具有比较好的燃油经济性。

并联式混合动力系统的优点：

（1）只有发动机和电动机两个动力总成，两者的功率可以等于50%～100%车辆驱动功率，比SHEV三个动力总成的功率、质量和体积小很多。

（2）发动机可直接驱动车辆，没有SHEV发动机的机械能—电能—机械能的转换过程，能量转换的综合效率比SHEV高。车辆需要最大输出功率时，电动机可以给发动机提供额外的辅助动力，因此可选择小功率发动机，燃油经济性比SHEV好。

（3）与电动机配套的动力电池组容量较小，使整车质量减小。

（4）电动机（如ISG）可带动发动机启动，调节发动机的输出功率，使发动机基本稳定在高效率、低污染状态下工作。发动机带动电机发电向电池组充电，可延长续驶里程。

并联式混合动力系统的缺点：

（1）需要配备与内燃机汽车相同的传动系统，总布置基本与内燃机汽车相同，动力性接近内燃机汽车。发动机工况会受到车辆行驶工况的影响，有害气体排放高于SHEV。

（2）需要装置离合器、变速器、传动轴和驱动桥等总成，还有电动机、动力电池组和动力组合器等装置，因此动力系统结构复杂，布置和控制更困难。

并联式驱动系统有两条能量传输路线，可以同时使用电动机和发动机作为动力源来驱动汽车，这种设计方式可以使其以纯电动汽车或低排放汽车的状态运行，但是此时不能提供全部的动力能源。并联式混合动力电动汽车动力流程图如图 7-2-8 所示。

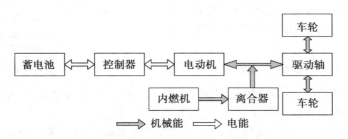

图 7-2-8　并联式混合动力电动汽车动力流程图

并联式驱动系统的动力合成装置主要有以下几种形式：

（1）驱动力合成式。驱动力合成式并联混合动力电动汽车采用一个小功率的发动机，单独地驱动汽车的前轮。另外一套电动机驱动系统单独地驱动汽车的后轮，可以在汽车启动、爬坡或加速时增加混合动力电动汽车的驱动力。两套驱动系统可以独立驱动汽车，也可以联合驱动汽车，使汽车变成四轮驱动的电动汽车，此种混合动力电动汽车具有四轮驱动汽车的特性，如图 7-2-9(a) 所示。

（2）转矩合成式（双轴式和单轴式）。转矩合成式并联混合动力汽车的发动机通过传动系统直接驱动混合动力电动汽车，并直接（单轴式）或间接（双轴式）带动电动机/发电机转动向蓄电池充电。蓄电池也可以向电动机/发电机提供电能，此时电动机/发电机转换成电动机，可以用来启动发动机或驱动汽车，如图 7-2-9(b)、(c) 所示。

（3）转速合成式。转速合成式并联混合动力汽车的发动机和电动机通过离合器和一个"动力组合器"来驱动汽车。可以利用普通内燃机汽车的大部分传动系统的总成，电动机只需通过"动力组合器"与传动系统连接，结构简单，改制容易，维修方便。为获得最佳传动效果，控制装备十分复杂，如图 7-2-9(d) 所示。

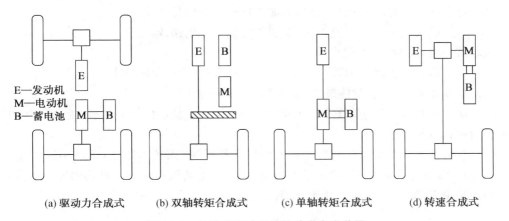

(a) 驱动力合成式　　(b) 双轴转矩合成式　　(c) 单轴转矩合成式　　(d) 转速合成式

图 7-2-9　并联式驱动系统的动力合成装置

3. 混联式混合动力系统(PSHEV)

混联式驱动系统是串联式与并联式的综合。发动机发出的功率一部分通过机械传动输送给驱动桥,另一部分则驱动发电机发电。发电机发出的电能输送给电动机或蓄电池,电动机产生的驱动力矩通过动力复合装置传送给驱动桥。混联式混合动力电动汽车原理图如图7-2-10 所示。

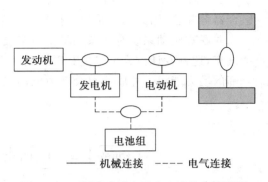

图 7-2-10 混联式混合动力电动汽车原理图

混联式混合动力系统的特点在于内燃机系统和电机驱动系统各有一套机械变速机构,两套机构或通过齿轮系,或采用行星轮式结构结合在一起,从而综合调节内燃机与电动机之间的转速关系。与并联式混合动力系统相比,混联式动力系统可以更加灵活地根据工况来调节内燃机的功率输出和电机的运转。此连接方式系统复杂,成本高。丰田 Prius 采用的是混联式连接方式。混联式混合动力电动汽车动力流程图如图 7-2-11 所示。

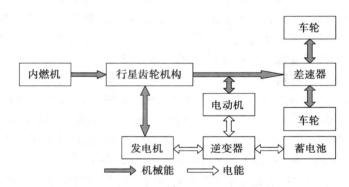

图 7-2-11 混联式混合动力电动汽车动力流程图

混联式混合动力系统(PSHEV)的特点:
(1) 将串联式混合动力系统和并联式混合动力系统相结合,具有两者的优点。
(2) 与串联式混合动力系统相比,增加了机械动力的传递路线。
(3) 与并联式混合动力系统相比,增加了电能的传输路线。

混联式混合动力系统的优点:
(1) 三个动力总成比 SHEV 三个动力总成的功率、质量和体积小。
(2) 有多种驱动模式,节能最佳,有害气体排放达到"超低污染"。
(3) 发动机可直接驱动车辆,没有机械能—电能—机械能的转换过程,能量转换的综合效率比内燃机汽车高。
(4) 电动机可独立驱动车辆行驶。电动机利用低速、大转矩特性,带动车辆起步,可在城市中实现"零污染"行驶。车辆需最大输出功率时,电动机可给发动机提供辅助动力,因此可选择小功率发动机,燃料经济性比 SHEV 好。

混联式混合动力系统的缺点：

(1) 发动机驱动是基本驱动模式，电动机驱动是辅助驱动模式，动力性更接近内燃机汽车。发动机工况受到车辆行驶工况的影响，有害气体排放高于 SHEV。

(2) 需要配备两套驱动系统；发动机传动系统需要装置离合器、变速器、传动轴和驱动桥等传动总成；另外，还有电动机、减速器、动力电池组，以及多能源动力（发动机动力与电动机动力）组合或协调专用装置。因此，多能源动力系统结构复杂，总布置困难。

(3) 多能源动力系统的工作模式有多种形式，需复杂的多能源动力总成控制系统，才能达到高经济性和"超低污染"。

混联式驱动系统的控制策略是：在汽车低速行驶时，驱动系统主要以串联方式工作；当汽车高速稳定行驶时，则以并联工作方式为主。

（二）根据在混合动力系统中电机的输出功率在整个系统输出功率中占的比重（混合度的不同）分类

1. 微混合动力系统

代表车型是 PSA 的混合动力版 C3 和丰田的混合动力版 Vitz。这种混合动力系统在传统内燃机上的启动电机（一般为 12V）上加装了皮带驱动启动电机（也就是常说的 Belt-alternator Starter Generator，简称 BSG 系统）。该电机为发电启动(Stop-Start)—体式电动机，用来控制发动机的启动和停止，从而取消了发动机的怠速，降低了油耗和排放。从严格意义上来讲，这种微混合动力系统的汽车不属于真正的混合动力汽车，因为它的电机并没有为汽车行驶提供持续的动力。在微混合动力系统里，电机的电压通常有两种：12V 和 24V。其中 24V 主要用于柴油混合动力系统。

2. 轻混合动力系统

代表车型是通用的混合动力皮卡车。该混合动力系统采用了集成启动电机（也就是常说的 Integrated Starter Generator，简称 ISG 系统）。与微混合动力系统相比，轻混合动力系统除了能够实现用发电机控制发动机的启动和停止外，还能够实现：在减速和制动工况下，对部分能量进行吸收；在行驶过程中，发动机等速运转，发动机产生的能量可以在车轮的驱动需求和发电机的充电需求之间进行调节。轻混合动力系统的混合度一般在 20% 以下。

3. 中混合动力系统

本田旗下混合动力的 Insight、Accord 和 Civic 都属于这种系统。该混合动力系统同样采用了 ISG 系统。与轻度混合动力系统不同，中混合动力系统采用的是高压电机。另外，中混合动力系统还增加了一个功能：在汽车处于加速或者大负荷工况时，电动机能够辅助驱动车轮，从而补充发动机本身动力输出的不足，更好地提高整车的性能。这种系统的混合程度较高，可以达到 30% 左右，技术已经成熟，应用广泛。

4. 完全混合动力系统

丰田的 Prius 和未来的 Estima 属于完全混合动力系统。该系统采用了 272～650V 的高压启动电机，混合程度更高。与中混合动力系统相比，完全混合动力系统的混合度可以达到甚至超过 50%。技术的发展将使得完全混合动力系统逐渐成为混合动力技术的主要发展方向。

五、混合动力汽车的特点

当今,地球温室效应以及化石燃料的枯竭等各种环境问题日益严峻。为了生活在几十年以后的下一代,必须做到"削减 CO_2 尾气排放",以及"构筑一个除了汽油以外,还能够利用其他洁净安全的替代能源的社会系统"。下面以丰田 Prius 为例,介绍混合动力汽车的特点。

丰田 Prius 油电混合动力系统是综合了电动机和发动机两大动力优点的新一代动力系统。它高水平地满足了现代汽车对低油耗、低尾气排放量的要求,加速良好,运行安静。

1. 低油耗

丰田 Prius 油电混合动力系统可完美地分别使用电动机和发动机来行驶,油耗与低一等级排量/车体尺寸的车辆相当,功率却与高一等级车辆相当。与同等排量的车辆相比,其低油耗性能居世界最高水平。为了实现最高水准的低油耗,丰田 Prius 油电混合动力系统分别发挥电动机和发动机各自的特长来行驶,如图 7-2-12 所示。

在启动及低速行驶时,丰田 Prius 油电混合动力系统仅利用电动机的动力来行驶,因为这时发动机的效率不高;在一般行驶时发动机效率很高,发动机产生的动力不仅是车轮的驱动力,同时也用来发电带动电动机,并给 HV 蓄电池充电;在减速或制动时,丰田 Prius 油电混合动力系统以车轮的旋转力驱动电动机发电,将能量回收到 HV 蓄电池中。

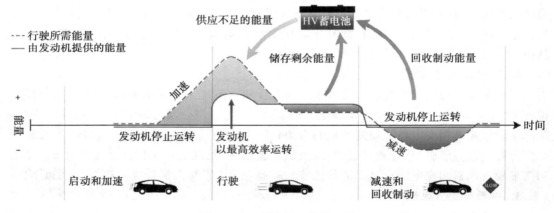

图 7-2-12　低油耗工作原理图

(1) 启动时——充分利用电动机启动时的低速扭矩(图 7-2-13)。

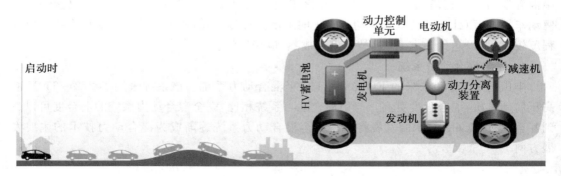

图 7-2-13　启动时——充分利用电动机启动时的低速扭矩

当汽车启动时,油电混合动力系统仅使用由 HV 蓄电池提供能量的电动机的动力启动,这时发动机并不运转。因为发动机不能在低旋转带输出大扭矩,而电动机可以灵敏、顺畅、高效地进行启动。

(2) 低速、中速行驶时——由高效利用能量的电动机驱动行驶(图 7-2-14)。

对于发动机而言,在低速、中速带的效率并不理想,而电动机在低速、中速带性能优越。因此在低速、中速行驶时,油电混合动力系统使用 HV 蓄电池的电力,驱动电动机行驶。

注意:当 HV 蓄电池的电量少时,利用发动机来带动发电机发电,为电动机提供动力。

图 7-2-14　低速、中速行驶时——由高效利用能量的电动机驱动行驶

(3) 一般行驶时——低油耗驾驶,使用发动机作为主要动力源(图 7-2-15)。

油电混合动力系统采用发动机,使它在能产生最高效功率的速度带驱动。由发动机产生的动力直接驱动车轮,依照驾驶状况,部分动力被分配给发电机,由发电机产生的动力用来驱动电动机和辅助发动机,利用发动机和电动机这一双重传动系统,发动机产生的动力以最小消耗被传向地面。

注意:HV 蓄电池的电量少时,发动机输出功率会被提高以加大发电量,来给 HV 蓄电池充电。

图 7-2-15　一般行驶时——低油耗驾驶,使用发动机作为主要动力源

(4) 一般行驶时——剩余能量充电(图 7-2-16)。

丰田 Prius 油电混合动力系统在高速运转时是采用发动机来驱动的,而发动机有时会产生多余的能量。这时多余的能量由发电机转换成电力,用于储存在 HV 蓄电池中。

图 7-2-16　一般行驶时——剩余能量充电

（5）全速行驶时——利用双动力来获得更高一级的加速（图 7-2-17）。

在需要强劲加速力（如爬陡坡及超车）时，HV 蓄电池也提供电力，来加大电动机的驱动力。通过发动机和电动机双动力的结合使用，油电混合动力系统得以实现与高一级发动机同等水平的强劲而流畅的加速性能。

图 7-2-17　全速行驶时——利用双动力来获得更高一级的加速

（6）减速/能量再生时——将减速时的能量回收到 HV 蓄电池中（图 7-2-18）。

在踩制动器和松油门时，油电混合动力系统通过车轮的旋转力带动电动机运转，将其作为发电机使用。减速时通常作为摩擦热散失掉的能量，在此被转换成电能，回收到 HV 蓄电池中进行再利用。

图 7-2-18　减速/能量再生时——将减速时的能量回收到 HV 蓄电池

（7）停车时——动力系统全部停止（图 7-2-19）。

在停车时，发动机、电动机、发电机全部自动停止运转，不会因怠速而浪费能量。

注意：当 HV 蓄电池的充电量较低时，发动机将继续运转，以给 HV 蓄电池充电；另外有时因与空调开关连动,发动机会仍保持运转。

图 7-2-19　停车时——动力系统全部停止

Prius 的燃料消耗率为综合值 4.3L/100km(城市以外 4.2L/km),居世界较高水平。在采用混合动力系统的基础上,以世界较高水平的空气动力特性和轻型化设计,实现了低油耗目标。

2. 低尾气排放

油电混合系统以消减 CO_2 为目标,不仅实现了卓越的低耗油目标,还大幅度地减少了有害气体的排放。在美国销售的 Prius 符合世界上最为严格的美国加利福尼亚州的 AT-PZEV 标准,在欧洲市场上销售的 Prius 符合从 2005 年开始实施的欧洲标准 EURO-Ⅳ,如图 7-2-20 所示。

汽油燃烧时必然会产生 CO_2。同时还会产生 CO、NO_x、HC 等各种其他物

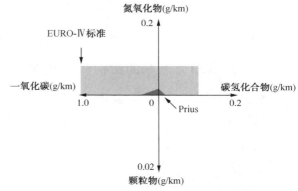

图 7-2-20　Prius 尾气排放量

质。油电混合动力系统在以卓越的低油耗来减少燃料消耗,控制尾气排放的同时,利用高效燃烧来抑制其他物质的产生,同时还安装各种尾气净化装置,实现了低尾气净化排放。

Prius 低尾气排放做到 CO_2 减少为以往的 45%,NO_x、HC 减少到一半以下,另外还采用了三元催化剂和 VVT-i,并改良了空燃比补偿装置、点火时间控制装置、燃料蒸发排放物控制装置及其他各种设备,从而有效地控制了有害气体的产生,并增强了尾气净化性能。

3. 驾驶方便、加速强劲

油电混合动力系统不仅实现了卓越的低油耗,同时还具有优越的驾驶性能,使人充分体验到汽车本来所具有的魅力——驾驶乐趣。特别是平稳加速、强劲的启动和超车加速等特点,均为混合动力车的全新行驶感觉。

4. 超群的静谧性

油电混合动力系统作为利用电动机驱动力的系统,其特点之一就是实现了超群的静谧性。其仅利用电动机来进行低、中速行驶,并且彻底采取了各种吸音、隔音措施,行驶时的静谧性远远超过发动机。

5. 技术领先

油电混合动力系统是融合电动机和发动机的优点,各取其所长的动力单元,是利用最新

研究成果的尖端技术,理想地将两种动力进行优化匹配的结果。Prius 油电混合动力系统采用的是混联式混合动力系统,如图 7-2-21 所示。该系统组合了过去开发的串联式混合动力系统以及构造完全不同的并联式混合动力系统,是一个综合双方优点的理想系统。

图 7-2-21　Prius 混联式混合动力系统

六、混合动力汽车的结构和主要部件

如图 7-2-22 所示,Prius 混联式混合动力系统由 HV 蓄电池、1NZ-FXE 发动机、1 号电动发电机、2 号电动发电机、变频器总成、行星齿轮组等组成。

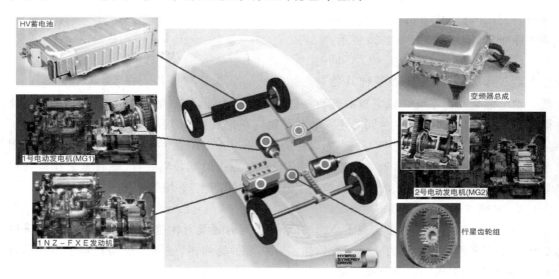

图 7-2-22　Prius 混联式混合动力系统的组成

1. HV(镍氢)蓄电池

安装在 Prius 油电混合动力系统上的高输出镍氢蓄电池具有高输入输出密度(每重量的输出)和重量轻、寿命长等特点,无须利用外界电源进行充电,也无须定期交换。全新设计了以往的电极材料及单电池(一个 HV 蓄电池)之间的连接结构,减少了 HV 蓄电池的内部电阻。安装在 Prius 普锐斯上的电池单元实现了约 540W/kg 的输入输出密度,居世界领先水平。另外,还使用车辆加速时的放电、减速时的再生制动器以及用发动机行驶时产生的剩余能量来进行充电,从而累积充电放电电流,使充电状态保持稳定,不会出现放电过多或多余充电等现象,使用寿命非常长。

2. 高输出功率电动机

Prius 油电混合动力系统的电动机中采用了交流同步原动机。该装置一直到高旋转带都可高效地产生高扭矩,同时可任意控制转速和产生的扭矩。另外它还拥有小型、轻量、高效等特点,具有优秀的动力性能,可进行顺畅的启动、加速等各种操作。采用三相交流方式,根据行驶情况准确地控制旋转磁场和旋转磁石的角度,将转子内的永久磁石排列成理想的 V 字形,如图 7-2-23 所示。电动机最大电压:500V,最大输出功率:50kW(1200~1540rpm),最大扭矩:400N·m(0~1200rpm)。

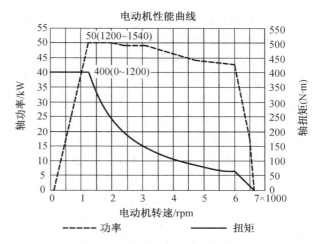

图 7-2-23 高输出功率电动机

油电混合动力系统中采用了"再生制动器",它利用电动机的发电来再次利用动能。电动机通常在通电后开始转动,但是相反地让外界力量带动电动机旋转时,它又可作为发电机来发电。因此,利用驱动轮的旋转力带动电动机发电,在给 HV 蓄电池充电的同时,又可利用发电时的电阻来减速。该系统在制动时与液压制动器同时控制再生制动器,完美地将原来在减速中作为摩擦热散失的动能回收为行驶用能量。城市中行驶时反复进行的调速操作具有较高的能量回收效果,所以在低速带优先使用再生制动器。Prius 在城市中行驶 100km,即可再生相当于 1L 汽油的能量。

3. 动力控制单元

使用电动机行驶的 Prius 油电混合动力系统中安装有由变压器、可变电压系统、DC/DC 转换器组成的动力控制单元,如图 7-2-24 所示。

(1) 变压器。将 HV 蓄电池的直流电流转换成电动机和发电机使用的交流电流。另外也将发电机和电动机发出的交流电流转换成可供 HV 蓄电池充电的直流电流。

(2) 可变电压系统。可根据需要将电动机和发电机的电源电压进行无级升压,由一般情况下的 DC201.6V 最大升至 DC650V。这意味着由小电流

图 7-2-24 动力控制单元

可提供大的电力供给,发挥高输出电动机的性能,提高系统整体的效率。同时这也意味着变压器将变得更小更轻。

(3) DC/DC 转换器。将 HV 蓄电池和发电机发出的 201.6V 直流电流减压至 12V,以供车辆的辅助设备、电子部件 ECU 作为电源使用。

4. 汽油发动机

油电混合动力系统中安装的发动机与以往机型相比,具有低油耗、高输出的特性。例如,Pruis 中配备的 1NZ-FXE 具有以下特点:

(1) 高膨胀比循环。应用了高膨胀比循环的代表性系统"艾金森循环",是追求高效率的 1.5L 发动机。缩小了燃烧室容积,以提高膨胀比,即等待爆发压力在充分降低后才进行排气,由此充分利用爆发能量。

(2) 高旋转化。将发动机的最高转速升至 5000rpm,提高了输出功率。在减少摩擦损失的同时提高了最高转数,所以既加大了加速时的驱动力,又实现了低油耗。

(3) 采用 VVT-i。VVT-i 可根据行驶状况细微地调节进气阀的工作时间,使发动机可在各种旋转带进行高效燃烧,为提高输出功率、降低油耗做出贡献。

5. 动力分离装置

油电混合动力系统中安装有动力分离装置,可将发动机产生的动力分配给驱动轮和发电机。采用由齿环、小齿轮、太阳齿轮、行星支架组成的行星齿轮,高效率地分配动力。

(1) 行星支架的旋转轴与发动机连接,通过小齿轮带动外围的齿环和内侧的太阳齿轮。

(2) 小齿轮旋转轴直接和电动机连接,将驱动力传给车轮。太阳齿轮旋转轴直接和发动机连接,将发动机的动力转换为电能。

6. 发电机

油电混合动力系统采用和电动机相同的交流同步型发电机,并且实现了高旋转化,提高了最大输出电力。另外还通过加大转子的强度,将最大发电的旋转带扩大到 10000rpm。通过采用交流同步和高旋转化,在一边发电一边行驶的同时,可供给中速带所需的大量电力。TOYOTA 提高了由中低速到中速带的加速性能,实现了和高输出电动机和发动机的最佳组合。

7. 电子控制系统

电子控制系统是集中控制车辆中各种系统的电子装置,可称为汽车的大脑。为了实现安全、舒适、高效率行驶,油电混合动力系统采用 ECU 实时监控汽车各系统的运转情况和能量消耗情况,进行精密且高速的综合控制。

(1) 监控混合动力组成部分(混合动力系统的发动机、发电机、电动机、HV 蓄电池)的运转状态。

(2) 监控通过汽车的控制网络传来的制动信息。

(3) 监控从驾驶者发出的指令(加速踏板开度、变挡位置)。

(4) 监控辅助驾驶设备(如空调、加热器、前照灯、导向系统等)的能量消耗。

(5) 综合以上监控结果,电子控制各系统,以实现安全、舒适和最高效率的行驶。

第三章 纯电动汽车

纯电动汽车是指以车载电源为动力,用电机驱动车轮行驶,符合道路交通、安全法规各项要求的车辆。由于对环境影响相对传统汽车较小,其前景被广泛看好。但由于动力电池的容量问题引起的续行里程短,影响了电动汽车的全面推广,因此各项技术尚处于开发阶段。

一、纯电动汽车的定义

纯电动汽车(Blade Electric Vehicles,简称 BEV),它是完全由可充电电池(如铅酸电池、镍镉电池、镍氢电池或锂离子电池)提供动力源的汽车。如图 7-3-25 所示为我国长城汽车制造公司研制的"欧拉"纯电动汽车。虽然纯电动汽车已有 140 年的悠久历史,但一直仅限于某些特定范围内应用,市场较小。其主要原因是各种类别的蓄电池普遍存在价格高、寿命短、外形尺寸和质量大、充电时间长等严重缺点。

图 7-3-25 "欧拉"纯电动汽车

二、发展背景

1. 电动汽车电池发展

电池是电动汽车发展的关键,汽车动力电池难在"低成本要求""高容量要求""高安全要求"三个要求上。要想在较大范围内应用电动汽车,要依靠先进的蓄电池经过十多年的筛选,现在普遍看好的为镍氢电池、铁电池、锂离子和锂聚合物电池。

镍氢电池单位质量储存能量比铅酸电池多一倍,其他性能也都优于铅酸电池,但目前价格为铅酸电池的 4~5 倍,正在大力攻关将价格降下来。铁电池采用的是资源丰富、价格低廉的铁元素材料,成本得到大幅度降低,也有厂家采用。锂是最轻、化学特性十分活泼的金属,锂离子电池单位质量储能为铅酸电池的 3 倍,锂聚合物电池为 4 倍,而且锂资源较丰富,价格也不是很贵,是很有希望的电池。

我国在镍氢电池和锂离子电池的产业化开发方面均取得了快速的发展。电动汽车其他有关的技术近年来都有巨大的进步,如交流感应电机及其控制、稀土永磁无刷电机及其控制、电池和整车能量管理系统、智能及快速充电技术、低阻力轮胎、轻量和低风阻车身、制动能量回收等,这些技术的进步使电动汽车日渐完善和走向实用化。

2. 电动汽车行业发展

2018 年 1 月 11 日,中国汽车工业协会召开 2017 年度 12 月份汽车产销数据发布会。在新能源汽车部分,12 月份销量为 16.3 万辆,同比增长 56.8%;2017 年全年累计销售77.7 万辆,同比增长 53.3%。其中,新能源乘用车销售 57.8 万辆,包括纯电动汽车 46.8 万辆,混合动力汽车 11.1 万辆。其他的是新能源商用车,19.8 万辆,包括大巴车、物流车等。

截至 2017 年 12 月,据测算,我国新能源汽车保有量约 172.9 万辆,其中纯电动汽车保有量接近 150 万辆,纯电动乘用车保有量 80.1 万辆。

随着电动汽车行业竞争的不断加剧,大型电动汽车企业间并购整合与资本运作日趋频繁,国内优秀的电动汽车企业愈来愈重视对行业市场的研究,特别是对企业发展环境和客户需求趋势变化的深入研究。正因为如此,一大批国内优秀的电动汽车品牌迅速崛起,逐渐成为电动汽车行业中的翘楚。

3. 中国汽车驶入"无油"时代

新能源汽车的发展方向有多种,但其中之一的氢燃料电池技术不成熟、成本昂贵。从技术发展成熟程度和中国国情来看,纯电动汽车应是大力推广的发展方向,而混合动力作为大面积充电网络还没建立起来之前的过渡技术。

纯电动车省去了油箱、发动机、变速器、冷却系统和排气系统,相比传统汽车的内燃汽油发动机动力系统,电动机和控制器的成本更低,且纯电动车能量转换效率更高。因电动车的能量来源——电,来自大型发电机组,其效率是小型汽油发动机甚至混合动力发动机所无法比拟的,因此纯电动汽车使用成本较低。

纯电动车的缺点是它改变了传统汽车的使用生活方式,需要每天充电(图 7-3-26),甚至部分家庭的供施还得进行改造,而传统的汽车使用习惯是大致一到两周加一次油,而且每次出行也有几百公里的距离限制。

三、纯电动汽车的优点

1. 无污染、噪声小

图 7-3-26　电动汽车的充电

纯电动汽车无内燃机汽车工作时产生的废气,不产生排气污染,对环境保护和空气的洁净是十分有益的,几乎是"零污染"。众所周知,内燃机汽车废气中的 CO、HC、NO_x、微粒、臭气等污染物形成酸雨酸雾及光化学烟雾。纯电动汽车电动机的噪声也较内燃机小,而噪声对人的听觉、神经、心血管、消化、内分泌、免疫系统是有危害的。

2. 结构简单,维修方便

纯电动汽车较内燃机汽车结构简单,运转、传动部件少,维修保养工作量小。当采用交流感应电动机时,电机无须保养维护,更重要的是纯电动汽车易操纵。

3. 能量转换效率高

纯电动汽车可回收制动、下坡时的能量,提高能量的利用效率。据相关研究表明,其能源效率已超过汽油机汽车。特别是在城市运行,汽车走走停停,行驶速度不高,纯电动汽车更加适宜。纯电动汽车停止时不消耗电量,在制动过程中,电动机可自动转化为发电机,实现制动减速时能量的再利用。有些研究表明,同样的原油经过粗炼,送至电厂发电,经充入电池,再由电池驱动汽车,其能量利用效率比经过精炼变为汽油,再经汽油机驱动汽车高,因此有利于节约能源和减少二氧化碳的排量。

4. 平抑电网的峰谷差

可在夜间利用电网的廉价"谷电"对纯电动汽车进行充电,起到平抑电网的峰谷差的作用。

四、纯电动汽车驱动系统的结构

纯电动汽车驱动系统由电力驱动系统、电源系统和辅助系统三部分组成。电力驱动系统包括电子控制器、功率转换器、电动机、机械传动装置和车轮,其功用是将存储在蓄电池中的电能高效地转化为车轮的动能,并能够在汽车减速制动时,将车轮的动能转化为电能充入蓄电池。电源系统包括电源、能量管理系统和充电机,其功用主要是向电动机提供驱动电能、监测电源使用情况以及控制充电机向蓄电池充电。辅助系统包括辅助动力源、动力转向系统、导航系统、空调器、照明及除霜装置、刮水器和收音机等,借助这些辅助设备来提高汽车的操纵性和乘员的舒适性。

如图 7-3-27 所示是典型纯电动汽车组成框图。电力驱动系统是纯电动汽车的核心,也是区别于内燃机汽车的最大不同点。纯电动汽车的其他装置基本与内燃机汽车相同。汽车行驶时,由蓄电池输出的电能(电流)通过控制器驱动电动机运转,电动机输出的转矩经传动系统带动车轮前进或后退。纯电动汽车续驶里程与蓄电池容量有关,蓄电池容量受诸多因素限制。要提高一次充电续驶里程,必须尽可能地节省蓄电池的能量。

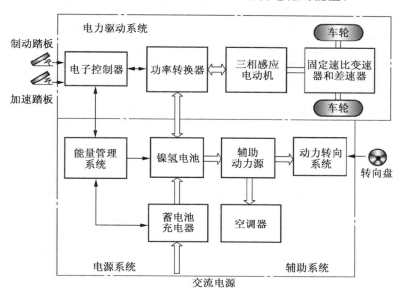

图 7-3-27　典型纯电动汽车组成框图

五、纯电动汽车的结构

纯电动汽车由底盘、车身、蓄电池组、电动机、控制器和辅助设施六部分组成,如图 7-3-28 所示是四轮为轮毂电机驱动的纯电动汽车。由于电动机具有良好的牵引特性,因此蓄电池汽车的传动系统不需要离合器和变速器,车速控制由控制器通过调速系统改变电动机的转速即可实现。图 7-3-29 为纯电动汽车的传动示意图,图 7-3-30 为纯电动汽车控制原理图。

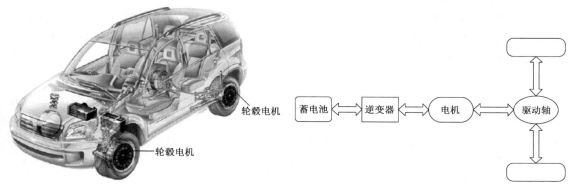

图 7-3-28　轮毂电机四轮驱动的纯电动汽车　　　　图 7-3-29　纯电动汽车的传动示意图

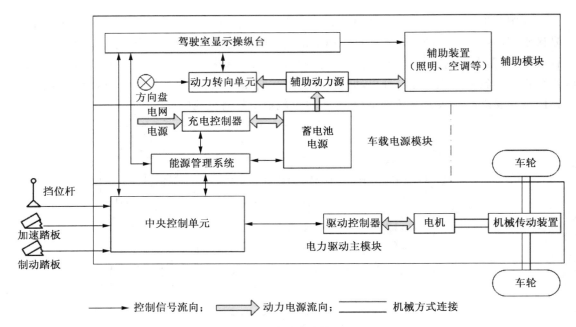

图 7-3-30 纯电动汽车控制原理图

六、纯电动汽车的关键技术

（一）电机及控制技术

电动汽车的驱动电机属于特种电机，是电动汽车的核心部件，它是唯一的驱动部件。驱动电机应具有较宽的调速范围及较高的转速，足够大的启动转矩，体积小、质量轻、效率高，且有动态制动强和能量回馈的性能。此外，还要求其可靠性高、耐高温及耐潮、结构简单、成本低、维护简单、适合大规模生产等。

电机驱动系统工况复杂，可以说是随机变化的。车辆的启动、加速、制动、停车、上坡、下坡、转弯、变道等是随机的，这就要求电机具有如下特点：

1. 转矩、功率密度大

纯电动汽车的动力总成结构都非常紧凑，留给电机驱动系统的空间非常小，因此在减小电机体积的同时，还要求电机具有足够的转矩和功率，全转速运行范围内的效率要最优化，以提高车辆的续驶里程。

2. 电机工作速域宽

在电机和输出到轮毂的轴之间都设有主减速齿轮，要达到车辆的最高转速，驱动电机的理想机械特性是：

（1）基速以下输出大转矩，以适应车辆的启动、加速、负荷爬坡、频繁起停等复杂工况。

（2）基速以上为恒功率运行，以适应最高车速、超车等要求。

3. 系统效率高

电动车供电电源能量有限，提高电驱动系统的效率是提高汽车续航里程和经济型的重要手段。

4. 系统适应环境能力强

电机及其驱动器要防水、防尘、防震,具有很强的适应环境能力。电机结构要坚固,体积尽可能小,重量尽可能轻,具有良好的环境适应性和较高的可靠性。

5. 电磁兼容性好

电机驱动系统是汽车上比较大的干扰源,在电机和驱动器设计及整车布置上要充分考虑电磁兼容和屏蔽,尽量避免和减小驱动系统对其他电器的影响。另外也要避免和减小点火系统等干扰源对电机驱动系统的影响。

6. 性价比高

电机驱动系统作为整车的一个元件,在保证性能的前提下,造价不能太高,尤其是在当前世界汽车行业竞争激烈的环境下,提高驱动电机的性价比才能为电动车的产品化铺平道路。变结构控制、模糊控制、神经网络、自适应控制、专家系统、遗传算法等非线性智能控制技术,都将各自或结合应用于电动汽车的电动机控制系统。

制约电动汽车发展的一个关键因素是它的续驶里程问题,而电动汽车再生制动系统可以节约能源、提高续驶里程,具有显著的经济价值和社会效益。同时,再生制动系统还可以减少刹车片的磨损,降低车辆故障率及使用成本。当车辆制动时,电机工作于发电机工况,将一部分动能或重力势能转化为电能储存在超级电容或飞轮中,由于超级电容或飞轮的功率密度大,因此可以更快速、高效地吸收电机回馈能量。在车辆启动和加速时,利用双向DC/DC将存储的能量释放出来,协助电池向电机供电,不但增加了电动汽车一次充电的行驶里程,而且避免了蓄电池的大电流放电,达到了节省能源、降低刹车片磨损和提高蓄电池寿命的目的。电动汽车再生制动控制系统工作原理如图 7-3-31 所示。

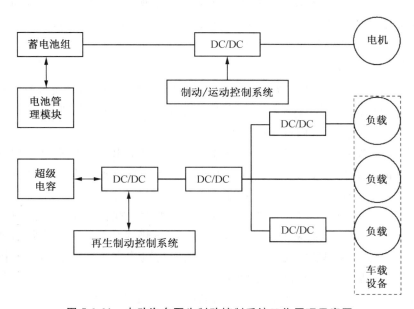

图 7-3-31　电动汽车再生制动控制系统工作原理示意图

(二) 电池及管理技术

电池是电动汽车的动力源泉,也是一直制约电动汽车发展的关键因素。电动汽车用电池要求比能量高、比功率大、使用寿命长,但目前的电池能量密度低,电池组过重,续驶里程短,价格高,循环寿命有限。

在锂离子电池技术、超级电容技术相结合的基础上,许多企业进行技术改造与集成,研发了双电源电动汽车、多能源电动汽车等,或者进行换电站系统建设试验,开发超快充电技术,都是为了克服纯电动汽车补充电能困难与续行里程短的缺陷。

在蓄电池技术领域,具有重量轻、储能大、功率大、无污染(也无二次污染)、寿命长、自放电系数小、温度适应范围宽泛等优点的锂离子电池技术逐渐取代铅酸电池和镍氢电池,成为纯电动汽车中的核心技术之一。目前,专家认为锂离子电池技术还需进一步发展。一方面,各企业所公布的大部分纯电动汽车蓄电池实验室测试数据,如加速性能、充电时间、持续里程数等,还须在复杂的外部环境实际运行下,进一步验证其可靠性,以及生产批量化质量控制。另一方面,我国锂离子电池所需隔膜材料依赖进口,成本尚待降低。此外,有专家认为,蓄电池的使用寿命还不够长,造成高额使用成本,成为其商业化的一大瓶颈。

电池技术是新能源汽车发展的重要驱动力。目前,新能源汽车中的电池对新能源汽车的发展带来很大的挑战。例如,如何改善电池的充电时间、使用寿命、减轻电池的重量,增加电池的续航能力,降低成本,保证使用安全等问题,都是新能源汽车迫切需要而且必须解决的问题。

随着业界对电池电量计算的准确度要求不断提高,电池管理芯片就需要拥有更高的测量准确度。另外,由于锂电池的失效特性,电池管理系统的可靠性和安全性至关重要。各厂商开始关注系统级的安全性设计,以及 ISO26262 标准的引入。

此外,很多厂商开始关注效率更高的主动式电池均衡性,以降低电池管理模块的发热,节省电量消耗,这几个新的技术趋势也是目前在电池管理芯片领域致力的方向。这些问题的解决,意味着消费者所担心的电池系统安全性、电池的使用寿命以及成本等一系列问题随之迎刃而解,将加快新能源汽车的普及速度。

(三)整车控制技术

新型纯电动轿车整车控制系统是两条总线的网络结构,即驱动系统高速 CAN 总线和车身系统的低速总线。高速 CAN 总线每个节点为各子系统的 ECU。低速总线按物理位置设置节点,基本原则是基于空间位置的区域自治。

实现整车网络化控制,其意义不只是解决汽车电子化中出现的线路复杂和线束增加问题,网络化实现的通信和资源共享能力成为新的电子与计算机技术在汽车上应用的一个基础,同时也为 X-by-Wire 技术提供了有力的支撑。

所谓"X-by-Wire",就是"线控技术",如图 7-3-32 所示。线控技术是从应用于飞机驾驶控制上的 Fly-By-Wire 发展而来的。该技术利用传感器将驾驶者输入信号传递到中央处理器,通过中央处理器的控制逻辑发送信号给相应的执行机构完成驾驶者的相关操作。这样可取代传统的机械结构,实现对汽车各种运动的电子线控。

与传统汽车系统相比,线控技术具有结构简单、控制灵敏、效率高、容易与以电机为能源的动力系统相匹配、节能等优点。同时,采用线控技术的车辆给设计者带来更大的空间,更易实现集成控制。线控技术的最终发展目标是汽车的集成化控制,它将汽车的各个系统相互结合、相互作用,共享传感器的数据,更好地发挥各系统的作用,以获得最佳的整车性能,提高车辆的操纵性、稳定性、安全性和智能化,最终实现无人驾驶。

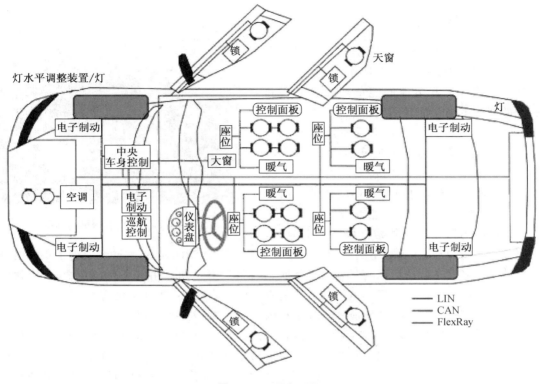

图 7-3-32 X-by-Wire

(四)整车轻量化技术

(1)通过对整车实际使用工况和使用要求的分析,对电池的电压、容量、驱动电动机功率、转速和转矩、整车性能等车辆参数的整体优化,合理选择电池和电动机参数。

(2)通过结构优化和集成化、模块化优化设计,减轻动力总成、车载能源系统的重量。

(3)积极采用轻质材料,如电池箱的结构框架、箱体封皮、轮毂等采用轻质合金材料。

(4)利用CAD技术对车身承载结构件(如前后桥、新增的边梁、横梁等)进行有限元分析研究,用计算和试验相结合的方式,实现结构最优化。

第四章 其他新能源汽车

由于自然界的能源形式多样,人们掌握和成熟利用只是其中的一部分,尚有部分能源的利用值得我们去探索,如太阳能、氢能等。本章将从燃料电池汽车、气体燃料汽车、生物燃料汽车等方面解析新能源汽车。

一、燃料电池汽车

燃料电池汽车(图 7-3-33)是指以氢气、甲醇等为燃料,通过化学反应产生电流,依靠电机驱动的汽车。其电池的能量是通过氢气和氧气的化学作用,而不是经过燃烧,直接转变成电能的。燃料电池的化学反应过程不会产生有害产物,因此燃料电池车辆是无污染汽车。燃料电池的能量转换效率比内燃机要高 2~3 倍,因此从能源的利用和环境保护方面考虑,燃料电池汽车是一种最理想的车辆。

图 7-3-33　广汽燃料电池汽车

单个的燃料电池必须结合成燃料电池组,以便获得必需的动力,满足车辆使用的要求。近几年来,燃料电池技术已经取得了重大的进展。世界著名汽车制造厂,如戴姆勒-克莱斯勒、福特、丰田和通用汽车公司在 2004 年就已经将燃料电池汽车投向市场。虽然燃料电池汽车的优点很多,并且也已有相对成熟的技术保障,但由于制造成本高、使用成本高等多种因素的限制,绝大多数厂家虽然推出了燃料电池汽车,但都没有真正投放市场。因此目前燃料电池轿车的样车仍正在进行试验,以燃料电池为动力的运输大客车在北美的几个城市中正在进行示范。燃料电池汽车的开发仍然存在着技术性挑战,如燃料电池组的一体化,提高商业化电动汽车燃料处理器和辅助部件的性能,降低其成本等。

与传统汽车相比,燃料电池汽车具有以下优点:
(1) 零排放或近似零排放。
(2) 减少了机油泄漏带来的水污染。
(3) 降低了温室气体的排放。
(4) 提高了燃油经济性。
(5) 提高了发动机燃烧效率。
(6) 运行平稳、无噪声。

二、氢动力汽车

氢动力汽车是一种真正实现零排放的交通工具,排放出的是纯净水,其具有无污染、零排放、储量丰富等优势,因此,氢动力汽车是传统汽车最理想的替代方案。与传统动力汽车相比,氢动力汽车的成本至少高出 20%。中国长安汽车在 2007 年完成了中国第一台高效零排放氢内燃机的点火,并在 2008 年北京车展上展出了自主研发的中国首款氢动力概念跑车"氢程",如图 7-3-34 所示。

图 7-3-34　中国长安"氢程"氢动力汽车

随着"汽车社会"的逐渐形成,汽车保有量在不断地呈现上升趋势,而石油等资源却捉襟见肘;另一方面,"吞下"大量汽油的车辆不断排放着有害气体和污染物质。最终的解决之道当然不是限制汽车工业发展,而是开发替代石油的新能源。

几乎所有的世界汽车巨头都在研制新能源汽车。电曾经被认为是汽车的未来动力,但蓄电池漫长的充电时间和重量使得人们渐渐对它兴味索然。而目前的电与汽油合用的混合动力车只能暂时性地缓解能源危机,只能减少但无法摆脱对石油的依赖。这个时候,氢动力燃料电池的出现,犹如再造了一艘诺亚方舟,让人们从危机中看到无限希望。

以氢气为汽车燃料这种说法刚出来时吓人一跳,但事实上是有根据的。氢具有很高的能量密度,释放的能量足以使汽车发动机运转,而且氢与氧气在燃料电池中发生化学反应只生成水,没有污染。因此许多科学家预言,以氢为能源的燃料电池是未来汽车的核心技术,它对汽车工业的革命性意义,相当于微处理器对计算机业那样重要。氢动力汽车的优点是排放物是纯水,行驶时不产生任何污染物。

氢动力汽车的缺点是氢燃料电池成本过高,而且氢燃料的存储和运输按照目前的技术条件来说非常困难,因为氢分子非常小,极易透过储藏装置的外壳逃逸。另外最致命的问题是,氢气的提取需要通过电解水或者利用天然气,如此一来同样需要消耗大量能源,除非使用核电来提取,否则无法从根本上降低二氧化碳的排放。

三、燃气汽车

燃气汽车是指用压缩天然气(CNG)、液化石油气(LPG)和液化天然气(LNG)作为燃料的汽车。燃气汽车由于其排放性能好、运行成本低、技术成熟、安全可靠,所以被世界各国公认为当前最理想的替代燃料汽车。

目前,燃气仍然是世界汽车代用燃料的主流,在我国代用燃料汽车中占到90%左右。

业内专家指出,替代燃料的作用是减轻并最终消除由于石油供应紧张带来的各种压力以及对经济发展产生的负面影响。近期,中国仍将主要用压缩天然气、液化气、乙醇汽油作汽车的替代燃料。汽车代用燃料能否扩大应用,取决于中国替代燃料的资源、分布、可利用情况以及替代燃料生产与应用技术的成熟程度等。替代燃料的生产规模、投资、生产成本、价格决定着其与石油燃料的竞争力。

以燃气替代燃油将是中国乃至世界汽车发展的必然趋势。我国应尽快组织力量,制定出国家级燃气汽车政策。考虑到我国能源安全主要是石油的状况,发展包括燃气汽车在内的各种代用燃料汽车,已是刻不容缓的事,根据国情应该做到:

一是要限制燃气价格,使油、气价格之间保持合理的差价,即可保证燃气汽车适度发展。

二是鉴于加气站投资大、回收期长,政府应适当给予一定补贴。在加气站售出的气价和汽车用户因用气节省的燃料费用之间,应调节好利益分配。

三是对加气站的所得税,应参照高新技术产业开发区政策,采取免二减三的税收政策。

四是将加气站用电按照特殊工业用电对待,电价从优;另外,对加气站用地,能按重大项目和环保产业对待,特事特办,积极采用国外先进建站标准,科学确定消防安全距离,节省土地资源。

四、生物乙醇汽车

乙醇俗称酒精,通俗些说,使用乙醇为燃料的汽车,也可叫酒精汽车。用乙醇代替石油燃料的应用历史已经很长,其生产技术和应用技术都已经很成熟。近来由于石油资源紧张,汽车能源多元化趋向加剧,乙醇汽车又提上议事日程。

目前世界上已有40多个国家,不同程度应用乙醇汽车,有的已达到较大规模的推广,乙醇汽车的地位日益提升。在汽车上使用乙醇,可以提高燃料的辛烷值,增加氧含量,使汽车缸内燃烧更完全,可以降低尾气中有害物质的排放。

乙醇汽车的燃料应用方式如下:

(1) 掺烧,指乙醇和汽油掺合应用。在混合燃料中,乙醇的容积比例以"E"表示,如乙醇占10%、15%,则用E10、E15来表示。目前,掺烧在乙醇汽车中占主要地位。

(2) 纯烧,即单烧乙醇,可用E100表示。目前应用并不多,属于试行阶段。

(3) 变性燃料乙醇,指乙醇脱水后,再添加变性剂而生成的乙醇。目前也属于试验应用阶段。

(4) 灵活燃料,指燃料既可用汽油,又可以使用乙醇或甲醇与汽油按比例混合的燃料,还可以用氢气,并随时可以切换。如福特、本田汽车均在试验灵活燃料汽车(FFV),如图7-3-35所示,乙醇混合比例可在20%~100%自由浮动。

图7-3-35 飞度弹性燃料汽车(FFV)

五、空气动力汽车

利用空气作为能量载体,使用空气压缩机将空气压缩到30MPa以上,然后储存在储气罐中。需要开动汽车时将压缩空气释放出来以驱动汽车行驶。优点是无排放、维护少。缺点是需要电源、空气压力(能量输出)随着行驶里程加长而衰减、高压气体的安全性不稳定。

六、飞轮储能汽车

利用飞轮的惯性储能,储存非满负载时发动机的余能以及车辆下坡、减速行驶时的能量,反馈到一个发电机上发电,再而驱动或加速飞轮旋转。飞轮使用磁悬浮方式,在70000r/min的高速下旋转。其在混合动力汽车上作为辅助,优点是可提高能源使用效率、重量轻、储能高、能量进出反应快、维护少、寿命长;缺点是成本高、机动车转向会受飞轮陀螺效应的影响。

七、超级电容汽车

超级电容器是利用双电层原理的电容器。在超级电容器的两极板上电荷产生的电场作用下,在电解液与电极间的界面上形成相反的电荷,以平衡电解液的内电场。正电荷与负电荷在两个不同相之间的接触面上,以极短的间隙排列在相反的位置上,这个电荷分布层叫作双电层,电容量非常大。

超级电容汽车的优点是充电时间短、功率密度大、容量大、使用寿命长、免维护、经济环保等;缺点是功率输出随着行驶里程加长而衰减,受环境温度影响大等。

目前新能源汽车具有良好的市场,但毕竟是处于发展阶段,如成本、价格、销售和技术等还面临着很多困难。

第八单元　车务管理与车辆技术管理

第一章　车队的车务管理

第一节　车务管理的内容与要求

一、车辆分类

1. 国产汽车

汽车的类型分为：载货汽车、越野汽车、客车、轿车、自卸车、牵引车、专用车等。

(1) 载货汽车按其总质量分为：微型载货车(<1.8t)、轻型载货车(1.8~6t)、中型载货车(6~14t)、重型载货车(>14t)。

(2) 客车根据车辆的长度分为：微型客车(3.5m 以下)、轻型客车(3.5~7m)、中型客车(7~10m)、大型客车(10~12m)、特大型客车(12m 以上)。

(3) 轿车(2~8 人)按其排量分为：微型轿车(1L 以下)、普通轿车(1.0~1.6L)、中级轿车(1.6~2.5L)、中高级轿车(2.5~4L)、高级轿车(4L 以上)；按其结构分为：两厢和三厢。

(4) 越野车。

(5) 自卸车：货箱能自动倾翻，分为中型和重型两种。

(6) 牵引车：分为全挂和半挂。

(7) 专用车：指特种用途车，如救护车、起重车、消防车、检测车、冷藏车、邮递车等。

2. 进口汽车

(1) 欧系分类。

德国大众汽车的分类具代表性，分为 A、B、C、D 级。

A 级分为 A00、A0 和 A 三个级别，相当于我国微型轿车和普通轿车。

B 级和 C 级分别相当于我国的中级和中高级轿车。

D 级车相当于我国的高级轿车。

(2) 美系分类。

通用公司汽车的分类具有代表性，分为 6 类，综合考虑了车型尺寸、排量、装备和售价等因素。

二、车辆采购

车辆采购的步骤：编制计划、选择车型、上报审批（内部审核）、采购、检验入库。

1. 计划的编制与内审

车队采购新车的步骤：

（1）车队根据自身业务运营要求，提出采购计划和申请。

（2）相关部门审核车辆采购申请。

2. 车辆的选择

侧重两方面：

（1）品牌。

（2）车型、适用性、安全、低耗、经济环保性。

3. 供应商的甄别

（1）品牌专卖。

（2）汽车经销商或代理商。

要选择正规的供应商，且要选择两家以上的供应商。

要考虑付款方式、公车期限、提车方式、促销服务等内容。

4. 采购程序

签订采购合同，明确提车方式、付款方式，明确车辆改装情况。

5. 新车的检验

核对车型及参数、检查有否漏水漏油、检查车内设施、检查电气系统、检查轮胎及随车工具、路试检查、检验相关凭证（购车发票、车辆合格证、三包服务卡、使用说明书、其他文件或附件）。

三、新车管理

（一）新车上牌

1. 新车上牌流程

（1）缴纳车辆购置税和保险。交附加税时需提供购车发票和车辆合格证，还要填写一张购置税申请表（一般卖车商家已帮客户填好）。将这两样手续交到国税车辆购置税窗口，工作人员输入档案后会给你一张银行付费的发票，然后去银行缴款。缴款后，拿着银行盖章的发票返回国税拿回合格证和税务证，然后去车管所。

（2）凭借缴费凭证和购车发票的注册登记联、汽车质量合格证原件、身份证原件和复印件领取新车入户登记表，并准确填写车主与车辆的相关信息，进行车辆信息登记。

（3）驾车驶入拓号区，拓印机动车车辆识别代码及发动机号码。

（4）驾车驶入照相区，给车辆拍照。

（5）到大厅取车辆照片和"机动车查验记录表"，并填写"机动车注册、转移、注销登记/转入申请表"。如车主本人未到场的，还须填写"委托书"。

（6）到大厅找查验员查验车辆，并将所有手续交给查验民警。

（7）到民警窗口前排队受理，领取"机动车受理凭证"，到选号区自选号或在受理窗口拍号。

(8) 持选号票及受理凭证到收费窗口缴费。

(9) 持选号票、受理凭证、收费凭据到发证窗口领取"机动车行驶证"及"机动车登记证书"。

(10) 持行驶证及收费凭据到牌照制作窗口制作并领取机动车号牌。

(11) 持机动车号牌及号牌安装凭据到验车区找安装人员安装号牌。

2. 新车上牌必备资料

(1) 私牌：① 机动车登记申请表；② 登记人身份证；③ 车辆发票；④ 注册登记联及附加税凭证；⑤ 车辆合格证；⑥ 保单正本；⑦ 车辆技术参数表；⑧ 拓印号码两份。

(2) 公牌：① 机动车登记申请表；② 登记人身份证；③ 组织机构代码证；④ 车辆发票；⑤ 注册登记联及附加税凭证；⑥ 车辆合格证；⑦ 保单正本（另提供公章，在车辆上牌登记表上盖章使用）；⑧ 车辆技术参数表。

（二）新车改装

(1) 车辆改装业务：车辆变更颜色，加装前后防撞装置，货运车辆加装防风罩、水箱、工具箱等，增加车内装饰。

(2) 车辆改装手续办理。

四、车队管理

（一）车队长职责

车队长是公司经理工作中的助手，在经理的领导下搞好公司的各项工作，并切实抓好具体分管工作。

车队长要做调度日记的记载，每天记出车日记，按出车日记力争做到均衡派车，掌握车辆技术状况，及时提出车辆维修保养计划，掌握司机思想动态，协助经理做好驾驶员的思想工作。

负责填好派车单，并及时为用车单位搞好预约登记等用车计划。

对司机进行考勤，做好节假日加班人员的安排及司机的各项出勤情况的统计上报工作。安排检查驾驶员的夜班工作是否符合要求。

对不服从调度分配，无故延误出车时间，而又不接受批评，并无理取闹的驾驶员，有权停止其工作，并将处理意见上报公司。

协助经理做好公司对外联系工作，处理好车队与外单位，特别是主管部门的联系工作，发生问题及时上报公司。

做好公司各项物资的采购工作，随时了解掌握库存情况，做到各种账目清楚，采购物资要手续齐全、及时。

负责车队的全面工作，抓好车队领导班子建设，组织落实车队承包方案，保证各项任务的顺利完成。

建立健全车队各项规章制度，定期或及时组织召开全体职工会议，开展经常性安全教育，发现问题及时解决。不断学习党的方针政策，提高各方面素质和管理水平。

代表车队同公司签订各项协议，负责车队的各项经费的收支，力争做到精打细算，开源节流，及时总结各项工作，及时处理、审批各项报表计划。

负责车队职工的思想教育工作，加强车队的队伍建设，团结同志，关心职工生活。协调车队对外关系,经常征求用户意见,不断提高车队整体素质,提高车队管理水平,以适应公司不断发展的需要。

(二) 调度员职责

(1) 负责车队所有车辆的调配工作,根据领导和用户的要求及时安排好车辆。

(2) 科学合理调配车辆,要做到公平、公正、合理、一视同仁。

(3) 充分发挥提高所在车辆的利用率,及时掌握所有车辆的运行情况和车辆性能,发现问题及时处理解决以免给工作带来不利影响。

(4) 接听领导或用户电话时要做到文明礼貌、耐心周到。

(5) 遇有重大接待任务时应提前组织安排好人员和车辆,排除隐患,保证行车安全,以便更好地完成各项任务。

(三) 驾驶员守则

(1) 驾驶车辆时必须携带驾驶证和车辆有关证件。

(2) 不准驾驶与驾驶证不相符的车辆。

(3) 不得将车辆擅自交给他人驾驶,严禁交给无驾驶证的人驾驶。

(4) 出车执行任务时不准擅自离开车辆,不准擅自开车办私事。

(5) 不准驾驶安全设备不全或机件失灵的车辆。

(6) 不准在驾驶车辆执行任务期间饮酒、闲谈或有其他妨碍安全行车的行为。

(7) 定期对车辆进行保养,保持车辆的内外卫生,搞好优质服务。

(四) 车辆及财产安全保障

1. 车队防盗

车队被盗的现象主要有:① 整车被盗。偷盗者往往使用万能钥匙、复制汽车遥控器等手段盗走汽车。② 办公财产、零部件被盗。主要是轮胎、备胎、蓄电池、燃油、办公设备以及车内的一些关键部件。

预防被盗的方法和措施:

(1) 从管理上讲,最好做到人不离车,车队最好要有带围墙的停车场或停车库,并有人值班。

(2) 购买防盗性能较好的汽车。一般说来,轿车的防盗性能比货车好,高档轿车的防盗性能比经济型轿车好。

(3) 安装防盗器。可以安装特殊车门、高级车锁、防盗加固器、防发动设施、方向锁、警报器等防盗设备。

(4) 安装 GPS 定位系统。

(5) 到正规停车场停车。

(6) 到正规修理厂修车,以防钥匙被配制。

(7) 离开车辆时,要取走钥匙,车内不要放备份钥匙。

(8) 夜间行车,不要在公路边长时间休息睡觉,以防车辆零配件被盗。

(9) 油箱盖要上锁,防止燃油被盗。

(10) 不把贵重物品放在车内和后备箱内,最好驾驶座位上也不要放置物品。

(11) 投保车辆盗抢险。

(12) 备份车辆完整的资料,一旦车辆被盗,及时报警。

2．车辆防火

（1）起火原因。

① 发生交通事故时，由于车辆与车辆相互碰撞、碰擦产生火花引起着火；

② 发生交通事故时，汽车的油箱泄漏引发火灾；

③ 发动机起火；

④ 电气设备短路引发火灾；

⑤ 汽车的发动机、变速箱等由于漏油起火；

⑥ 夏天室外温度过高，引起汽车自燃；

⑦ 汽车老化，导致零部件起火；

⑧ 车载物品（尤其是危险品）爆炸引发火灾；

⑨ 驾乘人员吸烟等用火不慎引发火灾。

（2）车辆防火措施。

① 确保行车安全；

② 加强车辆的检查与维护，杜绝漏油现象；

③ 进行驾驶汽车电路的检测，杜绝漏电和短路现象；

④ 炎热天气长时间行车后，注意停车冷却；

⑤ 不要在车内吸烟和使用明火；

⑥ 注意清理驾驶室内的杂物，尤其是纸张等易燃物品；

⑦ 不要擅自运输易燃易爆的物品；

⑧ 保持油箱盖的完好；

⑨ 车上配备灭火器等消防器材；

⑩ 车辆发生交通事故或自燃后，应冷静面对，并及时报警。

（五）安全管理制度

在车队的所有制度中，安全管理制度不可或缺。车队无论规模大小，性质如何，都需要制定一个适合自身情况的安全管理制度。

1．安全管理制度的内容

制定的安全管理制度应该包括以下内容：

（1）驾驶员安全学习规定。有的车队规定每周必须进行一次集中的安全学习。

（2）驾驶员违章行为的处罚规定。主要指车队内部的处罚规定。

（3）安全行车奖励规定。即安全奖，可以半年一次，也可以每月一次。

（4）车辆行驶的规定。比如限速规定、操作规程。

（5）喝酒、疲劳驾驶、私自带人等行为的处罚。主要指规定每一次违反规定的处罚额度和方式。

（6）管理人员安全责任。比如调度人员的过失、维修管理人员的过失造成的安全事故责任处罚。

（7）车辆安全性能查验规定（制动、灯光、转向、轮胎、载重）。

（8）交通事故处理规定。包括处理流程、责任承担等。

（9）事故处罚规定（碰擦、追尾、侧翻以及事故责任认定）。

（10）事故赔偿规定（财产损失方面）。

2. 安全管理制度制定原则

在制定安全管理制度时,应该要注意遵循以下原则:

(1) 内容要细致全面。

(2) 条款要操作可行。

(3) 形式要相对稳定。

(六) 安全教育

在安全管理工作中,安全教育也是一项管理措施。安全教育属事前控制,对预防交通违章和交通事故有举足轻重的作用。许多车队往往只重视事后处罚,而忽视安全教育。

1. 安全教育的内容

(1) 安全行车知识培训。包括安全驾驶技能、特殊条件(主要指特殊气候和特殊道路)下的行车安全知识。可请有经验的老驾驶员"现身说法,传经布道"。

(2) 交通常识培训。主要是学习国家在道路安全管理方面的法律法规,如《中华人民共和国道路交通安全法》《中华人民共和国道路交通安全法实施条例》《机动车驾驶证申领和使用规定》《中华人民共和国高速公路交通管理办法》等法规。

(3) 交通事故案例分析。可以结合本车队发生过的交通事故或者其他有代表性的事故案例,组织所有驾驶员一起讨论分析案情,寻找事故原因,让驾驶员在实际的学习过程中,增进安全意识。

2. 安全教育的形式

车队可以根据自己的实际情况,选择适宜的形式开展安全教育。

(1) 安全会议。这是最基本的方式。车队应该定期(比如一个季度)召开安全工作会议。会议一般由车队安全员或车队长主持,定期通报安全状况,掌握车队安全形势,分析当前安全隐患。安全工作会是进行安全教育的"主阵地"。

(2) 专项安全培训。不定期地举行专项安全培训,如交通法规的培训、安全行车的培训等。这些专项培训能提高教育效果,丰富教育内容。

(3) 利用宣传媒介。主要是指利用报纸、板报、橱窗等宣传媒介进行安全教育。

(4) 现场教育。车队可以组织有关人员亲临事故现场,切身感受事故危害。这种现场教育触目惊心,收到的效果事半功倍。

(七) 安全检查

安全检查也是事前控制的一个有效措施。实践经验证明,安全检查能发现许多安全隐患,可抑制事故发生频率。

1. 安全检查的内容:

车队的安全检查主要包括以下内容:

(1) 车辆技术状况检查。这是安全检查的核心内容。良好的车辆技术状况是安全行车的重要保证,尤其是一些对安全有直接关系的部件,如制动系统、转向系统、轮胎等。安全检查分普查与专查两种形式。针对车辆技术状况的专查,一方面要在维修出厂前,即车辆修理结束后的质量验收阶段进行,另一方面要在每一次出车前进行检查。

(2) 行车准备工作的检查。行车准备工作包括是否带好所有证件,是否获得目的地的准确地址和联系电话,是否有足够的燃油和足够的现金(过路费等)。这些基本的行车准备工作对安全有着直接或间接的影响。另外,对于长途行车及特殊气候条件、特殊道路条件的行车,是否有充分的准备,如是否带防滑链、灭火器等,也是非常重要的。

(3) 针对驾驶员个人的检查。如每次出车前,驾驶员是否喝酒、生病、休息的好坏,其精神状态如何等,车队应该了如指掌。

2. 安全检查的形式

安全检查的形式应是多式多样的,以下检查形式仅供参考。

(1) 日常检查。主要是规定驾驶员在出车前执行的一些检查,这方面的工作可与车辆维护保养工作结合进行。

(2) 常规检查。一些大中型的车队,可在车队门卫处设立安全检查员,车辆出车前,尤其是长途行车前,要进行常规检查。检查的具体项目可预先设定。

(3) 专项抽查。车队可进行各种项目的专项安全检查,如针对修理质量的检查、针对驾驶员喝酒的检查、针对随车工具的检查等。通过这种专项检查,保证安全行车。

(八) 安全竞赛

安全竞赛是一种以激励的方式进行管理的有效措施。对于一些营运性质的车队(货运车队、长途客运车队、公交车队等)和规模较大的公务车队来说,这是一种宜于提倡的安全管理方式。

1. 安全竞赛的组织

车队举行安全竞赛主要是针对驾驶员的,有修理厂的车队也可以举办针对修理工的安全作业竞赛。

2. 安全竞赛的管理

主要是竞赛的日常管理。车队可设立竞赛小组,人员可由各相关部门负责人组成,也可以抽调专门人员负责。在竞赛管理工作中,要注意:

(1) 安全竞赛工作要与日常管理工作结合起来进行。竞赛期间,车队的日常管理工作要正常进行,以前制定的安全管理制度照常执行,不能因为竞赛而影响到其他各项工作。

(2) 要严格考核。在竞赛过程中,组织者要根据竞赛制定的考核项目,一一跟踪考核,确保数据的正确与准确。比如关于里程数的统计、关于违章违纪的记录等要更加严格。

(3) 要客观公正,不能搞人情赛。

(4) 认真总结,不断创新。竞赛结束时,要组织相关人员(包括管理者和参赛人员),认真总结本次竞赛的成功经验,找出不足之处,争取在下届竞赛中改进。

第二节 车队的组织管理

车队的组织管理包括安全行车规定、安全行车标准和安全行车奖惩等内容。下面举例说明某单位制定的车队组织管理制度。

一、安全行车规定

(1) 认真执行《中华人民共和国道路交通安全法》,严格遵守交通法规,自觉谨慎驾驶,做到依法行驶、文明行驶、安全行驶。

(2) 自觉服从车队的统一调度和管理,积极参加单位组织的安全教育及有关活动,牢固树立安全第一意识。

(3) 自觉爱护养护车辆,认真做好"三检"(出车前、出车中、出车后车辆检查),确保"四良"(制动、转向、灯光、信号良好)和"两洁"(车容整洁、车内整洁)。

(4) 严格遵守安全驾驶操作规程,随身携带驾驶证、行驶证及相关有效证件。驾车时不准闲谈、吸烟、吃零食、接(打)手机,不准穿拖鞋驾驶车辆,严禁酒后驾车。

(5) 驾车时系好安全带,自觉做到礼让三先。

(6) 禁止将车辆交给外单位驾驶员驾驶,严禁将车辆交给非驾驶人员驾驶。未经批准,不得随意驾驶外单位车辆。

(7) 按规定对车辆进行年检年审。

(8) 加强对灭火器具的保护管理,确保其性能良好,并做到器随车走。

(9) 禁载易燃、易爆和腐蚀性物品。

(10) 建立健全行车安全管理基础台账,不得漏记、误记,保证安全管理的严肃性和完整性。

二、安全行车标准("六无")

(1) 车况完好,无磕碰刮擦和丢损。

(2) 遵纪守法,无违章记录和违法违纪现象。

(3) 服从调度,无误时误事现象。

(4) 文明服务,无用车投诉。

(5) 服从管理,无私自出车或擅自改变行车路线。

(6) 安全服务,无大小责任事故。

三、安全行车奖惩

(一) 安全行车

(1) 安全行车每年评比一次。

(2) 本年度达到"六无"标准的,获当年安全奖。

(3) 达不到"六无"标准的,取消安全奖。

(二) 安全奖标准

(1) 全年安全奖600元/人。

(2) 全年安全里程奖0.05元/千米。

(三) 安全奖和安全里程奖

设立安全奖及安全里程奖。安全奖以经济奖励形式每年按驾驶员实际安全行驶里程发给,获得安全奖的驾驶员同时具有评选优秀等次或先进个人的资格;达不到"六无"标准的,相应扣去安全奖和安全里程奖。

(四) 驾驶员在事故中所负责任扣奖比例

(1) 负全部责任者,扣除当年全部安全奖及安全里程奖。

(2) 负主要责任者,扣除当年安全奖及安全里程奖的3/4。

(3) 负同等责任者,扣除当年安全奖及安全里程奖的1/2。

(4) 负次要责任者,扣除当年安全奖及安全里程奖的1/4。

（五）其他责任情况的扣奖及赔偿责任

（1）态度恶劣，不服从调度，发生误时、误事的，一次扣奖 100 元；年内发生二次（含二次）以上的，在编人员按待岗处理，非在编人员予以辞退。

（2）发生驾驶证被扣或其他严重违章者，取消月度考核奖；年内发生二次（含二次）以上的，停驾车辆，在编人员按待岗处理，非在编人员予以辞退。

（3）私自出车发生事故的，无论有无责任，除由驾驶员赔偿一切经济损失外，视情况扣除 1～3 个月的月奖，并给予通报批评或纪律处分，直至作待岗或辞退处理。

（4）因超速行车、强行超车、酒后开车、违章停车及其他违规行为而被罚款的，一律由驾驶员自负，不得报销。

（5）发生责任事故，造成经济损失的，视情节轻重酌情扣除 1～12 个月奖，并按责任大小赔偿：

① 负全部责任的，扣除全部月奖，按经济损失的 4% 赔偿；
② 负主要责任的，扣除 9 个月月奖，按经济损失的 3% 赔偿；
③ 负同等责任的，扣除 6 个月月奖，按经济损失的 2% 赔偿；
④ 负次要责任的，扣除 3 个月月奖，按经济损失的 1% 赔偿。

发生重大事故，除经济赔偿外，按有关规定处理，并调离驾驶岗位。
发生事故后逃逸者，除经济赔偿外，按有关法律规定处理。

（6）无论何故造成的责任事故，均取消驾驶员当年的先进个人或优秀等次评选资格。

第三节　车辆调度及相关管理制度

车辆调度及相关管理制度一般由单位自行制定，下面举例说明某单位制定的车辆调度及相关管理制度。

一、车辆管理

（1）机动车辆的调度、维修、保养、加油等统一由分管车辆调度的领导和办公室人秘科进行管理，分管车辆调度的分管领导负责安排调度。

（2）车辆有关证照和有关手续，由驾驶人妥善保管。涉及车辆的养路费、年审、保险等事务由司机掌握办理时间，报人秘科或分管车辆调度领导批准同意后，由司机负责具体办理，人秘科协助办理。

（3）车辆严格实行下班入库制。下班后所有车辆停放在侧停车场，因事不能停入指定车位的车辆应存放在相应有关规定的停放处。例如，出差在外的车辆，要将车辆停放在安全场所，并锁好转向盘和门窗，搞好安全防范。严禁车辆在洗车处及私人住宅区过夜，否则产生不良后果由驾驶员负责。

（4）车辆实行专车专人驾驶，严禁将车辆私自交他人驾驶。外单位向本单位借车的，须经主任批准。

（5）对所有车辆分别进行加油登记，由人秘科负责登记，每月由人秘科将各台车辆的耗油和里程数情况进行审核公布。

（6）逢节假日，一般情况下轮流安排一辆值班车，其他车辆一律归库停放。特殊情况用车必须经值班领导与分管车辆调度的分管领导同意方可出车。

二、车辆调度和使用

(1) 车辆调度实行先领导后一般,先正职后副职,先急后缓,先远后近,先乡镇后城市,先会议后出差,先保证工作需要后私人用车的原则。

(2) 办公用车实行派车制度。由用车人向分管车辆调度的分管领导提出申请,由分管车辆调度的领导统一进行安排、调度。分管车辆调度的分管领导外出时,由办公室人秘科负责安排调度。车辆调度按照工作的轻重缓急及领导优先的原则,统筹安排,未经分管领导批准或人秘科通知,驾驶员不得擅自出车。司机必须经分管领导或人秘科通知方可出车,并按派车通知规定的时间、地点出车,不得擅自改变。

(3) 办公室各工作人员遇如以下情况需用车的,须至少提前一日向人秘科提出申请,报经分管领导同意后,由分管领导负责安排:① 本单位工作人员及直系亲属婚丧嫁娶;② 遇天灾人祸、突发事件等紧急情况的。车辆的过桥过路费由用车人承担。

三、车辆驾驶与行车安全

(1) 驾驶员未出车时,应严格按照作息时间在办公室待命,不得随意串岗、外出。

(2) 为确保行车安全,驾驶员必须认真钻研业务,定期参加交警队组织安排的安全学习和检查,严格遵守道路交通安全法规,服从交警指挥,严禁酒后开车。

(3) 驾驶员对车辆要勤检查、勤保养、勤擦洗,使车辆始终保持最佳运行状况。发现问题及时处理,严防事故发生。原则上安排下午下班前1h内洗车,无特殊情况不得提前洗车,以免影响正常用车。

(4) 车辆在公务途中遇有突发事件或交通事故,应先救伤患人员,并立即向交警、保险部门报案,同时还应向办公室报告。

四、车辆维护与修理

(1) 要坚持预防为主的原则,发现问题,反应敏捷,处理及时。

(2) 驾驶员要加强对车辆的日常维护与保养,搞好清洁卫生,出车前必须检查灯光、水箱、电瓶、制动、各项操纵等有关安全部件,及时添加机油、电瓶液等,保证车况运行良好。

(3) 车辆需维修的,驾驶员必须先认真检查发生的故障,初步判断故障发生部位,并如实向人秘科报告,由人秘科向分管领导报批同意后,方可修车。修理时由人秘科派人一起前往,换下的旧零件须带回验收。一次性修理费在100元(含)以内的由人秘科长审批;100元以上至200元(含)的由分管车辆调度的领导审批;200元以上的由主任审批。车辆外出途中需要修理的,经随车领导和干部同意后报主任批准后,由司机和随车人员会同前往修理,修理报销凭证需随车人员签字证明,送分管车辆调度领导审批后,方准报销。

(4) 车辆必须到指定修理厂进行维修。未经批准擅自进行修车、购置零配件或在非指定的厂家修车,其费用不得报销。

(5) 修车时间由人秘科向分管车辆调度的领导报告后,由分管领导安排。

(6) 司机应建立车辆维修保养台账,按里程或时间及时提出保养和修理建议。

第四节 车队驾驶员的管理

一、驾驶员数量定员

就一个车队而言,驾驶员数量过多,会造成驾驶任务不饱满,效益工资过低,司机队伍不稳定,形成人力资源的浪费,增加车队的营运成本。

而驾驶员数量过少,又会造成现有驾驶员任务过重,超负荷工作,影响安全,进而出现有车无人开的现象,严重影响车队的营运。

因此,合理、科学地定员设岗,是招聘驾驶员的前提。

1. 驾驶员定员的基本原则

(1)"按车定员"原则。一些机关服务性车队,基本遵循以车定人的用人制度,一般泛指专车专人的定员方式。这种安排的优点是人车对应,管理简便。

(2)"人停车不停"原则。多数车队,尤其是生产性质的运输车队,从生产效率的角度出发,一般情况下遵循"人停车不停"原则。因为驾驶员不可能天天上班,也不可能24h工作。因此,"人停车不停"原则一是为了提高运输生产效率,二可顾及驾驶员的休息。从这个原则出发,驾驶员的数量一定大于车辆数。

(3)机动性原则。车队的营运受到多方面因素的影响,其需求不定,跳跃性较大,因此车队要准备一部分机动驾驶员。

2. 驾驶员定员考虑因素

(1)考虑车队运营模式。单班制(白天班,8h),一车一人。双班制(日夜班,12h),一车两人。三班制(日夜班,8h),一车三人。

(2)考虑运输路线。短途,一车一人。长途,一车两人。

(3)考虑驾驶员休息。通常的做法是三人二车。这样可保证驾驶员每周有两天的休息时间。

(4)驾驶员事假。驾驶员可能会因为身体原因或家里有事请假,这种事先不可预测的因素,要由车队准备的机动驾驶员来补充。

(5)考虑驾驶员驾驶证的因素。一是驾驶证年审,二是由于违章或交通事故驾驶员驾驶证被扣。这时通常的做法是,小车队由队长顶岗位,大中型车队由机动驾驶员顶岗。

(6)考虑车辆停驶因素。许多情况下,车辆由于审验、大修、交通事故等原因不能营运,此时本车的驾驶员可能要驾驶别的车辆。

综上所述,一个车队驾驶员的数量,可由两部分组成:一是基本驾驶员数量,二是机动驾驶员数量。基本驾驶员数量的多少取决于车队的运营模式,机动驾驶员的数量主要受以上几个因素的影响,经验的数值一般是15人就要准备1个机动驾驶员。

二、驾驶员的招聘

1. 驾驶员招聘的重要性

对于一个车队来说,驾驶员是最重要的资源,驾驶员的好坏直接影响到车队管理的方方面面。许多人都说"车队难带",其实难就难在驾驶员,有一支高素质的驾驶员队伍,车队就

会运营顺畅,管理也会轻轻松松;反之,车队就容易"出乱子、生麻烦"。招聘时应注重以下几个方面:

(1) 驾驶技能方面:技术过硬。

(2) 机械知识方面:了解汽车基本结构,掌握汽车各系统、零件工作原理和保养常识的驾驶员,能减少机械事故的发生,对降低修理费用、保持车辆良好的技术状况尤为重要。

(3) 工作态度方面:工作积极性要高,能够按时完成车队布置的任务。

(4) 其他方面:驾驶员的综合办事能力。驾驶员许多时候不仅仅是开车,还要办理运输单据或其他事务性的工作。例如,在长途运输过程中,会有许多突发事件发生,这时候,驾驶员要自行单独处理好这些事情。

2. 驾驶员招聘的途径

招聘驾驶员的途径很多,每种途径都有各自的优势和不足。具体途径有:① 同事介绍;② 通过媒体招聘;③ 市场招聘;④ 相关人员介绍;⑤ 其他途径。以上招聘司机的途径,不同的车队可根据自己车队的特点,摸索出适合自身的招聘方式。

3. 驾驶员的面试

驾驶员的面试一般要经过以下几个环节:

(1) 填写简历表。通常情况下,车队都应该事先准备好驾驶员简历表,应聘人员到场后,提供空白表,要求其填写。

(2) 查验身份证和驾驶证。

(3) 从简历表上初步判断其是否符合招聘要求。

(4) 面谈。当以上要求都满足车队招聘条件时,就进入了面谈阶段。这个阶段非常重要,通过面谈可以了解驾驶员的工作态度、职业修养、机械知识等方面的情况。

4. 驾驶员的路试

如果面试合格,就要进行路试,通过路试来确定驾驶员是否符合要求。

5. 驾驶员招聘手续

面试、路试都合格的驾驶员,就可进入正式聘用的程序,包括签订劳动合同、办理入职手续。

6. 驾驶员的辞退与解聘

一般来说,在下列情况下,会发生驾驶员的解聘:

(1) 合同期满。劳动合同一般有一年期、三年期、五年期等。当合同期满后,有的驾驶员可能会选择辞职。同时,车队也可能考虑解聘某些驾驶员。

(2) 辞退。在合同期内,驾驶员有以下情况的,一般也会予以辞退:由于身体原因,不再适合驾驶工作;驾驶证等相关证件被吊销,不能再从事驾驶工作;车队由于种种原因不再经营(如车改、公司倒闭等);车队认为的其他原因。

(3) 开除。在合同期内,驾驶员严重违反了车队的规章制度,符合车队开除条件的,一般会对其做开除处理。主要有:发生严重交通事故;发生严重车辆机械损坏事故;有贪污等经济问题;多次拒绝出车;其他违规行为。

三、驾驶员岗前培训

新进驾驶员在正式上车工作之前,一般都应该进行一段时间的岗前培训。岗前培训的目的是让驾驶员充分了解车队的情况,熟悉相关业务。

1. 岗前培训的内容

(1) 车队概况介绍。包括车队的历史;队内的规模(人员、车辆);车队内外的相关部门与单位;车队管理的组织结构,包括主要管理人员介绍;车队的营运模式;车队的服务对象(客户)。其目的是让新司机熟悉车队的有关情况。

(2) 车队管理制度培训。包括车辆管理制度;维修保养制度;配件材料采购、领用制度;安全管理制度(重点);费用报销制度;驾驶员岗位职责(重点)。其目的是让新司机了解车队的规章制度。

(3) 运输业务流程的培训。其目的是让新司机了解如何开展运输业务。

2. 岗前培训的组织形式

岗前培训的组织形式比较灵活,可根据情况选择不同的组织形式。

(1) 驾驶员自学。车队可把上述三项培训内容制作成文书,发给新进驾驶员,让其自己阅读。这种形式一般在一些小车队(可能没有专门的会议室、教室等培训场所),或者在人数较少(同时 5 人以下)的情况下采用。

(2) 专人讲授。在一些大中型车队,有专门的培训场所、培训负责人,如果在一次性招聘人数较多的情况下,宜采用专人讲授的组织形式。这种组织形式的好处在于驾驶员有问题时可当面请教。有条件的车队,还可以设置不同的培训内容,由负责本方面的管理人员来讲授,如安全管理制度由安全员来培训,业务方面的内容由调度员培训。

(3) 考核检查。岗前培训完成之后,可根据实际情况相应地做一些考核工作,目的是检查培训的效果,检查驾驶员掌握的情况。考核方式有随机提问和试卷考查两种方式。

四、驾驶员在职培训

驾驶员的在职培训是一项长期性、日常性的工作。许多车队由于业务繁忙,难得花时间和精力去做驾驶员的培训工作。由于车队的司机来自四面八方,每个人的素质、能力和技术参差不齐,加上各车队性质、特点不同,所以不断地对在职驾驶员进行岗位培训,适应新形势的需要,对于提高驾驶员的业务技能和工作水平,减少机械和交通事故的发生具有重要意义。

1. 在职培训的内容

驾驶员在职培训的主要目的是通过培训,让驾驶员掌握车辆保养与维修的基本常识与技能,掌握交通安全常识,掌握与运输服务有关的其他专业技能等。

(1) 机械常识培训。这方面的培训主要是让驾驶员熟悉车队车辆的一些基本机械方面的常识,掌握车辆维修保养的技术要领。

(2) 急救知识培训。这方面的培训主要是让驾驶员掌握一定的急救护理知识,以便在发生交通事故后,能够第一时间进行自救或救护其他伤员。

在职培训的主要内容除上面列举的机械、安全常识和交通安全急救培训等方面的知识外,不同的车队还可以根据各自的特点,安排其他内容,如车队管理新技术和新装备技能培训、业务知识培训、礼节礼仪培训、客户服务培训等。

2. 在职培训的组织形式

由于在职培训在时间上比较难掌握,因此,必须在培训的组织形式上多下功夫。根据以

往的工作经验,一般有以下几种形式:

(1) 编写并印制培训教材(讲义)。规模较大的车队应根据车队的特点,编写一套培训教材或讲义,内容要通俗易懂,适合驾驶员阅读。

(2) 利用黑板报、橱窗等工具进行宣传。有条件的车队可制作一个专门的黑板或橱窗,定期制作一些培训内容。这样,驾驶员在出车前后就可以随时随地学习。

(3) 专门的培训。定期进行某个主题的培训。培训时,可邀请相关的专家、技术人员到场讲课。

五、驾驶员薪酬管理

一般来说,驾驶员的工资由三个部分组成:驾驶员工资=基本工资+效益工资+各种补贴和奖罚。工资设计的主要内容就是如何确定前两个部分的比重,以及效益工资的计算方法和如何设立各种补贴和奖罚项目。

(1) 基本工资。对于大多数车队来说,都应该明确一个基本工资,这是驾驶员工作的基本保障。

(2) 效益工资。效益工资的主要作用是体现"多劳多得",即与驾驶员的实际工作量挂钩。效益工资的多少,与车队的地域属性、行业属性和所有制形式关系紧密。

(3) 补贴与奖罚。在工资里面,补贴与奖罚是一种以经济手段来管理驾驶员的有效措施,其效果很好。常见的补贴与奖罚有用餐补贴、高温补贴、长途补贴(针对公务车驾驶员)、安全奖、全勤奖、油料奖罚(节油奖、超油罚)、其他临时性补贴与奖罚。

六、车队驾驶员岗位职责

(1) 严格遵守交通法规,确保行车安全,杜绝事故发生。

(2) 精心爱护车辆,保持车况良好,对车辆要勤检查、勤紧定、勤润滑,发现问题应及时报告、维修,避免机械责任事故的发生。

(3) 车辆出车前后要清洗,保证车容车貌整洁、美观。

(4) 严格遵守单位车辆安全管理规定,自觉遵章守纪,服从安排和调度。不得私自出车;完成任务后应将车辆停放在指定位置,并及时报告派车负责人登记,严禁将车开回家过夜。

(5) 加强业务学习,提高驾驶技能,做到节约用油。

(6) 文明驾车,礼貌待客,不开"英雄车""赌气车",严禁酒后驾车,做到宁停"三分",不抢"一秒"。

(7) 自觉参与安全教育活动,做到警钟长鸣,不断增强安全防范意识。

(8) 完成领导临时交办的任务。

七、驾驶员安全教育制度

(1) 驾驶员要认真学习道路交通法规,树立良好的职业道德,增强安全意识,按时参加各类安全教育和培训,严格执行行车规则。

(2) 车队要定期开展安全教育活动,利用一些典型的事故案例进行分析教育,认真吸取他人的教训,警示驾驶员要文明行车,严守规则,确保安全。

(3) 根据上级要求并结合单位实际,车队每年要组织驾驶员进行业务培训,并进行道路交通法规和安全行车常识测试,对多次测试不合格的驾驶员要及时向领导汇报,并提出整改处理意见。

(4) 单位组织的安全教育活动,无特殊情况一律不得请假、缺席,车队要严格考勤。

(5) 定期组织驾驶员开展业务技能竞赛,对优胜者给予一定幅度的物质奖励。

(6) 车队对各类培训教育要做好台账记录,以便备查。

八、车辆检查制度

(1) 驾驶员要坚持做好出车前检查和完成任务后的车辆清洗、检查工作,发现隐患及时报告维修。

(2) 车队要定期组织对车辆的安全检查,确保车况良好,原则上每月不少于一次。对不符安全要求的车辆要及时提出整改维修意见,并报办公室核准实施,消除隐患。

(3) 驾驶员要对所驾车辆做到心中有数,认真检查保养,发现机件损坏、失灵要及时报告抢修,否则因检查不到位而造成事故,要追究责任,并负担赔偿责任。

(4) 车队长要加强对驾驶员和车辆的检查、监督,严格履行职责,否则要追究责任。

(5) 车队对每次车辆安全检查要造册做好登记,并对隐患整改实施情况进行检查、督促,抓好落实。

(6) 每次车辆检查情况将作为驾驶员月度考核的重要依据,严格奖惩兑现。

九、车辆及驾驶员保险制度

(1) 单位所有车辆必须按规定及时投保。

(2) 所有机动车辆必须按责任险项目投保。

(3) 驾驶员发生交通事故,应立即报告车队,由车队协同保险管理部门进行实地评估损失,做好索赔工作。

(4) 车队对投保车辆要逐台登记,并按时续保。当车辆保险期限到期时,驾驶员应及时向车队报告,办理续保,不得脱保,否则要追究责任。

(5) 单位相关部门要加强对车辆保险的监督管理,督促车队建好台账,尽心尽责做好索赔工作。

十、车辆事故登记制度

(1) 在行车过程中发生车辆交通事故,驾驶员要及时如实向事故处理的管理部门报告,同时报单位车队,并保护好事故现场,以便妥善处理。

(2) 发生车辆事故,不准隐瞒不报,不准私自处理。否则造成的后果由所在部门负责人、驾驶员自负。

(3) 车队对车辆交通事故要分类登记,建立档案台账,并作为对驾驶员考核续聘的重要依据。

第二章　车辆技术管理

第一节　车辆基础管理

一、车辆技术管理概述

车辆技术管理是指对车辆规划、选配使用、检测、维修、改装、改造、更新与报废全过程的综合性管理。

车辆规划、选配、新车接收以及车辆使用前的准备等,是车辆的前期管理;车辆使用、检测、维护、修理等,是车辆的中期管理;车辆改装、改造、更新、报废等,是车辆的后期管理。

车辆技术装备管理、车辆技术档案管理、车辆技术状况等级鉴定管理、车辆技术经济定额指标管理以及车辆停放、租赁、停驶、封存和折旧等,都属于车辆技术管理的范畴。

1. 车辆技术管理的目的

车辆技术管理的根本目的是为运输生产提供安全、优质、高效、低耗、及时、舒适的运输力,确保汽车在整个寿命期内,以最低的耗费维持和车辆固有性能的充分发挥,从而获取最佳的综合效益(经济效益、社会效益和环境效益)。

2. 车辆技术管理的基本任务

车辆技术管理的对象是所有运输车辆(汽车和挂车),包括各种隶属关系的从事营运和非营运的车辆。其具体内容有:

(1) 制定技术管理制度,贯彻有关技术标准、规范、工艺和操作规程。

(2) 采取有效的技术措施,保证车辆处于良好的技术状况;保证安全行车,减少交通事故,减轻对环境的污染危害。

(3) 及时、完整、准确地建立、健全汽车技术档案。

(4) 积极推广新技术、新工艺、新材料、新设备,加强技术科学研究和技术革新。

(5) 依靠科学进步,采用现代化管理方法,总结交流推广先进经验,达到各项技术经济定额的要求,节约运行和维修费用,降低运输和生产成本。

(6) 加强职工的安全文明生产教育和专业技术培训,全面提高职工素质。

3. 车辆技术管理的基本原则

车辆技术管理应坚持以预防为主、技术与经济相结合的原则,对汽车实行择优选配、正确使用、定期检测、强制维护、视情修理、合理改造、适时更新和报废的全过程综合管理。

二、车辆使用的前期管理

新车(大修车)在接收和使用前应做到:

(1) 按合同和使用说明书规定,对照车辆清单或装箱单进行验收,清点随车工具和附件等。

(2) 新车在投入使用前应进行一次全面检查,并根据制造厂的规定进行清洗、润滑、紧固,视具体情况进行必要的调整。

(3) 新车在使用前应建立车辆档案,配备必要的附属装备和安全装置。

(4) 新车在投入使用前,应组织驾驶员和维修工进行培训,使其掌握车辆性能及其使用和维修方法。

(5) 严格按磨合规范,做好车辆的磨合。

(6) 按制造厂要求选择燃料、润滑剂和工作液。

(7) 按 GB/T 18344—2016《汽车维护、检测、诊断技术规范》要求,制订新车的维护工艺规范。

三、车辆的装备

车辆的经常性装备应符合 GB 7258—2017《机动车运行安全技术条件》、GB 4785—2007《汽车及挂车外部照明和信号装置的安装规定》和 GB 13094—2017《客车结构安全要求》、GB/T 17275—1998《货运全挂车通用技术条件》及 GB/T 23336—2009《半挂车通用技术条件》的有关规定,并保证齐全、完好,不得随意增减。

车辆在特殊运行条件下使用,应根据需要,配备保温、预热、防滑、牵引、淋水等临时性装备。

车辆运输超长、超宽、超高或保鲜等特殊货物时,应根据需要增加临时性装备。

运输危险货物的车辆装备,应符合交通部 JT 617—2004《汽车危险货物运输规则》的有关规定。

四、车辆的技术档案

1. 车辆技术档案的作用

车辆的技术档案是指从新车购置直至报废全过程中,记载车辆基本情况、主要性能、运行使用、检测维修及机件事故等内容的车辆资料的历史档案。

实行一车一档制,车辆从购置到报废全过程的技术管理,应系统记入车辆技术档案。车辆技术档案管理人员对车辆技术档案必须认真填写、妥善保管,记载及时、完整和准确,不得任意更改。

通过检查汽车的技术档案,可以了解车辆性能、技术状况的动态、运行材料和维修材料、维修工时的消耗,汽车在运行期的经济效益;掌握车辆使用、维修规律,为车辆的维护、改造和配件储备提供科学依据;为汽车制造厂提高产品质量进行信息反馈。

2. 车辆技术档案的内容

(1) 车辆的基本情况和主要性能:记载车辆的装备、技术性能和规格,总成改装和变动等情况。

(2) 车辆的运行使用情况:记载车辆的行驶里程、运输周转量、燃料消耗、轮胎使用等情况。

(3) 车辆的检测维修情况:记载车辆的检测时间、检测内容、检测结果;记载车辆各级维护和小修情况;记载车辆和总成大修情况。

(4) 车辆事故处理情况:主要记载车辆机件事故发生的状况、原因、损失、解决和处理情况等。

(5) 车辆的技术状况：记载车辆技术等级评定日期和评定等级。

3. 车辆技术档案的格式

车辆技术档案一般由各省、自治区、直辖市交通厅（局）统一制订，由车队的技术人员负责填写和管理。技术管理部门应定期进行检查。

五、车辆的停驶、封存与租赁

车辆的停驶、封存与租赁也是车辆技术管理的一项经常性工作，对于运输企业间及运输企业内部调节运力、保护运力、避免运力浪费具有重要意义。

1. 车辆停驶

凡部分总成的部件严重损坏，在较长时间内配件无法解决又不符合报废条件的车辆，或车型老旧无配件供应但尚有改造价值的车辆，由车辆使用管理单位做出技术鉴定，按车型、数量、停驶原因和日期报请有关部门批准停驶。

经批准停驶的车辆，应安排专人负责妥善保管，并积极创造条件修复，以恢复运力。车辆在停驶期间，应当选择地点集中停放，原车机件不得拆借、丢失。

已注册登记的机动车需要办理停驶或者停驶后恢复行驶的相关手续。

需提供的材料：

（1）机动车停驶、复驶/注销登记申请表。

（2）机动车所有人身份证明原件和复印件。

（3）委托代理人办理，还应提交代理人身份证明，并且在《机动车停驶、复驶/注销登记申请表》上与机动车所有人共同签字。

（4）申请停驶的，需交回号牌、行驶证和"机动车登记表（副表）"［到所辖区交巡警支（大）队领取］。

（5）申请复驶的，提供"机动车停驶凭证"（未获得的带"机动车登记证书"）。

办理程序：

（1）机动车所有人或代理人携带所需证明、凭证到车管所验车场窗口办理手续。

（2）办理交还机动车号牌手续，再到初次受理窗口。

（3）办理复驶的领取机动车行驶证，领取"机动车停驶凭证"、车辆号牌和"机动车登记表（副表）"。

以上办理程序一个工作日完成。受理地点：各地车辆管理所指定检测场。办理停驶后，将机动车号牌和行驶证交回车管分所保存，持停驶证明到公路局养路费征稽处办理停缴养路费手续。

2. 车辆的封存

凡技术状况良好，因其他原因（如运力过剩、驾驶员不足、燃料短缺等非技术原因）需要在较长时间（半年以上）停驶的车辆，按规定办理审批手续后方可做封存处理，并报上级主管部门、公路运管部门、公安交通管理部门备案。封存时间不进行效率指标考核，但一定要做好停驶技术处理，妥善保管，定期做好必需的维护，保持车况完好。

营运停驶、封存车辆情况应记录在车辆技术档案和维修卡上，停驶、封存车的交通规费缴稽卡、营运证应交回公路运管部门，车辆号牌、行驶证应交回公安交通管理部门，并结具有关交通规费，否则不予办理有关手续。

营运停驶、封存车辆在恢复行驶前,应进行一次维护作业,经检验合格,到公路运管部门、公安交通管理部门办理复驶手续后方可参加营运。

3. 车辆的租赁

车辆租赁作为车辆的一种特殊经营方式,有着其特定的市场份额。车辆租赁分为长期租赁和短期租赁。长期租赁一般以一个大修期为宜,短期租赁则随行就市,少则一个班次,多则1~2个月。

加强租赁车辆的经营管理,是车辆技术管理的一个重要环节,对维持良好的技术状况有重要作用。

车辆租赁时,应认真审核承租方的有关法定资证,协商有关费用,签订租赁合同;按规定填写车辆技术档案,认真执行车辆检测诊断与维修制度,保持汽车技术状况良好。租赁车辆的技术档案、技术经济指标完成情况和技术等级情况(包括租赁期满后的车况要求)等考核内容,由出租与承租双方记录和考核,并在签订租赁协议时予以明确。

第二节 车辆技术等级评定

对车辆实施技术等级评定制度是车辆全过程管理的重要环节,它体现了车辆管理应实行定期检测的管理原则。

一、车辆技术状况的变化规律

汽车技术状况变化规律是指汽车技术状况与汽车行驶里程或行驶时间的关系。

零件是汽车的基本组成单元。零件或配合件磨损后,汽车的技术状况即发生变化,因此,汽车技术状况的变化规律可用零件的磨损规律描述。

零件的自然损坏主要是磨损引起的。零件在正常情况下的磨损是有规律的。如图8-2-1所示,表示配合件配合间隙与工作时间的关系,此曲线分为3个阶段。

第一阶段(曲线 ab)称为走合期或磨合期。新装配的配合件,其表面比较粗糙,几何形状也不理想。在正确的走合过程中,粗糙表面的突峰很快被磨掉,因而间隙增加(孔、轴的尺寸变化)较快,在短期内配合间隙由装配间隙 S_1 增加到初始间隙 S_2,所经历的时间 T_1 称为走合时间。

第二阶段(曲线 bc)称为正常使用期。经走合后的配合件,其表面粗糙度和几何形状达到较为理想的状态,载荷分布均匀;加之合适的配合间隙,有利于润滑油膜形成,因而磨损缓慢,间隙的增长率很小并趋向稳定。

正常使用期汽车故障少、动力足、油耗低、技术状况最佳,运行效率、经济效益均处于最佳状态。如何延长正常使用期,即延长汽车的使用寿命,降低运输成本,提高运行效益,是汽车运用的根本目的和任务。

第三阶段称为事故性损坏期或故障高发期。由于间隙增长到了极限值,载荷分布不均匀,润滑油膜不能形成,加之冲击、过热等,使间隙急剧增长。若不对汽车及主要总成进行维护修理,则致使汽车故障频率高,经常发生机件损坏或引发交通事故。

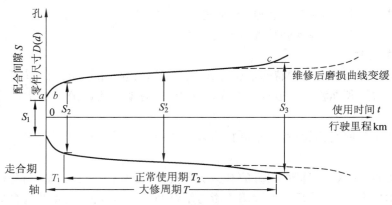

图 8-2-1 汽车配合件的磨损规律

二、车辆技术等级评定的意义

随着车辆行驶里程的增加和使用年限的延长,车辆的动力性、安全可靠性、经济性、舒适性以及排放污染程度都会随车辆技术状况的变化而日趋变坏,所以应及时了解和掌握车辆的技术状况,适时确定车辆能否安全运行并确定修理项目。对在用车辆实行定期的检测,通过检测来确定技术等级。这一做法不仅有利于行业管理部门随时了解和掌握本区域内车辆的分布情况及车辆技术状况的动态,为科学合理地编制车辆更新计划提供有效依据,而且对车辆使用者亦可实行有效的监督。实施车辆技术等级评定制度,也便于车辆使用者及时了解车辆技术状况,做到合理维护和及时修理。

车辆技术等级评定须采取定期检测的制度,即采用科学手段和现代化检测器具对车辆进行综合性能的检测。通过检测而确定的车辆技术等级可以客观地、正确地反映出车辆的实际技术状况。

三、车辆技术等级的划分和评定标准

车辆技术等级的评价标准依交通部 JT/T 198—2016 行业标准,采用汽车使用年限、关键项和项次合格率来衡量,分为一级车、二级车和三级车。因该标准适用的是在道路上行驶的在用汽车,故不再考虑停驶车。除车辆使用年限条件外,根据所评定车辆的动力性、燃料经济性、制动性、转向操纵性、前照灯、喇叭噪声、废气排放、汽车防雨密封性、整车与外观等各项指标依下列公式计算核定:

$$B = \frac{N}{M} \times 100\%$$

式中,B 为项次合格率;N 为检测合格的项次数之和;M 为检测的项次数之和。

式中的项次为标准中所列的所有应检测项目,其中分设关键项和一般项,在关键项中设分级项目和不分级项目。

车辆技术等级分级标准:

1. 一级车

使用年限在七年以内;关键项分级的项目达到一级,关键项不分级的项目为合格;项次合格率大于等于 90%;在运行中无任何保留条件。它应符合 3 个条件,即:

(1) 使用年限从新车投入运行起不得超过七年；
(2) 技术状况良好,即完好车；
(3) 在运行中无任何保留条件。

2．二级车

使用年限超过七年；关键项分级的项目达到二级以上,关键项不分级的项目为合格；项次合格率大于等于80%；在运行中无任何保留条件。

二级车的标准略低于一级车,它的技术性能和技术状况较一级车低,但应符合GB7258—1997《机动车运行安全技术条件》。它应符合3个条件,即：
(1) 使用年限已超过七年；
(2) 技术状况尚好,属基本完好车；
(3) 在运行中无任何保留条件,可随时参加运行。

3．三级车

达不到二级车技术等级标准的车辆；送大修前最后一次二级维护后的车辆和正在大修或待更新尚在行驶的车辆。

三级车的定级标准为：
(1) 凡技术状况和性能较差、不再计划作二级维护作业、即将送厂大修的车辆；
(2) 正在进行大修的车辆；
(3) 车辆技术状况和性能变坏,预计近期更新但仍还在行驶的车辆。

四、车辆技术等级评定周期

根据交通部《道路运输车辆技术管理规定》,车辆技术等级评定由各地交通运输管理部门组织实施,在各检测站进行。客车、危货运输车自首次经国家机动车辆注册登记主管部门登记注册不满60个月的,每12个月进行1次检测和评定；超过60个月的,每6个月进行1次检测和评定。其他运输车辆自首次经国家机动车辆注册登记主管部门登记注册的,每12个月进行1次检测和评定。

第三节 车辆使用技术管理

一、车辆使用的有关规定

1．车辆使用技术条件

为了保证车辆行驶安全、运行可靠和经济合理,参加营运的车辆,均应符合以下主要技术条件：
(1) 车容整洁、装备齐全,外露部位的螺栓、螺母紧固可靠,汽车动力性及滑行性能良好。
(2) 发动机运转情况良好,燃润料消耗正常,冷却水温在50℃以上时无敲击异响,无漏油、漏气、漏水、漏电现象。
(3) 底盘各总成连接牢固,不过热,无异响,性能良好,各润滑部位不缺油,悬挂无开裂无错位,轮胎气压正常,汽挂车连接和防护装备齐全、可靠。
(4) 转向轻便灵活,横直拉杆及球头销不松旷,性能良好。前轮定位符合要求,驻车制动作用可靠,行车制动效能符合规定,挂车制动装置齐全有效。

（5）客车车厢、货车驾驶室内不进尘土、不漏水,门窗关闭严密、开关灵活,挡风玻璃视线清晰。货厢无漏洞,栏板挂钩牢固可靠。

（6）照明、信号和其他电气设备齐全,工作可靠,排放及噪声符合标准。

2. 车辆装载质量的规定

车辆的额定装载质量,取决于车辆的结构形式与运行条件,特别是道路的路面结构和维护情况,更能影响车辆的装载质量。应根据各型车辆的正常运行条件下的最大允许载荷和使用中的变化因素,做出切合实际的装载质量规定。

（1）车辆额定装载质量。

国产汽车额定载质量应符合原厂规定。

（2）车辆的减载。

汽车运输企业根据车辆运用技术状况,结合实际运行条件,可做出临时性减载规定。

新车及大修后的汽车在走合期内应按规定减载行驶；汽车长期行驶于三、四级公路时,应适当减载,但不能低于额定载质量的75%。

装运不能均匀分布在车厢内的笨重货物或体积大、质量轻的物质时,应适当减载,其实际载质量,根据具体情况确定。

3. 拖挂运输的适用条件

根据公路运输业长期积累的实践经验,汽车拖挂的适用条件：

（1）车型选择：原则上载质量标准在4t以下的汽车不主张拖挂,特殊情况下也可视情实施。

（2）汽车技术状况：拖挂的汽车,其技术状况应不低于一级车况。

（3）各型汽车在任何运输条件下组织拖挂运输时,均不得超过最大容许拖挂质量,严重超载时将产生不良影响。

（4）道路条件：道路条件主要涉及路线的标准、路面结构与维护情况。

（5）汽车满载时,驾驶操作不熟练的驾驶员不得拖带挂车。

4. 车辆使用主要技术经济定额指标

（1）行车燃料消耗定额：是指汽车每行驶百千米或完成百吨千米所消耗燃料的限额。

（2）轮胎行驶里程定额：是指新胎从开始装用,经翻新到报废总行驶里程的限额。根据车型、使用条件和轮胎性能分别制定。

（3）车辆维护与小修费用定额：是指车辆每行驶一定里程,维护与小修耗用的工时和物料费用的限额。按车型的使用条件等分别制定。

（4）车辆大修间隔里程定额：是指新车到大修,或大修到大修之间所行驶的里程限额。按车型和使用条件等分别制定。

（5）发动机大修间隔里程定额：是指新发动机到大修,或大修到大修之间所行驶的里程限额。按车型和使用燃料类别等分别制定。

（6）车辆大修费用定额：是指车辆大修所耗工时和物料总费用的限额。按车辆类别和形式等分别制定。

（7）营运车辆完好率：是指完好车日在总车日中所占的百分比。

（8）车辆平均技术等级：是指所有运输车辆技术状况的平均等级。

(9) 车辆新度系数：是综合评价运输单位车辆新旧程度的指标。
(10) 小修频率：是指每 1000km 发生小修的次数（不包括各级维护作业中的小修）。
(11) 轮胎翻新率：是指在统计期内经过翻新的报废轮胎数占全部报废轮胎数的百分比。

二、车辆走合期的使用

走合期的使用正确与否，直接关系到新车后期的工作可靠性和经济性。使用不正确，会使汽车早期损坏或缩短发动机使用寿命。汽车走合期的规定如下：

(1) 发动机刚启动时，不要猛踩油门急剧增加其转速，当发动机冷却水的水温上升到 50℃～60℃时再平稳起步。避免在高速或低速连续运转，以中等转速运转发动机为宜。

(2) 汽车在行驶中，不允许长时间高速行驶或低速挡时加速行驶，不要以单一速度长时间快速或慢速行驶，也不要在高速挡情况下缓慢驾驶。

(3) 尽量选择良好的路面行驶。根据道路的不同条件及时换挡，充分估计发动机动力，提前换低速挡，不要勉强用高速挡行驶，以免发动机负荷过大。同时，汽车在走合期早期阶段（500～800km），不要满载。

(4) 控制车速注意路面状态，避免紧急制动，以免损坏机件。缓和地使用制动，能较好地磨合并延长其使用寿命。

(5) 保持发动机工作温度在一定范围（80℃～90℃）。

(6) 选用品质好的燃油和润滑油。新车使用的机油必须要按照厂家规定的标号选用。

(7) 加强各润滑部位润滑，及时对螺栓、螺母松动进行紧固。

以上海桑塔纳轿车为例，新车 1000km 范围内变速器各挡不可超过以下速度：1 挡 30km/h、2 挡 55km/h、3 挡 80km/h、4 挡 110km/h，发动机最大转速要小于 4200rpm。当新车行驶到 1000～1500km 时，车速和发动机转速可逐渐提高到最大值，走合期发动机最大转速为 6300rpm。

三、车辆使用期的索赔及理赔

车辆的使用期是一个较漫长的时间阶段，它分为车辆的使用前期、使用中期和使用后期。就一般规律和实践经验看，车辆的使用前期，尤其是车辆使用的走合期，所发生的质量纠纷率最高，大体上要占到整个使用期的 60%～80%。由此而引发的车辆索赔及理赔事例不在少数，应引起车辆使用管理部门的高度重视，并列入车辆技术管理的议事日程。

(1) 一般说来，厂方在自己产品的使用说明书或是服务手册中会列出以下一些承诺：
① 质量保证期：车辆在售出后一定的时间阶段或限定的一定行驶里程内若发生产品质量或装配质量问题，厂方负责赔偿。
② 理赔的委托单位：指车辆驻地或就近该车型的服务维修站点。
③ 载明不属于理赔的范围：属于用户使用不当所造成的车辆损坏不予理赔。
④ 要求提供相关资料和实物。
⑤ 其他的特别约定：提供需双方自行签订的有法律约束效力的合同文本等。

车辆的维护或修理竣工出厂后的保用条件也类似于上述条款，在发生质量纠纷时，用户可要求索赔。

(2) 为确保消费者的权益不受侵害,进行索赔时,应做以下工作:

① 在车辆投入使用前,应认真阅读所用车型的使用说明书,详细了解该车的结构和特征,避免因使用失误而造成车辆损坏。

② 在车辆使用前期,尤其是车辆走合期,因发生的质量问题最易暴露,要密切注意车辆的动静态情况,多观察和查验。

③ 认真研读车辆使用说明书或用户手册,了解厂方的质量保证条件或合同的特别约定,避免因概念的混淆而陷入被动。

④ 应注意收集车辆运行初期的使用技术资料,包括开始运行时间、运行里程、故障发生部位、故障现象、损坏情况等,为分析故障提供依据。

⑤ 提供详细的技术资料和实物,包括车辆技术管理部门的鉴定结论、实物图片或实物的原始状态。

⑥ 提出索赔申请,包括欲索赔车(或机件)的一般情况、损坏情况、技术分析结论、要求索赔的理由及金额等。

⑦ 在车辆发生质量损坏时,应在厂方派员在场情况下进行拆解,或征得厂方同意时可自行拆解,以求得客观和公正。

⑧ 在发生索赔和理赔的重大纠纷时,可报请上一级机构或技术监督部门仲裁解决直至求助于法律。

四、车辆运行技术检验

运行车辆的技术检验是车辆使用的重要环节。它不仅关系到车辆能否正常运行,而且关系到行车安全的重大问题。运行车辆技术检验包括出车前、行驶中、收车后的"三检"制度,前两项是由驾驶员完成的,而收车后的技术检验则是由专职检验员进行的。

1. 完好车的概念

(1) 发动机容易启动、运转均匀、动力性和加速性能良好、无异常响声、温度和压力正常。点火、燃料供给、润滑、冷却、排气系统机件齐全,性能良好。

(2) 离合器分离彻底,接合平稳可靠,无异常响声。

(3) 转向装置调整适当,操纵轻便灵活,工作可靠。

(4) 驻车、行车制动器调整适当、效能良好、不跑偏,制动距离符合要求。

(5) 各齿轮箱和传动机件无异常响声,无过热现象。

(6) 仪表照明、信号及附属装置齐全、性能良好。

(7) 全车线路齐全,连接固定可靠;全车清洁,无漏气、漏水、漏油、漏电现象。

(8) 空气滤清器、机油滤清器清洁完好。

(9) 蓄电池固定可靠,电解液密度及液面高度适当,符合技术要求。

(10) 底盘各部调整适当,管路固定牢固,无干涉,汽车滑行性能好,钢板弹簧和减振器性能良好。

2. 运行车辆技术检验标准(人工检视方法)

(1) 车辆内部清洁,外观整洁,各零部件应完好,连接紧固无缺损,并且有正常的技术性能。车辆的牌照号、放大号字迹清楚。

(2) 发动机动力性能良好,运转平稳,不得有异响,怠速稳定,机油压力正常;废气排放符合国家有关标准。

(3) 转向盘应转动灵活,操纵轻便,无阻滞现象。转向节及臂、转向横直拉杆及球销应无损伤,并且球销不得松旷,锁销锁止可靠。

(4) 制动阀、制动气室、驻车制动操纵杆固定牢靠,制动操纵机构应灵活可靠,制动踏板的自由行程应符合原厂规定。制动性能应符合国家标准 GB 7258—2017《机动车运行安全技术条件》的有关规定。

(5) 离合器应接合平稳,分离彻底,不得有异响、抖动、打滑现象,踏板自由行程应符合原厂规定。

(6) 变速器操纵机构应灵活可靠,无脱挡和严重异响现象。

(7) 传动轴中间轴承、万向节、钢板弹簧 U 形螺栓应坚固牢靠,钢板弹簧不得有断裂、缺片和移位现象,减振器工作正常。

(8) 安全防护装置齐全有效,主、挂车的连接装置应坚固耐用,后视镜安装适宜,刮水器工作正常,燃油箱通气口畅通,装备灭火器。

(9) 车辆各主要部位不应漏油、漏气、漏水、漏电,但油、水密封结合面允许有不致形成滴状的浸迹。

(10) 轮胎胎面无夹石、铁屑等异物,气压应符合规定。

五、车辆报废

汽车经过长期使用,车型老旧,性能低劣,物料消耗严重,维修费用过高,继续使用不经济、不安全的应予以报废。车辆报废应根据车辆报废的技术条件,提前报废会浪费,过迟报废则又增大运输成本,影响运力更新。

1. 车辆报废标准

(1) 小、微型出租客运汽车使用 8 年,中型出租客运汽车使用 10 年,大型出租客运汽车使用 12 年。

(2) 租赁载客汽车使用 15 年。

(3) 小型教练载客汽车使用 10 年,中型教练载客汽车使用 12 年,大型教练载客汽车使用 15 年。

(4) 公交客运汽车使用 13 年。

(5) 其他小、微型营运载客汽车使用 10 年,大、中型营运载客汽车使用 15 年。

(6) 专用校车使用 15 年。

(7) 大、中型非营运载客汽车(大型轿车除外)使用 20 年。

(8) 三轮汽车、装用单缸发动机的低速货车使用 9 年,其他载货汽车(包括半挂牵引车和全挂牵引车)使用 15 年。

(9) 有载货功能的专项作业车使用 15 年,无载货功能的专项作业车使用 30 年。

(10) 全挂车、危险品运输半挂车使用 10 年,集装箱半挂车使用 20 年,其他半挂车使用 15 年。

(11) 正三轮摩托车使用 12 年,其他摩托车使用 13 年。

对小、微型出租客运汽车(纯电动汽车除外)和摩托车,省、自治区、直辖市人民政府有关部门可结合本地实际情况,制定严于上述使用年限的规定,但小、微型出租客运汽车不得低于6年,正三轮摩托车不得低于10年,其他摩托车不得低于11年。

小、微型非营运载客汽车、大型非营运轿车、轮式专用机械车无使用年限限制。

机动车使用年限起始日期按照注册登记日期计算,但自出厂之日起超过2年未办理注册登记手续的,按照出厂日期计算。

变更使用性质或者转移登记的机动车应当按照下列有关要求确定使用年限和报废:

(1) 营运载客汽车与非营运载客汽车相互转换的,按照营运载客汽车的规定报废,但小、微型非营运载客汽车和大型非营运轿车转为营运载客汽车的,应按照以下公式核算累计使用年限,且不得超过15年:

$$累计使用年限 = 原状态已使用年 + \left(1 - \frac{原状态已使用年}{原状态使用年限}\right) \times 状态改变后年限$$

(2) 不同类型的营运载客汽车相互转换,按照使用年限较严的规定报废。

(3) 小、微型出租客运汽车和摩托车需要转出登记所属地省、自治区、直辖市范围的,按照使用年限较严的规定报废。

(4) 危险品运输载货汽车、半挂车与其他载货汽车、半挂车相互转换的,按照危险品运输载货车、半挂车的规定报废。

距本规定要求使用年限1年以内(含1年)的机动车,不得变更使用性质、转移所有权或者转出登记地所属地市级行政区域。

国家对达到一定行驶里程的机动车引导报废。

达到下列行驶里程的机动车,其所有人可以将机动车交售给报废机动车回收拆解企业,由报废机动车回收拆解企业按规定进行登记、拆解、销毁等处理,并将报废的机动车登记证书、号牌、行驶证交公安机关交通管理部门注销:

(1) 小、微型出租客运汽车行驶60万千米,中型出租客运汽车行驶50万千米,大型出租客运汽车行驶60万千米。

(2) 租赁载客汽车行驶60万千米。

(3) 小型和中型教练载客汽车行驶50万千米,大型教练载客汽车行驶60万千米。

(4) 公交客运汽车行驶40万千米。

(5) 其他小、微型营运载客汽车行驶60万千米,中型营运载客汽车行驶50万千米,大型营运载客汽车行驶80万千米。

(6) 专用校车行驶40万千米。

(7) 小、微型非营运载客汽车和大型非营运轿车行驶60万千米,中型非营运载客汽车行驶50万千米,大型非营运载客汽车行驶60万千米。

(8) 微型载货汽车行驶50万千米,中、轻型载货汽车行驶60万千米,重型载货汽车(包括半挂牵引车和全挂牵引车)行驶70万千米,危险品运输载货汽车行驶40万千米,装用多缸发动机的低速货车行驶30万千米。

(9) 专项作业车、轮式专用机械车行驶50万千米。

(10) 正三轮摩托车行驶10万千米,其他摩托车行驶12万千米。

2. 车辆报废程序

(1) 已达到国家强制报废标准的机动车,机动车所有人向机动车回收企业交售机动车时,应当填写申请表,提交机动车登记证书、号牌和行驶证。机动车回收企业应当确认机动车并解体,向机动车所有人出具"报废机动车回收证明"。报废的大型客、货车及其他营运车辆应当在车辆管理所的监督下解体。

机动车回收企业应当在机动车解体后七日内将申请表、机动车登记证书、号牌、行驶证和"报废机动车回收证明"副本提交车辆管理所,申请注销登记。

车辆管理所应当自受理之日起一日内,审查提交的证明、凭证,收回机动车登记证书、号牌、行驶证,出具注销证明。

(2) 除上述情形外,机动车有下列情形之一的,机动车所有人应当向登记地车辆管理所申请注销登记:

① 机动车灭失的。

② 机动车因故不在我国境内使用的。

③ 因质量问题退车的。

属于以上第②项和第③项规定情形之一的,机动车所有人申请注销登记前,应当将涉及该车的道路交通安全违法行为和交通事故处理完毕。

(3) 机动车所有人申请注销登记的,应当填写申请表,并提交以下证明、凭证:

① 机动车登记证书。

② 机动车行驶证。

③ 属于机动车灭失的,还应当提交机动车所有人的身份证明和机动车灭失证明。

④ 属于机动车因故不在我国境内使用的,还应当提交机动车所有人的身份证明和出境证明,其中属于海关监管的机动车,还应当提交海关出具的"中华人民共和国海关监管车辆进(出)境领(销)牌照通知书"。

⑤ 属于因质量问题退车的,还应当提交机动车所有人的身份证明和机动车制造厂或者经销商出具的退车证明。

车辆管理所应当自受理之日起一日内,审查提交的证明、凭证,收回机动车登记证书、号牌、行驶证,出具注销证明。

(4) 因车辆损坏无法驶回登记地的,机动车所有人可以向车辆所在地机动车回收企业交售报废机动车。交售机动车时应当填写申请表,提交机动车登记证书、号牌和行驶证。机动车回收企业应当确认机动车并解体,向机动车所有人出具"报废机动车回收证明"。报废的大型客、货车及其他营运车辆应当在报废地车辆管理所的监督下解体。

机动车回收企业应当在机动车解体后七日内将申请表、机动车登记证书、号牌、行驶证和"报废机动车回收证明"副本提交报废地车辆管理所,申请注销登记。

报废地车辆管理所应当自受理之日起一日内,审查提交的证明、凭证,收回机动车登记证书、号牌、行驶证,并通过计算机登记系统将机动车报废信息传递给登记地车辆管理所。登记地车辆管理所应当自接到机动车报废信息之日起一日内办理注销登记,并出具注销证明。

第四节 车辆维修技术管理

《道路运输车辆技术管理规定》要求车辆技术管理应坚持分类管理、预防为主、安全高效、节能环保的原则,对汽车实行择优选配、正确使用、周期维护、视情修理、定期检测和适时更新的全过程综合管理。车辆维护和修理是在车辆检测诊断的基础上,对车辆技术状况进行鉴定,根据检测诊断的结果,确定维护或修理作业的性质和范围。

车辆的检测诊断指在不解体情况下,判明汽车或总成的技术状况、查明故障部位及原因的技术。

汽车维修指在汽车使用过程中,为维持和恢复汽车的技术状况,保持汽车的工作能力,所采取的技术措施。具体可分为汽车维护和汽车修理。汽车的维修思想和维修工艺组织是否科学、维修装备是否先进、维修技术和规范是否合理都对汽车的维修质量有重大影响;而汽车维修质量的高低,对于汽车使用中技术状况的好坏和使用寿命的长短也具有决定性作用。

车辆的检测诊断和维修是保证运行车辆技术状况的重要手段,也是实现车辆运输行业管理的关键。

一、车辆的检测诊断

1. 车辆检测诊断的作用

车辆检测诊断技术,就是应用必要的仪器设备,准确、迅速地确定车辆的技术状况、工作能力,查明故障的部位及原因,用以代替几十年来的人工经验判断方法,达到科学、高效、正确的目的。

2. 车辆检测诊断的主要内容

车辆检测诊断的主要内容包括:汽车的安全性(制动、侧滑、转向、前照灯等)、可靠性(异响、磨损、变形、裂纹等)、动力性(车速、加速性能、底盘输出功率、发动机功率、转矩、燃油供给系、点火系状况等)、经济性(燃油消耗)及噪声和废气排放状况等。

对车辆进行上述全部或多种性能检测,统称综合性能检测。能承担车辆综合性能检测的检测站即为综合性能检测站,只测定某种性能的检测站为单一性能检测站。在车辆检测诊断工作中所用的设备称为检测诊断设备。检测诊断设备与一般检测仪具的基本区别主要为是否能够在汽车或者总成不解体状况下确定其工作能力和技术状况,并查明故障或隐患的部位和原因。

3. 车辆技术状况监控体系的建立

汽车运输业车辆检测制度的制定和汽车综合性能检测站的建设是车辆技术状况监控体系的重要内容。

(1) 车辆检测制度的制定。

各省、自治区、直辖市交通运输厅(局)应负责制定本地区的汽车运输业车辆检测制度,并在车辆全过程综合管理工作中,推广检测诊断技术,实行定期检测,建立车辆技术状况监控体系。

检测制度规定:对营运车按行驶里程或行驶时间,实行定期或不定期检测;对非营业性运输车辆实行不定期检测;对维修车辆实行质量抽检。检测项目应满足综合性能检测的要求,并要建立管理制度,严格执行检测标准。

(2) 汽车综合性能检测站的建设。

建设汽车综合性能检测站是加强车辆技术管理的重要措施。各省、自治区、直辖市交通运输厅(局)是汽车综合性能检测站的主管部门,负责规划、管理和监督,以使汽车综合性能检测站与车辆检测诊断工作协调发展,布局合理,避免盲目性;制定本地区的行业检测标准和检测制度,以及对汽车综合性能检测站的检测条件、检测质量和管理水平等进行管理和监督。

各省、自治区、直辖市交通厅(局)应对汽车综合性能检测站进行认定。经认定后的检测站可代表交通运输管理部门对车辆行驶质量进行监控。目前,我国已初步形成了全国性的车辆综合性能检测网络。

汽车综合性能检测站经认定后,交通运输管理部门应根据运输车辆检测制度组织运输和维修车辆进行检测。各交通运输管理部门要充分发挥汽车综合性能检测站的作用,以保证公路运输车辆技术状况良好,使运输单位和个人能取得良好的经济效益和社会效益。汽车综合性能检测站应积极配合,完成交通运输管理部门下达的车辆检测任务。经认定的汽车综合性能检测站在车辆检测后,应发给检测结果证明。在交通运输管理部门的行业管理工作中,审批经营资格的一项重要依据,就是运输单位投入营运的车辆技术状况是否良好,以及维修车辆的维修质量是否合格。因此,交通运输管理部门应将经认定的汽车综合性能检测站签发的检测结果证明,作为发放或吊扣营运证和确定维修经营资格的一项主要依据,从而达到对运输单位和维修单位实行行业管理的目的。

二、车辆的维护

汽车维护是保持车容整洁,及时发现和消除故障及其隐患,防止车辆早期损坏的技术作业。通过汽车的技术维护,应使车辆达到下列要求:

(1) 汽车经常处于技术状况良好的状态,可以随时出车。
(2) 在合理使用的前提下,不致因中途损坏而停车,以及因机械故障而影响行车安全。
(3) 在运行过程中,降低燃料、润滑油以及配件和轮胎的消耗。
(4) 各总成的技术状况应尽量保持均衡,以延长汽车大修间隔里程。
(5) 减轻车辆噪声和排放污染物对环境的污染。

1. 汽车维护的原则

车辆维护应贯彻预防为主、强制维护的原则,即车辆维护必须遵照交通运输管理部门规定的行驶里程或间隔时间,按期强制执行,不得拖延,并在维护作业中遵循车辆维护分级和作业范围的有关规定,保证维护质量,从而防止运输单位或个人因盲目追求眼前利益,不及时进行维护,从而导致车辆技术状况严重下降,影响运输生产正常进行和运输车辆效益的发挥,使运行消耗增大。强制维护是在计划预防维护的基础上进行状态检测的维护制度,即在计划预防维护基础上增加状态检测的内容,以确定附加维护作业项目,使计划维护结合状态检测进行。

2. 汽车维护的分级和作业内容

车辆维护作业,包括清洁、检查、补给、润滑、紧固、调整等,除主要总成发生故障必须解体时,不得对其进行解体。

车辆维护分为日常维护、一级维护、二级维护等。车辆进入冬、夏季运行时,应对其进行季节性维护,一般结合二级维护进行。

日常维护是日常性作业,由驾驶员负责执行,其作业中心内容是清洁、补给和安全检视。日常维护是驾驶员保持车辆正常工作状况的经常性工作。

一级维护由专业维修工负责执行。其作业中心内容除日常维护作业外,以清洁、润滑、紧固为主,并检查制动、操纵等安全部件。也就是要求车辆经过较长里程运行后,特别要注意对车辆的安全部件进行检视维护。

二级维护由专业维修工负责执行。其作业中心内容除一级维护作业外,以检查、调整为主,包括拆检轮胎,进行轮胎换位。这是因为车辆在经过更长里程运行后,必须对车况进行较全面的检查、调整,维持其使用性能,以保证车辆的安全性、动力性和经济性达到使用要求。车辆二级维护前,应进行检测诊断和技术评定,了解和掌握车辆技术状况以及磨损情况,据此确定附加作业或小修项目,一般结合二级维护一并进行。

每年4月至5月和10月至11月汽车进入夏、冬季运行时,应进行季节性维护,并更换润滑油(脂),一般结合二级维护一起进行。

车辆的维护必须遵照交通运输管理部门规定的行驶里程或间隔时间,按期强制执行。由于我国幅员广阔,各地区的运行条件差异较大,所以各级维护周期(行驶里程或间隔时间)难以统一。各省、自治区、直辖市交通运输厅(局)可按车型结合本地区具体情况提出统一的维护周期,并制定车辆维护技术规范,以保证车辆维护质量。各级维护作业项目和周期的规定,必须根据车辆结构性能、使用条件、故障规律、配件质量及经济效果等情况综合考虑。各级交通运输管理部门一经确定某种车型的维护项目和周期后,不要任意更动。随着运行条件的变化,新工艺、新技术的采用,维护项目和周期经论证和交通运输管理部门同意后,可及时进行调整。

运输单位和个人的运输车辆,应在交通运输管理部门认定的维修厂(场)进行维护,建立维护合作关系,确保车辆按期维护。维修厂(场)必须认真进行维护作业,确保维护质量。车辆维护后,应将车辆维护的级别、项目等填入车辆技术档案,并签发合格证。

三、车辆的修理

汽车修理是消除故障及其隐患,恢复汽车的工作能力和良好技术状况的技术作业。

1. 汽车修理的原则

根据《道路运输车辆技术管理规定》,车辆修理应贯彻视情修理的原则,即根据车辆检测诊断和技术鉴定的结果,视情按不同作业范围和深度进行,既要防止拖延修理造成车况恶化,又要防止提前修理造成浪费。

视情修理必须经过检测诊断和技术鉴定,而不能只凭车辆所有者或者使用者的意见来随便确定修理时间和项目。视情修理的实质是:

(1)由原来以行驶里程为基础确定车辆修理方式,改变为以车辆实际技术状况为基础的修理方式。

(2)车辆修理的作业范围是通过检测诊断后确定的,检测诊断技术是实现视情修理的重要保证。

(3)视情修理体现了技术与经济相结合的原则。

2. 汽车修理的分类

车辆修理按作业范围可分为车辆大修、总成大修、车辆小修和零件修理。

(1)车辆大修,是新车或经过大修后的车辆,在行驶一定里程(或时间)后,经过检测诊断和技术鉴定,用修理或更换车辆任何零部件的方法,恢复车辆的完好技术状况,完全或接近完全恢复车辆寿命的恢复性修理。

(2) 总成大修，是车辆的总成经过一定使用里程(或时间)后，用修理或更换总成任何零部件(包括基础件)的方法，恢复其完好技术状况和寿命的恢复性修理。

(3) 车辆小修，是用修理或更换个别零件的方法，保证或恢复车辆工作能力的运行性修理，主要是消除车辆在运行过程或维护作业过程中发生或发现的故障或隐患。

(4) 零件修理，是对因磨损、变形、损伤等而不能继续使用的零件进行修理。运输单位和个人的运输车辆，应根据其修理作业范围，送交通运输管理部门认定的修理厂进行修理。车辆修理必须根据国家和交通部发布的有关规定和修理技术标准进行，车辆修理厂应严格执行，以确保修理质量。交通运输管理部门应根据有关汽车修理的规定和技术标准，对车辆维修质量进行监督，以不断提高修理质量。

3. 汽车和总成大修送修标志

要确定车辆及其总成是否需要大修，必须掌握车辆和总成大修送修标志。

(1) 汽车大修送修标志。客车以车厢为主，结合发动机总成符合大修条件；货车以发动机总成为主，结合车架总成或其他两个总成符合大修条件。

(2) 挂车大修送修标志。

① 挂车车架(包括转盘)和货厢符合大修条件。

② 定车牵引的半挂车和铰接式大客车，按照汽车大修的标志与牵引车同时进厂大修。

(3) 总成大修送修标志。

① 发动机总成。气缸磨损，圆柱度达到 0.175～0.250mm 或圆度已达到 0.050～0.063mm(以其中磨损量最大的一个气缸为准)；最大功率或气缸压力较标准降低 25% 以上；燃料和润滑油消耗量显著增加。

② 车架总成。车架断裂、锈蚀、弯曲、扭曲变形逾限，大部分铆钉松动或铆钉孔磨损，必须拆卸其他总成后才能进行校正、修理或重铆。

③ 交速器(分动器)总成。壳体变形、破裂，轴承孔磨损逾限，变速齿轮及轴恶性磨损、损坏，需要彻底修复。

④ 后桥(驱动桥、中桥)总成。桥壳破裂、变形，半轴套管承孔磨损逾限，减速器齿轮恶性磨损，需要校正或彻底修复。

⑤ 前桥总成。前轴有裂纹、变形，主销承孔磨损逾限，需要校正或彻底修复。

⑥ 客车车身总成。车厢骨架断裂、锈蚀、变形严重，蒙皮破损面积较大，需要彻底修复。

⑦ 货车车身总成。驾驶室锈蚀、变形严重、破裂，或货厢纵、横梁腐朽，底板、栏板破损面积较大，需要彻底修复。

4. 车辆维修合同

在生产经营活动中，供求双方为了维护各自的利益和合法权利，要签订一定形式的"合同"文本，以便一旦发生纠纷时，能够得到法律的公正裁判和保护。车辆的维修也不例外，运输业主在送承修厂家时也须签订一定形式的"维修合同"来保障自身的合法权益不受损害。

(1) 车辆维修合同签订的范围。

汽车大修、汽车主要总成的大修、汽车的二级维护、汽车维修预算费用在 1000 元以上者。

(2) 合同签订的主要内容。

承、托修方的名称，签订的日期及地点，合同编号，送修车辆的车种车型、牌照号码，发动机型号（或编号），底盘号码，维修类别及项目，预计维修费用，质量保证期限，送修地点、日期及方式，交车地点、日期及方式，托修方所提供材料的规格、数量、质量及费用结算原则，验收标准和方式，结算方式及期限，违约责任和金额，解决合同纠纷的方式，双方商定的其他条款。

(3) 合同双方的义务。

① 托修方的义务：按合同规定的时间送修车辆和接收竣工车辆；提供送修车辆的有关情况（包括送修车辆基础技术资料、技术档案等）；按合同规定的方式和期限交纳维修费用。

② 承修方的义务：按合同规定的时间交付修竣车辆；按照有关汽车修理技术标准修车，保证维修质量，向托修方提供竣工车辆出厂合格证；建立承修车辆维修技术档案，并向托修方提供维修车辆的有关资料及使用注意事项；按规定收受维修费用，并向托修方提供维修工时、材料明细表。

(4) 合同的约束效力。

① 汽车维修合同签订后，任何一方不得擅自变更或解除。当事人一方要求变更或解除维修合同时，应及时以书面形式通知对方。因变更或解除合同使另一方遭受损失的，除依法可以免除责任的以外，应由责任方负责赔偿。

② 托修方按合同规定对竣工车辆进行验收签字后，方能接收车辆。承修方必须按其义务和规定提供有关资料。

③ 托修方未按合同规定时间送修车辆和承修方未按合同规定时间交付竣工车辆，应按合同规定支付对方违约金。托修方不按合同规定交付维修费，从应付费次日起，每日按不超过维修费的 0.1% 向承修方交纳滞纳金。

④ 违约金、滞纳金金额由双方商定，但法律另有规定的除外。除双方另有商定外，违约金、赔偿金应在明确责任后十日内偿付，否则按逾期付款处理。

⑤ 在合同期已竣工的车辆，托修方不按合同期限验收接车，应承付车辆的保管费和自然损伤的修复费。逾期半年以上的，承修方有权将车辆提交有关部门依法处理。

⑥ 承、托修双方在履行合同中发生纠纷时，应及时协商解决；协商不成时，任何一方均可向当地经济合同仲裁部门申请仲裁或直接向当地人民法院起诉。维修车辆在质量保证期内发生质量问题，当事人也可先到所在地交通主管部门提请调解处理。

(5) 维修质量纠纷责任认定。

① 承修方不按技术标准、有关技术资料和维修操作规程维修车辆或不按使用说明书规定选用配件、油料所引起的质量责任由承修方负责；承修方因装配使用有质量问题的配件、油料或装配使用托修方自带配件、油料且未在维修合同中明确责任的，所引起的质量责任也由承修方负责。

② 承修方在进行总成大修、小修和二级维护作业时，未对所装（拆）配件进行鉴定，或虽发现相关配件质量不符合技术要求但未与托修方签订责任协议，在质量保证期内确因该零部件质量引起的质量事故由承修方负责。汽车维修合同中另有约定的按合同规定的责任确定。

③ 因托修方违反驾驶操作规程和车辆使用、维护规定而引起的质量责任，由托修方

负责。

④ 责任认定的依据是建立在公正、客观的技术分析和技术鉴定基础上的。

⑤ 汽车维修质量纠纷调解的原则应是坚持自愿公平,调解机构在调解时应当公开,做到依据事实、查明原因、分清责任、公开调解、公平负担。

5. 车辆和总成送修及修竣出厂的有关规定

(1) 车辆和总成的送修规定。

① 车辆和总成送修时,承修单位与送修单位应签订合同,商定送修要求、修理日期和质量保证等。合同签订后必须严格执行。

② 车辆送修时,应具备行驶功能,装备齐全,不得拆换。

③ 总成送修时,应在装合状态,附件、零件均不得拆换和短缺。

④ 肇事车辆或因特殊原因不能行驶和短缺零部件的车辆,在签订合同时,应做出相应的规定和说明。

⑤ 车辆和总成送修时,应将车辆和总成的有关技术档案一并送承修单位。

(2) 修竣车辆和总成的出厂规定。

① 送修车辆和总成修竣检验合格后,承修单位应签发出厂合格证,并将技术档案、修理技术资料和合格证移交送修单位。

② 车辆或总成修竣出厂时,不论送修时的装备(附件)状况如何,均应按照有关规定配备齐全。发动机应安装限速装置。

③ 接车人员应根据合同规定,就车辆或总成的技术状况和装备情况等进行验收,如发现确有不符合竣工要求的情况,承修单位应立即查明,及时处理。

④ 送修单位必须严格执行车辆走合期的规定,在保证期内因修理质量发生故障或提前损坏时,承修单位应优先安排,及时排除,免费修理。如发生纠纷,应由维修管理部门组织技术分析,进行仲裁。

第五节 车辆运行安全技术管理

交通安全是公路运输企业永恒的主题。交通事故不仅给人民的生命财产带来巨大损失,而且极易引发社会问题,因此,必须引起各级人民政府,尤其是运输企业及经营者的重视,并坚持做好安全管理工作。强化运输企业的安全技术管理具有非常重要的现实意义。

一、安全技术管理体系及职责

"安全第一、预防为主"是交通运输必须贯彻的方针。企业安全技术管理的任务就是通过认真贯彻、执行国家有关汽车安全的法规、条例,建立健全有效的行车安全管理机构和制度,对职工进行安全教育、培训,实施汽车安全监督、检查及奖惩,以达到降低事故频率、减少人员伤亡和财产损失、杜绝重特大汽车事故发生的目的。

1. 安全技术管理体系

(1) 交通安全委员会。

运输企业安全管理工作,均实行企业第一行政领导负责制,即由企业一把手负责,组成由企业主管安全领导、安全机构(处、科)、基层安全成员、技术科室负责人等人员参加的交通安全委员会。有关本企业汽车安全方面的一切重大决策、方案及奖惩措施等,均由交通安全委员会决定。同时,还要负责协调企业各部门,实现对行车安全管理工作的综合治理。

(2) 安全管理机构(如安全处、科)职责。

① 贯彻上级下达的有关行车安全的法规、条例。

② 制定、修改、充实本企业行车安全管理的有关规定。

③ 督促各项安全制度的落实。

④ 检查本企业车辆的安全技术状况。

⑤ 负责本企业行车事故的处理、统计和上报。

⑥ 负责组织对驾乘人员的安全培训和教育。

⑦ 负责本企业车辆和驾驶员的年度审验工作。

⑧ 对驾乘人员的录用、辞退有权提出建议,对不利于行车安全的规定、命令、生产安排等由否决权。

(3) 基层(车队)安全员职责。

① 具体贯彻落实国家及有关部门下达的安全法规、条例和本企业制定的安全制度。

② 负责本单位行车事故的处理、统计和上报。

③ 负责组织和会同有关部门开展各项安全活动。

④ 监督、检查车辆的安全技术状况。

⑤ 负责运行车辆的上路检查。

⑥ 参与本企业车辆和驾驶员年度检验工作。

⑦ 对不利于行车安全的命令、生产安排等有制止和向上级反映的权力。

2. 安全技术管理制度

(1) 安全档案制度。

主要包括有关行车安全的法规、条例、规章制度、文件、驾驶员行车安全档案及行车事故档案等。

(2) 行车安全监督、检查制度。

主要包括安全检查、监督的网络安排,定期或不定期检查时间及监督检查详细内容记录等。

(3) 安全工作例会制度。

主要包括安全例会的时间、内容及会议记录。

(4) 安全岗位责任制。

主要包括安管部门及其负责人、安全员、车辆检查人员的岗位责任等。

(5) "安全活动"制度。

主要包括每周的"安全活动日"及不同形式的"安全竞赛"等,如"百日安全赛"等。

3. 安全教育及培训

安全教育及培训针对岗位的不同,其内容也有所不同。

(1) 安全员:交通安全法规、条例;安全检测设备使用常识;行车事故一般规律及汽车事故的分析处理;行车安全管理基础知识;车辆技术状况等级划分;职业道德教育。

(2) 驾驶员:交通安全法规、条例;安全操作规范及安全驾驶经验;紧急救险常识;汽车构造及维护常识;行车事故的一般规律及防范要求;汽车故障分析与排除;职业道德教育。

(3) 乘务员：交通安全法规、条例；乘务员服务规范；紧急救险常识；职业道德。

(4) 车况检查人员及维修工：汽车构造维修知识；汽车维修技术标准；汽车技术状况检测方法及检测设备使用常识。

4. 安全考核

(1) 汽车运输企业行车安全考核指标。

① 事故频率<3次/百万千米。

② 事故责任死亡率<0.3人/百万千米。

③ 事故伤亡率<1.6人/百万千米。

(2) 驾驶员考核指标（按安全行驶里程）。

① 特级安全驾驶员：150万千米以上。

② 一级安全驾驶员：120～150万千米。

③ 二级安全驾驶员：100～120万千米。

④ 安全驾驶员：60～100万千米。

二、机动车运行安全技术条件

公路交通安全管理法规很多，涉及安全管理的方方面面。《机动车运行安全技术条件》(GB 7258—2017)是运输企业安全技术管理的基础文件，也是机动车安全运行的物质基础和技术保障。

《机动车运行安全技术条件》规定了机动车的整车及发动机、转向系、制动系、照明与信号装置、行驶系、传动系、车身、安全防护装置等有关安全和排气污染物控制，以及车内噪声和驾驶员耳旁噪声控制的基本技术要求及检验方法。

1. 发动机

(1) 发动机应动力性能良好，运转平稳，怠速稳定，无异响，机油压力和温度正常。发动机功率应大于等于标牌（或产品使用说明书）标明的发动机功率的75%。

(2) 发动机应有良好的启动性能。汽车（三轮汽车和装用单缸柴油机的低速货车除外）发动机应能由驾驶人在座位上启动。

(3) 柴油机停机装置应灵活有效。

(4) 发动机点火、燃料供给、润滑、冷却和进排气等系统的机件应齐全，性能良好。

2. 转向系

(1) 机动车的转向盘应转动灵活，操纵方便，无阻滞现象。机动车应设置转向限位装置。车轮转向过程中，不得与其他部件有干涉现象。

(2) 机动车转向轮转向后应能自动回正，以便机动车具有稳定的直线行驶能力。

(3) 机动车转向盘的最大自由转动量（即从中间位置向左或向右转角）具体规定：最大设计车速大于或等于100km/h的机动车≤10°；最大设计车速小于100km/h的机动车（三轮农用车除外）≤15°。

(4) 机动车在平坦、硬实、干燥和清洁的道路上行驶不得跑偏，其转向盘不得有摆振、路感不灵或其他异常现象。

(5) 机动车转向桥轴载质量大于4000kg时，必须采用转向助力装置。装有转向助力装置的车辆，当转向助力器失效后，仍应具有用转向盘控制车辆的能力。

(6) 机动车(摩托车、轻便摩托车和三轮农用运输车除外)转向轮的横向侧滑量,用侧滑仪(包括双板和单板侧滑仪)检测时侧滑量值应不大于 5m/km。

(7) 转向节及臂,转向横、直拉杆及球销应无裂纹和损伤,并且球销不得松旷。对车辆进行改装或修理时横、直拉杆不得拼焊。

(8) 机动车前轮定位值应符合各车型有关技术条件。

3. 制动系

(1) 机动车应具有行车制动系,应具有应急制动功能和驻车制动功能。汽车行车制动、应急制动和驻车制动的各系统以某种方式相连,它们应保证当其中一个或两个系统的操纵机构的任何部件失效时,仍具有应急制动功能。

(2) 采用真空助力的行车制动系,当真空助力器失效后,制动系统仍能保持一定的制动性能。

(3) 液压行车制动在达到规定的制动效能时,踏板行程(包括空行程,下同)不得超过踏板全行程的 3/4;制动器装有自动调整间隙装置的车辆的踏板行程不得超过踏板全行程的 4/5,且座位数小于或等于 9 的载客汽车不得超过 120mm,其他类型车辆不得超过 150mm。

(4) 应急制动必须在行车制动系统有一处管路失效的情况下,在规定的距离内将车辆停住。应急制动可以是行车制动系统具有应急特性或是与行车制动分开的独立系统。

(5) 采用气压制动的机动车当气压升至 600kPa 且不使用制动的情况下,停止空气压缩机 3min 后,其气压的降低值应不大于 10kPa。在气压为 600kPa 的情况下,将制动踏板踩到底,待气压稳定后观察 3min,单车气压降低值不得超过 20kPa,列车气压降低值不得超过 30kPa。

(6) 采用液压制动的机动车在保持踏板力为 700N 达到 1min 时,踏板不得有缓慢向地板移动的现象。

(7) 气压制动系统必须装有限压装置,确保贮气筒内气压不超过允许的最高气压。采用气压制动系统的机动车,发动机在 75% 的标定功率转速下,4min(汽车、列车为 6min,城市铰接公共汽车和无轨电车为 8min)内气压表的指示气压应从零开始升至起步气压。

(8) 汽车、无轨电车和四轮农用运输车的行车制动必须采用双管路或多管路,当部分管路失效时,剩余制动效能仍能保持原规定值的 30% 以上。

(9) 机动车在运行过程中,不应有自行制动现象。当挂车(由轮式拖拉机牵引的载质量 3t 以下的挂车除外)与牵引车意外脱离后,挂车应能自行制动,牵引车的制动仍然有效。

(10) 贮气筒的容量应保证在调压阀调定的最高气压下,且在不继续充气的情况下,机动车在连续五次踩到底的全行程制动后,气压不低于起步气压(未标起步气压者,按 400kPa 计);采用气压制动的机动车,当制动系统的气压低于空气压缩机调压器限制压力至少一半的规定压力时,报警装置应能连续向驾驶员发出容易听到或看到的报警信号;制动距离和制动稳定性应符合规定。

4. 照明及信号装置

(1) 机动车的灯具应安装牢靠,完好有效,不得因车辆振动而松脱、损坏、失去作用或改变光照方向;所有灯光的开关应安装牢固,开关自如,不得因车辆振动而自行开关。

(2) 前照灯光束照射位置要求:机动车在检验前照灯的近光光束照射位置时,前照灯在距离屏幕 10m 处,光束明暗截止线转角或中点的高度应为 0.6~0.8H(H 为前照灯基准中心高度),其水平方向位置向左向右偏均不得超过 100mm。

(3) 机动车的前后转向信号、危险报警闪光灯及制动灯白天距 100m 可见,侧转向信号灯白天距 30m 可见;前后位置灯、示廓灯和挂车标志灯夜间好天气距 300m 可见;后牌照灯夜间好天气距 20m 能看清牌照号码;制动灯的亮度应明显大于后位灯。

(4) 机动车喇叭声级在距车前 2m、离地高 1.2m 处测量时,其值应为 90～11.5dB(A)。

5. 行驶系

(1) 轮胎的磨损:轿车、摩托车、轻便摩托车和挂车轮胎胎冠上的花纹深度不得小于 1.6mm;其他机动车转向轮的胎冠花纹深度不得小于 3.2mm,其余轮胎胎冠花纹深度不得小于 1.6mm。

(2) 轮胎的胎面和胎壁上不得有长度超过 25mm 或深度足以暴露出轮胎帘布层的破裂和割伤。轮胎胎面不得因局部磨损而暴露出轮胎帘布层。

(3) 机动车转向轮不得装用翻新的轮胎。

(4) 车轮总成的横向摆动量和径向跳动量:总质量小于或等于 4.5t 的汽车不得大于 5mm;摩托车和轻便摩托车不得大于 3mm;其他车辆不得大于 8mm。

(5) 车架不得有变形、锈蚀和裂纹,螺栓和铆钉不得缺少或松动。

(6) 前、后桥不得有变形和裂纹。

(7) 车桥与悬架之间的各种拉杆和导杆不得变形,各接头和衬套不得松旷和移位。

6. 传动系

(1) 机动车离合器应接合平稳,分离彻底,工作时不得有异响、抖动和不正常打滑等现象。

(2) 换挡时齿轮啮合灵便,互锁和自锁装置有效,不得有乱挡和自行跳挡现象,运行中无异响,换挡时变速杆不得与其他部件干涉。

(3) 传动轴在运转时不得发生振抖和异响,中间轴承和万向节不得有裂纹和松旷现象。

(4) 离合器踏板自由行程应符合整车技术条件的有关规定。

第九单元 汽车维护

第一章 汽车维护概述

汽车维护是指当汽车行驶到规定时间或里程后,根据汽车维护技术标准,按规定的工艺流程、作业范围、作业项目和技术要求对汽车进行的预防性作业。为实施汽车维护工作所采取的技术、组织措施的规定就是汽车维护制度。实践证明,对汽车进行可靠的维护作业,是延长其使用寿命、防止机件早期损坏、减少运行故障的有效措施。

一、汽车维护的意义和目的

1. 汽车维护的意义

现代汽车工业由于新技术、新工艺以及新材料的广泛应用,汽车的技术性能和使用寿命都有了很大程度的提高。但随着汽车行驶里程的增加,各总成、机构、零件必然逐渐产生不同程度的松动、磨损、机械损伤、疲劳、变形以及腐蚀等,其动力性、经济性、可靠性、安全性下降,故障率上升,甚至出现意外事故。因此,汽车维护的意义是:根据上述客观规律,在以预防为主的思想指导下,通过对汽车进行适时、合理的维护,保持车辆技术状况良好,充分发挥汽车的使用效能,减少运行故障,降低运行消耗,提高使用寿命,确保行车安全,从而取得良好的经济效益、社会效益和环境效益。

2. 汽车维护的目的

通过对汽车的技术维护,应使车辆达到下列要求:

(1) 使汽车保持良好的技术状态,可以随时出车。

(2) 在合理使用的前提下,使汽车在行驶中不致因损坏而中途停歇,或因机械故障而影响行车安全。

(3) 在运行过程中,降低燃、润料以及配件和轮胎的消耗。

(4) 确保汽车各总成的技术状况尽可能保持均衡,从而延长汽车大修间隔里程。

(5) 减轻车辆噪声和排放污染物对环境的污染。

二、汽车维护的分类和作业内容

1. 汽车维护的分类

汽车维护分为定期维护和非定期维护,如图 9-1-1 所示。定期维护分为日常维护、一级维护和二级维护；非定期维护分为季节性维护和走合期维护。季节性维护可结合定期维护进行。

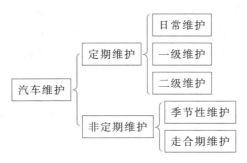

图 9-1-1　汽车维护分类

2. 汽车维护的作业内容

汽车维护作业主要以清洁、检查、紧固、润滑、调整、补给等六大作业为主，且维护范围随着行驶里程或时间的增加而逐步扩大，内容逐步加深。汽车维护作业一般不得对车辆总成进行解体，也不能对汽车各主要总成大拆大卸，只有在确实发生故障需要解体时方可进行解体操作，这也是区别与划分汽车维护和修理的界限。

（1）清洁作业。

清洁作业是提高汽车维护质量，防止机件腐蚀，减轻零部件磨损和降低燃油消耗的基础，并为检查、补给、润滑、紧固和调整等作业做好前期工作准备。其工作内容主要包括对燃油滤清器滤芯、机油滤清器滤芯和空气滤清器滤芯进行清洁，对汽车的外表进行清洁养护以及对有关总成、零部件内部和外部进行清洁作业。

（2）检查作业。

检查作业是指通过对汽车各部件的检查，以确定零部件的磨损、变异和损坏等情况。其工作内容是：检查汽车各总成和机件是否齐全，连接是否紧固；是否存在漏水、漏油、漏气和漏电等现象；利用汽车上的指示仪表、报警装置以及其他随车诊断装置，检查各总成、机构和仪表的技术状况；对影响汽车安全行驶的转向、制动和灯光等工作情况应加强检查；对汽车各总成进行拆检、装配、调整时应检查各主要部件的配合间隙。

（3）补给作业。

补给作业是指在汽车维护过程中，对汽车的燃油、润滑油等所有特殊工作液进行加注补充，对蓄电池进行补充充电，对轮胎进行补气等作业。

（4）润滑作业。

润滑作业是为了减小各机件摩擦副的摩擦力，减轻机件的磨损所进行的作业。其工作内容包括：按照汽车的润滑图表和规定周期，用规定牌号的润滑油或润滑脂进行润滑；各油嘴、油杯和通气塞必须配齐，并保持畅通；发动机、变速器、转向器和驱动桥等应按规定补充、更换润滑油。

（5）紧固作业。

紧固作业是为了使汽车各部分机件连接可靠，防止机件松动。汽车在运行中，由于振动、颠簸、热膨胀等原因，会改变零部件的紧固程度，以致零部件失去连接的可靠性。紧固工作的重点应放在负荷重且经常变化的各部分机件的连接部位上，应及时对各连接螺栓进行必要的紧固和更换。

（6）调整作业。

调整作业是保证汽车各总成和机件能长期正常工作的重要环节，调整工作的好坏，对减少机件磨损、保持汽车使用的经济性和可靠性有直接的重要关系。调整作业的内容主要是按技术要求，调整相关机件，以达到恢复总成、机件的正常配合间隙及良好工作性能等目的。

三、汽车维护周期

汽车维护的周期是指汽车进行同级维护之间的间隔期。间隔期包括汽车运行的行程间隔或时间间隔。

> **知识链接**
>
> 《道路运输车辆技术管理规定》第十六条：道路运输经营者应当依据国家有关标准和车辆维修手册、使用说明书等，结合车辆类别、车辆运行状况、行驶里程、道路条件、使用年限等因素，自行确定车辆维护周期，确保车辆正常维护。

1. 汽车日常维护的周期

根据《汽车维护、检测、诊断技术规范》（GB/T 18344—2016）规定：汽车日常维护的周期通常分为出车前、行车中和收车后。

2. 汽车一级维护周期和二级维护周期

（1）汽车一级和二级维护周期的确定。

汽车一级和二级维护周期的确定应以汽车行驶里程间隔为基本依据，行驶里程间隔执行车辆维修资料等有关技术文件的规定。对于不便用行程里程间隔统计、考核的汽车，可用行驶时间间隔确定一级和二级维护周期。

（2）汽车一级和二级维护周期确定的参考因素。

① 汽车使用说明书的有关规定与维护周期的确定。

汽车使用说明书是汽车随车文件中一份必不可少的技术资料。其中，对该车型的维护分级、周期及各项维护的作业内容都有明确的规定，并要求车辆在使用过程中按照说明书的要求严格执行，尤其是初驶过程中应到生产厂家指定的特约维修站进行维护。

② 发动机润滑油更换周期与维护周期的确定。

汽车发动机润滑油的合理更换周期也是确定整车维护周期的重要参考依据。发动机润滑油更换合理与否，直接影响发动机的技术状况，乃至整车的使用寿命和油品的使用经济性。目前，汽车发动机润滑油的更换主要以汽车制造厂推荐的换油周期为标准。

③ 汽车使用条件与维护周期的确定。

汽车使用条件包括汽车运行区域的地理环境、气候、风沙条件，汽车运行强度和燃料、润滑材料的品质等。应根据汽车使用条件的不同，结合汽车使用说明书的要求，确定汽车一级、二级维护的周期。

> **知识链接**
>
> 道路运输车辆一级维护和二级维护推荐周期见表9-1-1。

表 9-1-1　道路运输车辆一级维护和二级维护推荐周期

适用车型		维护周期	
		一级维护行驶里程间隔上限值或行驶时间间隔上限值	二级维护行驶里程间隔上限值或行驶时间间隔上限值
客车	小型客车（含乘用车）（车长≤6m）	10000km 或 30 日	40000km 或 120 日
	中型及以上客车（车长＞6m）	15000km 或 30 日	50000km 或 120 日
货车	轻型货车（最大设计总质量≤3500kg）	10000km 或 30 日	40000km 或 120 日
	轻型以上货车（最大设计总质量＞3500kg）	15000km 或 30 日	50000km 或 120 日
挂车		15000km 或 30 日	50000km 或 120 日

注：对于以山区、沙漠、炎热、寒冷等特殊运行环境为主的道路运输车辆，可适当缩短维护周期。

第二章　汽车定期维护

定期维护是按技术文件规定的运行间隔期实施的汽车维护，在整个汽车寿命期内按规定的周期循环进行。定期维护分为日常维护、一级维护和二级维护。

一、汽车的日常维护

（一）日常维护的定义

日常维护是指以清洁、补给和安全性能检视为中心内容的维护作业，由驾驶员负责执行，要求驾驶员必须做到：

（1）坚持"三检"，即在出车前、行车中、收车后检视车辆的安全机构及各部位机件连接的紧固情况。

（2）保持"四清"，即保持机油、空气、燃油三个滤清器及蓄电池的清洁。

（3）防止"四漏"，即检查是否有漏水、漏油、漏气、漏电等现象。

（4）保持车容车貌的整洁。

日常维护是驾驶人在每日出车前、行车中、收车后所进行的例行性维护作业，也称为例行维护、每日维护等。

（二）日常维护的作业规范

日常维护作业项目及技术要求见表 9-2-1。

表 9-2-1　日常维护作业项目及技术要求

序号	作业项目	作业内容	技术要求	维护周期
1	车辆外观及附属设施	检查、清洁车身	车身外观及客车车厢内部整洁，车窗玻璃齐全、完好	出车前或收车后
		检查后视镜，调整后视镜角度	后视镜完好、无损毁、视野良好	出车前
		检查灭火器、客车安全锤	灭火器配备数量及放置位置符合规定，且在有效期内；客车安全锤配备数量及放置位置符合规定	出车前或收车后
		检查安全带	安全带固定可靠、功能有效	出车前或收车后
		检查风窗玻璃刮水器	刮水器各挡位工作正常	出车前
2	发动机	检查发动机润滑油、冷却液液面高度，视情补给	油（液）面高度符合规定	出车前
3	制动	制动系统自检	自检正常，无制动报警灯闪亮	出车前
		检查制动液液面高度，视情补给	液面高度符合规定	出车前
		检查行车制动、驻车制动	行车制动、驻车制动功能正常	出车前
4	车轮及轮胎	检查轮胎外观、气压	轮胎表面无破裂、凸起、异物刺入及异常磨损，轮胎气压符合规定	出车前、行车中
		检查车轮螺栓、螺母	齐全完好，无松动	
5	照明、信号指示装置及仪表	检查前照灯	前照灯完好、有效、表面清洁，远近光变换正常	出车前
		检查信号指示装置	转向灯、制动灯、示廓灯、危险报警灯、雾灯、喇叭、标志灯及反射器等信号指示装置完好有效、表面清洁	
		检测仪表	工作正常	出车前、出车中

注："符合规定"指符合车辆维修资料等有关技术文件的规定，以下同。

（三）日常维护的操作要求

1. 出车前的日常维护

（1）检查、清洁车身外部（包括车门、前后玻璃、窗玻璃、灯玻璃、后视镜等）。

（2）检查转向横、直拉杆和转向臂及传动系统的各连接螺栓的紧固情况，制动器、离合器是否工作良好。

(3) 检视轮胎外表及气压,轮胎螺丝及半轴螺丝的紧固情况。

(4) 检查燃油、润滑油、液压油油量是否符合要求;冷却液、制动液不足时及时补充。

(5) 检查电瓶(包括电解液、接线柱、通气孔、外部卫生等)。

(6) 启动发动机,细听发动机的声音,经怠速升温后试验怠速及加速运转情况,不得有异响;观察仪表板上的机油表、水温表、电流表、气压表是否正常工作;检查照明、信号、喇叭、刮水器是否齐全有效。

2. 行驶中的日常维护

行车中的日常维护作业可分为途中行驶时和途中停车时两种情况。

(1) 途中行驶时。

① 启动发动机,等水温正常后车辆方能行驶。对于气压制动的车辆,贮气筒压力和润滑油压力应正常。

② 行驶中应随时察听发动机、底盘有无异响,并注意有无异味。

③ 离合器、变速器、转向系和制动系应操纵轻便、有效,工作正常。

④ 随时注意观察各指示仪表指示车辆的工作状况是否正常,如有异常应立即停车检查,排除后或采取相应的急救措施后方准恢复行驶。

⑤ 行车中应随时注意观察各照明灯光、指示信号工作是否正常,如有异常,应立即停车检查,修复后方准继续行驶。

⑥ 行车中应注意观察润滑油压力随发动机转速而变化的情况,如有异常,应立即停车检查。

⑦ 注意喇叭音响是否正常。

⑧ 经常注意货物装载状况或乘客的动态。

(2) 途中停车时。

① 检视轮胎外表、气压,及时清除胎面花纹中的杂物和轮胎间的夹石。

② 检视有无漏水、漏油痕迹,察听有无漏气声。

③ 检查制动器有无拖滞发热现象。

④ 检视转向机构等各连接部件是否牢固可靠。

⑤ 检视拖挂装置是否安全可靠、安全防护装置是否齐全有效。

⑥ 检视货物装载是否牢固,如有松动应及时加固。

3. 收车后的日常维护

驾驶员应于每日收车后向车队汇报汽车的技术状况和在行驶中发现的故障,提出必要的报修项目,并进行下列维护项目:

(1) 检查转向横拉杆、直拉杆、转向臂和传动轴各接头的连接和紧固情况,检查制动系各管路接头有无松动或漏气,排放储气筒积水、油污。

(2) 清洁汽车外表及车厢内部。

(3) 及时补充燃油、润滑油等工作液。

(4) 检查蓄电池的液面高度及散热器的冷却水存量,蓄电池液面高度以高出极板顶缘10~15mm 为宜。

(5) 检查冷却系,冬季应及时检查、更换防冻液或采取必要的防冻措施。

(6) 查看后轮双胎间是否夹有石块等杂物,如有应及时清除。

(7) 整理车辆证件、随车工具、附件等物品。

(8) 关闭一切用电设备,切断电源总开关。

二、汽车的一级维护

1. 一级维护的定义

汽车的一级维护是指除日常维护作业外,以润滑、紧固为作业中心内容,并检查有关制动、操纵等系统中的安全部件的维护作业。

2. 一级维护的作业规范

一级维护的间隔按汽车生产厂家的推荐或规定,一般间隔里程为7500～15000km或6个月,以行驶里程或使用时间先达到为准。由于一级维护作业中零部件的紧固、检查、更换以及润滑油添加中有些属于专业性维护作业,需要利用专业设备和专业工具按技术标准进行,所以汽车一级维护应由维修企业负责执行,即应进厂维护。一级维护基本作业项目及技术要求见表9-2-2。

表9-2-2 一级维护基本作业项目及技术要求

序号	作业项目		作业内容	技术要求
1	发动机	空气滤清器、机油滤清器和燃油滤清器	清洁或更换	按规定的里程或时间清洁或更换滤清器。滤清器应清洁,衬垫无残缺,滤芯无破损。滤清器安装牢固,密封良好
2		发动机润滑油及冷却液	检查油(液)面高度,视情更换	按规定的里程或时间更换润滑油、冷却液,油(液)面高度符合规定
3	转向系	部件连接	检查、校紧万向节、横直拉杆、球头销和转向节等部位连接螺栓、螺母	各部件连接可靠
4		转向器润滑油及转向助力油	检查油面高度,视情更换	按规定的里程或时间更换转向器润滑油及转向助力油,油面高度符合规定
5	制动系	制动管路、制动阀及接头	检查制动管路、制动阀及接头,校紧接头	制动管路、制动阀固定可靠,接头紧固,无漏气(油)现象
6		缓冲器	检查、校紧缓冲器连接螺栓、螺母,检查定子与转子间隙,清洁缓冲器	缓冲器连接紧固,定子与转子间隙符合规定,缓冲器外表、定子与转子间清洁,各插接件与接头连接可靠
7		储气筒	检查储气筒	无积水及油污
8		制动液	检查液面高度,视情更换	按规定的里程或时间更换制动液,液面高度符合规定
9	传动系	各连接部位	检查、校紧变速器、传动轴、驱动桥壳、传动轴支撑等部位连接螺栓、螺母	各部位连接可靠,密封良好
10		变速器、主减速器和差速器	清洁通气孔	通气孔通畅

续表

序号	作业项目		作业内容	技术要求
11	车轮	车轮及半轴的螺栓、螺母	校紧车轮及半轴的螺栓、螺母	扭紧力矩符合规定
12		轮辋及压条挡圈	检查轮辋及压条挡圈	轮辋及压条挡圈无裂损及变形
13	其他	蓄电池	检查蓄电池	液面高度符合规定，通气孔畅通，电桩、夹头清洁、牢固，免维护蓄电池电量状况指示正常
14		防护装置	检查侧防护装置及后防护装置，校紧螺栓、螺母	完好有效，安装牢固
15		全车润滑	检查、润滑各润滑点	润滑嘴齐全有效，润滑良好；各润滑点防尘罩齐全完好；集中润滑装置工作正常，密封良好
16		整车密封	检查泄漏情况	全车不漏油、不漏液、不漏气

三、汽车的二级维护

1. 二级维护的定义

汽车的二级维护是指除一级维护作业外，以检查、调整制动系、转向操纵系、悬架等安全部件，并拆检轮胎，进行轮胎换位，检查调整发动机工作状况和汽车排放相关系统等为主的维护作业。汽车的二级维护是由维修企业负责执行的车辆维护作业，一般间隔里程为15000～30000km 或 12 个月。

2. 二级维护的基本要求

（1）二级维护作业流程如图 9-2-1 所示。

（2）二级维护作业项目包括基本作业项目和附加作业项目，二级维护作业时一并进行。

（3）二级维护前应进行进厂检测，依据进厂检测结果进行故障诊断并确定附加作业项目。二级维护作业过程中发现的维修项目也应作为附加作业项目。

（4）二级维护过程中应进行过程检验。

（5）二级维护作业完成后应进行竣工检验，竣工检验合格的车辆，由维护企业签发维护竣工出厂合格证。

（6）二级维护检测时用的仪器设备应符合相关国家标准和行业标准的规定，计量器具及设备应计量检定或校准合格并在有效期内。

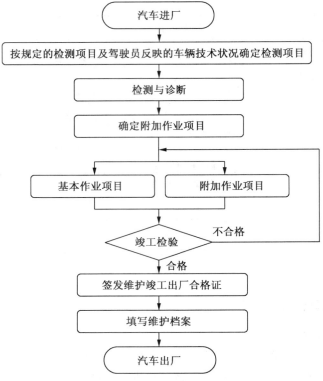

图 9-2-1 二级维护作业流程图

3. 二级维护前的进厂检测

进厂检测包括规定的检测项目（表 9-2-3）以及根据驾驶员反映的车辆技术状况确定的检测项目。检测项目的技术要求应符合国家有关的技术标准和车辆维修资料等相关规定。进厂检测时应记录检测数据或结果，并据此进行车辆故障诊断。

表 9-2-3 二级维护规定的进厂检测项目

序号	检测项目	检查内容	技术要求
1	故障诊断	车载诊断系统（OBD）的故障信息	装有车载诊断系统（OBD）的车辆，不应有故障信息
2	行车制动性能	行车制动性能	采用台架检验或路试检验，应符合 GB 7258—2017 的相关规定
3	排放	排气污染物	汽油车采用双怠速法，应符合 GB 18285—2005 的相关规定；柴油车采用自由加速法，应符合 GB 3847—2005 的相关规定

4. 二级维护作业规范

二级维护基本作业项目及技术要求见表 9-2-4。

表 9-2-4　二级维护基本作业项目及技术要求

序号	作业项目		作业内容	技术要求
1	发动机	发动机工作状况	检查发动机启动性能和柴油发动机停机装置	启动性能良好,停机装置功能有效
			检查发动机运转情况	低、中、高速运转稳定,无异响
2		发动机排放机外净化装置	检查发动机排放机外净化装置	外观无损坏、安装牢固
3		燃油蒸发控制装置	检查外观,检查装置是否畅通,视情更换	炭罐及管路外观无损坏、密封良好、连接可靠,装置畅通无堵塞
4		曲轴箱通风装置	检查外观,检查装置是否畅通,视情更换	管路及阀体外观无损坏、密封良好、连接可靠,装置畅通无堵塞
5		增压器、中冷器	检查、清洁中冷器和增压器	中冷器散热片清洁,管路无老化,连接可靠,密封良好；增压器运转正常,无异响；无渗漏
6		发电机、启动机	检查、清洁发电机和启动机	发电机和启动机外表清洁,导线接头无松动,运转无异响,工作正常
7		发动机传动带(链)	检查空压机、水泵、发电机、空调机组和正时传动带(链)磨损及老化程度,视情调整传动带(链)松紧度	按规定里程或时间更换传动带(链)。传动带(链)无裂痕和过量磨损,表面无油污,松紧度符合规定
8		冷却装置	检查散热器、水箱及管路密封	散热器、水箱及管路固定可靠,无变形、堵塞、破损及渗漏；箱盖结合表面良好,胶垫不老化
			检查水泵和节温器工作状况	水泵不漏水、无异响,节温器正常工作
9		火花塞、高压线	检查火花塞间隙、积炭和烧蚀情况,按规定里程或时间更换火花塞	无积炭,无严重烧蚀现象,电极间隙符合规定
			检查高压线外观及连接情况,按规定里程或时间更换高压线	高压线外观无破损、连接可靠
10		进排气歧管、消声器、排气管	检查进排气歧管、消声器、排气管	外观无破损,无裂痕,消声器功能良好
11		发动机总成	清洁发动机外部,检查隔热层	无油污、无灰尘,隔热层密封良好
			检查、校紧连接螺栓、螺母	油底壳、发动机支撑、水泵、空压机、涡轮增压器、进排气歧管、消声器、排气管、输油泵和喷油泵等部位连接可靠
12	制动系	储气筒、干燥器	检查、紧固储气筒,检查干燥器功能,按规定里程或时间更换干燥剂	储气筒安装牢固,密封良好；干燥器功能正常,排水阀通畅
13		制动踏板	检查、调整制动踏板自由行程	制动踏板自由行程符合规定
14		驻车制动	检查驻车制动性能,调整操纵机构	功能正常,操纵机构齐全完好、灵活有效
15		防抱死制动装置	检查连接线路,清洁轮速传感器	各连接线及插接件无松动,轮速传感器清洁

续表

序号	作业项目		作业内容	技术要求
16	制动系	鼓式制动器	检查制动间隙调整装置	功能正常
			拆卸制动鼓、轮毂、制动蹄,清洁轴承位、轴承、支承销和制动底板等零件	清洁、无油污,轮毂通气孔畅通
			检查制动底板、制动凸轮轴	制动底板安装牢固、无变形、无裂损;制动凸轮轴转动灵活,无卡滞和松旷现象
			检查轮毂内外轴承	滚柱保持架无断裂,滚柱无缺损、脱落,轴承内外圈无裂损和烧蚀
			检查制动摩擦片、制动蹄及支承销	摩擦片表面无油污、裂损,厚度符合规定;制动蹄无裂纹及明显变形,铆接可靠,铆钉沉入深度符合规定;支承销无过量磨损,与制动蹄轴承孔衬套配合无明显松旷
			检查制动蹄复位弹簧	复位弹簧不得有扭曲、钩环损坏、弹性损失和自由长度改变等现象
			检查轮毂、制动鼓	轮毂无裂损,制动鼓无裂痕、沟槽、油污及明显变形
			装复制动鼓、轮毂、制动蹄,调整轴承松紧度、调整制动间隙	润滑轴承,轴承位涂抹润滑脂后再装轴承。装复制动蹄时,轴承孔均应涂抹润滑脂,开口销或卡簧固定可靠。制动蹄摩擦片与制动鼓摩擦面应清洁、无油污。制动摩擦片与制动鼓配合间隙符合规定。轮毂转动灵活且无轴向间隙。锁紧螺母、半轴螺母及车轮螺母齐全,扭紧力矩符合规定
17		盘式制动器	检查制动摩擦片和制动盘磨损量	制动摩擦片和制动盘磨损量应在标记规定或制造商要求的范围内,其摩擦工作表面不得有油污、裂纹、失圆和沟槽等损伤
			检查制动摩擦片与制动盘间的间隙	制动摩擦片与制动盘之间的转动间隙符合规定
			检查密封件	密封件无裂纹或损坏
			检查制动钳	制动钳安装牢固、无油液泄漏;制动钳导向销无裂纹或损坏

续表

序号	作业项目	作业内容	技术要求
18	转向系和转向传动机构	检查转向器和转向传动机构	转向轻便、灵活,转向无卡滞现象,锁止、限位功能正常
		检查部件技术状况	转向节臂、转向器摇臂及横直拉杆无变形、裂纹和拼焊现象,球销无裂纹、不松旷,转向器无裂损、无漏油现象
19	转向盘最大自由转动量	检查、调整转向盘最大自由转动量	最高设计车速不小于100km/h的车辆,其转向盘的最大自由转动量不大于15°,其他车辆不大于25°
20	车轮及轮胎	检查轮胎规格型号	轮胎规格型号符合规定,同轴轮胎的规格和花纹应相同,公路客车(客运班车)、旅游客车、校车和危险货物运输车的所有车轮及其他车辆的转向轮不得装用翻新的轮胎
		检查轮胎外观	轮胎的胎冠、胎壁不得有长度超过25mm或深度足以暴露出帘布层的破裂和割伤以及凸起、异物刺入等影响使用的缺陷。具有磨损标志的轮胎,胎冠的磨损不得触及磨损标志。无磨损标志或标识不清的轮胎,乘用车和挂车胎冠花纹深度应不小于1.6mm;其他车辆的转向轮的胎冠花纹深度应不小于3.2mm,其余轮胎胎冠花纹深度应不小于1.6mm
		轮胎换位	根据轮胎磨损情况或相关规定,视情进行轮胎换位
		检查、调整车轮前束	车轮前束值符合规定
21	悬架	检查悬架弹性元件,校紧连接螺栓、螺母	空气弹簧无泄漏、外观无损伤。钢板弹簧无断片、缺片、移位和变形,各部件连接可靠,U形螺栓、螺母扭紧力矩符合规定
		减振器	减振器稳固有效,无漏油现象,橡胶垫无松动、变形及分层
22	车桥	检查车桥、车桥与悬架之间的拉杆和导杆	车桥无变形、表面无裂痕、油脂无泄漏,车桥与悬架之间的拉杆和导杆无松旷、移位和变形

续表

序号	作业项目		作业内容	技术要求
23	传动系	离合器	检查离合器工作状况	离合器接合平稳，分离彻底，操作轻便，无异响、打滑、抖动及沉重等现象
			检查、调整离合器踏板自由行程	离合器踏板自由行程符合规定
24		变速器、主减速器、差速器	检查、调整变速器	变速器操纵轻便、挡位准确，无异响、打滑及乱挡等异常现象，主减速器、差速器工作无异响
			检查变速器、主减速器、差速器润滑油液面高度，视情更换	按规定的里程或时间更换润滑油，液面高度符合规定
25		传动轴	检查防尘罩	防尘罩无裂痕、损坏，卡箍连接可靠，支架无松动
			检查传动轴及万向节	传动轴无弯曲，运动无异响。传动轴及万向节无裂损、不松旷
			检查传动轴承及支架	轴承无松旷，支架无缺损和变形
26	灯光导线	前照灯	检查远光灯发光强度，检查、调整前照灯光束照射位置	符合 GB 7258—2017 的规定
27		线束及导线	检查发动机舱及其他可视的线束及导线	插接件无松动、接触良好。导线布置整齐、固定牢靠，绝缘层无老化、破损，导线无外露。导线与蓄电池桩头连接牢固，并有绝缘套
28	车架车身	车架和车身	检查车架和车身	车架和车身无变形、断裂及开焊现象，连接可靠，车身周正。发动机罩锁扣锁紧有效。车厢铰链完好，锁扣锁紧可靠，固定集装箱箱体、货物的锁止机构工作正常
			检查车门、车窗启闭和锁止	车门和车窗应启闭正常、锁止可靠。客车动力启闭车门的车内应急开关及安全顶窗机件齐全、完好有效
29		支撑装置	检查、润滑支撑装置，校紧连接螺栓、螺母	完好有效，润滑良好，安装牢固
30		牵引车与挂车连接装置	检查牵引销及其连接装置	牵引销安装牢固，无损伤、裂纹等缺陷，牵引销颈部磨损量符合规定
			检查、润滑牵引座及牵引销锁止、释放机构，校紧连接螺栓、螺母	牵引座表面油脂均匀，安装牢固，牵引销锁止、释放机构工作可靠
			检查转盘与转盘架	转盘与转盘架贴合面无松旷、偏歪。转盘与牵引连接部件连接可靠，转盘连接螺栓紧固，定位销无松旷、无磨损，转盘润滑
			检查牵引钩	牵引钩无裂痕及损伤，锁止、释放机构工作可靠

特别提醒

车辆维修资料中与上述规定的二级维护基本作业项目相同的部分,依据上述规定相对应的条款执行;车辆维修资料中与上述规定的二级维护基本作业项目不同的部分,依据车辆维修资料的有关条款执行。车辆维修资料中有特殊维护要求的系统、总成和装置(如免维护蓄电池、免维护轮毂等),其维护作业项目执行车辆维修资料规定。

5. 二级维护过程检验

二级维护过程中应始终贯穿过程检验,并记录二级维护作业过程或检验结果,维护项目的技术要求应符合技术标准和车辆维修资料等相关技术文件规定。

6. 二级维护竣工检验

(1) 二级维护竣工检验项目及技术要求见表9-2-5。

表 9-2-5　二级维护竣工检验项目及技术要求

序号	检验部位	检验项目	技术要求	检验方法
1	整车	清洁	全车外部、车厢内部及各总成外部清洁	检视
2		紧固	各总成外部螺栓、螺母紧固,锁销齐全有效	检查
3		润滑	全车各个润滑部位的润滑装置齐全,润滑良好	检视
4		密封	全车密封良好,无漏油、漏液和漏气现象	检视
5		故障诊断	装有车载诊断系统(OBD)的车辆,无故障信息	检测
6		附属设施	后视镜、灭火器、客车安全锤、安全带、刮水器等齐全完好、功能正常	检视
7	发动机及其附属件	发动机工作状况	在正常工作温度状态下,发动机启动三次,成功启动次数不少于两次,柴油车三次停机均应有效,发动机低、中、高速运转稳定、无异响	路试或检视
8		发动机装备	齐全有效	检视
9	制动系	行车制动性能	符合 GB 7258—2017 的规定,道路运输车辆符合 GB 18565—2016 的规定	路试或检测
10		驻车制动性能	符合 GB 7258—2017 的规定	路试或检测
11	转向系	转向机构	转向机构各部件连接可靠,锁止、限位功能正常,转向时无运动干涉,转向轻便、灵活,转向无卡滞现象	检视
			转向节臂、转向器摇臂及横直拉杆无变形、裂纹和拼焊现象,球销无裂纹、不松旷,转向器无裂损、漏油现象	
12		转向盘最大自由转动量	最高设计车速不小于 100km/h 的车辆,其转向盘的最大自由转动量不大于 15°	检测

续表

序号	检验部位	检验项目	技术要求	检验方法
13	行驶系	轮胎	同轴轮胎应为相同的规格和花纹,公路客车(客运班车)、旅游客车、校车和危险品运输车的所有车轮及其他机动车的转向轮不得装用翻新的轮胎,轮胎花纹深度及气压符合规定,轮胎的胎冠、胎壁不得有长度超过25mm或深度足以暴露出帘布层的破裂和割伤以及凸起、异物刺入等影响使用的缺陷	检查、检测
14		转向轮横向侧滑量	符合GB 7258—2017的规定,道路运输车辆符合GB 18565—2016的规定	检测
15		悬架	空气弹簧无泄漏、外观无损伤。钢板弹簧无断片、缺片、移位和变形,各部件连接可靠,U形螺栓、螺母扭紧力矩符合规定	检查
16		减振器	减振器稳固有效,无漏油现象,橡胶垫无松动、变形及分层	检查
17		车桥	无变形,表面无裂痕,密封良好	检视
18	传动系	离合器	离合器接合平稳,分离彻底,操作轻便,无异响、打滑、抖动和沉重等现象	路试
19		变速器、传动轴、主减速器	变速器操纵轻便,挡位准确,无异响、打滑及乱挡等异常现象,传动轴、主减速器工作无异响	路试
20	牵引连接装置	牵引连接装置和锁止机构	汽车与挂车牵引连接装置连接可靠,锁止、释放机构工作可靠	检查
21	照明、信号指示装置和仪表	前照灯	完好有效,工作正常,性能符合GB 7258—2017的规定	检视
22		信号指示装置	转向灯、制动灯、示廓灯、危险警报灯、雾灯、喇叭、标志灯及反射器等信号指示装置完好有效	检视
23		仪表	各类仪表工作正常	检视
24	排放	排气污染物	汽油车采用双怠速法,应符合GB 18285—2005的规定。柴油车采用自由加速法,应符合GB 3847—2005的规定	检测

(2)二级维护竣工检验应填写二级维护竣工检验记录单,如表9-2-6所示。

7. 质量保证

(1)汽车维护企业对竣工检验合格的汽车签发维护竣工出厂合格证。

(2)汽车维护质量保证期,自维护竣工出厂之日起计算,一级维护质量保证期为车辆行驶不少于2000km或者10日,二级维护质量保证期为车辆行驶不少于5000km或者30日,以先达到者为准。

表 9-2-6　二维维护竣工检验记录单

托修方				车牌号			车型		
外观状况	项目		评价	项目		评价	项目		评价
	清洁			发动机装备			离合器		
	紧固			转向机构			变速器、传动轴、主减速器		
	润滑			轮胎			牵引连接装置和锁止机构		
	密封			悬架			前照灯		
	附属设施			减振器			信号指示装置		
	发动机工作状况			车桥			仪表		
故障诊断	车载诊断系统(OBD)故障信息		□无　□有　故障信息描述：_____						评价：
性能检测	转向盘最大自由转动量/(°)			评价：	转向轮横向侧滑量/(m/km)		第一转向轴： 第二转向轴：		评价： 评价：

		车轴	一轴	二轴	三轴	四轴	五轴	六轴
性能检测	制动性能	台架	轴制动率/%	结果					
				评价					
			制动不平衡率/%	结果					
				评价					
			整车参数	项目	整车制动率/%			驻车制动率/%	
				结果					
				评价					
		路试	初速度/(km/h)	参数	制动距离/m		MFDD/(m/s²)		制动稳定性
				结果					
				评价					

		参数	灯高/mm	远光光强/cd		远光偏移/(mm/10m)			近光偏移/(mm/10m)			
性能检测	前照灯性能			结果/cd	评价	垂直	评价	水平	评价	垂直	评价	水平	评价
		左外											
		左内											
		右外											
		右内											
	排气污染物	汽油车	急速	CO/%：		HC/(×10⁻⁶)：			评价：			
			高急速	CO/%：		HC/(×10⁻⁶)：			评价：			
		柴油车	自由加速	光吸收系数/m⁻¹：① ② ③			平均/m⁻¹：		评价：			
				烟度值/BSU：① ② ③			平均/BSU：		评价：			

检验结论：

　　　　　　　　　　　　　　　　　　　　　　检验员签字：　　　　　年　月　日

注1：检验数据在"结果"栏填写，合格在"评价"栏划"○"，不合格在"评价"栏划"×"，无此项目填"—"。

注2：制动性能检验选择"台架"或"路试"。路试制动性能采用"制动距离"或"充分发出的平均减速度 MFDD"评价。

第三章　汽车非定期维护

汽车非定期维护主要有走合期维护和季节性维护。

一、走合期维护

汽车在新车出厂或大修（包括发动机大修）后，初期的使用阶段称为走合期。汽车在走合期实施的维护称为走合期维护。

新车走合期的里程为1000~2500km，或按照汽车生产厂家的规定（部分进口汽车将首次维护里程定为7500~10000km）。大修后的汽车的走合期一般为1000~1500km，维护内容主要是清洁、润滑、紧固等。

新车的正确走合，对延长汽车使用寿命，提高汽车工作的可靠性和经济性有着极大的作用。汽车走合期维护一般分为走合前维护、走合中维护、走合后维护三个阶段。新车走合期结束后的维护一般由生产厂家免费提供服务。

1. 走合前维护

走合前维护是为了防止汽车出现事故和损伤，保证汽车顺利地完成走合期的磨合。其主要作业内容如下：

（1）清洁。清洁全车，检查全车各部位的连接情况，全车外露的螺栓、螺母必须紧固。

（2）检查、添加燃油和润滑油料。驾驶新车前，应将各润滑部位按规定加注足够的润滑脂。使用规定标号的汽油或柴油。

（3）检查、补充冷却液，排除"四漏"现象。检查补充散热器内的冷却液，并检查、排除全车的漏油、漏气、漏水和漏电现象。

（4）检查底盘的技术状况。检查变速器各挡位能否正确变换；检查转向机构各部位有无松旷和发卡现象；检查和调整轮胎气压。发现变速器或转向系统等存在故障时，应及时将车进厂维修。

（5）电气系统的检查。检查电气设备、灯光和仪表工作是否正常，并检查蓄电池电解液密度及液面高度。

（6）检查制动效能。检查制动系统的性能，试车检查汽车的制动距离，检查是否有跑偏和制动拖滞现象。若不符合要求，应查明原因，及时排除。

2. 走合中维护

走合中维护是在汽车行驶约500km时进行的，主要是对汽车各部分技术状况开始发生变化的部分进行一次及时的维护，以恢复其良好的技术状况，保证下阶段走合顺利进行。

新车行驶的初期，应尽量选择在平坦良好的道路上行驶。正确操作，平稳地接合离合器，及时换挡，严格控制各挡位的行驶速度，避免突然加速和紧急制动。

走合中维护的主要作业内容如下：

（1）润滑。充分润滑全车的各个润滑点。在最初行驶30~40km时，应检查变速器、驱动桥、轮毂和传动轴等处是否发热或有异响。若发热或者有异响，应查明原因，予以调整或修理。

(2)检查。检查制动效能和各连接处制动管路的密封程度,必要时加以调整和紧固,认真做好总成和机件的检查、调整工作。

(3)紧固。新车行驶150km后,需要检查一次全车外部螺栓、螺母紧固情况;行驶500km时,应将前、后轮毂螺母紧固一次。有些国产汽车需要对缸盖螺栓进行紧固。在紧固时,应按规定顺序由中部开始,依次向两边对角线交叉进行或螺旋线方向进行。

汽车在走合行驶过程中,要注意观察各总成的温度情况,并要随时检查和排除"四漏"(漏油、漏水、漏气、漏电)。

3. 走合后维护

走合期结束后,应及时将汽车送到厂家指定的维修站进行走合后维护。这次汽车维护的目的,一方面是对汽车进行全面的检查、紧固、调整和润滑作业,使汽车达到良好的行驶状态;另一方面也是生产厂家对汽车售后服务的身份认定。汽车走合后维护的主要内容如下:

(1)更换润滑油、更换滤清器滤芯。
(2)检查、补充发动机冷却液。
(3)检查、调整发动机传动带松紧度。
(4)检查、校正点火正时。
(5)检查、调整发动机尾气排放。
(6)检查、调整制动系统。
(7)检查、调整离合器踏板自由行程。
(8)检查、紧固悬架和转向机构。
(9)检查整车各部分的泄漏情况并进行排除。
(10)润滑各部分铰链。
(11)检查轮胎技术状况。
(12)检查调整电气系统的技术状态。

二、季节性维护

汽车在使用过程中,季节、气候的改变对汽车的运行条件有着重要的影响。为使汽车在不同的地区、不同的季节里都能可靠工作,在季节转换之前,结合定期维护,附加一些相应的作业项目,使汽车能适应变化的运行条件,这种为使汽车适应季节变化而实施的维护称为季节性维护或换季维护。季节性维护主要有换入夏季维护和换入冬季维护两种情况。

(一)换入夏季维护

1. 夏季汽车的车况特点

(1)润滑油容易变稀、变质、挥发和烧损,导致润滑性能下降、机油消耗过快。
(2)加剧零部件的磨损。
(3)发动机充气性能变差,动力下降。
(4)制动性能变差,行车安全系数降低。
(5)发动机易发生自燃或爆燃等不正常燃烧现象,使发动机使用寿命下降。
(6)高温下,易产生各种气阻,影响有关系统和机构的正常工作。

2. 换入夏季维护的主要作业内容

(1)拆除发动机附加的保温罩及启动预热装置,检视百叶窗能否全开。

(2) 清除发动水套和散热器内的水垢,测试节温器性能。

(3) 放出发动机油底壳、变速器、减速器、转向器等各总成内的润滑油,清洗后加注夏季用油(加注冬、夏季通用润滑油的除外)。

(4) 清洗燃料供给系的燃油箱、滤清器、汽油机的燃油分配管及柴油机的输油泵、喷油泵、喷油器和所有管路;调整汽油机的燃油分配管及柴油机的喷油泵、喷油器等部件;进排气歧管上有预热装置的应调整至"夏"字位置。

(5) 汽油机要调整火花塞间隙(适当增大)和点火正时(适当推迟点火提前角)。

(6) 调整蓄电池电解液密度(适当降低)。

(7) 采取防暑降温措施。

(二) 换入冬季维护

1. 冬季汽车的车况特点

(1) 汽车难以启动或无法启动。

(2) 怠速不稳,容易熄火。

(3) 磨损严重,易产生噪声。

(4) 空调的取暖效果变差。

(5) 转向阻力增大,转向困难,操纵性能下降。

(6) 制动效果变差,制动距离变长,安全性能下降。

2. 换入冬季维护的主要作业内容

(1) 安装发动机附加保温罩及检修启动预热装置。

(2) 测试节温器效能。

(3) 发动机和底盘各总成均换用冬季用润滑油(加注冬、夏季通用润滑油的除外)。

(4) 清洗燃料供给系的燃油箱、滤清器、汽油机燃油分配管及柴油机的输油泵、喷油泵、喷油器和所有管路;调整汽油机的燃油分配管及柴油机的喷油泵、喷油器等部件;有进气预热阀装置的调整到"冬"位置。

(5) 调整火花塞间隙(适当减小)。

(6) 调整蓄电池电解液的密度(适当增大,免维护蓄电池除外)。

(7) 采取防寒、防冻、防滑等保护措施。

第四章　汽车常用工作液的使用

一、车用燃油的选用

车用燃油主要包括车用汽油、车用柴油、车用替代燃料(如甲醇、乙醇、乳化燃料、天然气、石油气、氢气)等。车用燃油的使用性能对汽车的动力性、排放性有直接影响。车用燃油的消耗费用约占汽车运输成本的1/3左右,直接影响汽车使用的经济性。

(一) 汽油

汽油是从石油中提炼出来的,由碳、氢元素组成的烃类化合物。它是一种密度小、易于挥发的液体燃料,自燃点为415℃～530℃。

1. 车用汽油的使用性能及评价指标

为满足汽油机工作需求并保证汽油机正常发挥其性能,汽油需具有的使用性能及其评价指标见表 9-4-1。

表 9-4-1 汽油的使用性能及评价指标

序号	使用性能	评价指标
1	适宜的蒸发性	馏程和饱和蒸气压
2	良好的抗爆性	辛烷值:马达法辛烷值(MON)和研究法辛烷值(RON)
3	良好的氧化安定性	实际胶质和诱导期
4	无腐蚀性	硫含量、博士试验、铜片腐蚀试验、酸度、水溶性酸和水溶性碱等
5	清洁性	机械杂质和水分

2. 车用汽油的牌号和规格

汽油分为含铅汽油和无铅汽油两类。2000 年 1 月 1 日起,全国停止生产含铅汽油,7 月 1 日停止使用含铅汽油,全国实现了车用汽油的无铅化。

汽油的牌号根据其辛烷值来确定。2017 年 1 月 1 日起国内市面上销售的汽油全面由国四标准升级到国五标准,升级后取而代之的是 89 号、92 号、95 号、98 号汽油,如图 9-4-1 所示。

3. 汽油选用的原则

(1) 按汽车使用说明书规定选用汽油牌号。

(2) 根据发动机的压缩比选用。压缩比大,选用高牌号的汽油;反之,选用低牌号的汽油。

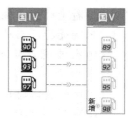

图 9-4-1 汽油牌号

(二)柴油

柴油和汽油一样,也是从石油中提炼出来的,由碳、氢元素组成的烃类化合物。在石油蒸馏过程中,温度在 200℃~350℃之间的馏分即为柴油。柴油分为轻柴油、重柴油等品种,轻柴油用于高速柴油机,重柴油用于中、低速柴油机。汽车用柴油机属于高速柴油机,所用柴油为轻柴油。

1. 车用柴油的使用性能及评价指标

由于柴油机的可燃混合气形成方式、着火方式、燃烧过程等与汽油机不同,所以柴油的使用性能与汽油也不同。柴油的主要性能及评价指标见表 9-4-2。

表 9-4-2 柴油的主要性能及评价指标

序号	使用性能	评价指标
1	适宜的低温流动性	凝点和冷滤点
2	良好的雾化和蒸发性	馏程、运动黏度、密度和闪点
3	良好的燃烧性	十六烷值和十六烷指数
4	良好的安定性	氧化安定性、10%蒸余物残炭、色度
5	无腐蚀性	硫含量、硫醇硫含量、酸度、铜片腐蚀试验、水溶性酸或碱等

2. 车用柴油的牌号和规格

GB 252—2015《普通柴油》按照凝点将轻柴油分为 5 号、0 号、－10 号、－20 号、－35 号和－50 号 6 种牌号。

3. 柴油选用的原则

车用轻柴油的选用主要考虑环境温度。根据车辆使用地区和季节的不同，选用比较适应气候特点的柴油，是柴油选用的基本原则。一般选用柴油的凝点应比当地当月最低环境气温低 5℃以上，以保证柴油在最低气温时不致凝固，从而不影响使用。

各种柴油的适用范围如下：

5 号普通柴油适用于风险率为 10% 的最低气温在 8℃以上的地区使用；

0 号普通柴油适用于风险率为 10% 的最低气温在 4℃以上的地区使用；

－10 号普通柴油适用于风险率为 10% 的最低气温在－5℃以上的地区使用；

－20 号普通柴油适用于风险率为 10% 的最低气温在－14℃的地区使用；

－35 号普通柴油适用于风险率为 10% 的最低气温在－29℃以上的地区使用；

－50 号普通柴油适用于风险率为 10% 的最低气温在－44℃以上的地区使用。

（三）替代燃料

随着全球汽车保有量不断增长，汽车在给经济带来繁荣、交通带来便利的同时，也消耗着大量的能源。石油资源的匮乏、全球环境的恶化已成为当今世界社会发展的两大难题。为缓解石油资源匮乏和需求之间的矛盾，减少环境污染，必须加快车用替代燃料的研发与推广。

可以作为内燃机燃料的物质很多，在选择时要考虑以下几点：

（1）资源丰富、稳定，最好能够再生。

（2）生产工艺简单，投资少，燃料成本低廉。

（3）与现有内燃机技术体系和基础设施的兼容性好。

（4）显著改善内燃机的尾气排放。

目前能够作为替代燃料的主要有醇类燃料、乳化燃料、天然气、液化石油气、氢气、电能、太阳能等。

1. 醇类燃料

汽车用醇类燃料主要是甲醇和乙醇。目前，它们作为汽车替代能源被使用，在技术和成本方面已经达到实用阶段。

醇类的来源极其丰富，生产工艺成熟。甲醇可以从天然气、煤、油页岩、木材和垃圾等物质中制取。乙醇可以以甘蔗、玉米、薯类、大麦、秸秆等为原料采用生物发酵方法制成。

2. 乳化燃料

乳化燃料是指汽油和柴油等燃油和水相混合并经特殊处理后形成的一种相对稳定的乳化液。使用乳化燃料不仅能减少发动机排放中氮氧化合物等有害成分的含量，而且能有效地降低燃料的消耗。所以使用乳化燃料是节约能源和降低污染的良好措施之一。

3. 天然气

天然气是各种替代燃料中最早被广泛使用的一种。天然气汽车自 20 世纪 30 年代就开始在意大利使用。我国的天然气汽车工业发展始于 20 世纪 80 年代。目前，天然气汽车已受到各国政府的普遍重视，21 世纪也是天然气汽车大发展的时代。

天然气是地表下岩石中自然存在的以轻质碳氢化合物为主体的气体混合物的统称。天然气的主要成分是甲烷(CH_4),其体积一般占天然气的80%～90%。另外,天然气中还含有乙烷、丙烷等气体化合物和氢气、氮气等气体元素,它们在天然气中的含量一般都比较低。天然气分气田气和油田气。

作为车用燃料的替代品,天然气根据其存在形式不同,分为压缩天然气(CNG)、液化天然气(LNG)两种。目前国内外发展较快的是压缩天然气汽车。

4. 液化石油气

液化石油气价格便宜,容易液化,贮存和使用方便,其配套设施如加气站等建设费用也比较低。所以,液化石油气作为车用替代燃料,近年来发展较快。

我国液化石油气资源包括油田和石油炼厂两个方面。油田的液化石油气的主要成分是丙烷和丁烷,其中不含烯烃,所以适于直接作车用燃料。石油炼厂的液化石油气内含有大量的烯烃,所以不适于直接作车用燃料。

5. 氢气

氢气作为内燃机的替代燃料,具有两个突出的特点:首先,氢气可用水来制取,并且氢气燃烧后又生成水,这种快速的资源循环,使得氢能源取之不尽、用之不竭,这决定了氢气将在未来资源消耗殆尽时起主导作用;其次,氢气是非常理想的清洁燃料,燃烧生成水,无CO_2、CO、HC、碳烟等污染物质。所以,目前世界上各国都纷纷投入大量人力、物力和财力从事这方面的研究。

6. 电能

电能是二次能源,从原则上讲,它可以来源于任何一种其他能源,以电能为动力的汽车就是电动汽车。电动汽车有蓄电池式、混合动力式和燃料电池式等多种形式。

7. 太阳能

使用太阳能电池把光能转化成电能,电能会在蓄电池中存储备用,给汽车的电动机提供电力。相比传统热机驱动的汽车,太阳能汽车是真正的零排放。

知识拓展

天然气水合物是分布于深海沉积物或陆域的永久冻土中,由天然气与水在高压低温条件下形成的类冰状的结晶物质。因其外观像冰而且遇火即可燃烧,所以又被称作"可燃冰""固体瓦斯""气冰",如图9-4-2所示。

图 9-4-2 可燃冰

天然气水合物中甲烷含量占80%～99.9%,燃烧污染比煤、石油、天然气都小得多,而且储量丰富,全球储量足够人类使用1000年,因而被各国视为未来石油天然气的替代能源。

可燃冰燃烧产生的能量比煤、石油、天然气要多出数十倍,而且燃烧后不产生任何残渣,避免了最让人们头疼的污染问题。科学家们如获至宝,把可燃冰称作"属于未来的能源"。

我国海域的可燃冰资源量,按照官方预测已经达到八百亿吨油的当量,非常具有潜力,是短期内可以接替常规油气资源的一种清洁能源。2017年5月18日,国土资源部中国地质调查局在南海宣布,我国成功在南海完成一种超级能源的试验开采工作。我国也由此成为世界上第一个实现稳定开采海洋超级能源的国家。这个"超级能源"就是可燃冰。按照央视的说法,这"可燃冰"就像《变形金刚》中机器人们所争夺的"能量块"那般厉害:其体积虽然小,但蕴含的能量却不可估量,$1m^3$ "可燃冰"就可以分解释放出$160m^3$以上的天然气! 央视还举了个例子:一辆使用天然气为燃料的汽车,如果一次加100L天然气能跑300km,那么加入相同体积的可燃冰,这辆车就能跑50000km!

国土资源部中国地质调查局李金发副局长说,这一次天然气水合物的试开采成功,我们是优先抢占了技术高地,实现了我国在天然气水合物开发上的领跑。它将会是继美国引领"页岩气革命"之后的,由我国引领的新一轮"天然气水合物革命",将推动整个世界能源利用格局的改变!

二、车用润滑材料的选用

车用润滑材料主要包括发动机润滑油、车辆齿轮油、液力传动油、车用润滑脂等。

(一) 发动机润滑油

发动机润滑油,即机油,被誉为汽车的"血液",能对发动机起到润滑、清洁、冷却、密封、减磨等作用。发动机是汽车的心脏,发动机内有许多相互摩擦运动的金属表面,这些部件运动速度快、环境差,工作温度可达400℃~600℃。在这样恶劣的工况下,只有合格的润滑油才可降低发动机零件的磨损,延长使用寿命。

1. 发动机润滑油使用性能要求

发动机润滑油的主要性能及评价指标见表9-4-3。

表9-4-3　发动机润滑油的主要性能及评价指标

序号	使用性能	评价指标
1	适宜的润滑性	黏度
2	良好的低温操作性	低温黏度、边界泵送温度和倾点
3	良好的黏温性	黏度指数
4	良好的清净分散性	该性能的获取是通过在润滑油中加入清净剂和分散剂来实现的
5	良好的抗氧化性	通过相应的发动机润滑油试验来评定
6	良好的抗腐性	中和值或酸值,同时还要进行相应的发动机润滑油试验
7	良好的抗泡性	生成泡沫倾向和泡沫稳定性

2. 发动机润滑油的分类

我国发动机润滑油按发动机的类型分为汽油发动机机油和柴油发动机润滑油两类。每一类发动机润滑油又按其使用性能和黏度分成若干等级。

(1) 按使用性能分类。

我国最新国家标准《内燃机油分类》(GB/T 28772—2012)参照美国石油学会(API)使用分类法,将发动机油分为汽油机油系列(S系列)和柴油机油系列(C系列)两大类。汽油机油系列(S系列)共有 SE、SF、SG、SH、GF-1、SJ、GF-2、SL、GF-3、SM、GF-4、SN、GF-5 等机油品种(GF代表以汽油为燃料的,具有燃料经济性要求的乘用车发动机油)。柴油机油(C系列)共有 CC、CD、CF、CF-2、CF-4、CG-4、CH-4、CI-4、CJ-4 等机油品种。质量等级级号越靠后,使用性能越好。

(2) 按黏度分类。

国家标准 GB/T 14906—1994《内燃机油黏度分类》,采用国际通用的 SAE(美国汽车工程师协会)黏度分类法,将机油分为冬季用油(W级)和非冬季用油。冬季用油按低温黏度、低温泵送性划分,共有 0W、5W、10W、15W、20W 和 25W 六个等级,其级号越小,适应的温度越低;非冬季用油按 100℃时的运动黏度分级,共有 20、30、40、50 和 60 五个等级,其级号越大,适应的温度越高。

另外,为增大机油对季节和气温的适应范围,国家标准还规定了多级油的黏度级号,如 5W/30、5W/40、10W/30、20W/40 等多级油,其分子表示低温黏度等级,分母表示 100℃时的运动黏度等级。多级油在油中添加了黏度指数改进剂,能同时满足 W 级油和非 W 级油的黏度要求,有较宽的温度使用范围。例如,5W/40 既符合 5W 级油黏度要求,又符合 40 级油黏度要求,在全国冬、夏季均可通用。

3. 发动机润滑油的选用

应严格按照汽车使用说明书所规定的要求选用相同系列、使用等级和黏度等级的机油。

4. 发动机润滑油的使用注意事项

(1) 注意使用中润滑油颜色、气味的变化。

(2) 换油时应采用热机放油方法。

(3) 加注发动机润滑油要注意适量。

(4) 定期检查清洗润滑油滤清器,清理油底壳中的脏杂物。

(5) 避免不同牌号的润滑油混用,以免互起化学反应。

(6) 选购时,应尽可能购买有影响和知名度的正规厂家的产品,辨别真伪。

(二) 车辆齿轮油

车辆齿轮油用于车辆机械式变速器、驱动桥及转向器的齿轮、轴承及轴等零件的润滑。这些部件在工作过程中承受较大的载荷,因而对车辆齿轮油的性能有如下要求:良好的润滑性、良好的极压性、良好的黏温性、良好的热氧化安定性、良好的防腐性和抗锈性及良好的抗泡沫性。

1. 齿轮油的分类

美国石油学会(API)将齿轮油按使用性能分 6 级:GL-1、GL-2、GL-3、GL-4、GL-5、GL-6。我国参照采用 API 使用分类法,将齿轮油分 3 级:CLC(普通齿轮油)、CLD(中负荷齿轮油)、CLE(重负荷齿轮油),分别与 GL-3、GL-4、GD-5 相对应。

美国汽车工程师协会(SAE)于 2005 年发布的车辆齿轮油黏度分类标准 SAE J306—2005,按 100℃运动黏度和表观黏度为 150Pa·s 时最高使用温度规定,将齿轮油分为 70W、75W、80W、85W、80、85、90、110、140、190 和 250 共 11 个黏度等级(牌号)。带 W 的级号为冬季用油。

我国将 CLC、CLD 又分为 80W/90、85W/90 和 90 号 3 个黏度牌号；将 CLE 又分为 75W、80W/90、85W/90、85W/140、90 和 140 共 6 个黏度牌号，如图 9-4-3 所示。

图 9-4-3　我国齿轮油的分类

2. 齿轮油的选用

齿轮油的选择，首先要根据齿轮的类型、负荷大小、滑动速度选定合适的质量级别，然后再根据使用的最高和最低温度来确定齿轮油的黏度级别。通常应使用汽车厂商指定的齿轮油。

3. 齿轮油的使用注意事项

（1）等级低的齿轮油不能用在要求较高的车辆上。

（2）尽可能选用合适的多级齿轮油，黏度应保证润滑为宜。

（3）不同等级的齿轮油不能混用。

（4）严防水分混入，以免极压抗磨添加剂失效。

（三）液力传动油

目前，自动变速器汽车的数量逐渐增多，液力传动油的使用量也在不断增大。液力传动油又称自动变速器油（ATF）或自动传动油，用于由液力变矩器、液力偶合器和机械变速器构成的车辆自动变速器中作为工作介质，借助液体的动能起传递能量的作用。

1. 液力传动油的分类

国外液力传动油多采用美国材料试验协会（ASTM）和美国石油协会（API）共同提出的 PTF 使用分类标准，将 PTF 分为 PTF-1、PTF-2 和 PTF-3 三类。

PTF-1 类油：主要用于轿车、轻型货车作液力传动油。其特点是低温启动性好，对油的低温黏度及黏温性有很高的要求。

PTF-2 类油：主要用于重负荷的液力传动系统，如重型载货汽车、大型客车、越野车和工程机械的自动变速器。其特点是适于在重负荷下工作，对极压抗磨性要求很高。

PTF-3 类油：是随着全液压拖拉机的发展而产生的，主要的功能是用于传动、差速器和最后驱动齿轮的润滑，以及作液压转向、制动、分动箱和悬挂装置的工作介质。这类油的特点是适于在中低速下运转的拖拉机及野外作业的工程机械液力传动系统的齿轮箱中使用，其极压抗磨性和负荷承载能力比 PTF-2 类油的要求更高。

我国液力传动油现行标准是中国石化总公司企业标准，该标准将液力传动油分为 6 号和 8 号两种。6 号液力传动油比 8 号液力传动油具有更好的抗磨性，但黏温性稍差，它接近于 PTF-2 类油，适用于内燃机车和重型货车的多级变矩器和液力偶合器。8 号液力传动油具有良好的黏温性、抗磨性和较低的摩擦系数，它接近于 PTF-1 类油，适用于轿车、轻型载货汽车的自动变速器。

2. 液力传动油的使用注意事项

选用液力传动油时必须按车辆使用说明书的规定，并注意以下事项：

（1）注意保持油温正常。

（2）经常检查油平面。

（3）按车辆使用说明书的规定更换液力传动油和滤清器（或清洗滤网），同时拆洗自动变速器油底壳，并更换其密封垫。通常每行驶 10000km 应检查油面，每行驶 30000km 应更换油液。

（4）在检查油面和换油时，注意油液的状况。

（5）传动油是一种专用油品，绝不能与其他油品混用。

（四）车用润滑脂

润滑脂是将稠化剂分散于液体润滑剂中所形成的一种稳定的固体或半固体产品。润滑脂在常温下可附着于垂直表面不流失，并能在敞开或密封不良的摩擦部位工作，具有其他润滑剂所不可替代的特点。

1. 常用润滑脂

汽车常用润滑脂有钙基润滑脂、复合钙基润滑脂、石墨钙基润滑脂、钠基润滑脂、钙钠基润滑脂、通用锂基润滑脂。其在汽车上的使用情况如表 9-4-4 所示。

表 9-4-4　常用润滑脂及在汽车上的使用

常用润滑脂	使　用
钙基润滑脂	底盘的摩擦部位、水泵轴承、分电器凸轮、变速器前球轴承
复合钙基润滑脂	车辆轮毂轴承及水泵轴承
石墨钙基润滑脂	人字齿轮、汽车钢板弹簧、吊车等重负荷部位
钠基润滑脂	离发动机很近、温度较高的风扇离合器
钙钠基润滑脂	机械设备滚动轴承
通用锂基润滑脂	汽车轴承及各摩擦部位

2. 润滑脂的选用

润滑脂的品种较多，而且性能各异。润滑脂选用的主要依据是润滑部位的工作温度、承载负荷和工作环境。

（1）按工作温度选用。

若对润滑脂影响最大的是工作温度，就应选用合适滴点指标的润滑脂。工作温度越高，选用的滴点也越高；工作温度低，选用的滴点也低。工作温度越高，使用寿命越短。温度高的部位一定要选用抗氧化安定性好、热蒸发损失少、滴点高、分油量少的润滑脂；温度较低的部位，一定要选用低温启动性能好、相似黏度小的润滑脂。

(2) 按承载负荷选用。

若承载负荷对润滑脂的影响最大,就应选用合适锥入度指标的润滑脂。承载负荷较大,应选用锥入度较小的润滑脂;反之,承载负荷较小的摩擦机件,应选用锥入度较大的润滑脂。

(3) 按工作环境选用。

选择润滑脂时还应考虑润滑部位的湿度、灰尘、腐蚀性等因素,特殊环境选用特殊性能的润滑脂。若润滑脂的工作环境较差,直接与水接触,就应选用耐水性能强的润滑脂。

3. 润滑脂的使用注意事项

(1) 各种稠化剂制成的润滑脂不能互相混用,不同种类的润滑脂不得混用。

(2) 润滑脂一次加入量不要过多。润滑脂一旦混入杂质便难以除去。

(3) 一般情况下,润滑脂与润滑油不能混用。

三、其他车用工作液的选用

(一) 汽车制动液

汽车制动液又称刹车油,是汽车液压制动系统中所采用的传递压力的工作介质。由于制动液在液压制动中肩负着重要作用,故要求其安全可靠、质量高、性能好。

1. 制动液的品种、牌号

(1) 制动液的品种。

我国使用的制动液,按原料工艺和使用要求的不同,其品种分为醇型、矿油型和合成型三种类型。目前,醇型、矿油型制动液基本淘汰,合成型制动液的使用最为广泛。

(2) 制动液的牌号。

我国目前采用国家标准 GB 12981—2012《机动车辆制动液》,将制动液分为 HZY3、HZY4、HZY5 三种,分别对应美国联邦政府运输安全部制定的联邦机动车辆安全标准中的制动液类型 DOT3、DOT4、DOT5.1。

2. 制动液的选择及使用注意事项

(1) 制动液的选择。

汽车制造厂家在车辆使用说明书中一般都明确规定或推荐了该车辆制动系统应该使用的制动液产品质量等级。有的生产厂家还指明了具体的制动液产品品牌和型号。因此,车辆使用和维修人员首先应该按照车辆使用说明书上的规定选择使用相应的制动液产品。

(2) 制动液的使用注意事项。

① 不同规格的制动液不能混用。

② 在加注或更换制动液时要使用专业工具。要防止水分和矿物油混入制动液中。制动缸皮碗不可敞开放置。

③ 制动液多是以有机溶剂制成,易挥发、易燃,且有一定的毒性,因此在使用中要注意防火和中毒。

④ 制动液对车身涂层有一定的破坏作用,会产生"咬漆"现象,因此在使用过程中要防止制动液与车身涂层接触。

(二) 发动机冷却液

发动机冷却液与润滑油一样,是发动机正常工作必不可少的工作物质。冷却液由水、防冻剂、添加剂三部分组成,按防冻剂成分不同可分为酒精型、甘油型、乙二醇型等类型的冷却液。目前,由于乙二醇型冷却液具有冰点低、沸点高、蒸发损失小等优点而被广泛使用。

根据《汽车及轻负荷发动机用乙二醇型发动机冷却液》(SHT 0521—2010)规定,防冻液按冰点分为-25号、-30号、-35号、-40号、-45号和-50号六个牌号。

2. 防冻液的选择及使用注意事项

(1) 防冻液的选择。

防冻液选择的原则是防冻液的冰点至少要低于环境最低气温5℃,以确保在特殊情况下防冻液不结冰。

(2) 防冻液的使用注意事项。

① 加注防冻液之前应对发动机冷却系统进行清洗。

② 稀释浓缩液时要使用蒸馏水或去离子水。

③ 注意检查防冻液液面高度,视情况正确补充。

④ 不同厂家、不同牌号的发动机防冻液不能混用。

⑤ 防冻液在使用一段时间后应及时更换。

⑥ 在使用乙二醇防冻液时,应注意乙二醇有毒,切勿用口吸,应注意妥善保存。

(三) 制冷剂

汽车空调制冷剂是制冷装置完成制冷循环的媒介,又称为制冷工质。空调在制冷循环中通过制冷剂的状态变化,进行能量转换,达到制冷的目的。

1. 汽车制冷剂的种类

目前汽车空调制冷系统使用的制冷剂主要是R12(CFC-12)和R134a(HFC-134a)。由于R12的使用会导致大气臭氧层的破坏,到2006年止已完全禁止使用。现在制冷剂R134a是汽车空调的首选介质。

2. 使用R134a时的注意事项

(1) 制冷剂容器避免日光直射、火炉烘烤,以防意外。

(2) 避免制冷剂与人的皮肤直接接触,以防冻伤。

(3) 避免制冷剂误入眼睛,以防造成失明。

(4) 制冷管路一旦拆开或有泄漏,制冷剂会全部漏完。

(5) 制冷剂气态下比空气重,修理空调时应避免在地沟或低洼处进行,以防窒息,操作现场应通风良好。

(6) 制冷剂气体与火焰接触时,会产生毒气,应避免与火源接触。

(7) 排放制冷剂要缓慢,以防润滑油与制冷剂一同放出。

(8) 干燥剂应用XH-7,并增加用量。

(9) 冷冻机油应使用适于R134a的专用油。

(10) 制冷系统密封材料应使用专用材料。

第五章 汽车各系统的维护

一、维护准备工作

1. 安全与准备工作

（1）准备好工具、工作台、汽车电脑故障诊断仪、维修手册等，如图 9-5-1(a)所示。
（2）将车辆正确驶入维护工位，安装车轮挡块。
（3）安放座椅套、地毯垫、转向盘套及变速杆套，如图 9-5-1(b)所示。
（4）打开并正确支好发动机盖，如图 9-5-1(c)所示。
（5）放置前格栅布及翼子板布，如图 9-5-1(d)所示。

(a) 准备检修工具

(b) 转向盘套的安装

(c) 支好发动机盖

(d) 安放前格栅布及翼子板布

图 9-5-1　安全与准备工作

2. 预举升车辆

（1）将举升机臂正确支撑汽车。
（2）调整支撑臂高度并锁止支撑臂。
（3）试着举升车辆，四轮皆离地少许后，检查支撑情况。
（4）将车辆继续举升少许，锁止举升机。

二、发动机的维护

(一)发动机电脑控制系统维护

1. 检视发动机电脑控制系统相关线束与部件

(1) 检查发动机舱各传感器、执行器及其线束。

(2) 检查发动机电脑板及诊断座的外观及安装情况。

2. 检视发动机电脑控制系统相关指示灯

(1) 转动点火钥匙至"ON"挡,检查仪表板各指示灯与警告灯的点亮情况。

(2) 正常启动发动机,检查仪表板各指示灯与警告灯的点亮状况。

3. 调用发动机电脑控制系统的故障码及数据流

(1) 正确连接汽车电脑故障诊断仪。

(2) 正确操作汽车电脑故障诊断仪读取故障码及数据流,并进行记录与备份。

(二)发动机润滑系维护

1. 更换机油及机油滤清器

(1) 开启机油加注口盖,移除机油尺,如图 9-5-2 所示。

(2) 举升车辆到高位,如图 9-5-3 所示。

(3) 查看油底壳及机油滤清器处是否漏油。

(4) 安放机油接收器,拆卸机油排放塞及垫片,排放机油,如图 9-5-4 所示。

图 9-5-2 机油加注口盖的开启

图 9-5-3 车辆举升

图 9-5-4 机油的排放

(5) 更换机油滤清器。

(6) 安装排放塞及垫片,拧紧至规定扭矩,如图 9-5-5 所示。

(7) 将车辆放低至方便加注机油的位置。

(8) 加注规定数量的机油,并拧紧加注口盖,如图 9-5-6 所示。

图 9-5-5 排放塞的安装

图 9-5-6 机油的加注

2. 检查机油油量及报警机构工作状况

(1) 安装机油尺并检查发动机油液位,如图 9-5-7 所示。

（2）启动发动机，检查机油压力报警灯工作情况，如图 9-5-8 所示。

图 9-5-7　机油液位的检查

图 9-5-8　机油压力报警灯的检查

图 9-5-9　机油滤清器漏油的检查

3. 检视机油排放螺丝及机油滤清器处是否漏油

（1）保持发动机怠速运转，举升车辆至高位。

（2）检查油底壳、排放塞及机油滤清器处是否漏油，如图 9-5-9 所示。

（3）将车辆放低，塞上车轮挡块。

（4）关闭发动机，静置车辆 5min 以上再次检查机油液位，视情况进行添加，调整到正常液位范围。

（三）发动机冷却系维护

1. 检查散热器及膨胀水箱

（1）检查散热器是否脏污与泄漏，散热片是否变形，散热孔是否堵塞，如图 9-5-10 所示。

（2）检查膨胀水箱是否变形与损坏，相连管路是否完好有效，如图 9-5-11 所示。

（3）用专用测试仪检查散热器盖（图 9-5-12）开启压力是否正常，检查真空阀是否平顺动作。检查散热器盖橡胶密封垫是否有裂纹或者破损。

图 9-5-10　散热器脏污的清除

图 9-5-11　膨胀水箱及水管的检查

图 9-5-12　散热器盖

2. 检查冷却液品质及液面高度

（1）检查冷却液液面高度，如图 9-5-13 所示。

（2）检查冷却液品质：外观、冰点检查，如图 9-5-14 所示。

图 9-5-13　冷却液液面的检查

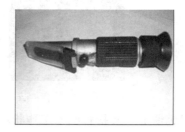
图 9-5-14　冷却液品质的检查

3. 检查水泵、节温器及冷却风扇的工作状况

(1) 检查水泵有无渗漏;检查带轮的转动和轴向、径向窜动量。

(2) 用温度可调式恒温加热设备检查节温器主阀门的开启温度、全开温度及升程,其中有一项不符规定值,则应更换节温器。

(3) 注意观察冷却风扇旋转时冷却液的温度,正常情况下,一部分车型发动机冷却液温度 95℃ 左右时电控风扇开始低速旋转,发动机冷却液温度 105℃ 左右时电控风扇开始高速旋转。如电控风扇的旋转情况不正常,应进一步查找具体原因。

(四) 发动机曲轴箱通风系统(PVC)维护

(1) 检查曲轴箱通风系统通气软管是否老化或破损。

(2) 检查、清洁 PVC 阀及其滤清器。

(五) 发动机排气系统维护

1. 清洁或更换空气滤清器,检查进气系统各管路及线束是否正常

(1) 打开空气滤清器罩盖,取出空气滤清器,如图 9-5-15 所示(以纸质空气滤清器为例)。

(2) 从进气端相反的方向用高压气枪清洁,如图 9-5-16 所示。

(3) 检查进气系统各管路是否连接完好、无泄漏和堵塞现象。

(4) 检查空气流量传感器或进气压力传感器线束是否连接可靠。

(5) 检查怠速控制阀和节气门位置传感器线束是否连接可靠。

图 9-5-15 空气滤清器的拆卸

图 9-5-16 空气滤清器的清洁

2. 检查配气机构工作状况

(1) 启动发动机,在怠速状态下听发动机有无异响。

(2) 让发动机以 2800r/min 运转 2min,细听配气机构是否有异响。

3. 检查三元催化转化装置的外观及工作情况

(1) 启动发动机,将车辆举升到高位。

(2) 戴上手套,检查三元催化转化装置及整条排气管路外观是否破损或松脱,如图 9-5-17 所示。

(3) 使用测温仪从前至后检查三元催化转化装置及整条排气管外壳的温度渐变情况。

(4) 检查气门室上盖外观,检查进、排气歧管及消声器,视情况进行紧固。

图 9-5-17 三元催化转化装置的检查

（六）发动机燃油供给系统维护

(1) 更换燃油滤清器。

① 拔掉燃油泵继电器或者保险丝，再启动发动机直至自动熄火。燃油泵保险丝如图 9-5-18 所示。

② 从燃油滤清器断开输油管，拆卸燃油滤清器的固定螺栓，即可拿下燃油滤清器，如图 9-5-19 所示。注意对比新的燃油滤清器是否和拆下来的型号一致，注意方向，确保其指向发动机，确认后就可以装回固定螺栓了。

③ 安装新的滤清器，方法参照拆卸过程，应注意更换新的垫片。

图 9-5-18 燃油泵保险丝

图 9-5-19 燃油滤清器的拆卸

(2) 检查油路是否泄漏。

(3) 燃油压力及系统保持压力检查。

① 释放燃油管路内的剩余压力，安装燃油压力表，如图 9-5-20 所示。

② 将点火开关转到"ON"位置，检查燃油压力是否下降；启动发动机，检查燃油压力是否下降；读取燃油压力表上的读数，怠速时约为 350kPa；停止发动机，检查燃油压力表读数的变化，5min 内压力表读数应不变，如图 9-5-21 所示。

图 9-5-20 安装燃油压力表

图 9-5-21 燃油压力的保持

(4) 检查油箱盖及燃油蒸发控制装置工作情况。

① 打开油箱盖，检查盖门是否完好、开启正常、锁止良好，旋紧是否正常。

② 检查活性炭罐的安装是否牢固，炭罐及其管路是否正常。

③ 检查阀门工作情况。

三、底盘的维护

(一)汽车传动系维护

1. 离合器的维护保养

(1) 将车辆停至低位,安放车轮挡块和翼子板布,打开发动机盖。

(2) 检查离合器液位,观察液位是否在最高和最低刻度线之间,如图 9-5-22 所示。

(3) 检查离合器总泵、分泵及管路等,确保液体无渗漏。

(4) 检查踏板性能。

(5) 检查离合器踏板高度。

(6) 检查离合器踏板自由行程,如图 9-5-23 所示。

(7) 检查离合器分离点。启动发动机,使发动机怠速运转,在未踩下离合器踏板时慢慢地换挡到倒车挡。逐渐踩下离合器踏板,测量踏板的自由状态到齿轮噪声停止进入啮合位置的行程量。

(8) 检查离合器磨损、离合器噪声、离合器变重情况(图 9-5-24)。发动机怠速时,踩下离合器踏板,换到一挡或者倒车挡,并检查是否有异常噪声和换挡是否平稳。同时检查在踩下踏板时,其踏板力是否可以接受。

图 9-5-22 离合器液位

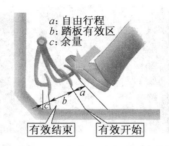
图 9-5-23 离合器踏板自由行程

图 9-5-24 离合器总成的检查

2. 检查手动变速器油位

(1) 检查变速器齿轮油油面高度时,应使汽车处于水平状态,待变速器冷却至常温后,清除变速器加油口周围的油垢,拧下加油孔螺丝。

(2) 将手指由加油口伸进变速器内触摸油面。夏季油面高度应与加油孔下边缘平齐,冬季应低于加油孔下边缘 5mm 左右。

(3) 如果变速器齿轮油达不到规定的高度,应及时添加。

3. 自动变速器的维护保养

(1) 油面高度及油质:车辆在热车怠速状态下,停放在平坦路面,先将各挡位充满油液,然后将变速手柄置于 P 挡,液位在"HOT"刻度线范围内。正常情况下,换油周期一般是 24 个月或 40000km,苛刻条件下一般是 12 个月或 20000km。

(2) 变速器滤清器检查:因橡胶密封件老化而造成的内、外漏故障可选用活化止漏剂。

(3) 传感器、主油路压力检查:现今汽车自动变速器上设有倒挡制动油压、终点离合器油压、减速油压、扭力转换器油压、强迫降挡制动油压、前段离合器油压的测试孔,将螺孔的丝堵拿下,安装上压力表,便可测量各种工况下变速器的油压值。

(4）操纵机构检查：失速试验是检查发动机、液力变扭器及自动变速器中有关换挡执行元件的工作是否正常的一种常用方法。

4. 检查防尘套

（1）注意检查防尘套是否破裂，若破裂，应更换防尘套。

（2）注意检查防尘套卡箍是否断裂或变形，若断裂或变形，应予以更换，如图 9-5-25 所示。

若不更换，则有可能因为润滑脂完全泄漏导致万向节异常磨损而使半轴工作不正常甚至使半轴报废。

图 9-5-25 驱动轴防尘套的检查

（二）汽车行驶系维护

1. 检查轮胎

（1）使用双柱式举升机将汽车升至合适高度。身体直立，双手平举，与车轴高度一致。使用气动扳手，按照交叉顺序拆卸车轮螺母，如图 9-5-26 所示。然后拆卸车轮。

（2）检查轮胎的胎面和胎侧是否嵌入金属颗粒、石子或者其他异物。

（3）检查轮胎花纹深度。使用轮胎深度测量规测量轮胎的胎面深度，如图 9-5-27 所示。同时可以通过观察轮胎表面的胎面磨损指示标记检查胎面深度。

 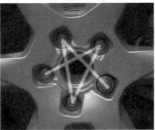 

图 9-5-26 拆卸车轮螺母　　　　　图 9-5-27 轮胎花纹深度的测量

（4）检查轮胎是否有异常磨损，如图 9-5-28 所示。

A 表明轮胎充气量过大，这样不但影响轮胎的减振性能，还会使轮胎的变形量过大。

B 表明轮胎是由于车轮外倾角不对引起的。

C 表明轮胎充气量不足或长期超负荷行驶，使轮胎与地面接触面大，造成轮胎两边与地面接触而形成早期磨损。

D 表明轮胎前轮定位调整不当或前悬架系统位置失常、球头松旷等，使正常滚动的车轮发生支承架滑动或行驶中车轮定位不断变化而造成轮胎锯齿状磨损。

E 表明轮胎的个别部位出现斑秃性严重磨损，是由于轮胎的平衡性差，当不平衡的车轮高速转动时，个别部位受力很大，磨损相应加快，伴随转向发抖，使操纵性变差。

（5）检查轮胎气压。用气压表检查轮胎气压是否在标准范围内，如图 9-5-29 所示。若轮胎气压不足，使用压缩空气充至规定气压。

（6）检查轮胎是否有漏气。检查气压后，通过在气门周围涂肥皂水检查是否漏气。

（7）检查轮辋。检查轮辋是否损坏、腐蚀、变形和跳动。

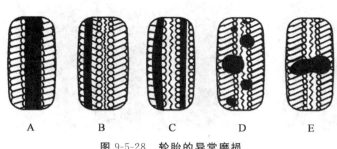
图 9-5-28 轮胎的异常磨损

图 9-5-29 轮胎气压的检测

（8）轮胎换位。根据车辆类型，按图 9-5-30 所示的方法进行轮胎换位。

（9）车轮安装。使用轮胎扳手，按照交叉顺序以较小的力矩安装车轮螺栓，如图 9-5-31 所示。

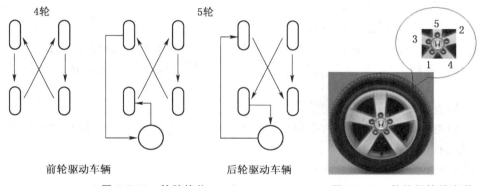
图 9-5-30 轮胎换位　　　　　图 9-5-31 轮胎螺栓的安装

（10）降低车辆至低位，轮胎与地面接触。

（11）使用定力矩扳手按照交叉顺序将轮毂螺母上紧。

2. 紧固底盘行驶系统螺母，检查悬架

（1）检查车身螺母及螺栓。将车辆停至低位，检查座椅安全带、座椅、门、发动机盖、行李厢门等处的螺栓和螺母是否松动。

（2）检查底盘螺栓和螺母，如图 9-5-32 所示。

（3）检查减振器是否损坏、漏油，如图 9-5-33 所示。

（4）检查悬架连接摆动，如图 9-5-34 所示。

图 9-5-32 检查底盘螺栓

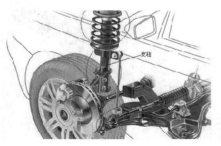
图 9-5-33 检查减振器

图 9-5-34　检查悬架

3. 润滑底盘各润滑点

将车辆升高至合适高度,使用润滑脂枪从润滑脂嘴将润滑脂压入,直到新鲜的润滑脂从对面的润滑脂嘴、润滑脂出口或者护套端慢慢流出;某些地方仅能补充。

（三）汽车转向系维护

（1）将车辆停至低位,安放车轮挡块。

（2）检查转向盘的自由行程。在配备动力转向系统的车辆上,启动发动机,使车辆笔直向前;轻轻转动转向盘,在车轮就要开始移动时,使用直尺测量转向盘的移动量,即自由行程。

（3）检查转向盘的松动和摆动。

（4）检查转向盘锁止。用两手握住转向盘,轴向、垂直或者向前两侧移动转向盘,检查其松动或者摆动情况。

（5）检查转向传动机构。

① 检查球节的上下滑动间隙:使用制动踏板压力器保持制动踏板被踩下;前轮垂直向前,举起车辆并且在一个前轮下放一高度为 18~20cm 的木块;放低举升器直到前螺旋弹簧承载一半的负荷;再次确认前轮笔直向前;在下臂的末端使用工具检查球节上下滑动间隙。

② 检查球节防尘套是否有裂纹、撕裂或其他损坏。

③ 举高汽车至合适高度。

④ 用手晃动转向机构检查是否松动、摆动、弯曲或损坏。

（6）检查转向器。机械转向器的检查:检查齿轮箱是否有破裂或磨损。如果是齿轮齿条式转向器,如图 9-5-35 所示,转动轮胎,检查齿条护套是否有裂纹或破损。

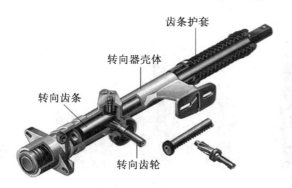 

图 9-5-35　齿轮齿条式转向器　　　　图 9-5-36　制动储液罐液位的检查

（四）汽车制动系维护

1. 检查制动液液位及制动管路

（1）液位位于两条上下刻度线之间即为合格，如图 9-5-36 所示。

（2）不足时要添加，添加时要使用同种型号的制动液。

（3）制动液本身具有一定的吸湿特点，因此加入封闭瓶装新液。

（4）加注完成后一定要把制动液盖拧紧，防止日后吸入空气中的水分。

（5）注意制动液是有腐蚀性的，要避免弄到皮肤上，也要避免沾到有车漆的地方。

2. 更换制动液

将制动系储液壶加足制动液至最高液面指示处，将一透明软管的一端与放气螺钉连接，另一端置于一透明容器内的制动液液面以下，踩下制动踏板数次，并在踏板处于踩下位置时，将分泵上的放气螺钉旋松，放出混有气泡的制动液后，立即将放气螺钉旋紧。反复进行上述操作，直至从分泵流出的液体不再含有气泡为止。最后拧紧放气螺钉，装上放气螺钉的防尘帽，加制动液进储液壶至规定位置，盖好储液壶盖即可。

3. 检查制动踏板

（1）将车辆停至低位，踩下制动踏板，检查制动踏板是否存在如下故障：反应灵敏度低，踏板不完全落下，异常噪声，过度松动。

（2）使用一把直尺测量制动踏板高度，如图 9-5-37 所示。若超出规定范围，调整踏板高度。

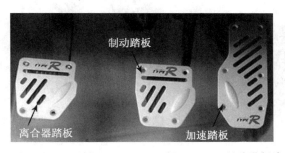

图 9-5-37　制动踏板高度的检查

（3）停止发动机，连续踩几下制动踏板，以解除制动助力。然后用手指轻轻按压制动踏板并且使用直尺测量制动踏板的自由行程。

4. 检查真空助力器性能

（1）启动发动机，在急速运转 1～2min 后关闭发动机。以常用制动踏板力踩制动踏板若干次，每次踩踏板的间隔时间应在 5s 以上，其制动踏板高度若一次比一次逐渐提高，则表明真空助力器密封性能良好。否则，应检查发动机真空供给情况，若发动机运转时提供的真空度正常，则表明真空助力器密封不良，应检修。

（2）在发动机熄火时，以相同的踏板力踏制动踏板若干次，以消除真空助力器的全部残余真空，并确认踏板高度无变化后，踏住踏板不动，然后启动发动机。此时若制动踏板略为下沉，则说明真空助力器助力功能正常；如踏板不动，则助力器无助力作用，应首先检查真空源是否提供了一定的真空度，然后检查真空管路、单向阀及真空助力器。

5. 检查驻车制动性能

（1）启动发动机，拉紧驻车制动，踩下离合器踏板，变速器挂进二挡，放松离合器踏板，发动机熄火，证明驻车制动器完好。

（2）正常情况下，当手柄提拉到整个行程70%的时候，手刹就应该处在正常的制动位置了。在检测手刹制动力前，需要先找到这个点，可以通过数棘轮的响声来确定，70%这个位置就是手柄的有效工作点。

6. 制动器维护保养

（1）盘式制动器的维护保养。

① 检查制动器摩擦片。使用一直尺测量制动器摩擦片的厚度，并检查摩擦片是否有不均匀磨损。若制动器摩擦片的厚度低于磨损极限，则应更换。

② 制动器摩擦片的更换。

③ 检查制动盘的磨损和损坏。目视检查制动盘表面有无不均匀磨损，裂纹和严重损坏，如图9-5-38所示。如有上述情况，则应更换制动盘。

④ 检查制动盘的厚度。使用螺旋测微器测量制动盘厚度，如图9-5-39所示。

⑤ 检查制动盘端面跳动度。用轮毂临时固定制动盘，使用百分表测量制动盘端面跳动度，如图9-5-40所示。

⑥ 检查制动轮缸中是否有液体渗漏。

图9-5-38 制动盘的检查　图9-5-39 制动盘厚度的检查　图9-5-40 端面跳动度的检查

（2）鼓式制动器的维护保养。

① 拆卸鼓式制动器。拆卸轮辋装饰罩、车轮螺栓、油杯、锁销、大螺母，取出锁片与轴承，取下制动鼓。

② 测量制动蹄摩擦片的厚度。如果接近极限值，则应更换。

> 提示：制动蹄摩擦片的厚度（摩擦片＋制动蹄片）的标准值为6.0mm，极限值为2.6mm。

③ 更换制动蹄摩擦片。撤卸回位弹簧、制动蹄片压紧弹簧，然后拆卸制动蹄片；分离调节器，从制动蹄片上分离调节杆扭矩弹簧、自动调节杆和驻车制动拉杆；安装新制动蹄片。

④ 检查摩擦片损坏程度，如图9-5-41所示。如果表面破损，甚至铆钉掉落则应更换。

⑤ 检查制动轮缸中是否有制动液渗漏，如图9-5-42所示。

⑥ 使用游标卡尺测量制动鼓内径，如图9-5-43所示，检查制动鼓是否有磨损和损坏。

⑦ 使用砂纸清洁制动蹄摩擦片并清除油污，如图9-5-44所示。

图 9-5-41　摩擦片检查　　　　图 9-5-42　轮缸制动液渗漏检查

图 9-5-43　制动鼓内径测量　　　图 9-5-44　清除油污

四、汽车电气系统维护

（一）汽车电源系维护

1. 免维护蓄电池维护

（1）免维护蓄电池（图 9-5-45）储存超过三个月需要进行一次补充电。对于使用过程中因各种原因造成的亏电，应及时进行充电，以防止蓄电池硫酸盐化而造成性能下降。

（2）经常检查蓄电池上盖两侧的排气孔，切勿被灰尘等堵塞，以防止壳体变形炸裂。

（3）蓄电池或车辆长时间不使用时，蓄电池应充足电再存放，否则会影响使用寿命。

图 9-5-45　免维护蓄电池

（4）蓄电池端子烧损后不得再继续使用。

2. 普通蓄电池维护

（1）检查普通蓄电池（图 9-5-46）的电解液液面是否处于最高刻度线和最低刻度线之间。

（2）检查蓄电池壳体是否有裂纹或者渗漏。

（3）检查蓄电池端子是否有腐蚀。

（4）检查蓄电池端子导线是否松动。

（5）检查蓄电池通风口是否损坏或者堵塞。

（6）用电解液密度计（图 9-5-47）检查蓄电池电解液的密度。

图 9-5-46　普通蓄电池

图 9-5-47　电解液密度计

(二) 汽车点火系维护

1. 拆除高压线

关闭点火开关,拔下各缸高压线,如图 9-5-48 所示。

2. 拆除火花塞

使用火花塞扳手拆卸各缸火花塞,用干净抹布遮盖火花塞孔,如图 9-5-49 所示。

图 9-5-48　火花塞的拆除

图 9-5-49　火花塞的拆除

3. 检查火花塞

(1) 检查火花塞电极边缘是否被完全磨掉或者变圆。

(2) 检查火花塞间隙,是否在 0.7～0.9mm 之间,如图 9-5-50 所示。

(3) 检查绝缘体是否咬住。

(4) 检查绝缘体是否有裂纹、端子腐蚀和被损坏的裂纹,如图 9-5-51 所示。

(5) 清洁火花塞。若电极上有湿炭痕迹,应使其干燥,然后用火花塞清洁器清洁,如图 9-5-52 所示。

图 9-5-50　火花塞间隙的测量

图 9-5-51　火花塞绝缘体的检查

图 9-5-52　火花塞积炭

（三）汽车风挡洗涤与刮水系统维护

1. 检查喷洗液液位

使用液位尺检查喷洗器罐中的喷洗液是否注满。

2. 检查风挡玻璃喷洗器

（1）启动发动机。

（2）检查风挡玻璃喷洗器喷射压力是否足够。

（3）检查洗涤喷射区是否集中在刮水器工作范围内（图 9-5-53），必要时进行调整。

> 提示：若风挡玻璃喷洗器喷射位置不正确，可在喷嘴内插入一根与风挡玻璃喷洗嘴的孔相匹配的钢丝，调整喷射的方向，如图 9-5-54 所示，使喷射大约落在刮水器的刮水范围的中间。

图 9-5-53 检查刮水器工作范围

图 9-5-54 调整刮水器喷射方向

（四）汽车空调制冷系统维护

1. 检查制冷剂量

如图 9-5-55 所示，在完全打开所有车门，启动发动机至转速为 1500～2000r/min，鼓风机速度控制开关处于最高挡位，温度控制设为最低温度，打开 A/C 开关的情况下，通过观察窗观察制冷剂的量，若观察窗有少量气泡一闪而过，则制冷剂量合适；若有大量气泡，则制冷剂不足；若无气泡，则制冷剂加注过量，如图 9-5-56 所示。

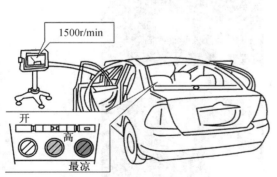

图 9-5-55 检查空调制冷剂的条件

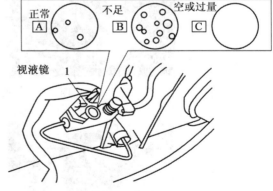

图 9-5-56 检查制冷剂量

2. 检查制冷剂渗漏

(1) 用电子检漏仪检漏。

(2) 用电子检漏仪检测管路，如图 9-5-57 所示。

(3) 打开 A/C 开关。

3. 制冷剂的排放

利用歧管压力表排放制冷剂的具体操作步骤如下：

图 9-5-57 用电子检漏仪检测管路

(1) 当手动低压阀开启、手动高压阀关闭时，低压管路与中间管路、低压表相通，这时可从低压侧加注制冷剂。如从低压侧加注制冷剂或排放制冷剂，可同时检测高压侧的压力。

(2) 当手动低压阀关闭、手动高压阀开启时，高压管路与中间管路、高压表相通，这时可进行从高压侧加注制冷剂或排放制冷剂，并同时检测低压侧的压力。

(3) 当手动高、低压阀均关闭时，可进行高、低压侧的压力检测。

(4) 当手动高、低压阀都开启时，可进行加注制冷剂、抽真空。

> 提示：直接将制冷剂排放到大气中，会污染环境。应使用制冷剂回收机回收制冷剂。

4. 空调系统管路抽真空

(1) 准备专用维修工具，包括压力表、检漏设备、制冷剂注入阀、专用成套维修工具、真空泵以及制冷剂回收装置。

(2) 将蓝色软管一端旋入歧管压力表的低压表下方管接头上，如图 9-5-58 所示。

(3) 将快速连接头安装到软管另一端。

(4) 用手旋下空调低压循环管路上的阀门盖帽，如图 9-5-59 所示。

(5) 将快速连接头安装到空调低压循环管路的阀门上。这样通过软管将低压表与空调低压循环管路连接起来。

图 9-5-58 低压管路的连接

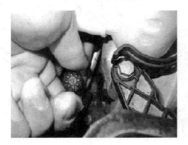

图 9-5-59 低压表与空调低压循环管路的连接

(6) 将红色软管的一端与高压表下方的管接头连接起来，如图 9-5-60 所示。
(7) 将中间软管的另一端接头安装到真空泵进气口接头上，如图 9-5-61 所示。
(8) 将管路连接完毕，打开高、低压表管路控制阀门，如图 9-5-62 所示。

图 9-5-60　高压管路的连接

图 9-5-61　中间管路的连接　　图 9-5-62　打开高、低压表管路控制阀门

(9) 按下真空泵电源开关，如图 9-5-63 所示。
(10) 观察低压表显示的真空值变化情况，空调循环管路内的真空值应不低于 750mmHg，如图 9-5-64 所示。

图 9-5-63　按下真空泵开关　　图 9-5-64　真空值显示

(11) 当真空值大于 750mmHg 时，关闭高、低压表控制阀门。如果关闭真空泵时，高、低压表的控制阀门均处于开启状态，则空气会进入空调循环管路，使抽真空作业前功尽弃。
(12) 关闭真空泵电源开关，真空泵停止运转，如图 9-5-65 所示。
(13) 约 5min 后，观察真空表显示数值，如图 9-5-66 所示。若数值保持不变，则说明空调系统密封性能良好。

① 如果真空表显示压力增大，则说明空气进入空调系统，制冷循环管路存在漏气现象。排除漏气故障后，方可加注制冷剂。否则，将导致制冷剂泄漏损失。

② 如果空调制冷循环管路存在漏气,可将浓肥皂水涂抹于管路接头处,如有气泡产生,说明此处漏气。

图 9-5-65　关闭真空泵开关

图 9-5-66　观察真空表数值保持

5. 加注制冷剂

制冷剂有两种加注方法:液态加注法和气态加注法。

液态加注制冷剂时,要保持空调压缩机不工作,制冷剂从高压管路注入,低压表侧管路关闭,制冷剂罐倒置;气态加注制冷剂时,要保持空调压缩机处于工作状态,制冷剂从低压管路注入,高压表侧管路关闭,制冷剂罐正置。下面以气态加注法为例,说明制冷剂的加注方法。

(1) 关闭高、低压阀门,取下真空泵进气口端的软管。

(2) 将软管接头旋紧在注入阀的管接头上,如图 9-5-67 所示。

(3) 逆时针旋转注入阀手柄,使针阀向上移动,防止安装注入阀时针阀刺穿制冷剂罐。

图 9-5-67　软管与注入阀的连接

(4) 将注入阀的阀盘拧紧在制冷剂罐上,如图 9-5-68 所示。

(5) 启动发动机,保持怠速运转 3～5min。之后,打开空调开关并旋至最冷挡位,如图 9-5-69 所示。

(6) 鼓风机开关旋至最高挡位置,并打开所有车门,如图 9-5-70 所示。

图 9-5-68　注入阀与制冷剂罐的连接　　图 9-5-69　打开空调开关　　图 9-5-70　打开鼓风机开关

(7) 顺时针旋转注入阀手柄,使针阀刺穿制冷剂罐封口,然后逆时针旋转手柄,退回针阀,如图 9-5-71 所示。

(8) 使用螺丝刀压下放气阀门,将制冷剂罐至高、低压阀门间的存留空气释放,如图 9-5-72 所示。

图 9-5-71　针阀刺破制冷剂罐封口　　图 9-5-72　空气的释放　　图 9-5-73　制冷剂注入空调系统低压管路

① 如果空气进入空调系统制冷循环管路,空气中的水分会因结冰而堵塞管路,同时水分还会锈蚀管路内壁。

② 禁止用手直接压下放气阀门排放管路中的空气,以避免制冷剂喷溅到皮肤上造成伤害。另外,排气时应戴防护手套。

(9) 打开低压侧阀门呢,制冷剂注入空调系统低压管路中,如图 9-5-73 所示。

① 保持制冷剂罐正置,使制冷剂以气态进入空调系统低压管路中。

② 保证高压侧阀门关闭,防止高压气体回流至制冷剂罐,导致制冷剂罐爆裂。

(10) 观察高、低压表显示数值变化情况,如图 9-5-74 所示。当压力达到规定值时,关闭低压管路阀门,停止加注制冷剂。

(11) 制冷剂加注完毕,旋紧低压阀门,停止制冷剂继续充注。关闭空调开关、鼓风机开关,然后关闭点火开关,停止发动机运转。

(12) 取下注入阀,传递制冷剂罐。

(13) 分别取下制冷循环管路阀门上的连接软管,如图 9-5-75 所示。

(14) 将阀门盖帽旋入高、低压管路的阀门上,如图 9-5-76 所示。

图 9-5-74　观察高、低压表显示数值　　图 9-5-75　取下连接软管　　图 9-5-76　装好阀门盖帽

第十单元 汽车检测诊断基础知识与常见故障诊断

第一章 汽车检测诊断基础知识

第一节 汽车检测诊断概述

汽车检测诊断技术是指在整车不解体情况下,确定汽车的技术状况,查明故障原因和故障部位的汽车应用技术,它包括汽车故障检测技术和诊断技术,也可统称为汽车诊断技术。

汽车在使用过程中,由于某一种或几种原因的影响,其技术状况将随行驶里程的增加而变化,其动力性、经济性、可靠性、安全性将逐渐或迅速地下降,排气和噪声污染加剧,故障率提高,这不仅对汽车的运行安全、运行消耗、运输效率、运输成本及环境造成极大的影响,甚至还直接影响到汽车的使用寿命,因而研究汽车故障的变化规律,定期检测汽车的使用性能,及时且准确地诊断出故障部位并排除故障,就成为汽车使用技术的一项重要内容。因此,汽车故障检测与诊断是恢复汽车使用寿命的关键,是汽车使用技术的中心环节。

一、汽车检测与诊断的概念

汽车技术状况:定量测得的表征某一时刻汽车外观和性能的参数值的总和。

汽车检测:为确定汽车技术状况或工作能力而进行的检查和测量。

汽车诊断:在不解体(或仅拆卸个别小件)条件下,为确定汽车技术状况或查明故障部位、故障原因而进行的检测、分析和判断。

汽车故障:汽车部分或完全丧失工作能力的现象。

故障现象:故障的具体表现。

诊断参数:供诊断用的,表征汽车、总成及机构技术状况的量。

诊断周期:汽车诊断的间隔期。

诊断标准:对汽车诊断的方法、技术要求和限值的统一规定。

诊断参数标准:对汽车诊断参数限值的统一规定。

汽车检测侧重于汽车使用、维修过程中的定期检测,是一种主动检查行为,如机动车的年度检验、汽车技术状况等级的评定、汽车维修前的检测和竣工质量检验等。

汽车诊断侧重于汽车发生故障后的分析和判断,是一种被动检查行为,如通过汽车故障现象的具体表现,分析可能产生故障的原因,按照一定的程序判断故障部位。

二、汽车检测与诊断的目的

汽车检测诊断主要有安全环保检测、综合性能检测、故障诊断与维修检测等。不同的类型,其检测诊断的目的也有所区别。

1. 安全环保检测

对汽车定期或不定期进行安全运行和环境保护方面的检测,其目的是在汽车不解体情况下,建立安全和公害监控体系,确保车辆具有符合要求的外观容貌、良好的安全性能和符合标准的废气排放,使汽车在安全、高效和低污染下运行。

2. 综合性能检测

对汽车定期或不定期进行综合性能方面的检测,其目的是在汽车不解体情况下,对运行车辆确定其工作能力和技术状况,查明故障或隐患的部位和原因;对维修车辆实行质量监督,建立质量监控体系,确保车辆具有良好的动力性、安全性、燃料经济性、使用可靠性和排气净化性,以创造更大的经济效益和社会效益。

3. 故障诊断与维修检测

汽车故障诊断和维修检测分为维修前检测和维修后检测。维修前检测的目的是根据检测结果进行故障诊断,查明故障部位和原因,确定车辆维护的附加作业项目和修理范围,以及应采取何种技术措施进行修复;维修后检测的目的是检验汽车使用性能是否得到恢复,各项指标是否达到技术标准的规定,确保维修质量。

三、我国汽车性能检测与诊断技术的发展方向

汽车检测技术是伴随着汽车技术的发展而发展的。在汽车发展的早期,人们主要是通过有经验的维修人员发现汽车的故障并进行有针对性的修理,即过去人们常讲的"望(眼看)""闻(耳听)""切(手摸)"方式。随着现代科学技术的进步,特别是计算机技术的进步,汽车检测技术也在飞速发展。目前人们能依靠各种先进的仪器设备对汽车进行不解体检测,而且安全、迅速、可靠。

我国汽车综合性能检测经历了从无到有,从小到大,从引进技术、引进检测设备到自主研究开发推广应用,从单一性能检测到综合检测的过程,取得了很大的进步。尤其是检测设备的研制生产得到了快速发展,缩小了与先进国家的差距。如今汽车检测中通用的制动试验台、侧滑试验台、底盘测功机等,我国已自给自足,而且结构形式多样。在汽车综合性能检测方面,我们虽然已经取得了很大的进步,但与世界先进水平相比,还有一定距离。我国汽车检测技术要赶超世界先进水平,应该在汽车检测技术基础规范化、汽车检测设备智能化和汽车检测管理网络化等方面进行更深入的研究和发展。

1. 汽车检测技术基础规范化

我国检测技术发展过程中,普遍重视硬件技术,忽略或是轻视了对难度大、投入多、社会效益明显的检测方法、限值标准等基础性技术的研究。随着检测手段的完善,与硬件相配套的检测技术软件将进一步完善。

今后我国应重点开展下述汽车检测技术基础研究:

(1)制定和完善汽车检测项目的检测方法和限值标准,如驱动轮输出功率、底盘传动系的功率损耗、滑行距离、加速时间和距离、发动机燃料消耗率、悬架性能、可靠性等。

(2) 制定营运汽车技术状况检测评定细则，统一规范全国各地的检测要求和操作技术。

(3) 制定用于综合性能检测站的大型检测设备的形式认证规则，以保证综合性能检测站履行其职责。

2. 汽车检测设备智能化

目前国外的汽车检测设备已大量应用光、机、电一体化技术，并采用计算机测控，有些检测设备具有专家系统和智能化功能，能对汽车技术状况进行检测，并能诊断出汽车故障发生的部位和原因，引导维修人员迅速排除故障。

我国目前的汽车检测设备在采用专家系统和智能化诊断方面与国外相比还存在较大差距。如四轮定位检测系统、电喷发动机综合检测仪等，还主要依靠进口。今后我们要在汽车检测设备智能化方面加快发展速度。

3. 汽车检测管理网络化

目前我国的汽车综合性能检测站部分已实现了计算机管理系统检测，虽然计算机管理系统采用了计算机测控，但各个站的计算机测控方式千差万别，即使采用计算机网络系统技术的，也仅仅是一个站内部实现了网络化。

随着技术和管理的进步，今后汽车检测将实现真正的网络化（局域网），从而做到信息资源共享、硬件资源共享、软件资源共享。在此基础上，利用信息高速公路将全国的汽车综合性能检测站连成一个广域网，使上级交通管理部门可以即时了解各地区车辆状况。

总之，汽车检测工作将朝着技术更先进、设备更智能、标准更科学、检测数据更准确、检测网络更发达、检测流程更合理、检测管理更完善的方向发展。

第二节　汽车故障诊断分析方法

一、故障诊断基本原则

造成发动机故障的原因可能是电子控制系统故障，可能是油路、进排气气路故障，也可能是发动机电子控制部分或各机械部件故障。为准确而迅速地找出故障所在，在故障诊断过程中我们应该遵循一定的原则，基本原则可概括为以下几点：

1. 先读代码

电喷发动机都有故障自诊断功能，当系统出现某种故障时，电控单元就会即刻监测到故障并通过故障灯向驾驶员报警，与此同时以代码的方式储存该故障的信息。通常我们有两种方式获取故障码：

(1) 按下检查开关，发动机故障指示灯会按顺序闪出闪码。

(2) 使用诊断仪读取故障码。

2. 由外而内

在发动机出现故障时，先对电子控制系统以外的可能故障部位予以检查。这样可避免本来是一个与电子控制系统无关的故障，却对系统的传感器、电脑、执行器及线路等进行复杂且又费时费力的检查。当发动机发生故障时，首先观察系统的故障指示灯，如果指示灯没亮，则重点考虑机械故障来进行处理。如果指示灯亮，必须先读取故障码，进而进行相应处理。

3. 先简后繁

很多情况下，车辆故障是一些简单故障，而在故障检测排除时我们往往会往复杂方向考虑。例如，我们可以首先对电气系统进行初步的检查，如检查电控系统线束的连接状况：传感器或执行器的电连接器是否良好、线束间的连接器是否松动或断开、电线是否有磨破或短路等。如果以上简单检查找不出故障，需要借助于仪器仪表或其他专用工具来进行检查时，也应对较容易检查的先予以检查，能检查的项目先进行检查。

4. 全面检测

如果没有故障码，一般检测也找不出问题所在，则需要利用诊断仪等专业工具对发动机系统做一个全面的检测。

5. 交叉验证

例如，电控发动机电脑损坏，这时想要具体查找故障原因可能要耗费比较多的时间。在实际的维修过程中，为了能快速解决问题，排除故障，通常采用好件替换交叉验证，这样能够以最快速的方法缩小排查范围直至解决问题。

二、故障诊断分析方法

1. 基于故障码

大多数故障发生时，电控单元 ECU 会即刻检测到故障，通过故障灯向驾驶员报警，并且以代码的方式储存该故障的信息。通常情况下，这些代码都具有明确的指向性，可以帮助维修人员在维修过程中缩小排查范围。因此，基于故障码、利用好故障码，在故障排查中极为重要。

2. 读取数据流的常用方法

读取数据流常采用以下三种方法：

（1）诊断仪通信方式。

诊断仪通信方式是通过控制系统在诊断插座中的数据通信线将电控单元的实时数据参数以串行的方式传输给诊断仪。在数据流中包括故障的信息、电控单元的实时运行参数、电控单元与诊断之间的相互控制指令。诊断仪在接收到这些信号数据以后，按照预定的通信协议将其显示为相应的文字和数码，以使维修人员观察系统的运行状态并分析这些内容，发现其中不合理或不正确的信息，进行故障的诊断。

诊断仪通常分两种：通用诊断仪和专用诊断仪。

通用诊断仪的主要功能有：电控单元版本的识别、故障码读取和清除、动态数据参数显示、传感器和部分执行器的功能测试与调整、某些特殊参数的设定、维修资料及故障诊断提示、路试记录等。通用诊断仪可测试的车型较多，适用范围也较宽，因此被称为通用型仪器，但它与专用诊断仪相比，无法完成某些特殊任务，这也是大多数通用仪器的不足之处。

专用诊断仪是汽车生产厂家的专业测试仪，它除了具备通用诊断仪的各种功能外，还有参数修改、数据设定、防盗密码设定及更改等各种特殊功能。专用诊断仪是汽车厂家自行或委托设计的专业测试仪器，它只适用于本厂家生产的车型。通用诊断仪和专用诊断仪的动态数据显示功能不仅可以对控制系统的运行参数（最多可达上百个）进行数据分析，还可以观察电控单元的动态控制过程。因此，它具有从电控单元内部分析过程的诊断功能，也是进行数据分析的主要手段。

(2) 电路在线测量方式。

电路在线测量方式是通过对电控单元电路的在线检测（主要指电控单元外部连接电路），将电控单元各输入、输出端的电信号直接传送给电路分析仪的测量方式。电路分析仪一般有两种：万用表和示波器。

(3) 元器件模拟方式。

元器件模拟方式测量是通过信号模拟器替代传感器向电控单元输送模拟的传感器信号，并对电控单元的响应参数进行分析比较的测量方式。信号模拟器也有两种：单路信号模拟器和同步信号模拟器。

总之，数据流反映的是电控单元、传感器和执行器的即时工作状态，进而反映汽车的运行状态，为故障诊断提供最实时、直接、新鲜、可靠的数据信息。

三、电路常见故障排查的方法

断路：用起子或导线将可能有断路故障的电路短接，观察仪表指针变化或电气设备工作状况，然后判断该电路中是否存在断路故障。

仪表法：观察汽车仪表板上的电流表、水温表、燃油表、机油压力表等的指示情况，如果有故障，会有红灯亮起。如发动机冷态，接通点火开关时，水温表指示满刻度位置不动，说明水温表传感器有故障或该线路有搭铁故障，这时就要及时排除。

短路：用这种方法可以判断汽车电路设备是否发生短路。操作起来也很简单，只要把可能有短路故障的电路断开，然后检查电气设备中短路故障是否消失，以此来判断电路故障的部位和原因。

试灯法：用一只汽车用的灯泡作为试灯，检查电路中有无断路故障，如果有，灯泡就不会亮。

直观诊断：汽车电路发生故障时，会出现冒烟、火花、异响、焦臭、发热等现象，所以只要注意观察，就能直接找出故障位置。

第三节 汽车故障诊断参数与标准

汽车的检测与诊断是确定汽车技术状况的技术，不仅要求有完善的检测、分析、判断的手段和方法，而且在检测诊断汽车技术状况时，必须选择合适的检测参数，确定合理的检测参数标准和最佳检测周期。检测参数、检测参数标准、最佳检测周期是从事汽车检测诊断工作必须掌握的基础知识。

一、汽车检测参数

1. 检测参数概述

汽车检测参数，是表征汽车、汽车总成及机构技术状况的量值。在检测诊断汽车技术状况时，需要采用一种与结构参数有关而又能表征技术状况的间接指标，该间接指标称为检测参数。检测参数既与结构参数紧密相关，又能够反映汽车的技术状况，是一些可测的物理量和化学量。

汽车检测参数包括工作过程参数、伴随过程参数和几何尺寸参数。

(1) 工作过程参数。

该参数是汽车、总成或机构工作过程中输出的一些可供测量的物理量和化学量,如发动机功率、汽车燃料消耗量、制动距离或制动力。这些参数往往能表征检测对象总的技术状况,适合于总体检测。如某车经检测,底盘输出功率符合要求,说明发动机技术状况和传动系技术状况符合要求。反之,如底盘输出功率不符合要求,说明发动机输出功率不足或传动系功率损耗太大,进一步深入检查,可明确是发动机技术状况不佳还是传动系技术状况不佳。所以,工作过程参数也是深入检测的基础。汽车不工作时,工作过程参数无法测量。

(2) 伴随过程参数。

该参数是伴随工作过程输出的一些可检测量,如振动、噪声、异响、温度等。这些参数可提供检测对象的局部信息,常用于复杂系统的深入检测。汽车不工作时,无法测量该参数。

(3) 几何尺寸参数。

该参数可提供总成或机构中配合零件之间或独立零件的技术状况,如配合间隙、自由行程、圆度、圆柱度、端面圆跳动、径向圆跳动等。这些参数虽提供的信息量有限,但却能表征检测对象的具体状态。

汽车常用检测参数如表 10-1-1 所示。

表 10-1-1 汽车常用检测参数

检测对象	检测参数	检测对象	检测参数
汽车整体	最高车速	柴油机供油系	输油泵输油压力
	加速时间		喷油泵高压油管最高压力
	最大爬坡度		喷油泵高压油管残余压力
	驱动车轮输出功率		喷油器针阀开启压力
	驱动车轮驱动力		喷油器针阀关闭压力
	汽车燃料消耗量		喷油器针阀升程
	汽车侧倾稳定角		各缸喷油器喷油量
	CO 排放量		各缸喷油器喷油不均匀度
	HC 排放量		供油提前角、喷油提前角
	NO_x 排放量	转向系	车轮侧滑量
	CO_2 排放量		车轮前束值
	O_2 排放量		车轮外倾角
	柴油车自由加速烟度		主销后倾角
汽油机供给系	空燃比		主销内倾角
	汽油泵出口关闭压力		转向轮最大转向角
	供油系供油压力		最小转弯直径
	喷油器喷油压力		转向盘自由转动量
	喷油器喷油量		转向盘最大转向力
	喷油器喷油不均匀度		

续表

检测对象	检测参数	检测对象	检测参数
行驶系	车轮静不平衡量	润滑系	清净性系数 K 的变化量
	车轮动不平衡量		介电常数的变化量
	车轮端面圆跳动量		金属微粒含量
	车轮径向圆跳动量	点火系	点火提前角
	轮胎胎面花纹深度		火花塞间隙
发动机总成	额定转速		各缸点火电压值
	怠速转速	传动系	传动系游动角度
	发动机功率		传动系功率损失
	发动机燃料消耗量		机械传动效率
	单缸断火（油）转速下降值	制动系	制动距离
	排气温度		制动减速度
曲柄连杆机构	气缸压力		制动力
	气缸漏气量		制动拖滞力
	气缸漏气率		驻车制动力
	曲轴箱漏气量		制动时间
	进气管真空度		制动协调时间
配气机构	气门间隙		制动完全释放时间
	配气相位	其他	前照灯发光强度
冷却系	冷却液温度、冷却液液面高度		前照灯光束照射位置
	风扇传动带张力		车速表误差值
	风扇离合器离合温度		喇叭声级
润滑系	机油压力、机油温度		客车车内噪声
	油底壳油面高度、机油消耗量		驾驶员耳旁噪声
	理化性能指标变化量		

2. 检测参数的选择原则

在汽车的使用过程中，检测参数的变化规律与汽车技术状况的变化规律之间有一定的关系。能够表征汽车技术状况的参数很多，为了保证检测结果的可信性和准确性，在选择检测参数时应遵循以下的原则：

（1）灵敏性。

灵敏性亦称为灵敏度，是指检测对象的技术状况在从正常状态到进入故障状态之前的整个使用期内，检测参数相对于技术状况参数的变化率。选用灵敏性高的检测参数检测汽车的技术状况时，可使检测的可靠性提高。

(2) 稳定性。

稳定性指在相同的测试条件下,多次测得同一检测参数的测量值,具有良好的一致性(重复性)。检测参数的稳定性越好,其测量值的离散度越小。稳定性不好的检测参数,其灵敏性也低,可靠性差。

(3) 信息性。

信息性是指检测参数对汽车技术状况具有的表征性。表征性好的检测参数,能揭示汽车技术状况的特征和现象,反映汽车技术状况的全部情况。检测参数的信息性越好,包含汽车技术状况的信息量越多,得出的检测结论越可靠。

(4) 经济性。

经济性是指获得检测参数的测量值所需要的检测作业费用的多少,包括人力、工时、场地、仪器、设备和能源消耗等各项费用。经济性高的检测参数,所需要的检测作业费用低。

3. 检测参数的测量条件和测量方法

检测参数及其测量条件、测量方法可看成是一个不可分割的整体。

不同的测量条件和不同的测量方法,可以得出不同的检测参数值。在测量条件中,一般有温度条件、速度条件、负荷条件等。多数检测参数的测得需要汽车走热至正常工作温度,只有少量检测参数可在冷车下进行。除了温度条件外,速度条件和负荷条件也很重要。没有规范的测量条件和测量方法,无法统一尺度,因而测得的检测参数值也就无法评价汽车的技术状况。所以,要把检测参数及其测量条件、测量方法看成是一个不可分割的整体。

二、汽车检测参数标准

检测参数标准与检测标准在内容上是不完全相同的。检测标准是对汽车检测的方法、技能要求和限值等的统一规定,而检测参数标准仅是对检测参数限值的统一规定,是检测标准的一部分,有时也简称为检测标准。

为了定量地评价汽车、总成及机构的技术状况,确定维修的范围和深度,预报无故障工作里程,必须建立检测参数标准,提供一个比较尺度。这样,在检测到检测参数值后与检测参数标准值对照,即可确定汽车是继续运行还是要进行维修。

1. 检测参数标准的分类

汽车检测参数标准与其他标准一样,分为国家标准、行业标准、地方标准和企业标准四类。

(1) 国家标准。

国家标准是国家制定的标准,冠以中华人民共和国国家标准(GB)字样。国家标准一般由某行业部委提出,由国家质量监督检验检疫总局发布,具有强制性和权威性。

(2) 行业标准。

该标准也称为部委标准,是部级制定并发布的标准,在部委系统内或行业系统内贯彻执行,一般冠以中华人民共和国某某行业标准。

(3) 地方标准。

该标准是省级、市地级、县级制定并发布的标准,在地方范围内贯彻执行,也在一定范围内具有强制性和权威性。地方标准中的限值可能比上级标准中的限值要求更严格。

(4) 企业标准。

该标准包括汽车制造厂推荐的标准、汽车运输企业和汽车维修企业内部制定的标准、检测仪器设备制造厂推荐的参考性标准三种类型。

汽车制造厂推荐的标准是汽车制造厂在汽车使用说明书中公布的汽车使用性能参数、结构参数、调整数据和使用极限等,可以把它们作为检测参数标准来使用。该类标准是汽车制造厂根据设计要求、制造水平,为保证汽车的使用性能和技术状况而制定的。

汽车运输企业和汽车维修企业的标准是汽车运输企业、汽车维修企业内部制定的标准,只在企业内部贯彻执行。企业标准须达到国家标准和上级标准的要求,同时允许超过国家标准和上级标准的要求。

检测仪器设备制造厂推荐的参考性标准是检测仪器设备制造厂在尚无国家标准和行业标准的情况下制定的,作为参考性标准,以判断汽车、总成及机构的技术状况。

任何一级标准的制定,都既要考虑技术性和经济性,又要考虑先进性,并尽量靠拢同类型国家标准。

2. 检测参数标准的组成

检测参数标准一般由初始值、许用值和极限值三部分组成。

(1) 初始值。

初始值相当于无故障新车和大修车检测参数值的大小,往往是最佳值,可作为新车和大修车的检测标准。当检测参数测量值处于初始值范围内时,表明检测对象技术状况良好,无须维修便可继续运行。

(2) 许用值。

检测参数测量值若在此值范围内,则检测对象技术状况虽发生变化,但尚属正常,无须修理,按要求维护即可继续运行;超过此值,应及时进行修理。

(3) 极限值。

检测参数测量值超过此值后,检测对象技术状况严重恶化,汽车须立即停驶修理。此时,汽车的动力性、经济性和排放性大大降低,行驶安全得不到保证,有关机件磨损严重,甚至可能发生机械事故。

可以看出,将测得的检测参数值与检测参数标准比较,就可得出汽车技术状况,并做出相应的判断。

检测参数标准的初始值、许用值、极限值,可能是一个单一的数值,也可能是一个范围。

3. 检测参数标准的制定与修正

检测参数标准的制定与修正,既要有利于汽车技术状况的提高,又要以经济状况为基础,进行综合考虑。检测参数标准的制定与修改是个比较复杂的过程,会有一些专用的方法,但不管采用哪种方法,都要经过试行、修改后才能定下来。但经数年或十几年后,随着经济的发展和技术的进步,检测参数标准将会不断修正,在使用各类标准时,应及时采用最新的版本。

三、检测周期

检测周期是汽车检测的间隔期,以行驶里程或使用时间表示。检测周期的确定,应满足技术和经济两方面的条件,获得最佳检测周期。最佳检测周期,是能保证车辆的完好率最高而消耗的费用最少的检测周期。

确定最佳检测周期的工作是非常重要的,它既能使车辆在无故障状态下运行,又能使我国维修制度中"定期检测、强制维护、视情修理"的费用降至最低,因此要在"定期"上做好文章。

1. 制定最佳检测周期应考虑的因素

(1) 汽车技术状况。

在汽车新旧程度不一、行驶里程不一、技术状况等级不一,甚至还有使用性能、结构特点、故障规律、配件质量不一等情况下,制定的最佳检测周期显然也不会一样。新车、大修后的车辆,其最佳检测周期长,反之则短。

(2) 汽车使用条件。

汽车使用条件包括气候条件、道路条件、装载条件、驾驶技术、是否拖挂、燃润料质量等。气候恶劣、道路状况差、经常重载、驾驶技术不佳、拖挂行驶、燃润料质量得不到保障的汽车,其最佳检测周期短,反之则长。

(3) 费用。

费用包括检测诊断、维护修理、停驶损耗的费用。若使检测诊断、维护修理费用降低,则应使最佳检测周期延长,但汽车因故障停驶的损耗费用增加;若使停驶损耗的费用降低,则应使最佳检测周期缩短,但检测诊断、维护修理的费用增加。

2. 制定最佳检测周期的方法

根据交通部《道路运输车辆技术管理规定》,汽车应定期检测、周期维护、视情修理。该规定要求车辆二级维护前应进行检测诊断和技术评定,根据结果,确定附加作业或修理项目,结合二级维护一并进行。该规定又指出,车辆修理应贯彻"视情修理"的原则,既要防止拖延修理造成车况恶化,又要防止提前修理造成浪费。

二级维护前和车辆大修前都要进行检测。其中,大修前的检测诊断,一般在大修间隔里程行将结束时结合二级维护前的检测诊断进行。既然规定在二级维护前进行检测诊断,则二级维护周期就是我国目前的最佳检测周期。

第二章 常见故障诊断

第一节 发动机复杂油电路故障诊断与排除

一、发动机不能启动故障诊断与排除

发动机不能启动的现象主要有两种:启动机不能带动发动机运转,或能带动但转动缓慢;启动机能带动发动机正常转动,但不能启动。

1. 故障原因

(1) 蓄电池容量不足、接线柱松动或腐蚀、熔断器不正常。

(2) 启动电线连接不牢固,启动机、启动继电器、点火开关、空挡启动开关(仅对自动变速器)及线路连接不良。

(3) 火花塞积炭或导线不良。

(4) 油量不足或油中混有冷却液,燃油压力不良或喷油器堵塞、漏油,燃油滤清器、燃油泵、燃油压力调节器、主继电器等工作不良。

(5) 废气再循环阀门不能关闭。

(6) 采用空气流量计的电喷发动机在进气管道中的进气量信号与实际进气量不符,造成喷油量少。

(7) 空气滤清器滤芯堵塞,使进气量少;空气流量计有故障,造成启动时的混合气浓度不正常。

(8) 启动开关至发动机 ECU 的连线断路,使 ECU 在起动时没有得到启动信号,无加浓混合气供给。

(9) 点火正时不准确。

(10) 发动机机械部件磨损、拉伤、黏结,气缸压力太低,可燃气燃烧条件差。

2. 故障排除步骤

(1) 读取故障码,按各车型的故障码表找出故障原因并排除。

(2) 若故障码正常,发动机能启动,要对怠速控制阀及其线路、空气导管、空气滤清器等进行检查,发现故障,予以排除。

(3) 检查怠速时进气管的真空度。若真空度小于 66.7kPa,应检查进气管各插头、衬垫、真空软管等处以及废气再循环系统、燃油蒸发回收系统、曲轴箱强制通风装置软管。

(4) 检查怠速空气阀。

(5) 若火花不良,则应对高压线、点火线圈、电子点火器等进行检修或更换。

(6) 取下火花塞,若其潮湿,则应再查喷油器的电阻值,以及有无漏油情况、喷油器电路有无短路、冷启动喷油器和温度时间开关是否失效等,排除所查出的故障。

(7) 检查点火正时及点火正时控制系统;用电压表和电阻表检查 EFI 系统电路(图 10-2-1),如连接线路、空气流量计、冷却液温度传感器、ECU 的电源电路(主继电器、熔断器等);检查喷射信号电路(如 ECU、连接线路、喷油器)。

(8) 打开点火开关至"ON"位置,读取故障码,检测冷却液温度、空气流量、曲轴位置、节气门位置和发动机转速等传感器出现的故障。

图 10-2-1 用电压表和电阻表检查 EFI 系统电路

(9) 若气缸压力太低,需要检查气缸、活塞等部件,进行发动机大修。

二、发动机怠速不稳或易熄火故障诊断与排除

发动机怠速不稳或易熄火的故障现象是发动机启动正常,但不论冷车或热车,怠速均不稳定,怠速转速过低,易熄火。

1. 故障原因

(1) 进气系统或真空系统漏气。

(2) 空气滤清器堵塞。

(3) 怠速调整不当,怠速控制阀或附加空气阀工作不良。

(4) 空气流量计有故障。

(5) EGR 阀卡住常开,不能关闭。

(6) 油路压力太低。

(7) 喷油器雾化不良、漏油或堵塞。

(8) 火花塞不良。

(9) 高压线漏电或断路。

(10) 点火正时失准。

(11) 气缸压缩压力过低。

2. 故障排除步骤

(1) 先进行故障自诊断,检查有无故障码出现。

(2) 检查进气系统各管插头、各真空软管、废气再循环系统和燃油蒸气回收系统有无漏气。

(3) 检查怠速控制阀的工作是否正常,如图 10-2-2 所示。可在发动机运转过程中拔下怠速控制阀接线插头。如果发动机转速无变化,说明怠速控制阀或控制电路有故障,应检修电路或更换怠速控制阀。

(4) 怠速时逐个拔下各缸高压线,检查发动机转速的下降量是否相等。如果在拔下某缸高压线时,发动机转速基本不变,说明该缸工作不良或不工作,应检查该缸火花塞或喷油器有无故障,喷油器控制电路有无短路。

图 10-2-2 怠速控制阀

(5) 检查高压火花。如火花太弱,则应检查点火系统。

(6) 检查燃油压力。

(7) 按规定的程序,调整发动机怠速。

(8) 检查空气流量计。

(9) 仔细听各缸喷油器在怠速时的工作声音。如果各喷油器工作声音不均匀,说明各缸喷油器不均匀,应拆检、清洗或更换喷油器。

(10) 用气缸压力表(图 10-2-3)检查气缸压缩压力,如压力低于 0.8MPa,则应拆检发动机。

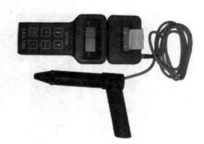

图 10-2-3 气缸压力表

三、发动机动力不足故障诊断与排除

发动机动力不足是指它的动力性差。发动机无负荷运转时基本正常,但带负荷运转时加速缓慢,上坡无力,加速踏板踩到底时仍感到动力不足,转速提不高,达不到最高车速。

1. 故障原因

(1) 节气门调整不当,不能到达全开位置。

(2) 空气滤清器堵塞、脏污。

(3) 燃油压力过低。

(4) 气缸缺火或某缸不工作。

(5) 点火系统故障,点火正时不正确或高压火花弱。

(6) 空气流量计或进气歧管真空度传感器、冷却液温度传感器、节气门位置传感器故障。

(7) 喷油器堵塞或雾化不良。

(8) 废气再循环装置工作不良。

(9) 气缸压缩压力过低或配气正时失准。

(10) 排气受阻,在发动机加载时,进气歧管真空度明显偏低。

2. 故障排除步骤

(1) 进行故障自诊断,检查有无故障码出现。

(2) 将加速踏板踩到底,检查节气门能否全开。如不能全开,应调整节气门拉索或加速踏板。

(3) 检查空气滤清器有无堵塞。如有堵塞,应清洁或更换。

(4) 用点火正时灯检查点火正时。

(5) 检查有无明显缺缸。可做单缸断火、断油试验。

(6) 检查所有火花塞(图10-2-4)、高压线、点火线圈。如有异常,应更换。可用点火示波器观察点火波形后确认。

(7) 检查燃油压力,拆卸喷油器,检查喷油量是否正常。

(8) 检测空气流量计、节气门位置传感器、曲轴位置传感器、凸轮轴位置传感器、冷却液温度传感器、氧传感器、爆燃传感器信号。

(9) 检查排气是否畅通、三元催化转化器是否堵塞。

(10) 测量气缸压缩压力,检查气门、活塞积炭情况(图10-2-5),拆检发动机等。

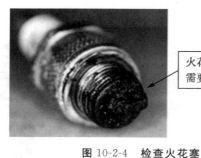

图 10-2-4　检查火花塞

图 10-2-5　活塞积炭

四、发动机油耗过大故障诊断与排除

发动机油耗过大是指它的百千米油耗超过规定的标准值,比正常时大很多。

1. 故障原因

(1) 发动机机械部件故障(气缸磨损造成气缸压力过低等)。

(2) 冷却液温度传感器失常。

(3) 空气气流量计或进气压力传感器失常。

(4) 节气门位置传感器失常。

(5) 燃油压力过高。
(6) 喷油器漏油。
(7) 氧传感器失效。
(8) 点火系统故障。
(9) 配气相位不正确。

2. 故障排除步骤

(1) 检查发动机机械故障,检查排气系统是否堵塞以及冷却系节温器的工作情况。

(2) 测量冷却液温度传感器,其不同温度下的电阻值应符合标准,如图10-2-6所示。如阻值太大,会使ECU误认为发动机处于低温状态,从而进行冷车加浓控制,使油耗增加。

(3) 检测空气流量计或进气压力传感器,其数值应符合标准。

图 10-2-6 冷却液温度传感器

(4) 检查节气门位置传感器。

(5) 测量燃油压力。怠速时的燃油压力应为250kPa左右。随着节气门的开启,燃油压力应逐渐上升。节气门全开时的燃油压力约为300kPa左右。若燃油压力能随节气门开度变化而改变,但压力始终偏高,则说明油压调节器有故障,应更换。

(6) 检查点火高压能量、点火正时。

(7) 拆卸喷油器,检查各喷油器有无漏油。如有异常,应清洗或更换喷油器。

(8) 检查轮胎气压、制动技术状况。

五、发动机排气管冒黑烟故障诊断与排除

1. 故障原因

电喷发动机排气管冒黑烟是因为喷油量过多、混合气过浓。而发动机控制系统和燃油系统出现问题就会导致喷油量过多。如果冷却液温度传感器、空气流量计、进气管压力传感器、冷启动喷油器、氧传感器和喷油器等出现故障以及燃油压力过高都会使进入气缸的燃油过多,造成喷油量过多使燃烧不完全。

2. 故障排除步骤

(1) 在发动机不同冷却液温度下,检测冷却液温度传感器的电阻值,并与标准做比较;或用电脑解码器来检测,对有故障的冷却液温度传感器进行更换。

(2) 检测空气流量计或进气管压力传感器,其参数应符合标准。若不符合标准,应予以更换。

(3) 测量发动机怠速燃油压力,如图10-2-7所示。其值约为250kPa,当节气门全开时燃油压力约为300kPa。

(4) 用电压表或试灯接在冷启动喷油器线束插头上,检查发动机启动时冷启动喷油器工作的持续时间是否符合标准值。

(5) 将氧传感器的线束插头(图10-2-8)拔下之后,若发动机的冒黑烟故障消失,则表明氧传感器有故障,应更换。

（6）拆下喷油器，检查各喷油器有无漏油或卡滞。若有异常，应清洗或更换喷油器。

图 10-2-7　测量发动机怠速燃油压力

图 10-2-8　氧传感器的线束插头

第二节　汽车传动系统故障诊断与排除

一、离合器

1. 离合器踏板自由行程的检查方法

在离合器接合状态下，分离杠杆内端与分离轴承间留有一个自由间隙，这个间隙反映到离合器踏板上，即踩离合器踏板时有一空行程，被称为离合器踏板的自由行程，如图 10-2-9 所示。

随着离合器从动盘的磨损量逐渐加大，离合器踏板自由行程会逐渐减小。为避免该自由行程彻底消失，规定当汽车行驶一定里程后，需要定期检查和调整离合器踏板自由行程。检查方法为：用手按下离合器踏板，直至感觉到一定的阻力。这时，使用刻度尺确认自由行程在规定的范围内。踏板的自由行程：2～8mm。

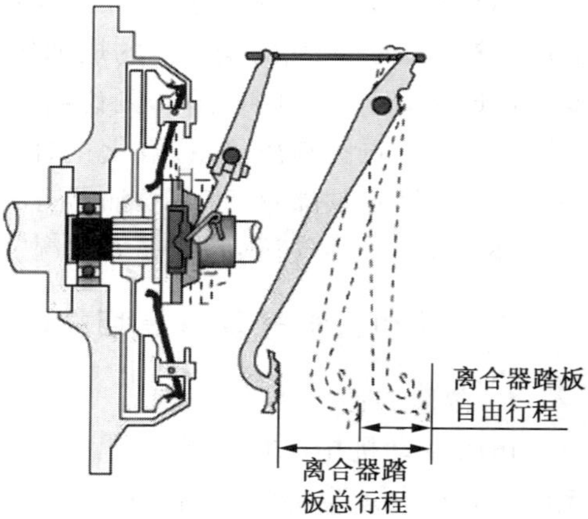

图 10-2-9　离合器踏板的自由行程

2. 离合器踏板自由行程的调整方法

若离合器踏板自由行程太小甚至为零（没有间隙），分离轴承会因与分离杠杆长时间接触而迅速磨损，导致损坏，离合器在结合期就会出现"打滑"故障；若间隙太大，则离合器将出现分离不开、换挡困难的故障。因此，应正确调整离合器踏板的自由行程。

对于离合器采用拉索进行操纵的车辆，离合器踏板的自由行程的调整方法是：拧松离合器拉锁端头锁紧螺母，转动调节螺母，直到踏板行程达到规定要求；对于采用液压传动操纵的离合器，其调整方法如图 10-2-10 所示。

图 10-2-10 采用液压传动操纵的离合器踏板自由行程的调整

3. 离合器液压传动装置中空气的排除方法

离合器液压传动装置中的液体混有空气时,将会引起离合器分离不彻底,在踩下离合器踏板时有发软的感觉,应按下列方法排除空气:

(1) 擦净离合器总泵储液罐和放气阀的灰尘和油污。

(2) 检查储液罐中制动液的液面高度,必要时添加制动液。

(3) 在工作泵放气阀头部安装上胶皮管,管子另一端浸没在制动液流质容器内。

(4) 如图 10-2-11 所示,将放气阀拧松 1/2 圈,迅速踩下离合器踏板,缓慢放松踏板,直到胶皮管中不冒气泡为止。

(5) 踩下踏板,拧紧放气阀,取下胶皮管,装上放气阀防尘帽。

图 10-2-11 离合器液压传动装置空气排除

如果多次踩放踏板,从胶皮管中都有气泡冒出,应检查各连接部位有无渗漏现象,油管有无裂纹,主泵或工作泵密封圈是否可靠。

4. 离合器分离不彻底故障诊断与排除

离合器分离不彻底的主要原因有:

(1) 当汽车起步时,将离合器踏板踩到底,仍感到挂挡困难或不能挂挡,且变速齿轮发出碰撞声。

(2) 挂上挡后未抬离合器前,车辆就起步或发动机熄火。

离合器分离不彻底的故障排除流程如图 10-2-12 所示。

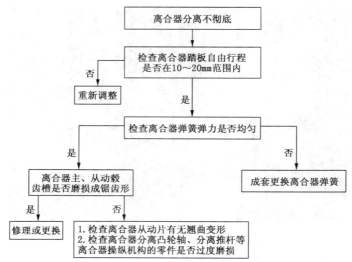

图 10-2-12　离合器分离不彻底故障排除流程

5. 离合器打滑故障诊断与排除

离合器打滑是指在离合器接合时,离合器片在压盘与飞轮之间滑动。离合器打滑的表现为汽车起步困难。

离合器打滑的根本原因是压盘不能牢固地压在从动盘摩擦片上,或摩擦片的摩擦系数过小,使离合器摩擦力矩严重不足。故障排除流程如图 10-2-13 所示。

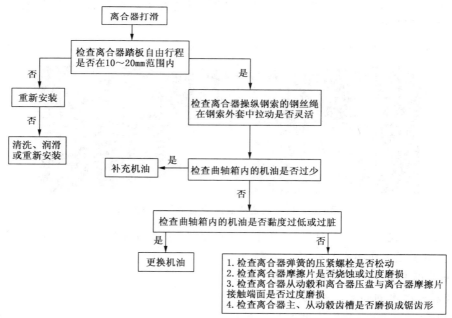

图 10-2-13　离合器打滑故障排除流程

二、手动变速器

1. 手动变速器油的检查和更换方法

(1) 将车辆停在水平地面上,并关闭发动机。

(2) 用举升机举升车辆,并确保其被牢固支撑。

(3) 拆下前轮挡泥板。

(4) 拆下注油螺塞和密封垫圈,检查变速器油情况,并确保油液处于正确的油位,如图10-2-14 所示。

(5) 如果变速器油脏污,拆下放油螺塞并排空变速器,如图 10-2-15 所示。

图 10-2-14　拆下注油螺塞

图 10-2-15　排空变速器油

(6) 用新密封垫圈重新安装放油螺塞,并使用变速器油加注器重新为变速器加注变速器油至正确油位(有少量变速器油从注油螺口处溢出为止)。

(7) 安装带新密封垫圈的注油螺塞。

(8) 安装挡泥板。

(9) 降下举升机上的车辆。

2. 变速器换挡困难故障诊断与排除

(1) 故障现象:变速换挡操作困难,挂挡、退挡操作较费力。

(2) 故障排除流程如图 10-2-16 所示。

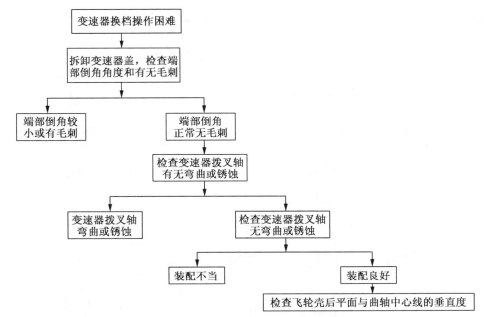
图 10-2-16　变速器换挡困难故障排除流程

3. 变速器有打齿响声故障诊断与排除

（1）故障现象：离合器工作正常，变速器工作时出现明显齿轮、轴承等干涉声音。

（2）故障排除流程如图 10-2-17 所示。

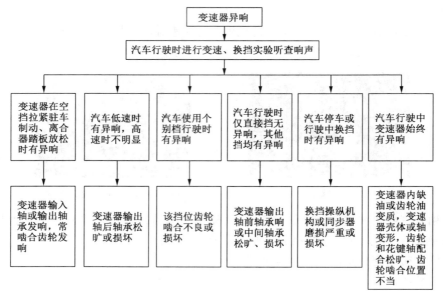

图 10-2-17　变速器有打齿响声故障排除流程

4. 变速器漏油故障诊断与排除

（1）故障现象：变速器润滑油损耗较快，变速器外部有明显油迹。

（2）故障排除流程如图 10-2-18 所示。

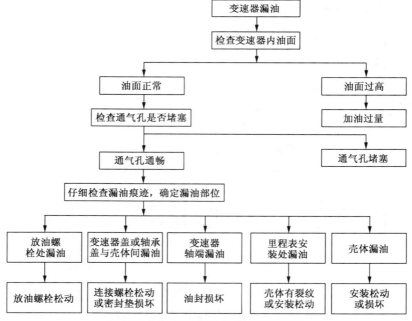

图 10-2-18　变速器漏油故障排除流程

三、自动变速器

1. 自动变速器油液面的检查和更换

自动变速器油(ATF)液面高度的检查方法如下：

(1) 将车辆停放在水平地面上。

(2) 在发动机怠速状态下，踩下制动踏板并将变速杆挂到每个挡位停留3s，然后回到P位，如图10-2-19所示。

(3) 抽出变速器油标尺(图10-2-20)擦净其表面，在暖机状态下检查自动变速器油液面的高度。

(4) 如果液面低于"HOT"(热态)刻度范围下限，检查自动变速器是否漏油并加注自动变速器油。

(5) 如果液面超过"HOT"刻度范围上限，则说明自动变速器油加注过量，需要通过油底壳放油螺塞放出部分油液，然后再检查自动变速器油液面。

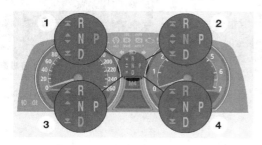

图 10-2-19　挂挡过程

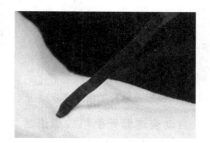

图 10-2-20　变速器油标尺

自动变速器油液的更换方法如下：

(1) 举升车辆，拆卸发动机下护板固定螺栓，取下发动机下护板。

(2) 将合适的接油容器放在自动变速器下面。

(3) 拆卸放油螺塞，将油液全部放出，如图10-2-21所示。

(4) 使用新衬垫安装放油塞，按规定力矩拧紧。

(5) 移走接油容器，并放下车辆。

(6) 取出自动变速器油标尺，将变速器油加注漏斗固定在自动变速器油标尺管上，加注规定容量的自动变速器油。

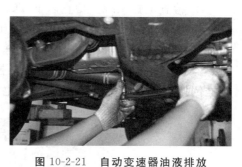

图 10-2-21　自动变速器油液排放

(7) 启动发动机并怠速运转1～2min。

(8) 把变速杆挂到每个挡位停留几秒钟，然后将它挂到N位或P位。

(9) 驾驶车辆直到变速器油温上升到正常工作温度(70℃～80℃)为止，然后再次检查油位。油位必须在"HOT"标记处。

2. 自动变速器无前进挡故障诊断与排除

(1) 故障现象：汽车倒挡行驶正常，在前进挡时不能行驶，变速杆在D位时汽车不能起步，在S位、L位(2位、1位)时可以起步。

(2) 故障诊断与排除：

① 首先检查变速杆的调整情况，如图 10-2-22 所示。如有异常，应按规定程序重新调整。

② 测量前进挡主油路油压。若油压过低，则说明主油路严重泄漏，应拆检自动变速器，更换前进挡油路上各处的密封圈和密封环。

③ 若前进挡的主油路油压正常，应拆检前进离合器，如图 10-2-18 所示。如摩擦片表面粉末冶金层有烧焦或磨损过甚，应更换摩擦片。

④ 若主油路油压和前进离合器均正常，则应拆检前进挡单向超越离合器，检查前进挡单向超越离合器的安装方向是否正确以及有无打滑。如有装反，应重新安装；如有打滑，应更换新件。

图 10-2-22　检查变速杆的调整情况　　　　图 10-2-23　拆检前进离合器

3. 自动变速器无倒挡故障诊断与排除

(1) 故障现象：汽车在前进挡能正常行驶，但在倒挡时不能行驶。

(2) 故障诊断与排除：

① 检查电控系统。检查以下 TCM 输入/输出信号：挡位开关信号、挂倒挡时各换挡电磁阀的工作情况、输入轴转速信号、输出轴转速信号或车速信号，如图 10-2-24 所示，为奥迪 A8 的输入轴转速传感器和输出轴转速传感器。还应注意输入轴转速传感器与输出轴转速传感器的插头是否相互插错。断开电控自动变速器上电磁阀等插头或拔下 TCM 的插头，再挂倒挡，如倒挡正常则说明故障在电控部分。

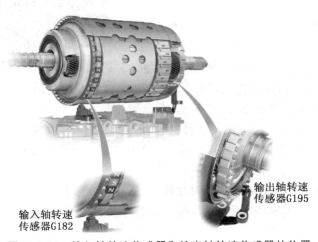

图 10-2-24　输入轴转速传感器和输出轴转速传感器的位置

② 检查变速杆、手动阀的位置或换挡拉索的长度。如有异常,应按规定程序重新调整。

③ 检查倒挡油路油压。若油压过低,则说明倒挡油路泄漏。对此,应拆检自动变速器,予以修复。

④ 若倒挡油路油压正常,可进行手动挂挡试验(图 10-2-25),查看其他挡位是否正常,再结合该型号自动变速器动作元件表或动力传递路线来确定故障部位,然后拆检自动变速器,更换损坏的离合器片或制动器片(制动带)。

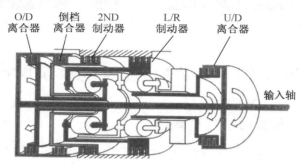

图 10-2-25　手动挂挡试验

4. 自动变速器换挡冲击故障诊断与排除

(1) 故障现象:在汽车起步时,由停车挡(P)或空挡(N)挂入倒挡(R)或前进挡(D)时,汽车振动较严重;在汽车行驶过程中自动变速器换挡的瞬间,汽车有较明显的振动。

(2) 故障诊断与排除:

① 检查发动机怠速。自动变速器:车辆的发动机怠速一般为 750r/min 左右。若怠速过高或过低,则按标准予以调整。

② 检查节气门拉索或节气门位置传感器的调整情况。

③ 检查真空式节气门阀的真空软管。如破裂,应更换;如松脱,应接牢。

④ 进行道路试验。

⑤ 检测主油路油压。

⑥ 检测换挡时的主油路油压。在正常情况下,换挡时的主油路油压会瞬时下降。如果换挡时主油路油压没有下降,则说明蓄压器活塞卡滞,应拆检阀板和蓄压器。

⑦ 检查自动变速器电控系统。如果线路有故障,应予以修复;如果电磁阀损坏,应更换电磁阀;如果 TCM 在换挡的瞬间没有向油压电磁阀发出控制信号,说明 TCM 有故障,应更换 TCM。

四、半轴弯曲变形和半轴防尘罩的检查

半轴弯曲时(图 10-2-26),可将半轴夹在车床上,用千分表抵在半轴中间处测量。若摆差超过 2mm,应进行冷压校正或更换半轴。

日常维护时应注意检查半轴防尘罩(图 10-2-27)是否破裂,若破裂,应更换防尘罩;同时应检查防尘罩卡箍是否断裂或变形,若断裂或变形,应予以更换。否则有可能因为润滑脂完全泄漏导致万向节异常磨损而使半轴工作不正常甚至使半轴报废。

图 10-2-26　检查半轴

图 10-2-27　检查半轴防尘套

第三节　转向系统故障诊断与排除

一、转向盘中间位置的检查和调整

若车辆的转向盘不在中间位置,则当松开转向盘后,车辆将不会直线行驶,而会出现跑偏现象。转向盘中间位置的检查和调整方法如下:

1. 检查转向盘中间位置

(1) 将两段胶纸带分别贴到转向盘上部中心和组合开关上护罩上。

(2) 以 56km/h 的恒定速度驱车直线行进 100m,握住转向盘并保持该路线。

(3) 如图 10-2-28 所示,在胶纸带上做上标记(画一条线)。

(4) 将转向盘转至中间位置。

(5) 如图 10-2-29 所示,在转向盘的胶纸带上画一条新线。

(6) 测量转向盘胶纸带上两条线之间的距离,即为转向盘偏心距离。

(7) 将测量的距离转换为转向角,测量距离 1mm 约对应 1°转向角。

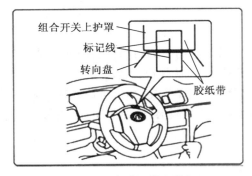

图 10-2-28　在胶纸带上做标记

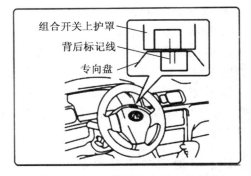

图 10-2-29　在胶纸带上画一条新线

2. 调整转向角

左右侧分别执行下列步骤:

(1) 在横拉杆和齿条插头的显著位置做标记,如图 10-2-30 所示。

(2) 使用量规测量横拉杆和齿条插头螺纹间的距离。

(3) 松开左、右锁紧螺母和防尘套卡夹,如图 10-2-31 所示。

(4) 以相同的旋转角度(不同方向)旋转左右齿条插头。齿条插头旋转 360°(1.5mm 水平移动)相当于转向角度12°。

(5) 拧紧左、右锁紧螺母,力矩为(74±7)N·m。

(6) 安装左、右防尘套卡夹。

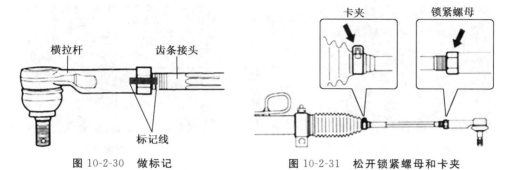

图 10-2-30　做标记　　　　图 10-2-31　松开锁紧螺母和卡夹

二、车辆转向沉重故障诊断与排除

1. 故障现象

汽车转向时感觉操作沉重,助力较小。

2. 故障诊断与排除

(1) 检查转向器,如图 10-2-32 所示。

图 10-2-32　转向器

图 10-2-33　转向传动横拉杆球铰

(2) 检查齿条。

(3) 检查转向器润滑油,若低于下限值应添加。(4) 检查转向传动横拉杆球铰,加注润滑油,如图 10-2-33 所示。

(5) 检查横拉杆。

(6) 检查转向臂。

(7) 检查调整前轮定位。

(8) 检查左、右前轮气压,使之达到标准值。

(9) 检查左、右前轮轴承,并润滑。

三、转向振动故障诊断与排除

1. 故障现象

汽车转向时转向盘振动。

2. 故障诊断与排除

(1) 检查前轮是否平衡,如图 10-2-34 所示。

(2) 检查前轮轮辋是否发生拱曲变形,变形应更换,如图 10-2-35 所示。

图 10-2-34　检查前轮是否平衡　　　图 10-2-35　检查前轮轮辋

(3) 检查转向传动机构,若松旷应调整或更换相关零件,如图 10-2-36 所示。

(4) 检查减振器,若漏油应更换,如图 10-2-37 所示。

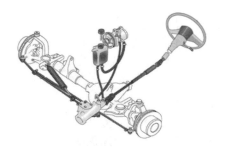 

图 10-2-36　检查转向传动机构　　　图 10-2-37　检查减振器

(5) 检查悬架弹簧,若弹性不足或断裂应更换,如图 10-2-38 所示。

(6) 检查调整前轮定位,调整到标准数据,如图 10-2-39 所示。

图 10-2-38　检查悬架弹簧　　　图 10-2-39　检查调整前轮定位

(7) 检查传动轴(图 10-2-40),轴弯曲应更换。

图 10-2-40　传动轴

四、助力不足故障诊断与排除

1. 故障现象

汽车转向过程中助力效果差。

2. 故障诊断与排除

（1）检查转向助力泵 V 带张紧度，并调整，如图 10-2-41 所示。

（2）检查转向器润滑油，若低于下限应添加。

（3）检修液压泵，若漏油应检修或更换，如图 10-2-42 所示。

图 10-2-41　检查转向助力泵 V 带张紧度　　图 10-2-42　转向泵漏油

（4）检查调整悬架系统，若悬架弹簧弹性不足或断裂应更换。

第四节　汽车制动系统故障诊断与排除

一、制动效果不好故障诊断与排除

1. 故障现象

汽车制动时减速变慢，制动距离变长，踏板力度变硬或变软。

2. 故障诊断与排除

（1）检修主缸，特别是主缸活塞密封状况，必要时更换，如图 10-2-43 所示。

（2）检修轮缸，更换油封或轮缸总成，如图 10-2-44 所示。

（3）检查系统密封性，进行系统排气。

（4）检查或者更换真空助力器。

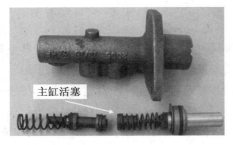 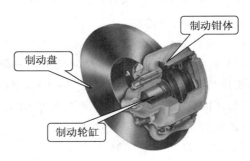

图 10-2-43　检修主缸　　　　　图 10-2-44　检修轮缸

二、制动跑偏故障诊断与排除

1. 故障现象

汽车制动时,出现跑偏现象。

2. 故障诊断与排除

(1) 必须使汽车同一轴上两侧轮胎品牌相同、气压相等、磨损程度相同。

(2) 检修制动器。

(3) 检修连接出现松动的部位。

三、制动时发抖故障诊断与排除

1. 故障现象

车辆制动时,转向盘或车身抖动。

2. 故障诊断与排除

(1) 检查前制动盘端面跳动量,更换前制动盘,如图 10-2-45 所示。

(2) 更换制动蹄片(鼓式制动器)。

(3) 检修盘式制动器,必要时更换,如图 10-2-46 所示。

(4) 检修前制动卡钳。

图 10-2-45　检查前制动盘端面跳动量

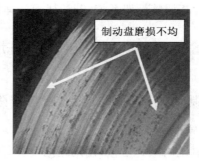
图 10-2-46　检修盘式制动器

四、制动时踏板行程小、阻力大故障诊断与排除

1. 故障现象

制动时踏板行程很小,踏板高、硬,制动效能不良。

2. 故障诊断与排除

检修或更换真空助力器总成:

(1) 在真空助力器和真空罐之间加装一单向阀,单向阀方向由真空助力器朝真空罐(或发动机进气歧管),在真空助力器与单向阀之间安装真空表,如图 10-2-47 所示。

(2) 启动发动机,通过加速踏板来调节发动机速度,使真空表读数显示在 40.0～66.7kPa 范围内,然后关闭发动机。

(3) 读取真空表的读数,如果 30s 后真空表读数下降值等于或大于 2.7kPa,则检查真空软管和真空助力器是否泄漏。

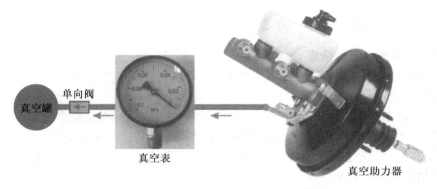

图 10-2-47　在真空助力器与单向阀之间安装真空表

五、ABS 不工作故障诊断与排除

1. 故障现象

ABS 警告灯常亮，制动时 ABS 不工作。

2. 故障诊断与排除

（1）车轮转速传感器或信号线路故障。

（2）ABS 供电故障。

（3）ABS 控制系统（如电子控制单元、液压块总成等）发生故障。

六、制动踏板高度的检查与调整

（1）断开制动灯开关插头，松开制动灯开关锁紧螺母，拧下制动灯开关使之不再与制动踏板接触。

（2）掀起地毯，测量由驾驶室金属底板至踏板上表面中点的距离即为踏板高度。

① 松开推杆调整螺母（图 10-2-48），并用钳子将推杆旋入或旋出，直至达到从地板到踏板的标准高度。调整后，牢牢地紧固锁紧螺母。不要通过按压推杆的方法来调整踏板高度。

② 装上制动灯开关，直至柱塞被完全压住，将开关往回拧 3/4 圈，使得开关的螺纹端与衬垫之间产生间隙（图 10-2-44），再拧紧锁紧螺母，接上制动灯开关插头，并松开制动踏板后确认制动灯熄灭。

图 10-2-48　推杆调整螺母

图 10-2-49　螺纹端与衬垫之间产生间隙

八、制动片的检查与更换方法

1. 制动片磨损情况的检查

制动片属于易损件,在使用中会逐渐磨损,当磨损到极限位置时,必须更换,否则将降低制动的效果,甚至造成安全事故。

在正常行驶条件下,每行驶 5000km 应对制动片检查一次,不仅要检查剩余的厚度,还要检查制动片磨损的状态(图 10-2-50),如两边磨损的程度是否一样、回位是否自如等,发现不正常情况必须立即处理。检查时,可从制动钳体上的检查孔中查看制动片厚度。若有必要,可以使用刻度尺进行测量。

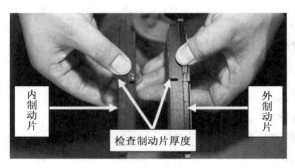

图 10-2-50　检查制动片

2. 制动片的更换方法

制动片磨损到一定程度后需要进行更换,更换方法如下:

(1) 使用专用工具从汽车上拆卸轮胎,如图 10-2-51 所示。
(2) 拆下制动软管固定螺栓。
(3) 拆卸下面的滑动销钉,然后向上旋出制动钳,如图 10-2-52 所示。

图 10-2-51　拆卸轮胎

图 10-2-52　旋出制动钳

(4) 用绳索吊起钳体(图 10-2-53),然后拆卸制动片、制动片保持架、垫片和承扭臂上的垫片盖。
(5) 将内垫片和内垫片盖安装到内制动片上,将外垫片安装到外制动片上。
(6) 将制动片保持架和制动片安装到承扭臂上。
(7) 安装制动片时要按住活塞,然后将钳体安装到承扭臂上,如图 10-2-54 所示。

图 10-2-53　用绳索吊起钳体　　　图 10-2-54　安装制动片

（8）安装下面的滑动销钉并拧紧，如图 10-2-55 所示。
（9）使用车轮螺母固定制动盘，踩几下制动踏板直到有反应。
（10）检查前盘式制动器的旋转阻力。
（11）拧紧制动软管固定螺栓。
（12）安装车轮。

九、制动盘的检查方法

1. 目视检查

检查制动盘表面有无不均匀磨损、裂纹和严重损坏，如图 10-2-56 所示。如果有上述情况，则更换制动盘。

图 10-2-55　安装滑动销钉

图 10-2-56　目视检查制动盘　　　图 10-2-57　检查制动盘端面跳动量

2. 跳动量检查

（1）使用车轮螺母将制动盘固定到轮毂上（2 个或多个位置）。
（2）如图 10-2-57 所示，使用刻度盘指示器（百分表）检查制动盘端面跳动量（在制动盘边缘内侧 10mm 处测量）。
（3）如果在执行上述操作后跳动量超过规定值，则更换或用车床加工制动盘。

3. 厚度检查

如图 10-2-58 所示，使用千分尺检查制动盘的厚度，同一圆周上的最大厚度差应≤0.01mm。如果厚度低于磨损极限，则更换制动盘。

图 10-2-58　检查制动盘的厚度

第五节 汽车空调系统故障诊断与排除

一、空调制冷剂的加注

1. 空调系统抽真空

抽真空的设备为真空泵或汽车空调制冷剂回收加注机。空调制冷系统抽真空的方法步骤如下:

(1) 如图 10-2-59 所示,分别连接进、排气歧管压力表的高、低压充气软管;高压充气软管(红色)接空调制冷系统的高压维修阀,低压充气软管(蓝色)接低压维修阀。

(2) 将歧管压力表中间那一根软管接到真空泵或加注机上。

(3) 开启真空泵,然后打开歧管压力表吸入一侧的阀门。如在系统内没有任何堵塞,那么在高压表上就有显示,在这种情况出现时,打开进(排)气歧管仪表的另一侧阀门。

(4) 只要不存在泄漏现象,大约 10min 之后,两个压力表显示 98.70~99.99kPa 的真空。

(5) 抽真空时间总共必须持续 15min。

(6) 继续进行抽真空,直至压力表上显示 98.70~99.99kPa 的真空,然后关闭两个阀门。

(7) 拆掉接在真空泵上的软管,取下空调歧管压力表。

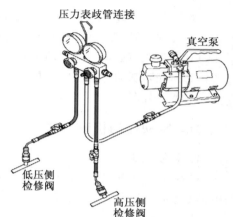

图 10-2-59 空调制冷系统抽真空

2. 从空调系统高压端加注制冷剂的方法

从空调高压管路的维修阀加注时,充入的是制冷剂液体,特点是安全快速,适用于制冷系统的第一次加注,即经检漏、抽真空后的系统加注。从空调系统高压端加注制冷剂的方法如图 10-2-60 所示。

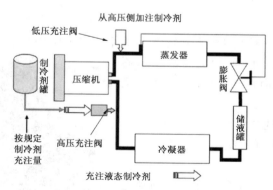

图 10-2-60 高压端加注制冷剂

(1) 当系统抽真空后,关闭歧管压力表上的手动高、低压阀。

(2) 将中间软管的一端与制冷剂罐注入阀的插头连接,打开制冷剂罐开启阀,再拧开歧管压力表软管一端的螺母,让气体溢出几秒钟,然后拧紧螺母。

(3) 拧开高压侧手动阀至全开位置,将制冷剂罐倒立。

(4) 从高压侧注入规定量的液态制冷剂。关闭制冷剂罐注入阀及歧管压力表上的手动高压阀,然后卸下仪表。

3. 从空调系统低压端加注制冷剂的方法

当制冷系统抽真空达到要求,且经检漏确定制冷系统不存在泄漏部位后,即可向制冷系统加注制冷剂。现代的汽车空调普遍采用R134a制冷剂,加注量通常为500~600g。

从空调低压管路的维修阀加注时,充入的是制冷剂气体,特点是加注速度慢,可在系统补充制冷剂情况下使用。从空调低压端加注制冷剂的方法如图10-2-61所示。

(1) 将歧管压力表与高低压维修阀和制冷剂罐连接好。

(2) 打开制冷剂罐,拧松中间注入软管在歧管压力表上的螺母,直到听见有制冷剂蒸气流动声,然后拧紧螺母,从而排出注入软管中的空气。

(3) 打开手动低压阀,让制冷剂进入制冷系统。当系统压力达到0.4MPa时,关闭手动低压阀。

(4) 启动发动机,接通空调开关,并将鼓风机开关和温控开关都调至最大。

(5) 打开歧管压力表上的手动阀,让制冷剂继续进入制冷系统,直至加注剂量达到规定值。

(6) 向系统中加注规定量制冷剂后,观察视液窗,确认系统内无气泡、无过量制冷剂。随后将发动机转速调至2000r/min,将鼓风机风量开到最高挡。若气温为30℃~35℃,则系统内低压侧压力应在0.15~0.25MPa范围内,高压侧压力应在1.37~1.57MPa范围内,如图10-2-62所示。

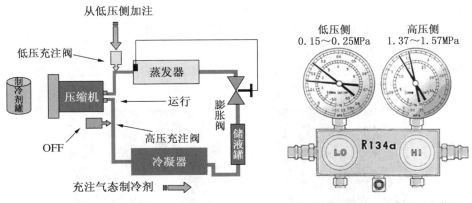

图 10-2-61　低压端加注制冷剂　　　　图 10-2-62　高、低压侧压力范围

(7) 加注完毕后关闭歧管压力表上的手动低压阀,关闭装在制冷剂罐上的注入阀。关闭发动机,从维修阀上卸下歧管压力表。动作要迅速,以免过多的制冷剂泄出。

二、冷冻机油的检查与加注

1. 冷冻机油的检查

压缩机冷冻机油过多或过少都会对空调制冷效果产生影响,油量的检查方法一般有以下三种:

(1) 观察视镜。通过压缩机上安装的视镜玻璃,可观察冷冻机油油量。如果压缩机冷冻机油油面达到观察高度的 80% 位置,一般认为是合适的,如图 10-2-63 所示;如果油面在这个界限之下,则应添加冷冻机油;如果在这个位置之上,则应放出多余的冷冻机油。

(2) 观察油尺。未装视镜玻璃的压缩机,可用量油尺检查其油量,如图 10-2-64 所示。这种压缩机有的只有一个油塞,油塞下面有的装有油尺,有的没有油尺,需要另外用专用油尺插入检查,观察油面的位置是否在规定的上下限定之间。

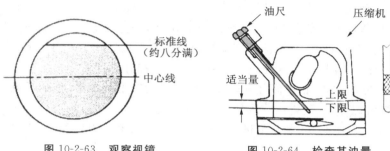

图 10-2-63　观察视镜　　　　图 10-2-64　检查其油量

(3) 观察储液罐玻璃观察孔。启动空调系统,查看储液罐玻璃观察孔处的制冷剂通过情况,如果观察孔的玻璃上有条纹状的油渍,说明冷冻机油量过多。此时应从系统内释放一些冷冻机油,再加入适量的制冷剂。

2. 冷冻机油的加注

更换任何元件或发生大量制冷剂泄漏后,需要向压缩机中添加冷冻机油,添加方法有以下两种:

(1) 直接加入法。将冷冻机油按标准称量好,直接倒入压缩机内,如图 10-2-65 所示。这种方法只在更换蒸发器、冷凝器和干燥瓶时用。

(2) 真空吸入法。添加冷冻机油可在抽真空后进行,操作步骤如下:

① 按抽真空的方法,先对制冷系统抽真空。

② 选用一个带有刻度的注油器,其上面有一个加油螺塞和一个放油阀,加入比要补充的冷冻机油量还要多一些的冷冻机油,如图 10-2-66 所示。

图 10-2-65　直接加入法　　　　图 10-2-66　真空吸入法

③ 将注油器接在表阀的低压接口和空调制冷系统低压检修阀之间。

④ 启动真空泵,打开歧管压力表上的高压手动阀,然后打开注油器上的放油阀,补充的冷冻机油就从制冷系统的低压侧进入压缩机,当冷冻机油量达到规定量时,停止真空泵,关闭放油阀。

⑤ 拆下注油器,接着对系统进行抽真空,加注制冷剂。

三、通过干燥瓶视液镜观察判断制冷系统故障

通过干燥瓶视液镜观察判断制冷系统故障的相关现象、方法等见表 10-2-1。

表 10-2-1 通过干燥瓶视液镜观察判断制冷系统故障

故障项目	故障现象	检修方法	干燥瓶视液镜图像
制冷剂不足	视液镜下有少量气泡或每隔 1~2s 就看见气泡,此时高压表压力低,低压表压力低,空调出风不冷	检漏并补充制冷剂至适量	
制冷剂严重不足	视液镜下有很多气泡,高压表和低压表压力过低,空调出风不冷	检漏,修理泄漏部位,重新充注制冷剂至适量	
制冷剂过多	视液镜下一片清晰,并有冷气输出,关闭空调后 15s 不起泡,或停机 1min 后仍有气泡流动,高压表和低压表压力过高,空调出风不够凉	释放一些制冷剂	
干燥剂已分散	干燥剂已分散,并随制冷剂流动,视液镜下为六维状	更换干燥瓶,重新抽真空并加注制冷剂	

四、空调系统常见故障诊断与排除

1. 不制冷

(1) 故障现象：

① 打开鼓风机开关及 A/C 开关,鼓风机工作正常,但压缩机不转动,系统不制冷。

② 打开鼓风机开关及 A/C 开关,压缩机转动,但鼓风机不转动,系统无冷风。

③ 打开鼓风机开关及 A/C 开关,压缩机及鼓风机均转动,但系统不制冷。

(2) 故障排除流程如图 10-2-67 所示。

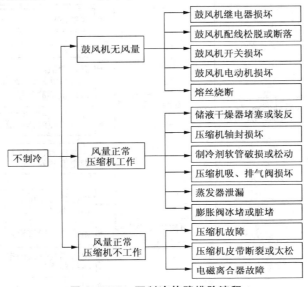

图 10-2-67 不制冷故障排除流程

2. 制冷不足

（1）故障现象：打开鼓风机开关及 A/C 开关后，用温度计在蒸发器出风口测量温度大于正常值 5℃ 以上或车内温度高于调节温度。

（2）故障排除流程如图 10-2-68 所示。

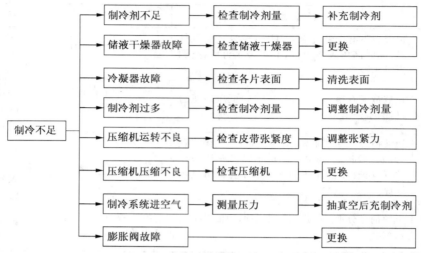

图 10-2-68　制冷不足故障排除流程

3. 间歇性制冷

（1）故障现象：打开鼓风机开关及 A/C 开关后，供给空气量间断不连续，各出风口冷风时有时无。

（2）故障排除流程如图 10-2-69 所示。

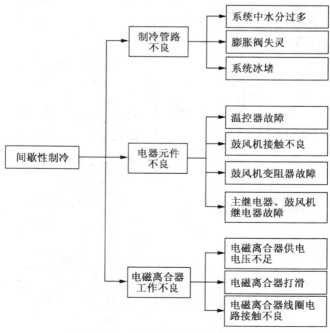

图 10-2-69　间歇性制冷故障排除流程

4. 空调异响

(1) 故障现象：空调系统工作时，产生异常响声。

(2) 故障排除流程如图 10-2-70 所示。

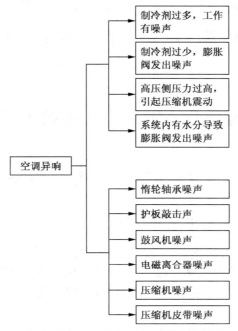

图 10-2-70　空调异响故障排除流程

第十一单元 电控汽车检修基础与电子控制系统故障诊断

第一章 电控汽车检修基础

第一节 电控汽车电气、电子设备的特点

一、现代电控汽车电气、电子设备的特点

现代汽车电气、电子设备的特点,主要体现在功能集约化(组合化)、控制电子化和连接标准化上。在分析电子线路的故障时,由于它总是与相关的电气设备相联系,或者说它要依靠其他电气设备的工作来体现电子线路的功能,所以一定要了解电气、电子设备的一般特点。

1. 电气、电子设备的一般特点

电气、电子设备视其工作性质和种类的不同而各有其结构原理特点,在此简述分析检修电子线路之前应注意的几个问题:

(1) 现代汽车一般设有总电源开关,且多为电磁式。

(2) 现代汽车上有许多地方配置易熔导线(不是保险丝),以保护线束,而不是保护某个特定的电器。它与保险丝的不同之处在于其熔断反应较慢,且是导线的形式。由于某种原因导致其保护性熔断后,不像保险丝那样容易发现,有些甚至在线束内,分析故障时要倍加注意。

(3) 除极个别情况外,电控汽车均采用单线制连接,而以车身金属结构作为一条公共导线,所有电器均以"搭铁"形式与其连接。

(4) 原则上,所用电器均为低压大电流器件。

(5) 即使是同一厂家同一型号的电器,也会由于出厂年度甚至月份的不同而有某些改进。

2. 电气系统的特点

汽车电路按车辆结构形式、电器设备数量、安装位置、接线方法不同而有所不同,但其电路一般有以下几个特点:

(1) 低电压。汽车电气设备采用低压直流供电,柴油机大多采用 24V 直流供电,汽油机大多采用 12V 直流供电。低电压由于电功率较小,不适应汽车用电设备日益增多的要求,酝酿中的汽车电系电压标准是 42V/14V 电压体系。有些汽车电控系统的电脑电源使用 +5V 电源。

(2) 装有保护装置。为了防止电路或元件因搭铁或短路而烧坏电线束和用电设备,各种类型的汽车上均安装有保险装置。这些保险装置有的串联在元器件或零部件回路中,也有的串联在支路中。

(3) 并联制。所谓并联,就是指汽车上所有低压用电设备均采用并联方式与电源连接,每个用电设备都由各自串联在其支路中的专用开关控制,互不产生干扰。电气设备间均为并联开关,熔断器均串联在电源和相应的用电设备之间,电流表串联在供电汽车电路上,电气仪表与其传感器之间串联。

(4) 单线制、负极搭铁。电源和所有用电设备的负极均搭铁,车架车身、发动机体便成为一条公共的地线。

单线连接是汽车线路的特殊性,现代汽车上所有电气设备的正极均用导线连接,该导线通常称为"火线";而所有的负极则与车身金属相连,称之为"搭铁"。任何一个电路中的电流都是从电源的正极出发经导线流入用电设备后,由电气设备自身或负极导线搭铁,通过车架或车身流回电源负极而形成回路。部分要求比较高的线路也采用双线连接方式,如发电机与调节器之间的连接。

负极搭铁是通过蓄电池的负极直接与机体连接。负极搭铁对车架或车身的化学腐蚀较轻,对无线电干扰较小。

(5) 采用双电源。所谓双电源,就是指蓄电池和发电机两个供电电源。蓄电池是辅助电源,在汽车未运转时向有关用电设备供电;发电机是主电源,当发动机运转到一定转速后,发电机转速达到规定的发电转速,开始向有关用电设备供电,同时对蓄电池充电。两者互补,可以有效地使用电设备在不同的情况下都能正常地工作,同时延长蓄电池的供电时间。

(6) 电气设备电子化,电子控制装置大量使用。随着汽车工业的快速发展,汽车电路上电气设备逐渐电子化。在现代汽车上,燃油喷射控制、点火提前角控制、自动变速器控制、防抱死制动控制、安全气囊控制等电子控制系统在汽车上的应用已十分广泛。

(7) 电气线路的走向和布局大致相同。各电气设备均根据其用途装在车辆上大致相同的位置,所以整个电气线路的走向和布局大致相同。

(8) 汽车线路有颜色和编号特征。为了便于区别各线路的连接,汽车所有低压导线必须选用没颜色的单色或双色线,并在每极导线上编号,编号由生产厂家统一编定。

(9) 将导线做成线束。为了不使全车电线零乱,以便安装和保护绝缘,将导线做成线束。一辆汽车可以有多个线束。汽车电路中导线束基本上是分段的结构形式,线束之间用插接器进行连接。

二、电子设备的使用特点

1. 温度与湿度

温度的变化包括两个基本方面:一是进出使用温度,即外界环境温度。在我国,这个变化范围是-40℃～50℃(阳光下)。二是条件使用温度。它与汽车工作时间的长短、电子线路布置的位置及其自身的发热、散热条件等有密切关联。就一般情况而言,发动机的温度可达100℃以上,仪表板内壁温度可达60℃以上,而排气管内温度可达600℃以上(排气含氧传感器即置于此)。对于电子元件来讲,这样高的使用温度往往是造成过热损坏的主要原因之一。除此之外,在寒冷地区工作的汽车,温度梯度变化较大,如汽车在寒冷地区启动后立即行驶时,各部分温度发生急剧变化,冷却液温度从室外的－30℃到启动10min后升到＋80℃左右,发动机油温也在启动30min后升到80℃左右。所以电子设备的安装要考虑到所安装位置的温度环境。

湿度的增加则会增加水分子对电子元件的浸润作用,使电子元器件的绝缘性能下降,加速老化。

2. 电压的波动

电压的波动来自两个方面:

(1) 电源电压波动。在正常情况下,汽车电源是波动的。在发动机未启动前或转速低于某值时,由蓄电池供电;在发动机转速超过一定转速时,发电机对外供电,用于用电设备和给蓄电池充电。由于蓄电池放电程度不同,其输出电压变化较大,同时发电机调节器是用通、断的方式来控制发电机励磁电流的,输出电压在标准电压附近上下波动。这个波动范围应是从蓄电池端电压到调节器起作用的电压之间。例如,使用12V电源的汽车,低温启动时其蓄电池端电压可低到6~8V,而发电机高速运转时,则可达14.5V。

(2) 瞬时过电压。瞬时过电压是指由于电磁感应在短时间内产生的较高电压,也称脉冲电压。瞬时过电压产生的因素很多,主要是由电器工作时的开关过程、触点的断合、点火脉冲等引起的。瞬时过电压的峰值虽然很高,但持续时间很短,对强电设备(如启动机、电喇叭等)危害不大,但对微电子设备及其元件危害较大。因此,在使用有电子控制装置的汽车时,需特别注意瞬时过电压的产生及其预防。

3. 无线电干扰

(1) 电器件的相互干扰。现代汽车上的各个电器工作方式不同,因此,它们之间会以不同的方式彼此侵扰。上述点火、开关等形式的脉冲,即是一种干扰。通常所有汽车电器能在车上共同工作而不干扰其他电器的正常工作,同时也能抵抗其他电器干扰的能力,称为汽车电器的相容性。

事实上,由于汽车电器间的相互干扰不可避免,因此,对汽车电子电路来说,重要的是电磁相容性。任何因素激发出的电路中的振荡,都会通过导线等以电磁波的形式发射出去,不仅干扰收音机、通信设备,而且对车上具有高频响应特点的电子系统也会产生电磁干扰。因此,汽车上应用的控制器等,都应具有良好的电磁屏蔽措施,一旦屏蔽损坏,也会导致工作异常。

(2) 车外干扰。车外收发两用机之类的无线电设备、雷达、广播电台等发射无线电波,会干扰汽车上的仪器,使电子控制装置失控。

4. 其他环境

振动和冲击是汽车行驶的特征,对电子设备的破坏是机械性的,会造成脱线、脱焊、触点抖动、搭铁不良等。除此之外,还会受到水、盐、油及其他化学物质的危害,所以电子元件还必须在下列环境中进行试验,合格后方可安装:

(1) 浸水、结冰试验。检验电子元件对水浸、冰冻的承受能力。

(2) 耐盐试验。对汽车电子元件进行5%的盐水喷涂试验,检验对盐的耐腐蚀性。

(3) 灰尘、沙尘会引起断电器接触不良,或者吸收水分后附在元器件上引起漏电。

(4) 油与其他化学物质。要求汽车用电子元件不能因机油、机油添加剂、汽油和防冻液的影响而影响功用。

第二节 电控汽车故障及检修特点

一、电控汽车故障

(一)定义

汽车故障是指汽车部分或完全丧失工作能力的现象,其实质是汽车零件本身或零件之间的配合状态发生了异常变化。

汽车的工作能力是动力性、经济性、工作可靠性及安全环保等性能的总称。

(二)汽车故障产生的原因

零件失效是汽车故障产生的主要原因。除此之外,一些人为因素如设计上的缺陷,制造、维修及配件、燃料质量,非正常维护与使用等,均可导致故障产生。

汽车零件失效的主要形式为零件之间的自然磨损或异常磨损,零件与有害物质接触造成的腐蚀,零件在长期交变载荷下的疲劳断裂、在外载荷及温度残余内应力下的变形,非金属零件及电器元件的老化、偶然的损伤,等等。其中,老化是非金属零件及电器元件失效的主要原因,而金属零件失效的主要原因是磨损,且汽车零件的内在磨损有一定的规律性。

(三)汽车零件的磨损规律

零件的磨损规律是指两个相配合零件的磨损量与汽车行驶里程的关系,又称为零件的磨损特性。图 11-1-1 为汽车零件的磨损特性曲线。

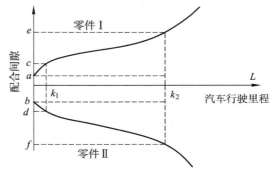

图 11-1-1 汽车零件的磨损特性曲线

零件的磨损可分为如下三个阶段:

1. 零件的磨合期

由于零件表面粗糙度的存在,在配合初期,其实际接触面积较小,比压力极高,因此初期磨损量较大。但随着行驶里程的增加,配合质量不断提高,磨损量的增长速度开始减慢。零件在磨合期的磨损量主要与零件的表面加工质量及对磨合期的使用有关。

2. 正常工作期

在正常工作期($k_1 k_2$),由于零件已经过了初期磨合阶段,零件的表面质量、配合特性均达到最佳状态,润滑条件也得到相应改善,因而磨损量较小,磨损量的增长也比较缓慢,就整个阶段的平均情况来看,其单位行驶里程的磨损量变化不大。零件在正常工作期的磨损属于自然磨损,磨损程度取决于零件的结构、使用条件和使用情况,合理使用将会使正常工作期相应延长。

3. 加速磨损期

加速磨损期又称极限磨损期。随着磨损量的不断积累,零件间的配合间隙不断增大,当配合间隙达到极限值时,润滑条件恶化,磨损量急剧增加,若继续使用,将会由自然磨损发展为事故性磨损,造成零件恶性损坏。

由上述分析可知,要延长零件的使用寿命,应降低磨合期的磨损,减缓正常工作期的磨损,推迟加速磨损期的到来。

(四)汽车故障的变化规律

汽车故障的变化规律是指汽车的故障率随行驶里程的变化规律。

汽车故障率是指使用到某行驶里程的汽车,在单位行驶里程内发生故障的概率,也称失效率或故障程度。它是度量汽车可靠性的一个重要参数,体现了汽车在使用中工作能力的丧失程度。

汽车故障的变化规律曲线就是汽车的故障率 $\lambda(L)$ 与行驶里程 L 的关系曲线,也称浴盆曲线,它与汽车零件的磨损特性曲线存在一定的对应关系,如图 11-1-2 所示。

与零件的磨损规律相对应,汽车故障的变化规律也分为如下三个阶段:

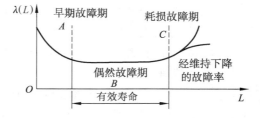

图 11-1-2　汽车故障变化规律曲线

1. 早期故障期

早期故障期相当于汽车的走合期。因初期磨损量较大,所以故障率较高,但随行驶里程增加而逐渐下降。

2. 偶然故障期

在偶然故障期,其故障的产生是随机的,没有一种特定的因素起主导作用,多由于使用操作不当、润滑不良、未正常维护及材料内部隐患、工艺和结构缺陷等偶然因素所致,此阶段又称随机故障期。在此期间,汽车或总成处于最佳状态,故障率低而稳定,其对应的行驶里程一般称为汽车的有效寿命。

3. 耗损故障期

在耗损故障期,由于零件磨损量急剧增加,大部分零件严重耗损,特别是大多数受交变载荷作用而极易磨损的零件已经老化衰竭,导致故障率急剧上升,出现大量故障,若不及时维修,将导致汽车或总成报废。因此,必须把握好耗损点,制定合适的维修周期。

早期故障期和偶然故障期所对应的行驶里程即为汽车的修理周期(或称修理间隔里程)。

二、电控汽车故障的特点

(一)汽车故障的分类

汽车故障的分类方法多种多样,常见的分类方法如下:

(1)按汽车丧失工作能力的程度可分为局部故障和完全故障。局部故障是指汽车部分丧失了工作能力,降低了使用性能的故障。完全故障是指汽车完全丧失了工作能力,不能行驶的故障。

(2)按故障发生的后果可分为轻微故障、一般故障、严重故障和致命故障。轻微故障不会导致停驶,暂不影响正常行驶,故障的排除不需要更换零件,可用随车工具在短时间内排除。一般故障不会导致主要零部件损坏,虽未造成停驶,但已影响汽车的正常行驶,可在短时间内用随车工具通过调整或更换低值易耗件进行修复。严重故障会导致整车性能严重下降及主要零部件损坏,且不能用随车工具在短时间内修复。致命故障会造成汽车重大损坏及主要总成报废,还可能导致人身伤亡。

(3) 按故障发生的性质可分为自然故障和人为故障。自然故障是指在汽车使用期内，由于内、外部不可抗拒的自然因素的影响而产生的故障。人为故障是指在汽车制造和维修中，由于使用了不合格的零件或违反了装配技术要求，或在使用中没有遵守使用条件和操作工艺规程及运输、保管不当等人为因素所造成的故障。

(4) 按故障发生的速度可分为突发性故障和渐进性故障。突发性故障是指零件在损坏前没有可以察觉到的征兆，故障是瞬间产生的，具有偶然性和突发性，一般不受运行时间的影响，难以预测。但这种故障容易排除，通常不影响汽车的使用寿命。渐进性故障是由于汽车某些零件的初始参数逐渐恶化，其参数值超出允许范围而引起的故障，其故障率与运行时间有关，在汽车有效寿命的后期才会明显地表现出来。渐进性故障是汽车需进行大修的标志，通过诊断和检测，可以预测故障发生的时间。

(5) 按故障表现的稳定程度可分为持续性故障和间歇性故障。持续性故障的症状稳定，故障规律明显，其故障部位技术状况稳定，一般较易诊断和排除。间歇性故障时有时无，具有突发性，且无明显规律可循，其故障部位的技术状况会发生不规则变化。

(6) 按故障显现程度可分为可见性故障和潜在性故障。可见性故障是指已经导致汽车功能丧失或性能下降的故障。潜在性故障是指逐渐发展但尚未对汽车性能产生影响的故障。

(二) 故障特点

现代轿车上的电气故障特点可逐一与其使用特点相联系。一般电子元件对过电压、温度十分敏感，如晶体管的 PN 结易过压击穿，电解电容器在温度升高时漏电增加，可控硅元件则对过流敏感等。可将这些故障特点归纳如下：

1. 元件击穿

击穿有过压击穿或过流、过热引起的热击穿等。击穿有时表现为短路形式，有时则表现为断路形式。由于电路故障引起的过压、过流击穿常常是不可恢复的。

据统计，汽车电容器的损坏大约 85% 是由于介质击穿造成的，而其中约有 70% 的击穿故障是发生在新车上，即工作的头几百个小时内，因为如果电容器有缺陷的话，在头几百个小时的使用中就会被击穿。电容器击穿时，又常常烧坏与其串联的电阻元件。

晶体管 PN 结的击穿则是主要的故障现象。热稳定性差的故障应视为元件质量问题。有些电控汽车上的电子元件，常常由于自身的热稳定性较差而导致类似于击穿故障的"热短路"(或称"热穿透")现象。

2. 元件老化或性能退化

这包括许多方面，如电容器的容量减小，绝缘电阻下降，晶体管的漏电增加、电阻的阻值变化，可调电阻的阻值不能连续变化，继电器触点烧蚀等。像继电器这类元件，往往还存在由于绝缘老化、线圈烧断、匝间短路、触点抖动，甚至无法调整初始动作电流的故障。

3. 线路故障

这类故障包括接线松脱、接触不良、潮湿、腐蚀等导致的绝缘不良、短路、旁路等。

三、电控汽车故障的检修特点

(1) 电控汽车电子电路的维修，目前突出的问题是资料缺乏，备件困难。一旦碰到不熟悉的车型和线路，常常要自己动手，分析电路原理，甚至测绘必要的电路图，以弄清总体电路及联系,再做故障电路的分析。因此,电控汽车电子电路维修将涉及电路分析方法问题。

(2) 电控汽车的许多电子电路,出于性能要求和技术保护等多种原因,往往采用不可拆卸封装,如厚膜封装调节器、固封点火电路等。若某一故障可能涉及它们内部时,则往往难于判断,需要先从外围逐一排除,最后确定它们是否损坏。

(3) 一些电控汽车上的电子电路,虽然可拆可卸,但往往缺少同型号分立元件代换,故往往需要设法以国产或其他进口元件替代。这涉及元件替换的可行性问题。

(4) 在检修方法上,传统汽车电气设备故障往往可以用"试火"的办法逐一判明故障部位与原因。尽管这种方法并不是十分的安全可靠,且对蓄电池有一定的危害,但在传统检修方法中还是可行的。在装有电子线路的电控汽车上,则不允许使用这些方法。因为"试火"产生的过电流,会给某些电路或元件带来意想不到的损害。因此维修电控汽车电气设备故障时必须借助一些仪表和工具,按一定的方法进行。

(5) 不允许使用欧姆表及万用表的 R×100 以下低阻欧姆挡检测小功率晶体管,以免电流过载损坏它们。

(6) 更换三极管时,应首先接入基极,拆卸时,则应最后拆卸基极。对于金属氧化物半导体管(MOS),则应当心静电击穿,焊接时,应从电源上拔下烙铁插头。

(7) 拆卸和安装元件时,应切断电源。如无特殊说明,元件引脚距焊点应在 10mm 以上,以免烙铁烫坏元件,且宜使用恒温或功率小于 75W 的电烙铁。

(8) 修理好以后,应保证有散热片的元件与其散热片之间的良好接触,确保传热良好。

(9) 其他必要的维修经验。所有以上这些特点,均应要求检修人员具有一定的电工电子学基础和分析电路原理及使用基本仪表工具的能力。

第三节 电控汽车故障检修一般程序及方法

一、电控汽车故障诊断方法

(一) 直观诊断法

直观诊断法也称经验诊断法或人工诊断法,在对传统汽车故障进行的诊断中,占有相当重要的地位。它是通过人的感觉器官对汽车故障现象进行看、问、听、试、嗅等,了解和掌握故障现象的特点,通过人的大脑进行分析、判断得出结论的诊断方法。

诊断故障时,首先要全面收集、了解全部故障现象及故障发生的过程。了解故障是在什么条件下出现的,即故障是在正常使用过程中出现的,是维护、换件后出现的,还是在汽车大修后出现的。了解这些故障的特点和相关情况,有助于分析故障的性质、类型和原因。通常,某一故障只是在某一特定条件下,其故障现象最为明显,而当条件改变时,故障现象也随之改变。当条件许可时,可改变汽车的工况,观察故障现象的变化,分析其内在联系,找出故障发生的原因。改变汽车工况的试车过程,也是了解汽车故障现象的一种手段。

任一故障都是由一两个关键原因引起的。如发动机排气管冒黑烟,关键原因就是燃料在燃烧室内燃烧不完全。诊断分析时就要抓住燃油、空气的供给及油气混合情况这些关键。又如发动机过热,就要抓住冷却系的冷却作用和发动机工作是否正常。要想抓住问题的关键,就必须熟悉汽车各组成部分的结构和工作原理,掌握各系统、各机构正常工作时所必备的条件。

在进行故障原因分析时,应注意一种故障现象可能由多种原因引起,而一种故障原因有可能表现出不同的故障现象。原因和现象不是简单的一一对应关系。原因分析中的推断应符合客观实际,否则不能找准故障的真正原因。因此,在故障诊断中应采用合适的方法与正确的程序。

在故障诊断中,应对机件尽可能不拆卸或少拆卸,避免盲目地任意拆卸,以免浪费人力和工时,并避免不正确的拆卸而造成新的故障。

直观诊断法是建立在维修人员对汽车电子控制系统基本结构原理的掌握程度,以及平时大量的在维修工作中对各种车型常见故障的排除方法进行及时总结和积累的基础上的,因此,其诊断效率和准确性与诊断者的工作能力、工作经验积累等有相当大的关系。经验丰富的诊断专家,可以利用直观诊断方法诊断出汽车可能出现的绝大多数故障。

直观诊断法不需要任何仪器设备,只要对汽车结构和常见故障现象有一定的了解,就可以随时随地进行诊断。直观诊断法对操作者也没有什么具体要求,只要维修人员善于对维修工作中处理过的故障现象及排除方法进行总结和积累,便可掌握一定程度的直观诊断方法,并能收到事半功倍的效果。

（二）随车自诊断系统诊断法

随车自诊断系统诊断法即利用汽车上电子系统所提供的自诊断功能对汽车故障进行诊断的方法。电子控制燃油喷射系统、电子控制点火系统、电控自动变速器、ABS系统等电子控制系统都设计有故障自诊断功能,当电子控制系统有关传感器、执行机构以及有关电路有故障时,ECU中的故障检测系统会将故障以代码的形式通过仪表板上的故障警告灯显示,或通过专用的故障诊断接口读出,这就为汽车故障诊断提供了极大的方便。

故障自诊断模块共用汽车电子控制系统的信号输入电路,在汽车运行过程中监测传感器、电子控制系统以及各种执行元件的输入信息,当某一信号超出了预设的范围值,并且这一现象在一定的时间内不会消失,故障自诊断模块便判断为这一信号对应的电路或元件出现故障,并把这一故障以代码的形式存入内部存储器,同时点亮仪表盘上的故障指示灯。当发动机运行不正常时,可优先选用自诊断测试。

进入自诊断测试状态后,不同的诊断测试模式将完成不同的诊断测试功能,一般有两种诊断测试模式：

一是静态测试模式,简称 KOEO(Key ON Engine OFF),即点火开关"ON",在发动机不运转的情况下读取故障码,主要是读取存储器中的历史故障码和静态测试状态下发生故障的故障码。大部分电控发动机采用静态模式。

二是动态测试模式,简称 KOER(Key ON Engine Run)模式,即点火开关"ON",在发动机运转的情况下读取故障码。该模式主要用于在动态下发生故障的故障码,它能检测到许多静态模式无法判断的故障。

维修人员应首先读出发动机故障代码,从而查询故障码代表的内容。ECU 正常的输入、输出信号的电压都是在规定的范围内变化的,当一电路出现超出规定范围的信号时,诊断系统规定该路信号有故障。故障的出现不只是与传感器和执行器有关,而是与出现故障的整个电路有关。为了查出故障原因,除检查传感器和执行器外,还需检查线束、插头、ECU 和与此信号电路有关的其他元件。例如,水温传感器本身是正常的,若线束短路,诊系统将显示在水温信号电路有故障发生。

汽车故障排除后,需要清除故障码。进行故障码清除时,应严格按照特定车型所规定的故障码的清除方法进行。一般而言,断开通往发动机控制系统的电源线或保险丝,就可清除微机控制系统存储的故障码。采用拆除蓄电池负极搭铁线的方法清除故障码,将会使某些车型的控制电脑失去"经验记忆",或造成有些车辆某些功能的丧失。

随车自诊断系统通常只能提供与本系统有关的电气装置或线路故障。它有以下不足:① 只包括为数有限的若干常见故障,大量的故障特别是油路、气路故障并未包括在内。② 对许多故障没有反映或仅给出较为模糊的诊断结论,维修人员仍然无从下手;③ 维修人员无法了解故障诊断原理、诊断过程,判断故障相对比较机械,对维修人员的理论水平、分析能力和实际工作经验要求较高。所以维修人员还要利用其他诊断策略,以快速找出故障部位。

(三) 数据流分析法

利用汽车故障自诊断接口通过专用的检测仪器(如大众汽车所用的VAG1552),可将汽车电控系统工作中的燃油脉冲宽度、点火提前角、发动机转速、节气门开度、怠速调整状态、氧传感器状态、ABS轮速传感器、自动变速器挡位等一系列信号以数值的形式实时地显示出来。由这组数据所组成的数据块称为数据流。在数据流中包括故障码的信息、控制电脑的实时运行参数、控制电脑与诊断仪之间的相互控制指令。数据流不仅使我们能够对汽车电控系统各有关传感器、执行机构的工作情况进行动态监测,同时也为电控系统的故障诊断提供了分析的依据。数据流分析法即通过对汽车不同工况下的数据流进行分析对比而得到故障信息的诊断方法。

1. 测量手段

数据参数测量的常见方式有:电脑通信式、电脑在线测量式和元件模拟式。

(1) 电脑通信式:通过控制系统在诊断插座中的数据通信线将控制电脑的实时数据参数以串行的方式传送给诊断仪。诊断仪在接收到这些信号数据后,按照预定的通信协议将其显示为相应的文字和数码,以使维修人员观察系统现在的运行状态并分析这些内容,发现其中不合理或不正确的信息,进行故障的诊断。电脑诊断仪有两种:扫描仪和专用诊断仪。

(2) 电脑在线测量式:通过对控制电脑电路的在线检测(主要指电脑的外接电路),将控制电脑各输入、输出端的电信号直接传送给电路分析仪的测量方式。电路分析仪器主要有汽车万用表和汽车示波器。

(3) 元件模拟式:通过信号模拟器替代传感器向控制电脑传送模拟的传感器信号,并对控制电脑的响应参数进行分析比较的测量方式。信号模拟器主要有单路信号模拟器和同步信号模拟器。

2. 数据分析方法

数据分析方法有数值分析法、时间分析法、因果分析法、关联分析法、比较分析法等。

(1) 数值分析法:是对数据的数值变化规律和数值变化范围进行分析的方法,如转速、车速、电脑读值与实际值的差异等。如系统电压,在发动机未启动时,其值应约为当时的蓄电池电压,在启动后约等于该车充电电压,若出现不正常的数值,表示充电系统或发动机控制系统可能出现故障,有的甚至是电脑内部的电源部分出现故障。

(2) 时间分析法:是对数据变化的频率和变化周期进行分析的方法。电脑在分析某些数据参数时,不仅要考虑传感器的数值,而且要判断其响应的速率,以获得最佳的控制效果。

如氧传感器的信号,不仅要求有信号电压和电压的变化,而且信号电压的变化频率在一定时间内要超过一定的次数,当小于此值时,就会产生故障码,表示氧传感器响应过慢。比如奥迪车,当氧传感器的响应迟缓时,往往在 1600~1800r/min 之间出现转速自动波动(加速踏板不动)100~200r/min,甚至影响加速性能。这往往是由于氧传感器响应迟缓,导致空燃比变化过大,从而造成转速的波动。

(3) 因果分析法:是对相互联系的数据间响应情况和相应速度进行分析的方法。在各个系统的控制中,许多参数之间是有因果关系的。如电脑得到一个输入,肯定要根据此输入给出下一个输出。在认为某个过程有问题时,可以将这些参数连贯起来观察,以判断故障出现在何处。

(4) 关联分析法:是对互为关联的数据存在的比例关系和对应关系进行分析的方法。电脑有时对故障的判断是根据几个相关传感器信号的比较,当发现它们之间的关系不合理时,会给出一个或几个故障码,或指出某个信号不合理。此时不要轻易地断定是该传感器不良,而要根据它们之间的相互关系做进一步的检测,以得出正确的结论。

(5) 比较分析法:是对相同车种及系统在相同条件下的相同数据组进行对比分析的方法。在很多时候,没有足够的技术资料和详尽的标准数据,因此无法很准确地确定某个器件的好坏。此时可与同类车型或同类系统的数据加以比较,从而确定故障部位。

所以,在电控汽车的维修中,使用数据流功能,可准确地发现故障部位,提高故障的诊断效率,特别是对一些间断性和偶发性故障的诊断是非常有效的。

(四) 波形分析法

电子控制系统的工作是通过传感器、ECU 和执行机构之间的信号传递来实现的。当传感器或控制 ECU 及其相关电路出故障时,会造成有关信号丢失、波形异常(幅值、形状、频率等)或各信号之间的相位发生变化。检测出这些信号的变化是电控系统故障诊断的关键所在。对于这些因电信号轻微变化所引起的电控系统的故障,凭经验或简单的万用表诊断是无法正确地检测到这些信号波形的变化的。

波形分析法即借助普通多踪示波器或汽车专用示波器对电控系统可能发生故障的信号波形进行检测和显示,通过对波形有关特征与正常波形的差别的分析对比达到故障诊断的目的。判断传感器的波形是正常波形还是异常波形,主要可以用五种测量参数来加以判断,即幅值(信号最高的电压值)、频率(信号的循环时间)、形状(信号的外形)、脉宽(信号的占空比或所占时间)和阵列(信号的重复特性)。汽车专用示波器就是显示信号的这五种参数,故障波形与正常波形会通过这些参数的不同做出区别分类。

如在 Volvo B230F 发动机怠速工况下采集的曲轴位置传感器正常波形,及传感器接插口松动、接触不良,造成转速传感器输出信号动态随机丢失的波形如图 11-1-3 所示。维修人员应了解不同信号的正常波形,将所测波形与正常波形相对照,如果与正常波形不符,应查出不同之处,并检查传感器、执行器、ECU、线束等,找出故障原因。

与传统的诊断方法相比,波形分析法能够真实地反映电控系统传感器、ECU 和执行机构之间的信号传递特征,特别是对点火系统、电控燃油喷射系统、ABS 系统等变化较快的传感器信号的分析和故障诊断是十分有效的。但波形分析法的应用对维修人员的素质要求较高,即维修人员必须对汽车电控系统的结构原理、不同情况下各传感器和执行机构的正常波形的特征十分熟悉,才能正确应用波形分析法对汽车电控系统故障进行快速准确的诊断。

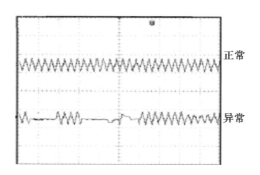

图 11-1-3　怠速工况曲轴位置传感器信号正常波形与信号丢失波形对比

（五）电路分析法

汽车电控系统电路比传统的电路系统要复杂得多，而且不同的车型由于其电控系统的控制方法和控制原理也有各自的特点，因此，电控系统电路也有较大的差异。掌握各种车型电控系统控制方法和控制原理，熟悉其电路特征，大量收集常见车型的电路资料，可用尽量少的时间准确地找出故障部位和故障点，并及时排除故障，提高工作效率和效益。电路分析法即以故障车的电路原理图为基础，在电路图上进行故障分析和判断，推断出可能的故障原因和故障部位的方法。如通常情况下前照灯近光灯丝工作异常，而远光灯丝工作正常，则根据电路原理，应查找变光开关（或自动变光电路）和近光灯丝是否正常等。

（六）汽车疑难故障诊断的模拟技术

现代汽车电控系统的结构复杂、电路特殊、理论较深，还具有相当程度的抽象性，远不如机械结构那样直观。同时，汽车电控系统的疑难故障又具有潜伏性、间断性、交叉性、虚假性和误导性，无疑给疑难故障的诊断带来了相当大的难度。即使维修人员经验丰富、技术熟练，如果不经过科学分析和模拟验证就盲目拆卸或更换零件，不仅会给用户造成不应有的经济损失，有时还会导致更多的人为故障，即所谓的"治聋不成，反而治哑"。汽车电控系统疑难故障诊断中的模拟技术，实际上就是以调查研究和科学试验方式，让修理车辆以相同或相似的条件和环境再现其故障，然后经过模拟验证和分析判断，确切诊断出故障部位并加以排除。若将模拟技术的试验性理论进一步延伸，还可以得到许多新的检测方法和操作技巧。实践证明，汽车电控系统疑难故障诊断中的模拟技术是汽车维修技术中一种行之有效的科学方法，具体介绍如下：

1. 环境模拟法

汽车电控系统有一些故障发生在特定环境中。例如，电喷发动机冷车时无故障，暖车后故障症状出现；汽车行驶时电喷发动机有故障，而停驶时诊断无故障；当电控自动变速器出现故障后，汽车在平坦道路与坎坷道路上行驶时，故障症状表现不一致；在清洗汽车后或雨天时，电喷发动机出现运转不平稳，产生喘抖等现象。这些特定的外界环境，使电控系统产生故障的主要原因是电子元器件对颠簸、发热、潮湿等因素非常敏感。对由环境因素所造成的故障，一般常用以下 3 种环境模拟法进行诊断：

（1）振动法。针对某些怀疑有故障的元器件、导线束、插接件、传感器、执行器等进行敲打（用锥柄敲击、用手拍打）和摇摆（导线及插接件进行垂直、水平方向摇摆和前后拉动），以检查是否存在虚焊、松动、接触不良、导线断裂等故障。操作时注意不可用力过大，以免损坏电子器件。尤其在拍打继电器部件时,千万不可用力过度,否则将会引起继电器开路。利用振动法进行模拟检测时,应随时注意被检装置的工作反应,以确定故障部位。

（2）加热法。针对某些怀疑有故障的元器件、导线束、插接件、传感器、执行器等进行局部加热,检查故障是否出现。加热器具宜选用电热风机或类似的加热器,加热时不可直接加热 ECU 中的电子元器件,加热温度不得高于 80℃。在汽车电控系出现软性故障（发动机启动后或电子设备开机后,经过一段时间故障才出现）时,说明有电子元器件出现软击穿故障（达到一定热度后异常,冷却后又恢复正常）。这时应根据故障出现的现象,初步确定需要加热的部位或元器件,在启动或开机的状态下,用 20W 的电烙铁进行烘烤,顺序是先晶体管、集成块,后阻容元件。当烘烤到某个部位或元件时故障出现,说明该部位或元件为故障源,应更换新件。

（3）加湿法。当故障发生在雨天或洗车之后时,可使用加湿法（用水喷淋汽车外部）进行高湿度环境模拟。喷淋前应对电子设备予以保护,以免积水锈蚀电子设备。喷水角度应尽量喷到空中,让水滴自由落下。

2．增减模拟法

在诊断汽车电控系统疑难故障的模拟技术中,针对油路、电路故障常采用增减模拟法。它是利用油路、电路中增减载荷模拟验证油路、电路的故障症状,以诊断由载荷（负荷）而引起的疑难故障。

例如,某车型电喷发动机运转不平稳,耗油量大,怀疑电喷发动机供油系统有泄漏故障。为尽快查找故障部位,采用增减供油管路的油压来直观检查。检查方法是：启动电喷发动机后,踩油门使电喷发动机增速,此时供油系统管路压力保持在规定值的下限,片刻后突然收油门使电喷发动机骤然减速,这时供油系管路压力急剧回升,在高油压下很快发现了泄漏部位。

由载荷大小所造成的故障,必须在与产生故障时相似的载荷条件下再现,一般常用以下两种增减模拟法进行诊断：

（1）增加法。当怀疑故障可能由于油路载荷过大而引起,而故障症状的表现又不明显时,可采用增加法来进行模拟验证。即不断增加油路的载荷,使故障部位和症状充分显示出来,便于诊断和排除故障。对于电路中由于用电负荷过大而引起的故障,可以接通车辆所有的用电设备,如加热器、刮水器、鼓风机、空调、冷却风扇、前照灯等,在增加负荷的情况下,检查是否发生故障,以便进行诊断和排除。

（2）减少法。在检测由于局部电路短路引起负荷过大,烧断熔丝的故障时,常采用减少法来模拟诊断故障。这种方法在实际维修工作中使用起来比较方便。只要将各路负载逐一减少,一般就会很快找到短路的故障部位。

当某一个局部电路出现短路故障时,通过它的电流就会大大增加。这时如果采用其他方法检测,在检测时间较长时就会导致其他故障（如烧坏元器件）。使用减少法诊断,可将一部分电路断开,用万用表测量电阻、电压、电流,以此来诊断故障。使用最多的是测量电流,观察总电流的变化,就可以诊断出故障的大致范围,又不至于损坏其他电路或电子元器件。如果断开被怀疑的某一电路后,总电流立即降为正常值,则说明故障就在这一电路中。

3．输入模拟法

技术人员在维修工作中,经常会遇到电路被改动的待修车辆,给诊断汽车电控系统故障带来许多困难。例如,车载自诊断检测不能进行,原车的电路图也不能直接使用,维修前还要辨清改动的电路部分。在这种情况下,通常采用输入模拟法进行电路的故障诊断。输入模拟法实质上就是怀疑电路中某些元器件有故障,将电路参数(电阻、电压、电流)输入相关的元器件,进行模拟验证后诊断故障。

(1) 电阻法:以电阻元件代替某些怀疑损坏的电阻式传感器,进行模拟验证,以便诊断该传感器是否损坏。例如,怀疑水温传感器是否损坏时,可将一只与水温传感器电阻值相似的电阻串接在水温传感器的插接器上,进行模拟验证,以便诊断该水温传感器是否存在故障。

(2) 电压法:以外接电压或用合适的元器件来代替某些怀疑损坏的传感器,进行电压信号模拟验证,以便诊断该传感器是否损坏。电压信号模拟还可以诊断除了损坏的传感器以外其他电子设备性能的好坏。例如,某电喷发动机不能启动(启动系正常),怀疑电喷发动机点火系中的曲轴位置传感器(在分电器内)损坏。经万用表检测,发现没有曲轴转角信号输入电脑,利用外接辅助电阻线给电脑输入该电压信号,同时启动电喷发动机,电喷发动机可以运转,这样进一步确定故障出在曲轴位置传感器上,更换分电器后故障排除。

(3) 电流法:在汽车电控系的故障检测中,利用万用表的电流挡,给怀疑有故障的电阻式元器件施加电流,即模拟电子元器件工作状态去诊断故障。该方法诊断故障较为精确,实用。例如,在诊断汽车电控系电子设备的故障时,经初步诊断后,可通过模拟晶体管的导通状态来判断电子设备的工作性能,即可用万用表的电流挡给基极输送电流,设法使晶体管导通,进而触发电子设备进入工作状态,以诊断故障部位。

4. 状态模拟法

状态模拟法是在汽车电控系统故障诊断时,将电子电路中怀疑有故障的元器件的电路状态改变,即将局部电路或某一元器件断电,或在通电状态下进行检测,以此来诊断故障。这种方法的优点是不用将元器件从电路板上焊下来,而直接在电子设备上进行模拟检测。该方法使用方便、实用、诊断快捷。下面介绍两种检测方法:

(1) 断电法。当怀疑某晶体管有故障,以及对电路电压不清楚时,可采用断电法模拟诊断。使用较多的是晶体管基极电流切断法,即将发射极和基极之间暂时短路,其集电极负载电阻两端的电压通常为0,如果能测到任何电压,即可诊断出晶体管损坏。还可以将万用表接在晶体管的集电极和发射极两端,然后再将基极和发射极之间短路,这时万用表的读数应为电源电压值,如果不是电源电压值,则可判断出晶体管损坏。

(2) 通电法。通电法是在电路通电状态下进行电压测定的方法,是检测汽车电控系统电子设备中的晶体管好坏的一种行之有效的方法。在晶体管处于放大状态时,测定硅管的电压为 0.6~0.7V,锗管的电压为 0.2~0.3V。

二、汽车故障诊断原则及一般程序

(一) 汽车故障诊断原则

1. 先思后行

当发动机出现故障时,根据故障现象先进行故障分析,在弄清楚可能的故障原因后再选择适当的程序和方法进行故障诊断操作,以防止故障诊断操作的盲目性,尤其是对故障原因比较复杂的故障现象,"先思后行"既可避免对无关部位做无效的检查,又不会漏检有关的故障部位，达到准确迅速排除故障的目的。

2. 先外后内

在选择故障诊断程序和操作次序时，先对发动机电子控制系统以外的故障原因进行检查，然后再对电子控制系统进行诊断操作，以避免费时费力地去检查发动机电子控制系统而不能及时找到真正的故障原因。

3. 故障码优先

当故障自诊断系统监测到电子控制系统故障时，均会以故障码的方式储存故障信息，但并不是所有的故障都通过发动机故障警告灯报警，因此无论仪表板上的发动机故障警告灯是否亮起报警，在对发动机电子控制系统进行检查以前，均应先进行读取故障码操作，以便充分利用故障自诊断系统迅速而准确地排除故障。

4. 先简后繁

能以简单方法检查的可能故障部位优先检查。直观检查最为简单，一些通过看、摸、听、闻等方法可以确认的故障部位优先检查；需要用仪器、仪表或其他专用工具进行检测的部位，也应将较易检查的安排在前面。这样可使电控发动机的故障诊断变得较为简单。

5. 先熟后生

电控发动机的一些故障现象可能有多个故障原因，不同故障原因出现的概率是不同的，对常见的故障部位先进行检查，往往可迅速确定故障部位，省时省力。

6. 先备后用

电子控制系统元件性能是否良好、电路是否正常，通常以电压或电阻等参数值来判断。没有这些诊断参数，不了解检测的位置，往往会使电子控制系统的故障诊断变得很困难或根本无法进行。所谓先备后用，就是在检修前，应准备好有关的诊断参数、检修资料或备件，以保证故障诊断的顺利进行。

（二）汽车故障诊断的一般程序

汽车故障的精确诊断需要的知识包括两方面：对存在故障系统的了解；具备应用逻辑诊断程序的能力。汽车故障诊断程序如图 11-1-4 所示。

三、汽车故障维修的注意事项

在维修工作中，某些不正确的操作会影响故障的排除，甚至会增加新的故障，因此应特别注意。

（1）在故障点找到后、换元件之前，一定要把元件所在部分的线路及印制电路板图搞清楚，而且元件各脚的含义及连接位置等要记载下来，以备后查。焊接工艺及工具都要符合 CMOS 组件的要求，如功率大小、外壳接地、电源切断后再进行焊接等。

（2）使用逻辑电笔和示波器等仪表检修时

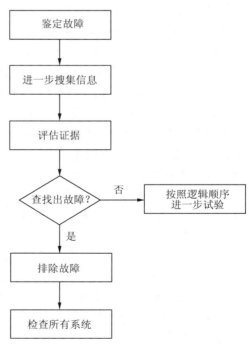

图 11-1-4　汽车故障诊断程序

应注意，检测仪表一般有电源及信号输入两部分连线，如逻辑电笔上述两类连线都有，电源线一定要接在待测元器件的电源上。一定要注意，在一个印制电路板内一般都有两种以上电源，如汽车微机控制系统就有输入电源（12V）和芯片工作电源（5V），所以一定要接对，否则轻则影响待测元器件及仪器的寿命，重则将它们烧坏。另外，在使用仪表测试时，不能使探针（探头）同时接触2个引脚。因为这种情况的实质是在加电情况下形成短路，这样有可能损坏被测元器件或连线。如有条件可采用压接探头，即探头在没有压到待测元器件的部位时，它是被绝缘材料（如橡皮一类物质）包围的，在对准被测点用力压下时探头的头才被压出与被测点接触。如用220V交流电作为电源的仪器（如示波器），上述两类线更应注意接好，而信号地线和电源地线一定要分开，否则更容易出问题。

（3）不要带电插拔各类控制板和插头，这样一方面容易造成短路，另一方面容易产生较强的感应电动势。因为电感在切断电源时，产生的自感电动势正比于电感的大小和电流变化率，在断开电源的瞬时，电流变化率非常大，所以产生的自感电动势有时高达几千伏，这样高的瞬时电压通过电源线加到微机系统，可能造成保护装置的损坏，进而使系统受损（虽然一般汽车微机系统装有电源保护装置，但电压过高、持续时间过长也可能造成损坏）。有的汽车不论发动机是否运转，只要在点火开关接通时，微机系统就已接通电源。具有较大电感的负载有：各类电动机，如控制怠速用步进电动机、空调电动机、门窗电动机等，各种电磁阀、气泵电磁阀和各种电磁离合器等。以上电感负载在正常自动开断时都具有过电压抑制装置，不会产生过高的电压。

（4）蓄电池的任一根线都不能随便断开。因为蓄电池、负载与发电机并联，而蓄电池在电系中相当于一个低阻抗、大电容的瞬变电压抑制器，在断开电感负载时所产生的瞬变电压能量均由蓄电池吸收，且蓄电池的容量愈大，吸收瞬变能量的作用也就愈大。即使电路中有时切断电感性负载，也不会产生过高的瞬时过电压。如果由于振动、腐蚀等原因造成蓄电池连接松动、电桩接头接触不良，或刚修好的汽车，用一辅助蓄电池启动以便装运，当发动机启动后（即发电机开始正常工作后），又把辅助蓄电池搬走，都是不允许的。在跨接启动其他车辆或用其他车辆跨接启动本车时，须先断开点火开关（即切断微机电源），才能装拆跨接连线。

（5）强的电磁场不能靠近微机。例如，收录机、电视机的扬声器一般都是用较强的永久磁铁做成的，如果靠微机太近，它的磁场会使微机系统中的有关零部件损坏。另外，在车上使用电弧焊时，电弧本身是一个频谱比较宽的电磁波发射源，且强度较高，距离又近，如微机正在工作，轻则使程序不能正常进行，重则损坏微机的有关零件，所以在电弧焊以前应把微机系统电源切断。

（6）在对微机系统检测或更换芯片时，操作人员一定要将身体接地，即带上搭铁金属带，将其一头缠在手腕上，另一头夹到车上，这样才能将人体产生的静电传入车体，防止对微机零件的侵害。

（7）应用高阻抗的仪表检测微机系统。如果用低阻抗的仪表对微机系统进行测量，就相当于微机的测试点并联一个较大的负载，可能因超负荷而损坏微机系统。另外，有的检测仪表中的电源电压高于微机系统的工作电压时，更不能直接用来对其进行检测。同理，除说明书有指明外，一般不能用低阻抗的电阻表对传感器进行测量，更不能用测试灯去测量微机连接的任何电气装置。

（8）微机要使用独立的供电线路。汽车上电气设备较多，而且不少是脉冲式供电，这样在接线和搭铁电阻上就有大量的干扰信号存在。为了使微机系统和附属装置能正常工作,它们的供电线路和搭铁接头通常是和蓄电池主要供电系统的接头分开的,称为无噪声隔离接头。其他辅助电气设备都不能接到这一套独立的供电线路和搭铁接头上,有时在维修过程中,检测仪表也不能接上;否则,微机就会受到其他电器的共线干扰,严重时会使微机无法正常工作。此外,使用微机时,要防止受潮和强烈的振动。

第二章 电子控制系统故障诊断

第一节 故障码和数据流的读取

一、故障码和数据流的产生机理

1. 故障码的产生机理

故障诊断仪可以诊断电子控制系统的传感器、执行器状态以及 ECU 的工作是否正常。通过判断 ECU 的输入、输出电压是否在规定的范围内变化,可以判断电子控制系统工作是否正常。当电子控制系统中的某一电路出现超出规定的信号时,该电路及相关的传感器反映的故障信息以故障代码的形式存储到 ECU 内部的存储器中,维修人员可利用该诊断仪来读取故障码,使其显示出来。

2. 数据流的产生机理

汽车数据流是指 ECU 与传感器和执行器交流的数据参数通过诊断接口,由专用诊断仪读取的数据,且随时间和工况而变化。数据的传输就像排队一样,一个一个通过数据线流向诊断仪。

ECU 中所记忆的数据流真实地反映了各传感器和执行器的工作电压和状态,为汽车故障诊断提供了依据,数据流只能通过专用诊断仪器读取。汽车数据流可作为汽车 ECU 的输入、输出数据,使维修人员随时可以了解汽车的工作状况,及时诊断汽车的故障。

读取汽车数据流可以检测汽车各传感器的工作状态,并检测汽车的工作状态,通过数据流还可以设定汽车的运行数据。测量汽车数据流常采用三种方法:① 电脑通信方式;② 电路在线测量方式;③ 元器件模拟方式。

二、故障诊断仪的功能及类型

(一) 解码器的功能

汽车解码器是和车载故障自诊断系统配套使用的,从本质上看,它相当于自诊断系统的终端设备,起到人机交互的作用。随着微机技术的发展,汽车解码器能完成的功能愈来愈丰富,现归纳如下:

(1) 可以方便地读取故障码,而不必再通过发动机故障报警灯的闪烁读取。

(2) 可以方便地清除故障码,使发动机故障报警灯熄灭,而不必再通过拆卸熔丝或蓄电池负极等比较麻烦的方法达到清除故障码的目的。

(3) 能与电子控制器 ECU 中的微机直接进行交换,显示数据流,即显示静态或动态电子控制器 ECU 的工作状况和多种数据输入、输出的瞬时值,使电控系统的工作状况一目了然,为诊断提供依据。特别是当不产生诊断代码时,可以通过观察数据流中的参数来判断回路中是否有故障。

(4) 能在静态或动态下,向电控系统各执行器发出检修作业需要的动作指令,以便检查执行器的工作状况。

(5) 行车时或路试中能监测并记录数据流和故障代码,以便回到汽车修理厂后能够调出,进行分析和判断。

(6) 有的具有示波器、万用表功能和打印功能。

(7) 有的能显示系统控制电路图和维修指导,以供诊断、维修时参考。

(8) 可以和 PC 机相连,进行资料的更新与升级。

(9) 功能强大的专用汽车解码器还能对车上 ECU 进行某些数据的重新输入和更改。

(二) 解码器的类型

目前,国内外汽车解码器的种类很多,按功能分有单一功能型和多功能型,按是否通用可分为原厂专用型和通用型两大类型。

1. 原厂专用型汽车解码器

原厂专用型汽车解码器一般是汽车制造厂为检测诊断本厂生产的汽车而专门设计制造的汽车解码器。世界上一些大的汽车制造商,如奔驰汽车用 HHT、宝马汽车用 MODIC、大众(奥迪)汽车用 VAG1552(图 11-2-1)、丰田汽车用 INTELLIGENT TESTER、日产汽车用 CONSULT、通用汽车用 TECH-2(图 11-2-2)等。这类解码器只适应检测诊断本厂生产的汽车,一般配备在特约维修站,以提供良好的售后服务。

图 11-2-1　VAG1552

图 11-2-2　TECH-2

2. 通用型解码器

以 KT300 解码器为例介绍通用型解码器的使用方法。

(1) 仪器准备。

① 主机供电。

有以下四种供电方式,可根据实际检测条件选择一种方式给主机供电。

交流电源供电:找到机箱内 KT300 标准配置的电源适配器,其中一端连接在仪器的电源供电端口,另一端接至 100～240V 交流插座。

汽车电瓶供电:找到机箱内 KT300 标准配置中的电源延长线和汽车鳄鱼夹,其中一端连接在仪器的电源供电端口,另一端接至汽车电瓶。

点烟器供电：找到机箱内 KT300 标准配置中的电源延长线和汽车点烟器，其中一端连接在仪器的电源供电端口，另一端接至汽车点烟器。

通过诊断座供电。

② 开机。

连接好主机电源后，按下 KT300 顶端左上角的电源软开关按钮，橘黄色的电源指示灯亮起，屏幕先出现下载条，等待后可进入启动界面。

③ 选择测试接头和诊断座。

KT300 配有多种测试接头，可根据诊断界面的提示选择相应的测试接头。不同车型的诊断座位置会有所不同，应找到正确的诊断座进行测试。

④ 设备连接。

具体连接方法如图 11-2-3 所示。

确定诊断座的位置、形状以及是否需要外接电源。

根据车型及诊断座的形状选择相应的接头。

将测试延长线的一端插入 KT300 的测试口内，另一端连接测试接头。

将连接好测试延长线的测试接头插到车辆的诊断座上。

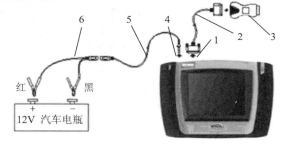

1—KT300 测试口；2—测试延长线；3—专用测试接头；
4—电源接口；5—电源延长线；6—双钳电源线

图 11-2-3　KT300 连接示意图

注意：一定要先连接好主机、测试延长线和诊断接头后，再把测试接头连接到诊断座上，否则容易导致连接过程中因导线短路造成诊断座保险丝熔化。

（2）车辆诊断（故障码、数据流等的读取）。

① 进入诊断系统。

连接好仪器并接通电源，启动 KT300 进入主菜单，选择汽车诊断模块，如图 11-2-4 所示。在 KT300 汽车诊断程序中，点击某汽车相应的图标即可对该车进行诊断。

图 11-2-4　系统主菜单

② 读取车辆电脑型号。

此项功能可以读取被测试系统的电脑信息,包括版本号、CODING 号、服务站代码以及相关信息。一般更换车辆控制单元时,需要读出原控制单元信息并记录,以作为购买新控制单元的参考。对新的控制单元进行编码时,需要原控制单元信息。在系统功能选择菜单中选择"01-读取车辆电脑型号",屏幕显示如图 11-2-5 所示。

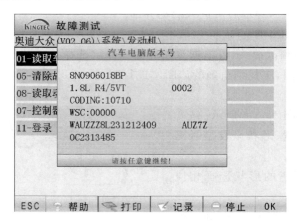

图 11-2-5　读取电脑型号

③ 读取故障码。

此项功能可以读取被测试系统 ECU 存储器内的故障代码,帮助维修人员快速地查到车辆故障引起的原因。在系统功能选择菜单中选择"02-读取故障码",系统开始检测电脑随机存储器(ROM)中存贮的故障记忆内容,测试完毕,屏幕显示出测试结果,如图 11-2-6 所示。通过滚动条滚动屏幕可查看所有故障码信息。若所测试系统无故障码,则屏幕显示"无故障码"字样,选择"ESC"按键返回上一级菜单。

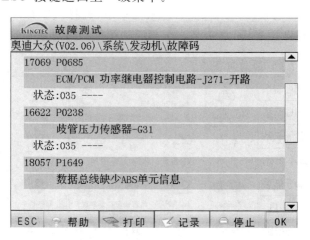

图 11-2-6　故障码显示

④ 清除故障码。

在系统功能选择菜单中选择"05-清除故障码"进入操作界面,如图 11-2-7 所示。此项功能可以清除被测试系统 ECU 内存储的故障代码。

图 11-2-7　清除故障码

注意：一般车型应严格按照常规顺序操作：先读故障码，并记录（或打印），然后再清除故障码，试车，再次读取故障码进行验证，维修车辆，清除故障码，再次试车确认故障码不再次出现。

当前硬性故障码是不能被清除的。氧传感器、爆震传感器、混合气修正、气缸失火之类的技术型故障码虽然能立即清除，但在一定周期内还会出现，必须彻底排除故障之后故障码才不会再出现。

⑤ 元件控制测试。

此项功能可以检查执行元件的电路工作状况，进行元件控制测试时可以观察该元件是否正常工作，如果该执行元件工作不正常，则需要检查相关电器元件、插头线束或机械部位是否存在故障。在系统功能选择菜单中选择"03-元件控制测试"进入操作界面，如图 11-2-8 所示。

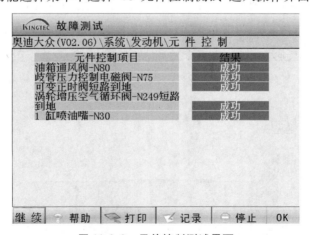

图 11-2-8　元件控制测试界面

仪表板系统将会进行模拟显示，可以观察仪表是否存在故障。按任意键或点击屏幕进入元件测试，此时仪表板上所有警告灯将会显示，从而可以判断仪表警告灯或者线路是否存在故障。点击"继续"按钮进入下一元件的测试，方法同前，直到被测试系统元件全部测试结束，按"ESC"键返回系统功能选择菜单。

注意："03-元件控制测试"功能的使用请按照原厂手册操作，以免造成车辆故障。

⑥ 读取动态数据流。

在系统功能选择菜单中选择"08-读取动态数据流"进入操作界面。

例如,进入奥迪大众的测试系统,仪器默认读取1、2、3组数据流,用户可以通过点击屏幕界面上的组号调节框顺序增减组号大小,选择不同的数据流组;或者可以直接点击组号框,利用界面弹出的小键盘输入具体的数据流组号,如图11-2-9所示。因此通过此项功能,用户可以读取到任意组的动态数据流。

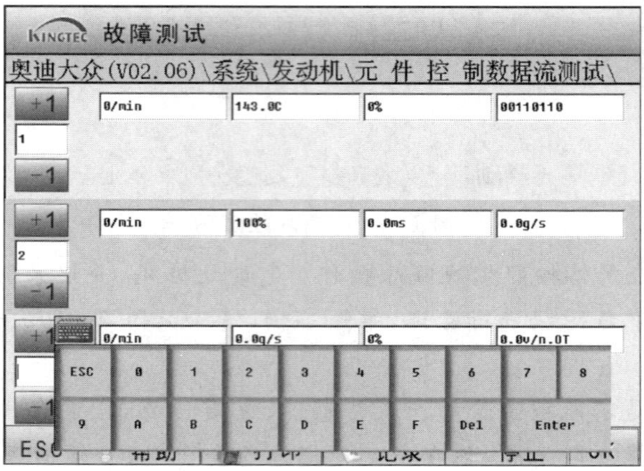

图 11-2-9　读取数据流界面

小键盘的使用方法:在选择的组号框里通过点击小键盘上的阿拉伯数字输入具体组号,"Del"键用于删除,"Enter"键用于确定,"ESC"键用于退出。

⑦ 基本设定。

在系统功能选择菜单里选择"04-基本设定功能",屏幕显示如图11-2-10所示。

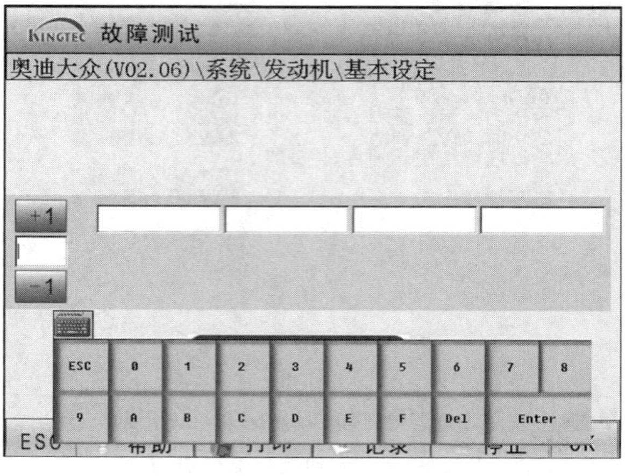

图 11-2-10　基本设定界面

用户可以通过界面弹出的小键盘进行组号设定,完成设定后选择"OK"按钮确认并退出。

注意:设定条件为控制单元内无故障码存储;冷却液温度不低于80℃;关闭所有电器(设定时散热器电风扇必须关闭),关闭空调。

⑧ 控制器编码。

在系统功能选择菜单里选择"07-控制器编码",系统将会弹出编码值录入窗体。点击录入窗体后,利用界面弹出的大键盘在"新CODING"栏输入正确的控制单元编码,如图11-2-11所示。然后,点击"Enter"键确认并退出,或直接点击"Esc"退出大键盘后,点击"OK"按键则控制单元编码完成。返回上一级重新执行"01-读取车辆电脑型号"功能,可以查看刚才录入的编码是否已经显示在CODING后面。

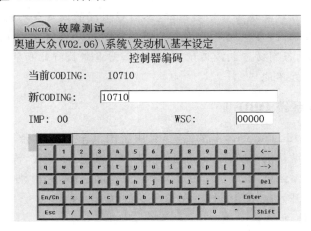

图 11-2-11　控制器编码界面

注意:如果车辆的代码没有显示或者主电脑已经更换,则必须进行控制单元编码。如果新的控制单元零件号和索引号完全和老的控制单元一样,只需读出老的控制单元的编码,然后编入新的控制单元。一般如果车辆配置不同,控制单元编码就肯定不同。一些车型的控制单元可能只允许编码一次,且错误的编码轻则会导致车辆的性能不良,重则给车辆带来严重故障,所以尽量不能误操作。

⑨ 调整。

首先在系统功能选择菜单中选择"11-登录功能",登录成功后,选择"10-调整功能"进入如图11-2-12所示操作界面。

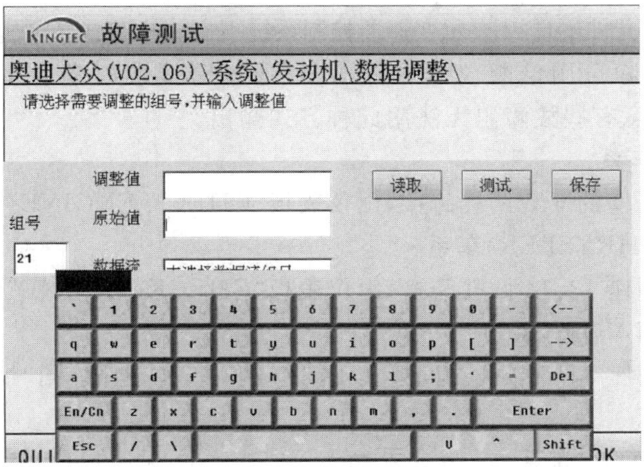

图 11-2-12　数据调整界面

注意：在使用调整功能时，请参照车型的原厂手册，首先输入组号，通过界面弹出的小键盘输入您所要调整的组号后，点击"读取"按钮，系统将自动读取该组号的原始值。选择调整值窗体，通过界面弹出的大键盘录入你想要的数值，点击"测试"按钮进入测试阶段。测试完成以后点击"保存"按钮，系统将自动保存您刚才的调整信息，按"Esc"键退出调整功能。

调整功能在各系统中的组号有不同的用途，需要查看该车型的原厂手册，方可对车辆进行操作，但并不是所有车型都具备该功能，关键在于该车型的控制单元是否支持该调整功能。通过该功能用户可以实现防盗钥匙匹配、急速稳定阀的设定等功能。

在做防盗钥匙匹配时，每把钥匙的适配时间不得超过30s，不得将刚匹配的钥匙重新插入点火开关重复匹配，否则防盗钥匙匹配自动终止，需重新执行此功能。

没有带芯片的钥匙不能匹配。

三、随车诊断系统 OBD-Ⅱ

OBD 是"ON-Board Dingositics"的缩写，是由美国汽车工程学会（SEA）提出的，经环保机构（EPA）和加州资源协会（CARB）认证通过的。20世纪70年代，汽车电控系统中开始采用了第一代随车诊断系统（OBD-Ⅰ）；1994年以后，美国、日本和欧洲的主要汽车制造厂家生产的电控汽车逐步开始采用第二代随车诊断系统（OBD-Ⅱ）。

OBD-Ⅱ的主要特点：

(1) 汽车按标准装用统一的16端子诊断座，并将诊断座统一安装在驾驶室仪表盘下方。

(2) OBD-Ⅱ具有数据传输功能。

(3) OBD-Ⅱ具有行车记录功能。

(4) 装用OBD-Ⅱ的汽车，采用相同的故障码代号及故障码意义统一。

SAE规定OBD-Ⅱ故障码由5位组成。例如P1352,其中第一位为英文字母，第二至第五位为数字。各位的含义为：第一位是英文字母，代表测试系统。如果是B，则代表车身，C代表底盘，P代表发动机、变速器，U未定义，由SAE另行发布。第二位代表汽车制造厂商。若为0，则代表SAE定义故障码；1、2、3代表汽车制造厂。第三位代表SAE定义的故障码范围。如果这一位为1，则表示燃油或空气测试不良；2表示燃油或空气测试不良；3表示点火系统不良或发动机间歇熄火；4表示废气控制系统辅助装置不良；5表示汽车或急速控制系统元件不良；6表示电脑或输出控制元件不良；7表示变速器控制系统不良。第四、五位代表原厂故障码。

OBD-Ⅱ故障码除可用诊断仪读取外，还可通过跨接诊断座的引脚从故障指示灯或LED灯来读取。注意有些故障码无法用此种方式输出。

1. 通用（GM）车系

将 OBD-Ⅱ诊断座的6、5两孔跨接，由仪表板"CHECK ENGINE"灯闪烁读出。

2. 克莱斯勒（CHRYSLER）车系

将 OBD-Ⅱ诊断座13、14两孔跨接，由仪表板"CHECK ENGINE"灯闪烁读出。

3. 沃尔沃（VOLVO）车系

将 OBD-Ⅱ诊断座3、16号孔之间接上LED灯和330Ω电阻，同时将3号孔搭铁5s,由LED灯读出故障码。

4. 丰田（TOYOTA）车系

将 OBD-Ⅱ诊断座的5、6两孔跨接，由仪表板"CHECK ENGINE"灯闪烁读出。

四、电控系统检修注意事项

电控发动机的技术含量较高,对维修人员的技术水平,特别是电路、电气、电子技术和计算机掌握的水平都有较高的要求,按照过去基本靠经验来排查故障的方式,就显得远远不够了。因此,现代汽车的维修人员必须迅速地提高自己的维修技能,拓展自己的技术水平,特别是对电子电路、计算机技术的掌握,同时对电控发动机的故障排查要掌握一定的科学方法。

在排查电控发动机故障和检修时应注意:

(1) 不论发动机是否在运转,只要点火开关接通(ON),绝不可断开 ECU、传感器及执行器,因为任何一线圈的自感作用都会产生很高的瞬时电压,使 ECU 及传感器严重受损。因此,应养成在关闭点火开关(OFF)的状态下,拔、插 ECU 与传感器、执行器和插接件的习惯,否则往往会导致老的故障没有排除,而新的故障接踵而来的后果。而且在发动机运转或点火开关接通(ON)时拔下任何传感器连接器插接件,还会使 ECU 中出现人为的故障代码(假码的一种),从而干扰维修人员正确地判断和排除故障。

(2) 在对装有电控系统的汽车进行电弧焊时,应断开电脑供电电源线,避免电弧焊接时的高压电造成电脑的损坏。为此,在电焊时,应提前将蓄电池总的搭铁线拆卸。

(3) 在靠近 ECU 或传感器的地方进行车身修理作业时,应特别小心,以免碰坏这些电子元件。

(4) 拆开任何油路部分,应首先对燃油系统进行卸压。检修油路系统时,千万不能吸烟,并要远离明火。由于电控高压共轨燃料喷射系统内燃油压力极高,因此在检查发动机故障时,绝对不允许用拆卸喷油器接头的方法来实现"断缸",否则喷出的高压燃油会直接造成人身伤害。

(5) 拆下蓄电池负极搭铁线后,电脑内所储存的所有故障信息(代码)都会被清除,因此,如有必要,应在拆下蓄电池负极搭铁线前,读取电脑内的故障信息。

(6) 在对蓄电池进行拆卸与安装时,务必使点火开关和其他用电设备开关均置于关断位置。

(7) 切记电控汽车车上所采用的供电系统均为负极搭铁,安装蓄电池时,要特别注意正、负极不可接反。

(8) 车上不宜装功率超过 8W 的无线电台,如必须装时,天线应尽量远离 ECU,否则会损坏 ECU 中的电路和部件。

(9) 在装上或取下 ECU 时,操作人员应先使自己搭铁(接触车身),否则,身体上的静电会损坏 ECU 电路。

(10) 对电控系统进行检修时,应避免电控系统由于过载而损坏。

第二节　电控燃油喷射发动机常见故障诊断

一、发动机无法启动故障诊断与排除

1. 故障现象

发动机无法启动运转。

2. 故障原因

燃油泵不工作导致发动机无法启动。

3. 故障诊断流程

(1) 先使用 VAS5052A 查询故障码,如图 11-2-13 所示,无故障码存储。

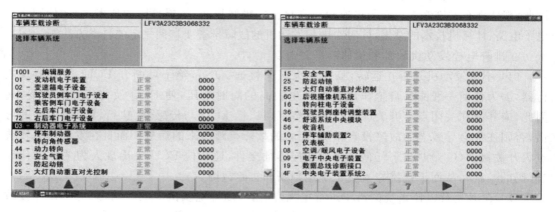

图 11-2-13　使用 VAS5052A 查询故障码

(2) 这时打开点火开关和启动发动机,发动机没有反应,确定燃油泵没有工作,可以初步确定由于燃油泵不工作导致发动机无法启动。

(3) 根据电路图(图 11-2-14、图 11-2-15、图 11-2-16),首先对油泵供电的保险丝进行检查。

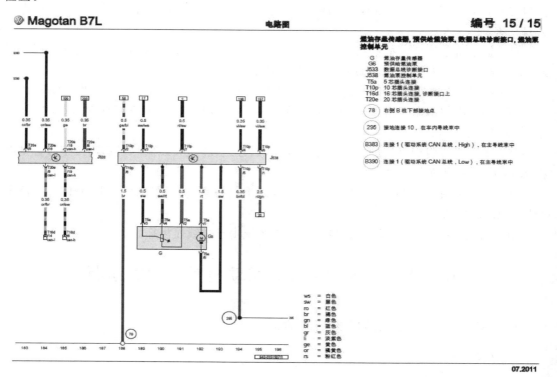

图 11-2-14　油路电路图(1)

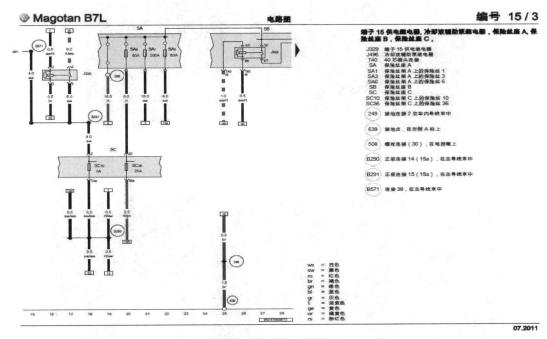

图 11-2-15 油路电路图(2)

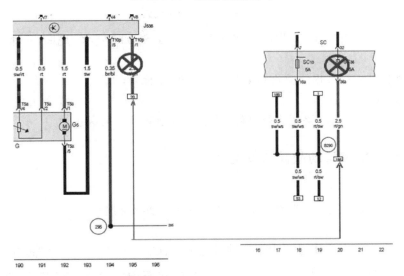

图 11-2-16 油路电路图(3)

（4）检查至 J538 供电保险丝 SC36 时，发现保险丝已经烧断，如图 11-2-17 所示。

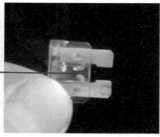

图 11-2-17　保险丝盒

（5）进一步检查燃油泵线路，如图 11-2-18 所示，发现燃油泵控制单元 J538 线束有破损。

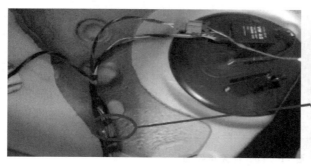

图 11-2-18　燃油泵线路

故障原因分析：由于 J538 供电线破损搭铁导致 SC36 保险丝烧断，造成发动机无法启动。

故障处理方法：对破损线束进行处理，更换 SC36 保险丝。

4. 维修建议

修车时，一定要结合电路图进行维修，才能快速地查找出问题。

二、发动机怠速抖动故障诊断与排除

1. 故障现象

迈腾 1.8T 发动机更换正时链条张紧器后出现发动机怠速抖动。

2. 故障原因

该车发动机由于在维修过程中把曲轴链轮和曲轴安装错位，使得发动机配气相位错误，从而导致发动机怠速时抖动。

3. 故障诊断流程

（1）使用 VAS5052A 查询发动机控制系统的故障码为"00833 凸轮轴位置传感器不可靠信号"，如图 11-2-19 所示。

（2）读取发动机控制系统的数据组，发现发动机的第 91 组数据不正常，如图 11-2-20 所示。如图 11-2-21 所示为工作正常的发动机控

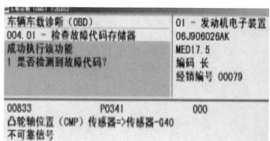

图 11-2-19　VAS5052A 查询发动机控制系统

制系统第 91 组数据。

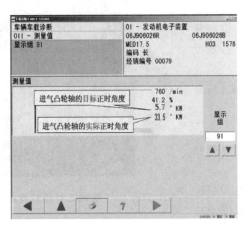

图 11-2-20 发动机控制系统的数据组

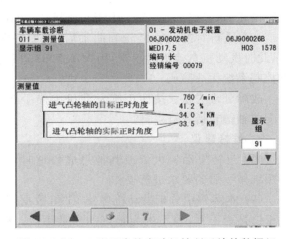

图 11-2-21 工作正常的发动机控制系统的数据组

对比发动机控制系统第 91 组数据的第三区、第四区，发现进气凸轮轴的目标正时角度与实际的正时角度相差较大，而工作正常的发动机目标正时角度与实际的正时角度相差很小。

（3）根据读取的发动机故障码"00833"并结合第 91 组数据分析，该发动机故障的可能原因有以下三点：

① 凸轮轴位置传感器 G40 线路故障。

② 凸轮轴位置传感器 G40 故障。

③ 配气相位不正确。

（4）根据发动机控制系统电路图检查凸轮轴位置传感器 G40 与发动机控制单元之间的连接线路正常。

（5）采用替代法安装正常的凸轮轴位置传感器 G40 试验，故障仍然存在，于是可排除 G40 故障。

（6）按照维修手册正时记号标准（图 11-2-22），检查发动机的正时记号（图 11-2-23），未发现异常。

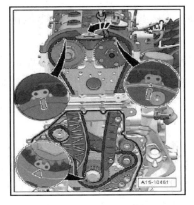

图 11-2-22 维修手册正时记号

图 11-2-23 发动机的正时记号

(7) 在进一步拆检发动机配气正时过程中,发现曲轴正时链轮与曲轴(图 11-2-24 中箭头所指)之间存在错位。

(8) 重新对准曲轴链轮和曲轴后,装配好发动机。试车,此时发动机怠速运转正常,用 VAS5052 进行检测,发动机控制系统无故障码。

故障处理方法:按照迈腾发动机维修手册要求,重新装配曲轴链轮后,故障排除。

4. 维修建议

(1) 进行发动机大修或其他总成修理时,一定要严格按照维修手册的要求进行操作。

(2) 本案例中分析发动机中第 91 组数据,从而判断配气相位是否正常,也不失为很好的参考手段。维修技师应通过不断积累各电控系统的工作数据组,为故障诊断夯实基础。

图 11-2-24 曲轴正时链轮与曲轴

三、发动机加速不良故障诊断与排除

(一) 故障现象

发动机加速不良,耗油量大;车速最高只能达到 140km/h,此时变速器始终在 5～6 挡换挡。

(二) 故障原因

该车发动机加速不良的原因是排气管堵塞,主要是由燃油劣质导致的。

(三) 故障诊断流程

1. 不解体数据检测与诊断分析

(1) 故障码读取。

故障码"00665 P0299":增压器增压传感器 A 电路控制极限未达到。故障码能够清除,试车后故障再现,更换增压器增压传感器 A,故障依然出现。

(2) 数据流测试。

① 空燃比数据流。氧传感器的值变化,指示混合气浓稀之间变化,但调节值为 +8.2%,始终指令增浓,空燃比长效修正失效。此工况潜在失效模式主要原因是空气相对质量偏小。

② 空气相对质量数据流测试与诊断分析。空气相对质量是 ECU 计算的发动机负荷值,也是涡轮增压、可变正时调整、可变进气管等空气填充控制效果反应参数。此车空气相对质量 15% 偏小于正常车空气相对质量 40.6%,表示该车涡轮增压、可变正时调整、可变进气管等某一系统空气填充控制效果差。

③ 涡轮增压组数据流测试与诊断分析。正常值:怠速增压值为 1010mbar,原地急加速增压值最高达到 1800mbar 左右;空气流量计正常怠速为 2.3～2.5g/s,原地急加速空气流量计最大达到 65g/s 左右。此车数据实际值:增压压力实际值为 1000mbar,最大达到 1200mbar 左右,实际增压数值偏低;空气流量计实际值怠速为 2.0～2.1g/s,原地急加速空气流量计最大达到 50g/s 左右,空气流量计信号偏小。涡轮增压原理图如图 11-2-25 所示。

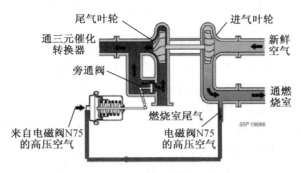

图 11-2-25　涡轮增压原理图

综合上述，通过数据流分析可知：可变正时调整、可变进气管空气填充控制效果正常；该车引起空气填充控制效果差的主要原因来自涡轮增压系统增压器旁通开度。

① 执行元件测试，增压器旁通开度压力调节电磁阀 N75 工作，正常。

② 直接原因：增压器旁通开度靠自身进气增压调节，增压压力实际值偏小（1000mbar），使之怠速工况下增压器旁通开度偏大。

③ 根本原因：排气系统阻塞，废气推动泵轮的动能不足，导致涡轮动能不足，增压压力实际值偏小。解体该车排气管（图 11-2-26）发现前三元催化转化器中毒且严重堵塞。表层颜色为红褐色，为燃油中含硫过多所致；底层颜色为灰白色，为燃油中含铅过多所致。解体正常车排气管（图 11-2-27），无中毒、堵塞迹象。

图 11-2-26　故障车排气管

图 11-2-27　正常车排气管

（四）维修建议

（1）迈腾 1.8TSI 发动机对燃油品质要求高，劣质的燃油将会对低压油泵、高压喷油嘴、三元催化转化器造成潜在的失效影响；要建议用户重视保养，在每次加油时，推荐使用 95 号汽油并添加 1/3 瓶燃油添加剂。

（2）通过堵塞物质颜色分析燃油品质。在特定情况下可解体排气管，观察前三元催化转化器内表堵塞物颜色，来证明燃油品质的好坏；

四、发动机排放超标故障诊断与排除

1. 故障现象

发动机热车抖动，排气管冒黑烟，仪表排放指示报警。

2. 故障原因

高压燃油泵内漏，使机油和汽油混合，发动机负荷偏小，当水温上升时，此混合气通过油气分离器输入缸套,使发动机混合气过浓,多缸失火,排气管冒黑烟。

3. 故障诊断流程

(1) 连接车辆诊断仪显示故障码。

(2) 检查发动机数据流,如图 11-2-28 所示,氧传感器已调节至极限,32 组数据流显示混合气过浓。

(3) 迈腾带涡轮发动机采用缸内直喷技术,与自然吸气式发动机有很大的区别。涡轮至节气门控制单元之间漏气会引起发动机混合气过浓,节气门至发动机进气门之间漏气会引起混合气过稀。所以多次气缸不发火,混合气过浓的主要原因有:

① 火花塞工作不良。
② 点火线圈工作不稳定。
③ 喷油嘴故障导致积炭严重,如图 11-2-29 所示。
④ 链条正时错位。
⑤ 涡轮至节气门之间漏气。
⑥ 气缸压力偏低。

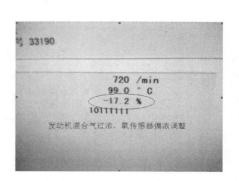

图 11-2-28　32 组数据流

 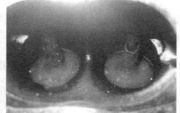

图 11-2-29　喷油嘴故障

(4) 检查气缸压力良好,检查涡轮至节气门之间无漏气现象。更换火花塞、点火线圈、喷油嘴,清洗发动机积炭,故障未消除。仔细观察数据流(图 11-2-30),发现与正常车对比,负荷明显偏低。

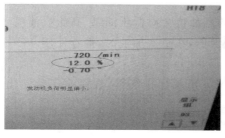 

图 11-2-30　发动机数据流　　　　图 11-2-31　高压泵内漏处

检查发动机各负荷部件,当检查至机油时,发现此车机油尺油位偏高。对比其他迈腾车,此车机油消耗不正常,机油偏多。打开机油盖,能闻到明显的汽油味,怀疑机油里面有汽油。拆下高压燃油泵,里面有明显的汽油渗漏,如图 11-2-31。

故障处理方法:更换机油、机滤、高压燃油泵。

4. 维修建议

通过观察数据流，能快速有效地维修车辆。

第三节 自动变速器常见故障诊断

轿车自动变速器的故障往往是由发动机和电控系统引起的，也有的是由自动变速器本身引起的。在进行检修之前，根据由简到繁、由易到难的原则，先将故障部位大致分清（是发动机故障还是自动变速器本身故障）。若自动变速器带有自诊断系统，则应先进行自诊。

一、自动变速器故障诊断一般程序

检验自动变速器故障一般按以下程序进行：

（1）首先进行基础检查。例如，检查变速器油的质量和数量是否合适，节气门拉线记号是否正确，变速操纵杆系及空挡启动开关是否工作正常，空转转速是否合适，轮胎气压是否规范。

（2）然后进行失速试验，以检查发动机和自动变速器的性能。

（3）液压试验。对液压管路进行基础检查后，通过液压试验来确认液压系统是否有故障。

（4）道路试验。通过路试，进一步检查变速器的性能，确认变速器故障发生的部位，为变速器检修提供依据，以便视需要进行修理。

二、自动变速器常见故障

（1）漏油。这一般是传动轴侧密封不良所致，更换密封件时要注意清洁。若在变速器与发动机一侧漏油，则应更换泵轮凸缘上的垫片。为避免凸缘歪斜，安装时交替均匀拧紧固定螺丝，并达到规定的扭矩。

（2）离合器油缸供油压力过低。过挡和换挡后不能立即提高车速，这主要是由于油面太低，离合器调压阀失灵，滑阀卡滞或调整不当，应予及时检修调整或更换部件。

（3）离合器摩擦盘烧蚀。主要是由于使用不当，起步前挂挡，或转速过高，主、从动盘同步时间过长而导致摩擦盘烧蚀。

（4）变矩器油压过低。油面过低，变矩器调压阀失灵，密封损坏。

（5）工作油温过高。

（6）变矩器箱内油面逐渐上升，自动变速器油流入变矩器箱内。这种情况下应更换油泵油封。

三、自动变速器常见故障原因

轿车自动变速器的结构复杂，故障原因涉及面广，常见的故障多集中在液压控制系统的堵、漏、卡和执行元件的磨损或失调等方面。在诊断中，液压试验是故障诊断的重要手段之一，而机理分析是正确诊断的前提，熟知结构是正确诊断的关键。一旦确定引起故障的原因，排除故障的具体方法一般是调整或更换元件。

（1）自动变速器油变质或变色。一般汽车每行驶10000km应更换自动变速器油。正常使用中,变速器油变质或变色的原因是高温、氧化或磨料污染,应查明摩擦(引起高温)或磨损(产生磨料)的部位。

(2) 挂入行车挡无驱动反应。如果出现变速器挂入前进挡或倒挡而无驱动反应,应检查手动阀是否失调,引起油路堵塞、油压失调或油泵失效等。

(3) 无前进挡或无倒挡。汽车使用中,只能前进不能倒车,或只能倒车而不能前进,说明自动变速器液压控制系统正常,故障发生在前进挡或倒挡执行元件,应拆检对应的离合器和制动器。

(4) 升、降挡时滞过长。自动变速器升、降挡时滞过长的原因一般有两种:一种是节气门阀、调节器阀和换挡阀失调或泄漏失控;另一种是换挡执行元件失效或磨损。

(5) 直接挡无力。引起直接挡无力的原因一般是直接挡离合器打滑。应检查离合器片是否磨薄,控制油压是否过低,密封件是否漏油。

(6) 空挡爬行。汽车空挡时有爬行现象,应检查手动阀位置是否准确、离合器和制动器是否分离不彻底,需进行调整或更换。

(7) 工作油温过高。其原因为:离合器滑转或分离不彻底;滤清器或冷却器堵塞;泵轮、涡轮和导轮端面发生摩擦,冷却风扇不转动等。

四、自动变速器故障诊断与检修方法

(一) 自动变速器故障诊断的步骤

轿车自动变速器出现故障,首先应对其进行性能检测,确定是否具有正常工作的能力,而不能轻易判定为自动变速器本身故障,造成不必要的失误。

性能检测主要包括:基础检验、手动换挡试验和机械试验(液压试验、失速试验、时滞试验、道路试验和液力试验)等。

基础检验的前提条件是:发动机工作正常,底盘性能良好,特别是汽车制动系统工作要正常,确保实验过程的安全及实验数据的准确。

自动变速器在检修时应保持良好的检测环境,全面进行试验检测并采集正确的试验数据进行科学的分析、正确的判断。具体步骤为:

(1) 发动机怠速检验。怠速过低,挡位转换时会引起车身振动甚至发动机熄火;怠速过高,会引起在 D 或 R 挡位"爬行",换挡时发生冲击和振动。怠速不符合要求应按规范调整。

(2) 油量检验。变速器油量不足,液面过低,油泵会吸入空气,降低液压系统的工作压力,导致离合器制动滞后啮合或打滑,加速性能不良,润滑不良。油量过多,则可能从加油口或通风口喷油,或造成控制阀体上的排油孔被堵塞,以致排油不畅,影响离合器和制动器平顺分离,换挡不稳。如果每次维护检查时,将车停在平坦地面上,使变速器预热,当变速器油温达 70℃左右时,用油尺检查油面高度,应达到固定值。自动变速器油不足时应立即添加;自动变速器油过量,容易引起变速器过热。

(3) 自动变速器油质量检查。对自动变速器油的质量进行检查,可以提供其故障线索,为变速器的维护修理提供依据。根据自动变速器油的颜色、气味、黏度可直接检查。自动变速器油清晰、颜色正常,为自动变速器机械状况良好;自动变速器油呈棕褐色,但闻不出烧焦的糊味,为变速器长时间过热,有机件磨损损坏应予以检修和更换;对已变质自动变速器油,应及时更换黏度相当于 SAELOW 的润滑油。

(4) 节气门全开检验。加速踏板踩到底,节气门应全开;否则,高速大负荷时会因功率输出不足而达不到最高车速,加速性能也会变坏,还会影响强制低挡投入工作的早晚。若加速踏板踩到底而节气门不能全开,应调整或更换节气门操纵机构。

(5) 节气门阀拉索的检验。节气门拉索过紧,使节气门过早地工作,以致造成换挡点滞后,往往是由于车身和自动变速器相对位置的改变引起的,应予及时检查和调整。

(6) 空挡启动开关的检验。变速器选挡手柄与变速器之间的传动拉索或拉杆长度,直接影响选挡手柄与手动阀的对应位置,而这一对应位置关系到在N、P挡时发动机能否启动。当选挡手柄在N挡位置时,一般变速器上的控制拉臂应与地面垂直,其调整部位因车而异。

(7) 超速挡控制开关的检验。自动变速器油温达到50℃～80℃的正常工作温度后,发动机熄火,接通超速挡开关,变速器中心电磁阀应有"咔、咔"的操作声。再试时,车速有明显提高。

(8) 油压试验。首先仔细清洗变速器,以免脏物进入。顶起车桥,根据不同车型按其使用说明书的规定位置和规定的油压值进行油压试验,并检查液面、油质和操纵机构调节是否正常,必要时予以恢复。根据油压试验的结果,判定其内部故障,找出原因,予以修复。

(二) 自动变速器常见故障现象、故障原因与排除方法

在变速器的故障排除过程中应详细了解故障现象,利用试验检测数据综合分析故障产生的原因、部位,确定最佳故障排除方法。故障现象、故障原因与排除方法三者之间的因果关系可参见表11-2-1。

表11-2-1 自动变速器常见故障现象、故障原因与排除方法

	故障现象	故障原因	排除方法
汽车不能行驶	1. 手柄位于任何挡位都不能行驶; 2. 冷启动后能行驶一小段路程,但一热车后就不能行驶	1. 自动变速器无油或油少; 2. 手柄和阀摇臂间连杆或拉索松脱; 3. 油泵的进油阀滤网堵塞; 4. 主油路严重泄漏; 5. 油泵损坏	检查原因,补充自动变速器油 检查修复 清洗或更换 修复 更换油泵
自动变速器打滑	1. 发动机转速高、车速上不去; 2. 上坡无力,发动机转速升高异常	1. 自动变速器油面太低; 2. 自动变速器油面太高; 3. 制动器摩擦片、制动带磨损; 4. 油泵磨损,油泄漏; 5. 单向离合器打滑; 6. 制动器活塞油封坏; 7. 减振器活塞油封坏	加注自动变速器油 抽掉一部分自动变速器油 更换 更换油泵 更换单向离合器 更换制动器活塞 更换油封
换挡冲击大	1. 由停车或空挡挂入前进挡振动较严重; 2. 在自动升挡过程中有"窜动"现象	1. 怠速过高; 2. 节气门位置调整不当; 3. 真空软管老化或松脱; 4. 调压阀调整不当,油压过高; 5. 减振器活塞发卡; 6. 换挡执行元件打滑; 7. 油压电磁阀不工作; 8. 电控单元有故障	调整怠速至标准转速 调整 更换真空软管 调整 修复或更换 检查修理 检查 更换电控单元

续表

故障现象		故障原因	排除方法
过迟升挡	1. 升挡前发动机转速偏高; 2. 必须采取松加速踏板的方法才能升挡	1. 节气门拉索调整不当; 2. 节气门位置传感器损坏; 3. 调速器卡滞; 4. 调速器弹簧预紧力太大; 5. 调速器油路泄漏; 6. 主油路油压过高; 7. 强制降挡开关短路; 8. 真空式节气门阀故障	调整节气门拉索 更换传感器 修复或更换 调整 检修 调整油压 更换开关 更换节气门阀
不能升挡	1. 只有1挡,不能升入2挡; 2. 可以升入2挡,但不能升入3挡	1. 节气门拉索调整不当; 2. 调速器有故障; 3. 调速油严重泄漏; 4. 车速传感器有故障; 5. 2挡离合器或高挡制动器有故障; 6. 换挡阀卡滞; 7. 挡位开关有故障	调整 修理或更换 修复 更换车速传感器 排除故障 修复或更换 修理
无超速挡	1. 车速不能从3挡升至超速挡; 2. 用松加速踏板再踏下加速踏板升挡法也不能升至高挡	1. 超速挡开关故障; 2. 超速挡电磁阀故障; 3. 超速制动器打滑; 4. 挡位开关有故障; 5. 自动变速器油温度传感器故障; 6. 节气门位置传感器故障; 7. 单向超速离合器卡死; 8. 3~4挡换挡阀卡滞	检查修复 检查修复 更换制动带 检修 更换油温传感器 检查电阻 修复 修复
无前进挡	1. 前进挡不能行驶; 2. D位时不能起步,S、L位可以起步	1. 前进离合器严重打滑; 2. 前进单向离合器打滑; 3. 前进离合器油泄漏; 4. 操纵手柄调整不当	检查摩擦片或更换 更换单向离合器 修复 按规定程序调整
无倒挡	前进挡能行驶,但倒挡不能行驶	1. 手柄拉线调整不当; 2. 倒挡油路泄漏; 3. 倒、高挡离合器或低、倒挡制动器打滑	按规定程序调整 予以修复 更换制动器片(制动带)
频繁换挡	行驶时加速踏板不动突然出现降挡,并有冲击	1. 节气门传感器有故障; 2. 车速传感器有故障; 3. 控制系统电路接触不良; 4. 换挡电磁阀接触不良; 5. 电控单元有故障	如有异常应更换 更换 检修 修复 更换
挂挡易熄火	1. 手柄由P位或N位换入R、D、S、L位时,发动机易熄火 2. 在用前进或倒挡行驶中踩下制动踏板,发动机熄火	1. 怠速过低; 2. 阀板中的锁止控制阀卡滞; 3. 挡位开关有故障; 4. 转速传感器有故障	按规定调整怠速 修复或更换 修复 更换

续表

故障现象		故障原因	排除方法
无发动机制动	1. 低挡前进时,松开加速踏板,发动机转速降到怠速时,汽车没有明显减速; 2. 前进低挡下坡时,不能产生发动机制动作用	1. 挡位开关调整不当; 2. 操纵手柄调整不当; 3. 2挡强制制动器打滑或低、倒挡制动器打滑; 4. 制动电磁阀故障; 5. 阀板有故障; 6. 自动变速器打滑; 7. 电控单元有故障	按规定调整 调整 更换制动器制动带 更换 检修 修复 更换
不能强制降挡	3挡行驶时,突然将加速踏板踩到底,不能立即降挡,致使汽车无力	1. 节气门拉索或传感器故障; 2. 强制降挡开关损坏或安装不当; 3. 强制降挡电磁阀损坏或线路故障; 4. 阀板中的强制降挡控制阀卡滞	按规定调整 重新安装或更换开关 更换电磁阀或检修线路 修复或更换
无锁止	1. 锁止离合器不起作用; 2. 油耗太大	1. 自动变速器油温传感器有故障; 2. 节气门位置传感器有故障; 3. 锁止电磁阀有故障或线路短路、断路; 4. 锁止控制阀有故障	更换 更换 检修电路和换电磁阀 更换锁止控制阀
油温高	1. 油温太高,加油口冒烟; 2. 变速器油更换后不久就变质	1. 使用不当,超负荷行驶; 2. 自动变速器油散热器油路堵; 3. 限压阀卡滞; 4. 离合器或制动器间隙小; 5. 主油路压力低,离合器制动器工作打滑	正确使用和操作 清除油路 更换限压阀 调整 调整油压
行驶中有异响	行驶时有异响,挂空挡后消失	1. 油泵磨损严重,油面过高或过低; 2. 变矩器锁止离合器、导轮单向超越离合器等损坏; 3. 行星齿轮机构异响; 4. 换挡执行元件异响	更换油泵或检查油面 更换 检修或更换 更换

五、自动变速器自诊断

现代汽车的电控自动变速器都有故障自诊断功能。如果电控系统发生故障,EC-AT控制单元将故障记忆并以代码形式储存在存储器中,同时使仪表板上的故障指示灯亮。自诊断时,通过故障指示灯读取故障代码,每一个故障代码表示一种故障的发生部位及该部位的电路回路。

不同公司汽车故障代码读取方法不尽相同,如丰田汽车的故障代码通过"O/D OFF"(超速断)指示灯来读取,本田汽车通过D4挡位灯来读取,马自达汽车通过"HOLD"(保持)指示灯来读取,三菱和现代汽车用电压表或发光二极管来读取故障码。

近年出产的大部分汽车采用OBD-Ⅱ自诊断接头并要用专用仪器来读取故障码。

以下以丰田汽车自动变速器读取故障码专用仪器为例进行介绍。

(1)"O/D OFF"指示灯(图11-2-32)检查。

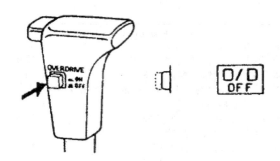

图 11-2-32 O/D OFF 指示灯

① 打开点火开关。
② O/D 开关在"OFF"(断)位置,"O/D OFF"指示灯亮。
③ O/D 开关在"ON"(通)位置,"O/D OFF"指示灯熄灭。
(2) 故障代码读取方法。
① 打开点火开关。
② O/D 开关置于"ON"(通)位置。
③ 短接自诊断接头 TE_1 和 E_1,如图 11-2-33 所示。
④ 从"O/D OFF"指示灯的闪烁,读出故障代码。当"O/D OFF"指示灯连续地每秒闪烁 2 次,表示无故障。当"O/D OFF"指示灯每秒闪烁 1 次,表示有故障。首先读出的闪烁次数即为故障代码的十位数,停顿 1.5s 之后,再次读出的闪烁次数为故障代码的个位数。若有两个以上故障代码,两个代码输出间隔时间为 2.5s。

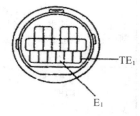
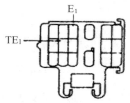

图 11-2-33 读取故障代码的接头连接

(3) 对于运用丰田汽车自动变速器读取故障码专用仪器诊断故障应掌握以下几点:
① 能够正确获取故障代码。
② 掌握故障代码的含义。
③ 利用故障码进行诊断和检查。
④ 判断故障部位、原因并排除。
⑤ 表 11-2-2 为丰田自动变速器故障代码。

表 11-2-2 丰田自动变速器故障代码

故障码	诊断内容	检查部位
42	1 号速度传感器信号故障	1 号速度传感器的线束和插头; 1 号速度传感器; 速度表; ECU
46	4 号电磁阀开路或短路	4 号电磁阀的线束和插头; 4 号电磁阀; ECU

续表

故障码	诊断内容	检查部位
61	2号速度传感器信号故障	2号速度传感器的线束和插头； 2号速度传感器； ECU
62	1号电磁阀开路或短路	1号或2号电磁阀的线束和插头； 1号或2号电磁阀； ECU
63	2号电磁阀开路或短路	
64	3号电磁阀开路或短路	3号电磁阀的线束和插头； 3号电磁阀； ECU
67	O/D直接离合器速度传感器信号故障	O/D直接离合器速度传感器的线束和插头； O/D直接离合器速度传感器； ECU
68	低速挡开关短路	低速挡开关的线束和插头； 低速挡开关； ECU

六、自动变速器故障分析流程

汽车自动变速器在使用中，随着技术状况的下降会出现一系列故障，常见的故障会通过一定的现象特征表现出来。不同车型由于结构上有所不同，其故障原因会有所差异，但故障产生的常见原因和诊断排除方法是基本相同的。

故障分析流程是根据故障现象分析判断故障部位或受控部件的具体步骤。掌握故障分析流程的应用，能够及时准确地判断分析自动变速器的故障原因、部位并及时排除。

（一）汽车不能行驶

1．故障现象

（1）无论操纵手柄位于倒挡、前进挡或前进低挡，汽车都不能行驶。

（2）冷车启动后汽车能行驶一小段路程，但热车时汽车不能行驶。

2．故障原因

（1）自动变速器油底渗漏，自动变速器油全部漏光。

（2）操纵手柄和手动阀摇臂之间的连杆或拉索松脱，手动阀保持在空挡或停车挡位置。

（3）油泵进油滤网堵塞。

（4）主油路严重泄漏。

（5）油泵损坏。

3．故障分析流程

汽车不能行驶故障分析流程图如图11-2-34所示。

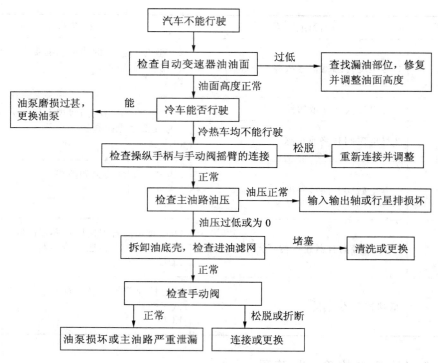

图 11-2-34　汽车不能行驶故障分析流程图

（二）自动变速器打滑

1. 故障现象

（1）起步时踩下加速踏板,发动机转速很快升高但车速升高缓慢。

（2）行驶中踩下加速踏板加速,发动机转速升高但车速提高不快。

（3）平路行驶基本正常,但上坡无力,且发动机转速很高。

2. 故障原因

（1）自动变速器油油面太低。

（2）自动变速器油油面太高,运转中被行星排剧烈搅动后产生大量气泡。

（3）离合器或制动器摩擦片、制动带磨损过甚或烧焦。

（4）油泵磨损过甚或主油路泄漏,造成油路油压过低。

（5）单向超越离合器打滑。

（6）离合器或制动器活塞密封圈损坏,导致漏油。

3. 故障分析流程

自动变速器打滑故障分析流程图如图 11-2-35 所示。

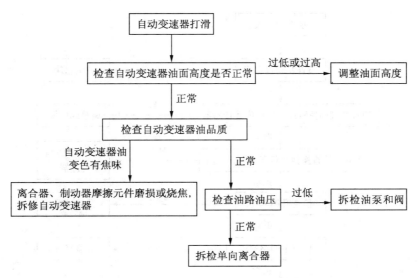

图 11-2-35　自动变速器打滑故障分析流程图

（三）自动变速器换挡冲击大

1．故障现象

（1）起步时，由停车挡或空挡挂入驱动挡时，汽车振动较严重。

（2）行驶中，在自动变速器升挡的瞬间汽车有较明显的振动。

2．故障原因

（1）发动机怠速过高。

（2）节气门拉索或位置传感器调整不当，使主油路油压过高。

（3）升挡过迟。

（4）真空式节气门阀的真空软管破裂或松脱。

（5）主油路调压阀有故障，使主油路油压过高。

（6）减振器活塞卡住，不能起减振作用。

（7）单向阀钢球漏装，换挡执行元件接合过快。

（8）换挡执行元件打滑。

（9）油压电磁阀不工作。

（10）电脑有故障

3．故障分析流程

换挡冲击大故障分析流程图如图 11-2-36 所示。

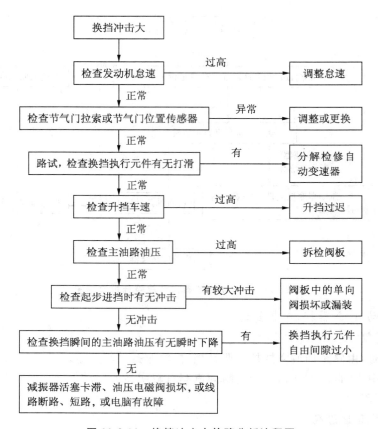

图 11-2-36 换挡冲击大故障分析流程图

（四）自动变速器升挡过迟

1. 故障现象

（1）在汽车行驶中，升挡车速明显高于标准值，升挡前发动机转速偏高。

（2）必须采用松加速踏板提前升挡的操作方法，才能使自动变速器升入高挡或超速挡。

2. 故障原因

（1）节气门拉索或节气门位置传感器调整不当。

（2）节气门位置传感器损坏。

（3）调速器卡滞。

（4）调速器弹簧预紧力过大。

（5）调速器壳体螺栓松动或输出轴上的调速器进出油孔处的密封环磨损，导致调速器油路泄漏。

（6）真空式节气门阀推杆调整不当。

（7）真空式节气门阀的真空软管破裂或真空膜片室漏气。

（8）主油路油压或节气门油压太高。

（9）强制降挡开关短路。

3. 故障分析流程

升挡过迟故障分析流程图如图 11-2-37 所示。

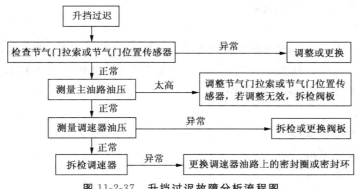

图 11-2-37　升挡过迟故障分析流程图

（五）自动变速器不能升挡

1. 故障现象

（1）汽车行驶中自动变速器始终保持在 1 挡，不能升入 2 挡和高速挡。

（2）行驶中自动变速器可以升入 2 挡，但不能升入 3 挡和超速挡。

2. 故障原因

（1）节气门拉索或节气门位置传感器调整不当。

（2）调速器有故障。

（3）调速器油路严重泄漏。

（4）车速传感器有故障。

（5）2 挡制动器或高挡离合器有故障。

（6）换挡阀卡滞。

（7）挡位开关有故障。

3. 故障分析流程

不能升挡故障分析流程图如图 11-2-38 所示。

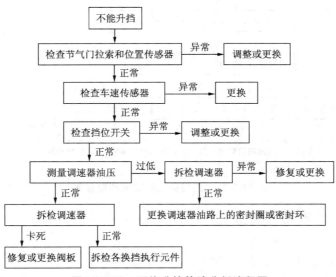

图 11-2-38　不能升挡故障分析流程图

（六）自动变速器无超速挡

1. 故障现象

（1）在汽车行驶中，车速已升高至超速挡工作范围，但自动变速器不能从 3 挡换入超速挡。

（2）在车速已达到超速挡工作范围后，采用提前升挡（即松开加速踏板几秒后再踩下）的方法也不能使自动变速器升入超速挡。

2. 故障原因

（1）超速挡开关有故障。

（2）超速电磁阀有故障。

（3）超速制动器打滑。

（4）超速行星排上的直接离合器或直接单向超越离合器卡死。

（5）挡位开关有故障。

（6）自动变速器油温度传感器有故障。

（7）节气门位置传感器有故障。

（8）3～4 挡换挡阀卡滞。

3. 故障分析流程

无超速挡故障分析流程图如图 11-2-39 所示。

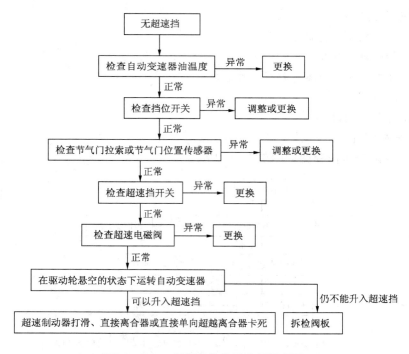

图 11-2-39　无超速挡故障分析流程图

（七）自动变速器无前进挡

1. 故障现象

（1）汽车倒挡行驶正常，在前进挡时不能行驶。

（2）操纵手柄在 D 位时不能起步，在 S 位、L 位（或 2 位、1 位）时可以起步。

2. 故障原因

（1）前进离合器严重打滑。

（2）前进单向超越离合器打滑或装反。

（3）前进离合器油路严重泄漏。

（4）操纵手柄调整不当。

3. 故障分析流程

无前进挡故障分析流程图如图 11-2-40 所示。

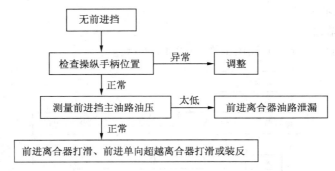

图 11-2-40　无前进挡故障分析流程图

（八）自动变速器无倒挡

1. 故障现象

汽车在前进挡能正常行驶，但在倒挡时不能行驶。

2. 故障原因

（1）操纵手柄调整不当。

（2）倒挡油路泄漏。

（3）倒挡及高挡离合器或低挡及倒挡制动器打滑。

3. 故障分析流程

无倒挡故障分析流程图如图 11-2-41 所示。

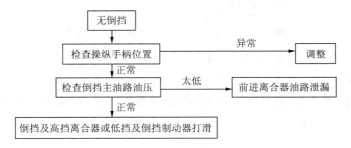

图 11-2-41　无倒挡故障分析流程图

（九）自动变速器无发动机制动

1. 故障现象

（1）在行驶中，当操纵手柄位于前进低挡（S、L 或 2、1）位置时，松开加速踏板，发动机转速降至怠速，但汽车没有明显减速。

（2）下坡时，操纵手柄位于前进低挡，但不能产生发动机制动作用。

2. 故障原因

（1）挡位开关调整不当。
（2）操纵手柄调整不当。
（3）2挡强制制动器打滑或低挡及倒挡制动器打滑。
（4）控制发动机制动的电磁阀有故障。
（5）阀板有故障。
（6）自动变速器打滑。
（7）电脑有故障。

3. 故障分析流程

无发动机制动故障分析流程图如图11-2-42所示。

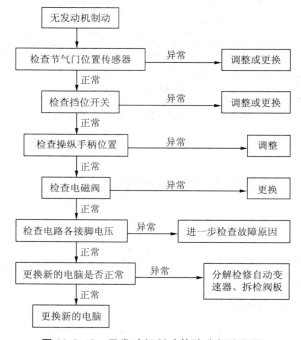

图11-2-42 无发动机制动故障分析流程图

（十）自动变速器不能强制降挡

1. 故障现象

当汽车以3挡或超速挡行驶时，突然将加速踏板踩到底，自动变速器不能立即降低一个挡位，致使汽车加速无力。

2. 故障原因

（1）节气门拉索或节气门位置传感器调整不当。
（2）强制降挡开关损坏或安装不当。
（3）强制降挡电磁阀损坏或线路短路、断路。
（4）阀板中的强制降挡控制阀卡滞。

3. 故障分析流程

不能强制降挡故障分析流程图如图11-2-43所示。

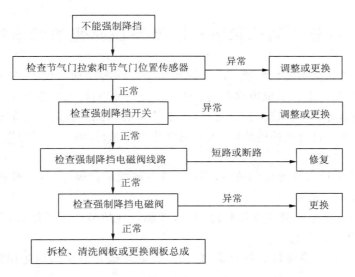

图 11-2-43　不能强制降挡故障分析流程图

（十一）自动变速器无锁止

1. 故障现象

（1）汽车行驶中，车速、挡位已满足锁止离合器起作用的条件，但锁止离合器仍没有产生锁止作用。

（2）汽车油耗较大。

2. 故障原因

（1）自动变速器油温度传感器有故障。

（2）节气门位置传感器有故障。

（3）锁止电磁阀有故障或线路短路、断路。

（4）锁止控制阀有故障。

（5）变矩器中的锁止离合器损坏。

3. 故障分析流程

无锁止故障分析流程图如图 11-2-44 所示。

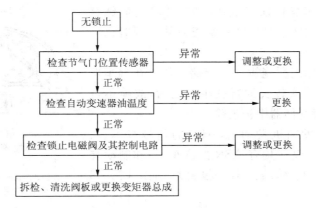

图 11-2-44　无锁止故障分析流程图

第四节 制动和驱动防滑系统常见故障诊断

汽车电子控制制动防抱死系统(ABS)的作用是在汽车制动过程中,通过控制车轮的滑移率,防止车轮制动时抱死形成滑移而造成事故。电子控制防抱死系统主要用来提高汽车的制动效能及制动时的方向稳定性。可见,电子控制防抱死系统对汽车的行驶安全以及汽车的转向操作特性都具有直接的影响,因而对现代汽车来说,电子控制防抱死系统是检测与故障诊断的重点内容之一。

对于ABS故障指示灯常亮的故障,则应首先读解故障代码,然后根据故障代码,有针对性地对其进行诊断与排除。

（1）了解ABS防抱死装置常见故障现象,理解每种故障产生的原因,从理论上掌握正确、快速的分析思路和方法。

（2）学会对各种故障进行分析总结,把汽车专业基础知识灵活地运用到故障现象的诊断和排除中去。

（3）能根据ABS防抱死装置表现出的故障现象,快速、准确地判断ABS防抱死装置的故障类型。

（4）能够熟练运用故障检验或实验方法,思路清晰,确定故障部位准确。

（5）能区分出故障在电控系统还是在机械、液压或其他部分。

一、ABS系统自诊断功能（以帕萨特为例介绍）

ABS控制单元是有自诊断能力的。自诊断是针对系统的电气/电子零件而言的,这就是说,它只辨认影响电子信号的故障。

ABS和ABS/EDS的26针的控制单元(J104)以及具有ASR的ABS/EDS的31针控制单元(J104)与液压单元构成一个紧凑的液压控制单元。液压控制单元位于发动机室中的左方。控制单元配备有一个故障存储器。自诊断的接口位于盖板之下靠近手制动器杠杆的手柄处。

电源电压降低到10V以下,则ABS系统断开,一切有关的信号灯点亮。一旦电源电压上升到10V以上,系统重新接通,信号灯熄灭。在全部电压损耗、导线开路或保险丝熔断时,则只有ABS的信号灯点亮。

控制单元在汽车操作期间辨认故障,并将它们储存在故障存储器中。这些信息即使在缺乏系统电源时也仍然保留。

偶尔出现的故障同样能辨认和存储。如果在汽车发动20次之后,或在一次较长的行驶距离之后,故障不再出现,则故障在故障存储器中被消除。

在点火接通或发动机发动后,ABS的信号灯K47、ASR的信号灯K86（仅在具有ASR的汽车上）和制动装置的红色信号灯点亮约2s。ABS报警灯如图11-2-45所示。

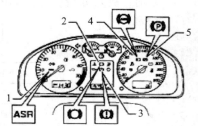

1—ASR信号灯K86；2—制动摩擦片磨损警告灯K61(有些车上未装)；3—制动设备信号灯K118；4—ABS信号灯K47；5—手制动信号灯K7

图11-2-45 ABS报警灯

（一）故障诊断流程

用故障阅读仪 V.A.G1551 对 ABS Bosch 5.3、ABS/EDS Bosch 5.3 和具有 ASR 的 ABS/EDS Bosch 5.3 的故障诊断与排除流程如图 11-2-46 所示。

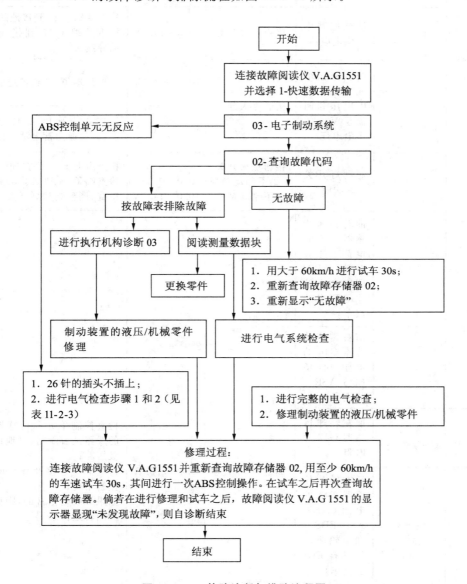

图 11-2-46　故障诊断与排除流程图

表 11-2-3　ABS 电气检测表

检查步骤	V.A.G1598 插座	检查项目	检查条件附加工作	额定值	在偏离额定值时的措施
1	19＋15	测试控制单元供电电压	接通点火开关	10.0～14.5V	检查从端子 19 到接地的导线；检查从端子 15 到接线柱 15 的导线
2	16＋17	测试液压单元 N55 的供电电压和回流泵 V39 的供电电压	接通点火开关	10.0～14.5V	检查从端子 16 到接地的导线
2	16＋18			10.0～14.5V	检查从端子 17 和 18 经保险丝(609)通向蓄电池＋的导线
3	19＋14	制动灯开关 F 的功能	接通点火开关 不踏下制动踏板 踏下制动踏板	0.0～0.5V 10.0～14.5V	检查由端子 19 到接地的导线；检查端子 14 到端子 30 的导线 检查、调整制动灯开关
4	4＋5	前右转速传感器 G45 的电阻（具有 ABS、ABS/EDS 和全轮驱动 EDS 的汽车）	断开点火开关	0.4～2.3kΩ	检查控制单元和传感器之间的线路是否断路、对地或对正极短路；检查插座连接及导线间是否接触不良；如果导线是正常的,则更换相应的转速传感器
4	3＋5	前右转速传感器 G45 的电阻（装备 EDS/ASR 的汽车）			
5	6＋7（一切配备）	前左转速传感器 G47 的电阻			
6	1＋3	后右转速传感器 G44 的电阻（ABS、ASB/EDS 和全轮驱动的具有 EDS 的汽车）			
6	1＋2	后右转速传感器 G45 的电阻（具有 EDS/ASR 的汽车）			
7	8＋99（一切配备）	后左转速传感器 G46 的电阻			

续表

检查步骤	V.A.G1598 插座	检查项目	检查条件 附加工作	额定值	在偏离额定值时的措施
8		V.A.G1551的供电电压、插座连接T16	将V.A.G1526具有测量辅助工具V.A.G1594连接在T16端子4及接地端子16上	10.0~14.5V	检查从T16/4到接地的导线；检查从T16/16经由S12到端子30的导线
9		自诊断用的K导线的电阻、插座连接T16	断开点火开关 将V.A.G1598的插座11及多针接插件T16的端子17连接到V.A.G1562上	最大1.5Ω	测试从T16/7到端子11的导线
10		ABS的信号灯K47的功能	查询故障代码且存储器中无故障存在 断开点火开关 多脚插头插在并卡住控制单元上 打开点火开关	信号灯K47点亮2s后熄灭	ABS信号灯不点亮,车载电压和控制单元的端子21到仪表板插头,检查其在接地后的短路；ABS信号灯在2s后不熄灭,在3s后制动设备的信号灯K118点亮,检查从控制单元的端子21到仪表板接头的导线是否对正极短路或导线断路；若车电压和控制单元的端子21到仪表板接头的导线正常,则为发光二极管或信号灯损坏或仪表板接头的故障
11		制动设备信号灯K118的功能	断开点火开关 ABS信号灯K47的功能正常 多脚插头卡固在控制单元上 插头与其中不前传感器导线分离 接通点火开关	进行自检 ABS信号灯不熄灭,在3s后制动设备信号灯K118点亮	检查在仪表板插头中的故障
12		ASR的信号灯K86的功能	查询故障代码且存储器中不存在故障 断开点火开关 多脚插头插在控制单元上并卡住 接通点火开关	信号灯K86点亮2s后熄灭	ASR信号灯不点亮,车载电压和控制单元的端子20到仪表板接头的导线,检查其对正极的短路或断路；ASR信号灯持续点亮,由控制单元的端子20到仪表板插头的导线,检查其接地后的短路；如果车载电压和控制单元的端子20到仪表板端子的导线是正常的,则为发光二极管或信号灯损坏

续表

检查步骤	V.A.G1598 插座	检查项目	检查条件 附加工作	额定值	在偏离额定值时的措施
13		ASR 键的功能	断开点火开关 ASR 信号灯 K86 检查正常 多脚插头插在控制单元上并卡住 接通点火开关 操作 ASR 键 再次操作 ASR 键 按通点火开关 不按 ASR 键 按下 ASR 键	K86 点亮 K86 熄灭 0.0～0.5V 10.0～14.5V	断开点火开关； 控制单元多脚插头松开并去掉； 连接 V.A.G1598 连同适配器 1598/27； 检查从端子 19 到接地的导线； 检查从端子 31 到 ASR 键端子 6 的导线； 检查从 ASR 键的端子 5 到端子 15 的电源电压电路、电气装置及安装位置； 若在上述检查步骤中未发现故障,则更换 ASR 键

(二)自诊断检查条件

(1) 所有车轮的轮胎规格,充气压力应达到规定要求。

(2) 制动设备的机械/液压零件制动灯开关和制动警告灯正常。

(3) 液压接头和导线密封性良好(在液压单元、制动钳、车轮、制动分泵、串列式制动总泵上目检)。

(4) 控制单元 J104 的插接件连接正确(锁紧装置已固定)。

(5) ABS 部件的插头接点已检查无故障并正确安装。

(6) 所有保险丝均按线路连接,一切正常。

(7) 电源电压正常,最低不得低于 10V。

(8) 只有在汽车停止和接通点火开关时(或发动机运行时)才可以进行自诊断。

(9) 汽车的电气装置在 ABS 系统检验期中应不受电磁干扰影响。汽车应远离如电焊机等强电流消耗器械。

(三)故障阅读仪 V.A.G1551 的连接和功能选择

(1) 取掉手制动拉杆附近的诊断插座盖板,将 V.A.G1551 连同导线在点火开关断开时接到诊断插座上,如图 11-2-47 所示。屏幕显示:

```
V.A.G 自诊断            帮助
1-快速数据传输
2-闪光代码输出
```

(2) 接通点火开关,按"1"键选择"快速数据传输"。屏幕显示:

```
快速数据传输            帮助
输入地址码 XX
```

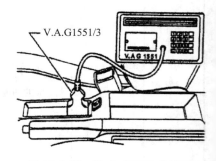

图 11-2-47 V.A.G1551 的连接

(3) 按"0"和"3"键,选定"制动电子"。屏幕显示:

```
快速数据传输              Q
03-制动电子
```

(4) 按"Q"键确认,屏幕显示:

```
8E0 614 111 R ABS/ASR 5.3 前   D01   →
编码 00064        WSC XXXXX
```

其中,"8E0 614 111 R"表示控制单元零件号;"ABS/ASR 5.3 前"表示系统标记;"D01"表示控制单元的版本号,第1、2位数分别为控制单元的硬、软件状态;"编码 00064"只有在汽车具有 ASR 时需要;"WSC XXXXX"表示车间代码,必须输入,否则不能进行编码操作。

(5) 如果控制单元版本不出现,按下"→"键,屏幕显示:

```
快速数据传输              帮助
功能选择 XX
```

(6) 按下"HELP"(帮助)键可显示功能一览表,如表 11-2-4 所示。

表 11-2-4 可选择功能一览表

代码	功能	代码	功能
01	控制单元版本查询	06	输出结束
02	查询故障代码	07	控制单元编码
03	执行机构诊断	08	读测量数据块
05	清除故障代码		

(7) 按"0"和"1"键,进行控制单元版本查询,如果屏幕显示"控制单元无反应",则可能是因为控制单元的保险丝 S7 故障;如果屏幕显示"K 导线正极连线接不上",则应检查点火开关是否接通;如果屏幕显示"控制单元无信号",则可能是在查询控制单元版本时,有来自外界的干扰。如果有上述故障,检查诊断导线以及电源电压和 ABS 控制单元的接地线,并排除故障。

(四) 查询故障代码

(1) 连接故障阅读仪 V.A.G1551,接通点火开关,按"0"和"3"键,选择"制动电子"并确认。屏幕显示:

```
快速数据传输              帮助
功能选择 XX
```

(2) 按"0"和"2"键,选择"查询故障代码"功能。屏幕显示:

```
快速数据传输              Q
02-查询故障代码
```

(3) 按"Q"键确认。屏幕显示所储存的故障数目或显示"无故障"。如屏幕显示：

```
X 个故障被识别
```

或屏幕显示：

```
无故障                              →
```

(4) 根据所显示的故障代码，查询故障代码表即可确定故障的部位。在屏幕显示无故障后，按"→"键则回到原始状态。按"0"和"6"键可结束输出。

(五) 清除故障代码和结束输出

(1) 查询存在的故障代码后，操作 V.A.G1551 使之回到原始状态，屏幕显示：

```
快速数据传输                    帮助
功能选择 XX
```

(2) 按"0"和"5"键，选择"清除故障代码"功能。屏幕显示：

```
快速数据传输                      Q
05-清除故障代码
```

(3) 按"Q"键确认。屏幕显示：

```
快速数据传输                      →
故障存储器已被清除
```

(4) 如果检查步骤有错误，则屏幕显示：

```
注意！                            →
故障存储器不能查询
```

(5) 执行正确的检验步骤，即先查询故障代码，然后清除。按"→"键，屏幕显示：

```
快速数据传输                    帮助
功能选择 XX
```

(6) 按"0"和"6"键，结束输出。屏幕显示：

```
快速数据传输                      Q
06-输出结束
```

(7) 按"Q"键确认，屏幕显示：

```
快速数据传输                    帮助
输入地址码 XX
```

(8) 断开点火开关,将 V.A.G1551 的连接也断开。接通点火开关,ABS 的信号灯 (K47) 和制动设备的信号灯 (K118) 必须在约 2s 后熄灭。进行一次至少 60km/h 约 30s 的行驶。

(六) 控制单元编码

已经在汽车中装配好的控制单元 J104 是经过编码的。来自备件仓库的具有 ASR 功能的新控制器是未经编码的,因此更换控制单元后必须重新编码。

(1) 连接故障阅读仪 V.A.G1551,接通点火开关,按"0"和"3"键,选择"制动电子"并确认。屏幕显示:

```
快速数据传输                    帮助
功能选择 XX
```

(2) 按"0"和"7"键,选择"控制单元编码"功能。屏幕显示:

```
快速数据传输                    Q
07-控制单元编码
```

(3) 按"Q"键确认。屏幕显示:

```
控制单元编码                    Q
输入编码代码 XXXXX
```

(4) 输入相应的编码代码号,并用"Q"键确认。具有 ASR 的汽车的控制单元 J104 的编码如表 11-2-5 所示。

表 11-2-5　ABS ECU 的编码代码

编码	发动机/传动方式
00064	2.8L 6缸/5V 发动机带手动变速箱 012
00067	2.8L 6缸/5V 发动机带自动变速箱 01V

(5) 屏幕显示控制单元的标识和输入的编码(如 00067)。结束输出后进行一次试车,以至少 60km/h 行驶 30s。如果控制单元编码错误,则 ASR 的信号灯 (K86) 一直点亮,并且存储故障代码 000623。

(七) 测量数据组输出

控制单元能传输多组测量值。这些测量值提供关于系统的工作状态的信息或所连接的传感器的信息。在多数情况下所传输的测量值有利于寻找故障和故障的排除。

(1) 连接故障阅读仪 V.A.G1551,输入地址码"03",选择"制动电子",直到屏幕显示:

```
快速数据传输                    帮助
功能选择   X X
```

(2) 按"0"和"8"键,读测量数据组输出。屏幕显示:

```
快速数据传输                    Q
08-读测量数据组
```

(3) 按"Q"键确认。屏幕显示:

```
读测量数据组输出                Q
输入显示组编号 XXX
```

(4) 按"0""0""1"键,输入显示组编号(以 001 为例),并按"Q"键确认。屏幕显示:

```
读测量数据组 1                  →
1        2         3        4
```

(5) 屏幕上有 4 个显示区域,每个显示区域中所代表的含义见表 11-2-6。

表 11-2-6　显示组编号一览表

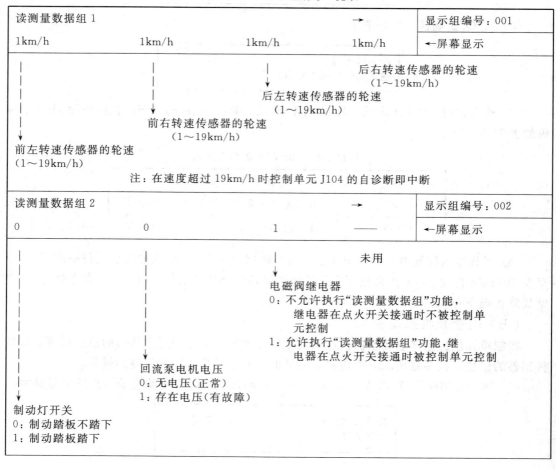

续表

读测量数据组 3			→	显示组编号：003
60r/min	20%	1	—	←屏幕显示
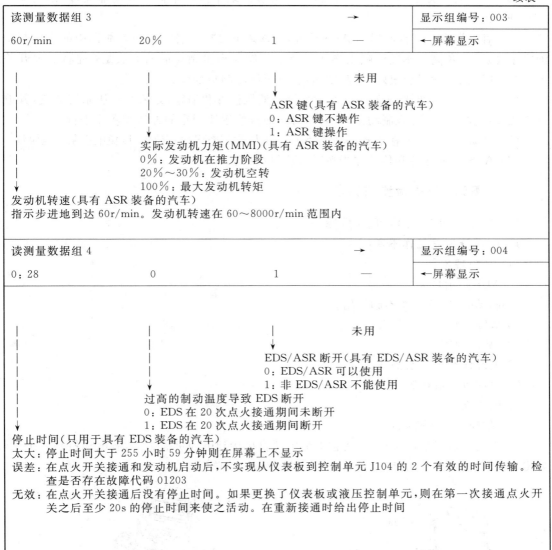 发动机转速（具有 ASR 装备的汽车） 指示步进地到达 60r/min。发动机转速在 60～8000r/min 范围内	实际发动机力矩（MMI）（具有 ASR 装备的汽车） 0%：发动机在推力阶段 20%～30%：发动机空转 100%：最大发动机转矩	ASR 键（具有 ASR 装备的汽车） 0：ASR 键不操作 1：ASR 键操作	未用	

读测量数据组 4			→	显示组编号：004
0：28	0	1	—	←屏幕显示
停止时间（只用于具有 EDS 装备的汽车） 太大：停止时间大于 255 小时 59 分钟则在屏幕上不显示 误差：在点火开关接通和发动机启动后,不实现从仪表板到控制单元 J104 的 2 个有效的时间传输。检查是否存在故障代码 01203 无效：在点火开关接通后没有停止时间。如果更换了仪表板或液压控制单元,则在第一次接通点火开关之后至少 20s 的停止时间来使之活动。在重新接通时给出停止时间	过高的制动温度导致 EDS 断开 0：EDS 在 20 次点火接通期间未断开 1：EDS 在 20 次点火接通期间断开	EDS/ASR 断开（具有 EDS/ASR 装备的汽车） 0：EDS/ASR 可以使用 1：非 EDS/ASR 不能使用	未用	

二、ABS 检测与故障诊断的基本方法

（一）初步检查

初步检查是在 ABS 出现明显故障或感觉系统工作不正常时首先采用的检测方法。初步检查的主要内容是直观检查和试车检查。其中直观检查就是检查容易触及的与故障内容有关的部件,以保证电子控制防滑系统有正常的工作条件;而试车检查就是在直观检查基础上,根据汽车制动或驱动工况,进一步检测防滑系统,以确认故障症状。通过初步检查,常常可以发现故障的原因,从而提高故障诊断的效率。

（二）ABS 故障检测与诊断的注意事项

（1）要确保常规制动系统工作正常。

（2）在点火开关处于"ON"位置时，不要拆装系统中的线束插头和电器元件，以免损坏ABS/ECU。

（3）对于带有高压蓄能器的ABS系统，维修之前，应首先泄压，使蓄能器中的高压制动液完全释放，以免高压制动液喷出伤人。释放蓄能器高压制动液的方法是：先将点火开关置于"OFF"位置，然后反复踩、放制动踏板，直至制动踏板变硬为止。

（4）若要拆下或更换任何一个制动系统的液压机件和油管，必须给液压系统放气，其放气方法及顺序一般与常规制动系统不同，可按照维修手册规定的方法和顺序进行。

（5）制动液压系统没有完全装好时，不能将点火开关置于"ON"位置，以免电动泵通电泵油。

（6）ABS电控元件和传感器损坏时，应予以更换。

三、ABS故障的检测与诊断

（一）有故障码的诊断与排除

1. ABS液压泵工作不良

（1）故障现象：

① ABS指示灯亮。

② 制动时ABS工作不起作用。

③ 故障码显示"01276"。

（2）故障原因：

① 电源线路短路或搭铁。

② 电动机线束松脱。

③ 电机损坏。

（3）故障诊断与排除：

① 将电动机线束插头拔下，将蓄电池电源直接接到电动机插头上，看电动机是否工作，如图11-2-48所示。若电动机不工作，则更换液压控制单元。

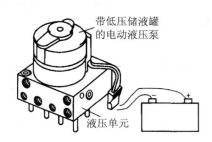

图 11-2-48 检查电动机是否工作正常

图 11-2-49 利用 V.A.G1552 诊断控制单元

② 检查熔断丝和ABS ECU接头，若熔断丝烧断需更换，线束接触不良应更换。

③ 连接电动机线束，点火开关置于"ON"挡，清除故障码，利用V.A.G1552作液压控制单元诊断，如图11-2-49所示。若故障重现，则需要更换ECU。

2. 左前轮、右前轮传感器信号不良

(1) 故障现象：

① ABS 指示灯亮。

② 制动时 ABS 工作不良。

③ 故障码显示"00283"和"00285"。

(2) 故障原因：

① 前轮传感器插接器或线圈开路。

② 前轮传感器线圈短路。

③ 前轮传感器插头或线束搭铁或电源短路。

④ ABS ECU 前轮传感器信号处理电路有故障。

⑤ 前轮传感器漏装，间隙过大。

(3) 故障诊断与排除：

① 检查前轮传感器是否漏装。

② 检查前轮传感器信号电压，如图 11-2-50 所示。以 30r/min 的速度转动前轮，用万用表或示波器测量前轮传感器的输出电压，若电压不符合标准值，应更换前轮传感器。标准值：70～310mV（万用表测量），3.4～14.8mV/Hz（示波器测量）。

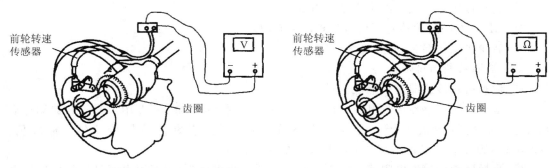

图 11-2-50　检查前轮传感器信号电压　　　图 11-2-51　测量前轮传感器电阻值

③ 测量前轮传感器电阻值，如图 11-2-51 所示。拔下前轮传感器的线束插头，用万用表测量前轮传感器电阻值。标准值：1.0～1.3kΩ。如电阻值不符合要求应更换。

④ 检查前轮传感器与齿圈的气隙。用非磁性塞尺，在前轮齿圈上取 4 点，测量齿圈与前轮传感器之间的间隙，间隙应符合要求。标准值：1.10～1.97mm。

⑤ 检查前轮轴承摆动量。将汽车前端举起，使前轮离地，用双手转动前轮，感觉前轮的摆动是否异常。若前轮轴承间隙过大，则要检查前轮齿圈的轴向摆差，应符合要求。若摆差过大，需更换前轮轴承。标准值：<0.3mm。

⑥ 检查前轮齿圈。前轮齿圈若有变形、断齿等现象，应更换前轮齿圈；前轮齿圈若被泥、脏物、铁石等异物堵塞，应清除前轮齿圈空隙中的异物。

⑦ 检查左右前轮传感器线束的导通性，如图 11-2-52 所示。用万用表的欧姆挡测量左前轮传感器插头的 1、2 孔分别与 ABS ECU 插头的 11、4 端子之间的阻值。标准值：<0.5Ω。用万用表的欧姆挡测量右前轮传感器插头的 1、2 孔分别与 ABS ECU 插头的 3、18 端子之间的阻值。标准值：<0.5Ω。

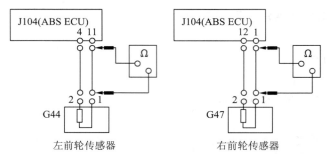

图 11-2-52 检查左右前轮传感器线束的导通性

3. 右后轮、左后轮传感器信号不良

(1) 故障现象:

① ABS 指示灯亮。

② 制动时 ABS 工作不良。

③ 故障码显示"00287"和"00290"。

(2) 故障原因:

① 后轮传感器插接器或线圈开路。

② 后轮传感器线圈短路。

③ 后轮传感器插头或线束搭铁或电源短路。

④ ABS ECU 后轮传感器信号处理电路有故障。

⑤ 后轮传感器漏装,间隙过大。

(3) 故障诊断与排除:

① 检查后轮传感器是否漏装。

② 检查后轮传感器信号电压。以 30r/min 的速度转动后轮,用万用表或示波器测量后轮传感器的信号输出电压。若电压值不符合标准值,应更换后轮传感器。标准值:>260mV(万用表测量),>12.2mV/Hz(示波器测量)。

③ 测量后轮传感器电阻值。拔下后轮传感器的线束插头,用万用表测量后轮传感器电阻值,电阻值不符合要求应更换。标准值:1.0~1.3kΩ。

④ 检查后轮传感器与齿圈的间隙。用非磁性塞尺在后轮齿圈上取 4 点,测量齿圈与后轮传感器之间的间隙,间隙应符合要求。标准值:0.42~0.80mm。

⑤ 检查后轮轴承径向跳动量。举升起后轮,使之离地,用双手转动后轮,感觉后轮的径向跳动量是否异常。若后轮轴承径向间隙过大,则要检查后轮轴承的径向圆跳动量是否符合要求。若跳动量过大,需更换后轮轴承或调整后轮轴承的间隙。标准值:<0.05mm。

⑥ 检查后轮齿圈。后轮齿圈若有变形、断齿等现象,应更换后轮齿圈。后轮齿圈若被泥、脏物、铁石等异物堵塞,应清除后轮齿圈空隙中的异物。

⑦ 检查后轮传感器线束的导通性。用万用表的欧姆挡测量左后轮传感器插头 1、2 孔分别与 ABS ECU 插头 2、10 端子之间的电阻值,如图 11-2-53 所示。其值应符合标准值,否则线束有短路或断路故障。标准值:≤0.5Ω。用万用表的欧姆挡测量右后轮传感器插头的 1、2 孔分别与 ABS ECU 插头 1、17 端子之间的电阻值,如图 11-2-54 所示。其值应符合标准值,否则线束有短路或断路故障。标准值:≤0.5Ω。对有短路或断路故障的线束,应加以修理或更换。

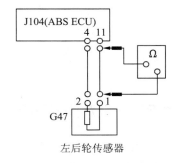 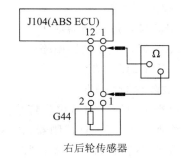

图 11-2-53　检查左后轮传感器线束的导通性　　图 11-2-54　检查右后轮传感器线束的导通性

(二) 无故障码的诊断与排除

帕萨特 B5 轿车 ABS 有时没有故障码显示,但 ABS 有故障,常表现的故障现象有:点火开关转到"ON"(发动机熄火状态),ABS 警告灯不亮;发动机启动后,ABS 警告灯常亮;制动踏板行程过长;制动时需用很大的力踩制动踏板;ABS 工作异常。

1. 点火开关转到"ON"(发动机熄火状态),ABS 警告灯不亮

(1) 故障现象:

① 打开点火开关,ABS 警告灯不亮。

② 无故障码显示。

(2) 故障原因:

① 熔断丝烧毁。

② ABS 警告灯灯泡烧毁。

③ 电源线路断路。

④ ABS 警告灯控制器损坏。

(3) 故障诊断与排除:

① 检查中央电器盒内的 ABS 警告灯熔断丝是否正常。若不正常则更换;若正常,则检查中央电器盒熔断丝插座,若不正常则修理或更换。

② 若中央电器盒熔断丝插座正常,拆下 ABS 接头点火开关,看"ON"警告灯是否亮,若亮,则检查 ABS 线束中央连接 ABS 警告灯控制器和 ECU 的电线是否短路搭铁,若短路搭铁则更换线束。

③ 拆开 ABS ECU 插头点火开关,若"ON"警告灯不亮,则检查 ABS 警告灯灯泡是否烧毁,若烧毁则更换灯泡。

④ 若灯泡良好,则检查 ABS 线束中警告灯电源回路和搭铁回路是否开路,若开路则更换线束。

⑤ 若线束正常则检查警告电源回路及搭铁回路插接器,若不正常则更换插接器。

⑥ 若正常,看故障是否再现,若再现则更换警告灯控制器。

2. 发动机启动后,ABS 警告灯常亮

(1) 故障现象:

① ABS 警告灯常亮。

② 无故障码显示。

(2) 故障原因：

① ABS 警告灯控制器损坏。

② ABS 警告灯控制器回路开路。

③ ABS ECU 损坏。

(3) 故障诊断与排除：

① 检查 ECU 和 ABS 警告灯控制器之间的电线是否开路，若开路则更换线束。

② 检查 ABS 警告灯控制器，若不正常则更换。

③ 若 ABS 警告灯控制器正常，则更换 ABS ECU。

3. 制动踏板工作行程过长

(1) 故障现象：

① 制动踏板有下垂现象。

② 无故障码显示。

(2) 故障原因：

① 制动液泄漏。

② 常闭阀（出油阀）泄漏。

③ 制动盘严重磨损。

④ 系统中有空气。

⑤ 驻车制动调整不当。

(3) 故障诊断与排除：

① 目视检查液压管接头是否泄漏，若泄漏，应予以排除。

② 检查制动盘磨损情况，若磨损过甚则更换制动盘。

③ 检查驻车制动调节装置是否正常，若不正常则更换。

④ 以上检查正常则进行排气检查。

⑤ 以上检查后若故障仍存在，则用 V.A.G1552 液压控制单元诊断检查常闭阀密封性能，若不正常则更换 ECU。

4. 制动时需用很大的力踩制动踏板

(1) 故障现象：

① 制动时感觉制动踏板有较大阻力。

② 无故障码显示。

(2) 故障原因：

① 真空助力器工作不正常。

② 常开阀（进油阀）工作不正常。

(3) 故障诊断与排除：

① 用传统方法检查助力器和制动踏板行程是否正常，若不正常应加以调整或修理。

② 用 V.A.G1552 液压控制单元诊断检查常开阀，若不正常应更换 ECU。

③ 若常开阀正常，按非 ABS 车的传统方法检查助力器与踏板行程。

5. ABS 工作异常

(1) 故障现象：

① 无故障码显示。

② 制动力不足。
③ 制动力不均匀。
④ ABS 工作异常。

(2) 故障原因：
① 传感器安装不当。
② 传感器线束有问题。
③ 传感器损坏。
④ 齿圈损坏。
⑤ 传感器黏附异物。
⑥ 车轮轴承损坏。
⑦ ABS HCU(液压控制单元)损坏。
⑧ ABS ECU(电子控制单元)损坏。

(3) 故障诊断与排除：
① 检查传感器安装是否正确。
② 检查传感器输出电压。若电压不正常，则检查各个传感器，若传感器不正常应予以更换。
③ 用 V.A.G1552 作液压控制单元诊断，若不正常应更换 ABS HCU。
④ 检查各个传感器齿圈，若不正常应予以更换。
⑤ 若各个传感器齿圈正常，则检查车轮轴承间隙，若不正常应予以修理或更换。
⑥ 检查 ABS ECU 插座及中间插接器，若不正常应予以修理或更换。
⑦ 若以上检查正常，故障仍出现，检查 ABS 电线束各接线柱间的电阻值是否符合标准值，不符合则更换 ABS ECU。

四、注意事项

(1) 系统发生故障由 ABS 警告灯和制动装置警告灯指示。某些故障只能在车速超过 20km/h 后才能被检测到。

(2) 如果 ABS 警告灯和制动装置警告灯不亮，但制动效果不理想，则可能是系统放气不干净或在常规的制动系中存在故障。

(3) 对 ABS 修理前，为了检查故障所在，应先用 V.A.G1552 故障诊断仪查询故障存储码。

(4) 插拔 ABS 电气插头之前，必须关闭点火开关。

(5) 开始修理前，应关闭点火开关，从蓄电池上拆下搭铁线。

(6) ABS 工作必须绝对清洁，绝不能使用含矿物油的物质，如机油或油脂。

(7) 拆卸前必须彻底清洁连接点和支撑面，绝不能使用汽油、稀释剂等类似的清洁剂。

(8) 拆下的零件必须放在干净的地方，并且覆盖好。

(9) 把 ABS ECU 和液压控制单元分开后，必须把液压控制单元放在专用支架上，以免在搬运中碰坏阀体。

(10) 拆下元件后，如果不能立刻完成修理工作，必须将拆下的元件小心地盖好或者用塞子封闭。

(11) 不要使用起毛的抹布擦洗。

(12) 配件要在安装前才从包装内取出。

(13) 必须使用原装配件。

(14) 系统打开后不要使用压缩空气,也不要移动车辆。

(15) 注意不要让制动液流到线束插头内。

(16) 打开制动系统完成作业后,用专用工具 VW1238A 制动液充放机与 V.A.G1552 故障诊断仪配合使用,对系统进行放气。

(17) 在试车中,至少进行一次紧急制动。当 ABS 正常工作时,会在制动踏板上感到有反弹,并可感觉到车速迅速降低而且平稳。

第五节 电控悬架系统常见故障诊断

随着人们对汽车操纵性和舒适性要求的不断提高,以及电子技术的飞速发展,电子控制技术被有效地应用于现代汽车悬架系统。电子控制悬架系统的最大优点就是它能使悬架随不同的路况和行驶状态做出不同的反应,既能使汽车的乘坐舒适性达到令人满意的状态,又能使汽车的操纵稳定性达到最佳状态。

一、奥迪 Q7 轿车的自适应空气悬架系统

奥迪 Q7 轿车配备了全新开发的自适应空气悬架系统(图 11-2-55)。此装置可以实时跟踪汽车当前的行驶状态,测得车轮和车身的运动状态,并在 4 个可选模式(自动模式、舒适模式、动态模式和高位模式)中实现不同的减振效果,其减振特性曲线如图 11-2-56 所示。其每个减振器都可进行单独调控,因此在设定好的每种模式下均能保证汽车具有最佳的舒适性和行驶安全性。在各种模式的框架下,车身高度自动调控程序和减振特性曲线被整合成一个系统。

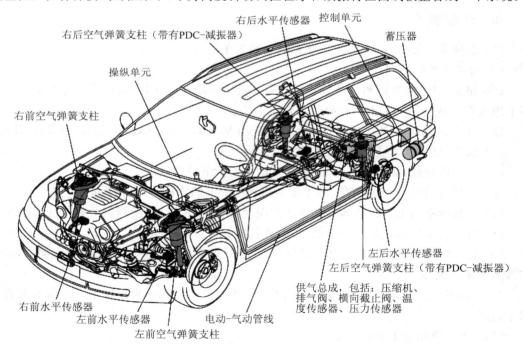

图 11-2-55 奥迪 Q7 轿车自适应空气悬架系统

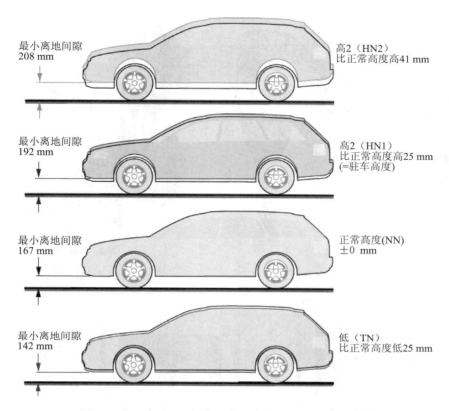

图 11-2-56　奥迪 Q7 轿车 4 个可选模式的减振特性曲线

奥迪 Q7 轿车的自适应空气悬架系统包括空气压缩机、高度控制装置控制单元、4 个车身高度传感器、3 个车身加速度传感器、储压罐、空气弹簧及控制空气弹簧的电磁阀组。

1. 控制单元

控制单元安装于车内贮物箱前,用于处理其他总线部件的相关信息和独立的输入信号,处理生成控制信号,以控制压缩机、电磁阀和减振器。

2. 空气弹簧

空气弹簧采用外部引导式,它被封装在一个铝制的圆筒内,如图 11-2-57 所示。为了防止灰尘进入圆筒与空气弹簧伸缩囊之间,用一个密封圈密封活塞与气缸之间的区域。密封圈在维修时可以更换,空气弹簧伸缩囊不能单独更换,出现故障时,必须更换整个弹簧或减振支柱。空气弹簧不仅替代了钢制弹簧,而且还有其独特的优点。它使用铝制气缸的新式外部引导性装置,减小了空气弹簧伸缩囊的壁厚,使在路面不平情况下的响应更加灵敏。

3. 减振器

减振器使用了一个无级电子双管气压减振器(无级减振控制系统),如图 11-2-58 所示。活塞的主减振阀门通过弹簧机械预紧,在阀门上方安装有电磁线圈,连接导线经由活塞杆的空腔与外部连接。整个活塞在气缸套内以速度 v 向下运动,空腔内主减振阀门下的油压上升。电磁线圈通电,电磁力对弹簧力有反作用,并将其部分提升。当电磁力与油压力的总和超过弹簧力时,就会形成一个合力,此合力将主减振阀门打开,如图 11-2-59 所示。电流强度调控线圈电磁力的大小,电流强度越大,过流阻力和减振力就越小。

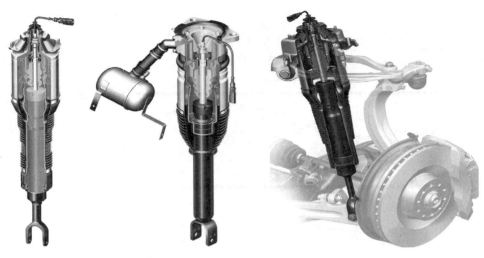

图 11-2-57　空气弹簧　　　　　图 11-2-58　后减振器

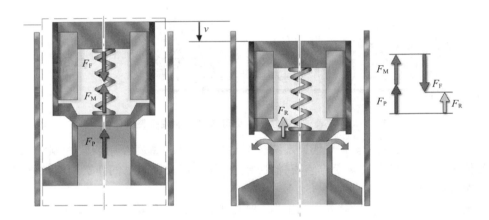

图 11-2-59　减振器控制原理

当电磁线圈没有电流作用时,减振力达到最大。减振力最小时,电磁线圈上的电流大约为 1800mA。在紧急运行时,不对电磁线圈通电,这样就设定了最大减振力,并通过其保证车辆行驶时的动态稳定。

4. 空气供应机组

空气供应机组(图 11-2-60)安装在发动机舱的左前方,其上安装有温度传感器,当压缩机缸盖温度过高时将自动关闭。储压罐位于汽车左侧行李厢底板与后部消声器之间,储压罐的最大工作压力为 1.6MPa。

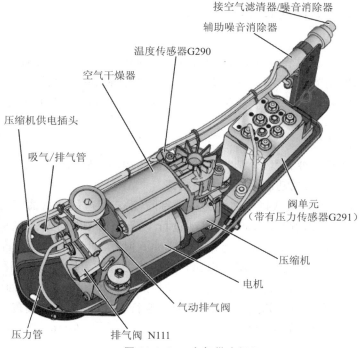

图 11-2-60　空气供应机组

5. 加速度传感器

为对某种行驶状态进行最理想的减振调控,应知道车身(簧载质量)运动和车轴(非簧载质量)运动的时间曲线。该系统使用 3 个传感器测量车身的加速度(加速度传感器如图 11-2-61 所示),其中有 2 个位于前桥的弹簧支柱拱顶上,另一个位于右后轮罩内,通过处理车身高度传感器的信号来获取车轴部件(非簧载质量)的加速度。

6. 车身高度传感器

这 4 个车身高度传感器的结构相同,它们通过测得悬臂与车身之间的距离来判断车辆的高度状态。车身高度传感器以 800Hz 的频率进行感应探测。

图 11-2-61　加速度传感器

7. 电磁阀组

电磁阀组(图 11-2-62)包括压力传感器及控制空气弹簧和储压罐的阀门,压缩机通过空气滤清器和附加消声器吸入空气,被浓缩的空气经空气干燥箱、止回阀和阀门进入空气弹簧内。当向空气弹簧充气时,阀门和同一车桥上的阀门打开。压缩机经打开的阀门向储压罐充气。

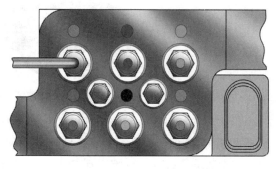

图 11-2-62　电磁阀组

二、自适应空气悬架系统的调控功能

1. 普通调控功能

车身高度调整主要是调节同一车桥上左、右两侧的高度差,如由于单侧负载引起的高度差。在进行车身高度调节时,上升时先提升后桥,然后是前桥;降低时前桥先降低,然后是后桥,以保证在大灯照明距离调节装置失灵的情况下,避免大灯在悬架调控时导致其他车辆及行人眩目。

2. 底盘调控功能

奥迪轿车可以选装两种底盘,分别为标准型底盘和运动型底盘,每种底盘形式均有四种模式,即自动模式、舒适模式、动态模式和高位模式。

(1) 标准型底盘。自动模式以舒适性为减振目的,沿着相应的减振曲线自适应调控,当汽车以超过120km/h的速度行驶,30s后自动进行下降25mm的高速公路车身降位,当车速低于70km/h的时间超过120s或车速低于35km/h时,又自动提升至标准车身高度;舒适模式的车身高度与自动模式一样,减振以比自动模式更舒适为依据进行调控,不能自动进行高速公路车身降位;动态模式的车身高度比自动模式降低了20mm,控制曲线自动调整为运动型减振特性曲线,当汽车以超过120km/h的车速行驶30s后,车身高度下降25mm(高速公路车身降位);高位模式的车身高度相对于自动模式上升了25mm,与自动模式一样,按舒适性调整。

(2) 运动型底盘。运动型底盘也包括这四种模式,自动模式的车身标准高度相当于标准型底盘的动态模式,弹性和减振以运动型为依据进行调控。

3. 特殊运行状况下的调控功能

如图11-2-63所示为特殊调节所需用到的相关控制器。

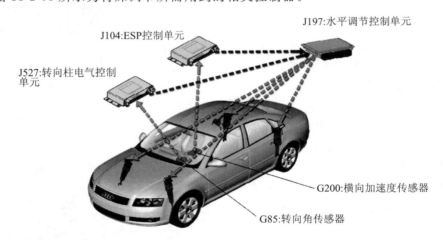

图11-2-63 特殊调节所需用到的相关控制器

(1) 弯道行驶。在弯道行驶时,悬架调控中断,弯道过后调控继续进行。通过转向角传感器和横向加速度传感器信号识别弯道行驶状态。减振力根据实时的行驶状况进行自动调节,因此能够有效防止行驶中那些不希望出现的车身运动(如侧倾等)。

(2) 制动过程。在制动时,ABS/ESP系统引入减振调控功能,减振调控取决于受控的制动压力,因此最大限度地降低了车身的俯仰和侧倾运动。

(3) 起步过程。在起步过程中,由于车身的质量惯性,首先存在着俯仰运动,通过合适的、与当前状态匹配的减振力,能将这些运动限制在最小的程度。

(4) 预动和随动模式。调控行车前或点火开关打开前相对于额定高度的偏差。在一定情况下,通过操作车门、行李厢盖或15号线,能将系统从睡眠模式唤醒并进入预动模式。例如,点火开关关闭之后,在随动模式下,调控因乘员下车或卸载行李而造成的车身高度差。

(5) 睡眠模式。在进入随动模式60s后没有输入信号的情况下,系统进入保证能量节约的睡眠模式。在2.5h和10h后,睡眠模式将短时间关闭,以便再次检查车身高度状况。

(6) 挂车运行状态。在挂车与拖车建立电气连接时,挂车运行状态会被自动识别。对于标准型底盘来说,在挂车运行状态下,无法选择动态模式。

三、自适应空气悬架系统的维修

1. 控制单元编码

控制单元编码为"15500"。

2. 系统初始化

系统初始化包括校准车身高度传感器。在每次更换传感器或控制单元之后,必须进行此操作。系统初始化利用诊断测试仪 V.A.S5051 来进行,地址编码"34"——车身调控,如图 11-2-64 所示。

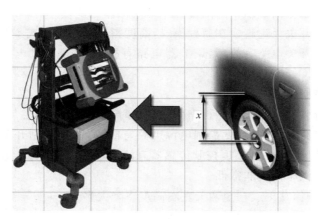

图 11-2-64　系统初始化和元件测试

3. 执行元件诊断功能

执行元件诊断功能用于空气压缩机、电磁阀和弹簧/减振器的功能测试,此功能分为三步自动进行。

(1) 通过对车身高度进行持续时间为30s,下移量为2mm的降低动作来完成对每一个空气弹簧支柱的检测。

(2) 储压罐的充气和排空。

(3) 改变电流,实现对减振器的电气控制。

4. 数据阅读块

有关系统状态的基本信息存储在数据阅读块中。

四、电控悬架系统常见故障分析

如果自诊断系统显示正常代码,可是汽车悬架系统故障仍然出现,此时就应该根据故障现象进行人工判断排除。电控悬架系统的常见故障就是悬架刚度和阻尼系数控制失灵和高度控制失灵。

1. 悬架刚度和阻尼系数控制失灵

(1) LRC 指示灯显示状态不变。

现象:不管如何操作悬架刚度和阻尼系数控制开关(LRC),LRC 指示灯显示状态保持原样不变。

原因:悬架刚度和阻尼系数控制开关(LRC)电路故障,悬架电子控制单元(ECU)有故障。

(2) 悬架刚度和阻尼系数控制失效。

现象:汽车在行驶时,悬架刚度和阻尼系数不随着行驶状况、路况、汽车姿态变化而调节。

原因:悬架控制执行器电路有故障,悬架控制执行器电源电路有故障,TC 与 TS 端子电路有故障,悬架刚度和阻尼系数控制开关(LRC)电路有故障,空气弹簧减振器有故障,ECU 有故障。

2. 高度控制失灵

(1) 高度控制指示灯的显示不随高度控制开关操作而变化。

现象:高度控制开关无论转换在何种模式,高度指示灯显示模式不变。

原因:高度控制开关电路有故障,调节器电路有故障,高度控制电源电路有故障,高度控制传感器有故障,ECU 有故障。

(2) 汽车高度控制功能失效。

现象:汽车在行驶、驻车、乘员和行李质量变化时,车高没有变化。

原因:调节器电路有故障,高度控制电源电路有故障,高度控制开关电路有故障,高度控制开关"ON"/"OFF"有故障,高度控制传感器有故障,ECU 有故障。

(3) 汽车驻车时汽车高度非常低。

现象:汽车驻车时,片刻或一至两天左右高度下降太多。

原因:空气泄漏,空气弹簧、减振器有故障。

(4) 空气压缩机的驱动电机长时间运转不停机。

现象:汽车在高度升高后,很长时间压缩机驱动电机仍在工作不停机。

原因:空气泄漏,高度控制继电器电路有故障,压缩机驱动电机电路有故障,悬架电子控制单元(ECU)有故障。

(5) 点火开关"OFF"控制不起作用。

现象:点火开关拧到"OFF"位置时,汽车高度并不下降为驻车状态。

原因:门控制开关电路有故障,高度控制电源电路有故障,悬架电子控制单元(ECU)有故障。

第六节 汽车巡航系统常见故障诊断

以丰田卡罗拉汽车为例,介绍巡航控制系统的故障诊断与检修方法。该车巡航系统的组成如图 11-2-65 所示。

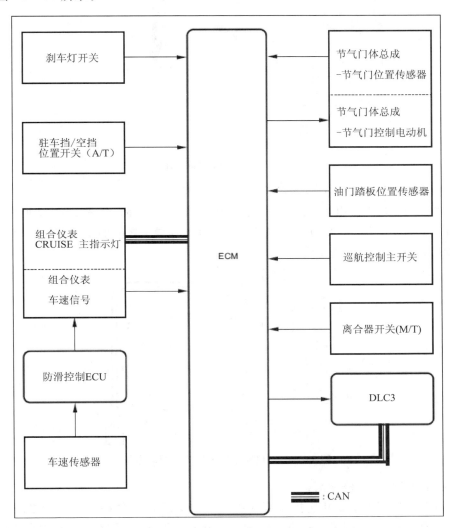

图 11-2-65 丰田卡罗拉巡航系统的组成

一、巡航系统主要部件及性能检测

1. 巡航控制主开关线路及元件检测

（1）检查巡航控制主开关。

拆下巡航控制主开关（图 11-2-66），检测 1—3 端子之间的电阻,在中立位置时应为 10kΩ 或更大,在加速、恢复位置时为 235～245Ω,在滑行设置位置时为 617～643Ω,在 CANCEL 位置时为 1509～1571Ω,主开关打开时小于 2.5Ω。若异常则更换巡航控制主开关。

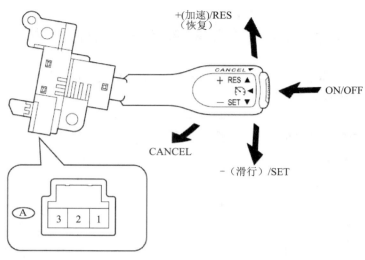

图 11-2-66 巡航控制主开关

（2）检查巡航控制主开关与螺旋电缆之间的线路。

将连接器 Y2 从螺旋电缆上断开，检测 A 和 Y2 之间的电阻，如图 11-2-67 所示。A 的 1 号端子和 Y2 的 4 号端子、A 的 3 号端子和 Y2 的 3 号端子之间的电阻都应始终小于 1Ω。若异常则维修或更换线束或连接器。

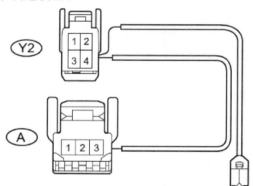

图 11-2-67 巡航控制主开关与螺旋电缆

2. 制动灯开关及线路检测

（1）从刹车灯开关上断开连接器 A1（图 11-2-68），检测 2 号端子与车身之间的电压应始终为蓄电池电压，3 号端子与车身之间的电压在点火开关打开时应为蓄电池电压。若异常则维修或更换线束或连接器。

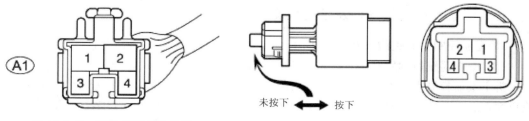

图 11-2-68 刹车灯开关连接器　　　　图 11-2-69 刹车灯开关

(2) 拆下刹车灯开关(图 11-2-69),检测 1—2 号端子之间的电压在开关销未按下时应小于 1Ω,在开关销按下时应为 10kΩ 或更大;3—4 号端子之间的电压在开关销未按下时应为 10kΩ 或更大,在开关销按下时应小于 1Ω。若异常则更换刹车灯开关。

3. CRUISE 主指示灯电路

ECM 检测到巡航控制开关信号并通过 CAN 将其发送到组合仪表,然后 CRUISE 主指示灯亮起。CRUISE 主指示灯电路使用 CAN 通信。如果此电路有故障,在对此电路进行故障排除前,应检查 CAN 通信系统的故障码,并通过元件测试等功能判断是线路故障还是仪表故障,确定后进行相关的维修。

4. 离合器开关电路的检测

对于 M/T 车辆,有必要检查离合器开关电路(图 11-2-70)。松开离合器踏板时,ECM 通过 ECU-IG No.1 保险丝接收蓄电池正极(+)电压。踩下离合器踏板时,离合器开关向 ECM 的端子 D 发送信号。端子 D 接收到信号时,ECM 取消巡航控制。当巡航系统有故障时按图进行相关的线路及元件检测。

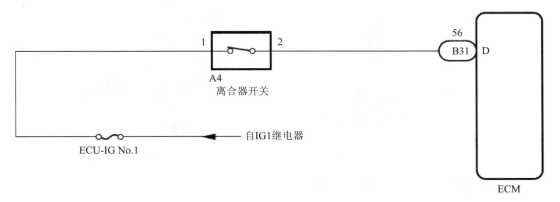

图 11-2-70 离合器开关电路

二、巡航系统的故障诊断与排除

1. 巡航系统故障排除程序

当巡航控制系统发生故障时,首先应进行直观检查,如检查巡航控制系统的线束及插接器是否完好,部件是否丢失或损坏等。

直观检查后一般应进行故障自诊断,其内容包括巡航控制系统状态指示的检查、读取故障码、输入信号检查、取消信号检查等。

在进行故障自诊断时,如果读取到故障码,应进行故障码诊断,以进一步确定故障部位;如果没有读取到故障码,可按照故障征兆进行故障诊断。当确定故障的具体部位后,对有故障的电路或部件进行修理或更换。

2. 巡航系统的功能检查

通过路试检测巡航系统的各部功能是否正常,并确认故障症状。

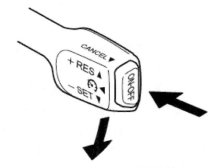

图 11-2-71 SET 功能的检查

(1) 检查 SET 功能,如图 11-2-71 所示。

① 将巡航控制主开关打开。

② 按要求以 40km/h 至 200km/h 之间的速度行驶。

③ 将巡航控制主开关推至－(COAST)/SET 位置。

④ 松开开关后,检查并确认车辆以设定速度巡航。

(2) 检查加速功能,如图 11-2-72 所示。

① 将巡航控制主开关打开。

② 按要求以 40km/h 至 200km/h 之间的速度行驶。

③ 将巡航控制主开关推至－(COAST)/SET 位置。

④ 检查并确认当巡航控制主开关推至＋(加速)/RES(恢复)的位置时,车速增加;松开开关时,车辆以新设定的速度巡航。

⑤ 将巡航控制主开关推至＋(加速)/RES(恢复)位置,然后立即松开。检查并确认车速增加约 1.6km/h(逐级加速控制)。

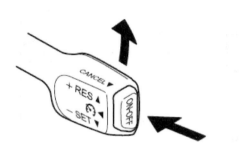 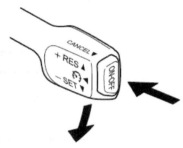

图 11-2-72　加速功能的检查　　　　图 11-2-73　滑行功能的检查

(3) 检查滑行功能,如图 11-2-73 所示。

① 将巡航控制主开关打开。

② 按要求以 40km/h 至 200km/h 之间的速度行驶。

③ 将巡航控制主开关推至－(COAST)/SET 位置。

④ 检查并确认当巡航控制主开关推至－(滑行)/SET 位置时,车速减小;开关松开时,车辆以新设定的速度巡航。

⑤ 将巡航控制主开关推至－(滑动)/SET 位置,然后立即松开。检查并确认车速降低约 1.6km/h(逐级减速控制)。

(4) 检查 CANCEL 功能,如图 11-2-74 所示。

① 将巡航控制主开关打开。

② 按要求以 40km/h 至 200km/h 之间的速度行驶。

③ 将巡航控制主开关推至－(COAST)/SET 位置。

④ 当进行下列任何一项操作时,检查并确认已取消巡航控制系统,并恢复正常驾驶模式:踩下制动踏板;踩下离合器踏板(M/T);换挡杆从 D 位置或 3 位置换到 N 位置、2 位置或 1 位置(A/T);关闭巡航控制主开关;将巡航控制主开关拉回 CANCEL。

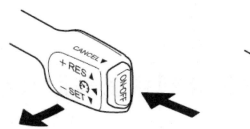 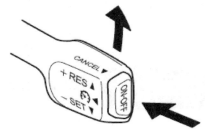

图 11-2-74　CANCEL 功能的检查　　图 11-2-75　RES(恢复)功能的检查

(5) 检查 RES(恢复)功能,如图 11-2-75 所示。

① 将巡航控制主开关打开。

② 按要求以 40km/h 至 200km/h 之间的速度行驶。

③ 将巡航控制主开关推至－(COAST)/SET 位置。

④ 通过完成以上任何一种操作(不包括将主开关置于"OFF"位置)取消巡航控制系统。

⑤ 车辆以高于 40km/h 的速度行驶时,将巡航控制主开关推至＋(加速)/RES(恢复),检查并确认车辆恢复至取消前设定的速度。

3. 巡航系统常见故障诊断与排除

(1) 车速不能设定。检测部位为:巡航控制开关电路;车速传感器电路;组合仪表;刹车灯开关电路;变速器挡位传感器电路;离合器开关电路。如果上述部位检查完毕且证明各部位均正常,但症状仍然出现,则应更换 ECM。车速不能设定且 CRUISE 主指示灯不亮时还应检查 CRUISE 主指示灯电路。

(2) 巡航控制系统正在工作时被取消。检测部位为:巡航控制开关电路;车速传感器电路;组合仪表;刹车灯开关电路;变速器挡位传感器电路;离合器开关电路。如果上述部位检查完毕且证明各部位均正常,但症状仍然出现,则应更换 ECM。

(3) 不能取消巡航控制。在操作某些动作后应该解除巡航但巡航没有取消,则应针对相关传感器、开关及其控制线路做检查。如果传感器、开关及其线路没问题,则应更换 ECM。例如,踩下制动踏板不能取消巡航控制,则重点检查刹车灯开关及电路。

第十二单元 汽车排放控制系统与尾气检测

第一章 汽车排放控制系统的组成与检修

汽车的普及带来全球空气质量的恶化,引发了人类对地球环境的关注,从而将保护环境的意识引入汽车技术。20 世纪 80 年代以来,各国政府纷纷提出对汽车排放法规的严格要求,各大汽车制造厂围绕汽车排放污染物质的检测和治理进行了不懈的努力。

短短的几十年间,从传统的化油器技术逐渐发展成电喷、电喷加三元催化、车载控制和诊断发动机系统,即 OBD 系统。我国提出严格依据环保的要求,降低 CO、HC、NO 等有害气体的排放,对汽车机械、电子、液压各系统限制在一定的使用标准中,实时有效地监控燃料和空气测定系统、点火系统、废气控制辅助系统、怠速控制系统、变速器控制系统、电脑和输出控制元件等,并要求对重要的行车状态进行记录,随时监控和记录车辆的技术状况是否符合环保要求。目前我国已经执行国 V 或国 Ⅵ 标准。

第一节 汽车排放有害气体成分及排放标准规定

随着汽车尾气污染的日益严重,汽车尾气排放立法势在必行,世界各国早在 20 世纪六七十年代就对汽车尾气排放建立了相应的法规制度,通过严格的法规推动了汽车排放控制技术的进步。随着汽车排放控制技术的不断提高,又使更高标准的制定成为可能。

汽车排放是指从废气中排出的 CO(一氧化碳)、$HC+NO_x$(碳氢化合物和氮氧化物)、PM(微粒、碳烟)等有害气体。它们都是发动机在燃烧做功过程中产生的有害气体。这些有害气体产生的原因各异。CO 是燃油氧化不完全的中间产物,当氧气不充足时会产生 CO,混合气浓度大及混合气不均匀都会使排气中的 CO 增加。HC 是燃料中未燃烧的物质,由于混合气不均匀、燃烧室壁冷等原因造成部分燃油未来得及燃烧就被排放出去。NO_x 是燃料(汽油)在燃烧过程中产生的一种物质。PM 也是燃油燃烧时缺氧产生的一种物质,其中以柴油机最明显,因为柴油机采用压燃方式,柴油在高温高压下裂解更容易产生大量肉眼看得见的碳烟。

一、有害气体的来源

1. HC 的来源

HC 主要来源于发动机燃烧(氧化反应)的残留燃油以及少量的残留机油,对于装备有电喷加三元催化装置的车辆则仅有 100ppm 左右,甚至更低。但在催化转化前,HC 还是高达 500ppm。

2. CO 的来源

CO 是 HC 化合物燃烧的中间产物。当燃料充分发生氧化反应时,理论上不会产生 CO,并且还有剩余的氧存在。当空气不足时,AFR<14.7 或 λ<1 时,缺氧燃烧,中间产物 CO 大量产生并排放出来。

氧气不足是产生 CO 的主要因素,因此用 CO 检测来指导混合气浓度的调节,以及空滤器和喷油嘴的清洗,将能显著地提高车辆的动力性能。

3. NO_x 的来源

NO_x 有许多种类,主要有 NO、NO_2、N_2O_3、N_2O、N_2O_5、N_2O_4、NO_3 等,其中 NO 占 95% 以上。NO 产生在发动机高负荷工况时的高温条件下,由空气中的氧和氮结合而生成。在发动机温度达 800℃ 时,氮和氧结合很快,生成的 NO 浓度很高,往往达 2000~3000ppm。在普通怠速情况下,发动机负荷低,氮和氧结合慢,生成的 NO 浓度低,只有 30~50ppm,所以怠速条件下测 NO 意义并不大。NO_x 是环保严格监控的指标,降低其排放量主要靠三元催化还原技术和有效降低发动机温度的废气再循环技术(EGR)。

二、尾气的危害

车水马龙的大街小巷,一股股浅蓝色的烟气从一辆辆机动车尾部的排气管滚滚喷出,这就是我们所说的汽车尾气。在车辆不多的情况下,大气的自净能力尚能化解汽车排出的毒素。但随着汽车数量的急剧增加,交通拥堵成了家常便饭,过多的车辆带来的汽车尾气更是害人不浅。

废气中含有 150~200 种不同的化合物,由于汽车废气的排放主要在 0.3~2m 之间,正好是人体的呼吸范围,对人体的健康损害非常严重,其中对人体危害最大的有 CO、HC、NO_x 及 PM。

1. PM 的危害

PM 的成分很复杂,并具有较强的吸附能力,可以吸附各种金属粉尘、强致癌物苯并芘和病原微生物等。PM 随呼吸进入人体肺部,以碰撞、扩散、沉积等方式滞留在呼吸道的不同部位,引起呼吸系统疾病。当 PM 积累到临界浓度时,便会激发形成恶性肿瘤。此外,PM 还能直接接触皮肤和眼睛,阻塞皮肤的毛囊和汗腺,引起皮肤炎和眼结膜炎,甚至造成角膜损伤。

2. CO 的危害

CO 与血液中的血红蛋白结合的速度比氧气快 250 倍。CO 经呼吸道进入血液循环,与血红蛋白亲和后生成碳氧血红蛋白,从而削弱血液向各组织输送氧的功能,危害中枢神经系统,造成人的感觉、反应、理解、记忆力等机能障碍,重则危害血液循环系统,导致生命危险。

2. NO_x 的危害

NO_x 主要是指 NO、NO_2,它们都是对人体有害的气体,特别是对呼吸系统有危害。在 NO_2 浓度为 $9.4mg/m^3$ 的空气中暴露 10min,即可造成人的呼吸系统功能失调。

3. HC 的危害

还不清楚 HC 对人体健康的直接危害。但 NO_x 和 HC 在太阳紫外线的作用下会产生一种具有刺激性的浅蓝色烟雾,其中包含有臭氧、醛类、硝酸酯类等多种复杂化合物。对人体最突出的危害是刺激眼睛和上呼吸道黏膜,引起眼睛红肿和咽喉炎。

三、排放标准

与国外先进国家相比,我国汽车尾气排放法规起步较晚、水平较低。根据我国的实际情况,从 20 世纪 80 年代初期开始采取了先易后难分阶段实施的具体方案。

1. 汽车排放标准第一阶段

1983 年我国颁布了第一批机动车尾气污染控制排放标准,这一批标准的制定和实施,标志着我国汽车尾气法规从无到有,并逐步走向法制治理汽车尾气污染的道路。在这批标准中,包括了《汽油车怠速污染排放标准》《柴油车自由加速烟度排放标准》《汽车柴油机全负荷烟度排放标准》三个限值标准和《汽油车怠速污染物测量方法》《柴油车自由加速烟度测量方法》《汽车柴油机全负荷烟度测量方法》三个测量方法标准。

2. 汽车排放标准第二阶段

在 1983 年颁布第一批机动车尾气污染控制排放标准的基础上,我国在 1989 年至 1993 年又相继颁布了《轻型汽车排气污染物排放标准》《车用汽油机排气污染物排放标准》两个限值标准和《轻型汽车排气污染物测量方法》《车用汽油机排气污染物测量方法》两个工况法测量方法标准。至此,我国已形成了一套较为完善的汽车尾气排放标准体系。值得一提的是,我国于 1993 年颁布的《轻型汽车排气污染物测量方法》采用了 ECE R15—04 的测量方法,而《轻型汽车排气污染物排放标准》则采用了 ECE R15—03 的限值标准,该限值标准只相当于欧洲 70 年代的水平(欧洲在 1979 年实施 ECE R15—03 标准)。

3. 汽车排放标准第三阶段

北京市 DB11/105—1998《轻型汽车排气污染物排放标准》的出台和实施,拉开了我国新一轮尾气排放法规制定和实施的序曲。从 1999 年起北京实施 DB 11/105—1998 地方法规,2000 年起全国实施 GB 14961—1999《汽车排放污染物限值及测试方法》(等效于 91/441/1EEC 标准),同时《压燃式发动机和装用压燃式发动机的车辆排气污染物限值及测试方法》也制定出台;与此同时,北京、上海、福建等省市还参照 ISO3929 中双怠速排放测量方法分别制定了《汽油车双怠速污染物排放标准》地方法规,这一条例标准的制定和出台,使我国汽车尾气排放标准达到国外 90 年代初的水平。

4. 汽车排放标准第四阶段

环境保护部发布公告,轻型汽油车、两用燃料车和单一气体燃料车污染物排放标准的第四阶段国家标准(即国四标准)于 2011 年 7 月 1 日起实施。凡不满足国四标准要求的轻型汽油车、单一气体燃料车及两用燃料车不得销售和注册登记。从 2013 年 7 月 1 日起,凡不符合国四标准的轻型柴油车不得销售和注册登记。

5. 汽车排放标准第五阶段

根据油品升级进程，分区域实施机动车国五标准。

(1) 东部 11 省市(北京市、天津市、河北省、辽宁省、上海市、江苏省、浙江省、福建省、山东省、广东省和海南省)自 2016 年 4 月 1 日起，所有进口、销售和注册登记的轻型汽油车、轻型柴油客车、重型柴油车(仅公交、环卫、邮政用途)须符合国五标准要求。

(2) 全国自 2017 年 1 月 1 日起，所有制造、进口、销售和注册登记的轻型汽油车、重型柴油车(仅客车和公交、环卫、邮政用途)须符合国五标准要求。

(3) 全国自 2017 年 7 月 1 日起，所有制造、进口、销售和注册登记的重型柴油车须符合国五标准要求。

(4) 全国自 2018 年 1 月 1 日起，所有制造、进口、销售和注册登记的轻型柴油车须符合国五标准要求。

有害性物质的燃料废气标准见表 12-1-1。

表 12-1-1 有害性物质的燃料废气标准

标准等级		一氧化碳 (CO)	碳氢化合物 (HC)	氮氧化物 (NO_x)	碳氢化合物和氮氧化物 ($HC+NO_x$)	悬浮粒子 (PM)
		汽油			轿车(passenger cars)的欧洲汽车废气排放标准(类别 M*1)，克每千米(g/km)	
欧Ⅰ	(国一)	2.72(3.16)			0.97(1.13)	
欧Ⅱ	(国二)	2.2			0.5	
欧Ⅲ	(国三)	2.3	0.2			
欧Ⅳ	(国四)	1	0.1			
欧Ⅴ	(国五)	1	0.1	0.068		0.005**
		柴油			轿车(passenger cars)的欧洲汽车废气排放标准(类别 M*1)，克每千米(g/km)	
欧Ⅰ	(国一)	2.72(3.16)			0.97(1.13)	0.14(0.18)
欧Ⅱ	(国二)	1			0.7	0.08
欧Ⅲ	(国三)	0.64		0.5	0.56	0.05
欧Ⅳ	(国四)	0.5		0.25	0.3	0.025
欧Ⅴ	(国五)	0.5		0.18	0.23	0.005
欧Ⅵ		0.5		0.08	0.17	0.005

第二节 三元催化转换器(TWC)及其检修

一、三元催化转换器的作用

三元催化转换器的作用是将汽车尾气中的有害物质 HC、CO、NO_x 转换成无害物 H_2O、CO_2 和 N_2，有效减少排放污染。

二、三元催化转换器的结构和基本工作原理

三元催化转换器安装在排气道中,位于消音器与排气歧管之间,由壳体、减振层和涂有催化剂的载体组成,如图 12-1-1 所示。

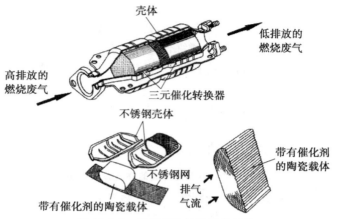

图 12-1-1 三元催化转换器的结构

目前车用催化剂载体绝大多数采用蜂窝状陶瓷载体。较新的革青石质蜂窝状陶瓷载体每平方厘米约有 18000 个孔,这些孔贯通于整个载体。在每个孔的内表面涂有一层非常疏松的 $\gamma\text{-}Al_2O_3$ 涂层,其粗糙多孔的表面可使壁面实际催化反应表面积扩大 7000 倍左右。在涂层表面散布着贵金属催化剂(铂、铑和钯)。尾气中的 HC、CO、NO_x 以及燃烧剩余的 O_2 在催化剂的作用下,在一定温度条件下发生氧化还原反应,生成 H_2O 和 N_2。当空燃比为标准的理论空燃比($A:F=14.7:1$)时,三元催化转换器的转换效率可达 90% 以上。因此装备三元催化转换器的发动机必须采用氧传感器对空燃比进行反馈控制,将空燃比精确控制在 14.7:1 附近。

三、三元催化转换器的常见故障

1. 催化剂化学中毒

车用催化剂中毒的来源主要是燃料和机油中的铅、磷、硫,这些化学元素燃烧后的氧化物覆盖在催化剂表面,使尾气中的有害成分无法与催化剂接触,无法进行氧化还原反应。

2. 积炭堵塞

燃烧产生的积炭或机油经排气导管内氧化生成的积炭堵塞了三元催化转换器陶瓷载体,造成排气不畅、恶化燃烧,导致发动机动力不足、怠速抖动、启动困难等故障,同时也使得三元催化转换器的温度升高过多,造成高温烧结。

3. 高温烧结

三元催化转换器的正常工作温度为 500℃～800℃,出口处温度比进口处温度高 30℃～100℃。但是当工作温度超过 800℃以上时,涂层中的 $\gamma\text{-}Al_2O_3$ 烧结,表面积大大减少,导致三元催化转换器失效。

4. 陶瓷载体破损

三元催化转换器过热、外部碰撞和挤压都有可能使陶瓷载体断裂和破碎,导致排气不畅。

第三节　废气再循环(EGR)控制系统及其检修

一、EGR 控制系统的功能

EGR 控制系统将适当的废气重新引入气缸参加燃烧,从而降低气缸的最高温度,以减少 NO_x 的排放量。

二、EGR 控制系统的种类

EGR 控制系统分开环控制 EGR 系统和闭环控制 EGR 系统,如图 12-1-2 所示。

1. 开环控制 EGR 系统

开环控制 EGR 系统主要由 EGR 阀和 EGR 电磁阀等组成。

2. 闭环控制 EGR 系统

闭环控制 EGR 系统检测实际的 EGR 率或 EGR 阀开度作为反馈控制信号,其控制精度更高。与开环系统相比只是在 EGR 阀上增设一个 EGR 阀开度传感器,控制原理是:EGR 阀开度传感器安装在进气总管中的稳压箱上,新鲜空气经节气门进入稳压箱,参与再循环的废气经 EGR 电磁阀进

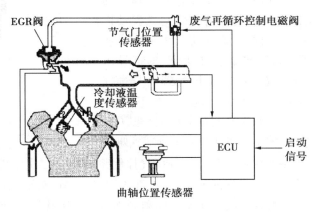

图 12-1-2　废气再循环

入稳压箱,传感器检测稳压箱内气体中的氧浓度,并转换成电信号送给 ECU,ECU 根据此反馈信号修正 EGR 电磁阀的开度,使 EGR 率保持在最佳值。

三、EGR 控制系统的检修

1. 一般检查

拆下 EGR 阀上的真空软管,发动机转速应无变化,用手触试真空软管应无真空吸力;发动机温度达到正常工作温度后,怠速时检查结果应与冷机时相同,若转速提高到 2500r/min 左右,拆下真空软管,发动机转速有明显提高。

2. EGR 电磁阀的检查

冷态测量电磁阀电阻应为 33～39Ω。电磁阀不通电时,从进气管侧吹入空气应畅通,从滤网处吹入空气应不通;接上蓄电池电压时应相反。

3. EGR 阀的检查

用手动真空泵给 EGR 阀膜片上方施加约 15kPa 的真空度,EGR 阀应能开启;不施加真空度,EGR 阀应能完全关闭。

第四节 二次空气喷射系统

一、二次空气喷射系统简介

自从世界上第一个车辆排气污染控制标准实施以来,二次空气喷射系统已经被广泛地应用在汽车上,它实际上就是一种尾气排放控制实用技术,用以减少排气中的 HC 和 CO 的排放量。其工作原理是:空气泵将新鲜空气送入发动机排气管内,从而使排气中的 HC 和 CO 进一步氧化和燃烧,即把导入的空气中的氧在排气管内与排气中的 HC 和 CO 进一步反应形成水蒸气和二氧化碳,从而降低了排气中的 HC 和 CO 的排放量,如图

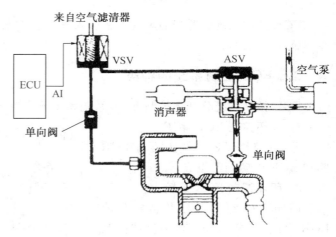

图 12-1-3 二次空气喷射系统

12-1-3 所示。另外一种尾气控制系统就是二次空气吸入(AS)系统,如图 12-1-4 所示。AS 系统利用废气的波动(即排气压力有规律的突然变化),打开和关闭片簧阀,让空气断续进入排气歧管。与二次空气喷射系统相比,其量甚小,所以 AS 法只适用于相对体积较小的发动机。

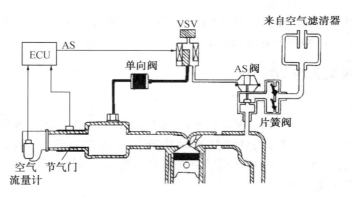

图 12-1-4 二次空气吸入(AS)系统

二、二次空气喷射系统的分类及工作原理

1. 按其空气喷入的部位分

按其空气喷入的部位可分为两类。第一类:新鲜空气被喷入排气歧管的基部,即排气歧管与气缸体相连接的部位,因此排气中的 HC、CO 只能从排气歧管开始被氧化。第二类:新鲜空气通过气缸盖上的专设管道喷入排气门后气缸盖内的排气通道内,排气中 HC、CO 的氧化便提早进行。

2. 按控制形式不同分

按控制形式不同分为空气泵型二次空气喷射系统、脉冲型二次空气喷射系统、电控二次空气喷射系统和电控脉冲型二次空气喷射系统 4 种。

(1) 空气泵型二次空气喷射系统。

空气泵型二次空气喷射系统主要由空气泵、分流阀、连接管道、空气喷射歧管等组成。当发动机工作时,通过曲轴传动带带动空气泵运转,泵送量大而压力较低的空气流通过软管进入分流阀。正常情况下,分流阀上阀门开启,空气流经分流阀、单向阀进入空气喷射歧管。空气喷射歧管将空气流喷入发动机排气孔或排气歧管,与排气中的 HC、CO 反应,使其进一步转化成 CO_2 和水蒸气,以减少排气污染。

(2) 脉冲型二次空气喷射系统。

脉冲型二次空气喷射系统也称吸气器型二次空气喷射系统,应用排气压力的脉冲将新鲜空气吸入排气系统。每次排气门关闭时,都会有这么一个很短的时间周期,在该时间周期内,排气孔和排气歧管内的气压都低于大气压力,也就是说产生了一个负压(真空)脉冲。利用真空脉冲,经空气滤清器吸入一定量空气进入排气歧管,用部分空气中的氧去氧化排气中的 HC 和 CO。如果该车还装有催化式排气净化器,也可以用这部分空气去供应催化式排气净化器对氧的需要。这就是脉冲型二次空气喷射系统的工作原理。

常见的脉冲型二次空气喷射系统由钢管、单向吸气器、软管等组成。钢管的一端接吸气器,另一端用连接盘与发动机排气歧管相连通,把经空气滤清器、软管、吸气器的新鲜空气导入排气歧管。

(3) 电控二次空气喷射系统。

该系统中的空气由电控单元根据输入信号通过控制相关电磁阀引往空气滤清器、排气管及催化式排气净化器中。该系统有两套主控电磁阀:第一套电磁阀为分流阀,用于将空气送往空气滤清器;第二套电磁阀为开关电磁阀,用于将空气送往排气管或催化式排气净化器。

(4) 电控脉冲型二次空气喷射系统。

该系统由电控单元控制电磁阀的打开及关闭,电磁阀与单向阀(也称检查阀)相连。由于排气中的压力是正负交替的脉冲压力波,当排气压力为负时,来自空气滤清器的空气进入排气管;当压力为正时,单向阀关闭,空气不能返回。

3. 按照结构和工作原理分

二次空气喷射系统按照结构和工作原理的不同可以分为空气泵型和吸气器型两种结构类型。

第五节 汽油蒸气排放(EVAP)控制系统和曲轴箱强制通风(PCV)装置

一、汽油蒸气排放(EVAP)控制系统

1. EVAP 控制系统的功能

EVAP 控制系统收集汽油箱和浮子室内蒸发的汽油蒸气,并将汽油蒸气导入气缸参加燃烧,从而防止汽油蒸气直接排入大气而造成污染;同时,根据发动机工况,控制导入气缸参

加燃烧的汽油蒸气量,如图12-1-5所示。

2. EVAP控制系统的工作原理

油箱的燃油蒸气通过单向阀进入活性炭罐上部,空气从炭罐下部进入清洗活性炭,在炭罐右上方有一定量排放小孔及受真空控制的排放控制阀,排放控制阀内部的真空度由碳罐控制电磁阀控制。

3. EVAP阀的主要故障及现象

EVAP阀的主要故障及现象见表12-1-2。

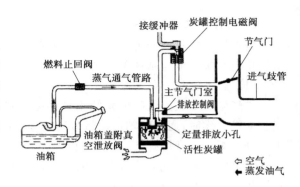

图12-1-5 EVAP控制系统

表12-1-2 EVAP阀的主要故障及现象

主要故障	可能产生的现象
EVAP阀线束短路或断路	1. 车厢内或车边有汽油味; 2. 部分负荷时,汽车行驶不平顺
EVAP阀线束插接器松动	
EVAP阀损坏	

4. EVAP控制系统的检测

(1) 一般维护。

检查管路有无破损或漏气,炭罐壳体有无裂纹,每行驶20000km应更换活性炭罐底部的进气滤芯。

(2) 真空控制阀的检查。

拆下真空控制阀,用手动真空泵由真空管接头给真空控制阀施加约5kPa真空度时,从活性炭罐侧孔吹入空气应畅通,不施加真空度时吹入空气则不通。

(3) EVAP阀的检修。

EVAP阀的检修见表12-1-3。

表12-1-3 EVAP阀的检修

步骤	操作过程	结果分析及处理
1	检测EVAP阀线圈电阻:关闭点火开关,拔下EVAP阀线束插接器,用万用表检测EVAP阀的电阻值	应为22~30Ω,如电阻值不符规定,则应更换EVAP阀
2	检查EVAP阀电源电压:关闭点火开关,拔下EVAP阀线束插接器,然后接通点火开关,用万用表电压挡检测线束插接器1、2端子间的电压	应为蓄电池电压。如无电压,应检查线束是否短路或断路,熔断丝及油泵继电器是否烧坏或损坏
3	就车检查:启动发动机运转,用手触摸EVAP阀	应有明显的振动感;当断开点火开关时,应能听到EVAP阀关闭的声音。如没有上述现象,应检查EVAP阀及EVAP阀线束

二、曲轴箱强制通风(PCV)装置

1. 曲轴箱强制通风(PCV)装置简介

曲轴箱内的窜缸混合气中,70%～80%是未燃烧的气体(HC),燃烧的副产品(水蒸气和各种汽化的酸)则占 20%～30%。所有这些都能破坏机油,产生油泥,使曲轴锈蚀。窜缸混合气必须回到燃烧室重新燃烧。

因此,气门室罩和进气歧管只是简单地用管子连接是不行的,必须要安装一个曲轴箱强制通风(PCV)阀,使通过 PCV 阀的气体总是多于窜缸混合气体。经过对 PCV 阀的优化设计,PCV 阀能根据进气歧管真空度,不断改变允许进入气缸重新燃烧的窜缸混合气的量,使曲轴箱总是保持微负压状态。

2. PCV 阀的工作

(1) 发动机停机或回火,由于其自身质量和弹簧质量,PCV 阀关闭。

(2) 怠速运转或减速时,负压很强,所以 PCV 阀打开。但是由于真空通道仍然狭窄,通过的窜缸混合气量还很少。

(3) 正常运转时真空度正常,真空通道扩宽,部分打开。

(4) 加速或高负荷时 PCV 阀完全打开,真空通道也完全打开。

尽管全负荷时发动机产生的窜缸混合气量很多,但 PCV 阀允许通过的窜缸混合气很少。所以,当产生的窜缸混合气超过 PCV 阀的吸入能力时,窜缸混合气也通过连接空气滤清器和气缸盖的通道,从空气滤清器吸入进气歧管。

第二章 尾气检测

第一节 尾气分析仪的使用

一、尾气分析仪准备

1. 安装

(1) 将短导管一端与取样探头的末端连接,另一端与附件中的前置过滤器的入口相连。然后将 5m 取样管的一端与前置过滤器的出口相连,另一端与仪器的样气入口相连。注意检查各连接处,确认连接可靠,无泄漏。

(2) 确认前置过滤器和水过滤器已分别装入洁净的滤芯。

(3) 将电源线、转速测量钳和油温测量探头分别连接到仪器的电源插座、转速信号插座和油温信号插座上。

(4) 油温探头插入发动机润滑油标尺孔中,转速测量钳夹在发动机第 1 缸的火花塞高压线外,如图 12-2-6 所示。

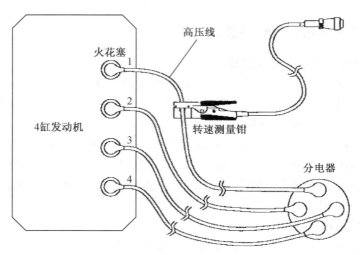

图 12-2-6　安装转速测量钳

2. 仪器预热

将电源线插到 220V 交流电源的插座上,接通仪器的电源开关,预热仪器。仪器将出现提示:"正在预热…剩余×××秒"。其中,"×××秒"是以倒计时方式显示剩下的预热时间,预热时间总共为 600s(10min)。

3. 泄漏检查

仪器预热完成后会自动进入泄漏检查界面,检查气路系统是否泄漏,这时液晶显示屏将出现提示:"用密封套堵住取样探头　K 确认"(图 12-2-7)。用户应按此提示操作,按"K"键。之后会出现提示:"正在检漏…请等待××秒"(图 12-2-8),其中"××秒"表示剩下的检漏时间(倒计时,总共 10s)。

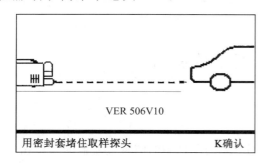

图 12-2-7　等待检漏　　　　　　图 12-2-8　正在检漏

检漏完毕,如有泄漏,将出现提示:"有泄漏　请检查"和"按 K 键重新进行泄漏检查"。用户应仔细检查整个气路,予以排除。如无泄漏,会出现提示"OK"字样,仪器将进入自动调零。

4. 自动调零

仪器进入自动调零时,显示屏将出现提示:"正在调零…请等待",如果调零完成,显示屏会显示"OK",几秒钟后,提示消失,显示屏进入主菜单。如果氧或氮氧传感器超过了使用寿命,在开机自动调零之后,仪器会提示用户及时更换相应的传感器。其中,更换氮氧传感器之后,要进行"清除 NO 老化标志"和校准的操作。

二、仪器的主菜单

仪器的主菜单如图 12-2-9 所示，上部是菜单名称，中部是 HC、CO、CO_2（NHA-206 无此数据，以下相同）、O_2（NHA-206 无此数据，以下相同）、NO（HA-206 无此数据，以下相同）、n（转速）、λ（过量空气系数，NHA-206 此数据为 0，以下相同）、T（润滑油温度）和 PEF 的实时测量值显示区，下部是操作菜单提示区。

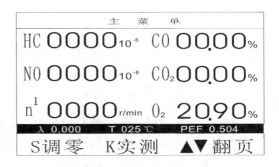

图 12-2-9　仪器的主菜单

三、调零

仪器具有自动调零功能，能对零位进行周期性地（每半小时一次）自动校准，一般情况下无须再调零。但是当用户认为有必要调零时，可在主菜单下，按"▲"或"▼"键翻至菜单"S 调零"出现，然后按"S"功能键，仪器立即进入调零程序，显示屏上部将出现提示："正在调零…请等待"。如果调零完成，显示屏会显示"OK"。几秒后，提示消失，显示屏返回主菜单界面。

四、气体校准

仪器在使用过程中会产生漂移、传感器老化，因此，仪器使用一段时间（一般 3 个月至 6 个月）后应进行量距校准。由于老化的原因，O_2 传感器和 NO 传感器使用一年左右就需要更换。NO 传感器更换后，应执行"清除 NO 老化标志"操作，并重新校准该通道才能投入使用。

在校准过程中，如果操作失误，造成数据严重偏差，在无法重新校准的情况下，可用"恢复出厂校准系数"进行恢复，使数据恢复到出厂时的状态（注：只能恢复 HC、CO、CO_2 的原始数据，O_2 及 NO 的数据无法恢复）。

五、油温校准

环境温度在认为需要的时候可进行校准。

六、泄漏检查

仪器在预热完成后会自动进入泄漏检查，如有需要，用户可随时进行手动泄漏检查。泄漏检查的步骤：

（1）在主菜单下，按"▲"或"▼"键翻至菜单"S 检漏"出现，然后按一下"S"功能键，仪器将进入泄漏检查操作界面。

（2）液晶显示屏将出现提示："用密封套堵住取样探头　K 确认"。用户应按此提示操作，按 K 键开始检漏。之后，会出现提示："正在检漏…请等待××秒"，其中"××秒"表示剩下的检漏时间（倒计时，总共 10s）。

（3）检漏完毕，如有检漏，将出现提示："有泄漏　请检查"和"按 K 键重新进行检漏检查"。用户应仔细检查整个气路，予以排除，然后按"K"功能键重新开始检漏。

(4) 如无泄漏,会出现提示"OK"字样,几秒后,返回主菜单界面。

第二节 尾气检测的方法和要求

一、双怠速测量

测量前,应做好安装转速和油温测量装置的准备工作。在主菜单下,按"▲"或"▼"键翻至菜单"K 双怠速"出现,然后按一下"K"功能键,仪器进入双怠速测量界面。

1. HC 残留物检查及发动机预热

(1) 进入双怠速测量界面后,仪器首先开始 HC 残留检查。显示屏上部将出现提示:"HC 残留检查…××秒"(图 12-2-10),"××秒"表示剩余的残留检查时间(倒计时,总共 30s)。检查结束后,则显示:"HC 残余检查…OK"(图 12-2-11);如检查失败,则显示:"HC 残留检查…失败"(图 12-2-12),并提示"请清洗管道 K 重检 S 退出"。见此提示,用户及时予以消除,然后再按"K"功能键重新开始检查。

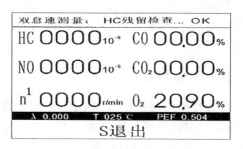

图 12-2-10 HC 残留检查　　　　图 12-2-11 HC 残留检查成功

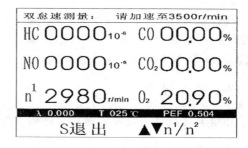

图 12-2-12 HC 残留检查失败　　　图 12-2-13 加速至 3500r/min

(2) HC 残留物检查结束,则进入发动机预热提示:"请加速至 3500r/min"(图 12-2-13)。屏幕下方提示"S 退出　▲▼ n^1/n^2",按"▲"或"▼"键可即时改变发动机点火方式。

(3) 见加速提示后,驾驶员应使发动机加速,并注视显示屏上变化的转速值,直到 3500r/min 左右为止。

(4) 当转速达到 3500r/min 时,显示屏上部将出现提示:"请保持 3500r/min 剩余××秒"(总共 30s,图 12-2-14),完成后,将进入排放测量阶段。

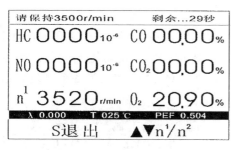

图 12-2-14　保持 3500r/min

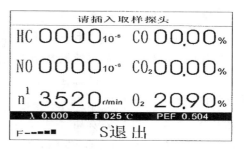

图 12-2-15　请插入取样探头

2. 测量高怠速下的排放

（1）发动机预热结束后，分析仪将提示"请插入取样探头"（图 12-2-15）。此时，操作人员要将取样探头插入排气管中，插入深度为 400mm。数秒后，显示屏上部将出现提示："请减速至 2500r/min"（图 12-2-16）。见此提示，驾驶员应将发动机减速，同时注视显示屏上不断变化的转速值，直到转速降到 2500r/min 左右为止。

（2）转速达到高怠速后，上部的提示将变为："请保持 2500r/min　剩余××秒"（图 12-2-17），倒计时总共 45s，前 15s 为预备阶段，后 30s 为实际取样阶段，驾驶员应按提示将转速保持在 2500±100r/min 的范围内。

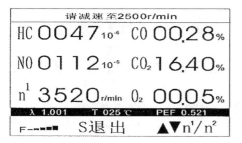

图 12-2-16　减速至高怠速

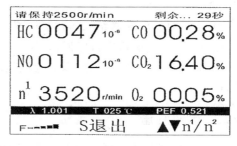

图 12-2-17　保持高怠速

如果在后 30s 期间，转速值超过 2500±100r/min 范围，显示屏上部"请保持"字样将会以闪烁警示。这时仪器将停止取样，直到转速回到 2500±100r/min 范围内仪器才继续取样。

3. 测量怠速下的排放

高怠速倒计时结束后，显示屏上部将出现提示："请减速至怠速"（图 12-2-18），这时，驾驶员应松开油门踏板，使车辆减速。当转速下降到 1500r/min 以下时，显示屏上部提示会改变为"请保持怠速　剩余××秒"（图 12-2-19），倒计时总共 45s，前 15s 为预备阶段，后 30s 为实际取样阶段。

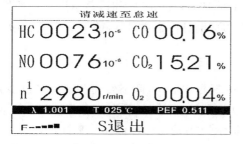

图 12-2-18　减速至怠速

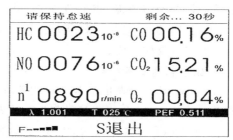

图 12-2-19　保持怠速

4. 显示双怠速测量结果

(1) 怠速倒计时结束后,用户应将取样探头从排气管内取出,卸下转速和油温测量装置。仪器将自动转换为"双怠速测量结果"显示界面(图12-2-20),屏幕上部为信息提示区,中部分成两大栏,分别列出高怠速和怠速的 HC、CO、CO_2、O_2、NO 和 λ 等各个测量数据,下部提示为"S 退出　K 储存　▼打印"。

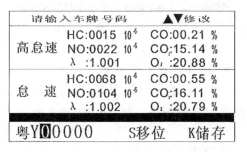

图 12-2-20　双怠速测量结果　　　图 12-2-21　车牌号码输入界面

(2) 如果要储存测量结果,可按下"K"功能按键,进入车牌号码输入界面(图12-2-21)。车牌输入完成后,按"K"功能按键执行储存操作。储存成功后返回,屏幕右上角显示"储存OK"字样,2s 后消失。

(3) 如果要打印测量结果,可按下"▼"功能按键,进入车牌号码输入界面。车牌输入完成后,按"K"功能按键执行打印操作。

(4) 结束双怠速测量。在"双怠速测量结果"显示界面,按"S"功能键,分析仪返回主菜单界面。

二、怠速测量

测量前,应做好安装转速和油温测量装置的准备工作,其方法同双怠速测量方法。在主菜单下,按"▲"或"▼"键翻至菜单"S 怠速"出现,然后按一下"S"功能键,仪器进入怠速测量界面。

1. HC 残留物检查及发动机预热

HC 残留物检查及发动机预热与双怠速测量方法相同。

2. 测量怠速下的排放

发动机预热结束后,分析仪将提示"请插入取样探头",此时,操作人员要将取样探头插入排气管中,插入深度为 400mm。然后,显示屏上部将出现提示:"请减速至怠速"。这时,驾驶员应松开油门踏板,使车辆减速。当转速下降到 1500r/min 以下时,显示屏上部的提示会改变为:"请保持怠速　剩余××秒"(图12-2-22),倒计时共 45s,前 15s 为预备阶段,后 30s 为实际取样阶段。

3. 显示怠速测量结果

(1) 怠速倒计时结束后,用户应将取样探头从排气管内取出,卸下转速和油温测量装置。仪器将自动转换为"怠速测量结果"显示界面(图12-2-23),屏幕上部为信息提示区,中部为 HC、CO、NO、CO_2、n、T 和 λ 等各个测量结果,下部提示为"S 退出　K 储存　▼打印"。

(2) 如果要储存测量结果,可按下"▼"功能按键,进入车牌号码输入界面。

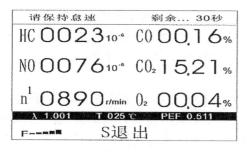

图 12-2-22　保持怠速　　　　　图 12-2-23　怠速测量结果

第三节　汽车尾气的调整方法

对车辆进行排放检测可以及时地从尾气各种排放成分和 λ 值了解车况,并进行分析判断,当发现排放出现超标时,可以及时按照汽车生产厂提供的保养手册的要求由易及难分步检修,消除故障,保持正常运转,同时也可以改善车辆的动力性和经济性。下面简单介绍导致汽车尾气排放污染物增加甚至超标的主要原因及其调整方法。

1. 空气滤清器的影响

空气滤清器将吸入发动机参加燃烧的空气进行过滤,被过滤的脏物、杂质会附着在滤芯的外表面,越积越多,积累到一定程度后,进气阻力大,进气流量小,空气供给量不足直接导致缺氧燃烧,更多地产生燃烧不完全物,CO、HC 增加,λ 值<1,同时会降低发动机的燃烧效率,影响汽车的动力性和经济性能,加速无力,耗油大。这种情况要对空气滤清器及时清理或更换。

2. 喷油器阻塞的影响

喷油器阻塞会直接影响空燃比,λ 值>1,阻塞严重时会直接影响空燃比调节的闭环控制系统,造成氧气过剩,加速三元催化器失效,同时燃烧稳定性差,动力不稳,应及时清洗喷油器。

3. 点火系统的影响

点火线漏电,火花塞积炭等点火系统故障将会降低点火能量,使混合气着火范围变小,导致 HC 排放量增加,应及时进行调修。

4. 点火提前角的影响

点火时刻是否合适直接影响着发动机的燃烧工作效率。点火时刻提前,有利于形成较高的燃烧压力和温度,提高动力性,但点火时刻过早,容易发生爆燃,NO 的生成量增多。点火时刻延迟,将会使燃烧最高压力和温度有所降低,燃烧周期也加长,有利于 HC 的完全燃烧,NO 生成量也减少,但点火时刻过于延迟也会损失一定的动力性和燃油经济性。所以在进行点火提前角调整时,应遵循汽车维修手册的要求进行调整。

5. 活塞环磨损的影响

进入活塞环和缸壁构成的小间隙的混合物,在燃烧时,火焰很难达到,因此直接影响到 HC 的排放量,应及时进行调修。

6. 催化净化器的影响

催化净化器装在尾气排气管上,增加了排气的背压,当催化净化器发生阻塞,排气背压增加,会使一部分废气留在缸内。在下一循环中稀释了混合气,燃烧恶化导致排放的 HC 增加。另外催化净化器失效会使 HC、CO、NO_x 这些排放污染物发生氧化还原反应的效率降低,或无法发生氧化还原反应,而直接导致排放污染物剧增,应及时进行调修。

7. 氧气传感器的影响

带有三元催化净化器的车辆通常由氧气传感器来构成空燃比反馈系统,如果氧气传感器失常,将无法控制实际空燃比在理论空燃比附近狭窄的窗口范围,因此 λ 值将发生变化,而 HC、CO、NO_x 这些排放的污染物也将异常地增加,应及时进行调修。

8. 油品的影响

燃油辛烷值的大小直接影响发动机的油耗,较低的辛烷值导致油耗增加,因此排放量也随之增大。燃油中含硫、铅和磷会加速三元催化器中毒,含锰、硅等会使发动机零件表面如火花塞、氧气传感器、缸壁、三元催化器表面等沉积固体燃烧产物,影响性能,加大磨损,导致排放污染物增加。

第十三单元　技师技术论文撰写与答辩

第一章　技师技术论文的撰写

第一节　技师技术论文的分类、特点和意义

技师技术论文就是运用相关专业知识，对自己在技术工作中遇到的技术问题，获得的技术经验或技术革新、技术改造的成果等，用说理和讨论的方式加以总结和提高，用书面的形式表达出来，上升到理论高度进行综合分析，以便进行技术交流及推广应用的文章。

一、技师技术论文的性质

技师技术论文所表述的内容必须在相关专业技术和业务范围内，它是对技术和业务工作、技术改造和技术革新成果的记录描述和总结。只有提供了新的科学技术信息，有着创新内容和作者独到的见解，并不是重复、模仿别人研究成果的文章，才能称之为技师技术论文。

二、技师技术论文的分类

技师技术论文，按论文类型可分为实操型、理论型、报告型、评述型四类，各种不同类别的技师技术论文其内容结构与撰写要求又有所不同。

（1）实操型。论文应表述作者对具体的技术对象，如何运用新原理、新材料、新设备、新工艺，将实际操作性工作引向更高层次的见解。它既是对前人或他人已有的实际操作规律和成果的总结和深化，又是进一步对技术对象的某些更高层次的性质和规律的认识。要求要有理论依据、实际操作方法及过程分析、综合性总结三个基本方面。

（2）理论型。在本专业基础理论、专门知识和技能的基础上，从更广泛的范围去论证已有理论的正确性；通过长期的实践和研究，对本工种范围内的某一理论、定理、定律提出修改、补充意见或质疑；进一步拓展本工种专业范围内的某一理论、定理、定律在实践中的具体运用范围；在实验、观察、调查研究的基础上通过分析、综合、抽象、归纳和推理等，提出新的见解和新的理论。要求善于发现和提出问题（前人所没有察觉到的、前人已有发现但没能恰当把握和准确提出的、丰富和发展前人提出的问题），表述要规范化。

（3）报告型。可以分为技术工作总结报告及课题研究报告两类。可陈述技术工作成果、学术观点和独创性见解，或是深入、集中地反映本工种中某一方面的科研成果或进展情

况,也可以是对某项科研成果的书面总结。要求叙述事实是核心(注意系统性和完整性,准确反映实际情况)。

(4)评述型。对本工种的基本原理、基础知识和国家的各种相关政策或专业技术研究成果以及科技发展动向进行综合性评述。按内容的深度和广度可分为综合性评述和专业性评述;按评述对象可以分为文献评述和讨论述评。要求学习专业基础知识和科学信息学知识,做好综合分析(分析方法:列举法、阶段法、层次法、典型法,可以单独应用或交叉应用),力求概括面广、论据充分、分析精深。

三、技师技术论文的特点和意义

1. 技师技术论文的特点

(1)专业性。所谓专业性,就是论述课题的选定和论点的确立,都与相关专业领域当前急需解决或有重要意义的问题密切联系。要求客观全面,要求作者不带有个人偏见,不得主观臆造,必须从专业实际出发。技术论文的生命就是它的专业性。

(2)理论性。理论与实践的统一是技师技术论文的灵魂所在。技师技术论文应以理论联系实际为本,通过摆事实、讲道理的方式,将生产实践中的感性认识提升到理性认识的高度,从而得出具有规律性的成果。要求在论文中对所征引的事实,不是简单的组合,而是富有逻辑关系的排列,是经过分析和综合后,再给予理论表述,形成正确结论,使论文具有一定的论证性和说服力。

(3)创新性。创新性是衡量技师技术论文价值的核心标准。技师技术论文不论是解答现存的某个问题,还是综合前人或他人的研究成果,都要在原有的基础上提出新的问题和自己的见解,力求有所发现,有所发明,有所创造,有所前进。只有这样才会对专业技术的发展和进步起到推动作用,才会在相关专业界引起反响。

(4)规范性。技师技术论文在体例形式上有着其固有的规定性和规范性。国际标准化组织制定了国际标准,我国也曾颁布了科技论文编写格式的国家标准,在撰写技师技术论文时要遵循 GB 7713—2014《科技报告编写规则》的规定。

(5)可读性。可读性是指技师技术论文文字通顺、概念准确、通俗易懂、逻辑性强,具有生动活泼的文风。而且论文的结构要篇目合理、顺理成章。论文结构的清晰、有条理是论文可读性的基本要求。论文结构不仅要做到层次分明、严而有序,还要注意科学是不能有半点虚假的,撰写技师专业论文时,一定要实事求是。我们写出的技术论文不仅要让同行、专家能看懂,还应让广大的本专业从业人员,甚至广大的社会人士能看得懂。

2. 撰写技师技术论文的意义

通过对技师技术论文的筹划和撰写,可使未来的技师们养成严谨的治学态度和工作作风,强化对于技术研究的总结和专业论文写作规范的训练,树立科学思维,发展创造性思维和创新意识,检验综合运用所学基础理论知识、专业知识和基本技能的能力。这些能力主要包括五个方面:

(1)综合本专业基本理论知识的能力。

(2)运用实际生产知识和综合技能的能力。

(3)理论联系实际地进行科学分析、解释、推导、论证的能力。

(4)制订调查研究、技术改造、实际操作、实验方案和设计计算、绘制图表的能力。

(5) 撰写符合标准规范要求的调查报告、实验报告、技术革新和技术改造报告以及设计说明书的能力。

第二节 技师技术论文的选题

一篇好的论文,首先是有好的选题。选题的目的就是发现问题,明确论文的主攻方向。

一、技师技术论文的选题原则

1. 什么是选题

选题,就是选择论文的论题,是在研究资料的基础上,经过选择,确定所要研究论证的中心问题。一般来说,选题主要包括两个方面内容:一是研究方向的确立,二是研究论题的选择。前者决定了研究者在较长时间内进行科学研究的主攻方向和目标,后者则是在研究方向确立后选定突破口,制订出较为具体的计划,以符合专业培养目标及基本业务要求。

2. 选题原则

选好题、选准题是写好论文的关键。技师论文的选题原则是:

(1) 扬长避短,选择本人熟悉或曾经参与实践的课题。应注意选择那些自己有着浓厚兴趣,或已经有一定的资料积累基础,有强烈的研究欲望,能使自己的才干得到恰当发挥的论题。当然,若能结合用人单位的实际需要和学校的教学要求进行选题,写作时就能够更全面地运用所学专业知识、技能。

(2) 选择本人的知识和能力都能胜任的相对单一课题。一般长期从事某一专业(工种)的学员,往往具有较强的实际操作技能,而技术分析能力和综合概括能力不足。因此,应该选择比较具体的技术问题,便于对问题的深入分析,找出解决方案。而一旦选择综合性课题,可能会由于论述面太广而达不到最终解决问题的目的。

(3) 选择有一定实用价值的课题,即看论题有无理论价值和应用价值。所谓理论价值,是指是否对已有的理论进行了修正、充实或提高,是否提出了新的观点、新的见解,是否建立了新的学说和理论。所谓应用价值,是指是否具有实际意义、指导意义,是否具有推广应用的价值。

(4) 选择具有一定创意和深度的课题。所谓"创意",是指确立的论题有探索性意义——论述的问题、观点过去从未有过;有发展意义——论证的问题过去虽有过,但未深入;有争鸣性意义——论证的问题观点与别人的研究不一致,或所持的观点与别人有不同看法。

二、技师技术论文的选题方法

掌握恰当的选题方法,可加快选题节奏和加强选题的准确性,也可为下一步论文写作的素材积累打下良好的基础。具体来说,选题的方法有以下几种:

1. 浏览捕捉法

这种方法就是通常所说的泛读,即对所占有的文献资料快速地、大略地阅读,阅读过程中注意广泛收集资料并着意寻找自己的研究方向,注意在资料的比较中来确定选题。

2. 追溯验证法

这就是通常所说的跟踪验证法,即指先有一种"拟想",然后再通过阅读资料加以验证,最终确定论题的方法。这种选题方法的特点是必须先有一定的想法,根据自己平时的积累,初步确定准备研究的方向、题目或选题范围。需要强调的是,这种主观的"拟想"不是凭空想象,而是以事实和需要为依据的。

3. 调查法

调查法是在占有一定的资料,进行一定研究的基础上,向所要开展研究的对象进行调查、咨询,通过分析综合从而确定课题。具体方式有调查、访问、问卷调查、集体访谈、专家征询等,然后从中加以比较、分析、论证,最后得出合适的课题。

第三节　技师技术论文的构成与写作规范

国家标准 GB 7713—2014《科技报告编写规则》指明了报告与论文由前置部分、主体部分和结尾部分三个部分构成,结尾部分只在必要时撰写。

一、技师技术论文的构成

技师技术论文属于论文类,在写作过程中,实际上只包含两大部分八个必要的组成部分:前置部分(题名、论文作者、摘要、关键词)、主体部分(引言、正文、结论、参考文献),见图 13-1-1。

图 13-1-1　技师技术论文的构成

按照原构成说明,在"结论"与"参考文献"之间应有"致谢"一项,但实际上只有在必要时才附上一句或几句致谢方面的言辞,无须强求加入。

二、技师技术论文的写作规范

1. 标题

标题又称题目或题名,它是论文的有机组成部分,也是论文的眼睛,是论文不可缺少的、最显眼的组成部分。标题是对论文思想内容最集中、最鲜明、最精炼、最高度的概括,对于突出论文的主旨,表达思想内容和主要的学术信息,有十分重要的作用。论文标题的基本要求是贴切、醒目、简洁、新颖。

2. 论文作者

一般来说,论文作者一项,即在标题下方署上作者及单位名字。技术论文的个人署名可用真名;多位作者的署名之间用逗号隔开;作者单位不同时,应在姓名右上角加注数字序号。作者工作单位应写全称。工作单位之间用分号隔开,并在其不同的工作单位名称之前加注与作者姓名序号相同的数字,一级单位与二级单位名称之间要有空格。例如:

浅谈点火开关故障和别克雨刷电机回位的问题

李成[1],刘中进[1],王路[2]

(1. 扬州××公司;2. 南京××维修厂)

3. 摘要(内容提要)

撰写较长的论文或正式发表的技术论文,一般要写论文的摘要。摘要应具有独立性和自含性,即不阅读报告、论文的全文,就能获得必要的信息。摘要中有数据、有结论,是一篇完整的短文,可以独立使用,可以引用,可以用于工艺推广。摘要的内容应包含与报告、论文同等量的主要信息,借此读者确定有无必要阅读全文,也供文摘等二次文献采用。

摘要不是整篇论文的段落大意,摘要应简明扼要地写明本论文研究的目的、方法和结果,便于读者迅速了解全文主题及主要内容。摘要内容一般根据论文篇幅长短控制在200~300字之间。例如,《浅谈汽车液压动力转向装置故障的诊断与排除》一文的摘要如下:

本文主要介绍一台采用动力转向的载货汽车,由于动力转向系统的车轮最大的偏转角度比原标准少了20°,使动力转向器内的橡胶密封元件早期损坏,导致车辆行驶转向沉重及转向后回复不良的现象,介绍其故障的诊断分析与排除过程。

4. 关键词

关键词也叫作说明词或索引术语、主题词,是编制各种索引工具的重要依据。它是最具实质意义的检索语言,可以从题名、文摘、论文的分级标题、结论中选取出来。从上述四个部位去选取关键词,可以做到全面、准确。关键词由最能体现文章内容特征、意义和价值的名词、动词或词组组成,如物品名称、产品型号等专业术语。关键词一般每篇3~6个为宜,个数太少不利于检索,过多又容易造成所表达的含义偏离主题,使主题含义混乱不清。关键词写在"摘要"的下面(也有的刊物放在上面),词与词之间用分号或空格隔开。例如,《论汽油机产生爆震的原因、危害与预防》一文的关键词是:汽油机爆震;不正常燃烧;环境污染。

5. 引言

引言即引论,一般写在正文之前,向读者揭示论文的主题、目的和总纲,是作者自己给文章的价值、学术研究或技术水平的定位。引言的主要内容一般包括四个方面:第一,前人研究的结果与分析;第二,本研究的目的和意义;第三,采用的研究方法和途径;第四,最重要的研究成果。以上四部分内容都可以写,也可择其主要的来写。

技术论文的引言,首先应介绍技术的应用价值;然后介绍技术发展状况、应用范围;最后引出存在的问题,并给出本文解决该问题的技术要点。

例如,《浅谈电喷发动机爆震传感器故障的诊断与排除》一文的引言如下:

本文主要介绍一台皇冠3.0轿车,由于爆震传感器有微裂纹并进了水,使两信号引线间产生了电阻,这一电阻令电脑ECU误认为爆震信号,进而推迟了点火提前角,降低了混合比,从而导致汽车启动困难且高速无力。在自诊断系统解读无故障码的情况下,根据系统工作原理,通过对故障现象的分析和检查,采用经验诊断和万用表检测的手段找出故障原因并加以排除。

6. 正文

正文,又称本论,是论文的核心部分,是集中体现作者研究成果的部分,是作者研究成果及经验的具体描述,担负着阐明作者观点和主张的任务,体现着论文的研究水平和学术价值。作者在该部分将提出的问题加以详细分析,展开有效论证,并提出可能解决问题的方案。正文在文章中篇幅最长,约占全文的80%~90%。

(1) 正文部分写作时须做到论点正确鲜明、论据真实可靠、论证科学恰当。

(2) 正文部分的写作顺序是提出问题、解决问题、结果与分析。提出问题,说明为什么要撰写本文;解决问题,主要是对所提出的问题进行科学的分析并提出解决办法;结果与分析,主要是论述项目实施的效果,是论文必不可少的重要内容之一,是体现论文价值的关键内容。作者提出问题、分析问题和解决问题要符合客观事物的发展规律,符合人们对客观事物认识的规律。从局部来说,对于某一问题的分析、某一现象的解释,要体现出较为完整的概念、判断、推理的过程。整篇文章要做到观点和材料有机结合,逻辑严谨,格调统一,紧紧围绕中心论点,进行严密充分的论证。只有这样,才能撰写出一篇好论文。

7. 结论

结论是作者根据正文研究成果经过概括、判断、推理过程而形成的总观点,是整个研究过程的结晶,是全篇论文的精髓归宿,也是作者独到见解之所在,是正文中提出问题、分析和解决问题之后的答案。

结论写作的一般要求是:总结全文,突出主题;照应开头,首尾呼应;言简意赅,恰当有力。一定要避免三种现象:第一,"草率收兵";第二,"画蛇添足";第三,"空泛笼统"。

技术性论文的结论还应注意留有余地,因为我们的研究处于一种探索阶段,往往还不是终点。所以,结论的措辞要注意分寸,逻辑严密,表达中肯、确切,要注意与文章开头相呼应。

8. 参考文献

参考文献是作者在撰写论文或编辑论著时引用的前人或他人的观点、数据、图书报刊资料和电子文献。由于论证的需要,常常需要参考一些文献、专著、资料或引用他人著作(论文)中的观点、材料、数据和研究成果等。这是正常的,但应在自己论文中标注出来,以示作者对别人研究成果的尊重,也防抄袭之嫌,同时也有利于提高论文的可信度,反映研究的水平,并给别人一些启发。

参考文献的著录项目:主要责任者、题名、出版地、出版者、出版日期(年)、卷(期)、起止页码。

第四节 技师技术论文的撰写步骤及格式要求

一、技师技术论文的撰写步骤

技师技术论文的撰写一般包括选题、拟订提纲、撰写论文的正文、完成其他内容的写作、修改成文等步骤。

1. 选题

选题即确立论文的主题。论文的主题是作者在说明问题、发表主张或反映生活现象时,通过对材料的深入分析、研究后孕育、形成见解或结论,进而提出的主要观点。这种观点是论文的纲领和灵魂。

论题的选择是一篇论文成败的关键,是撰写前的准备工作。确定论题前,作者总是先大量地接触、收集、整理和研究资料,从对资料的分析、选择中确定自己的研究方向直到定下题目。

2. 拟订提纲

技术论文的选题确定以后,就要着手拟订论文提纲,即拟定论文的结构,它是未来论文的结构形式,也是论文表述的依据。论文的提纲是撰写论文的基本思路,是论文的逻辑骨架。技术论文不同于一般的短篇思想评论,需要作者根据自己的研究所得,提炼出论文标题及中心论点,然后大致勾勒出围绕中心论点而进行论证的不同层次的纲目,以及各个层次对材料的运用和编排,这项工作就是拟定写作提纲。

以《电喷汽车的顽固疾病积炭的预防措施》为例,介绍详细提纲的写法:

一、引言

1. 提出中心论题;

2. 说明写作意图。

二、正文

(一)气门、燃烧室积炭产生原因分析

(二)进气管积炭产生原因分析

(三)气门积炭诊断

1. 解体法

2. 内窥镜检查

3. 观察反馈电压变化

(四)减少和预防积炭产生的方法

1. 加注高质量的汽油

2. 不要长时间怠速行驶

3. 多跑高速,尽量提高手动挡车的换挡转速

4. 注意汽车熄火时机

三、结论

每一位驾驶员应重视积炭对发动机性能所产生的影响,用日常维护手段采取有效措施预防积炭的产生。

要注意的一点是,提纲写好后,并不是一成不变的,在写作过程中,还可以根据中心论点或主要议题进行必要的调整。

3. 撰写论文的正文

论文正文的撰写过程是学员进行专业技能训练与论文写作的核心环节,是锻炼自己如何从大量的感性材料中发现问题,进而深化为理性思考的过程。它要求学员在技能训练与日常实践经验积累过程中从对某一观点、某一现象产生浓厚的兴趣,进而能够独立地思考或探讨。这一过程也是对自己的观察领悟能力、分析思维能力、综合概括能力、文字表述能力等方面的实际检验。整个过程包括:根据提纲写出初稿—反复阅读推敲修改—虚心求教—反复补充完善等。

4. 完成其他内容的写作

按照论文提纲完成其他内容的写作,包括前置部分(题名、论文作者、摘要、关键词),其他主体部分(引言、结论、参考文献),注意补充完善,直至自己满意为止。

5. 修改成文

论文的修改是论文写作的最后阶段,也是论文写作中一个非常重要的环节,修改功夫的锤炼是写作能力的一个重要组成要素。一篇好的技术论文往往不是"写"出来的,而是对论文初稿经过反复推敲修改出来的。反复修改的过程,其实是研究的深入,是提高论文质量的有效措施,也是作者严谨的科学态度和对读者、对社会高度负责精神的体现。

一般来说,论文的修改应从全局着眼、大处入手,先审视观点及所用的材料,厘清论证的

逻辑思路,然后再注意局部的调整、语言的锤炼和技术细节等方面的处理。

二、技师技术论文的写作格式要求

技师技术论文虽然其内容千差万别,其构成形式也是多种多样,但均由文字、数字、表格、图形等形式来表达。因此,撰写技术论文必须注意内容与形式的统一。技术论文的写作必须遵守一定的行文格式与规范。

(一)技术论文行文格式

1. 标题

论文的标题要居中,两边空格要均匀。例如:

浅谈汽车 ABS 系统故障的诊断与排除

论文每部分的分标题或小标题一般可以居中排列,也可以前空两字占行,句子后面不加标点符号。打印稿的标题字号可以写得大些、重些。分标题或小标题的题号后应加上顿号或实心圆点,占一格。例如:

一、●●●●●●●(居中占行或前空两字占行)

(一)●●●●●●(前空两字占行)

1.●●●●●●(前空两字占行)

(1)●●●●。(前空两字接排正文)

①●●●●。(前空两字接排正文)

二、●●●●●(居中占行或前空两字占行)

(一)●●●●●●(前空两字占行)

1.●●●●●●(前空两字占行)

(1)●●●●。(前空两字接排正文)

①●●●●。(前空两字接排正文)

当然,以上规定不是绝对的,可根据各出版社或各刊物要求编排。

2. 署名与作者信息

论文的署名可放在标题下面,居中单占一行。如果署名与标题之间空一行,下面的摘要或正文前也要空一行。署名是两个字的,中间要空一格。如果研究成果为两人或多人共同合作完成的,应该按论文撰写中的贡献大小排定署名顺序。工作量相等的,可按姓氏笔画或通过协商安排署名先后。此外,目前有些刊物要求将作者单位、地区、邮政编码等用括号形式写在署名下方,同样居中;也有的刊物将作者介绍放在文章末尾或不做介绍。按照《中国高等学校社会科学学报编排规范》规定的作者署名和有关信息的写作格式举例如下:

别克车防盗指示灯常亮故障分析
谈文静
南京×××汽车技术服务有限公司,江苏　南京　210005

3. 摘要和关键词

"摘要"也称"内容提要","关键词"也称"主题词"。在文章中可用黑体字表示。常见的格式有:

【摘要】××××××××。

【关键词】×××　×××　×××

4. 引文、注释、图表

(1) 引文：按引用的方式，一般分为原文引、原意引、综合引三种。

原文引：引用原文的文字必须前后加上引号，而且绝对忠实于原文，原文中的每一个字，包括标点符号，都不得更改。原意引：前后可不加引号，或者只用冒号。但要注意完整理解作者的原意。综合引：这种引文方法是以上两种引法的综合引用，把意引和直引穿插在一起进行，意引部分不加引号，直引部分加上引号。

(2) 注释：也称注解。为了读者对引文的查找和核实方便，或者对文稿中某些难点加以说明，常常需要采用注释。注释、参考文献一般附在论文后面。

(3) 图表：包括插图和插表。

① 插图：技术论文中的插图主要有线图、点图、面图、实体图、照片等。插图不宜太大，最大图稿一般不要超过 370mm×380mm，最小的图不应小于 50mm×60mm。

② 插表：又称表格、表解。表格格式的具体要求为：表头的设计要求简明扼要，尽量不用或少用斜线，表中文字每段最后一句不要加句号，计量单位尽量集中体现于表头项目内。如果表格需要转页，转页部分不必写表号和表名，但要重复书写表头，并在表头右上方写明"续表"。表格中相邻参数的数值或文字内容相同时应完整写出，不得使用"同上""同左"或其他省略符号或文字。

（二）论文封面的格式要求

技术论文的封面（图 13-1-2）应包含论文的主要信息，一般由下列内容组成：

(1) 职业（工种）：按照《中华人民共和国职业分类大典》的标准名称。

(2) 题目：技师专业论文题目，必要时可加副题目。

(3) 申请者的姓名和身份证号码：身份证按照标准 18 位填写。

(4) 申请鉴定考评等级：技师或高级技师。

(5) 准考证号。

(6) 单位全称。

(7) 鉴定单位。

(8) 论文完成的日期。

```
┌─────────────────────────────────┐
│      技师专业技术论文            │
│                                 │
│      工    种：汽车驾驶员        │
│      题    目：××××××××××       │
│      姓    名：×××               │
│      身份证号：××××××××××       │
│      等    级：×××               │
│      准考证号：××××××            │
│      单位全称：×××××××××         │
│      鉴定单位：××市×××鉴定所(站) │
│      日    期：××××年××月××日    │
└─────────────────────────────────┘
```

图 13-1-2　论文封面格式示例

第二章 专业技术文献资料的查询

第一节 科技文献资料检索

一、科技文献资料检索途径

文献资料检索,是指将文献信息按一定的方式组织和储存起来,并能根据用户的需要取出所需特定信息的整个过程。它的全名为信息存储与检索。通常所说的信息查询或检索只是名称的后一半,或是"狭义"的信息检索,也就是指以科学的方法,利用专门的工作系统,从大量积累的文献资料中选取所需要的特定的专门文献的过程。

文献的出版形式常见的有图书、报纸、期刊、特种文献(如科技报告、会议文献、学位论文、专利文献、技术标准、产品资料、档案文献)等。

按照检索标示来分,文献检索分为:数据检索——以文献中的数据为对象,如公式、化学分子式等;事实检索——以文献中的事实为对象,检索某一事物发生的时间、地点或过程;文献检索——以文献为对象,查找某个课题的有关文献的一种检索。当检索标识与文献的存储标识匹配时,就得到了"命中文献"。按检索手段划分,可分为手工检索方式和机器检索方式。

1. 文献检索语言

文献检索语言是一种人工语言,用于各种检索工具的编制和使用,并为检索系统提供一种统一的、作为基准的、用于信息交流的一种符号化或语词化的专用语言。因其使用的场合不同,检索语言也有不同的叫法,主要有:分类语言、主题语言、关键词语言、自然语言。

2. 文献检索途径

文献检索的途径主要有:著者途径、篇名途径、分类途径、主题途径、引文途径、序号途径、代码途径、专门项目途径(按照文献信息所包含的有关的名词术语、地名、人名、机构名、商品名、生物属名、年代等的特定顺序进行检索,可以解决某些特别的问题)。

3. 文献检索方法

检索文献需要采用什么方法,根据课题性质和研究目的而定,也要根据可否获得检索工具而定,归纳起来,文献检索方法一般有以下几种:

(1)浏览法。浏览法是科技人员平时获取信息的重要方法。具体地说就是科技人员对本专业或本学科的核心期刊每到一期便浏览阅读的方法。

(2)直接法。又称常用法,是指直接利用检索系统(工具)检索文献信息的方法,即以主题、分类、著作等途径,通过检索工具获取所需文献的一种方法。这种方法又可分为顺查法、倒查法、抽查法和引文法四种。

(3)追溯法。又称回溯法。这是一种传统的查找文献的方法,就是当查到一篇参考价值较大的新文献后,利用文献后面所列的参考文献,逐一追查原文(被引用文献),然后再从这些原文后所列的参考文献目录逐一扩大文献信息范围,一环扣一环地追查下去的方法。

它可以像滚雪球一样，依据文献间的引用关系，获得更好的检索结果。

（4）循环法。又称分段法或综合法，是分期交替使用直接法和追溯法，以期取长补短，相互配合，获得更好的检索结果的方法。

各种检索方法在使用上各具特色，可根据检索的需要和所具备的条件灵活选用，以便达到较好的检索效果。

4. 文献检索步骤

文献检索是一项实践性很强的活动，它要求我们善于思考，并通过经常性的实践，逐步掌握文献检索的规律，从而迅速、准确地获得所需文献。一般来说，文献检索可分为以下步骤：

（1）课题分析。

课题分析是文献检索过程中最重要的环节。课题的内容是什么？主要解决什么问题？一定要认真地分析课题，才能将它们揭示出来。能否正确地分析课题，将直接影响到检索的质量与效果。课题分析要从以下几个方面进行：

① 分析主题内容。根据课题的内容，深入分析主题内容的目的，是要明确课题检索的要求，找出课题需要解决的关键问题，从而形成反映课题中心问题的主题概念，即拟出关键词。

② 分析问题类型。分析问题类型的目的在于确定检索工具，仅有检索的学科和主题范围还不够，还要进一步确定文献类型的范围。分析文献类型，一般从课题的性质来考虑。自然科学领域的研究通常分为基础研究、应用研究和开发研究三种。基础研究寻求对自然界的认识，所要文献类型侧重科学专著、学术期刊、学术会议论文及原始性的科学考察、实验和述评等；后两者研究属于解决应用工程技术问题，所要文献侧重于科技图书、技术性期刊、报告、论文、专利、手册、标准、样品和产品目录等。

③ 分析查找年代。分析查找年代的目的在于确定检索的时间范围。分析查找年代，就是分析学科发展的历史背景。如学科发展有初期、高峰期和稳定期，高峰期的文献较多，而早期原始文献中的精华都已综合在后来的图书、专著和述评等文献中了，只要直接查阅图书和近几年的文献检索工具就行了，这样可以节省时间和精力。

（2）选择文献检索工具。

文献检索工具包括：① 目录、索引、文摘；② 百科全书；③ 年鉴；④ 手册名录；⑤ 词典（字典）；⑥ 表谱、图录；⑦ 类书、政书。

（3）确定检索途径。

确定检索途径，应根据已知条件，选取最易查获所需文献的途径。例如，若已知文献的著者、号码、分子式和地名等，可利用相应索引查获所需文献，同时，还可通过上述途径间接核准确切的分类号或主题词。要根据检索工具的具体情况选择检索途径。检索工具一般都有多种检索途径，若课题的检索泛指性较高，即所需文献范围较广，则选用分类途径较好；反之，课题检索的专指性较强，即所需文献比较专深，则选主题途径为宜。

（4）选择检索方法。

选择检索方法的目的在于寻求一种花时少、检索效果好的有效方法。检索方法多种多样，究竟采用哪种方法最合适，主要应根据检索条件、检索要求和学科特点而定。

① 根据检索工具的条件选择。在没有检索工具可利用的情况下，可采用追溯法。在检

索工具比较齐全的情况下,可采用直接法和循环法,因为这两种方法的查全性、查准性都较高。

② 根据检索课题的要求选择。通常要求检索快、准确,但三者又难以兼得。若以全、准为主,则应采用顺查法。顺查法适应科研主题复杂、研究范围较大、研究时间较长的科学研究。新兴的课题研究以快、准为主,宜用倒查法。

③ 根据学科发展特点选择。选择检索方法还须考虑课题的学科发展特点:检索课题属于年轻新兴学科,起始年代不太长,一般采用顺查法(也可采用倒查法)。课题检索属于较老课题,起始年代较早或无从考查,则可采用倒查法。有的学科在一定的年代里处于兴旺发展时期,文献发表得特别多,则在该时期内采用抽查法检索效果较好。进行科学计量学的研究,如引文分析,可选用引文法。

二、网上信息搜索

Internet 是一个丰富的信息资源库,若想获取有用的信息,就需要一种优异的搜索服务将同上繁杂的内容整理成为可随心使用的信息。Internet 提供了强有力的搜索工具,即搜索引擎。在互联网上有大量的搜索引擎,国内读者常用的有百度、360 搜索、搜狗搜索、必应等。这些搜索引擎不仅支持中文,还具有较高的搜索效率——搜索速度快、分类清晰、查询方便。

第二节　论文数据库与电子图书的选用

一、数据库资源的选择与利用

数据库是指网络上可以共享的某些具有共用存取方式和一定组织方式的相关数据的集合,是供院校师生和广大科技工作者在教学、科研及学习中进行信息检索和选用的重要论文信息源。

1. 本地院校数据库资源的选择与利用

目前,院校图书馆虽不同程度地引进和自建了多种数据库,其中利用率最高、影响范围最广的中文期刊全文数据库有三个,即中国知网、维普网和万方数据知识服务平台。中国知网和维普网在收录期刊种类、全文文献的数量上较全,数据的完整率很高;中国知网收录的学科综合性较强,维普网和万方数据知识服务平台则对社会科学方面的期刊收录较少。

2. 网上免费数据库资源的选择与利用

互联网上的免费数据库数量巨大、内容丰富,是一笔不容忽视的宝贵财富。有些院校图书馆由于经费短缺等原因,自建和购买的网络数据库较少,很难满足本校读者大量的科研需求。在这种情况下,科研工作者应学会从网上或其他图书馆及信息机构获取免费的数据资源。

(1) 从外地院校图书馆获取免费数据库。

尽管高校图书馆购买的商业数据库一般只对本校读者使用,但重点高校图书馆数据库丰富,通过它们的数据库导航往往可以找到免费数据库的网址,使用其免费部分。一些高校图书馆还对免费网络数据库进行整合,建立了免费数据库导航。

（2）常用网上免费数据库。

对于报刊、会议论文、学位论文及专利等不同的文献类型，网上有许多可供免费使用的数据库，图书馆信息服务人员应引导读者充分地利用。网上免费数据库包括：斯坦福学术文献电子期刊(http：//highwire.stanford.edu)、百度学术(http：//xueshu.baidu.com)、上海图书馆上海科学技术情报研究所(http：//www.library.sh.cn)、国家科技图书文献中心(www.nstl.gov.cn)、CALIS联机目录公共检索系统(opac.calis.edu.cn)、中国专利信息网(http：//www.patent.com.cn)、欧洲专利局网站(http：//www.epo.org)等。

二、数字图书馆的选用

现在因特网上有许多数字图书馆，院校校园网上常配置有超星数字图书馆、书生之家数字图书馆、方正数字图书馆和中国数字图书馆等图书馆，如图13-2-2所示。

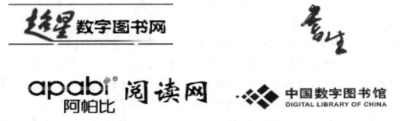

图13-2-2　数字图书馆

1. 超星数字图书馆

由清华大学图书馆与超星公司合作，从2000年初建构了超星电子图书系统。它包含文学、历史、法律、军事、经济、科学、医药、工程、建筑、交通、计算机和环保等几十个分馆，是国家"863"计划中国数字图书馆示范工程项目。

2. 书生之家数字图书馆

"书生之家"是由北京书生科技有限公司开发的综合性数字图书馆，于2000年5月正式开通。它收录的图书信息完整、书内四级目录导航，且采用先进的搜索引擎，实现了海量数据的准确锁定。

3. 方正数字图书馆

由北京大学方正电子有限公司开发，利用独有的激光排版技术，同出版社合作，得到著作人和出版社的直接授权，制作电子版图书。网站于2000年正式开通。

4. 中国数字图书馆（高教版）

2001年6月30日由国家图书馆组建的"中国数字图书馆有限责任公司"正式挂牌运营，并开通了中国数字图书馆网站。

这四大图书馆中，超星数字图书馆采用扫描图像方式对信息进行数字化，是国内最大的在线图书馆。

第三节 作者著作权的保护

著作权是知识产权的一种,是一种特殊而且重要的民事权利。在我国的市场经济体制下,建立著作权法律保护制度,维护了公民正当的民事权益,保护了创作者的正当权益,调动了广大作者的创作积极性,有利于优秀作品的广泛传播,有利于促进我国的对外文化交流。

一、著作权的概念与种类

1. 著作权的概念

著作权,也称版权,是基于文学、艺术和科学作品而产生的法律赋予公民、法人和其他组织等民事主体的一种特殊的民事权利;是指作者基于对特定的作品依法享有的专有权利;是作者及其他著作权人对文学、艺术、科学作品等作品所享有的人身权以及全面支配该作品并享受其利益的财产权的总称。

我国著作权法保护的对象包括:文字作品、口述作品,音乐、戏剧、曲艺、舞蹈、杂技艺术作品,美术、建筑作品,摄影作品、电影作品和以类似摄制电影的方法创作的作品,工程设计图、产品设计图、地图、示意图等图形作品和模型作品,计算机软件(包括程序和文挡),以及其他法定形式创作的文学、艺术和自然科学、社会科学、工程技术作品。

中国公民、法人或者其他组织的作品,以及外国人的作品,均可以依照我国著作权法受我国法律保护。同时,我国实行著作权自愿登记制度,著作权人可以依法就计算机软件、各类作品、著作权合同向中国版权保护中心申请著作权登记,取得国家版权局颁发的"著作权登记证书",作为享有著作权的有效凭证。

2. 著作权的种类

《中华人民共和国著作权法》(以下简称著作权法)规定,著作权包括下列人身权和财产权:发表权、署名权、修改权、保护作品完整权、复制权、发行权、出租权、展览权、表演权、放映权、广播权、信息网络传播权、摄制权、改编权、翻译权、汇编权以及应当由著作权人享有的其他权利。

二、保护著作权的意义

我国民事立法的基本原则,维护了公民正当的民事权益,完善了我国知识产权的法律制度。著作权法的实施,标志着文学艺术领域无法可依的局面的结束,标志着我国知识产权法律保护制度发展到了一个新的阶段。

建立著作权法律保护制度,保护了创作者的正当权益,调动了广大作者的创作积极性,为繁荣社会主义科学文化事业创造了良好的条件。著作权法从法律上确立了作者对其创作的作品享有人身权和财产权,这就为作者进行再创作提供了物质的和精神的条件。著作权法禁止以剽窃、篡改、假冒等不法行为侵害作品,这为保护作者的正当权益,尊重创作者的创作成果,提供了法律上的保障。当作者的创造性劳动受到了法律保护,作者的创作积极性就会被调动起来,更多更好的作品就会不断推出,新的作者也会成批地涌现出来,有利于社会主义科学文化事业的发展。

实施著作权法,对于造就尊重知识、尊重人才的社会风气,促进优秀作品的大量产生和传播,促进我国对外文化交流的开展,丰富广大人民群众的精神生活,提高中华民族的科学文化素质具有极其重要、深远的意义。

三、侵犯著作权的主要表现

（1）未经著作权人许可,发表其作品的。
（2）未经合作作者许可,将与他人合作创作的作品当作自己单独创作的作品发表的。
（3）没有参加创作,为谋取个人名利,在他人作品上署名的。
（4）歪曲、篡改他人作品的。
（5）剽窃他人作品的。
（6）未经著作权人许可,以展览、摄制电影和以类似摄制电影的方法使用作品,或者以改编、翻译、注释等方式使用作品的,本法另有规定的除外。
（7）使用他人作品,应当支付报酬而未支付的。
（8）未经电影作品和以类似摄制电影的方法创作的作品、计算机软件、录音录像制品的著作权人或者与著作权有关的权利人许可,出租其作品或者录音录像制品的,本法另有规定的除外。
（9）未经出版者许可,使用其出版的图书、期刊的版式设计的。
（10）未经表演者许可,从现场直播或者公开传送其现场表演,或者录制其表演的。
（11）其他侵犯著作权以及与著作权有关的权益的行为。

四、著作权侵权的构成要件

（1）所侵害的标的应当在著作权法保护的范围内。著作权法所保护的标的,随着科技的发展,几乎涉及一切智力劳动的创作成果。为了包容各类创作,以及适应未来可能发展出的新的传播方式,各国著作权法一般采取概括性的规定与列举式的规定相结合,以灵活运用。
（2）须为著作权法所明文保护的排他性权利。随着著作权保护客体的扩大,著作权的权利的种类也相应增加。
（3）被害人须有著作权。原告提起著作权侵权之诉,首先应当证明其享有著作权。在我国,不采取著作权取得须先经行政机关审查登记的制度,而采取"创作"主义,作品一经创作完成,作者就取得著作权。但在诉讼中,原告仍须证明其著作权的存在。
（4）受害人须证明对方有侵权行为,亦即侵害著作权人受法律保护的几种特别权利。
（5）被告不得以"合理使用"原则为抗辩。著作权法既然以公益的保护为重,在某种程度内,即使是未经许可而使用作品,被告尚可以"合理使用"为理由进行免责抗辩。各国法律也都明确规定哪些行为为合理使用。

五、侵犯著作权赔偿的归责原则

1. 著作权侵权的归责原则

著作权侵权损害赔偿制度是一种具体的著作权民事法律制度,正确处理著作权损害赔偿案件,首先和最为关键的问题之一就是要掌握著作权侵权损害赔偿的归责原则。归责,是指以何种根据使侵权人承担民事责任,即是应以侵权人的过错还是以损害结果或是以公平考虑作为标准,使侵权人承担民事责任。根据民法通则和著作权法的规定,过错责任原则作为著作权侵权案件的归责原则,并且也应是最基本、最主要的归责原则,过错推定原则作为过错责任原则的特殊表现。

2. 过错原则的适用

过错责任原则是侵权民事责任的最基本的归责原则。过错责任原则,又称过失责任原则,是以行为人过错作为归责的根据和最终要件。对于一般的著作权侵权案件,应当由主观上有过错的一方承担赔偿责任,主观上的过错是损害赔偿责任构成的基本要件之一,缺少这一要件,即使侵权人造成了损害事实,并且其行为与损害结果之间有因果关系,也不承担民事赔偿责任。

3. 过错推定原则

过错推定原则是过错责任原则的一种特殊表现形式,它是指为了保护相对人或受害人的合法权益,法律规定行为人只有在证明自己没有过错的情况下,行为人才可以不承担责任。

适用过错推定原则的意义在于使受害人处于较为有利的地位,切实地保护著作权人的合法权益,加重侵权人的责任,有效地制裁侵权盗版行为。适用过错推定原则,从损害事实中推定侵权行为人有过错,那么就使受害人免除了举证责任而处于有利的地位,而侵权行为人则因担负举证责任而加重了责任,因而更有利于保护著作权人的合法权益。

第三章　技师技术论文的答辩与发表

第一节　技师技术论文的答辩

论文答辩是对技师的论文质量、水平进行鉴定考核的一种方式。一般的考核原则是"写什么问什么"。因此,学员应该按照"做什么写什么"的原则来确定论文题目和内容。

一、答辩前的准备

1. 编写论文简介

论文答辩时,一般要求学员用 5~10min 的时间口述论文重点内容。因此,应该对论文内容进行浓缩,主要叙述正文的主要内容,即按"提出问题、分析问题、解决问题"三个方面,精练地口头叙述。如果论文的引言写得好,则可以在引言的基础上加以扩充完善。

2. 做好物质准备

如有必要,可事先准备好挂图、表格、相片、多媒体课件、幻灯片等,也可以事先写好论文的标题、主要目录等,制作成小卡片,这样利于参照口述,有依据可循,避免慌乱;同时可以使考评员对论文有一个全面的了解,争取让考评员给你打上"准备充分"的印象分。

3. 做好知识准备

知识准备是学员在心理上树立自信心,降低焦虑水平和临场正常发挥的前提条件。

(1)要尽可能多地了解和掌握与自己论文相关联的知识和材料,对论文中引用的文献资料进行温习,将所引用的知识真正变成自己理解掌握的知识。

(2) 反复熟悉自己所写论文的内容,重要内容大概在论文的哪几页要做到心中有数,以利于答辩过程中需要翻阅时尽快找到所需要的内容。客观地审视全文中的谬误、片面或模糊不清之处,并针对这些薄弱环节做出应答问题的准备。

(3) 要进一步地理解技师专业论文的论点、论据和论证内容,做到真正理解、运用自如。特别对其中的创新观点和创新见解要尽可能准备比论文更为充分的论据和论证。

(4) 做好上述准备之后,将其写成提纲,变成自己头脑中的东西。

4. 做好心理准备

答辩前,任何学员都难免会产生焦虑情绪,担心通不过答辩这一关。做好上述准备是形成良好心理因素的前提。另外,应了解答辩的场景布置及答辩要求。一般考评员是围绕论文内容提问的,首先是了解学员的参与程度,然后针对论文中存在的疑问进行询问。如果是学员亲身的经历和实践,通过答辩是不难的。

5. 有必要时做好预讲训练

要做到在介绍论文时流畅、准确且不超过时限,建议先自己预讲或请同事、朋友观摩演练,这样便于自己计算、把握时间,也可以锻炼自己的表达能力,且能在预讲中发现不足,征求意见,及时纠正,争取以最佳状态上场。

二、答辩的注意事项

(1) 熟悉内容。作为将要参加论文答辩的学员,首先而且必须对自己所著的论文内容有比较深刻的理解和比较全面的熟悉。这是为回答考评员就有关论文的深度及相关知识面而可能提出的论文答辩问题所做的准备。

(2) 图表穿插。任何论文,无论是文科还是理科,都或多或少地涉及用图表表达论文观点的可能。图表不仅是一种直观的表达观点的方法,更是一种调节论文答辩会气氛的手段,特别是对考评员来讲,长时间地听述,听觉难免会有排斥性,不再对你论述的内容接纳吸收,这样,必然对你的论文答辩成绩有所影响。所以,应该在论文答辩过程中适当穿插图表或类似图表的其他媒介以提高你的论文答辩成绩。

(3) 语速适中。进行论文答辩的学员一般都属首次。无数事实证明,他们论文答辩时,说话速度往往越来越快,以致考评员听不清楚,影响了论文答辩成绩。因此论文答辩学员一定要注意在论文答辩过程中的语速,要有急有缓,有轻有重,不能像连珠炮似地轰向听众。

(4) 目光移动。学员在论文答辩时,一般可脱稿,可半脱稿,也可完全不脱稿。但不管哪种方式,都应注意自己的目光,使目光时常地瞟向考评员及会场上的学员们。这是你用目光与听众进行心灵的交流,使听众对你的论题产生兴趣的一种手段。在论文答辩会上,由于听的时间过长,委员们难免会有分神现象,这时,你用目光的投射会很礼貌地将他们的神"拉"回来,使委员们的思路跟着你的思路走。

(5) 体态语辅助。虽然论文答辩同其他论文答辩一样以口语为主,但适当的体态语运用会辅助你的论文答辩,使你的论文答辩效果更好。特别是手势语言的恰当运用会显得自信、有力、不容辩驳。相反,如果你在论文答辩过程中始终直挺挺地站着,或者始终如一地低头俯视,即使你的论文结构再合理、主题再新颖、结论再正确,论文答辩效果也会大受影响。所以在论文答辩时,一定要注意使用体态语。

（6）时间控制。一般在比较正规的论文答辩会上，都对辩手有答辩时间要求，因此，论文答辩学员在进行论文答辩时应重视论文答辩时间的掌握。对论文答辩时间的控制要有力度，到该截止的时间应立即结束，这样，显得有准备，对内容的掌握和控制也轻车熟路，容易给考评员一个良好的印象。因此在论文答辩前应该对将要答辩的内容有时间上的估计。当然在论文答辩过程中灵活地减少或增加也是对论文答辩时间控制的一种表现，应该重视。

（7）紧扣主题。在进行论文答辩时，往往辩手较多，因此，对于考评员来说，他们不可能对每一位的论文内容有全面的了解，有的甚至连论文题目也不一定熟悉。因此，在整个论文答辩过程中，能否围绕主题进行，能否最后扣题就显得非常重要了。另外，委员们一般也容易就论文题目所涉及的问题进行提问，如果能自始至终地以论文题目为中心展开论述，就会使评委思维明朗，对你的论文给予肯定。

（8）人称使用。在论文答辩过程中必然涉及人称使用问题，建议尽量多地使用第一人称，如"我""我们"，即使论文中的材料是引用他人的，也可以用"我们引用了"某某数据或材料。这样会使人有这样的印象：东西是你的，工作做了不少。

（9）对考评员的提问要正确对待，虚心求教。千万不能因为考评员的提问难以回答就错误地认为是有意的刁难，产生逆反心理，影响情绪。正确的态度是虚心求教，耐心了解清楚考评员的要求，然后作答，经思考后不能回答的，应虚心请教考评员，不要错过一次学习提高的机会。

（10）遇到不能作答的问题，除虚心求教外，不能错误地认为通过答辩无望，而灰心丧气，影响对其他问题的正确回答。有时考评员为了证实学员的技能程度，会提出较高层次的问题，往往这种问题不一定会作为评判是否合格的标准。

（11）如果学员在答辩的准备过程发现有些问题在论文中没有交代清楚，尤其是存在错误或不足的，应在介绍论文主要内容时，主动地补充说明或更正。这样就有可能起到回答问题在先的良好效果，顺利通过答辩。

三、答辩提问的重点

考评员的提问一般不会超出技师专业论文所涉及的领域，它必然是与论文相关的理论、技术范围之内的问题。主要是围绕论文的中心内容来出题，所谓的"写什么问什么"。一般答辩的问题主要集中在以下三个方面：

（1）技师专业论文表述中有疑问且表述不充分的部分。因此，应将答辩准备的重点放在论文中存在的薄弱环节上，仔细查找论文论述中不够详细、不够全面、不够确切甚至自相矛盾的部分，做出更详尽、更准确的阐述。

（2）水平探测题。主要目的是审查作者掌握基础知识的深度和广度，以及运用这些知识分析问题和解决问题的能力。

（3）对技师专业论文是否为作者本人撰写的真实程度进行检测，即检验真伪。只要作者对自己的论文心中有数，所谓真金不怕火炼，这类问题不必过分计较。

提问所涉及的内容，可参考以下几个问题去做准备：

（1）您为什么要选择这一题目，该论文的现实意义是什么？

（2）该题目的论文在国内外研究的现状如何？曾有哪些人做过哪些研究？他们的成果与主要观点是什么？

(3) 本人在该论文的撰写中有何新发现、新体会？提出和解决了什么问题？其意义何在？

(4) 论文的基本观点、主要依据以及论证的思路是什么？

(5) 论文中有哪些应该涉及或解决的问题，但因力所不及而未能涉及的问题？

(6) 论文中的创见和某些关键环节，如何做口头的解释和说明？

(7) 论文中还有哪些尚待解决的问题以及对前景的展望？

以上所涉及的问题应根据具体情况做必要的材料准备，不一定面面俱到，但有备无患，做到胸有成竹，以免临场慌乱。

第二节 技师技术论文的发表

一篇技术论文的产生，是艰苦的脑力和劳力相互综合的结晶，是作者将研究成果以文字形式表达出来的过程。如果技术论文能够发表出来，给更多的人看到，对人对己都是有意义的事情。作者将研究成果发表出来，与同行交流、接受评价，可以更好地看清自己专业知识的广狭、文字表达能力的高低、理论素养的厚薄。但并非所有的论文都可以有幸地被编辑赏识发表。论文的发表，还要经过一个严谨的审核过程。我们从技术论文发表流程图入手，来看看技术论文从投稿到发表的全过程，见图13-3-1。

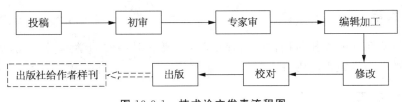

图 13-3-1 技术论文发表流程图

一、投稿

要使论文能够顺利发表，作者就必须慎重对待投稿这一环节，看似简单的投稿，其实内藏许多学问。

1. 熟悉拟投稿的刊物

投稿前要认真研究各学术刊物的特点和要求，查看近几期的杂志，摸清它们的选题要求和规范格式。由于各学术刊物的办刊宗旨不同，对文章的内容要求、编写格式、组织形式等体例的要求也不一样，投稿前有目的地选择，投中率就会高得多。

2. 注意投稿方式

投稿的方式有几种，但无论采用哪种方式，一定要给出作者自己的全部联系方式，如详细的通信地址、电话、手机、E-mail等。

(1) 电子邮件方式投稿：这是目前最常用的一种投稿方式。投稿前要在邮件正文中写明所投稿件的题目，最好附上短柬，再以附件的形式将论文附上发送。

(2) 邮寄稿件：即按照刊物编辑部地址将稿件邮寄到相应的编辑部或编辑。

(3) 送稿：向当地期刊投稿，可以由作者本人亲自将稿件送到编辑部，这样就可以当面与编辑进行交流，获得以下重要信息：

① 稿件是否符合所投期刊的办刊宗旨,如果不符合可以请编辑推荐其他刊物。
② 稿件的学术水平是否达到刊物要求的水平,如未达到,差距在哪里,以便于指导后续工作。
③ 稿件写作方面是否完善,如不完善,请编辑指出缺陷及不足,修改后再投,增加文章发表的可能性。

(4)荐稿:当稿件达到发表水平,可以请同行专家、熟人推荐发稿,这是最好的投稿方法。

此外,投稿后,有可能的话,最好与期刊编辑部进行电话联系,交流的内容包括:告诉编辑部文章题目,以确定文章是否适合刊载;获得出版周期、录用时限等信息。

二、初审

编辑部接到各类稿件之后,会对所有稿件进行初审,主要审查稿件是否符合办刊宗旨;对稿件先进性进行初步评价;审查作者的写作态度是否端正,包括文字是否通顺、有无错别字等。写作态度涉及技术论文写作的严肃性,如果写作中错误百出,那么首先给人的感觉是作者态度不严肃,没有充分尊重编辑的劳动,不尊重审稿专家的劳动,编辑也不会将写作质量很差的稿件送给专家进行审稿,所以,投稿时,一定要保证稿件的写作质量和稿面上的整齐清洁。

三、专家审

专家受到某期刊的委托对稿件进行评审时,主要是对稿件的学术、技术水平进行评价,给出稿件需要进一步完善的内容。

四、编辑加工

在这一环节中,编辑会对稿件的文字进行润色,对稿件的行文方法、思路提出修改要求,对稿件中没有达到写作目标的写作环节提出修改意见。

五、修改

作者需要根据专家评审意见补充完善文章的学术或技术内容。同时,作者需要根据编辑提出的意见进行文字甚至行文的改动。此阶段,作者要根据所投期刊的格式,补充原稿中未完成的内容,还需要根据稿件修改状况,写出"修改说明"。在"修改说明"中,说明哪些内容已根据专家或编辑意见做了修改及如何修改的,对专家或编辑的哪些意见未做修改,及未做修改的原因。

六、校对

作者在编辑部提供的排版清样上针对排版错误直接用红笔圈改,圈改时要采用国家规范化的校对符号。

七、出版

稿件刊出后,作者可索取一定数量的样刊。

第十四单元　职业指导能力基础知识

第一章　教育学和心理学

第一节　教育学基础知识

一、教育学的概念和发展

1. 教育学的概念

教育学是研究教育现象，揭示教育规律的一门科学。教育现象包括教育社会现象和教育认识现象；教育规律是教育内部诸要素之间、教育与其他事物之间的内在必然联系。

研究并揭示教育的规律是教育学的研究任务。教育学是庞大教育科学体系中的基础学科。

2. 教育学的发展概况

教育学的发展，大体可以分成萌芽、独立形态、科学化、现代教育理论四个阶段。

二、教育的基本规律

1. 教育与社会发展相互制约的规律

（1）教育与生产力相互制约。
（2）教育与社会政治经济制度相互制约。

2. 教育与人的发展相互制约的规律

（1）教育对人的发展的制约。
（2）人的发展对教育的制约。

三、教学规律与教学原则

1. 教学规律

（1）间接经验与直接经验相结合的规律。

以间接经验为主是教学活动的主要特点，在教学中也必须重视直接经验的作用。

贯彻直接经验与间接经验相统一的规律，应防止两种倾向：一是只重书本知识的传授；二是只强调学生通过自己探索去发现、积累知识，忽视书本知识的学习。

(2) 教师的主导作用与学生的主体作用相统一的规律。

教师在教学活动中起主导作用,学生是教学活动的主体。

贯彻教师主导与学生主体相统一的教学规律要注意,既不能只重视教师的作用,也不能只重视学生的作用。

(3) 掌握知识和发展智力相统一的规律。

传授知识与发展智力二者是相互统一和相互促进的。传授知识与发展智力这两个教学任务统一在同一个教学活动之中,统一在同一个认识主体的认识活动之中;知识是发展智力的基础,知识为智力活动提供了广阔的领域,只有有了某一方面的知识,才有可能去从事某方面的思维活动;发展智力又是掌握知识的重要条件,可以说,智力既是接受人类已有知识的工具,同时又是开发新知识的工具。掌握知识的速度与质量,依赖于一定的智力。

知识和智力是两个不同的概念:知识是人们对客观世界的认识,智力是人们认识客观事物的基本能力。

要使知识的掌握真正促进智力的发展是有条件的。从传授知识的内容上看,传授给学生的知识应是规律性的知识。从传授知识的量来看,在一定时间范围内所学知识的量要适当,不能过多,要给学生留有充分的时间去思考,采用启发式教学。

贯彻掌握知识和发展智力相统一的规律,要防止两种倾向:一是形式教育论,即只强调训练学生的思维形式,忽视知识传授;二是实质教育论,即只向学生传授对实际生活有用的知识,忽视对学生认识能力的训练。

(4) 传授知识与思想品德教育相统一的规律(教学的教育性规律)。

知识是思想品德形成的基础,学生思想品德的提高又为他们积极地学习知识奠定了基础。

贯彻传授知识和思想品德教育相统一的规律时,必须注意的问题:一是脱离知识进行思想品德教育;二是只强调传授知识,忽视思想品德教育。

2. 教学原则

教学原则是有效地进行教学必须遵循的基本要求,主要有:

(1) 科学性与教育性相结合原则。

(2) 理论联系实际原则。

(3) 直观性原则。

(4) 启发性原则。

(5) 循序渐进原则。

(6) 巩固性原则。

(7) 因材施教原则。

教学规律与教学原则的区别与联系:教学规律是教学内部的本质联系,是客观的;教学原则是第二性的,是人们制定的。教学原则是教学规律在教学中的反映;不同的教学体系有不同的教学原则。

四、教学方法与教学手段

1. 教学方法

教学方法是教师为实现教育目的、完成教学任务所采用的手段和一整套工作方式。

启发式和注入式是两种根本对立的教学方法思想。教学方法主要可分为以下几类：
（1）以语言传递为主的教学方法：
① 讲授法，其中包括讲述、讲解、讲读、学校讲演等方式。
② 谈话法。
③ 讨论法。
④ 读书指导法。
（2）以直观感知为主的教学方法：
① 演示法。
② 参观法。
（3）以实际训练为主的教学方法：
① 练习法。
② 实验法。
③ 实习作业法。
④ 实践活动法。
（4）以探究活动为主的教学方法（发现法）。
（5）以情感陶冶（体验）为主的教学方法：
① 欣赏教学法。
② 情境教学法。

2. 教学手段

教学手段是指教师和学生进行教学活动以及相互传递信息的工具、媒体或设备。教学手段是教学过程的构成要素，其功能主要在于把教材内容有效地传递给学生。历史上教学手段的发展大体经历了以下几个阶段：口耳相传、文字教材、直观教具、电教工具、电子计算机、多媒体、网络教学。

（1）现代化教学手段的发展趋势：
① 教学媒体日益自动化、微型化。
② 新的教学媒体不断涌现。
③ 教学手段运用的多媒体化、综合化和网络化。
④ 现代化教学的服务目标多样化。
（2）现代化教学手段在教学中的作用。
① 教材建设的突破。
② 教学组织形式的突破。
③ 师生关系的突破。
④ 提高了教学质量和教学效率。
⑤ 扩大了教学规模。

五、教育目的和培养目标

教育目的规定了把受教育者培养成什么样的人，是培养人的质量规格标准，是对受教育者的一个总的要求。培养目标一般是指教育目的在各级各类教育机构的具体化。教育目的与培养目标的关系是一般与特殊的关系。

1. 我国社会主义教育目的

(1) 培养有理想、有道德、有文化、有纪律的劳动者,或者说培养社会主义事业的建设者和接班人,是我国教育目的的本质要求。

(2) 使学生德、智、体等方面全面发展,是我国教育目的中对受教育者的素质要求。

(3) 教育与生产劳动相结合,是实现我国教育目的的根本途径。

2. 我国的教育方针

(1) 1957年颁布的教育方针。1957年毛泽东在《关于正确处理人民内部矛盾的问题》中指出:"我们的教育方针,是使受教育者在德育、智育、体育几方面都得到发展,成为有社会主义觉悟的有文化的劳动者。"

(2) 1958年颁布的教育方针。1958年中共中央、国务院在《关于教育工作的指示》中规定:"党的教育工作方针是教育必须为无产阶级政治服务,必须同生产劳动相结合。"

(3) 我国新时期的教育方针。1995年,《中华人民共和国教育法》明确规定了我国新时期的教育方针,即"教育必须为社会主义现代化建设服务,必须与生产劳动相结合,培养德智体等方面全面发展的社会主义事业的建设者和接班人。"

六、教师

1. 教师的作用

(1) 教师是人类文化知识的传递者,对人类社会的延续和发展起承前启后的桥梁作用。

(2) 教师是人类灵魂的工程师,对青少年一代的成长起关键作用。

(3) 教师是教育工作的组织者、领导者,在教育过程中起主导作用。

2. 教师的任务和教师劳动的特点

(1) 教师的任务。

教师的根本任务是教书育人。

教师的具体任务是:教师不仅要教好书,还要做好学生的思想品德教育工作,关怀学生的身体和心理健康,关心学生的生活。

(2) 教师劳动的特点。

① 复杂性、创造性。教师劳动是一种复杂的劳动,复杂性表现在:一是教育目的的全面性;二是教育任务的多样性;三是劳动对象的差异性。教师劳动的创造性主要表现在教师创造性地运用教育教学规律。具体表现在:一是因材施教;二是教学上的不断更新;三是教师的"教育机智"。

② 连续性、广延性。连续性是指时间的连续性,广延性是指空间的广延性。

③ 长期性、间接性。长期性是指人才培养的周期比较长,教育的影响具有迟效性。间接性是指教师劳动不直接创造物质财富,而是以学生为中介实现教师劳动的价值。

④ 主体性、示范性。主体性是指教师的劳动手段是教师自身。示范性指教师的言行举止都会成为学生学习的对象,教师的人品、才能、治学态度等都可成为学生学习的楷模,因此,教师必须以身作则、为人师表。

3. 教师的素养

(1) 职业道德素养:

① 忠诚于人民的教育事业。

② 热爱学生。师爱是学生身心健康成长的重要环境因素；师爱是增强教育效果的重要条件。如何爱学生？爱与严结合，爱与尊重、信任结合，全面关怀学生，关爱全体学生，对学生要保持积极、稳定的情绪。

③ 集体协作的精神。

④ 严格要求自己，为人师表。

（2）知识素养：

① 比较系统的马列主义理论修养。

② 精深的专业知识。

③ 广博的文化基础知识。

④ 必备的教育科学知识，包括教育学、心理学以及各科教材教法等方面的知识。

（3）能力素养：

① 组织教育和教学的能力。

② 语言表达能力。对教师的语言表达的要求主要有：准确、简练，具有科学性；清晰、流畅，具有逻辑性；生动、形象，具有启发性；语言和非语言手段的巧妙结合。

③ 组织管理能力。

④ 自我调控能力。

七、学生

1. 学生的特点

（1）学生是教育的对象（客体）。

① 依据：第一，从教师方面看，由于教师是教育过程的组织者、领导者，学生是教师教育实践活动的作用对象，是被教育者、被组织者、被领导者。第二，从学生自身特点看，学生具有可塑性、依附性和向师性。

② 表现：学生成为教育的对象表现在，学生明确自己的主要任务是学习，具有愿意接受教育的心理倾向，服从教师的指导，接受教师的帮助，期待从教师那里汲取营养，促进自身的身心发展。

（2）学生是自我教育和发展的主体。

① 依据：首先，学生是具有主观能动性的人；其次，学生在接受教育的过程中，也具有了一定的素质，可以进行自我教育。

② 表现：自觉性（也称主动性）、独立性（也称自主性）、创造性（是学生主观能动性的最高表现）。

（3）学生是发展中的人。

学生是发展中的人，生理和心理都不太成熟，这说明学生具有与成人不同的身心发展特点，具有发展的巨大潜在可能性及获得成人教育关怀的需要。

2. 发展阶段

（1）学生年龄特征的概念。

学生的年龄特征是指青少年学生在一定社会和教育条件下不同年龄阶段所形成的一般的、典型的、本质的生理和心理上的特征。

(2) 青少年学生的年龄分期。

① 婴儿期（又称先学前期，相当于托儿所阶段）：出生至三岁。

② 幼儿期（又称学前期，相当于幼儿园阶段）：三岁至五六岁。

③ 童年期（又称学龄初期，相当于小学阶段）：五六岁至十一二岁。

④ 少年期（又称学龄中期，相当于初中阶段）：十一二岁至十四五岁。

⑤ 青年初期（又称学龄晚期，相当于高中阶段）：十四五岁至十七八岁。

我国新型师生关系的特点：尊师爱生、民主平等、教学相长。

八、课程与教学

课程与教学的关系是教育的内容与途径之间的关系。

1．课程

广义的课程是指为了实现教育目的而规定的学生应该学习的所有学科与应该从事的所有活动的总和及其有计划的进程。

狭义的课程是指学生在学校应该学习的一门学科或应该从事的一种活动的内容及其有计划的进程。

课程的意义：课程是学校教育的核心，是学校培养未来人才的蓝图。课程是教育目的、培养目标的具体化，同时，课程又是教与学的根据。

在我国，课程主要由三部分组成，即课程计划（教学计划）、学科课程标准（教学大纲）和教材。

2．教学

教学是教师和学生共同组成的传递和掌握社会经验的双边活动。

教学是实现教育目的的基本途径。教学的作用主要体现在三个方面：一是对社会发展的促进作用；二是对个人全面发展的作用；三是在教育活动中的作用。

教学是学校的中心工作，学校工作必须坚持以教学为主、全面安排的原则。

九、教学组织形式

（1）教学的基本组织形式——班级授课制（或课堂教学）。

① 班级授课制的概念。班级授课制也叫课堂教学，是把学生按年龄和文化程度分成固定人数的班级，教师根据课程计划和规定的时间表进行教学的一种组织形式。

班级授课制首先由夸美纽斯在《大教学论》中进行理论论证。中国在1862年清政府在北京开办的京师同文馆中首次采用。

② 班级授课制的基本特征及优缺点。班级授课制的基本特征：固定班级、按课教学、固定时间。

班级授课制的优缺点：

优越性：有利于经济有效地大面积培养人才；有利于发挥教师的主导作用；有利于发挥学生集体的作用；有利于学生多方面的发展。

局限性：学生的主体地位或独立性受到一定的限制；实践性不强，学生动手机会少；难以照顾学生的个别差异，强调的是统一、齐步走；教学内容和教学方法的灵活性有限。

(2) 课的类型和结构。

① 课的类型。课的类型指按课的任务将课划分为不同的种类，大致分单一课和综合课两大类。

② 课的结构。课的结构指课的组成部分的顺序和时间分配。综合课的结构包括：组织教学、复习过渡、讲授新教材、巩固新教材、布置课外作业。

(3) 教学的辅助形式——个别教学、分组教学、现场教学的概念。

(4) 教学的特殊形式——复式教学的概念。

十、教学工作的基本环节

教学工作主要包括以下五个基本环节：

(1) 备课。

① 做好三方面的工作，即钻研教材、了解学生、设计教法。

② 写好三种计划，即学年（或学期）教学进度计划、单元（或课题）计划、课时计划（教案）。

(2) 上课。

上课是教学工作的中心环节。

一节好课的要求有：教学目的明确，内容正确，结构合理，方法恰当，语言艺术，板书有序，态度从容自如。

(3) 课外作业的布置与批改。

(4) 课外辅导。

(5) 学业成绩的检查与评定。

十一、教学评价

教学评价是指以教学目标为依据，通过一定的标准和手段，对教学活动及其结果给以价值上的判断。常用的教学评价有：

(1) 诊断性评价。它是指教师在教学前进行的评价。其目的在于了解学生在教学前是否具有新的教学单元目标所需的基本技能、能力。根据评价结果，教师可确定教学起点，安排教学计划。

(2) 形成性评价。它是指在教学过程中实施的教学评价。其目的在于了解教学效果，了解学生学习的情况及所存在的问题，从而对教学工作进行调整，使所有学生都达到教学目标。布卢姆特别重视这种评价，指出要尽一切努力用它改进教学过程。

(3) 终结性评价。它是指在教学结束时进行的教学评价，主要用于评定学生在一学期、一学年或某个学习课题结束时，教学目标达到的程度，判断教师的教学方法是否有效，并全面评价学生的学习结果。这种评价的目的在于给学生划分等级。终结性评价应该成为一个新的教学起点。

十二、德育

德育是教育者培养受教育者品德的活动，它包括思想教育、政治教育、法纪教育和道德品质教育四个基本方面。

思想品德教育过程(简称德育过程)是教育者根据一定社会的德育要求和受教育者品德形成发展的规律,把一定社会的品德规范转化为受教育者品德的过程。

思想品德教育过程和思想品德形成过程是两个既相互联系又相互区别的概念。它们之间的主要区别表现在:其一,范畴不同。其二,影响因素不同。其三,结果不同。

1. 德育过程的基本规律

(1) 德育过程是对学生知、情、意、行的培养提高过程。

知即道德认识;情即道德情感;意即道德意志;行即道德行为。德育具有多端性,应注意知、情、意、行相结合。动之以情,晓之以理,导之以行,持之以恒。

(2) 德育过程是促进学生思想内部矛盾斗争的发展过程。

学生思想品德的任何变化,都必须依赖于学生个体的心理活动。任何外界的教育和影响,都必须通过学生思想状态的变化,经过学生思想内部的矛盾斗争,才能发生作用,才能促使学生品德的真正形成。

在德育过程中,学生思想内部的矛盾斗争,实质上是对外界教育因素的分析、综合过程。青少年学生的自我教育过程,实际上也是他们思想内部矛盾斗争的过程。

(3) 德育过程是组织学生的活动和交往,统一多方面教育影响的过程。

活动和交往是思想品德形成的基础。学生的思想品德是在活动和交往的过程中,接受外界教育影响逐渐形成和发展起来的,并通过活动和交往表现出来。教育性活动和交往是德育过程的基础。

学生在活动和交往时必定受到多方面的影响。品德的形成是学生能动地接受多方面教育影响的过程。学校德育应在多方面影响中发挥主导作用。

(4) 德育过程是一个长期的反复的逐步提高的过程。

德育过程是一个长期的过程,同时德育过程又是一个反复的过程、渐近的过程。

德育过程的长期、反复、渐进的特点,要求教育者必须长期一贯,耐心细致地教育学生,要善于抓反复、反复抓,引导学生在反复中逐步前进。

2. 德育原则

(1) 社会主义方向性原则。

(2) 从学生实际出发的原则。

(3) 知行统一的原则。

(4) 集体教育与个别教育相结合的原则。

(5) 正面教育与纪律约束相结合的原则。

(6) 依靠积极因素克服消极因素的原则。

(7) 尊重信任学生与严格要求学生相结合的原则。

(8) 教育影响的一致性和连贯性原则。

3. 德育的途径

(1) 教学。

(2) 社会实践活动。

(3) 课外、校外活动。

(4) 共青团、少先队组织的活动。

(5) 校会、班会、周会、晨会、时事政策学习。

（6）班主任工作。

4. 德育的方法

（1）常用的德育方法：说理教育、榜样示范、实际锻炼、陶冶教育、指导自我教育、品德评价。

（2）德育方法的选择。德育方法的选择与应用须依时间、地点、条件而定。选择德育方法的依据是：德育目标、德育内容、德育对象的年龄特点和个性差异。

5. 德育工作的新形式

（1）通过开展社区教育进行德育。

（2）创办业余党校。

（3）开展心理健康教育活动。

（4）建立德育基地。

十三、班主任工作

班主任是全班学生的组织者、教育者和指导者，是学校领导实施教育教学计划的得力助手，对全班学生的健康和谐发展负直接责任。班主任是学校德育工作的主要实施者，不仅是联系各科教师与团队组织的纽带，而且起着沟通学校、社会和家庭的桥梁作用。班主任是年轻一代健康成长的引路人，是社会精神文明建设的重要促进力量。

1. 班主任工作的基本任务

带好班级，教好学生。

2. 班主任工作的主要内容

（1）对学生进行品德教育。

（2）教育学生努力学习，完成学习任务。

（3）指导学生的课余生活，关心学生的身体健康。

（4）组织学生参加劳动和其他社会活动。

（5）指导本班班委会和共青团、少先队的工作。

（6）做好家访工作，争取社会有关方面的配合。

（7）评定学生操行。

3. 班主任工作的方法

（1）全面了解和研究学生。

全面了解和研究学生是有效进行班主任工作的前提和基础。了解和研究学生常用的方法有：考核法、观察法、测量法、问卷法、谈话法、实验法、调查法、访问法和书面材料分析法等。

（2）组织和培养班集体。

班集体是班主任工作的目的和结果，也是班主任开展工作的有力助手和途径，组织培养班集体是班主任的中心工作。

培养班集体的主要方法有：

① 确立班集体的奋斗目标。

② 选择和培养班干部。

③ 培养正确的集体舆论和优良的班风。集体舆论是在集体中占优势的、为大多数人所

赞同的言论和意见。集体舆论是集体生活和集体成员意愿的反映,以议论、褒贬等形式肯定或否定集体的动向和集体成员的言行。有无正确的集体舆论,是衡量班集体是否形成的重要标志之一。正确的集体舆论是学生自我教育的重要手段,是形成和发展班集体的巨大力量,有利于提高集体成员的思想觉悟,能够使大家明辨是非,支持正确的言行,抵制错误的倾向。一个班集体舆论持久地发生作用就形成一种风气,这就是班风。

④ 组织多样的教育活动。

(3) 做好个别教育工作。

个别教育同集体教育的关系:根据不同类型的学生实际,有针对性地做好个别学生,尤其是后进生的工作(正确对待后进学生,关心热爱后进生;弄清情况,分析原因,了解症状,对症下药;培养学习兴趣;抓反复,反复抓)。

(4) 家庭与社会教育密切配合,统一各方面的教育力量。

(5) 做好班主任工作的计划和总结。

班主任工作的计划一般分为学期(或阶段)计划和具体活动计划;班主任工作的总结一般分为全面总结和专题总结。

第二节　心理学基础知识

一、基本概念

(1) 心理学是研究心理现象及其规律的科学。

(2) 1879 年,德国心理学家冯特在德国莱比锡大学创建了世界上第一个有影响的心理实验室,这标志着科学心理学的诞生。

(3) 个体心理可分为认知、动机和情绪、能力和人格等三个方面。

(4) 从外部行为推测内部心理过程,是心理学研究的一个基本法则。

(5) 心理学研究的基本方法:观察法、实验法、调查法、测验法。

(6) 人脑是心理的器官,心理是人脑的机能。

二、感觉和知觉

(1) 感觉是人脑对直接作用于感觉器官的客观事物个别属性的反应。

(2) 外部感觉:视觉、听觉、嗅觉、味觉、皮肤感觉。

(3) 内部感觉:运动觉、平衡觉、内脏感觉。

(4) 感觉现象主要有感觉适应、感觉对比和联觉。

(5) 知觉是人脑对直接作用于感觉器官的客观事物整体属性的综合反应。

(6) 知觉的种类:空间知觉、时间知觉、运动知觉。

(7) 知觉的基本特性:选择性、整体性、理解性、恒常性。

三、注意

(1) 注意是心理活动或意识对一定对象的指向和集中。

(2) 注意的特点:指向性、集中性、心理活动的组织特性。

(3) 注意的功能:选择功能、保持功能、调节与监督功能。

(4) 注意的种类：
① 不随意注意(无意注意)，即事先没有预定目的也不需要付出意志努力的注意。
② 随意注意(有意注意)，即自觉的、有目的的、必要时需要付出一定意志努力的注意。
③ 随意后注意(有意后注意)，即有预定的、不需要付出意志努力的注意。
(5) 注意的品质特征：注意的广度、注意的稳定性、注意的分配、注意的转移。
(6) 影响注意转移的因素：
① 原有活动吸引注意的程度。
② 新的事物的性质与意义。
③ 事先是否具有转移注意的信号。
(7) 注意规律在教学中的应用：
① 不随意注意规律的应用：尽量防止分散注意的刺激出现，防止单调死板的教学方法。
② 随意注意规律的应用：明确目标任务，创设问题情境，教师正确组织教学。

四、记忆

(1) 记忆是人脑对过去经验的保持和再现，是人脑对经验的印留、保持和再现的过程。
(2) 记忆的基本过程：识记、保持、回忆。从信息加工上来看，即对输入信息的编码、储存、提取的过程。
(3) 记忆的主要类型：
① 根据内容与对象分，可分为形象记忆、情景记忆、语义记忆、情绪记忆、动作记忆。
② 根据信息加工与记忆阶段分，可分为瞬时记忆(0.25～2s)、短时记忆(5s～2min)、长时记忆(1min 以上到许多年直至终生)。
(4) 遗忘：对识记过的材料不能再认与回忆，或者表现为错误的再认与回忆。
(5) 艾宾浩斯遗忘曲线显示，遗忘在学习之后立即开始，遗忘的过程先快后慢。
(6) 影响遗忘进程的因素：
① 识记材料的性质与数量。
② 学习的程度。
③ 事迹材料的系列位置。
④ 识记者的态度。
(7) 遗忘的原因：衰退说、干扰说、压抑说(前摄抑制和倒摄抑制)、提取失败说。
(8) 复习在记忆中的作用：
① 给信息再加工提供机会。
② 重新考虑与寻找材料之间的关系。
③ 增加信息加工的深度。
(9) 有效的复习方法：
① 及时复习。
② 合理分配复习时间和复习内容。
③ 分散复习与集中复习相结合。
④ 复习方法多样化。
⑤ 运用多种感官参与复习。

⑥ 尝试回忆与反复阅读相结合。

（10）记忆品质的特点：敏捷性、持久性、准确性、准备性。

（11）提高记忆效果的方法：

① 明确记忆目的，增强学习的主动性。

② 理解学习材料的意义。

③ 对材料进行精细加工，促进对知识的理解。

④ 重视复习方法，防止知识遗忘。

五、思维

（1）思维的特征：间接性、概括性、问题性。

（2）思维的类型：

① 根据思维的发展水平不同划分，可为分知觉动作思维、具体形象思维、抽象逻辑思维。

② 根据逻辑性分，可分为分析思维、知觉思维。

③ 根据指向性分，可分为集中思维、发散思维。

④ 根据思维的创造程度分，可分为常规思维、创造性思维。

（3）概念是人脑反映客观事物共同的、本质的、特征的思维方式。

（4）思维的过程：分析与综合、比较、抽象与概括、系统化与具体化。

（5）思维的基本形式：概念、判断、推理。

（6）问题解决的阶段：

① 提出问题（发现矛盾的过程）。

② 明确问题（找出主要矛盾的过程）。

③ 提出假设（以假设形式找到问题解决方案）。

④ 检验假设（通过理论和实践形式检验假设）。

（7）影响问题解决的心理因素：

① 人的知觉特征。

② 定势与功能固着。

③ 个体经验水平。

④ 情绪与动机。

⑤ 个性因素。

（8）影响创造性的因素：酝酿、社会因素。

（9）创造性思维的培养：

① 运用启发式教学，激发学生的求知欲，调动学生学习的积极性、主动性。

② 培养学生的发散性思维与集中性思维。

③ 发展学生的创造性想象力。

④ 鼓励学生参加各项创造性活动，正确评价有创造力的学生。

（10）想象的功能：预见功能、补充功能、代替功能。

（11）想象的种类：

① 根据想象时有无目的意图分，可分为有意想象、无意想象。

② 根据想象活动与现实的关系分,可分为幻想、理想、空想。
③ 在有间想象中,根据内容的新颖性和创造性分,可分为再造想象、创造想象、幻想。
(12) 吉尔福特把思维分为辐合思维和发散思维两种。
(13) 想象活动的基本特点:形象性、新颖性。

六、情绪与情感

(1) 基本的情绪分类:快乐、悲伤、愤怒、恐惧。
(2) 情绪按强度和持续时间分类:
① 心境:微弱的、持续时间较长的、具有弥散性的情绪状态。
② 激情:爆发式的、猛烈而时间短暂的情绪状态。
③ 应激:在出乎意料的紧迫状态下引起的急速而高度紧张的情绪状态。
(3) 情感的分类:道德感、理智感、美感。
(4) 情绪和情感的功能:适应功能、动机功能、组织功能、信号功能。
(5) 压力与心理反应:抑郁、焦虑、恐惧、狂躁。
(6) 情绪的自我调节与控制:
① 觉知自己的情绪状态。
② 学会转移自己的注意。
③ 合理宣泄负面情绪。
(7) 健康情绪的培养:
① 培养积极乐观的人生态度。
② 培养广泛的兴趣爱好。
③ 丰富自己的情绪体验。
④ 学会自我欣赏与自我接纳。
⑤ 建立良好的人际关系。
⑥ 正确面对和处理负面情绪。
(8) 意志行动的目的冲突有四种形式:
① 双趋冲突。
② 双避冲突。
③ 趋避冲突。
④ 多重趋避冲突。
(9) 意志品质的特征:自觉性、果断性、自制性、坚韧性。

七、需要与动机

(1) 需要是机体内部的一种不平衡状态。
(2) 马斯洛需要层次理论:生理的需要、安全的需要、归属和爱的需要、尊重的需要、自我实现的需要。
(3) 动机产生的条件:是由人的内部需要和外部诱因相结合而产生的。
(4) 动机的功能:引发功能、指导功能、维持和调整功能。

(5) 学习动机的激发：
① 创设问题情境，实施启发式教育。
② 根据作业难度，恰当控制动机水平。
③ 充分利用反馈信息，有效进行奖惩。
④ 合理设置课堂结构，妥善组织学习竞争。
⑤ 正确指导学习成绩的归因，促使学生继续努力学习。
⑥ 提供成功的学习经验，增强学习的自我效能。

八、能力

(1) 能力与知识、技能的关系：
① 知识、技能是能力形成的基础，并推动能力发展。
② 能力制约知识、技能的掌握水平，影响知识、技能的学习进度。
③ 知识是认知经验的概括，技能是活动方式的概括，能力是心理水平的概括。
④ 知识、技能的掌握并不必然导致能力的发展，知识、技能的掌握只有达到熟练程度，通过广泛迁移，才能促进能力的发展。能力是掌握知识、技能的前提，又是掌握知识、技能的结果，两者是相互转化、相互促进的关系。

(2) 能力的分类：
① 按功能的倾向性分，可分为一般能力、特殊能力。
② 按能力的功能分，可分为认知能力、操作能力、社交能力。
③ 按能力参与其中的活动性质分，可分为模仿能力、创造能力。

(3) 能力形成的原因与条件：遗传、环境和教育（产前环境和幼教、学校教育、实践活动、人的主观能动性）。

(4) 多元智力理论。由哈佛大学的加德纳教授提出。观点：人类的神经系统经过100多万年的演变，已经形成了互不相干的多种智力。智力的内涵是多元的，它由七种相对独立的智力成分所构成。每种智力都是一个单独的功能系统，这些系统可以相互作用，产生外显的智力行为。

多元智力理论对教育的启示：
① 传统教育只重视课堂学习，忽视社会实践。
② 单纯依靠用纸笔的标准化考试来区分儿童智力的高低是片面的。
③ 标准化考试过分强调语言智能和数学逻辑智能。
④ 音乐、美术、体育或其他方面的特长同样是高智商的表现。

(5) 抽象逻辑思维能力是智力的核心成分，创造力是智力的高级表现形式。

(6) 美国耶鲁大学心理学家斯滕伯格提出了智力的三元理论，即元成分、操作成分、知识获得成分。

九、气质与性格

(1) 气质是表现在人们心理活动和行为方面的典型的、稳定的动力特征。

(2) 希波克拉底对气质的分类（体液说）：多血质、胆汁质、黏液质、抑郁质。

(3) 体型说——克雷奇摩；激素说——伯尔曼；血型说——古川竹二；活动特性说——

巴斯;高级神经活动类型说——巴甫洛夫。

(4) 性格是表现在人对现实的态度以及与之相适应的、习惯化的行为方方面面的个性心理特征。

(5) 性格与气质的关系：

① 气质更多地受个体高级神经活动类型的制约，主要是先天的；性格更多地受社会生活条件的制约，主要是后天的。

② 气质无好坏之分；性格在社会评价上有好坏之分。

③ 气质的可塑性较小，变化极慢；性格的可塑性较大，环境对性格的塑造作用较明显。

④ 气质可以按自己的动力方式渲染性格，使性格具有独特色彩。

⑤ 气质会影响性格形成与发展的速度。

⑥ 性格对气质有重要的调节作用。

(6) 性格评定的方法：行为评定法（包括观察法、谈话法、作品分析法、个案法）、实验法、测验法。

(7) 性格是个性中的核心部分。

十、态度与行为

(1) 印象形成效应：

① 刻板印象（归于某个类别）。

② 首因效应（陌生人）和近因效应（熟悉的人）。

③ 晕轮效应（光环效应）。

④ 投射效应（以己度人）。

(2) 从众是指个体在群体的压力下，个人放弃自己的意见而采取与大多数人一致的行为。

(3) 从众的分类：真从众、权宜从众、不从众。

(4) 从众的原因：行为参照、偏离恐惧、人际适应。

十一、心理健康教育

(1) 心理健康的六条标准：自我意识正确；人际关系协调；性别角色分化；社会适应良好；情绪积极稳定；人格结构完整。

(2) 心理健康教育的意义：

① 预防精神疾病，保护学生心理健康的需要。

② 提高学生心理素质，促进其人格健全发展。

③ 对学校日常教育教学工作的配合与补充。

(3) 影响学生行为改变的方法：强化法、代币奖励法、行为塑造法、示范法、暂时隔离法、自我控制法。

(4) 青少年异性交往的原则：自然、适度。

第二章 教学设计

第一节 教学设计基础知识

一、教学设计的定义

教学设计是隶属于教育科学领域的一门应用性科学,是教育技术学最核心的内容,是连接学习理论、教学理论与教学实践的桥梁。教学设计是以教学过程为研究对象,用系统方法分析和研究教学需要,设计解决教学问题的方法和步骤,并对教学效果做出价值判断的计划过程和操作程序。教学设计是教学活动的计划形式,通过教师的智能活动,将教学意图化、教学方式定型化、教学时空结构化,形成施教前的蓝图。简单地说,就是要解决教什么、怎样教、如何达到效果最优等问题,并确定有操作性的程序。

二、教学设计的层次

按照系统论的观点和各个系统大小、任务的不同,教学设计可分为3个层次。

1. 以教学系统为对象的层次——教学系统设计

教学系统设计属于宏观设计层次,所涉及的教学系统比较大,如远程教学体系的建立、一个新的专业、一个培训系统或一个学习系统的建立等。

教学系统设计首先要根据社会发展对人才的需求,拟定培养目标;其次要根据培养目标制定课程方案,其中包括课程计划(即通常所说的教学计划)和课程标准(即通常所说的教学大纲)两部分;然后要设计(选择)教学资源,以保证教学过程的顺利进行;最后在教学实践中,进行教学绩效的评价和修正。

2. 以教学过程为对象的层次——教学过程设计

教学过程设计是对于一门课程或一个单元,直到一节课或某个知识点的教学全过程进行的教学设计。我们把对课程或单元的教学设计称为课程教学设计;把课堂教学环境下,对一节课或某个知识点的教学设计称为课堂教学设计;把自主学习环境下,对某个知识单元(学习任务)的教学设计称为自主学习教学设计。

课程教学设计根据课程标准规定的总教学目标,对教学内容和教学对象进行认真分析,在此基础上得出每个单元、章节(课)的教学目标和各知识点的学习目标,以及该课程的知识和能力结构框架,形成完整的目标体系;同时对所需教学资源和适合学生自主学习的知识单元提出建议。

课堂教学设计根据上述目标体系,选择教学策略和教学资源,制定课堂教学过程结构方案,付诸教学实践,然后做出评价和修改。课堂教学设计的基本内容包括:教学目标的设计、教学内容的设计、受教育者分析、教学媒体的选用设计、教学方法与教学方式的优化组合设计、教学原则的优化组合设计、教学环境设计、教学效果的评价设计等。归纳起来为以下三个方面:我们期望学生学习什么内容,即确定教学目标;为了达到预期目标,我们打算如何进行这种学习,即制定教学策略;在进行这种学习时,我们如何及时反馈信息进行教学评价。在实际教学工作中,进行教学设计时,都应认识这三个方面内容的重要性。

自主学习教学设计根据知识单元(学习任务)的学习目标,在对学习内容和学习主体(学习者)分析的基础上,选择学习策略和学习资源,制定学习过程活动方案,由学习者自主进行学习活动,最后评价和修正。

教学过程设计具体可用图 14-2-1 表示。

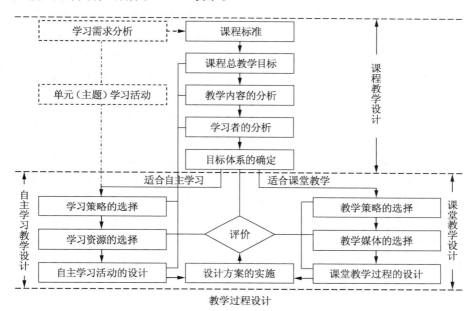

图 14-2-1 教学过程设计

课程教学设计一般由教师或教研组来做,也可以由相应的教研机构组织教师、学科专家共同进行,以保证课程标准中规定的总教学目标的实现;课堂教学设计和自主学习教学设计由任课教师进行。应注意发挥每位教师的主动性、创造性,同样的教学内容可以而且应该有不同的教学设计方案,充分展示教师的个性和教学的多样性。

3. 以教学产品为对象的层次——教学产品设计

教学产品包括网络课程、教学媒体、材料、教学环境以及其他教具、学具等。

教学产品的设计与开发往往是连在一起的,它根据教学系统设计和教学过程设计所确定的产品使用目标,经过分析、设计、开发、生产、集成和试用 6 个步骤而完成,最后进行评价和修改。

简单的教学产品,如幻灯片、投影片、录音教材和小型课件等,一般由任课教师自己设计、制作;比较复杂的教学产品,如录像教材、大型多媒体课件、网课课程开发,以及教学环境的设计和开发,则需要组织专门开发小组来完成。

对于学科教师来讲,主要关心和需要掌握的是教学过程设计层次。以下介绍的教学设计模板和教学评价模板,都是在教学过程设计层次上进行的。

三、教学设计的要素

教学设计是教师教学工作中的一个重要环节,它是一项复杂的教学技术。不论哪种学科,不论哪一种教学设计模式,都包含有下列五个基本要素:教学目标、教学任务及对象、教学策略、教学过程、教学评价。目标、对象、策略、过程和评价五个基本要素相互联系、相互制约,构成了教学设计的总体框架。

四、课堂教学设计的基本程序

(1) 分析教学任务,阐述教学的预期目标。从学习的需求分析开始,了解教学中存在的问题,学生的实际情况与期望水平之间的差距,这样可以解决"为什么""学什么""教什么"的问题。

(2) 分析学生特征。教师在分析具体的教学内容时,不仅要考虑课程、单元及课时的教学内容的选择和安排,更需考查学生在进行学习之前,对于本课程中本单元的学习内容具有什么知识和技能,即对学生的初始能力进行评定,了解学生的一般特征和对所学内容的兴趣和态度,即确定学生的起点状态。

(3) 明确学习目标。分析学生从起点状态过渡到终点状态应掌握的知识、技能或应形成的态度与行为习惯,即学生通过学习应该掌握什么知识和技能。

(4) 确定教学策略。考虑用什么方式和方法给学生呈现教材,提供学习指导;考虑怎样才能实现学习目标或教学目标,解决"怎么学"和"怎么教"的问题。其中应考虑教学媒体的选择和应用,根据不同的情况选择不同的教学媒体或教学资源。

(5) 进行教学设计评价。考虑如何对教学的结果进行科学的测量与评价;考虑用什么方法引起学生的反应并提供反馈;对学和教的行为做出评价。在行为评价时,一方面要以目标为标准进行评价;另一方面可根据评价提供的关于教学效果的反馈信息,对模式中所有步骤做重新审查,特别应检验目标和策略方面的决定。

第二节 教学设计的格式和内容

一、教学设计的格式

(1) 标题:标题要具体、明确。通用格式为"＊＊版＊＊年级＊＊内容的教学设计",一般不用副标题。可以设计一个课时,也可以设计几个课时或系列教学。

(2) 署名:写明单位、姓名、邮编、联系电话、电子信箱。如果署名是教研组或多人,应说明谁是执笔人或第一作者。

(3) 正文:含教学目标(三维目标)、教材与学情分析、设计思路、教学过程设计、教学策略与手段、板书设计、教学反思等。

二、教学设计的内容和要求

(一) 教学目标(三维目标)

教学目标是教学的灵魂,支配着教学的全过程,规定了教与学的方向。教师在教学之前必须弄清楚教学目标问题。制定教学目标要尽可能明确与具体,以便于测量和落实。教师还可以根据教学内容的特点,结合自己的认识和理解,确定在一节课中有所侧重地体现某一方面的目标。

要求:既要体现课程标准,又要贴近学生实际。

(1) 力求全面,充分体现课程目标理念。

(2) 有针对性、具体、可操作、可观测、有效、可实施。
(3) 注意课时目标与终极目标之间的关系。
(4) 目标描述要科学，尽可能体现教学目标的四要素（主体、行为、条件、标准），尤其是主体、行为、条件。
(5) 表述时可采用下列两种方式：

融合式：将三维目标融合在一起描述，1、2、3……
分类式：按知识与技能目标、体验性目标（过程与方法、情感态度与价值观）分别描述。

（二）设计思路

要求：
(1) 简要阐明教学设计的整体设想，有一定的理论依据与现实依据。
(2) 围绕教学目标，阐明达成目标的途径、方法、教学组织形式及教学策略。例如，如何突破重点和难点，强化学生动手能力的具体思考等。
(3) 注重创新，对原教学中的问题有教改意义上的突破。

（三）教材与学情分析

教材分析是教师进行教学设计、编写教案、制订教学计划的基础，只有分析了教材的内容，包括教材的知识结构体系（能准确精练地写出教材的知识结构方框图）、教材的教学目的和要求、教材的特点、教材的重点、难点和关键，根据教学目的、内容和教学原则，才能更好地按照教学大纲要求，结合学校和学生的实际情况，研究如何优化处理教材，如何突出重点、抓住关键、克服难点，明确教材中培养学生的能力因素，选择恰当的教学方法和教学手段，写出可行的教学方案。教学的起点和归宿是实现以人为本。教师不能把学生当作一张白纸，而要了解学生的知识储备，只有建立在学生已有经验的基础上的教学，才能真正体现以学生为主体，真正达到教学有效的境界。

1. 教材分析要求

(1) 教学内容在教材中的地位与作用。
(2) 本节教学内容之间内在的相互联系，与前后知识间的联系，与其他学科间的联系。
(3) 确定重点和难点。
(4) 挖掘教材内容中的过程、方法、情感态度与价值观等因素。

2. 学情分析要求

(1) 针对施教班级学生的具体情况做学生学习水平、认知结构及学生已有经验对学习的帮助和干扰分析。
(2) 学生非智力因素分析，如学习态度、兴趣、学习习惯等。

3. 教法分析要求

(1) 针对学情采取何种教学方法。
(2) 针对本节教学内容，如何运用有效的教学方法开展教学，以达到高效的目的。

（四）重点和难点分析

教学重点、难点一定要与三维教学目标相对应，不能缺项。教学重点一般是教师依据教学内容确定的；教学难点一方面是根据学生的实际情况确定的，另一方面也可以根据教学过程中的实际情况进行调整。

1. 教学重点

重点是教学的核心，学懂了重点内容才能理解其他内容，具有触类旁通的效果。任何学科的教学重点都是从已知的旧知识中引申出的新知识,是着重讲解的部分。因此,确定教学重点,首先要找出哪些是已学过的旧知识,或以旧知识做基础的,这部分知识学生容易接受;然后,找出学生过去没有接触过的,甚至一点也不了解的全新知识,即是教学的重点。

2. 教学难点

教学难点是指学生学习的困难所在。学习上的困难经常是对问题的不理解。产生难点的原因是教学科学体系与学生接受水平、智力发展的差距造成的。具体表现是:

(1) 难点是与已有的知识不一致,一些概念是学生难以接受的。

(2) 难点是与实际经验不一致或难以观察得到的。教材中的许多内容是学生生活中没有过的经验体会,学生很难理解。

(3) 难点也与知识水平有直接关系,有时需要经过长时间的练习、体会才能理解和灵活动用。有些难教、难学的内容,要在一个教学过程中加以多次处理。

3. 教学疑点

教学中的疑点有两类:一类是学生在学习过程中碰到了疑难不解的问题,构成影响继续学习的障碍,表现为疑问。另一类是教师有意设疑,在习以为常的情况下发问,使学生带着问题学。带着问题学习可以调动学生的情绪和全部智力。教师设疑的有效条件是:

(1) 当要形成某一学科的理论知识、概念或原理,要揭示其内在联系时。

(2) 当教学内容不是学习新知识,而是在逻辑上继续学习以前学过的,学生可以独立探索新知识时。

(3) 当学生力所能及解决新课时。

(五)教学过程设计

教学过程设计应紧扣教学目标的实现,设置教学环节。教学过程设计要求总体环节完整,各环节之间呈现逻辑关系;环节内容紧扣教学目标的逐步实现,教师活动、学生活动及设计意图与目标之间有一一对应关系;时间分配基本合理。应着重以下设计:

(1) 情境创设。力求真实、生动而又富有启迪性,充分发挥情境的功能及其与教学内容的对应。注意情境创设的多样性,如实验情境、问题情境、小故事、科学史实、新闻、实物、图片、模型和音像资料等。

(2) 学生活动设计。针对教学环节的具体目标,对学生活动的内容、形式(小组合作、自学等)、方法(探究、讨论、实验等)、手段(利用学案、实验等)及结果做出较为具体的预测、规划及描述。学生活动设计要求可观测,有实效性,能完成对应的教学目标。

(3) 教学评价设计。包括课内及课外两部分。课内评价着重于目标达成度的诊断与检测,注重其对应目标的训练价值,强化学生的动手能力,包括知识形成过程中的及时反馈与矫正、强化及诊断。注意评价方式的多样性与可观测性,着重驱动性任务设计,如完成学案、定时检测、目标检测等。课外评价要适度控制训练量,突出基础,进一步强化学生的动手能力。注意联系生产、生活实际,选择适当的探究性、开放性习题。

(六)教学策略与手段

教学策略的制定就是根据特定的教学目标、教学内容、教学对象以及当地的条件等,来合理地选择相应的教学顺序、教学方法、教学组织形式以及相应的媒体。教学顺序的确定就是要确定教学内容各组成部分之间的先后顺序;教学方法的选择就是要通过讲授法、演示法、讨论法、练习法、实验法、示范模仿法等不同方法的选择,来激发并维持学习者的注意和兴趣,传递教学内容;教学组织形式主要有集体授课、小组讨论和个别化自学三种形式,各种形式各有所长,须根据具体情况进行相应的选择;各种教学媒体具有各自的特点,须从教学目标、教学内容、教学对象、媒体特性以及实际条件等方面,运用一定的媒体选择模型进行适当的选择。教学策略的制定是根据具体的目标、内容、对象等来确定的,要具体问题具体分析,不存在能适用于所有目标、内容、对象的教学策略。

（七）板书设计

要求:注重知识形成的过程性和生成性,着重体现探究环节和学生的思维过程。

（八）教学反思

要求:在施教以后,运用新课程理念,着重从以下几方面进行反思:

(1) 教学设计的有效性和可行性。目标是否恰当,重点是否突出,难点是否突破,方法、媒体选择及应用是否恰当,教学组织形式是否有效等。

(2) 是否有教改意义上的突破。

(3) 根据施教中的问题,提出具体改进的意见。

注:在相应的部分要有"设计意图"。

三、教学设计案编写过程中应注意的问题

(1) 要注重教育教学思想理念下的系统设计。理念是设计的灵魂。如果在教学设计中教学内容缺乏理性的思考,没有理论的指导,那么这种设计仍然是一个简单的教案。在进行教学设计时,一定要注意理论与实践的紧密结合。

(2) 要正确处理好教与学的关系,做到教、学并重。教师在设计教学时,千万不要忘了教学设计是为学生学而设计的。没有以学生为本的教学理念,设计往往是教师如何表演的设计。

(3) 要注重学情分析基础上的学习目标的确立。学习需要分析,学习内容分析和学习者分析在教学设计中非常重要。

(4) 要关注各级目标之间的整合,如学科目标、单元目标、一堂课目标的内在联系;关注模块整合和整体设计。

(5) 要注重情感目标的制定与实施。传统教育的目标主要关注学生知识、技能、方法、能力方面的培养,很少关注他们情感态度与价值观方面的发展。所以教学目标撰写时应注意知识、技能、情感目标都要涉及,尤其是情感目标。

第三节　教学设计结果的评价

教学评价是教学过程的重要组成部分,它以教学目标为依据,制定科学的评价标准,运用一切有效的技术手段,对教与学活动的过程及其结果进行测量,并给以价值判断。

常用的教学评价种类有诊断性评价、形成性评价和总结性评价。诊断性评价在做课程教学设计的同时进行,其结果反映在"学生特征分析"栏中;形成性评价在教学实践过程中进行,随时填入课堂教学设计表中的"形成性评价"栏中,必要时可组织听课评议,进行课堂教学评价;总结性评价则在整门课程结束后进行,根据测试的结果,进行教学效果分析评价。

在自主学习过程中,常用的是学习效果评价。它不仅重视学习结果的评价,更重视学习过程的评价。

对教学设计的评价主要有三个维度的内容,即有效性、效率和吸引力。对于有效性,最重要的是理论在一定条件下可达到目标的程度,以及经过重复尝试达到目标的可靠性。教师对课堂教学的设计要注意体现对各层学生的适应性和挑战性,设置由浅入深、由易到难的练习题组和题目,让不同层次的学生都能"各取所需",既保证低层次学生达到学习目的要求,体会到成功的愉快,又使高层次的学生学有创见,有用武之地。

教学设计的好坏主要凭以下几点来判断:提出学习任务是否明确;学习任务在课堂内实施和完成得怎么样;是否通过活动和任务让学生建构了应该建构的知识;目标是否适切,符合"学生最近发展区"要求;内容是否恰当,能否有助于实现目标和完成任务;过程是否合理,讲、练、放、收是否按需进行;结果是否有效,主要看即时效果和长期效果。

教学设计方案评价表如表 14-2-1 所示。

表 14-2-1 教学设计方案评价表

单位(学校): 　　　　　　　　　　　　　　　　　　　　　　　编号:

课程名称			总　　分		
设计者			适合年级		

评 价 项 目	权重值	达到等级				备 注(得分)
		优(5分)	良(4分)	中(3分)	差(2分)	
教学目标的表述	2.0					
对教学对象(学习者)特征的分析	1.5					
学科知识和能力结构框架的建立	1.5					
各知识点目标体系的结构	1.5					
重点和难点的确定	1.5					
学习资源的积累	1.5					
自主学习活动的安排	1.5					
是否符合课程标准的要求	2.0					
信息技术在课程教学设计中的体现	2.0					
对学生创新思维和创造能力的培养	1.5					
设计方案在教学过程中的实践	1.5					
设计方案的实践效果	2.0					
该设计方案的特点	您认为该设计方案最有价值和最吸引人的方面有哪些?					
对设计方案的改进意见	您认为该设计方案的不足之处有哪些?请提出建设性意见。					
对设计方案的评论	您的总体感受和建议:					

评价人:×××　　　　　　　　　　　　　　评价日期:　　年　　月　　日

第三章　教学文件的编制

第一节　学期授课计划的编写

授课计划是教师对授课进程的基本安排,也是教学管理部门进行教学检查、评价教师课堂教学质量的重要依据。任课教师应在认真查阅专业教学计划,分析课程教学大纲、教材和学生现状的基础上,按学期授课任务书下达的课程总学时数认真编制学期授课计划。

一、授课计划的基本内容

(1) 基本信息:系(部)、教研室、课程名称、课程编码、总学时数、教师姓名、任课班级、选用教材、编制日期。

(2) 授课计划内容:序号、周次、教学时数、授课内容(章节主要内容)、备注。

(3) 其他:教研室主任审核、系主任审核、审核日期。

二、授课计划的编制要求

(1) 教师编写学期授课计划前必须认真钻研专业教学计划,清楚本课程在专业教学计划中的地位和作用,明白本课程与专业培养目标的关系。

(2) 教师编写学期授课计划前必须认真钻研教学大纲,明确本课程的性质、任务,把握好知识、技能、态度目标,了解重点和难点,进而设计本课程的教学方案。

(3) 任课教师应根据本门课程所担负的任务和特点,分清主次,突出重点,合理确定本门课程的知识、技能、态度目标,合理设计本门课程的教学方案。

(4) 本课程选用的教材和参考教材应注明教材名称、作者(主编者)姓名、出版单位和出版时间。参考教材系指本门课程在教学全过程中使用较多的主要参考书。

(5) 授课总学时以本课程计划总学时为依据。跨两个学期的课程,应注明上学期已完成或下学期应完成的教学时数。所有教学时数均按单班授课时数填写,不应累计重复班的教学时数。

(6) "周次"栏的填写以周次历和教学进程表为依据。

(7) "序号"系指每周的授课次序,而非全期授课次数的流水号,也不可将几次课的内容混为一课次来填写。每一次课都应填写其教学内容、重点、难点、课型及作业等内容。实践周的"序号"应明确到每天的实践任务安排。

(8) 课型指理论课、理实课、实践课。

(9) 重点与难点的区分要准确。有的重点即难点,但重点与难点并不可能完全重合。

(10) "课外作业"着重填写作业的数量。为帮助学生对知识、技能的熟练掌握,培养学生的自学能力,发展独立性和创造性,逐步形成踏实、严谨、自觉、主动和富有自制力等性格特征,作业要有一定的量,并应该优化作业设计,平衡课内教学与课外作业,充分发挥作业的积极作用。

学期授课计划总表和学期授课计划表的样式(供参考)分别如表 14-3-1 和表 14-3-2 所示。

表 14-3-1 学期授课计划总表

学期授课计划总表

(20　～20　学年第　学期)

课程名称			
授课班级			
课程总学时		(填写教学大纲规定的课时数)	
本学期计划学时		(填写本学期实际课时数)	
任课教师			
教研室			
制订日期			
教学大纲制订部门		(依大纲制订或审批部门而定,如教育部、农业部、省教育厅,学校自订的填学校名)	
教材全称 (编者、出版单位、出版时间)		××××(教材名) (××主编、××出版社、××年版)	
主要教学参考书(名称、编者)		(填写教师推荐给学生阅读的参考书,一般应是图书馆现有的书籍或资料)	
本学期教学周数	16	本课程本学期教学实习天数	(此处填写停课实习的天数,且应将实习的具体项目及安排情况应在后面的"学期授课计划表"上详细列出)
本课程周学时数	4		
总课时数	64 (以下各项课时分配之和及计划表中各项之和应等于总课时数)		
本学期教学时数分配	讲授	40	编写说明: (此处应填写:① 课程内容应在几个学期内授完。② 本学期实际课时数与教学大纲规定课时数之间的差异及处理办法。③ 在教学内容、手段、方法上的调整情况及简单理由。④ 实践教学安排的说明。⑤ 其他需要说明的问题。例如,若教材选用的是本科教材或其他类型的教材应说明理由或原因;平行班级课时不等但又相差不大时使用同一份授课计划,应说明是如何处理的;等等)
	实验、实习	12	
	习题课	2	
	现场教学	2	
	录像	4	
	(以下还可自行填写其他类别)		
	复习测验	(一般 2~6 课时)	
	机动	(不超过 4 课时)	
教研组长		系主任	

表 14-3-2 学期授课计划表

学 期 授 课 计 划 表
（×××～×××学年　第×××学期）

教师姓名：×××　　　　　课程：×××　　　　　班级：×××

周次	序号	授课章节、主要内容 （含课程实验、实习）	时数	课外作业/备注
一	1	机动一周	4	开学报到
	2			
二	3	教学要求、课程性质及学习方法介绍 绪论 课题一　汽车故障诊断的一般流程与分析方法之一～四	2	1. 汽车故障、汽车故障诊断的含义是什么？ 2. 汽车故障如何进行分类？ 3. 汽车故障诊断的标准和一般流程是什么？
	4	课题一　汽车故障诊断的一般流程与分析方法 五、汽车故障的诊断方法	2	1. 汽车故障诊断方法有哪些？ 2. 试述数据流分析方法。
三	5	课题一　汽车故障诊断的一般流程与分析方法 五、汽车故障的诊断方法 课题二　汽车故障诊断的4个基本原则	2	1. 简述波形测试方法。 2. 试述排放标准及分析方法。 3. 故障诊断的原则是什么？
	6	单元一　发动机故障案例分析 案例一　发动机不能启动的故障案例分析	2	P34 一、1、 二、1、2
四	7	单元一　发动机故障案例分析 案例一　发动机不能启动的故障案例分析	2	P34 一、2、3 三、1、2
	8	单元一　发动机故障案例分析 案例二　启动困难的故障案例分析	2	编制发动机启动困难故障的检修报告。
五	9	单元一　发动机故障案例分析 案例三　发动机油耗超标故障案例分析 案例四　发动机异常爆震的故障案例分析 案例五　发动机异响案例分析	2	1. 列出油耗超标故障诊断步骤。 2. 发动机爆震的主要原因分析。 3. 编制发动机异响故障的检修报告。
	10	单元一　发动机故障案例分析 案例六　发动机温度异常的故障案例分析 案例七　发动机怠速不稳的故障案例分析	2	1. 发动机温度异常原因分析。 2. 发动机怠速不稳的故障原因分析。
六	11	机动一周	4	
	12			
七	13	单元一　发动机故障案例分析 案例八　发动机加速不良的故障案例分析 案例九　发动机加速时抖动的故障案例分析 案例十　发动机减速滑行抖动故障案例分析	2	1. 学习案例八后有何启发？ 2. 分析发动机运转不平衡的两大主要成因。 3. 为什么喷油器必须成组更换？
	14	……	……	……

（实验内容一般列在授课内容之后；课内安排的实习项目及停课进行的教学实习项目，可以列在授课内容之后，也可以在计划表的最后集中列出，但应在"周次"栏注明开出周次或大致时间）

第二节 教案的编写

教案是教师组织教学的必备教学文件,是保证教学质量、提高教学效果的基本保障,是对授课教师的基本教学要求。教案是根据课程教学大纲的规定和要求,结合学生的实际情况,为顺利有效地开展教学活动而编写的具体教学方案,是教师上课的依据,也是保证教学质量的必要措施。课时计划是课堂教学的具体内容和实施方案,主要包括:教学目的(教学目标),授课的题目,授课的方式,方法和手段,教学的重点与难点,教学的基本内容,作业、讨论、辅导答疑等课后延伸,课后小结,参考资料(含参考书和参考文献)等。

一、教案编写的基本原则

(1) 以课题(章)或一次课堂教学(两课时)为教案的基本设计单元。

(2) 教案编写应以教学大纲为依据,在深入钻研教材和了解学生实际的基础上,根据自己的学术修养、教学经验,编写符合个人教学风格的个性化教案。

(3) 教案的编写必须与授课计划对应,在章节表述、学时安排、授课内容、方式方法等方面与授课计划安排一致。

(4) 教学目标应符合学科特点和学生实际,在知识、技能、情感态度与价值观等方面的培养要有很好的体现。

(5) 教案内容丰富,信息量大,既要体现传授知识的科学性、系统性,又要体现教学方法的灵活性、多样性,因材施教,注重创新和学生学习方法的培养。

二、教案编写的格式要求

(1) 教案首页应具有的基本内容:课程名称,适用专业、年级,学期,任课教师姓名、系部,开始编写的时间。

(2) 合格的教案每章必须具备如下要素:教学目的要求、重点难点、学时分配、教学内容与过程、参考书目与资料、作业布置与思考题、教学后记。

(3) 教学目的要求是指通过本次教学应使学生理解、了解哪些基本理论和基本知识,掌握哪些基本技能、技巧,在政治思想方面有哪些提高;重点难点是指本课题的重点、难点各是什么,如何处理重点与难点;学时分配是指本章讲授所需时间,具体是指复习上次课所学知识需要多少时间,讲解问题需要多少时间,学习讨论或演示实验等需要多少时间,本次课小结及布置作业需要多少时间等;教学后记是指教师在课后对教学过程需要改进的地方进行分析和追记。

如表 14-3-3 所示为停车、倒车教案。

表 14-3-3 停车、倒车教案

教学项目	课题三 停车、倒车		教学学时	3
教学目标	正确掌握停车、倒车操作方法			
教学内容	1. 停车;2. 倒车			

续表

重点难点	1. 换挡时动作的连贯、迅速、准确和换挡时机的掌握； 2. 停车、倒车时安全确认及变速时方向的控制	
教学方法	讲解、示范、模拟练习、教练员指导	
教学手段	模拟器、实车原地操作	
教学场所	模拟教室、教练场地	
教　学　过　程　设　计		
教学活动	内　　　　容	教学指导
教学要点	1. 停车操作方法； 2. 倒车操作方法	教练员结合教材在驾驶模拟器或实车上进行讲解、示范
示范动作	1. 停车： (1) 停车前开启右转向灯，松抬加速踏板，观察前方和后方道路交通情况确认安全，逐渐将车驶向道路右侧； (2) 车速降至10km/h，踏下离合器踏板，将车辆平稳而正直地停放在道路右侧预定地点； (3) 拉紧驻车制动器操纵杆，将变速器操纵杆移至空挡位置（上坡停车挂一挡，下坡停车挂倒挡）； (4) 关闭转向灯，放松离合器踏板、制动踏板，关闭点火开关 2. 倒车： (1) 倒车与前进相比，看不见的部分（死角盲区）非常多，操作难度大，在任何时候到车前都应该认真地进行安全确认； (2) 注视车后窗倒车时，左手握转向盘上缘，上身向右后转体，下体向右微斜，右手扶住副座椅靠背上端，两眼通过后窗注视后方目标； (3) 注视后视镜倒车时，通过车内外后视镜选择倒车目标，稳住加速踏板，保持车速缓慢平稳； (4) 倒车应保持较低速度，可不踏加速板，利用离合器的半联动，控制车速慢慢后倒；需要加速或遇到不平的路面，应轻踏加速踏板，保持随时停车控制的速度；当速度过低时，可适量踏下离合器踏板，避免发动机熄火； (5) 倒车过程中要对准找好的参照物，低速行驶，发现偏差，及时调整转向盘的方向进行修正，转向盘的转动方向与倒车方向一致	1. 教练员在做示范动作时，学员应随车观察； 2. 教练员边讲解、边示范；根据学员的理解程度，必要时重复讲解、示范，直至学员完全理解； 3. 学员在理解的基础上，按照教练员的示范动作进行模仿练习； 4. 教练员随车进行指导，及时纠正学员的错误动作 行车制动器使用要领： 应先轻踏制动板，再逐渐加重或可适当修正踏板力度，以平顺减速，当车即将停住时稍抬制动踏板，实现平稳停车
指导练习	训练要点： 1. 对每个项目单独进行训练； 2. 学员逐个进行操作，体会操作要领； 3. 学员掌握操作要领后，进行熟练动作训练 易犯的错误： 1. 倒车时找不到目标或转反转向盘； 2. 由于操作不当出现发动机熄火、车辆闯动	1. 学员练习时，教练员随车指导； 2. 教练员对学员出现的错误做好记录
训练讲评	动作完成的基本情况，存在的问题，下一步训练侧重点	强调本次训练的重点

三、教案的管理

(1) 教师每次上课均应有相应的教案，重复课教案应根据学生层次、程度及科技发展的情况，进行一些必要的更新和修改。

(2) 教案要有一定的提前量，一般为3周左右。

（3）课件在教师授课、助教、助学，解决重点、难点问题等各方面发挥巨大作用，课件的质量对教学效果起着举足轻重的作用。教师应根据教学内容的需要，制作 PowerPoint 演示文稿或多媒体课件。

（4）以纸质教案为主体，电子教案是辅助教学媒介。电子教案不能代替纸质教案。（Word 文档编制的教案不属于电子教案。电子教案必须是由 PowerPoint 等开发的教学内容演示文稿或其他带有课件的教案。）

（5）授课计划表和教案一般保存 3 年。

第四章　教学的组织

第一节　教学内容的组织

一、教学内容的组织要充分展示知识的形成过程

现代教育不仅要使学生学到知识、形成技能，更重要的是让学生在获取知识的过程中学会分析问题和解决问题的思想和方法，同时培养学生的创新意识和创新能力。所以，我们在组织教学内容时就应该考虑学生的学，要充分展示知识的形成过程，寓教学思想、学习方法于教学内容组织的过程之中。

1. 要领会教材的编写意图，用好教材

好的教材在呈现课时教学内容时，已经注意了知识的发生和发展过程，从学生实际出发，顺应学生学习知识的心理，使新的知识有序列、有层次地呈现在学生的眼前。老师在备课时，应在钻研教材的基础上，深刻领会教材的编写意图，在展示知识形成的过程中有意识地提炼出隐含着的思想方法，使学生受到科学方法、科学态度的熏陶。

2. 要分析教材编排的局限性，创造性地使用教材

教材并不是完美无缺的，有的课时内容由于篇幅的限制，不可能提供详尽的学习材料，也不可能呈现完整的教学过程，当然也就很难反映知识形成的全过程。有些内容过于侧重于知识的传授和积累，侧重于技能的训练，已滞后于教育的发展。对于这样的教材，教师绝不能照搬照套，不要被它所提供的材料和组织程序束缚住手脚，而应在深入钻研教材的基础上，及时调整"航向"，主动驾驭教材。教师需要通过学习材料的重组，以生动的、丰富的、有层次的学习材料，创设既能调动学生主动参与学习的积极性，又寓科学意识、科学态度、科学方法的教育于课堂教学之中的教学形式。

二、教学内容的组织要体现应用性和开放性

1. 学习材料要体现应用性

科学技术的迅猛发展使具有相对稳定性的教材产生一定的滞后性，特别反映在学习材料符合时代特征的应用性不够，而且由于教材划一和学生的区域差异，使得教材所提供的学习材料不一定符合本地区学生的生活实际。所以，我们就应及时吸收、补充一些富有时代气

息的、贴近学生生活实际的、为学生所喜闻乐见的学习材料,以激发学生的学习兴趣,培养学生的学习意识和应用能力。

2. 教师要善于就地取材,充实学习材料

要培养学生的应用意识,提供贴近学生生活实际的学习材料,这就要求老师要善于就地取材。

3. 让学生参与选择、提供学习材料

要把静态的知识内容、知识结构转化为学生头脑中的认知结构,必须使学生积极主动地、有效地参与教学活动,学习材料的选择与提供也不例外。老师应尽可能地创造机会和条件,让学生自己参与选择、提供学习材料,甚至让学生自己创造,而教师仅仅是一名参与者、合作者、引导者。

三、教学内容的组织要有利于学生的"再创造"

现行教材中,许多教学内容因采用螺旋上升的编排方式,往往过多地着眼于训练的梯度和密度,把一块知识分拆得很细,一点点"喂"给学生,"小步子"前进,反复训练。这样的内容组织固然有其有利的一面,但因为没有紧紧抓住基本原理、基本方法教学这一条主线,培养出来的学生也往往是会"模仿"的多,会"创造"的少。所以,对于这样的教学内容,教师要根据学生已有的知识基础和心理实际,敢于调整教学顺序,重组教材内容,突出基本知识、基本观念、基本方法的教学,培养学生"再创造"的方法和能力。

当然,对于教学内容的处理、重组也要因人而异,不能绝对化。如对于处理教材能力不强的新教师,应该在认真学习课标、深入钻研教材的前提下,努力去领会教材的编写意图,把握教学目标,按教材思路组织教学,对教学材料可做一些简单的调整、充实,用好教材。对于教材处理能力较强、具有一定研究能力的教师,则应对教材的不足进行大胆的调整、重组,使教学内容更趋合理,从而有利于学生主动参与知识的发生和发展过程,有利于学生的科学意识、科学态度和科学方法的培养,也有利于学生初步创新能力的培养。

第二节 教学过程的组织

课堂教学是教学工作的基本形式,要使它能充分发挥教师的主导作用,赢得教学的高效率和传授知识的高密度,要使它能让学生在较短的时间内获得较多的系统的文化知识,必须改革传统的课堂教学结构,重视对课堂教学结构的设计。在组织课堂教学结构时,必须遵循如下原则:

一、充分发挥教师的主导作用

在目前的课堂教学中,大多是以教师为主体,课堂是教师自我表现的场所。往往教师有一种共同的倾向,即关心为了教好这门课,自己应做些什么,而忽视了要学好这门课,学生应做些什么,从而导致"一言堂""满堂灌"的现象。为改变这种现象,可以从以下三方面着手:

(1)课前设疑。教师可以通过课前预习、提问,让学生产生疑难,带着问题来听课,为课堂学习的生动性、活跃性奠定基础。

(2)利用现代媒体进行课堂激疑。教师可通过现代媒体,引起学生的思维共鸣,创设具有探索因素的问题性情境,激发和鼓励学生进行探究性的智力活动。

(3)引导学生进行主体表现。教师可充分运用分析、比较、演绎、归纳等方法,引导学生分析和解决课业中的一系列矛盾,在解决这些课业矛盾中,学生的思维能力不仅会得到锻炼和提高,而且其思维水平必然处于生动活泼的主题表现中。

二、提供清晰明确的知识结构

在以往的课堂教学中,教师的活动常常就是进行知识的罗列,而缺乏给学生提供一个清晰明确的知识结构,造成学生很难理解完整的、系统的知识体系。因此,我们要求教师在进行课堂教学的时候,要克服单纯的知识罗列,要突出重点,解决学生在学习中的难点,借助各种媒体的功能,给学生提供完整的知识结构。

三、充分发挥学生的主体作用

进行多媒体组合优化教学设计的目的之一,就是要优化课堂教学结构,充分发挥学生的学习积极性,让学生有更多的机会积极参与,真正做到动脑筋、动口和动手,从而提高学生在教学过程中的主体地位。以往的课堂教学,教师只要教会学生"学会"便行了,而现在,学生单单"学会"仍不行,还必须"会学",即要变学生原来的接受式学习为接受、发现式学习并重。

接受式学习主要是采用教师讲、学生听的方式,教师将现有的知识详细讲解,引导阅读,进而学生接受,内化为自己的知识。而发现式学习则主要是教师呈现学习内容,引导学习方向,让学生自己探索进而发现关系(原理),并内化为自己的知识。

传统的课堂教学非常强调接受式学习方式,但根据现代社会对教育提出的要求来看,两种学习方式都是重要的、必不可少的。接受式学习有助于学生单位时间内获得量大的信息容量,有助于发展学生的听觉能力、注意力、想象力等,对学生学习的其他环节,如练习、实验等指示了方向和方法。发现式学习倡导让学生自己发现问题,自行解答问题,这种方式能充分发挥学生认知的积极性和主动精神,促进学生学习能力和学习品质的发展。

四、强调师生双边活动

在组织课堂教学过程结构时,要注意教师与学生的相互作用,活跃课堂双边活动。如可采用教师设疑—学生思考—教师启发,教师提问—学生讨论—教师归纳,或教师总结—学生迁移—教师强化等形式。

第三节 教学效果的评价

一、教学效果评价内容

一节好课要充分考虑到知识内容的联系,还要考虑学生的接受能力,因此必须设计好教学环节,让学生能循序渐进地理解和把握知识。

1. 教学效能

有效的教学一定是使学习者有所收获的学习活动,检查教学效能是非常重要的。教学效能检查可以有三项指标:一是问题解决的程度;二是解决问题的代价如何,投入产出的比例是否恰当;三是能否引发继续学习的意愿,能否促进发展,具体地说是能不能带来新的问题,能不能启动更深入、更广泛的学习活动。教学效能评价,要有效益意识,要提倡在减轻课业负担的条件下实现学生发展,要像关心学业一样关心学生的身心健康,尽量做到少而精，做到低投入、高产出。

2. 教学活动的氛围

它是充盈在师生交往与活动中间，体现在课堂的物质存在与精神存在中，完全可以被当事双方与观察者感知的客观存在，是一种可以左右课堂教学活动效能的关键因素。我们主张的积极的教学环境应该是和谐、活跃、民主、平等的，是让每个参与者身处其中都感到安全、亲切、有归属感的。

3. 教学过程

教学过程应该符合学生知识、能力、情感与价值观的生成发育过程，应该符合学生的身心需要。作为一个群体的学习活动过程，关注点应该放在学生的参与度上，放在学生参与的广度、深度与自觉程度上。要看有多少学生在多大程度上实现有效学习；要看教师重点讨论、重点讲解的问题在多大程度上符合学生的需要，有助于帮助学生解决难点；还要看学生在教师提问、讨论、作业等活动中表现出的精神状态与价值追求；等等。同时要关注教学过程的组织程序与活动节奏，从整体上看是否有合理的顺序与秩序，是否能随时因人因事而灵活调整既定安排，活动节奏是否符合健康与安全的原则，能不能做到张弛有度、融严肃与活泼于一体。对活动程度与活动节奏的观察要围绕有效学习的需要来考查，要关注活动方式、方法的合理性与教育资源利用的适宜程度，要依据学生认知与情意发展的要求来评价活动程序和活动节奏的科学性、合理性。观察教学过程主要是关注教师对学生的人文关怀与对教学任务的全面认识及其落实情况。教学任务与教学目标及其所体现的现代教育理念，不能只停留在宣言层面上，而必须体现在教学活动过程之中，必须转化成为师生具体的活动方式、活动特点与活动氛围，这样才会真正对学生发展起促进作用。

4. 教学的任务、目标

每节课总要由师生确定一项或几项具体的教学任务，也就是说，要明确大家学什么，学到什么程度，怎么去学。任务或目标应该是具体而科学的，是有意义、有价值的科学命题，是合理的要求，是符合学生发展需要、符合传承人类文明需要的要求。另一方面，这样的任务与目标又应该是有生命力的，即适应学生知识能力准备基础的，是学生感兴趣、有挑战性的，而不是简单的重复，也不应距离学生生活经验过分遥远。学习任务、学习目标的科学性与适切性是激发学生有效学习的前提。任务、目标不合理、无价值，不会引发学生的兴趣，也不可能实现成功的教学。

总之，教学评价要考虑学生的过去，重视学生的现在，更要着眼于学生的未来；所追求的不是给学生下一个精确的结论，更不是给学生一个等级分数并与他人比较，而要更多地体现对学生的关注和关怀；不但要通过评价促进学生在原有水平上得到提高，达到基础教育培养目标的要求，更要发现学生的潜能，发挥学生的特长，了解学生在发展中的需求，帮助学生认识自我、建立自信。

二、课堂教学评价

课堂教学是整个教育过程中最重要、最关键的环节，它的质量决定了整个教学质量的高低。因此，对于课堂教学应经常进行科学的评价，以便肯定优点，发现不足，及时反馈，便于改进。

1. 课堂教学评价表

课堂教学评价指标体系分为两级。一级指标包括教学设计、教学过程和教学效果 3 大项,下设 14 项二级指标、39 项评价期望标准,如表 14-4-1 所示。

表 14-4-1 课堂教学评价表

授课教师:_____ 课程名称:_____ 授课班级:_____ 评价人:_____

| 编号 | 评价指标 | | 达到等级 | | | 评价期望标准 |
	一级	二级	优	良	中	差	
A	教学设计	教学目标					1. 教学目标明确、具体,符合课程标准(教学大纲)的要求,切合学生实际。 2. 各知识点的学习目标层次合理,分类准确,描述语句具有可测量性。 3. 密切结合学科特点,注意情感目标的建立。
B		教学内容					1. 教学内容的选择符合课程标准(教学大纲)的要求。 2. 按照科学的分类,对教学内容进行正确地分析。重点、难点的确定符合学生的当前水平,解决措施有力、切实可行。 3. 根据学科的知识和能力结构确定知识点,各知识点布局合理、衔接自然。 4. 根据学科特点,注意到思想教育的内容。
C		教学媒体					1. 教学媒体的选择符合优化原则,注意到多媒体组合应用。 2. 所选媒体适合表现各自知识点的教学内容,对教学能起到深化作用。 3. 教学媒体的使用目标(在教学中的作用)明确,使用方式有助于学生的学习。 4. 板书设计规范、合理,能紧密结合学科特点,有一定的艺术性。
D		教学策略					1. 根据学科特点、教学内容和学生特征选择合适的教学模式。 2. 遵照认知规律选择教学方法,注意到多种教学方法的优化组合。 3. 各知识点的教学过程结构类型与所选择的教学方法配套,整节课的教学过程结构自然流畅、组织合理。
E		形成性检测					1. 形成性练习题覆盖了本节课各知识点的所有学习目标层次。 2. 形成性练习题数量适中、文字精练、表达准确,便于检测。
F	教学过程	目标实施					1. 整节课围绕目标进行教学。 2. 在教学过程中,对各知识点的学习目标是否达到,能及时进行检测。
G		内容处理					1. 在课堂教学中,对各个环节、各知识点占用的时间分配合理,总体掌握准确。 2. 分清主次,重点突出;抓住关键,突破难点。
H		结构流程					1. 按照设计好的流程方案进行教学,做到照办而不呆板、机械,灵活而不乱安排。 2. 教学过程中注重启发、诱导,激发学生的学习动机。
I		媒体运用					1. 演示实验、应用媒体时,操作熟练、规范正确,视听效果好。 2. 媒体出示时机合适,使用方法得当,取得预期的效果。 3. 板书整齐,字迹清晰,书写规范,无错别字。
J		能力培养					1. 注意对学生的智力、技能和创造能力的培养。 2. 指导学生掌握学习方法,培养学生的自主学习能力。

续表

编号	评价指标		达到等级				评价期望标准
	一级	二级	优	良	中	差	
K	教学过程	课堂调控					1. 注意师生的交流，根据学生的反应，及时调整教学进度和教学方法。 2. 组织能力强、课堂教学秩序好。 3. 时间掌握准确，教学效率高，能够妥善处理突发事件。
L		教师素养					1. 仪表整洁、大方，教态端庄、自然、亲切。 2. 讲普通话，口齿清楚、发音正确，表达形象生动，富于启发性和感染力。 3. 治学严谨，教书育人，为人师表。 4. 具有较强的科学研究和信息处理能力，能增强学生学习的积极性，拓宽学生的知识面。
M	教学效果	课堂反应					1. 以教师为主导、学生为主体的教育思想得以在课堂教学中充分体现。 2. 学生注意力集中，学习积极主动，与老师配合默契。
N		达标程度					1. 形成性测试中，大部分学员反应积极，回答问题踊跃。 2. 回答问题正确率高达90%以上。 3. 课外作业完成顺利，单元测验合格率在95%以上。
备注			优：完全达到；良：大部分达到；中：基本达到；差：部分达到				

2. 课堂教学效果评价

根据总结性测试结果，计算学生整体达标程度，绘出学生整体学习水平及成绩分布曲线，并通过学生与问题关系表，分析学生整体学习特征及其稳定程度，填写教学效果分析评价表。对超过警告线的学生与问题进行深入分析，找出原因，以利于改进教学，提高教学质量。

3. 课堂学习效果评价

对自主学习过程的评价不仅重视学习的结果，更重视学习的过程。在评价方法上多采用案例、量规和文件夹（档案袋）等形式。

（1）案例评价。

由教师根据学习任务给出解决该类问题的典型范例。这些范例可以是由教师或其他人完成的，也可以是以前的学生完成的作品。

学生可以参照这些范例中解决问题的思路、方法，对照自己的学习过程和成果进行自我评价，也可以进行互评。

（2）量规评价。

为了使学生更清楚地了解学习的要求，教师可以设计一套评价用的指标体系，供学生对照检查。指标体系应简单、明确、便于操作。

这种供评价用的指标体系通常称为量规。学生通过使用量规，明确自己在学习过程中应该如何去做，做到什么程度才算合格。

（3）文件夹（档案袋）评价。

学生在学习过程中，把自己有关学习的材料都放入一个文件夹（档案袋）中。这个文件夹(档案袋)包含了学习笔记、作业、收集到的有关资料、自己的电子作品、学习成果,以及电子邮件、参加在线讨论和博客学习的记录等。

通过该文件夹(档案袋),可以非常清楚地了解学生在整个学习过程中的表现和学习收获,有利于做出公正的评价。

(4) 学习日志。

学习日志分为两个部分:左侧记录学习中的内容和问题,右侧记录学生解决该问题的思路、步骤。学习日志的左侧为学生在课堂教学中或自主学习中所做的听课笔记或学习笔记;而右侧为课后复习或自主学习过程中对问题的思考、评注。通过填写学习日志,学生可将课堂教学、自主学习结合在一起,形成一个有机的整体。学生可以将学习日志发布到网上,教师通过学习日志可以及时了解学生的情况,指导学习进程。

(5) 分类表格。

学会对事物进行科学的分类,是解决问题的基础。利用分类表格可以考查学生对事物的理解程度,便于学生通过表层知识对事物的规律、关系做出正确的解释。

第十五单元 汽车驾驶技能实训

第一章 场地驾驶

项目一 "曲线"形路线进退

编号	15-1-1		
训练项目	"曲线"形路线进退	训练时间	90min
图形与说明	<center>起点线 ⟵2车长⟶ ……… 停止线</center>		
操作要领与说明	1. 车辆前进时：车辆在起点线起步，到达停止线，保险杠距停止线 20cm 以内停车。 2. 车辆倒车由后视窗或后视镜观察桩杆，按原前进路线倒车，当车辆保险杠与起点线平齐（倒车 20cm 以内）时，完成倒车全过程。 3. 操作中，不准碰杆，中途不准停车、熄火，不准使离合器处于半联动状态。 4. 在前进过程中，车身任何部位不准出线；倒车时，轮胎不准出线。 5. 操作规范，不准将头、手伸出窗外。		
备注	考核时间：从起点线起步开始计时至退到起点线边。		

项目二　快速换挡与直角转弯

编号	15-1-2		
训练项目	快速换挡与直角转弯	训练时间	120min
图形与说明	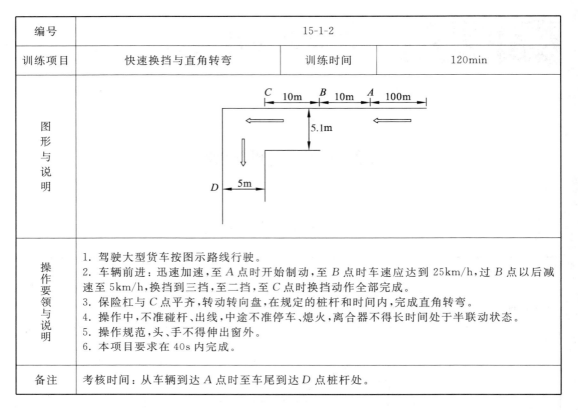		
操作要领与说明	1. 驾驶大型货车按图示路线行驶。 2. 车辆前进：迅速加速，至 A 点时开始制动，至 B 点时车速应达到 25km/h，过 B 点以后减速至 5km/h，换挡到三挡，至二挡，至 C 点时换挡动作全部完成。 3. 保险杠与 C 点平齐，转动转向盘，在规定的桩杆和时间内，完成直角转弯。 4. 操作中，不准碰杆、出线，中途不准停车、熄火，离合器不得长时间处于半联动状态。 5. 操作规范，头、手不得伸出窗外。 6. 本项目要求在 40s 内完成。		
备注	考核时间：从车辆到达 A 点时至车尾到达 D 点桩杆处。		

项目三　直角掉头

编号	15-1-3		
训练项目	直角掉头	训练时间	120min
图形与说明	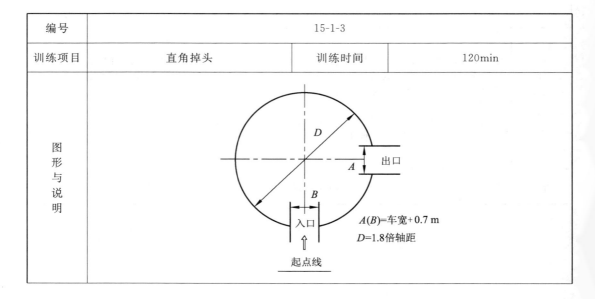		

续表

操作要领与说明	1. 驾驶大型货车经入口进入圆形场地,经过三进二退,完成直角掉头,再从出口处驶出(行驶在圆圈内,前后轮胎不准压线)。 2. 按操作规程一次启动发动机,起步平稳。 3. 不许原地打转向盘,前进、倒车过程中,不许使用半联动。 4. 直角掉头过程中驾驶员头、手不许伸出窗外,车轮不许压线,不许熄火。 5. 本项目要求在90s内完成。
备注	考核时间：从前轮越过起点线开始至车身离开圆形场地止。

项目四　快速移位长距离倒车

编号	15-1-4		
训练项目	快速移位长距离倒车	训练时间	120min
图形与说明	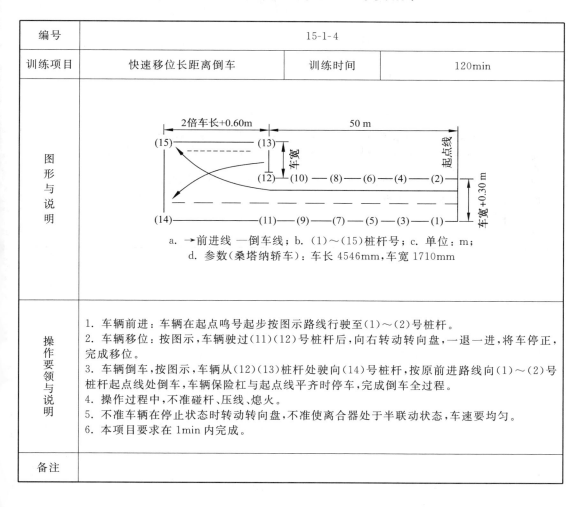 a. →前进线　—倒车线；b. (1)~(15)桩杆号；c. 单位：m； d. 参数(桑塔纳轿车)：车长4546mm,车宽1710mm		
操作要领与说明	1. 车辆前进：车辆在起点鸣号起步按图示路线行驶至(1)~(2)号桩杆。 2. 车辆移位：按图示,车辆驶过(11)(12)号桩杆后,向右转动转向盘,一退一进,将车停正,完成移位。 3. 车辆倒车,按图示,车辆从(12)(13)桩杆处驶向(14)号桩杆,按原前进路线向(1)~(2)号桩杆起点线处倒车,车辆保险杠与起点线平齐时停车,完成倒车全过程。 4. 操作过程中,不准碰杆、压线、熄火。 5. 不准车辆在停止状态时转动转向盘,不准使离合器处于半联动状态,车速要均匀。 6. 本项目要求在1min内完成。		
备注			

项目五 "S"形路线倒车

编号	15-1-5		
训练项目	"S"形路线倒车（小型车）	训练时间	120min
图形与说明	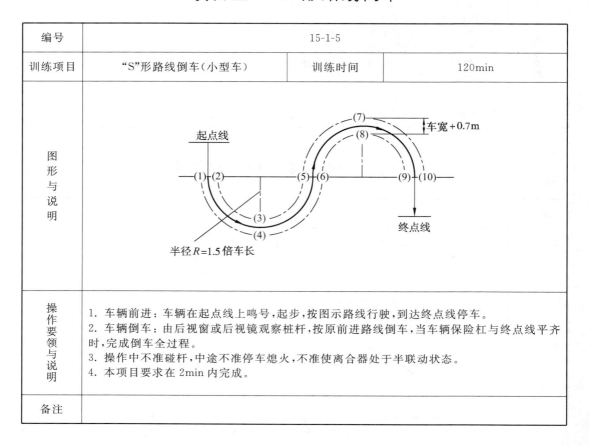		
操作要领与说明	1. 车辆前进：车辆在起点线上鸣号，起步，按图示路线行驶，到达终点线停车。 2. 车辆倒车：由后视窗或后视镜观察桩杆，按原前进路线倒车，当车辆保险杠与终点线平齐时，完成倒车全过程。 3. 操作中不准碰杆，中途不准停车熄火，不准使离合器处于半联动状态。 4. 本项目要求在2min内完成。		
备注			

第二章　汽车驾驶技巧

项目一　驾驶技术与节油

编号	15-2-1		
训练项目	驾驶技术与节油	训练时间	150min
操作要领及要求	燃油消耗在汽车运输成本中占25%～30%。影响节油的因素是多方面的，仅驾驶操作这一因素造成的油耗偏差就经常超过10%，使车辆的实际油耗与使用说明书上的指标有较大的差异。所以科学地驾驶操作对节约燃料有很大的影响，主要有以下三个方面： 　　1. 经济车速行驶：试验表明，汽车油耗在经济车速时最低，低速时稍高，高速时随车速的增加而迅速增长。这是因为在低速时，发动机的负荷率低（负荷率是指在某一转速下，节气门部分打开所发出的功率与该转速下节气门全开时最大功率之比），发动机耗油率上升；高速行驶时，汽车的行驶阻力（特别是空气阻力）加大，导致油耗增加。不同车型的经济车速也不相同，驾驶员行车中，应尽量采用经济车速行车。 　　2. 合理选择挡位：在一定的道路上，汽车用不同的挡位行驶，油耗是不一样的。在同一道路条件与车速下，虽然发动机发出的功率相同，但挡位越低，后备功率越大，发动机负荷率越低，耗油率也越高；而使用高速挡时情形相反。所以在发动机动力许可的条件下，一般应尽可能地用高速挡行驶。同时要求换挡应尽量做到脚轻手快，即脚踩加速踏板要轻，缓慢加油，而换挡要快，迅速而准确。 　　3. 保持发动机正常温度：发动机的工作温度是否正常，对汽车油耗也有很大的影响。当水温在40℃～50℃时，油耗将增加8%～10%。若发动机温度过高，则容易产生爆燃。使用中应保持正常的发动机温度，对水冷式发动机而言，水温以80℃～90℃为宜。 　　4. 行车中要做到安全滑行和正确掌握制动，用快速换挡方法来降低油耗。 　　5. 本项目要求在20min内完成。		

项目二　恶劣天气驾驶技巧

编号	15-2-2		
训练项目	恶劣天气驾驶技巧	训练时间	60min
操作要领及要求	1. 雾天安全行车： （1）雾天行车，开启防雾灯、示宽灯，严格控制车速，根据能见度选择不同的车速和安全距离行驶。 （2）雾天行车，多使用喇叭以引起对方注意；听到对方车辆鸣喇叭时，要及时鸣喇叭回应；发生道路堵塞时，立即停车，并开启紧急信号灯。 （3）会车时，选择宽阔的路段和地点低速交会；两车交会，关闭防雾灯，适当鸣喇叭提醒对面车辆注意，发现可疑情况，立即停车让行。 （4）跟车行驶时，密切注意前车动态，严格控制车速，适当加大与前车的纵向安全距离，以防与前方车辆保持的距离太近。 （5）雾天严禁超越正在行驶的车辆，发现前方车辆靠右边行驶，不可盲目绕行，要考虑到此车是否在避让对面来车。 （6）超越路边停放的车辆，要在确认其没有起步的意图而对面确无来车后，适时鸣喇叭，从左侧低速绕过。 （7）进入浓雾区前，谨慎行驶，将车速控制在能及时停车的范围内，靠右侧行驶，必要时可开启近光灯从左侧低速绕过。		

续表

编号	15-2-2		
训练项目	恶劣天气驾驶技巧	训练时间	60min
操作要领及要求	2. 雨天安全行车： (1) 雨中行车，应严格控制车速，发生车辆横滑或侧滑情况，切不可急转方向或紧急制动，应利用发动机牵阻减速。 (2) 遇到大暴雨或特大暴雨，能见度很低，刮水器的作用不能满足要求时，不要冒险行驶，应选择安全地点停车，并打开示宽灯，待雨小或雨停时再继续行驶。 (3) 雨中遇到行人时，提前减速、鸣喇叭，严禁争道强行，不要从行人身边急速绕过，应与其保持一定的安全距离通过。 3. 通过泥泞路： (1) 泥泞路段上行车，选用适当挡位(一般可用中低速挡)，稳住转向盘，稳住加速踏板，匀速一次性缓缓通过。 (2) 车辆发生侧滑时，要冷静清醒，在松抬加速踏板的同时，将转向盘向后轮侧滑方向适当缓转修正方向，切忌猛打转向盘或紧急制动。 4. 涉水驾驶： (1) 车辆涉水前，对涉水路段的深度、水流速度和水底情况进行勘察，不可冒险涉水行驶；涉水时，保持车速均匀平稳且有足够动力，尽量不要中途换挡、停车和急转弯，要"一气"通过涉水路段。 (2) 涉水行进中，要目视远处固定目标，不要看水流，以防因视觉上判断错误而导致行驶方向的偏移。 (3) 涉水后，擦干被水浸湿的部位，保持低速行驶，并间断轻踩制动踏板，以恢复制动效果。 5. 大风天气驾驶： (1) 逆风向行驶时，注意风向突然改变或道路出现较大弯度，风阻突然减小，会使车速猛然增大。 (2) 行车中，应预防行人为躲避车辆行驶扬起的尘土，在车辆临近时突然跑向道路的另一边。 (3) 大风天夜间行驶时，使用防眩目近光灯，不宜使用远光灯，以免因出现眩目的光幕而影响视线。 (4) 风沙特别大时，将车停靠在道路上风处，车头背向风沙，并关闭百叶窗，防止细微沙粒被发动机吸入汽缸而加速机件磨损。 6. 高温气候条件下驾驶： (1) 行车中，随时注意水温的变化，发现水温直线上升或冷却水沸腾时，应立即停车，待温度适当下降后再补充冷却液。 (2) 夏季午后天气炎热，行车中极易瞌睡，当感到视线逐渐变得模糊、反应变得迟钝时，应停车休息。 7. 低温气候条件下驾驶： (1) 露天停放的车辆，润滑油黏度大，起步后应低速行驶一段距离，待温度升高时，再逐渐提高车速。 (2) 风窗玻璃上形成冰霜时，应及时进行擦拭，不可勉强行驶。 (3) 临时停车，选择干燥、避风和朝阳处，停留时间较长时，未加防冻液的车辆应间断启动发动机，以防冷却水结冰而冻裂机体、散热器等机件。		

项目三　复杂道路驾驶技巧

编号	15-2-3		
训练项目	复杂道路驾驶技巧	训练时间	60min
操作要领及要求	1. 城市道路安全行车： (1) 车辆在道路上行驶，实行右侧通行的原则。划有中心分道线的路段，在分道线右侧行驶；没有中心分道线的路段，在道路中间通行。 (2) 道路划设专用车道的，在专用车道内，只准许规定的车辆通行，其他车辆不得进入专用车道内行驶。 (3) 按照交通信号通行，遇交通警察现场指挥时，按照交通警察的指挥通行。		

续表

编号	15-2-3		
训练项目	复杂道路驾驶技巧	训练时间	60min
操作要领及要求	(4) 通过狭窄街道,正确判断和估计街道宽度,注意观察交通动态,随时准备避让行人和非机动车。 (5) 行经学校门口,提前减速,注意观察学生动态,遇学生列队通过街道时,主动停车礼让。 (6) 胡同内行车,尽量在道路中间行驶,随时提防小巷内有车辆或行人横穿。 (7) 在机关、学校、居民区等处或有标志规定禁止使用喇叭的时间、路段,禁止使用喇叭;在非禁鸣喇叭的时间、路段,一般一次鸣喇叭时间也不得超过 0.5s,连续按鸣不得超过三次。 2. 山区道路上下坡驾驶: (1) 上坡行驶前,判断坡道的坡度大小,如果上坡中途无法换挡,为了保持车辆有足够的动力爬坡,应提前换入中速挡或低速挡,切不可等到车速过低时再进行减挡。 (2) 通过短而陡的坡道,采用加速冲坡的方法,将近坡顶时提前松开加速踏板,利用惯性冲过坡顶;到达坡顶时,适时控制车速,防止对面的视线盲区突然出现车辆而措手不及。 (3) 行至较长而陡的坡道,应提前减挡,保持发动机动力,在接近坡道时,加速冲坡;车速开始降低,发动机声音由轻快变得沉闷时,迅速减入低一级挡位行驶,以保证有足够的动力驶上坡顶。 (4) 行至上坡道转弯处,提前减速减挡,靠右侧行驶,并注意鸣喇叭;急转弯时,注意提防弯道对面突然出现的车辆,接近弯道时降低车速,靠右侧行驶,给对面来车留出足够的路面。 (5) 下长而陡的坡道,在下坡前将车速降至即将停住后,换低速挡下坡,防止因车速太快无法控制而发生危险。 3. 山区危险路段驾驶: (1) 急弯狭道、地势险峻的路段行车,要集中精力,降低车速,注意交通标志,谨慎驾驶,及时准确地观察路面,选择道路中间或靠山一侧安全行驶。 (2) 危险路段会车,做到"礼让三先",选择安全地点会车;会车地点在弯道、悬崖或溪崖旁地势比较危险时,停车观察路基情况,在确保安全的前提下缓缓会车;在靠山一侧会车,尽量使车辆靠近峭壁。 (3) 通过便、险桥前,认真观察便、险桥和桥面状况,必要时停车察看,确认安全;通过时,注意选择行驶路线,提前减速,换入低速挡匀速通过,中途尽量避免停车或紧急制动。 4. 冰雪路驾驶: (1) 冰雪路行车,有条件的要安装防滑链,用发动机牵阻控制车速,低速行驶。 (2) 积雪覆盖的道路,有时沟壑被积雪掩盖,道路的轮廓难以辨别。行车时应根据道路两旁的树木、电杆等参照物判断行驶路线,控制车速,低速行驶。 (3) 行车中,有车辙的路段应循车辙行驶;转向盘不可急打急回,以防车辆侧滑偏出道路。 (4) 行车中车辆发生侧滑时,立即缓慢、适当地向后轮侧滑的一方转动转向盘,可连续数次回转转向盘,以便调整车身。 (5) 在弯路、坡道及河谷等危险地段行驶时,注意选择好行驶路线;路况稍有可疑应立即停车,待察看清楚确认安全后再继续行驶。 (6) 超、会车时,选择比较安全的地段靠右侧慢行,适当增大两车的横向间距,且与路边保持一定距离,可选择较宽的地段停车让行。		

项目四 发动机早期磨损分析

编号	15-2-4		
训练项目	发动机早期磨损分析	训练时间	150min
操作要领及要求	汽车在使用中,各总成运动副的磨损并不是均衡的,其中发动机磨损速度最快,磨损规律具有代表性。汽车发动机早期磨损除制造质量问题外,主要是由于驾驶员不正确使用和不重视维护等因素所引起的。		

续表

编号	15-2-4		
训练项目	发动机早期磨损分析	训练时间	150min
操作要领及要求	其主要因素如下： 1. 使用质量等级低、不符合发动机要求的润滑油（如要求使用 QD 级或 QE 级机油，而使用 3QC 级或 QB 级机油）。使用质量等级低的润滑油，抗氧化性、抗黏性、清洁分散性不能满足发动机的性能要求，易引起高温氧化变质，活塞高温，积炭严重，从而造成拉缸、断活塞环、活塞烧顶等恶性事故。 2. 高压缩比的发动机使用了低辛烷值的汽油（如要求用 95 号汽油而用了 92 号汽油），使发动机工作时产生爆震，发动机温度高，常发生拉缸及不正常磨损。 3. 拆除了节温器，或在低温下高速行车。因为发动机温度低（50℃以下），燃料燃烧不完全，烯释和破坏机油的润滑作用，使气缸、活塞环快速磨损。 4. 新车或大修车初期运行时，未按走合期规定执行。例如： （1）走合期中，提前拆去限速装置。 （2）未按规定减速而高速行车。 （3）未减载，甚至超载拖挂运行。 （4）未按规定进行走合期维护及二级维护。 5. 机油压力不足，未按规定更换机油。		

项目五　轮胎异常磨损分析与预防

编号	15-2-5		
训练项目	轮胎异常磨损分析与预防	训练时间	150min
操作要领及要求	汽车轮胎的异常磨损大多数是使用和维护不当而造成的，因此研究和掌握轮胎异常磨损的表现特征及产生原因，从而采取相应的防范措施，及早防止或消除轮胎的异常磨损，无疑是十分必要的。 常见的轮胎异常磨损的表现特征及产生原因如下： | 特　征	主要原因 | |---|---| | 1. 胎冠中部磨损严重，而两侧磨损轻微 | 1. 轮胎气压过高；2. 轮辋过窄 | | 2. 胎冠两侧胎肩磨损严重而胎冠磨损少 | 1. 轮胎气压过低；2. 轮胎超载 | | 3. 前轮胎冠外侧偏磨 | 1. 前轮外倾角过大；2. 轮胎换位不及时 | | 4. 前轮胎冠内侧偏磨 | 1. 前轮外倾角过小；2. 轮胎换位不及时 | | 5. 两转向轮同时出现由外侧向里侧的锯齿状磨损 | 1. 前轮速过大；2. 高速曲线行驶 | | 6. 胎冠呈波浪状或碟边状磨损 | 1. 轮毂轴承松旷；2. 转向系球节松旷；3. 车辆动平衡不良或轮辋变形；4. 制动鼓磨损过大失圆；5. 传动轴万向节不等速 | | 7. 胎侧部位周圈磨损 | 1. 并装双胎间距过小；2. 轮胎气压过低 | | 8. 胎肩大花纹块呈锯齿形磨损 | 1. 越野花纹轮胎长期在硬质路面上行驶；2. 转向节主销后倾角过小 |		

续表

编号	15-2-5		
训练项目	轮胎异常磨损分析与预防	训练时间	150min
操作要领及要求	根据轮胎磨损的原因,汽车在使用、维护过程中,应采取下列基本技术措施: 1. 经常保持轮胎气压正常。在使用中定期检查轮胎气压,确保气压在本车型规定的标准内。 2. 合理装载,做到不超载、不偏载,避免轮胎超负荷。 3. 正确驾驶车辆。做到起步、停车平稳,避免紧急制动,坚持中速行车,注意选择路面,尽量避免轮胎因不正常的变形、升温和冲击等造成的磨损。 4. 合理选配和安装轮胎。同一辆汽车(至少是同一车桥)上要选用规格尺寸、花纹、帘布材料和层数相同的轮胎(子午线轮胎由于其结构特点有不同之处,使用特点也有所区别)。安装时,前轮尽量装用质量好的轮胎,后轮双胎在满载时的距离应不小于20mm。人字花纹轮胎要按行进时人字尖端先着地的要求安装。 5. 加强轮胎维护工作。抓好轮胎日常维护,在二级维护时,要进行轮胎换位,发现轮胎磨损有异常现象,应查明原因,并采取相应的技术措施予以消除。 6. 保持汽车底盘机件良好的技术状态。主要是前轮定位要正确,轴距要两端相等,制动间隙、轮毂轴承紧度、轮辋摆差、前轮最大转向角要符合要求,钢板U形螺栓和翼子板的安装要正确、牢固,车架不变形,后桥壳无变形、弯曲现象。		

第十六单元 汽车维修和故障诊断技能训练

项目一 气缸测量与鉴定

一、实训目的

学会使用内径百分表检测气缸并对气缸进行鉴定。

二、设备、器材及工具

气缸体、内径百分表、外径千分尺。

三、实训内容

1. 装表头

将表头插入表杆上端孔内,使表杆触头与传动杆接触,表针有少量顶动。表头装好后锁紧。

2. 选测杆

选择合适测量接杆固定在活动测杆上,使测杆长度与被测缸径相适应。

3. 校表

将内径百分表通过外径千分尺校正到气缸的标准尺寸(使测量杆有 1~2mm 的压缩量),拧紧接杆,在千分尺上转动表盘使表针对准零位。

4. 测量

使内径百分表测量杆与气缸轴线垂直,测量气缸上、中、下三个平面的横向、纵向和其他位置,测量时应摆动量缸表,表针指示的最小值即为被测值,并将被测值逐一记录下来。

5. 读表

表头大指针顺时针方向转离"0"位表示被测工件尺寸小于标准尺寸;反之,逆时针方向偏离"0"位则表示被测工件尺寸大于标准尺寸。

气缸磨损,只会是越磨缸径越大。例如,被测缸径上平面逆时针偏离"0"位 12 个小格,那么 12×0.01mm 加上标准缸径就是实测数值。在填写气缸磨损表格时,应填写完整数值,再计算气缸磨损的圆度、圆柱度误差。

6. 气缸磨损程度的计算

(1) 圆度误差计算:同一截面测得的最大值与最小值差值的一半为该面的圆度误差。三个截面上的最大圆度误差作为该气缸的圆度误差。

(2) 圆柱度误差计算:在三个截面内所测得的数据中不同平面的最大与最小直径差值

的一半即为该气缸的圆柱度误差。

7. 气缸圆度、圆柱度误差的技术标准

(1) 汽油机：圆度误差小于或等于 0.05mm，圆柱度误差小于或等于 0.20mm。

(2) 气缸磨损的最大尺寸与标准尺寸的差值是否超过汽车维修手册的规定(桑塔纳手册规定为 0.08mm)，磨损超过时要镗缸处理。

8. 鉴定

气缸的镗削应按修理尺寸进行，每隔 0.25mm 为一级，最大加大到 1.00mm，所选择的修理尺寸等于最大磨损直径加上镗磨加工余量，加工余量一般取 0.10mm。

四、考核要求

(1) 正确使用量缸表、外径千分尺。

(2) 同一截面测量点不少于四个。

(3) 圆度误差、圆柱度误差计算正确。

(4) 技术标准清楚。

(5) 气缸鉴定正确。

(6) 在规定时间内完成考核项目。

五、考核评分表

项目一　气缸测量与鉴定

序号	考核内容	考核要点	配分	评分标准	检测结果	扣分	得分
1	装表头	(1) 表头要与接杆接触； (2) 表头要有 1~2mm 的压缩量； (3) 表头要固定	10	(1) 表头与接杆不接触扣 10 分； (2) 表头的压缩量不正确扣 5 分； (3) 表头不固定扣 5 分			
2	选测杆	(1) 所选测杆与气缸内径相适应； (2) 测杆固定要牢固	10	(1) 所选测杆与气缸内径不符扣 5 分； (2) 测杆不固定或固定不牢扣 5 分			
3	校表	(1) 外径千分尺校零； (2) 外径千分尺校至气缸标准直径； (3) 量缸表放置外径千分尺上校零； (4) 量缸表大指针调至零	15	(1) 外径千分尺不校零扣 10 分； (2) 外径千分尺未校至气缸标准直径扣 3 分； (3) 量缸表未放置外径千分尺上校零扣 8 分； (4) 量缸表大指针未调至零扣 3 分			
4	测量	(1) 在同一截面内测量纵向、横向和其他方向； (2) 在上、中、下三个截面测量； (3) 拿出量缸表不要有拖滞动作	25	(1) 在同一截面内未测量其他方向扣 5 分； (2) 在上、中、下三个截面测量，少一个截面扣 5 分； (3) 拿出量缸表有拖滞动作的扣 3 分			

续表

序号	考核内容	考核要点	配分	评分标准	检测结果	扣分	得分
5	读表	当量缸表与被测截面垂直时才能读表	10	读表不正确扣10分			
6	圆度、圆柱度误差计算	(1) 圆度、圆柱度误差计算正确； (2) 技术标准清楚	10	(1) 圆度、圆柱度误差计算不正确扣8分； (2) 技术标准不清楚扣5分			
7	气缸鉴定	每0.25mm气缸加大一级	10	气缸鉴定不正确扣5分			
8	整理量具	清洁、整理量具	5	不清洁、整理量具扣5分			
9	其他	量缸表、外径千分尺不能损坏	5	损坏量缸表、外径千分尺，考核不及格			
	合　计		100				

评分人：　　　年　月　日　　　　　　　核分人：　　　年　月　日

项目二　曲轴测量与鉴定

一、实训目的

学会使用磁性百分表检测曲轴弯曲度和扭曲度。

二、设备、器材及工具

曲轴、磁性百分表、高度尺、V形铁、平板。

三、实训内容

1. 曲轴弯曲度测量

（1）准备好设备、量具。

（2）安装好磁性百分表。

（3）测量：将百分表触头垂直地触及中间一道主轴颈，如图16-2-1所示，慢慢转动曲轴，此时百分表指针所示的最大摆差的一半（径向圆跳动误差）即为曲轴弯曲度。

（4）技术标准：中型货车曲轴弯曲度应不大于0.15mm、轿车不大于0.06mm。

（5）鉴定：根据所测量数据，确定该曲轴是否需要校正。

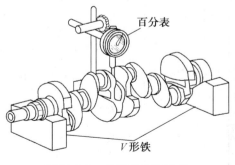

图16-2-1　曲轴弯曲度测量

2. 曲轴扭曲度测量

（1）准备好设备、量具。

（2）测量：用高度尺测量两连杆轴颈（第一道与最后一道）至平板的距离，求得同一方位上两高度差ΔA。

(3) 计算扭曲度：计算公式为

$$\theta = 360\Delta \frac{A}{2\pi R} = 57\Delta \frac{A}{R}$$

式中，R 为曲柄半径，计算出扭曲角 θ，曲轴扭曲角 θ 应不大于 $\pm 30'$。

(4) 鉴定：根据所测量数据，确定该曲轴是否需要校正。

四、考核要求

(1) 正确安装、使用磁性百分表。
(2) 正确使用高度游标卡尺。
(3) 正确计算弯曲度、扭曲度。
(4) 技术标准清楚。
(5) 在规定时间内完成考核项目。

五、考核评分表

项目二 曲轴的测量与鉴定

序号	考核内容	考核要点	配分	评分标准	检测结果	扣分	得分
1	安装磁性百分表	(1) 磁性百分表安装正确； (2) 各连接部位牢固可靠	10	(1) 磁性百分表有一处安装错误扣 3 分； (2) 有一处连接不牢固扣 3 分			
2	测量曲轴弯曲度	(1) 百分表表头抵在中间一道主轴颈上； (2) 读表正确	20	(1) 百分表测量位置不当扣 10 分； (2) 读表不当扣 5 分			
3	测量曲轴扭曲度	(1) 测量第一道和最后一道连杆轴颈； (2) 读数正确	20	(1) 百分表测量位置不当扣 10 分； (2) 读数不当扣 5 分			
4	计算曲轴弯曲度	计算结果正确	15	计算结果不正确扣 8 分			
5	计算曲轴扭曲度	(1) 计算结果正确； (2) 计算公式清楚	15	(1) 计算结果不正确扣 8 分； (2) 计算公式不清扣 5 分			
6	鉴定曲轴弯曲度、扭曲度	(1) 校正方法清楚； (2) 技术标准清楚	10	(1) 校正方法不清楚扣 5 分； (2) 技术标准清楚扣 5 分			
7	整理量具	清洁、整理量具	5	不清洁、整理量具扣 5 分			
8	其他	磁性百分表、高度尺不能损坏	5	损坏磁性百分表、高度尺,考核不及格			
	合计		100				

评分人：   年   月   日   核分人：   年   月   日

项目三 发动机不能启动故障诊断与排除

一、实训目的

掌握发动机不能启动故障的诊断思路、排除的步骤,正确排除发动机不能启动故障。

二、设备、器材及工具

解码仪、数字万用表、LED测试灯、燃油压力表、气缸压力表、点火正时灯、电控发动机轿车或实验台架、常用检修工具。

三、实训内容

1. 故障现象

接通启动开关时,启动时能带动发动机转动,但不能发动,无着车征兆。

2. 故障原因

（1）油箱中无油。

（2）电动汽油泵及控制线路有故障。

（3）喷油器及控制线路有故障。

（4）油路压力过低。

（5）点火系统故障。

（6）转速传感器及控制线路有故障。

（7）电脑及控制线路有故障。

（8）发动机气缸压缩压力过低。

（9）点火正时不正确。

3. 故障诊断与排除

（1）检查油箱存油情况。

（2）启动发动机。

（3）用解码仪读取故障码。如有故障码,则按故障码排除。

（4）若无故障码,则进行跳火试验。拔下任意一缸高压线,接上火花塞跳火。有火无油则查供油系统：电动汽油泵及控制线路、喷油器及控制线路、油路油压；有油无火则查点火系统；无火无油则查转速传感器及控制线路、电脑及控制线路；有油有火则检查气缸压力和点火正时。

四、考核要求

（1）按故障原因中任一项进行考核。

（2）正确选择和使用仪器、仪表及工具、量具。

（3）操作步骤规范,排除故障思路清晰。

（4）操作中不允许损坏精密零件。

（5）能在规定时间内排除故障。

五、考核评分表

项目三　发动机不能启动故障诊断与排除

序号	考核内容	考核要点	配分	评分标准	检测结果	扣分	得分
1	仪器的使用	正确使用解码仪、万用表	5	有一仪器使用不当扣5分			
2	故障现象	启动发动机,判断有无着火征兆	5	发动机允许启动三次,超过一次扣3分			
3	故障诊断	(1) 用解码仪读取故障代码; (2) 跳火试验; (3) 通过检测确定故障大致范围; (4) 用万用表测量电压或电阻; (5) 确定故障点	40	(1) 未用解码仪读取故障代码扣3分; (2) 未进行跳火试验扣10分; (3) 故障范围确定错误扣10分; (4) 用万用表测量电压时,未打开点火开关扣5分; (5) 用万用表测量电阻时,未关闭点火开关扣5分; (6) 故障点判断不正确扣20分			
4	故障排除的思路及方法	(1) 排除故障思路是否正确; (2) 排除故障的方法是否规范	20	(1) 排除故障思路不正确扣10分; (2) 排除故障的方法不规范扣10分			
5	故障排除的结果	(1) 故障是否排除; (2) 启动发动机,发动机运转正常	20	(1) 故障不能排除扣20分; (2) 未验证发动机运转正常扣3分			
6	整理工具、仪器	清洁、整理工具、仪器	5	不清洁、整理工具、仪器扣5分			
7	其他	线路、零部件、仪器不能损坏	5	损坏线路、零部件、仪器,考核不及格			
		合　计	100				

评分人：　　　　年　　月　　日　　　　　　核分人：　　　　年　　月　　日

项目四　怠速不良故障诊断与排除

一、实训目的

掌握发动机怠速不良故障的诊断思路及排除步骤,正确排除发动机怠速不良故障。

二、设备、器材及工具

数字万用表、解码仪、LED测试灯、燃油压力表、气缸压力表、真空表、汽车专用示波器、点火正时灯、电控发动机轿车或实验台架、常用检修工具。

三、实训内容

1. 怠速不稳,易熄火

(1)故障现象:发动机启动正常,但不论冷车或热车,怠速均不稳定,怠速转速过低,易熄火。

(2)故障原因:

① 进气系统漏气。

② 空气滤清器堵塞。

③ 怠速控制阀或附加空气阀工作不良。

④ 空气流量计有故障。

⑤ EGR 阀卡住常开,不能关闭。

⑥ 怠速调整不当。

⑦ 油路压力太低。

⑧ 喷油器雾化不良、漏油或堵塞。

⑨ 火花塞工作不良。

⑩ 高压线漏电或断路。

⑪ 点火正时失准。

⑫ 气缸压缩压力过低。

(3)故障诊断与排除:

① 先进行故障自诊断,检查有无故障码出现。如有,则按所显示的故障码查找故障原因。要特别注意会影响怠速工作的传感器、执行器(如冷却液温度传感器、节气门位置传感器、怠速控制阀等有无故障)。

② 检查进气系统各管接头、真空软管、废气再循环系统和燃油蒸气回收系统有无漏气。

③ 检查怠速控制阀的工作是否正常。对于脉冲电磁阀式怠速控制阀,可在发动机运转过程中拔下怠速控制阀接线插头。如果发动机转速无变化,说明怠速控制阀或控制电路有故障,应检修电路或更换怠速控制阀。

④ 怠速时逐个拔下各缸高压线,检查发动机转速的下降量是否相等。如果在拔下某缸高压线时,发动机转速基本不变,说明该缸工作不良或不工作,应检查该缸火花塞或喷油器有无故障,喷油器控制电路有无短路或断路。

⑤ 检查高压火花,如火花太弱,则应检查点火系统。

⑥ 拆检各缸火花塞,检查电极有无磨损过甚或积炭,火花塞电极间隙是否正常。

⑦ 检查各缸高压线,如高压线外表有漏电或击穿的痕迹,用万用表测量高压线,其电阻大于 $25k\Omega$,说明高压线损坏,应更换。

⑧ 检查燃油压力。怠速时燃油压力应为 250kPa 左右。如燃油压力太低,则应检查油压调节器、电动燃油泵、燃油滤清器。

⑨ 按规定的程序,调整发动机怠速。

⑩ 检查空气流量计。

⑪ 仔细听各缸喷油器在怠速时的工作声音。如果各缸喷油器工作声音不均匀,说明各缸喷油器喷油不均匀,应拆检、清洗或更换喷油器。

⑫ 检查气缸压缩压力,如压力低于 0.8MPa,则应拆检发动机。

如上述检查均正常,可拆检、清洗各缸喷油器。如发现某个喷油器雾化不良或有漏油,经清洗后仍不能恢复正常,则应更换该喷油器。

2. 冷车怠速不稳、易熄火

(1) 故障现象:发动机冷车运转时怠速不稳或过低,易熄火,热车后怠速恢复正常。

(2) 故障原因:

① 附加空气阀故障。

② 怠速控制阀故障。

③ 冷却液温度传感器故障。

④ 喷油器雾化不良或堵塞。

(3) 故障诊断与排除:

① 进行故障自诊断,检查有无故障码。如有,则按显示的故障码查找故障原因。

② 检查附加空气阀。拆下附加空气阀,检查在冷车状态下附加空气阀的阀门是否开启。如有异常,则应更换。

③ 检查怠速控制阀。熄火后拔下怠速控制阀线束插头,待发动机启动后再插上。如果发动机转速没有变化,说明怠速控制阀不工作,应检查控制电路或拆检怠速控制阀。

④ 测量冷却液温度传感器。

⑤ 拆检、清洗各缸喷油器,检查清洗后的喷油器工作情况,如有雾化不良、漏油或喷油量不符合标准,应更换。

3. 热车怠速不稳或熄火

(1) 故障现象:发动机冷车时怠速正常,热车后怠速不稳,怠速转速过低或熄火。

(2) 故障原因:

① 怠速调整过低。

② 冷却液温度传感器有故障。

③ 怠速控制阀有故障。

④ 火花塞或高压线不良。

⑤ 电脑搭铁不良。

⑥ 氧传感器有故障或失效。

(3) 故障诊断与排除:

① 进行故障自诊断。如有故障码,则按所显示的故障码查找故障原因。

② 按正确的程序,检查发动机的初始怠速转速。若转速过低,则应按规定程序调整。

③ 检查冷却液温度传感器。

④ 检查怠速控制阀有无工作。

⑤ 检查各缸火花塞情况,视情况更换火花塞或调整火花塞间隙。

⑥ 测量各缸高压线电阻,若阻值大于 $25k\Omega$,或高压线外表有漏电或击穿的痕迹,则应更换高压线。

⑦ 检查电脑搭铁线及发动机机体是否搭铁良好。可在打开点火开关后,测量电脑搭铁线(或故障诊断座内搭铁线、发动机机体)和电瓶负极之间的电压。若该电压大于1V,说明电脑搭铁线或发动机搭铁不良。可检查搭铁线的接地端有无松动或锈蚀,也可重新引一条搭铁线。

四、考核要求

(1) 按故障原因中任一项进行考核。
(2) 正确选择和使用仪器、仪表及工具、量具。
(3) 操作步骤规范,排除故障思路清晰。
(4) 操作中不允许损坏精密零件。
(5) 能在规定时间内排除故障。

五、考核评分表

项目四　怠速不良故障诊断与排除

序号	考核内容	考核要点	配分	评分标准	检测结果	扣分	得分
1	仪器的使用	正确使用仪器	5	有一仪器使用不当扣5分			
2	故障现象	读出发动机怠速值	5	(1) 发动机未工作到正常工作温度扣5分; (2) 未判断怠速是否正常扣10分			
3	故障诊断	(1) 用解码仪读取故障代码; (2) 用检测仪器检测某些数据; (3) 通过检测确定故障大致范围; (4) 用万用表测量电压或电阻; (5) 确定故障点	40	(1) 未用解码仪读取故障代码扣3分; (2) 未用检测仪器检测扣5分; (3) 故障范围确定错误扣10分; (4) 用万用表测量电压时,未打开点火开关扣5分; (5) 用万用表测量电阻时,未关闭点火开关扣5分; (6) 故障点判断不正确扣20分			
4	故障排除的思路及方法	(1) 排除故障思路是否正确; (2) 排除故障的方法是否规范	20	(1) 排除故障思路不正确扣10分; (2) 排除故障的方法不规范扣10分			
5	故障排除的结果	(1) 故障是否排除; (2) 验证怠速正常	20	(1) 故障不能排除扣20分; (2) 未验证怠速正常扣3分			
6	整理工具、仪器	清洁、整理工具和仪器	5	不清洁、整理工具和仪器扣5分			
7	其他	线路、零部件、仪器不能损坏	5	损坏线路、零部件、仪器,考核不及格			
		合　计	100				

评分人：　　　　　年　月　日　　　　　　　核分人：　　　　　年　月　日

项目五　ABS系统故障诊断与排除

一、实训目的

掌握ABS系统故障诊断与排除的方法及步骤。

二、设备、器材及工具

解码仪、数字式万用表、汽车专用示波器、整车一辆、塞尺、举升器、常用工具。

三、实训内容

1. 初步检查

初步检查是在 ABS 系统出现明显故障而不能正常工作时首先采用的故障诊断方法。比如,ABS 故障指示灯常亮不熄,系统不能工作,应做如下初步检查:

(1) 检查驻车制动器是否完全释放。

(2) 检查制动液液面是否在规定范围之内。

(3) 检查 ABS 电控单元导线插头、插座的连接是否良好,连接器及导线有无损坏。

(4) 检查压力调节器上的电磁阀体连接器、主控制阀连接器、连接压力警告开关和压力控制开关的连接器、制动液液面指示开关连接器、轮速传感器的连接器、电动泵的连接器(插头与插座)和导线的连接是否良好。

(5) 检查所有的继电器、熔断丝是否完好,插座是否良好。

(6) 检查蓄电池容量和电压是否在规定的范围内,以及蓄电池正负极导线的连接是否牢靠,连接处是否清洁。

(7) 检查 ABS 电子控制单元、液压控制装置等的接地端接触是否良好。

(8) 检查轮胎胎面纹槽的深度是否符合规定。

如果用上述方法检查不能确定故障,可采用故障自诊断方法。

2. ABS 电控系统主要部件的检查

ABS 的电气故障大多数不是元件失效,而是连接不良或脏污所致。如果故障码提示传感器故障,应先检查传感器的各个连接点是否良好,有无锈蚀,若有应予以清除。如果传感器安装在变速器中,机油中的铁屑被传感器磁头吸附后也可能导致传感器故障,应清理磁头并更换机油。

(1) 轮速传感器检查:主要检查传感器线圈电阻、转子齿圈和传感器输出信号。

① 传感器线圈电阻的检查:拆下轮速传感器的连接插头,用万用表 $R \times 100$ 挡,检查每个端子与车身的导通情况,正常时应不导通,否则传感器有搭铁故障。上述检查正常后,应进一步测量传感器线圈阻值,阻值不符合标准时,应更换。

② 转子齿圈的检查:检查转子齿圈有无裂纹、缺齿和断齿,齿圈的齿与齿之间是否吸附有铁屑(传感器头部端面与齿圈凸起端面保留约 1mm 的间隙,可用无磁性的塞尺检查)。

③ 传感器输出信号的检查:将示波器与轮速传感器相接,车辆以 20km/h 的速度行驶,检查轮速传感器输出波形,应不小于 0.5V,否则应调整间隙或更换传感器。

有些轿车其后轮轮速传感器只用一个,并且也不是安装在轮毂上,而是安装在后轴差速器或变速器上。这种传感器传感头的检查方法是:拆下传感器头,并从配线插件上拔下插头,用一个 2~100kΩ 的电阻器连接。注意不要短接任何一个端子。用螺钉旋紧在轮速传感器头部前后摆动时,检查电压表是否交替显示 2~12V,否则应更换传感器头。

(2) 制动压力调节器检查:检查制动压力调节器,主要检查电气部分,机械部分只能采取替换的办法检查。

① 回油泵电动机继电器的检查:回油泵电动机继电器为常开继电器,只有当 ABS 工作

时电动机继电器才接通,回油泵电动机才开始运转。该电动机有4个接柱,两个是电磁线圈接柱,另两个是触点接柱。用万用表电阻挡测量接柱导通情况,导通的为电磁线圈接柱,不通的便是触点接柱。如果在电磁线圈接柱上加12V电压,则两触点接柱应导通,否则应更换电动机继电器。

② 主继电器的检查:它的结构及检查方法与回油泵电动机继电器相同。主继电器控制电磁阀、电动机及电控单元的电源。当打开点火开关时,应能听到主继电器动作声,测量其两触点接柱应导通;断开点火开关,两触点接柱应不通,否则应更换主继电器。

(3) 电控单元检查:电控单元可通过自诊断系统或用高阻抗的万用表测量其插接器上相关插脚的电压来检查,如用同型号的进行替换检查则更方便、可靠。电控单元有故障应更换。

四、考核要求

(1) 正确使用解码仪、数字式万用表。
(2) 正确使用举升器。
(3) ABS 初步检查方法正确。
(4) 在规定时间内完成考核项目。

五、考核评分表

项目五　ABS 系统故障诊断与排除

序号	考核内容	考核要点	配分	评分标准	检测结果	扣分	得分
1	仪器的使用	正确使用仪器	5	有一仪器使用不当扣5分			
2	故障现象	检查故障灯是否常亮	5	未检查故障灯是否常亮扣5分			
3	故障诊断	(1) 用解码仪读取故障代码; (2) 对ABS系统进行初步检查; (3) 通过检测确定故障大致范围; (4) 用万用表测量电压或电阻; (5) 确定故障点	40	(1) 未用解码仪读取故障代码扣5分; (2) 未对ABS系统进行初步检查或检查不到位扣10分; (3) 故障范围确定错误扣10分; (4) 用万用表测量电压时,未打开点火开关扣5分; (5) 用万用表测量电阻时,未关闭点火开关扣5分; (6) 故障点判断不正确扣20分			
4	故障排除的思路及方法	(1) 排除故障思路是否正确; (2) 排除故障的方法是否规范	20	(1) 排除故障思路不正确扣10分; (2) 排除故障的方法不规范扣10分			
5	故障排除的结果	(1) 故障是否排除; (2) 验证系统正常	20	(1) 故障不能排除扣20分; (2) 未验证系统正常扣3分			
6	整理工具、仪器	清洁、整理工具和仪器	5	不清洁、整理工具和仪器扣5分			
7	其他	线路、零部件、仪器不能损坏	5	损坏线路、零部件、仪器,考核不及格			
		合　计	100				

评分人:　　　　年　　月　　日　　　　　　核分人:　　　　年　　月　　日

项目六　空调系统不制冷故障诊断与排除

一、实训目的

掌握空调系统不制冷故障诊断与排除的方法及步骤,正确排除空调系统不制冷故障。

二、设备、器材及工具

整车、压力表、检漏设备、冷媒加注机、常用工具。

三、实训内容

1. 风量正常,压缩机不旋转时的故障分析与排除

（1）电磁离合器的故障与排除。

① 保险丝烧断,予以更换。

② 电路中接线接头折断或脱落,检查并将线路和接头接通。

③ 继电器、开关烧坏,予以更换。

④ 离合器打滑,拆下离合器总成,修理或更换。

⑤ 怠速稳定放大器有故障,拆下修理或更换。

（2）电磁离合器正常。

① 压缩机皮带断裂或太松,拉紧或更换皮带。

② 压缩机有故障,拆下压缩机,修理或更换。

2. 风量正常,压缩机旋转时的故障分析与排除

（1）膨胀阀卡住不能关（冰堵或脏堵）,低压表读数太高,蒸发器流液,清洗细网或更换膨胀阀。

（2）制冷剂管道破裂或泄漏,高、低压表读数为零,更换管道,进行系统检漏,修理或更换储液干燥器。

（3）储液器上的可熔塞熔化,更换可熔塞。

（4）压缩机的进、排阀门损坏,将阀门或阀板拆换。

（5）储液干燥器或膨胀阀中的细网堵死,软管或管道堵死,通常在限制点起霜,修理或更换储液干燥器;压缩机轴的密封件损坏,更换密封件。

3. 冷风机无风时的故障分析与排除

保险丝熔断、接线脱开或断线,开关或吹风机的电动机不工作,更换保险丝、导线,修理开关或吹风机的电动机。

四、考核要求

（1）按故障原因中任一项进行考核。

（2）正确选择和使用仪器、仪表及工具、量具。

（3）操作步骤规范,排除故障思路清晰。

（4）操作中不允许损坏精密零件。

(5) 能在规定时间内排除故障。

五、考核评分表

项目六　空调系统不制冷故障诊断与排除

序号	考核内容	考核要点	配分	评分标准	检测结果	扣分	得分
1	仪器的使用	正确使用仪器	5	有一仪器使用不当扣5分			
2	故障现象	送风口无冷气排出	5	未检查有无冷气排出扣5分			
3	故障诊断	(1) 启动发动机，打开空调开关； (2) 对空调系统有关零部件进行检查； (3) 通过检测确定故障大致范围； (4) 用万用表测量电压或电阻； (5) 确定故障点	40	(1) 未启动发动机扣5分； (2) 未打开空调开关扣5分； (3) 未对空调系统进行检查或检查不到位扣10分； (4) 故障范围确定错误扣10分； (5) 用万用表测量电压时，未打开点火开关扣5分； (6) 用万用表测量电阻时，未关闭点火开关扣5分； (7) 故障点判断不正确扣20分			
4	故障排除的思路及方法	(1) 排除故障思路是否正确； (2) 排除故障的方法是否规范	20	(1) 排除故障思路不正确扣10分； (2) 排除故障的方法不规范扣10分			
5	故障排除的结果	(1) 故障是否排除； (2) 有无验证系统正常	20	(1) 故障不能排除扣20分； (2) 未验证系统正常扣3分			
6	整理工具、仪器	清洁、整理工具和仪器	5	未清洁、整理工具和仪器扣5分			
7	其他	线路、零部件、仪器不能损坏	5	损坏线路、零部件、仪器，考核不及格			
	合　计		100				

评分人：　　　年　月　日　　　　　　核分人：　　　年　月　日

项目七　空调系统制冷不足故障诊断与排除

一、实训目的

掌握空调系统制冷不足故障诊断与排除的方法及步骤，正确排除空调系统制冷不足故障。

二、设备、器材及工具

整车、压力表、检漏设备、冷媒加注机、常用工具。

三、实训内容

1. 制冷剂过多造成制冷不足

(1) 原因:制冷剂过多,一般是维修人员在维修时过量加注制冷剂而造成的。

(2) 检修方法:从干燥罐上方视液镜中观察,如果汽车空调在运转时从视液镜中看不到一点气泡,压缩机停转后也无气泡,就可断定是制冷剂过多,在空调系统低压侧的维修口处慢慢地放出一些即可。放出部分制冷剂后,使发动机运转,打开空调后,从储液罐观察窗中看到制冷剂无气泡,并且出风口空气是冷的,再用歧管压力表测量高、低端压力值,均符合要求,故障排除。

2. 制冷剂过少造成制冷不足

(1) 原因:造成制冷剂不足的原因大多是由于系统中的制冷剂微量泄漏。

(2) 检修方法:制冷剂不足也可以从干燥罐上方的视液镜中观察。空调正常运转时,若通过视液镜观察到有连续不断的缓慢的气泡产生,表明制冷剂不足。若出现明显的气泡翻转的情况,则表示制冷剂严重不足。检查空调正常工作时的高、低压端压力,应该均偏低。在气态下注入制冷剂 R134a 直至高压表上压力指到 1.6MPa,然后再进行气体泄漏检测。发动机运转过程中,从视液镜观察制冷剂无气泡,而且出风口空气是冷的,表明制冷剂量适当,故障排除。

3. 制冷剂、冷冻机油内含杂质过多、微堵而引起制冷不足

(1) 原因:倘若在整个空调系统中,制冷剂和冷冻机油内脏物过多,必然使过滤器的滤网出现堵塞,导致制冷剂通过能力下降,阻力加大,流向膨胀阀的制冷剂也会相对减少,故导致制冷不足。

(2) 检修方法:通过摸管路的温度来判断,除了膨胀节流装置两端和空调压缩机两端有明显的温差以外,其他的管路或元件两端都不应该有明显的温差。如果管路和除膨胀节流装置和空调压缩机之外的元件两端有明显温差,则有可能是出现了堵塞。拆解清洗管路,甚至更换新的干燥瓶,重新充注制冷剂以后故障排除。

4. 空调制冷系统中有水分渗入造成制冷不足

(1) 原因:制冷系统中有一个部件是干燥罐(瓶),它的主要任务就是吸收制冷剂中的水分,以防制冷剂中水分过多导致膨胀节流装置出现冰堵造成制冷下降。但当干燥罐内干燥剂处于吸湿饱和状态时,则水分就不能再被滤出。当制冷剂通过膨胀阀节流孔时,由于其压力和温度的下降,温度低于水的凝点,冷却剂中的水便会在小孔中产生结冻现象,并导致制冷剂流通不顺畅,阻力增大,或完全不能流动。

(2) 检修方法:停机一会儿,待冰融化后,制冷系统又会出现正常的状态。这是确认系统中有无水分的重要方法。为了更好地检测系统中水分的多少,有些汽车上使用干燥剂,不含水时的颜色为蓝色,一旦水分过多,干燥剂便成红色,这可以从该车干燥罐上的检视液孔上看到。凡是属于制冷剂含水过多的故障,都应更换干燥剂或更换干燥罐,与此同时,重新对系统抽真空,重新注入新的适量的制冷剂。之后启动发动机试车,空调运转正常,制冷效果良好,故障排除。

5. 空调系统中有空气导致制冷不足

(1) 原因:空调系统中一旦有空气进入,将会造成压缩机负荷加重(空气不可压缩),形成的气阻使制冷剂循环受阻,造成制冷管压力过高,引起制冷不足。此类故障主要是由于制冷系统密封性变差,或者在维修过程中抽真空不彻底而造成的。

(2) 检修方法:制冷剂内空气过多,可以从干燥罐上方检视孔内观察到。空调正常运转时,若检视孔内有连续不断的快速的气泡流动,则为系统内空气过多,这时就需要对制冷系统进行抽真空,再重新加注新的制冷剂,故障排除。

6. 其他因素导致空调制冷能力下降

(1) 压缩机驱动带过松导致空调系统制冷能力下降。空调压缩机驱动带松弛,压缩机工作时会打滑,引起传动效率下降,使压缩机转速下降,输送的制冷剂下降,从而直接使空调系统制冷能力下降。驱动带的检查方法是:在发动机停转时,在驱动带中间位置用手拨动皮带,能转 90°为佳。若转动角度过多,则说明驱动带松弛,应拉紧;若用手翻转不动,则说明驱动带过紧,应稍微再松一点。当然,若紧固无效或驱动带已有裂纹老化等损伤,应更换一条新的驱动带。

(2) 冷凝器散热能力下降导致空调制冷能力下降。由于汽车工作环境不同,装在汽车发动机前方的冷凝器表面会有油污、泥土或杂物覆盖,从而使其散热能力下降。另外,冷却风扇的故障,如驱动带过松、风扇转速下降或风扇无高速等问题,都会导致冷凝器散热能力下降。解决方法:用软毛刷刷除冷凝器表面的脏物,电扇故障也应及时排除。

四、考核要求

(1) 按故障原因中任一项进行考核。
(2) 正确选择和使用仪器、仪表及工具、量具。
(3) 操作步骤规范,排除故障思路清晰。
(4) 操作中不允许损坏精密零件。
(5) 能在规定时间内排除故障。

五、考核评分表

项目七　空调系统制冷不足故障诊断与排除

序号	考核内容	考核要点	配分	评分标准	检测结果	扣分	得分
1	仪器的使用	正确使用仪器	5	仪器使用不当扣 5 分			
2	故障现象	送风口冷气不足	5	未检查冷气排出扣 5 分			
3	故障诊断	(1) 启动发动机,打开空调开关; (2) 对空调系统有关零部件进行检查; (3) 通过检测确定故障大致范围; (4) 确定故障点	40	(1) 未启动发动机扣 5 分; (2) 未打开空调开关扣 5 分; (2) 未对空调系统进行检查或检查不到位扣 10 分; (3) 故障范围确定错误扣 10 分; (4) 故障点判断不正确扣 20 分			

续表

序号	考核内容	考核要点	配分	评分标准	检测结果	扣分	得分
4	故障排除的思路及方法	(1) 排除故障思路是否正确； (2) 排除故障的方法是否规范	20	(1) 排除故障思路不正确扣10分； (2) 排除故障的方法不规范扣10分			
5	故障排除的结果	(1) 故障是否排除； (2) 有无验证系统正常	20	(1) 故障不能排除扣20分； (2) 未验证系统正常扣3分			
6	整理工具、仪器	清洁、整理工具和仪器	5	未清洁、整理工具和仪器扣5分			
7	其他	线路、零部件、仪器不能损坏	5	损坏线路、零部件、仪器，考核不及格			
	合　计		100				

评分人：　　　　　　年　月　日　　　　　　核分人：　　　　　　年　月　日

项目八　用解码仪对发动机主要传感器进行数据流分析

一、实训目的

能正确分析各传感器数据流。

二、设备、器材及工具

解码仪、整车一辆。

三、实训内容

发动机控制系统最常见的数据流见表16-8-1。

表16-8-1　发动机控制系统最常见的数据流

数据流项目	单位	数据流项目	单位
空气流量传感器数值	g/s	长期燃油喷射修正值	−25%～+25%
进气压力传感器数值	kPa	短期燃油喷射修正值	−25%～+25%
节气门开度	%	氧传感器数值	0.1～0.9V
发动机转速	rpm	混合比传感器数值	0～5V
喷油脉宽	ms	车速	km/h
冷却液温度	℃	离合器开关状态	ON 或 OFF
进气温度	℃	EGR 状态	%

1. 空气流量传感器的数据分析

桑塔纳2000GSI空气流量传感器偏离特性时的数据流分析见表16-8-2。

表 16-8-2 空气流量传感器偏离特性时的数据流分析

检测项目	空气流量传感器数值/(g/s)	节气门开度/(°)	实际喷油脉宽/ms	氧传感器数值/V	混合比λ控制值/%
正常数据	2.8~3.8	3~5	1.65~2.1	0.1~0.9	−10~+10
实测值	4.8	6	2.6	0.8	−25

对照原厂的技术要求,空气流量传感器的值在 2.8~3.8g/s 之间变化(经验值在 3g/s 左右为最佳),节气门的开度在 3°~5°之间,喷油脉宽在 1.65~2.1ms 之间,氧传感器在 0.1~0.9V 之间连续变化,混合比λ控制值在−10%~10%之间持续变化,见表 16-8-2。如果数据流在上述范围内变化,基本可以认定系统工作正常。实测值的数据显示,空气流量传感器的值为 4.8g/s,已经超出了正常的范围。对于正常的发动机,实际的进气量可能不超过 3g/s,这样多余的 1.8g/s 的进气量,就会被发动机控制单元计入进气量的计算。喷油量在 2.6ms,也大于正常值,喷入气缸的燃油多于进入的空气量,这就导致发动机混合气过浓。由于混合气燃烧不完全,废气中氧含量减少,氧传感器显示的数值就较高。发动机控制单元根据氧传感器的反馈信号,进行混合比λ控制,也就是说,发动机控制单元要逐步地减少喷油量,使混合气恢复正常范围的目标。由于进气信号偏离正常范围数值过大,发动机控制单元的调整范围只有±25%,这样就出现了混合比λ控制值达到控制下限,即达到−25%的值上。

2. 氧传感器数据分析

氧传感器在理论空燃比 14.7:1 的狭窄范围内发生电压突变,正常工作的氧传感器的电压在 0.1~0.9V 之间变化。氧传感器电压始终低于 0.45V 时,系统混合气偏稀;氧传感器电压始终高于 0.45V 时,系统混合气偏浓。

(1) 混合气浓度正常时的氧传感器数据分析。混合气浓度在正常范围内时,气缸内的 HC 与 O_2 燃烧比较充分,排气中的氧(O_2)含量在 1%~2%范围内,CO_2 在 13.8%~14.8%,λ值在 0.97~1.04。正常工作的氧传感器的电压在 0.1~0.9V 之间变化,且 10s 内应变化 8 次以上。经三元催化器转换后,氧原子浓度极小,后氧传感器的电压大于 0.7V。

(2) 混合气偏浓对氧传感器数据的影响。当混合气偏浓时,由于燃烧所用的氧气量不足,排气中含有大量 HC 及 CO,O_2 含量小于 1%,λ值小于 1,此时氧传感器的输出电压大于 0.45V。ECU 因此判断出现混合气过浓的故障,从而会做出减少燃油喷射量的指令。混合比λ控制值或短期燃油修正系数将为负数。

(3) 混合气偏稀对氧传感器数据的影响。当混合气偏稀时,排气中含有的 CO 及 CO_2 含量较低,HC 及 O_2 含量较高,O_2 含量大于 2%,λ值大于 1,此时氧传感器的输出电压小于 0.45V。ECU 因此判断出现混合气过稀的故障,从而会做出增加燃油喷射量的指令。混合比λ控制值或短期燃油修正系数将为正值。

3. 节气门位置传感器开度数据分析

如表 16-8-3 所示,从第一组数据可以看到,发动机转速只有 650rpm,偏低,而节气门的开度却达到了 18%,燃油喷射量为 3.1ms,此时的长期燃油喷射修正值达到了−24%。这说明系统长期处于偏浓的状态,造成喷油量大的原因,则是节气门体过脏。第二组数据是清洗完节气门,并拆下电瓶负极线后得到的。此时,可以看到,发动机转速是 750rpm,节气门的开度恢复到了 14%,喷油量是 2.4ms,长期燃油喷射修正值为 2%。此时发动机转速恢复到正常转速,而且喷油量下降了。而在清洗完节气门后,在没有对电脑进行重新学习之前,节气门开度仍旧是 18%时,发动机转速达到了 1800rpm。

表 16-8-3　节气门位置传感器开度数据分析表

	发动机转速/rpm	节气门开度/%	喷油量/ms	长期燃油喷射修正值/%	短期燃油喷射修正值/%
节气门清洗前	650	18	3.1	−24	−10～+10
节气门清洗后	750	14	2.4	2	−10～+10

这些数据说明,采用电子节气门的发动机,当节气门由于积炭导致发动机进气量减少时,电脑会使节气门阀打开较大的开度,以补偿进气量的不足,但这样做的结果是,虽然使发动机勉强可以维持怠速转速运转,但是过大的节气门开度信号,破坏了发动机控制单元的控制平衡,在进气量没有增加的前提下,电脑根据节气门开度信号加大了燃油喷射量,这使得整个系统偏浓,因而发动机控制单元依据氧传感器信号始终在减少喷油喷射量,以求达到反馈平衡,表现在长期燃油喷射修正值时,就是始终为负值。由于电脑一直处于减少喷油的过程,随之而来的另一问题是,当发动机加速时,加速加浓量不足,瞬间混合气偏稀,使发动机出现加速迟缓的故障。

4. 发动机负荷数据分析

发动机负荷是一个数值参数,单位为 ms 或%,其数值范围为 1.3～4.0ms(怠速时)或 15%～40%。

发动机负荷是由控制单元根据传感器参数计算出来并由进气压力或喷油量显示,一般观察怠速时的发动机负荷来判断车辆是否存在故障。

发动机负荷的喷射时间与基本喷油量,仅与发动机曲轴转速和负荷有关,不包括喷油修正量。正常数值如下:

(1) 怠速时,即负荷为 0 时的正常显示范围为 100～250ms。

(2) 海拔高度每升高 1000m,发动机负荷(输出功率)降低约 10%。

(3) 当外界温度很高时,发动机输出功率也会降低,最大降低幅度可达 10%。

(4) 当发动机达到最大负荷时(汽车行驶中),在 4000r/min 时显示值应达到 7.5ms,在 6000r/min 时显示值应达到 6.5ms。

发动机负荷异常的主要原因有:进气系统漏气,真空管堵塞,配气正时错误,有额外负荷。

5. 冷却液温度数据分析

发动机水温是一个数值参数,其单位可以通过检测仪选择为℃或℉。在单位为℃时其变化范围为−40℃～199℃。该参数表示微机根据水温传感器送来的信号计算后得出的水温数值。该参数的数值应能在发动机冷车启动至热车的过程中逐渐升高,在发动机完全热车后怠速运转时的水温应为 85℃～105℃。当水温传感器或线路断路时,该参数显示为−40℃。若显示的数值超过 185℃,则说明水温传感器或线路短路。

在有些车型中,发动机水温参数的单位为 V,表示这一参数的数值直接来自水温传感器的信号电压。该电压和水温之间的比例关系依控制电路的方式不同而不同,通常成反比例关系,即水温低时电压高,水温高时电压低;但也可能成正比例关系。在水温传感器正常工作时,该参数值的范围为0~5V。

如果发动机工作时,冷却系统的节温器已完全打开,而冷却液温度不是逐渐上升,而是下降好几度,这就表明冷却液温度传感器已损坏。冷却液温度传感器损坏引发的故障现象有:发动机冒黑烟;车辆不易启动;加速不良;怠速不稳,有时熄火。

四、考核要求

（1）正确使用解码仪。
（2）发动机达到正常工作温度。
（3）正确分析数据流。
（4）能在规定时间内完成考核项目。

五、考核评分表

项目八　用解码仪对发动机主要传感器进行数据流分析

序号	考核内容	考核要点	配分	评分标准	检测结果	扣分	得分
1	仪器的使用	正确使用仪器	10	仪器使用不当扣5分			
2	准备工作	启动发动机,运转至正常工作温度	5	发动机未运转至正常工作温度扣5分			
3	读取数据	(1) 正确读取数据流; (2) 发动机在低、中、高速运转	35	(1) 数据流读取不正确扣20分; (2) 数据流读取有误差扣5分; (3) 发动机未在不同转速下运转扣3分			
4	分析数据	正确分析数据流	40	(1) 不进行数据流分析扣20分; (2) 数据流分析不当扣10分; (3) 数据分析时未说明故障原因扣5分			
5	整理工具、仪器	清洁、整理工具和仪器	5	未清洁、整理工具和仪器扣5分			
6	其他	仪器不能损坏	5	损坏仪器则考核不及格			
		合　计	100				

评分人:　　　　年　月　日　　　　　　　　核分人:　　　　年　月　日

项目九　利用尾气分析发动机故障

一、实训目的

能分析发动机排放尾气与发动机故障之间的关系。

二、设备、器材及工具

尾气分析仪、整车。

三、实训内容

汽车尾气成分与发动机的工况有着密切联系,通过检测发动机不同工况下尾气中不同气体成分的含量,可判断发动机故障所在的部位。在多种排放成分中,HC 是未燃燃料、可燃混合气不完全燃烧或裂解的碳氢化合物及少量的氧化反应的中间产物;CO 主要来自在空气不足的情况下可燃混合气的不完全燃烧,是汽油机尾气中有害成分浓度最大的物质;CO_2 是可燃混合气燃烧的产物,它能够反映出燃烧的效率。

1. 尾气成分异常的原因分析

HC 的读数高,说明燃油没有充分燃烧。气缸压力不足、发动机温度过低、油箱中油气蒸发、混合气由燃烧室向曲轴箱泄漏、混合气过浓或过稀、点火正时不准确、点火间歇性不跳火、温度传感器不良、喷油嘴漏油或堵塞、油压过高或过低等因素都将导致 HC 读数过高。

CO 的读数是零或接近零,说明混合气充分燃烧。CO 的含量过高,表明燃油供给过多、空气供给过少,燃油供给系统和空气供给系统有故障,如喷油嘴漏油、燃油压力过高、空气滤清器不洁净,或存在活塞环胶结阻塞、曲轴箱强制通风系统受阻、点火提前角过大或水温传感器有故障等问题。CO 的含量过低,表明混合气过稀,故障原因有:燃油油压过低、喷油嘴堵塞、真空泄漏、EGR 阀泄漏等。

CO_2 是可燃混合气燃烧的产物,其读数高低反映出混合气燃烧的好坏,即燃烧效率。可燃混合气燃烧越完全,CO_2 的读数就越高,混合气充分燃烧时尾气中 CO_2 的含量达到峰值 13%~16%。

当发动机混合气过浓或过稀时,CO_2 的含量都将降低。当排气管尾部的 CO_2 低于 12% 时,要根据其他排放物的浓度来确定发动机混合气的浓或稀。燃油滤芯太脏、燃油油压低、喷油嘴堵塞、真空泄漏、EGR 阀泄漏等将造成混合气过稀。而空气滤清器阻塞、燃油压力过高,都可能导致混合气过浓。

O_2 的含量是反映混合气空燃比的最好指标,是最有用的诊断数据之一。可燃混合气燃烧越完全,CO_2 的读数就越高;与此相反,燃烧正常时,只有少量未燃烧的 O_2 通过气缸,尾气中 O_2 的含量应为 1%~2%。O_2 的读数小于 1%,说明混合气过浓;O_2 的读数大于 2%,表示混合气太稀。

当 CO、HC 浓度高,CO_2、O_2 浓度低时,表明发动机混合气过浓。HC 和 O_2 的读数高,则表明点火系统工作不良、混合气过稀,而易引起失火。

2. 电控发动机排放污染物量与发动机故障的关系

电控发动机排放污染物量与发动机故障的关系见表 16-9-1。

表 16-9-1　电控发动机排放污染物量与发动机故障的关系

CO	HC	CO_2	O_2	故障原因
低	很高	低	低	点火系统故障、气缸压力低
很高	很高/高	低	低	混合气过浓
很低	很高	低	很高/高	混合气过稀
高	低	正常	正常	点火太迟
低	高	正常	正常	点火太早
变化	变化	低	正常	EGR 阀漏气
低	低	低	高	排气管漏气

四、考核要求

（1）正确使用尾气分析仪。
（2）正确分析发动机故障。
（3）能在规定时间内完成考核项目。

五、考核评分表

项目九　利用尾气分析发动机故障

序号	考核内容	考核要点	配分	评分标准	检测结果	扣分	得分
1	仪器的使用	正确使用尾气分析仪	10	尾气分析仪使用不当扣 10 分			
2	准备工作	启动发动机，运转至正常工作温度	10	发动机未运转至正常工作温度扣 5 分			
3	读取尾气数据	（1）正确读取尾气数据； （2）能读出 NO_x 的数值； （3）能说出各种尾气的来源	30	（1）尾气数据读取不正确扣 20 分； （2）读取不到 NO_x 数值扣 10 分； （3）有一种尾气来源说不出扣 5 分			
4	分析数据	正确分析尾气数据与发动机故障	40	有一项尾气分析不当扣 10 分			
5	整理工具、仪器	清洁、整理仪器	5	未清洁、整理仪器扣 5 分			
6	其他	仪器不能损坏	5	损坏仪器则考核不及格			
		合　计	100				

评分人：　　　　年　月　日　　　　　　　　核分人：　　　　年　月　日

项目十　发动机主要传感器的检测

一、实训目的

能使用万用表正确测量各传感器的电阻值和电压值。

二、设备、器材及工具

万用表、塞尺、电吹风、温度计、喷油器清洗机、整车。

三、实训内容

1. 空气流量计的检测

以桑塔纳3000轿车使用的热膜式空气流量计为例说明。

（1）电阻测试。

① 线束导通性测试：将数字万用表设置在电阻200Ω挡，分别测试空气流量计插接器上3、4、5号针脚对应至电控单元12、11、13号针脚之间的电阻，如图16-10-1所示。所有电阻都应低于1Ω。

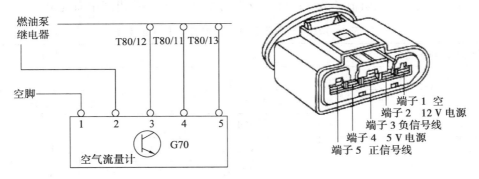

图16-10-1　热膜式空气流量计电路图及插头

② 线束短路性测试：将数字万用表设置在电阻200kΩ挡，测量空气流量计插接器上针脚2与电控单元针脚11、12、13之间的电阻的，为∞。

（2）电压测试。

① 电源电压测试：打开点火开关，将数字万用表设置在直流电压20V挡，红色表针置于空气流量计针脚2，黑色表针置于电瓶负极或发动机进气歧管壳体，启动发动机应显示12V；打开点火开关，红色表针置于空气流量计针脚4，黑色表针置于电瓶负极或发动机进气歧管壳体，应显示5V。

② 信号电压测试：分为单件测试和就车测试两部分。

单件测试：取一空气流量计总成部件，将12V/5V变压器12V电压或电瓶电压施加在空气流量计电器插座针脚2上，将5V电压施加在空气流量计电器插座针脚4上，将数字万用表设置在直流电压20V挡，测量空气流量计电器插座针脚3和针脚5，应有1.5V左右电压；使用吹风机从空气流量计格栅一端向空气流量计吹入冷空气或加热的空气，测量空气流量计电器插座针脚 3 和针脚 5,电压应瞬时上升至 2.8V 后回落。不能满足上述条件,可以判定空气流量计有故障。

就车测试:启动发动机至工作温度,将数字万用表设置在直流电压 20V 挡,测量空气流量计针脚 5 的反馈信号,红色表针置于空气流量计针脚 5,黑色表针置于空气流量计针脚 3、电瓶负极或进气歧管壳体,急速时应显示电压 1.5V 左右,急踩加速踏板应显示 2.8V 变化。若不符合上述变化,或电压反而下降,在电源电压与参考电压完好的前提下,可以断定空气流量计损坏,必须更换。

2. 节气门位置传感器的检测

以皇冠 3.0 轿车 2JZ-GE 型发动机用综合式节气门位置传感器为例说明,如图 16-10-2 所示。

(1) 电阻检测。

拔下此传感器的导线插头,用塞尺测量节气门限位螺钉与止动杆间的间隙(用手拨动节气门),用欧姆表测量此传感器导线插孔上端子间的电阻,其电阻值应符合表 16-10-1 所示的规定。

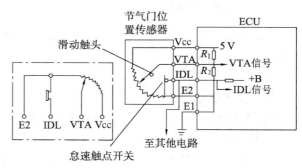

图 16-10-2　节气门位置传感器连接电路

VTA-E_2 端子间电阻值随节气门开度成正比增加,而且不应出现中断现象。

表 16-10-1　节气门位置传感器各端子间电阻值

限位螺钉与止动杆间隙/mm	端子名称	电阻值/kΩ
0	VTA-E_2	0.34~6.3
0.45	IDL-E_2	0.5 或更小
0.55	IDL-E_2	∞
节气门全开	VTA-E_2	2.4~11.2
	VC-E_2	3.1~7.2

(2) 电压检测。

当点火开关置于"ON"位置时,用电压表测量 VC-E_2、IDL-E_2、VTA-E_2 端子间的电压值,应符合表 16-10-2 所示电压值,如不符,则应更换节气门位置传感器。

表 16-10-2　节气门位置传感器各端子间电压值

端子	条件	标准电压/V
IDL-E_2	节气门开	9~14
VC-E_2	—	4.0~5.5
VTA-E_2	节气门全闭	0.3~0.8
	节气门全闭	3.2~4.9

3. 进气温度传感器的检测

在汽车上常采用负温度系数热敏电阻的进气温度传感器,进气温度传感器与 ECU 的连接电路如图 16-10-3 所示。进气温度传感器内的热敏电阻随着进气温度变化时,ECU 通过 THA 端子测得的分压值随之变化,ECU 根据分压值来判断进气温度。

(1) 电阻检测。

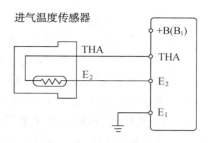

图 16-10-3 进气温度传感器电路图

单件检查时,点火开关置于"OFF",拔下进气温度传感器导线连接器,并将传感器拆下,用电热吹风机、红外线灯或热水加热进气温度传感器;用万用表欧姆挡测量在不同温度下两端子间的电阻值,将测得的电阻值与标准数值进行比较,如果与标准值不符,则应更换。

(2) 电压检测。

当点火开关置于"ON"位置时,ECU 的 THA 端子与 E_2 端子间或进气温度传感器连接器 THA 和 E_2 端子间的电压值在 20℃ 时应为 0.5~3.4V。

4. 冷却液温度传感器的检测

冷却液温度传感器内的热敏电阻随着冷却液温度变化时,ECU 通过 THW 端子测得的分压值随之变化,ECU 根据分压值来判断冷却液温度。冷却液温度传感器与 ECU 的连接电路如图 16-10-4 所示。

(1) 电阻检测。

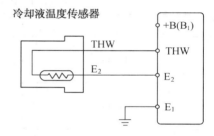

图 16-10-4 冷却液温度传感器电路图

就车检查:点火开关置于"OFF"位置,拆卸冷却液温度传感器导线连接器,用数字式高阻抗万用表欧姆挡,按图示测试传感器两端子(丰田皇冠 3.0 为 THW 和 E_2)间的电阻值。其电阻值与温度成反比,在热机时应小于 1kΩ。

单件检查:拔下冷却液温度传感器导线连接器,然后从发动机上拆下传感器;将该传感器置于烧杯内的水中,加热杯中的水,同时用万用表欧姆挡测量在不同水温条件下冷却液温度传感器两接线端子间的电阻值。将测得的值与标准值(表 16-10-3)相比较,如果不符合标准,则应更换冷却液温度传感器。

表 16-10-3 丰田皇冠 3.0 轿车冷却液温度电阻检测标准

温度/℃	电阻值/kΩ
0	6
20	2.2
40	1.1
60	0.6
80	0.25

(2) 电压检测。

装好冷却液温度传感器,将此传感器的导线连接器插好,当点火开关置于"ON"位置时,从冷却液温度传感器导线连接器 THW 端子(丰田车)或从 ECU 连接器 THW 端子与 E_2 间测试传感器输出电压信号。丰田车 THW 与 E_2 端子间电压在 80℃ 时应为 0.25~1.0V。所测得的电压值应随冷却液温度成反比变化。

5. 凸轮轴/曲轴位置传感器的检测

以丰田公司电磁式凸轮轴/曲轴位置传感器为例,其电路图如图 16-10-5 所示。

(1) 电阻检测。

点火开关置于"OFF"位置,拔下凸轮轴/曲轴位置传感器的导线连接器,用万用表的电阻挡测量凸轮轴/曲轴位置传感器上各端子间的电阻值。如果阻值不在规定的范围内(表 16-10-4),必须更换凸轮轴/曲轴位置传感器。

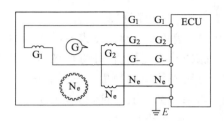

图 16-10-5　凸轮轴/曲轴位置传感器电路图

表 16-10-4　凸轮轴/曲轴位置传感器的电阻值

端子	条件	电阻值/Ω
G_1-G-	冷态	125~200
	热态	160~235
G_2-G-	冷态	125~200
	热态	160~235
Ne-G-	冷态	155~250
	热态	190~290

注:"冷态"是指 -10℃~50℃,"热态"是指 50℃~100℃。

(2) 电压检测。

拔下凸轮轴/曲轴位置传感器的导线连接器,当发动机转动时,用万用表的电压挡检测凸轮轴/曲轴位置传感器上 G_1-G、G_2-G、Ne-G 端子间是否有脉冲电压信号输出。如没有脉冲电压信号输出,则须更换凸轮轴/曲轴位置传感器。

(3) 感应线圈与正时转子的间隙检查。

用厚薄规测量正时转子与感应线圈凸出部分的空气间隙,其间隙应为 0.2~0.4mm。若间隙不合要求,则须更换分电器壳体总成。

6. 爆震传感器的检测

丰田皇冠 3.0 轿车 2JZ-GE 型发动机爆震传感器与 ECU 的连接如图 16-10-6 所示。

当爆震传感器发生故障时,发动机电控单元能够检测到,将设置 00527(1号爆震传感器)或 00540(2号爆震传感器)号故障码,并将各缸点火提前角推迟约 15° 运行,

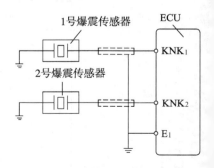

图 16-10-6　爆震传感器电路

利用进口或国产的故障诊断仪,通过连接诊断插座可以读取此故障的有关信息。

(1) 电阻检测。

点火开关置于"OFF"位置,拔下爆震传感器导线接头,用万用表欧姆挡检测爆震传感器的接线端子与外壳间的电阻,应为∞(不导通);若为0Ω(导通),则须更换爆震传感器。

(2) 电压检测。

拔下爆震传感器的连接插头,在发动机怠速时用万用表电压挡检查爆震传感器的接线端子与搭铁间的电压,应有脉冲电压输出;如没有,应更换爆震传感器。

7. 氧传感器的检测

(1) 热型氧传感器加热器电阻检测。

检测加热器线圈的电阻,如丰田 LS400 在 20℃时线圈阻值应为 5.1～6.3Ω。

(2) 电压检测。

使发动机高速运转,直到氧传感器的工作温度达到 400℃以上再维持怠速运转。然后反复踩动加速踏板,并测量氧传感器输出信号电压,加速时应输出高电压信号(0.75～0.90V),减速时应输出低电压信号(0.10～0.40V)。若不符合上述要求,应更换氧传感器。

8. 喷油器的检测

(1) 电阻检测。

拆开线束连接器,用万用表测量喷油器两端子之间的电阻。高阻值喷油器电阻为 13～16Ω,低阻值喷油器电阻为 2～3Ω,否则应更换。

(2) 喷油器滴漏检查。

可在专用设备上检查,在 1min 内喷油器滴油超过 1 滴油,应更换喷油器。

(3) 喷油量检查。

可在专用设备上进行检查,喷油器通电后喷油,用量杯检查喷油器的喷油量。每个喷油器应重复检查 2～3 次,各缸的喷油量和均匀度应符合标准,否则应清洗或更换。

低阻喷油器必须串联一个 8～10Ω 电阻后进行检查。一般喷油量为 50～70mL/15s,各缸喷油器的喷油量相差不超过 10%。

四、考核要求

(1) 按传感器中任一项进行考核。
(2) 正确选择和使用仪器、仪表及工具、量具。
(3) 操作步骤规范,检测思路清晰。
(4) 操作中不允许损坏精密零件。
(5) 能在规定时间内排除故障。

五、考核评分表

项目十 发动机主要传感器的检测

序号	考核内容	考核要点	配分	评分标准	检测结果	扣分	得分
1	仪器的使用	正确使用仪器	10	仪器使用不当扣5分			
2	准备工作	(1) 启动发动机，运转至正常工作温度； (2) 看故障现象	10	(1) 发动机未运转至正常工作温度扣5分； (2) 未说出故障现象扣5分			
3	检测步骤	(1) 各传感器控制线路的检测； (2) 传感器本身的检测； (3) 能看懂线路图	50	(1) 用万用表测量电压时，未打开点火开关扣5分； (2) 用万用表测量电阻时，未关闭点火开关扣5分； (3) 拔或插传感器插头时未关闭点火开关扣5分； (4) 检测方法不当扣10分； (5) 检测步骤不正确扣10分			
4	检测结果	(1) 确定故障点在传感器本身还是在传感器控制线路； (2) 启动发动机，验证检测结果	20	(1) 未确定故障点扣20分； (2) 未验证检测结果扣5分			
5	整理工具、仪器	清洁、整理仪器	5	未清洁、整理仪器扣5分			
6	其他	仪器、传感器、控制线路不能损坏	5	损坏仪器、传感器、控制线路，考核不及格			
		合计	100				

评分人：　　　年　月　日　　　　核分人：　　　年　月　日

项目十一　自动变速器油压测试与故障分析

一、实训目的

能正确测试自动变速器油压，能分析自动变速器油压不当所造成的故障。

二、设备、器材及工具

整车、油压测试表、常用工具。

三、实训内容

1. 变速器油压测试条件

(1) 待发动机及自动变速器运转至温度正常后，将汽车驱动轮支起来。
(2) 在要检测的油压螺孔内安装好油压表，即可测量各部油压值。

2. 变速器油压测试方法与步骤

以现代汽车为例说明。

（1）减速油压测试：将变速手柄分别置于空挡，发动机怠速运转；2挡，发动机怠速运转；4挡，发动机约在2500r/min下运转；3挡，发动机约在2500r/min下运转；2挡，发动机约在1000r/min下运转；1挡，发动机约在2500r/min下运转；倒挡，发动机约在1000r/min下运转，其油压值均应为360～490kPa。

（2）强迫降挡制动油压测试：将变速手柄置于2挡，使发动机怠速运转，其油压值应为100～200kPa。将OD开关接通，手柄挂入4挡，发动机约在2500r/min下运转；将OD开关关闭，手柄挂入3挡，发动机约在2500r/min下运转，将手柄挂入2挡，发动机约在1000r/min下运转，其油压值均应为830～900kPa。

（3）前端离合器油压测试：将OD开关关闭，变速手柄挂入3挡，发动机约在2500r/min下运转，其油压值应为830～900kPa；将变速手柄置入倒挡，发动机均在2500r/min下运转，其油压值应为1640～2240kPa，发动机在1000r/min下运转时，其值应为1500kPa。

（4）终端离合器油压测试：将变速器OD开关接通，手柄挂入4挡，发动机转速约在2500r/min下运转，其油压值应为830～900kPa；将OD开关关闭，手柄挂入3挡，发动机约在2500r/min下运转，其油压值应为830～900kPa。

（5）倒挡制动油压测试：将变速器手柄挂入1挡，发动机约在2500r/min下运转，其油压值应为300～420kPa；将变速手柄挂入倒挡，发动机约在2500r/min下运转，其油压值应为1640～2240kPa；将手柄挂入倒挡，发动机约在1000r/min下运转，其油压值应为1500kPa。

（6）扭力转换器油压测试：将变速器OD开关接通，手柄挂入4挡，发动机约在2500r/min下运转；将变速器OD开关关闭，手柄挂入3挡，发动机约在2500r/min下运转；将手柄挂入2挡，发动机约在1000r/min下运转；将手柄挂入倒挡，发动机约在2500r/min下运转，其油压值均应为350～450kPa。

3. 现代轿车自动变速器油压测试故障分析

现代轿车油压不良故障的原因见表16-11-1。

表16-11-1 现代轿车油压不良故障的原因

油压状态	故障原因
减速油压不良	相关油路堵塞，滤清器堵塞，油压调整不当，减压阀卡住，阀体固定部分松动
强迫降挡制动油压不良	强迫降挡活塞、油封、环片不良，阀门体松动，阀体总成不良，应对症检查排除
前端离合器油压不良	强迫降挡活塞、油封、环片不良，阀门体松动或总成不良，前端离合器活塞或扣环磨损，油封漏油等
终端离合器油压不良	终端离合器油封或环片漏油，阀门体松动，阀门体总成不良
倒挡制动油压不良	阀门体与传动轴间磨损或漏油，阀门体不良，倒挡制动活塞环片不良
扭力转换器油压不良	缓冲离合器电磁阀不良，变速器冷却器或油路泄漏，转入轴油封漏油，扭力转换器不良
离合器、倒挡制动器油压不良	降挡制动等油压均不良，检查滤清器是否堵塞，调压阀油压调整是否不良，调压阀是否卡住，阀门体是否松动，油泵是否不良

四、考核要求

(1) 正确安装油压表。
(2) 选择任一项目进行测试。
(3) 正确分析变速器油压与故障之间的关系。
(4) 能在规定时间内完成考核项目。

五、考核评分表

项目十一 自动变速器油压测试与故障分析

序号	考核内容	考核要点	配分	评分标准	检测结果	扣分	得分
1	仪器的使用	正确使用油压测试表	10	油压测试表使用不当扣5分			
2	准备工作	(1) 启动发动机及自动变速器,运转至正常工作温度; (2) 支起驱动车轮	10	(1) 发动机及自动变速器未运转至正常工作温度扣5分; (2) 未支起驱动车轮扣5分			
3	油压测试	(1) 测试减速油压、强迫降挡制动油压、前端离合器油压、终端离合器油压、倒挡制动油压、扭力转换器油压; (2) 置入变速器每个挡位; (3) 记录测量的油压值; (4) 发动机转速恰当	40	(1) 少一个测试项目扣10分; (2) 未置入每个挡位测试扣5分; (3) 发动机转速不当扣5分			
4	故障分析	正确分析油压值与自动变速器故障	30	故障分析不当扣10分			
5	整理工具、仪器	清洁、整理仪器	5	未清洁、整理仪器扣5分			
6	其他	自动变速器油不能溢到车上或其他地方	5	有自动变速器油溢出扣5分			
	合 计		100				

评分人: 年   月   日   核分人: 年   月   日

项目十二 自动变速器换挡执行机构检修

一、实训目的

能检修换挡执行机构各零部件。

二、设备、器材及工具

自动变速器、塞尺、打气泵、自动变速器油、磁性百分表、常用工具。

三、实训内容

1. 离合器摩擦片的检修

摩擦片上的沟槽是存自动变速器油用的,沟槽磨平后,自动变速器油就无法进入摩擦片与钢片之间。失去了自动变速器油的保护之后,磨损速度就会急剧加快。因此,沟槽磨平后必须更换。摩擦衬片上有数字记号,记号磨掉后必须更换。摩擦片出现翘曲变形的必须更换。摩擦片表面发黑(烧蚀)的必须更换。摩擦片表面出现剥落、有裂纹、内花键被拉毛(拉毛容易造成卡滞)、内花键齿掉齿等现象都必须更换。

2. 压盘和从动片的检查

(1) 压盘和从动片上的齿要完好,不能拉毛,拉毛易造成卡滞。

(2) 压盘和从动片表面如有蓝色过热的斑迹,则应放在平台上用高度尺测量其高度,将两片叠在一起,检查其是否变形。出现变形或表面有裂纹的必须更换。

3. 活塞工作行程的检查

离合器活塞的工作行程,也是离合器的工作间隙。离合器工作间隙的大小和作用在离合器上的工作压力有关。通常超速挡离合器和前进挡离合器的工作间隙为 0.8～1.8mm(具体间隙因车型而异)。高挡、倒挡离合器的工作间隙通常为 1.6～1.8mm。前者使用极限为 2.0mm,后者使用极限为 2.2mm。检测工作行程时,需用空气压缩机、压缩空气枪、百分表和磁力表架。压缩空气保持在 0.4MPa 的压力。把压缩空气枪对准进油孔,固定好离合器,把百分表抵住外侧压盘。开动压缩空气枪,从百分表摆差看出活塞的工作行程。

4. 单向离合器的检修

单向离合器若出现在锁止方向上可以转动,即引起自动变速器打滑、无前进挡、无超速挡、异响等故障。

(1) 检查单向离合器的锁止方向。其应在一个方向有效锁止,在反方向可自由转动。若在锁止方向打滑或在自由转动方向发卡,应更换单向离合器。

(2) 目测检查有无高温变质、受伤变形、拉伤等情况。

(3) 单向离合器沿运动方向旋转时,其转矩必须小于 2.5N·m。如大于该值就应更换。金属材料的滚柱式单向离合器不仅装配时严禁击打,装前也应认真检查其上、下平面,如发现有凹坑,必须更换。

5. 制动带的检修

外观上如有缺陷、碎屑,摩擦表面出现不均匀磨损,摩擦材料剥落,摩擦材料上印刷数字磨掉的,或者有掉色、烧蚀痕迹(外观颜色发黑)的,只要有上述问题中的任何一项,就必须更换制动带。

6. 行星齿轮的检修

(1) 行星齿轮和轴有无烧蚀现象。

行星齿轮和轴出现烧蚀(变黑),说明在工作时严重超载,行星轮架或行星轮轴可能会发生变形。修理时要么更换行星齿轮机构总成(齿轮应成对更换),要么更换行星轮架和行星轴。若行星轮轴部有旋具刀口,需用旋具将轴拆下,安装时要用凡士林把轴与套筒间的滚针轴承粘好。

(2) 行星齿轮变速机构的工作间隙检查。

对行星齿轮式自动变速器,需检查行星轮与行星架间隙、齿轮衬套直径。A340E 自动变速器变速齿轮机构的检查方法:行星轮与行星架标准间隙为 0.20~0.60mm,极限值为 1mm;齿圈衬套直径最大为 24.08mm。

各种自动变速器标准数值不一样,我们可用手转动行星齿轮感觉其与行星架的松紧程度。

四、考核要求

(1) 正确拆装自动变速器换挡执行机构。
(2) 检查方法正确。
(3) 技术标准清楚。
(4) 能在规定时间内完成考核项目。

五、考核评分表

项目十二　自动变速器换挡执行机构检修

序号	考核内容	考核要点	配分	评分标准	检测结果	扣分	得分
1	工具、量具、仪器的使用	正确使用工具、量具、仪器	10	工具、量具、仪器有一项使用不当扣3分			
2	拆卸	(1) 拆卸步骤正确; (2) 拆卸方法正确	20	(1) 拆卸步骤不当扣5分; (2) 拆卸方法不当扣5分			
3	检修	(1) 检修离合器摩擦片、压盘和从动片、活塞工作行程、单向离合器、制动带、行星齿轮; (2) 技术标准正确	40	(1) 少检修一项扣10分; (2) 技术标准不清扣3分			
4	装配	(1) 装配步骤正确; (2) 装配方法正确	20	(1) 装配步骤不当扣5分; (2) 装配方法不当扣5分; (3) 没有装配好扣15分			
5	整理工具、仪器	清洁、整理工具、量具仪器	5	未清洁、整理工具、量具、仪器扣5分			
6	其他	(1) 拆卸后清洗零部件; (2) 装配中给零部件涂油	5	(1) 拆卸后未清洗零部件扣3分; (2) 装配中未给零部件涂油扣3分			
		合　计	100				

评分人:　　　　年　月　日　　　　　　　核分人:　　　　年　月　日

项目十三　前照灯检测与调整

一、实训目的

能正确检测前照灯光束照射位置和发光强度，正确进行前照灯光束照射位置的调整。

二、设备、器材及工具

整车、前照灯检测仪、常用工具。

三、实训内容

1. 技术标准和要求

（1）近光光束照射位置为：其水平方向位置向左、向右偏均不得大于100mm。

（2）远光光束照射位置为：其左灯向左偏不得大于100mm，向右偏不得大于170mm；右灯向左或向右偏均不得大于170mm。

（3）前照灯发光强度：对于新车，两灯制的为15000cd，四灯制的为12000cd。对于在用车，两灯制的为12000cd，四灯制的为10000cd。

2. 前照灯的检测

前照灯的检测有前照灯检测仪法、屏幕检测法。使用前照灯检测仪检测，因其型号不同，检测发光强度和光轴偏斜量的方法也不完全相同。因此，仅仅列出通用的使用方法和步骤：

（1）将被检汽车尽可能地与前照灯检测仪的轨道保持垂直方向驶近检测仪，直至前照灯与检测仪受光器之间达到规定的检测距离（3m、1m、0.5m或0.3m）。

（2）用车辆摆正找准器使检测仪与被检汽车对正。

（3）开亮前照灯，用前照灯照准器使检测仪与被检前照灯对正。

（4）检测光束照射位置和发光强度。

① 对于聚光式前照灯检测仪，将"光度·光轴"转换开关旋至光轴一侧，转动上下和左右光轴刻度盘，使上下偏斜指示计和左右偏斜指示计的指示为零。此时，上下光轴刻度盘和左右光轴刻度盘的指示值即为光轴偏斜量。将"光度·光轴"转换开关旋至光度一侧，光度计的指示值即为发光强度。

② 对于屏幕式前照灯检测仪，要使固定屏幕上左右光轴刻度尺的零点与活动屏幕上的基准指针对正。左右和上下移动受光器，使光度计的指示值达到最大。此时，根据受光器上的基准指针所指活动屏幕上的上下刻度值和活动屏幕上的基准指针所指固定屏幕上的左右刻度值，即可得出光轴偏斜量。根据此时光度计上的指示值，即可得出发光强度。

③ 对于投影式前照灯检测仪，要使光轴偏斜指示计的指示值为零，根据投影屏上前照灯影像中心所示的刻度值，即可读出光轴的偏斜量。如果这种检测仪设有光轴刻度盘，则要转动光轴刻度盘，使投影屏上的坐标原点与前照灯影像中心重合，读取此时光轴刻度盘上的指示值，即为光轴偏斜量。根据此时光度计上的指示值，即可得出发光强度。

④ 对于自动追踪光轴式前照灯检测仪，只要按下控制盒上的测量开关，受光器立即追

踪前照灯光轴，根据光轴偏斜指示计和光度计上的指示值，即可获得光轴偏斜量和发光强度。

⑤ 用同样方法分别检测两只前照灯的近光、远光光束照射位置和发光强度。

⑥ 检测结束，前照灯检测仪沿轨道退回护栏内，汽车驶出。

3．前照灯的调整

如前照灯光束照射位置不正确，应按厂家规定的方法予以正确调整，使之符合技术标准。调整部位一般分为外侧调整式和内侧调整式两种。

四、考核要求

（1）正确使用前照灯检测仪。
（2）技术标准清楚。
（3）正确调整前照灯光束照射位置。
（4）在规定时间内完成考核项目。

五、考核评分表

项目十三　前照灯检测与调整

序号	考核内容	考核要点	配分	评分标准	检测结果	扣分	得分
1	仪器的使用	正确使用前照灯检测仪	5	前照灯检测仪使用不当扣5分			
2	技术标准	（1）近光光束照射位置；（2）远光光束照射位置；（3）前照灯发光强度	10	有一项技术标准不清扣5分			
3	检测	（1）前照灯检测的操作步骤；（2）检测前照灯光束照射位置；（3）检测前照灯发光强度	60	（1）前照灯检测的操作步骤不当扣10分；（2）未检测前照灯光束照射位置扣20分；（3）未检测前照灯发光强度扣15分			
4	调整	（1）调整方法正确；（2）调整结果符合要求	20	（1）调整方法不当扣5分；（2）调整结果达不到要求扣15分			
5	整理仪器、工具	清洁、整理仪器、工具	5	未清洁、整理仪器、工具扣5分			
		合　计	100				

评分人：　　　　年　月　日　　　　　　　核分人：　　　　年　月　日

项目十四 轮胎动平衡试验

一、实训目的

能正确使用车轮平衡机,对轮胎进行动平衡试验。

二、设备、器材及工具

离车式车轮平衡机、轮胎、外径卡尺、轮胎气压表、常用工具。

三、实训内容

检测轮胎动平衡的步骤如下:

(1) 清除被测车轮上的泥土、石子和旧平衡块。

(2) 检查轮胎气压,视必要充至规定值。

(3) 根据轮辋中心孔的大小选择锥体,仔细地装上车轮,用大螺距螺母上紧。

(4) 打开车轮平衡机电源开关,检查指示与控制装置的面板是否指示正确。

(5) 用卡尺测量轮辋宽度 b、轮辋直径 d(也可由胎侧读出),用平衡机上的标尺测量轮辋边缘至机箱的距离 a,再用键入或选择器旋钮对准测量值的方法,将 a、b、d 值键入指示与控制装置中去。

(6) 放下车轮防护罩,按下启动键,车轮旋转,平衡测试开始,自动采集数据。

(7) 车轮自动停转或听到"笛"声后按下停止键并操纵制动装置使车轮停转后,从指示装置读取车轮内、外不平衡量和不平衡位置。

(8) 抬起车轮防护罩,用手慢慢转动车轮。当指示装置发出指示(音响、指示灯亮、制动、显示点阵或显示检测数据等)时停止转动。在轮辋的内侧或外侧的上部(时钟 12 点位置)加装指示装置显示的该侧平衡块质量。内、外侧分别进行,平衡块装卡要牢固。

(9) 安装平衡块后有可能产生新的不平衡,应重新进行平衡试验,直至不平衡量<5g,指示装置显示"00"或"OK"时才能满意。当不平衡量相差 10g 左右时,如能沿轮辋边缘前后移动平衡块一定角度,可获得满意的效果。

(10) 测试结束,关闭电源开关。

四、考核要求

(1) 严格按照操作规程操作车轮平衡机。

(2) 轮胎动不平衡量应小于 5g。

(3) 注意人身安全。

(4) 能在规定时间内完成考核项目。

五、考核评分表

项目十四 轮胎动平衡试验

序号	考核内容	考核要点	配分	评分标准	检测结果	扣分	得分
1	仪器的使用	正确使用车轮平衡机、轮胎气压表、外径卡尺	20	有一项使用不当扣5分			
2	试验步骤	(1) 检查轮胎气压； (2) 上紧轮胎； (3) 用卡尺测量轮辋宽度、轮辋直径； (4) 读取车轮内、外不平衡量； (5) 安装平衡块	50	有一项步骤不当扣10分			
3	试验结果	轮胎不平衡量应<5g	20	达不到要求扣20分			
4	整理仪器、量具	清洁、整理仪器、量具	5	未清洁、整理仪器、量具扣5分			
5	其他	使用车轮平衡机不能出现安全事故	5	出现安全事故则考核不及格			
	合　计		100				

评分人：　　　　　年　月　日　　　　　　核分人：　　　　　年　月　日

项目十五　车轮定位检测与调整

一、实训目的

能正确使用四轮定位仪,并调整部分检测项目。

二、设备、器材及工具

四轮定位仪、卷尺、塞尺、常用工具。

三、实训内容

1. 四轮定位前的检查

(1) 检查粘到底盘上的泥土是否过多,卸去整车装备质量以外的大物件(工具箱或机械用具属随车物品,在车轮定位过程中应留在车内)。

(2) 将轮胎充气至规定气压值,并注意每只轮胎上是否有异常磨损或损坏,注意所有的轮胎尺寸及花纹深度应相同,尤其是同一轴左右轮胎的型号及花纹深度应相同。

(3) 检查车轮是否有径向跳动。

(4) 检查悬架高度,如果尺寸不在规定值内,检查弹簧是否有下陷或损坏,在有扭力杆的悬架上应检查扭力杆的调整情况。

(5) 当前轮处于中央位置时,来回转动转向盘以检查转向轴、转向器或转向传动装置的间隙。

(6) 检查减振器滑柱、衬套或螺栓是否松动,并看减振器或撑杆是否渗油。

(7) 对四个车轮的每一只减振器或滑柱进行摇晃检查。

(8) 检查车轮轴承是否有水平移动,所有的车轮轴承必须在定位前调整好,视情况进行清洁、重新装配或其他调整。

(9) 检查球铰轴向、径向移动,如果出现过大的位移就需要更换球铰。

(10) 检查摆臂是否损坏,摆臂衬套是否磨损。

(11) 检查所有的转向传动装置以及转向横拉杆接头,看是否有松动。

(12) 检查横向稳定杆固定铰链及衬套是否有磨损。

(13) 检查转向器固定螺栓是否松动,安装托架及衬套是否有磨损。

2. 检测

以博世FWA515四轮定位仪为例说明。

(1) 车型选择:启动博世FWA515四轮定位仪,进入主菜单,选择车型子菜单,在子菜单中选择或输入所要调整车辆相对应的标准车型数据,按"确定"键返回主菜单。

(2) 输入客户信息:在主菜单中选择用户信息子菜单,在子菜单中按菜单中的要求输入详细的用户信息后,按"确定"键返回主菜单。

(3) 轮辋补偿:在主菜单中选择测量子菜单进入子菜单后,选择轮辋补偿菜单。为了消除轮胎钢圈端面不平对外倾测量数值的影响,需要对轮辋进行失圆补偿。将车身顶起,使轮胎悬空,将轮胎和挂架一起转动(机头不动),每转动180°,调平传感器,按下上方的蓝色"补偿"键,设定"0"点位置。一旦显示灯"h"灯停止闪烁,上面的蓝色"补偿"键灯点亮,说明数据保存完毕。发送二次信号后该轮辋补偿完成,返回主菜单。

(4) 打正转向盘:在主菜单中选择开始子菜单进入,按照箭头指示轻轻转动转向盘直到打正为止。

(5) 测量:左右旋转转向盘20°。

(6) 数据显示。

(7) 填写工作记录单,打印数据结果,关闭四轮定位仪。

3. 车体调整

根据检测结果、分析数据,做出准确的调整方案。由于博世FWA515具有记忆功能,所以当用二次举升将车身举起时,经过一次调整后,基本上可以达到出厂技术要求。具体的调整原则如下:

(1) 先后轮再前轮字幕形式体现。

(2) 先外倾再前束。

(3) 最后调整主销后倾和内倾。

前束调整:前轮前束的调整就是调整转向横拉杆;后轮前束的调整分两种,一种是通过调节偏心螺栓来改变前束值,另一种是通过改变下摆臂的长度来改变前束值。

外倾调整:

(1) 调整减振器上座,如红旗、奥迪等车型。

(2) U形摆臂加减垫片,如皇冠3.0、三菱帕杰罗等车型。

(3) 调整麦弗逊悬架两颗连接螺栓中上面的那颗,如捷达、夏利、别克等车型。

(4) 调整下摆臂球头,如桑塔纳等车型。

(5) 调整下摆臂和车身通过偏心螺栓连接,如金杯、海狮、东南得利卡等车型。

后轮外倾调整：
(1) 调整麦弗逊悬架两颗连接螺栓中上面的那颗，如夏利、别克等车型。
(2) 轴头和车身相连部位加减垫片，如桑塔纳、高尔夫、本田等车型。
主销后倾的调整：通过调整下肢臂上的调节螺母或加减垫片来改变主销后倾角。

四、考核要求

(1) 正确安装和使用四轮定位仪。
(2) 选择任一项目考核。
(3) 技术标准清楚。
(4) 能在规定时间内完成考核项目。

五、考核评分表

项目十五　车轮定位检测与调整

序号	考核内容	考核要点	配分	评分标准	检测结果	扣分	得分
1	仪器的使用	正确使用四轮定位仪	10	四轮定位仪使用不当扣10分			
2	四轮定位前的检查	(1) 将轮胎充气至规定值气压； (2) 检查车轮是否有径向跳动； (3) 检查悬架高度； (4) 检查减振器螺栓是否松动； (5) 检查车轮轴承是否有水平移动； (6) 检查摆臂是否损坏； (7) 检查转向传动装置是否有松动	20	漏一项检查扣5分			
3	四轮定位检测步骤	(1) 车型选择； (2) 输入客户信息； (3) 轮辋补偿； (4) 打正转向盘； (5) 测量； (6) 数据显示； (7) 填写工作记录单	40	漏一项操作步骤扣10分			
4	车体调整	(1) 前束调整； (2) 外倾调整； (3) 后轮外倾调整； (4) 主销后倾的调整	20	任一项调整不当扣10分			
5	整理仪器	清洁、整理四轮定位仪	5	未清洁、整理四轮定位仪扣5分			
6	其他	不能损坏四轮定位仪	5	造成四轮定位仪损坏则考核不及格			
	合　计		100				

评分人：　　　年　月　日　　　　　核分人：　　　年　月　日

项目十六　新能源汽车制动系统故障诊断与排除

一、实训目的

掌握新能源汽车制动系统故障诊断与排除的方法和步骤,正确排除新能源汽车制动系统故障。

二、设备、器材及工具

新能源汽车一辆、专用解码器一台、万用表、绝缘工具一套、安全防护用品一套、常用工具。

三、实训内容

1. 故障现象

制动系统出现制动力下降的故障。

2. 故障原因

（1）制动助力器泄漏。
（2）制动助力系统低真空度故障。
（3）VBU 集成控制器故障。
（4）真空压力传感器故障。
（5）正空泵电源故障。
（6）正空泵故障。
（7）保险丝故障。
（8）搭铁故障。

3. 故障诊断与排除

（1）作业前准备工作。
（2）车辆初步检查。
（3）用解码仪读取故障码,如有故障码,则按故障码排除。
（4）根据检查结果结合电路图编写故障排查顺序。

四、考核要求

（1）正确使用专用解码器。
（2）选择任一项目考核。
（3）技术标准清楚。
（4）在规定时间内完成考核项目。

五、考核评分表

项目十六　新能源汽车制动系统故障诊断与排除

序号	考核内容	考核要点	配分	评分标准	检测结果	扣分	得分
1	仪器的使用	正确使用专用解码器和万用表	5	有一仪器使用不当扣5分			
2	故障现象	判断制动系统的故障	5	检查不仔细，找不出故障扣5分			
3	作业前的准备工作	1. 设置安全隔离，并放置安全警示牌； 2. 检查并穿戴个人安全防护用品； 3. 检查并调校设备仪器； 4. 检查绝缘用工具； 5. 实施车辆防护； 6. 检查举升机； 7. 检测绝缘垫对地绝缘性能	10	检查不仔细，漏项每项扣2分			
4	故障诊断	(1) 用解码器读取故障码； (2) 检查发动机舱故障点； (3) 检查发动机舱下部的故障点； (4) 用万用表测量电压或电阻； (5) 确定故障点	40	(1) 未用解码器读取故障码扣3分； (2) 故障范围确定错误扣10分； (3) 用万用表测量电压时，未打开点火开关扣5分； (4) 用万用表测量电阻时，未关闭点火开关扣5分； (5) 故障点判断不正确扣20分			
5	故障排除的思路及方法	(1) 排除故障思路是否正确； (2) 排除故障的方法是否规范	15	(1) 排除故障思路不正确扣10分； (2) 排除故障的方法不规范扣10分			
6	故障排除的结果	(1) 故障是否排除； (2) 启动车辆，制动系统运转正常	15	(1) 故障不能排除扣20分； (2) 未验证制动系统运转正常扣3分			
7	整理工具、仪器	清洁、整理工具、仪器	5	不清洁、整理工具、仪器扣5分			
8	其他	线路、零部件、仪器不能损坏	5	损坏线路、零部件、仪器，考核不及格			
		合　　计	100				

参考文献

[1] 胡骅,宋慧. 电动汽车[M]. 北京:人民交通出版社,2003.

[2] 李东江,张大成. 国产轿车 ABS 系统检修手册[M]. 北京:机械工业出版社,2003.

[3] 屠卫星. 汽车底盘构造与维修[M]. 北京:人民交通出版社,2001.

[4] 裘玉平. 专业技术论文与科研报告撰写[M]. 北京:人民交通出版社,2007.

[5] ABS 株式会社. 汽车制动防抱死装置(ABS)构造与原理[M]. 李朝禄,刘荣华,译. 北京:机械工业出版社,2005.

[6] 李海波,邱霖. 汽车 ABS 的结构与检修[M]. 北京:中国广播电视出版社,2010.

[7] 梁家荣. 汽车空调[M]. 北京:机械工业出版社,2008.

[8] 凌晨. 汽车电气设备构造与维修[M]. 天津:天津科学技术出版社,2010.

[9] 吴文琳,郭力伟. 汽车防盗及中控门锁系统维修方法与实例[M]. 北京:人民邮电出版社,2009.

[10] 凌永成,于京诺. 汽车电子控制技术[M]. 北京:中国林业出版社,2006.

[11] 麻友良,丁卫东. 汽车电器与电子控制系统[M]. 北京:机械工业出版社,2003.

[12] 冀旺年. 汽车车身电气设备系统及附属电气设备[M]. 2 版. 北京:电子工业出版社,2008.

[13] 王杨. 汽车底盘构造与维修[M]. 天津:天津科学技术出版社,2010.

[14] 于军,薛民. 上海帕萨特 B5 轿车维修手册[M]. 沈阳:辽宁科学技术出版社,2001.

[15] 李晓华,廖祥兵. 广州本田雅阁轿车结构与使用维修[M]. 北京:金盾出版社,2002.

[16] 尹力. 汽车电子控制技术[M]. 天津:天津科学技术出版社,2010.

[17] 孙长录. 汽车发动机构造与维修[M]. 天津:天津科学技术出版社,2010.

[18] 尤晓晞,张恩杰,张青喜. 现代道路交通工程学[M]. 北京:清华大学出版社,北京交通大学出版社,2008.

[19] 陈焕江. 汽车运用基础[M]. 3 版. 北京:机械工业出版社,2013.

[20] 扶爱民. 汽车运用基础[M]. 北京:电子工业出版社,2005.

[21] 王晓林. 汽车指导驾驶员培训教材[M]. 北京:人民交通出版社,2002.

后 记

编写《汽车实习指导驾驶员(高级工、技师)培训教材》(修订本)一书,是为了全面提升我省机关事业单位技术工人队伍综合素质的又一次尝试。汽车驾驶员工作牵涉汽车的合理使用、安全使用等关键问题,编写该书不仅有较强的现实意义,同时也具有很强的实践指导意义。

江苏省人力资源和社会保障厅领导对本教材的编写一直高度重视,直接指导了本教材的整个编写过程。为编写好本教材,省人社厅专门成立了编委会,结合我省机关事业单位技术工人队伍现状,组织有关专家、学者进行广泛调研。初稿形成后,又分别征求了有关高校、省(市)相关专家、学者以及技术工人培训考核基地的意见,参阅了大量资料。本教材在编写中,还得到了南京理工大学、江苏大学和江苏省运输管理局等部分专家及教师的指导,在此对他们表示衷心的感谢,对所参考著作和文献的作者表示诚挚的谢意。

本教材共分十六个单元,重点介绍了特殊条件、复杂道路的驾驶理论和实践操作技能训练,突出了防御性驾驶知识、新能源汽车技术,以及高级工、技师的培训与指导能力和技师的论文撰写与答辩能力培养,加强了对汽车高新配置的功能认识和识别,同时兼顾了驾驶员对汽车主要技术性能及其检测技术的掌握。

本教材是江苏省机关事业单位汽车驾驶员技师培训考核点多年来培训教学的经验总结和结晶,全书由江苏省人力资源和社会保障厅组织编审,主要撰写者均为江苏汽车技师学院一线专业教师。其中,第一、十三、十四单元由张则雷编写;第二单元由尹力编写;第三单元由纪元编写;第四单元由姚新编写;第五单元由郑军编写;第六单元由孙长录、王杨编写;第七单元由魏垂浩编写;第八单元由王长友编写;第九单元由祁晓峰编写;第十单元由解国林编写;第十一单元由吴立安编写;第十二单元由魏垂浩编写;第十五单元由姚新编写;第十六单元集体编写。全书由江苏汽车技师学院张则雷和姚新负责统稿。

尽管我们竭尽全力,力图使这本教材更加切合机关事业单位技术工人继续教育的要求,便于读者在学习和使用这本教材时能够得到更多的启发,但由于我们对机关事业单位技术工人的科学文化水平的整体状况把握还不全面,对有关内容研究还深入不够,因此,在编写过程中难免有所不足。我们诚恳地希望使用本书的教师和读者能够在实际使用中提出宝贵的修改意见,以便日后修订完善。

编 者

2018 年 2 月